"Las Masas representan al inmenso corazón del mundo musulmán. Pasan sus vidas diarias sin deseos de ser Revolucionarios de ninguna clase. Pero son la audiencia a la que los Radicales, los Reformadores y los Renacidos hablan. Si alguno de estos tres movimientos importantes alguna vez se gana a la mayoría —o incluso a una pluralidad suficiente— de las Masas, todo el mundo cambiará para siempre, para bien o para mal."

de la introducción

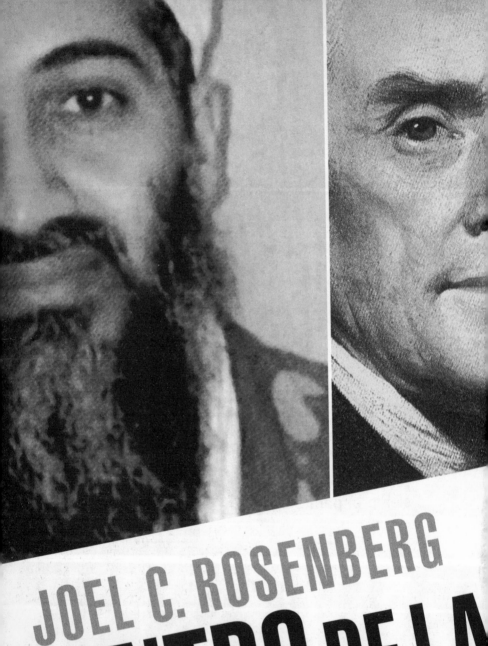

JOEL C. ROSENBERG

DENTRO DE LA

REVOLUCIÓN

TYNDALE HOUSE PUBLISHERS, INC., CAROL STREAM, ILLINOIS

Visite la apasionante página de Tyndale Español en Internet: www.tyndaleespanol.com

TYNDALE y el logotipo de la pluma son marcas registradas de Tyndale House Publishers, Inc. *TYNDALE ESPAÑOL* es una marca de Tyndale House Publishers, Inc.

Dentro de la Revolución: Cómo los partidarios del yihad, de Jefferson y de Jesús luchan para dominar el Medio Oriente y transformar el mundo

© 2009 por Joel C. Rosenberg. Todos los derechos reservados.

Fotografía de la portada de Osama bin Laden © por epa/Corbis. Todos los derechos reservados.

Ilustración de la portada de Thomas Jefferson © por Rembrandt Peale/Getty Images. Todos los derechos reservados.

Ilustración de la portada de Jesús usado con permiso de Bridgeman Art Library. Todos los derechos reservados.

Fotografía del autor © 2005 por Joel C. Rosenberg. Todos los derechos reservados.

Diseño: Dean H. Renninger

Traducción al español: Mayra Urízar de Ramírez

Edición del español: Mafalda E. Novella

Versículos bíblicos sin otra indicación han sido tomados de la *Santa Biblia*, versión Reina-Valera 1960. Copyright © 1960 Sociedades Bíblicas en América Latina; Copyright © renovado 1988 Sociedades Bíblicas Unidas. Usado con permiso.

Versículos bíblicos indicados con NVI han sido tomados de la *SANTA BIBLIA*, NUEVA VERSIÓN INTERNACIONAL®. NVI®. © 1999 por la Sociedad Bíblica Internacional. Usado con permiso de Zondervan. Todos los derechos reservados.

Versículos bíblicos indicados con BLS han sido tomados de la BIBLIA EN LENGUAJE SENCILLO. Copyright © Sociedades Bíblicas Unidas, 2000. Usado con permiso.

Originalmente publicado en inglés en 2009 como *Inside the Revolution: How the Followers of Jihad, Jefferson & Jesus Are Battling to Dominate the Middle East and Transform the World* por Tyndale House Publishers, Inc., con ISBN 978-1-4143-1931-5.

Library of Congress Cataloging-in-Publication Data
    Rosenberg, Joel C., date.
    [Inside the revolution. Spanish]
    Dentro de la revolución : cómo los partidarios del yihad, de Jefferson y de Jesús luchan para dominar el Medio Oriente y transformar el mundo / Joel C. Rosenberg ; [traducción al español, Mayra Urízar de Ramírez].
       p. cm.
    Includes bibliographical references (p.   ) and index.
    ISBN 978-1-4143-1934-6 (sc)
    1. Middle East—Politics and government—1979- 2. Jihad. 3. Islamic fundamentalism. 4. Terrorism.
I. Title.
    DS63.1.R6718 2009
    956.05′4—dc22   2009013142

Impreso en los Estados Unidos de América

15 14 13 12 11 10 09
 7   6   5   4   3   2   1

Para Caleb, Jacob, Jonah y Noah,
nuestros revolucionarios en ciernes

contenido

PARTE TRES:
los RENACIDOS

nota del autor

AUNQUE HAY VARIAS maneras distintas de deletrear el nombre del fundador del islam, para que sea más claro y simple he decidido utilizar la escritura común de "Mahoma." En el caso de las personas que se mencionan en el libro y que tienen el mismo nombre, utilizo la escritura de su elección. Algunos prefieren "Mohammed"; otros prefieren "Mohammad."

Además, donde hay varias maneras de deletrear el nombre del libro que los musulmanes creen que contiene sus escrituras islámicas, para que sea más claro y simple, he decidido utilizar la escritura estándar "Corán." La edición específica que se cita a lo largo de este libro, a menos que se observe lo contrario, es la traducción hecha por Julio Cortés, producida por la editorial Tahrike Tarsile Qur'an de Nueva York en 2007. También se citan *El Corán* (Edimat Libros, 2007), observado con la designación Edimat; y *El Corán y la traducción de su sentido en lengua española* por Kamel Mustafa Hallak (Amana Publications, 1998), observado con la abreviación KMH.

A menos que se observe lo contrario, las citas de la Biblia a lo largo de este libro son de la versión Reina-Valera 1960. Observo el uso de otra traducción con la abreviación NVI, de la Nueva Versión Internacional, o BLS, de la Biblia en Lenguaje Sencillo.

nota de los editores

EXISTEN DOS CAMPOS acerca del género apropiado para la palabra *yihad*. La posición oficial de la Real Academia Española y de otras autoridades es que es una palabra femenina. Sin embargo, existen muchos, entre ellos muchos musulmanes hispanohablantes, que dicen que *yihad* es un término —y un concepto— intrínsecamente masculino en árabe, y por eso también debe ser así en español. Una de las metas de *Dentro de la Revolución* es exponer la historia y filosofía del yihad; por eso hemos elegido la exactitud cultural en vez de la rigurosidad gramática utilizando el género masculino.

introducción

NO SE TRATA DE "SI," SINO DE "CUÁNDO"

EL 1 DE ABRIL DE 1979, Irán se convirtió en la primera república islámica de la historia.

Tres décadas después, las ondas expansivas de la revolución iraní todavía se sienten alrededor del mundo. Irán es ahora el estado terrorista más peligroso de la faz de la tierra. Y lo que es más, rápidamente nos acercamos al momento más peligroso de la historia de la Revolución Iraní.

Los líderes veteranos de Irán han enseñado en años recientes que la Revolución está llegando ahora a su clímax. Han declarado públicamente que el fin del mundo es "inminente." Han enseñado que la manera de acelerar la llegada o aparición en la tierra del mesías islámico, conocido como el "Duodécimo Imán," o el "Mahdi," es destruyendo a Israel, a quien llaman el "Pequeño Satanás," y a Estados Unidos, a quien llaman el "Gran Satanás." Han jurado aniquilar a Estados Unidos y a Israel y han instado a los musulmanes a imaginar un mundo sin Estados Unidos ni el sionismo. Han llegado a creer que Alá los ha elegido para crear caos y matanza en el planeta.

Los principales líderes de Irán parecen estar resueltos a lograr su misión apocalíptica y genocida. Están tratando febrilmente de construir, comprar o robar armas nucleares. Irán está probando de manera activa misiles balísticos avanzados, capaces de lanzar ojivas explosivas nucleares.

Teherán está desarrollando alianzas con Rusia, China y Corea del Norte —todas potencias con armas nucleares— y ha cooperado en el desarrollo de sistemas de armas ofensivas y defensivas con esos países.

Los líderes de Irán están construyendo una red de miles de terroristas suicidas que están listos para atacar objetivos estadounidenses. Están enviando terroristas suicidas y otros insurgentes, dinero y armas a Irak para matar soldados iraquíes así como estadounidenses y de la Coalición. Abrigan a veintenas de terroristas y líderes de al Qaeda dentro de las ciudades iraníes y permiten que los terroristas crucen su territorio. Hacen un esfuerzo concertado para extender el alcance de las operaciones terroristas al construir alianzas estratégicas con otras organizaciones yihadistas, sin importar sus diferencias teológicas.

Los líderes iraníes están cavando cientos de miles de tumbas nuevas en el mismo Irán para enterrar a los enemigos del islam. Están haciendo un llamado a la unificación política y económica del mundo islámico, que incluye la creación de una moneda única. Están exportando de manera agresiva su Revolución Islámica a otros países en todo el Medio Oriente y alrededor del mundo.

En pocas palabras, los líderes de Irán creen que Alá está de su lado, que el viento sopla a su favor y que el fin de la civilización judeocristiana, como la conocemos, está cerca.

Yo creo precisamente en lo opuesto. Como cristiano evangélico, de padre judío y madre gentil, adoro al Dios de la Biblia: el Dios de Abraham, Isaac y Jacob, que también es el Dios del Nuevo Testamento. No creo que Dios esté del lado de los fanáticos que gobiernan Irán. Más bien, creo que el final de su gobierno de terror está cada vez más cerca. Cada día oro por la paz de Jerusalén. Cada día oro por la paz del Medio Oriente. Y lo que es más, oro por la salvación de los líderes de Irán y por la salvación de sus aliados terroristas, y estimulo a otros a que hagan lo mismo. Y porque sirvo a un Dios que escucha y contesta las oraciones, un Dios maravilloso que hace milagros, creo firmemente que Dios, en su gracia, puede cambiar el liderazgo de Irán.

Dicho esto, el Dios de la Biblia puede tener otros planes. Si, en su soberanía, decide no sacar a los Radicales de Irán pacíficamente, entonces creo que una gran guerra catastrófica, o una serie de guerras, pronto sucederán como resultado directo de la Revolución Iraní que el Ayatolá

Jomeini puso en marcha en 1979. Estados Unidos, la OTAN, Israel, o alguna combinación de ellos podrían iniciar un ataque preventivo para neutralizar la amenaza nuclear iraní. Si no lo hacen, pronto Irán estará en la postura de lanzar la guerra apocalíptica que su teología requiere para destruir Occidente e iniciar el Día Final. La pregunta que todos debemos hacernos no es *si* habrá guerra con Irán, sino *cuándo* comenzará y quién atacará primero.

PELIGRO EVIDENTE Y ACTUAL

Sin embargo, Irán no es la única amenaza.

Osama bin Laden y su red terrorista al Qaeda siguen siendo un peligro evidente y actual para la seguridad nacional y la vitalidad económica de Estados Unidos, el Estado de Israel y nuestros aliados occidentales. Mientras que al Qaeda sin duda ha sido dañada seriamente por Estados Unidos y las fuerzas de la Coalición en años recientes, de ninguna manera ha sido derrotada. Más bien, la organización está haciendo lo posible para reconstituirse en Afganistán, Irak, Paquistán, el Norte de África y en muchos otros lugares alrededor del mundo. Está desarrollando nuevas alianzas, reclutando nuevos yihadistas, recaudando más dinero, adquiriendo más armas y tramando nuevos ataques.

Durante los últimos años, muchos estadounidenses, canadienses, europeos y otros han preguntado: "¿Por qué los estadounidenses están en guerra con Irak y Afganistán, cuando no han tenido ningún ataque terrorista dentro de las fronteras de Estados Unidos desde el 11 de septiembre de 2001? ¿Cuál es el propósito de todo este combate si el pueblo estadounidense ya no está en peligro?" Este sentimiento revela una mala interpretación de la historia de los últimos ocho años y de las intenciones y maquinaciones de los yihadistas. Es cierto, al momento de escribir este libro, Estados Unidos no ha tenido ataques terroristas desde el 11 de septiembre, pero no se debe a que los yihadistas no lo hayan intentado.

En realidad, hay tres razones por las que no nos han vuelto a atacar —por lo menos, todavía no.

Primero, Estados Unidos y nuestros aliados están mejorando, de manera significativa, en identificar a tiempo e interceptar los planes terroristas antes de que puedan iniciarlos. En efecto, docenas de planes terroristas han sido frustrados por agencias de inteligencia y de seguridad de Estados Unidos y de países aliados en años recientes. Describiré luego varias de esas operaciones interrumpidas, y he incluido más de esos sucesos en un apéndice de este libro.

Segundo, después del 11 de septiembre, Estados Unidos y nuestros aliados permanecieron en el ataque en contra de los yihadistas durante el período del Presidente George W. Bush. No estábamos solamente esperando ser atacados, como parece que hacíamos antes del 11 de septiembre. Llevamos el combate al enemigo que teníamos en Irak y Afganistán en lugar de esperar que los yihadistas vinieran a nosotros. En el proceso creamos de manera efectiva, en Irak y Afganistán, dos imanes que pusieron en contacto a yihadistas locales e internacionales con los militares mejor entrenados y equipados de la historia de la humanidad. Estas batallas no han sido fáciles. Miles de hombres y mujeres valientes de Estados Unidos y de la Coalición han sacrificado sus vidas para derrotar a los yihadistas en el extranjero. Pero hasta ahora hemos ganado. De 2003 a 2008, por ejemplo, nuestro ejército mató a casi 20.000 terroristas e insurgentes y capturó a más de 25.000 sólo en Irak.[1] Eso significa que unos 45.000 islamistas radicales ahora no pueden viajar a Occidente, infiltrarse en Estados Unidos ni atacar dentro de nuestras fronteras.

Dicho esto, hay una tercera razón por la que no nos han atacado otra vez, y da que pensar, por no decir algo peor: al Qaeda está planeando ataques más grandes. Los líderes más importantes de al Qaeda ya no quieren sólo asustarnos; quieren aniquilarnos. Ya no buscan ocasionar solamente daños menores en aviones, trenes, buses, restaurantes, centros comerciales y otros "objetivos blandos," que tienen poca o ninguna seguridad externa. Más bien, están planeando ocasionar daño catastrófico en Estados Unidos y en nuestros aliados.

Para lograr sus objetivos, necesitan armas de destrucción masiva. Necesitan misiles balísticos más exactos y misiles de alcance más largo, que sean capaces de alcanzar a toda Europa y Estados Unidos. Necesitan seguidores que estén comprometidos religiosa e ideológicamente para ayudarlos a llevar a cabo sus planes y —si acaso es posible— a infiltrarse en el territorio de Estados Unidos y provocar ataques catastróficos desde adentro.

Lo que más necesitan —por lo que más oran— es ignorancia, apatía y falta de claridad moral occidental. Si se puede poner a dormir a Occidente, si de alguna manera puede evitarse que la gente libre de todo el mundo comprenda los verdaderos propósitos y metas de los Radicales y que se movilice para tomar todas las acciones necesarias para evitar que tengan éxito, entonces los Radicales pronto podrán llevar a cabo una serie de ataques que hagan que el 11 de septiembre palidezca en comparación y podría dejar millones de muertos, no miles.

NO UNA REVOLUCIÓN SINO TRES

Treinta años después del ascenso al poder del Ayatolá Jomeini en Irán, me ha quedado claro que no hay simplemente una revolución en marcha; hay tres. Cada una es promovida con el mismo vigor y pasión por grupos que defino como "Radicales," "Reformadores" y "Renacidos." Y con los riesgos tan altos —y con tan poco tiempo— hay preguntas importantes que hay que responder, y pronto.

Por ejemplo, ¿cómo pueden los ciudadanos y líderes de Occidente comprender de manera apropiada la amenaza que representan los radicales islámicos para la civilización judeocristiana? ¿Cómo podemos comprender lo que realmente está sucediendo dentro de las mentes de los Radicales? Cuando leen el Corán, ¿qué versos los llevan a robar, matar y destruir? ¿Hay alguna manera de persuadirlos para que no lleven a cabo sus programas apocalípticos? Hasta aquí, la diplomacia no ha funcionado, pero ¿podrían funcionar las negociaciones directas al nivel más alto posible: de presidente a presidente? ¿O es una pérdida de tiempo?

Al mismo tiempo, ¿hay líderes musulmanes que rechacen a los yihadistas? ¿Hay líderes que piensen que los Radicales están locos y que son peligrosos y que estén dispuestos a decirlo? Si así es, ¿quiénes son? ¿A qué versos del Corán señalan estos Reformadores para justificar que el islam es una "religión de paz"? ¿Cuáles son sus historias personales? ¿Cómo llegaron al poder, y por qué no sabemos más de ellos en los medios de comunicación? ¿Tienen esos Reformadores alguna oportunidad de rehacer el Medio Oriente moderno y de ganar la guerra de ideas —así como la guerra de balas y bombas— contra los Radicales?

Lo que es más, ¿son la guerra y la política las únicas recetas para lo que padece la gente del Medio Oriente ahora? ¿Existe alguna fuente de esperanza genuina? ¿Realmente está muriendo el cristianismo en las tierras de su nacimiento, como lo aseguran muchos, o es cierto que más musulmanes están llegando a la fe en Jesucristo ahora que en cualquier otra época de la historia? ¿Hay alguna evidencia de que el cristianismo está surgiendo en el epicentro? ¿Quiénes son los Renacidos, y cuál es el mensaje de esperanza espiritual y de cambio que están tratando de difundir? Y si los musulmanes se están convirtiendo al cristianismo en cantidades récord, como algunos lo han sugerido, ¿cuáles son las implicaciones de esta tendencia para la Iglesia en Occidente y alrededor del mundo?

Estas son preguntas que me han planteado a menudo desde los ataques del 11 de septiembre, al escribir libros de ficción y no ficción acerca de los eventos del Medio Oriente, al ser entrevistado cientos de veces por medios de comunicación de Estados Unidos y del extranjero y al tener el honor de hablar ante el público alrededor del mundo. Lo que sigue son las respuestas que he encontrado y las conclusiones que he sacado después de viajar a Irak, Afganistán, Egipto, Jordania, Turquía, Marruecos, los Emiratos Árabes Unidos, Asia Central, Israel, Cisjordania, Europa y Canadá, así como alrededor de Estados Unidos, y de investigar y reunirme con participantes importantes de estas Revoluciones actuales.

En las páginas siguientes, escuchará que los líderes importantes de cada movimiento hacen sus propios planteamientos y hablan con sus propias palabras. Leerá citas tomadas directamente de los discursos, libros de texto, memorias, manifiestos, sitios en Internet y videos escritos o producidos por los Radicales, los Reformadores y los Renacidos mismos. Verá versos de los libros que ellos consideran santos. Encontrará extractos de memos capturados e interceptados y diarios que han escrito. También he citado transcripciones de interrogatorios que anteriormente eran confidenciales y de entrevistas exclusivas, nunca antes publicadas, muchas de las cuales yo mismo conduje. También se enterará de los que han dedicado sus vidas a cazar o a confrontar a los Radicales, entre los que están presidentes, primeros ministros, directores de la CIA, agentes de inteligencia, líderes militares y miembros del Congreso, así como de estadounidenses que han sido afectados directamente por los ataques terroristas.

Entre los que he tenido el privilegio de entrevistar personalmente durante el curso de la investigación para este libro están:

- **Porter Goss**, Director de la Agencia Central de Inteligencia (2004–2006) y presidente del Comité Selecto Permanente de Inteligencia de la Cámara (1997–2004)

- **Teniente General (ret.) William "Jerry" Boykin**, Segundo Subsecretario de Defensa para Inteligencia y Dirección Especial de Guerra (2003–2007), ex comandante de la Fuerza Delta y autor de *Never Surrender: A Soldier's Journey to the Crossroads of Faith and Freedom* (Nunca te rindas: La historia de un soldado en la encrucijada de la fe y la libertad)

- **L. Paul Bremer III**, enviado presidencial a Irak y primer administrador estadounidense después de la liberación (2003–2004), y autor de *My Year in Iraq: The Struggle to Build a Future of Hope* (Mi año en Irak: La lucha para construir un futuro de esperanza)

- **Fred Schwien**, asesor principal del Secretario de Seguridad Nacional de EE. UU. Michael Chertoff

- **Lynn Derbyshire**, portavoz principal de las familias de los Marines de Estados Unidos que murieron en el bombardeo del camión en Beirut de 1983

- **Alireza Jafarzadeh**, disidente iraní y autor de *The Iran Threat: President Ahmadinejad and the Coming Nuclear Crisis* (La amenaza iraní: el presidente Ahmadinejad y la futura crisis nuclear)

- **Mala Bakhtyar**, portavoz del presidente iraquí Jalal Talabani

- **Qubad Talabani**, hijo del presidente iraquí Jalal Talabani y oficial representante en Washington, D.C., del Gobierno Regional de Kurdistán

- **Samir Sumaida'ie**, embajador de Irak en Estados Unidos

- **Falakaddin Kakaye**, Ministro de Cultura, Gobierno Regional de Kurdistán en Irak

- **Dr. Ahmed Abaddi**, Director de Asuntos Islámicos de Marruecos

- **Dr. Ahmed Khamlichi**, director del principal seminario islámico de Marruecos

- **Khalid Zerouali**, Director de Seguridad Fronteriza, Ministerio del Interior de Marruecos

- **Abdelsalam al-Majali**, Primer Ministro de Jordania (1993–1995 y 1997–1998)

- **Benjamín Netanyahu**, Primer Ministro de Israel (1996–1999; 2009–)
- **General Moshe Ya'alon**, Jefe de Estado Mayor de las Fuerzas de Defensa Israelíes (2002–2005)
- **Dore Gold**, embajador israelí en las Naciones Unidas (1997–1999) y asesor principal del Primer Ministro Ariel Sharon (2001–2003)
- **Hormoz Shariat**, miembro de la Revolución Iraní en 1979, que después se convirtió al cristianismo, formó un ministerio de televisión vía satélite y ahora es uno de los evangelistas más conocidos de Irán
- **Taysir Saada**, ex terrorista palestino que se convirtió al cristianismo y ahora dirige un ministerio evangélico que se llama Esperanza para Ismael
- Más de 150 pastores y líderes ministeriales árabes e iraníes, entre los que hay ex yihadistas islámicos que se han convertido al cristianismo
- Docenas de disidentes prodemócratas árabes e iraníes
- Oficiales de inteligencia occidentales y del Medio Oriente, tanto activos como jubilados
- Diplomáticos occidentales y del Medio Oriente, tanto activos como jubilados

Algunos de ellos hablaron conmigo específicamente para *Dentro de la Revolución*. Otros hablaron conmigo para otros libros y artículos que he escrito con el paso de los años. Al igual que con mi libro anterior de no ficción, *Epicentro*, debo hacer la observación de que no todas estas fuentes estarán de acuerdo con el análisis y las conclusiones que se encuentran en las siguientes páginas, pero estoy altamente agradecido por su valioso tiempo y útil conocimiento. No tengo dudas en absoluto de que este libro se ha enriquecido más con la ayuda que ellos proporcionaron.

NOTA FINAL

Antes de que comience su viaje dentro de la Revolución, permítame describir brevemente otros tres grupos de gente que son importantes para nuestra historia. No reciben mucha atención directa en este libro, ya que no son, efectivamente, Revolucionarios. Pero considero que es vital tener por lo menos un conocimiento superficial de quiénes son estos grupos y cómo encajan dentro del cuadro total, para entender el concepto más amplio de la dinámica actual del Medio Oriente. Aquí hablo de grupos que denomino los "Resistentes," los "Reservados" y las "Masas."

Los **Resistentes** son líderes de países de mayoría musulmana que dan pocas evidencias de querer efectuar serios cambios sociales o ideológicos de cualquier clase. Mientras que ellos mismos son musulmanes, no quieren la clase de cambios fundamentales y drásticos que los Radicales, Reformadores o Renacidos recomiendan. Al contrario, generalmente se resisten al cambio; su misión es la de mantener el poder tanto tiempo como les sea posible.

La mayoría de regímenes árabes cae dentro de esta categoría. La familia real y los líderes importantes de Arabia Saudita son Resistentes clásicos. Como son musulmanes wahabíes, algunos pueden identificarse con los Radicales teológicamente, pero se dividen políticamente. Algunas de sus escuelas, sin duda, están produciendo una nueva generación de extremistas, y su riqueza del petróleo a menudo financia a grupos de Radicales, pero la Casa de Saud quiere permanecer con el poder político y quiere retener los enormes ingresos que generan las ventas de petróleo a Occidente y Oriente. De esta manera, los líderes sauditas tratan de estar alertas de no permitir que los Radicales los reemplacen en su reino. No quieren una revolución en la Península Arábiga. Tampoco quieren que Osama bin Laden, que es saudita, y su movimiento al Qaeda destruyan Occidente y establezcan un califato global. Además, están absolutamente aterrorizados por la noción de que los musulmanes iraníes chiítas intenten explotar el mundo para adelantar la llegada del Mahdi —una escatología que como sunitas no comparten. Por lo que mantienen vínculos cercanos con Estados Unidos y la Unión Europea y buscan la estabilidad geopolítica a casi cualquier costo.

El Presidente Hosni Mubarak de Egipto —musulmán nominal, pero en el fondo un árabe secular más nacionalista— también es un Resistente clásico. Su predecesor, Anwar Sadat, fue el primer Reformador audaz de la región: un musulmán que hizo la paz con los israelíes, rompió relaciones con los soviéticos y estableció relaciones con Estados Unidos. Pero fue asesinado por los Radicales por sus esfuerzos, y Mubarak nunca se olvidó de eso. Mubarak era el vicepresidente de Egipto entonces y estaba sentado al lado de Sadat el día que lo mataron. Mubarak nunca ha nombrado otro vicepresidente, y se ha resistido a los cambios fundamentales en Egipto, casi de cualquier clase, desde entonces.

Otros Resistentes también tienden a ser árabes seculares nacionalistas y no están interesados en crear un califato islámico Radical, aunque seguramente quieren gobernar como dictadores, apoderándose de tanta riqueza, poder y territorio como les sea posible. A veces se alinean con los Radicales, si piensan que pueden obtener ventajas materiales o territoriales en el proceso. Pero no son "creyentes genuinos." En efecto, están tan dispuestos a cazar y matar o encarcelar a los Radicales como a aliarse con ellos. A menudo, depende de su estado de ánimo y de sus propios intereses. Los Resistentes también tienden a encarcelar, torturar y, a veces, a ejecutar a los Reformadores y a los Renacidos porque, según su opinión, el cambio es peligroso. La estabilidad es de suma importancia. Bashar al-Asad de Siria es un Resistente clásico. También lo es Moammar Gaddafi de Libia, junto con los líderes de Argelia y Túnez.

Entre los **Reservados** están los líderes de los países o territorios de mayoría musulmana que tienen tendencias hacia un movimiento u otro, pero no se han comprometido totalmente. Danzan un baile doble, comprometiéndose por un tiempo con un aliado y luego cambian a otro.

El jefe palestino Mahmoud Abbas es, de muchas maneras, un miembro fundador de los Reservados. Fue el número dos de Yasir Arafat y la negación del Holocausto fue el tema de su tesis doctoral. Es un musulmán sunita, pero ha funcionado históricamente como árabe secular nacionalista e incluso como marxista. Sin embargo, desde que llegó al poder después de la muerte de Arafat, ha demostrado algunas pequeñas pero notables señales de distanciamiento de la perspectiva de Arafat, favoreciendo el hacer las paces con Israel, por medio de una solución de dos estados. Pero es políticamente débil. Está rodeado de Radicales y Resistentes. Los yihadistas de Hamas se han apoderado del control de Gaza —un tercio completo de su "reino" territorial— y amenazaron con asesinarlo a él, a su familia y a cualquiera que él conozca si hace las paces con Israel o si adopta genuinas reformas democráticas en Cisjordania. Así baila.

El presidente paquistaní Pervez Musharraf también era miembro de los Reservados, hasta que renunció a su puesto en agosto de 2008. Antes del 11 de septiembre, los servicios de inteligencia de Musharraf ayudaron a desarrollar y fortalecer al gobierno extremista Talibán de Afganistán. Pero después del 11 de septiembre, dicho sea a su favor, Musharraf hizo una corrección significativa del rumbo. Desafortunadamente, hizo poco esfuerzo, o tuvo poco progreso, para limpiar los problemas de corrupción incontrolable de Paquistán. Pero de otras maneras sí comenzó a reconstruirse como un Reformador, aunque imperfecto. Llegó a ser un aliado importante y útil en la guerra en contra de los Radicales, dirigiendo sus fuerzas de seguridad para perseguir y arrestar a cientos de terroristas y líderes extremistas, entre los que están Khalid Sheikh Mohammed, el cerebro de los ataques del 11 de septiembre, y el Dr. A. Q. Khan, padre del programa de armas nucleares de Paquistán, quien más tarde confesaría haber vendido diseños, equipo y asesoría técnica a Irán, Libia y Corea del Norte, para ayudarlos a desarrollar sus programas de armas nucleares. Dio pasos para proteger a la comunidad cristiana paquistaní de los ataques yihadistas y hasta llegó a estrechar la mano del Primer Ministro Ariel Sharon en las Naciones Unidas y a dar un discurso importante en una reunión del Congreso Estadounidense Judío en Nueva York, en 2005. No fue nada sorprendente, entonces, que al Qaeda y otros grupos Radicales trataran de asesinarlo tantas veces.

Las **Masas**, finalmente, comprenden la enorme mayoría de los 1.300 millones de musulmanes del mundo. Ellos no dirigen países. Como individuos, generalmente tienen poco o nada de riqueza y poder. Pero son inmensamente importantes. Primero, son almas creadas a imagen de Dios. Segundo, están sufriendo. Como lo detallaré más adelante en el libro, viven en pobreza absoluta y no ven ningún futuro ni esperanza para sus vidas, las vidas de sus hijos o las de sus nietos. Tercero, están buscando. Anhelan una vida mejor. Saben que sus naciones y sus regiones están cayendo. Pero no saben hacia dónde ir.

Cuando las crisis sociales, económicas y espirituales asedian al mundo islámico, las Masas se preguntan: *¿Quién tiene el diagnóstico correcto?*

¿Quién tiene el pronóstico correcto? ¿Tienen razón los Radicales al enseñar que una forma más pura del islam es la respuesta y que el yihad violento es el camino? ¿Tienen razón los Reformadores al pensar que el islam es bueno pero que más libertad, apertura y democracia son el camino hacia adelante? ¿O tienen razón los Renacidos, en que el islam no es la respuesta, de que Jesús es la respuesta y que sólo al aceptar la muerte de Cristo en la cruz, y la resurrección de los muertos, una persona puede ser perdonada, salva y llena de esperanza y gozo aquí en esta vida y en la vida futura?

Las Masas representan al inmenso corazón del mundo musulmán. Pasan sus vidas diarias sin deseos de ser Revolucionarios de ninguna clase. Pero son la audiencia a la que los Radicales, los Reformadores y los Renacidos hablan. Si alguno de estos tres movimientos importantes alguna vez se gana a la mayoría —o incluso a una pluralidad suficiente— de las Masas, todo el mundo cambiará para siempre, para bien o para mal.

Entender a estos tres movimientos Revolucionarios —incluso las crisis a las que están respondiendo y las respuestas que están ofreciendo— es de importancia crucial. Los que ignoran estas tendencias lo hacen por su propia cuenta y riesgo.

Joel C. Rosenberg
WASHINGTON, D.C.
11 DE SEPTIEMBRE DE 2008

los
RADICALES

PARTE UNO

CAPÍTULO UNO

EL PEOR DE LOS CASOS

Mi conversación con el ex comandante de la Fuerza Delta

LO CONOCÍ en el Pentágono en febrero de 2007.

En esa época, William G. "Jerry" Boykin era teniente general de tres estrellas del Ejército de Estados Unidos, y trabajaba como segundo subsecretario de defensa para inteligencia. Como tal, era responsable de supervisar la reunión y el análisis de toda la información militar que se relaciona con la guerra global contra el terror. Él había leído mi primer libro de no ficción, *Epicentro: Entérese cómo los acontecimientos en el Medio Oriente cambiarán su futuro* y nos invitó a mi esposa, Lynn, y a mí a almorzar para hablar de mi investigación y conclusiones.

Después de llevarnos, junto con unos amigos mutuos, por una gira del Pentágono y de mostrarnos la capilla conmemorativa donde el Vuelo 77 cayó el 11 de septiembre, el General Boykin nos llevó a un comedor privado donde comenzó a hablar. Hablamos de su familia y de sus años en el ejército. Habló de sus pensamientos sobre las batallas continuas en Irak y Afganistán y de la creciente amenaza nuclear iraní. Me pidió una evaluación del presidente iraní Mahmoud Ahmadinejad y me preguntó por qué creía que la escatología, o teología del Día Final, chiíta del presidente dirigía la política exterior iraní. Este no era un tema que se discutiera mucho dentro de los niveles superiores del Pentágono en esa época y tenía curiosidad. Fue el comienzo de una amistad que pronto se profundizaría entre nuestras dos familias.

Pocos hombres que haya conocido en Washington entienden la mentalidad y misión de los Radicales mejor que Boykin. Después de todo, ha estado persiguiendo Radicales por casi treinta años, y su conocimiento y perspectiva de primera mano eran incalculables.

DOS GOLPES DE FORTUNA PROPAGANDÍSTICOS . . . Y UN TERCERO

Cuando la Revolución Iraní brotó en 1979, Boykin era un comando de treinta y un años que se preparaba en el recién formado y altamente confidencial equipo contraterrorismo del Ejército de Estados Unidos, conocido como Fuerza Delta. En noviembre de ese año, los Radicales tomaron la embajada de Estados Unidos en Teherán y a docenas de diplomáticos estadounidenses y Marines como rehenes. A Boykin y su jefe, Coronel Charlie Beckwith, el legendario comandante Delta, se les ordenó ir al Pentágono. Allí se les dio instrucciones previas en cuanto a lo último de la inteligencia y se comenzó a planificar el rescate.

Esta fue la primera confrontación directa con los yihadistas islámicos Radicales. Nadie en Washington se había enfrentado antes a una crisis como esta. En los meses siguientes, Boykin y sus colegas estudiaron todo lo que pudieron encontrar sobre el Ayatolá Jomeini, la naturaleza y lealtad de sus seguidores, los estudiantes que habían asaltado el complejo de la embajada y las creencias religiosas y políticas que los impulsaron a emprender el yihad en contra de Occidente. Cuando el Presidente Carter finalmente ordenó el rescate de los rehenes, Boykin era uno de los líderes del equipo Delta que penetró el espacio aéreo iraní en la oscuridad de la noche. La misión, como describiré en detalle en un capítulo posterior, fue un desastre, no simplemente debido a fallas de equipo y error humano, sino porque alentó a los Radicales y les dio un sentido de elección divina e invencibilidad.

—Diré dos cosas, Joel —me dijo Boykin cuando nos encontramos para una entrevista formal en el invierno de 2008, varios meses después de que se retirara del ejército—. Primero, ese intento de rescate fallido fue la frustración profesional más grande de mis más de treinta y seis años en el ejército. En nuestra opinión, no sólo les fallamos a los cincuenta y tres estadounidenses de la embajada, le fallamos a la nación. Y fue una carga tremenda que todavía llevamos. Pero el segundo aspecto es que la crisis de los rehenes fue el comienzo de nuestro enfoque en la Revolución Islámica. Fue cuando realmente comenzamos a ponerle atención a lo que estaba sucediendo entre los yihadistas Radicales.[1]

—¿Cuál fue el impacto de ese fracaso? —pregunté a Boykin.

—Si uno se detiene a pensar, ese fue uno de los golpes de fortuna propagandísticos más significativos en la historia reciente del islam Radical —respondió—. El hecho del asunto es que los yihadistas pudieron decir, con cierta credibilidad, al resto del mundo islámico: "Acabamos de derrotar al Gran Satanás. Tuvimos a sus rehenes por 444 días, y fueron ineptos. Alá nos ha mostrado su favor. Alá está con nosotros."

—¿Y cuál es el segundo? —pregunté.

—El segundo fue cuando los rusos salieron de Afganistán, se fueron a casa derrotados y la Unión Soviética se desintegró —respondió Boykin inmediatamente—. Bueno, Osama bin Laden utilizó eso para propósitos propagandísticos. Dijo: "Hemos derrotado al gran poder mundial infiel. Ahora el afeminado Estados Unidos será cosa fácil."

La combinación de esos dos eventos, me dijo Boykin, se convirtió en la herramienta más grande de reclutamiento en la historia de los Radicales y dramáticamente incrementó sus filas en los años futuros.

Observé que había un tercer evento que ayudó al crecimiento de los Radicales: el ataque del camión bombardero suicida de Hezbolá en contra del Cuartel de los Marines en Beirut, Líbano, en 1983.

Boykin estuvo de acuerdo. —Ese fue un día devastador para Estados Unidos, cuando mataron a nuestros Marines en el cuartel —dijo, y observó que antes de 1983, las fuerzas de Estados Unidos nunca se habían enfrentado a un bombardeo suicida—. ¿Gente que se hace estallar? Eso era algo que no entendíamos.

El incidente fue horroroso para todo el Cuerpo de los Marines y específicamente para las familias de los hombres que estuvieron involucrados directamente. Pero lo que agravó el desastre fue que la administración Reagan eligió salir corriendo, retirando del Líbano a todas las fuerzas militares.

—La gran tragedia de todo ese asunto, geopolíticamente —sostuvo Boykin—, es que inmediatamente retiramos a nuestras fuerzas. ¿Qué dijo eso? ¿Qué les dijo a los islamistas? ¿Qué les dijo a los extremistas? Los hizo pensar: "Nosotros ganamos; ustedes perdieron." Y fueron capaces de manifestarlo con cierta credibilidad. Después de todo, ellos hicieron estallar a nuestros Marines, nosotros nos retiramos y Beirut quedó otra vez en sus manos.

"NOS DERRIBARON UN HALCÓN NEGRO"

Diez años después, Boykin se encontró otra vez en la vorágine de una batalla entre Estados Unidos y el islam Radical, que llegó a ser otro golpe de suerte propagandístico para los Radicales. Fecha: agosto de 1993. Lugar: Mogadiscio, Somalia. Enemigo: la milicia yihadista dirigida por el jefe militar somalí Mohmmed Farrah Aidid, apoyada por yihadistas de al Qaeda, financiados y entrenados por nada menos que Osama bin Laden.

"Casi 4,5 millones de personas, más de la mitad del número total del país, estaban amenazadas por la hambruna, desnutrición severa y enfermedades relacionadas," reportó un equipo de evaluación de la ONU. "La magnitud del sufrimiento era inmensa. En total, se estima que murieron 300.000 personas, incluyendo a muchos niños. Unos dos millones de personas, desplazadas violentamente de su área de vivienda, huyeron a países vecinos o a otras partes dentro de Somalia. Todas las instituciones del gobierno y por lo menos 60 por ciento de la infraestructura básica del país se desintegraron."[2]

Bajo las órdenes del Presidente Bill Clinton, las fuerzas especiales estadounidenses fueron enviadas para capturar al General Aidid y detener la matanza. Esta vez Boykin ya no era solamente un miembro de la fuerza de combate élite del ejército. Ahora era el comandante de la Fuerza Delta, y se horrorizó con lo que encontró.

—Fuimos a Mogadiscio sin darnos cuenta por completo de lo difícil de nuestra tarea —explicó Boykin—. Dado que esta era una sociedad sin ley, esto era anarquía en su forma más pura: nada más que violencia sectaria, clan contra clan. Y todos eran extremistas, de una forma u otra, extremistas islámicos. Hacían cosas que eran extrañas para nosotros. Utilizaban a las mujeres desarmadas como escudos a medida que se acercaban a nuestras posiciones. Cuando íbamos a entrar a ciertas instalaciones, lanzaban a sus niños frente a ellos como escudos. Es difícil para nosotros como estadounidenses entender esa clase de mentalidad.

El 3 de octubre, las fuerzas de Estados Unidos recibieron información de que un grupo pequeño de los socios más cercanos de Aidid estaba reunido en un área llamada el Mercado Bakara, conocido eufemísticamente como el "Mar Negro." Era conocido por ser la parte más violenta de la capital somalí y una a la que Boykin y sus hombres no habían entrado anteriormente. —En una situación como esa, usted no elige su ubicación; la gente a la que se persigue lo hace —dijo Boykin—. La información era fidedigna. Sabíamos que estaban allí. Esperábamos como media docena de ellos. Por lo que entramos.

El General Bill Garrison era el responsable de todas las operaciones del Regimiento Rangers, así como de coordinar la estrategia de Estados Unidos con las fuerzas de la ONU Boykin tenía la responsabilidad táctica específica de perseguir a los objetivos en Mogadiscio.

—Hicimos el asalto, capturamos a veinte personas aproximadamente, y luego los metimos en camiones emprendiendo el regreso a nuestra base para interrogarlos —recordó Boykin—. Mientras tratábamos de salir de la ciudad, uno de nuestros helicópteros fue derribado, y eso cambió todo.

Con la caída de un helicóptero Halcón Negro en medio de la tierra de nadie Radical, los estadounidenses repentinamente perdieron la iniciativa. Entonces, en lugar de un ataque rápido y una operación de extracción expedita, las fuerzas de Estados Unidos tuvieron que luchar en el camino, literalmente de casa en casa, de calle en calle, de cuadra en cuadra, sólo para llegar al lugar del accidente y tratar de recuperar a los muertos y heridos que había allí. Miles de yihadistas fuertemente armados salieron a las calles y comenzaron a confluir en el lugar. A medida que las horas pasaban, y que llegó la noche, la batalla se intensificó. Ni los equipos Delta ni los Rangers tuvieron éxito para sacar del helicóptero los cuerpos de dos miembros de la tripulación.

La batalla duró dieciocho horas. Finalmente, los agentes Delta y los Rangers del ejército pudieron reorganizar a su equipo y luchar para abrirse camino y salir de la ciudad. Pero no estaban preparados en absoluto para lo que ocurriría después.

—Si se acuerda de las grabaciones de las noticias de nuestros soldados —recordó Boykin—, sus cuerpos fueron arrastrados por las calles y mutilados. Y algunas de las historias nunca se han contado. Sería demasiado doloroso para las familias contar toda la historia, pero el abuso y la mutilación, particularmente por las mujeres de Mogadiscio, fue algo que es simplemente incomprensible para nosotros. ¿Qué hace que alguien sea así? ¿Es solamente algo tribal? ¿Es solamente algo cultural? ¿O es parte de su teología?

—Según las normas militares, fue una victoria para nosotros —concluyó Boykin—. Capturamos a más de los seis [de los comandantes principales del General Aidid] que perseguíamos; capturamos alrededor de veintiuno. Perdimos dieciocho estadounidenses que murieron y más de setenta salieron heridos. Parece un número grande de víctimas. Pero compárelo con las víctimas del otro lado. Los cálculos conservadores de la Cruz Roja dicen que matamos y herimos alrededor de 1.100 personas en una batalla de dieciocho horas. Ahora, según cualquier norma, eso es victoria. Sin embargo, fue entonces que nos dimos cuenta de que se puede ganar la batalla y perder la guerra.

—¿Cómo así? —pregunté.

—Primero, porque los medios de comunicación estadounidense lo llamaron un desastre, un gran fracaso militar —explicó Boykin—. Segundo, la administración Clinton sacó a todos los del Regimiento Ranger de Mogadiscio antes de que hubiéramos completado nuestra misión, antes de que hubiéramos capturado a Mohammed Aidid.

—¿Cuál fue el efecto de la decisión de la Casa Blanca de retirarse prematuramente? —pregunté.

—Los extremistas allá fueron estimulados, particularmente Osama bin Laden —respondió Boykin sin vacilar—. Ahora, yo soy uno que no cree que Osama bin Laden estuvo allí, participando en esa batalla. No he visto evidencias de eso. Pero sin duda estuvo asociado con ella. Seguro que estuvo vinculado a ella, probablemente proporcionando apoyo material y financiero a esa gente, y seguramente apoyo ideológico y moral. Y luego le dimos una oportunidad, como resultado de nuestra retirada, de proclamar una vez más que Alá les había mostrado su favor y que más musulmanes buenos deberían unirse a la causa extremista islámica. Y lo hicieron.

¿QUÉ TAN SERIA ES LA AMENAZA?

Le pedí al General Boykin que tomara estos cuatro ejemplos —el fracaso de Estados Unidos para rescatar a nuestros rehenes en Irán, la retirada de Estados Unidos del Líbano después del ataque al cuartel de los Marines, la salida de los soviéticos de Afganistán y la salida de Estados Unidos de Somalia— y que los pusiera en un contexto más amplio. ¿Cuáles fueron las implicaciones de estos eventos? ¿Cuál fue el Cuadro Global?

—Bueno, en primer lugar, hay 1,3 miles de millones de musulmanes alrededor del mundo —dijo Boykin—. Y le diré ahora, Joel, que no creo que cada musulmán sea una amenaza para Estados Unidos ni para Occidente. Creo que hay muchos a quienes realmente les gustaría que este extremismo desapareciera porque, de hecho, les está causando más problemas que lo que está ayudando a su causa. Pero si sólo uno por ciento de los 1,3 miles de millones son extremistas y yihadistas, haga la cuenta. Es aterrador. O sea, particularmente cuando están dispuestos a morir por su causa, cuando creen que el martirio es el camino seguro al cielo, eso es aterrador. Si ese uno por ciento se convirtiera en terrorista suicida, sólo piense en la amenaza que eso representa.

»Cuando analizamos cada oportunidad en que nos hemos enfrentado a estos extremistas, encontramos que hemos fracasado en nuestros objetivos o, más importante, no hemos estado dispuestos a mantener el rumbo, analizar a fondo la situación ni a luchar hasta ganar. Eso es exactamente lo que sucedió en Mogadiscio. Es exactamente lo que sucedió después del bombardeo de Beirut en 1983. Y es exactamente lo que muchos proponen en cuanto a nuestras operaciones en Irak e incluso en Afganistán ahora. Todo lo que se ha hecho es darles ánimo a los extremistas. Todo lo que se ha hecho es darles material para su propaganda. Les ha dado credibilidad a medida que utilizan Internet, los medios de comunicación y cada conexión para transmitir su propaganda, para decir que Alá les ha mostrado su favor, para decir: "Ahora tienen que alinearse a nuestra causa." Les ha dado credibilidad para reclutar a más Radicales jóvenes para su causa.

»Esa es una de las razones por las que creo que mantener el rumbo (y no me refiero tácticamente, no me refiero necesariamente a utilizar las mismas metodologías que estamos utilizando ahora, sino a mantener el rumbo estratégicamente) en Irak es crucial. ¿Por qué? Porque si les damos a los Radicales la oportunidad de incrementar su propaganda al retirarnos y no luchar contra este radicalismo, todo lo que vamos a hacer es aumentar su reclutamiento y mejorar sus oportunidades de encontrar más Radicales jóvenes.

—Con todos sus años de experiencia en el Pentágono, dirigiendo la Fuerza Delta, persiguiendo yihadistas alrededor del mundo, a juicio propio, ¿qué tan seria es para la seguridad de Estados Unidos la amenaza del islam Radical en el siglo XXI? —le pregunté.

—Cuando entré al ejército en 1971, nos enfocábamos en la Unión Soviética —respondió Boykin—. Aunque estábamos luchando en Vietnam, nuestra amenaza real era la Unión Soviética. Pero yo le diría, Joel, que la amenaza que el islam Radical representa ahora, no sólo para Estados Unidos sino para el resto del mundo, es una amenaza aún más seria que cuando estábamos en un punto muerto nuclear durante la Guerra Fría. Y me preocupa más, porque este es un enemigo difícil de entender. Es un enemigo fácil de ignorar y es un enemigo absolutamente implacable.

—¿Cuál es la mentalidad del movimiento yihadista? ¿Qué quieren? ¿Qué los impulsa?

—Bueno, ante todo, creo que su mentalidad se basa muy claramente en su propio manifiesto al que se adhieren: una interpretación muy extrema y radical del Corán. Claramente creen que los infieles (los infieles se definen como los que no sirven a Alá) tienen que ser convertidos o asesinados.

LA LISTA DE LOS "CINCO PRINCIPALES"

—Entonces, ¿cuál es el peor de los casos? —pregunté.

—Creo que el peor de los casos es que los yihadistas continúan en su búsqueda de armas de destrucción masiva —dijo Boykin sin titubear—. Las armas de destrucción masiva están disponibles para ellos ahora, particularmente las químicas y biológicas, y esas no son difíciles de hacer. Pero el peor de los casos es, creo, que tengan capacidades nucleares dentro de estas organizaciones terroristas, dentro del movimiento yihadista; que intimiden a Europa al punto de que Europa ya no sea capaz de hacerles frente como lo ha hecho históricamente; y que lleven su extremismo a todo el mundo, y la gente comience a ceder bajo la intimidación y la presión de lo que yo vería como un inmenso movimiento islámico.

¿De qué maneras exactamente nos atacarían los Radicales?

Boykin me dio su lista de los "cinco principales" casos que lo preocupan profundamente a él y a sus colegas de inteligencia y de la comunidad militar.

El peor de los casos no. 1: Cuando Irán adquiera armas nucleares operacionales, podrían unir esas ojivas a misiles balísticos de corto a medio alcance, esconder esos misiles en contenedores comerciales (que se utilizan para transportar automóviles, equipo agrícola, juguetes de China, etc.), y luego lanzar esos misiles por la parte posterior de los barcos de carga que se aproximan a las ciudades portuarias de Estados Unidos. Como lo presenté en mi novela *Dead Heat* (Empate), esto les daría a los enemigos de Estados Unidos el elemento decisivo de la sorpresa. Un misil que se disparara a Manhattan, Los Ángeles, Seattle o Washington, D.C., tardaría menos de cinco minutos en hacer impacto, sin posibilidad de dar aviso oportuno a los civiles ni tiempo para la evacuación, y les daría a las fuerzas militares de Estados Unidos poca oportunidad de interceptarlo, aunque tuviéramos un sistema de defensa de misiles que defendiera al país, algo con lo que actualmente no contamos.

Las mismas fuerzas iraníes no tendrían que llevar a cabo esos ataques, por supuesto. Podrían darles las armas nucleares y los misiles a grupos terroristas como al Qaeda, Hezbolá o algún otro grupo Radical, como delegados, para llevar a cabo su programa apocalíptico.

El peor de los casos no. 2: Irán, u otros estados o grupos Radicales, podrían introducir armas nucleares en aviones privados que despegan de Canadá, México o cualquier otro país, que se dirijan a Estados Unidos. Una vez dentro de nuestro espacio aéreo, podrían llevar a cabo misiones kamikaze en ciudades estadounidenses, o simplemente detonar su arma nuclear dentro del mismo avión —sobre su objetivo deseado— sin iniciar una secuencia de bombeo ni hacer cualquier otro movimiento obviamente hostil que alertaría a los controladores de tráfico aéreo de la amenaza. Los pasajeros y la carga de los aviones privados reciben, si acaso, pocos chequeos de seguridad antes de entrar al espacio aéreo de Estados Unidos. No se revisan los documentos de identificación, no hay detectores de metales, no se examina el equipaje. Todo esto crea unos agujeros enormes en los sistemas de defensa de la seguridad de nuestro país, y los Radicales pronto podrían aprovecharse de eso.

El peor de los casos no. 3: Los Radicales podrían introducir armas nucleares en yates privados, u otras embarcaciones, que entran a los puertos de las principales ciudades de Estados Unidos y detonar estas armas cerca de centros poblados, aeropuertos y bases navales.

El peor de los casos no. 4: Los Radicales podrían pasar de contrabando armas nucleares u otras armas de destrucción masiva a Estados Unidos a través de Canadá o México, para que sean detonadas en el interior del país. Gente, drogas y armas pasan de contrabando a Estados Unidos todo el tiempo. La seguridad del interior ha mejorado significativamente desde el 11 de septiembre pero, de muchas maneras, nuestras fronteras todavía son muy frágiles, lo que nos hace vulnerables en extremo a los ataques catastróficos de esta naturaleza.

El peor de los casos no. 5: Aunque no tengan acceso a bombas y ojivas nucleares totalmente desarrolladas y sofisticadas, los Radicales aun podrían atacarnos duro. Podrían, por ejemplo, construir y detonar "bombas sucias" —bombas hechas con explosivos convencionales como dinamita, mezclados con desechos de plantas eléctricas nucleares u otras sustancias radiológicas— dentro de Estados Unidos. Los expertos dicen que esos dispositivos no causarían la misma magnitud de muerte y destrucción catastrófica que una genuina arma nuclear, pero todavía podrían ser devastadoras psicológica y económicamente.[3] También somos vulnerables, observó Boykin, a las armas químicas y biológicas en sistemas subterráneos y de agua.

"La quinta situación es mi preocupación mayor," dijo Boykin en un correo electrónico posterior, aunque agregó que la combinación de elementos de varios de estos casos es muy preocupante. "Todos los demás son posibilidades reales, pero requieren de una gran cantidad de logística y, por consiguiente, de un gran número de gente que sabe qué es lo que está sucediendo. Eso significa que hay una posibilidad mayor de que uno de los servicios de información lo averigüe y lo prevenga. Pero los materiales de la bomba sucia (o química, o biológica) podrían entrar por la frontera mexicana muy fácilmente, me entristece decirlo.

"La otra manera es que los terroristas recluten a alguien local de la región costera de Carolina del Norte o del Sur, para que traiga cosas a bordo de su nave de pesca o deportiva, a lo que no se le pone atención, que lo ponga en su camioneta y lo lleve al D.C. Una bomba sucia inhabilitaría a nuestro gobierno, aunque no mataría a millones de personas. En la confusión dentro del D.C., otras bombas convencionales podrían utilizarse para destruir mucha de la infraestructura gubernamental de Estados Unidos. Me preocupa el número creciente de estadounidenses que han sido reclutados al islam. Usualmente son jóvenes enojados y con un sentido de desesperanza. Aunque no sean suicidas, bien podrían ser genocidas, así como podrían estar dispuestos a buscar venganza por lo que ven como injusticia. Esta gente podría hacer que varios casos sean posibles. Piense en los efectos psicológicos devastadores de una bomba sucia que desestabilice a nuestro gobierno. El reclutamiento de los Radicales se saldría de lo normal y alentaría a cada musulmán radical de Estados Unidos a apoyar el 'pronto retorno del Mahdi y el pronto surgimiento del Califato.'"[4]

A Boykin también le preocupa un sexto escenario, en el largo plazo. Cuando Irán, u otro estado Radical, pueda construir misiles balísticos intercontinentales de largo alcance con ojivas nucleares, esos estados podrían disparar los misiles a Estados Unidos y a nuestros aliados. Estamos trabajando duro para construir sistemas de defensa de misiles capaces de detener esos ataques, pero estos sistemas todavía no están totalmente operativos y siguen produciendo enorme resistencia en algunos miembros del Congreso, en algunos de nuestros aliados y, más notablemente, en los rusos.

LA BOMBA IRANÍ

¿Qué tan cerca está Irán de tener armas nucleares?

Boykin me dijo que en base a todo lo que ha visto y escuchado durante su período en el Pentágono, cree que "dentro de dos años, quizás tres," los iraníes "desarrollarán un arma nuclear, una que se pueda transportar."

Traducción: 2010 ó 2011.

—Sabemos que Ahmadinejad tiene centrifugadoras girando. Sabemos que tiene la tecnología. Tiene científicos y seguramente tiene la determinación. Ahmadinejad es un hombre muy, muy peligroso, en mi opinión. Creo que el mundo debería poner mucha atención a lo que ha dicho. Algunos dirían: "Bueno, sólo es retórica." Pero revisemos la retórica de Hitler de 1933 y lo que ocurrió finalmente.

—Dado todo lo que usted sabe ahora del Ayatolá Jomeini de los años de 1970 y de Mahmoud Ahmadinejad hoy en día —pregunté—, ¿quién es más peligroso?

Para Boykin, no fue una decisión difícil. —Creo que Ahmadinejad es mucho más peligroso de lo que fue el Ayatolá Jomeini, porque tiene más recursos —me dijo—. Seguramente tiene más dinero como resultado del petróleo de Irán. Tiene más capacidad de armamento. Tiene un ejército, y fuerzas militares en general, más sofisticados. Y a pesar de lo que dice la Evaluación de Inteligencia Nacional de 2008, está desarrollando capacidad nuclear.

—En su opinión —pregunté—, ¿puede Occidente disuadir con éxito a Ahmadinejad, o negociar con él y su régimen, con la clase de método clásico del equilibrio de poder que funcionó con los soviéticos?

—Mi opinión es que negociar con Ahmadinejad es perder el tiempo —respondió Boykin—. No creo que haya algo a lo que se pueda apelar en la perspectiva de la política y de la vida en general de Ahmadinejad que pudiera resultar en alguna clase de acuerdo significativo con Occidente. Creo que Ahmadinejad se ve a sí mismo como un hombre que supuestamente tiene que acelerar la llegada del Mahdi. Hasta ha indicado eso en sus discursos. Ahmadinejad cree que el Mahdi vendrá como resultado de sus esfuerzos, parte de los cuales incluye destruir, o por lo menos subyugar, a Israel. Por lo que creo que la amenaza va más allá de las armas nucleares solamente. Creo que la amenaza real es la del creciente Radicalismo en Irán, que está influenciando mucho del pensamiento en el resto del mundo islámico. Y, finalmente, cuando un hombre es impulsado así, cuando está tan convencido de que Alá lo está haciendo responsable [para destruir a la civilización judeocristiana], creo que pensar en que podríamos negociar con él de alguna manera significativa es simplemente absurdo.

UN GRAN FINAL

¿Tiene razón el General Boykin?

¿Están los yihadistas islámicos Radicales en general —y el régimen de Ahmadinejad de Irán en particular— buscando activamente armas de destrucción masiva y específicamente armas nucleares para destruir a la civilización occidental y darle paso al Día Final?

Kamal Saleem sin duda así lo cree. —Ahmadinejad está en una

carrera para desarrollar armas nucleares —me dijo este ex terrorista libanés, que una vez fue miembro de la Hermandad Musulmana—. Ahmadinejad es un fanático genuino. ¿Sabía que es un héroe en el mundo musulmán? ¿Por qué? Porque está llevando a cabo su tarea de introducir al Mahdi. El Mahdi es el mesías musulmán que iniciará el orden musulmán de un mundo, que será gobernado por un hombre musulmán. Y ese es el deseo de su corazón. Si usted le pregunta a cualquiera en las calles del Medio Oriente, lo sabrá. Pero si usted le pregunta a alguien en Estados Unidos de América, no tiene ni idea. No sabe qué pretende Ahmadinejad. Pretende controlar al mundo, asumir el poder . . . un orden mundial . . . eso.[5]

Walid Shoebat concuerda. —Ellos quieren un gran final—dijo este ex terrorista palestino al productor de nuestra película documental *Epicentro*—. No quieren simplemente poner una bomba en un bus o centro comercial. Quieren un gran final; quieren una operación que más o menos arruine a Estados Unidos, de una vez por todas —ya sea una bomba sucia o un arma nuclear genuina.[6]

Porter Goss, director de la Agencia Central de Inteligencia de 2004 a 2006, también piensa lo mismo. —No tengo ninguna duda de que Ahmadinejad y la gente del ejército en Irán estén buscando la Bomba Persa con propósitos militares —me dijo cuando hacía investigaciones para este libro—. Si se permite que esto suceda, estamos hablando de un arma nuclear en manos de un Radical. Eso sería un gran, gran punto clave en el mundo geopolítico.[7]

—¿Se enterará la CIA de que Irán tiene la Bomba *antes* de que la use? —pregunté.

Goss no estaba tan seguro. Observó que en 1998, India y Paquistán conmocionaron al mundo al probar armas nucleares en un lapso de unos cuantos días uno del otro, cuando ni una sola agencia de inteligencia occidental —incluso la CIA— tenía idea de que alguno de esos países estuviera tan cerca de tener la Bomba. Llamándolo "el mayor fracaso de inteligencia" en la historia de la CIA hasta ese momento, Goss advirtió que "la comunidad de inteligencia no había dado prioridad suficiente al desarrollo de armas nucleares por estados soberanos. Creo que nos habíamos confiado demasiado en la fraternidad del club nuclear y [pensamos] que los tipos de la Agencia Internacional de Energía Atómica tenían las cosas bajo control y que estaban haciendo su trabajo de manera efectiva. Resultó que no era cierto."

—¿Podría ese fracaso de inteligencia ocurrir otra vez? —pregunté—. ¿Es posible que la CIA y otros líderes occidentales, y de Estados Unidos, fundamentalmente malinterpreten las intenciones iraníes, que se equivoquen en cuanto a las capacidades tecnológicas de Irán y de repente se enfrenten a un régimen islámico que está armado nuclearmente mucho más pronto de lo que dicen sus evaluaciones actuales?

—Sí —admitió Goss—, podría haber otra sorpresa.

Alireza Jafarzadeh, un destacado disidente iraní que se opone fuertemente al régimen de Ahmadinejad, cree también que Teherán está buscando febrilmente armas nucleares. —Esta es la posible situación de pesadilla —dijo cuando lo entrevisté en 2008—: que el régimen islámico extremista Radical (que ya es el principal estado patrocinador del terrorismo; que está ahora totalmente atrincherado de la manera más violenta en Irak, matando a miles de personas inocentes; que ha llamado a borrar del mapa a Israel y a terminar con Estados Unidos; que tiene este programa de gobierno islámico global y que cree en el fin del mundo) obtuviera ahora la bomba nuclear.[8]

Jafarzadeh sabe con certeza de qué está hablando. Como sincero defensor de un "estado democrático secular, no nuclear" en su país de nacimiento, Jafarzardeh fue quien el 4 de agosto de 2002 llevó a cabo una conferencia de prensa en Washington para revelar la existencia de dos complejos secretos de investigación de armas nucleares en Irán. Hasta entonces, ambos complejos —una planta de enriquecimiento de uranio en Natanz, alrededor de 160 kilómetros al sur de Isfahán y una planta de producción de uranio de agua pesada en Arak, alrededor de 240 kilómetros al sur de Teherán— eran totalmente desconocidos para las agencias de inteligencia occidentales o de Estados Unidos. Pero ahora la existencia e importancia de ambas plantas han sido confirmadas por la CIA y la Organización Internacional de Energía Atómica (OIEA), que intensifica los temores de Occidente de que Irán está escondiendo complejos de investigación de armas nucleares avanzadas y podría estar más cerca de la Bomba de lo que anteriormente se creía. Durante su conferencia de prensa de 2002, Jafarzadeh también reveló que en una sesión privada del Consejo Supremo de Seguridad Nacional del régimen iraní anteriormente ese año, se había acordado que el "acceso a [una] bomba nuclear es el garante más importante de nuestra supervivencia, y en caso de tener la bomba, los países occidentales no podrán bloquear la penetración y expansión de la Revolución Islámica."[9]

El Senador John McCain también está profundamente preocupado por las ambiciones nucleares de Irán y las implicaciones de que los mulás obtengan la bomba. "Sólo hay algo peor que utilizar la opción de la acción militar [para detener a Irán], y es que los iraníes adquieran las armas nucleares," dijo el republicano de Arizona en *Meet the Press* de la NBC, cuando se preparaba para su candidatura presidencial. Si Irán obtiene la Bomba dijo, "creo que podría ser el Armagedón."[10]

EL RELOJ ESTÁ CAMINANDO

En resumidas cuentas: el tiempo se está acabando.

Los esfuerzos diplomáticos occidentales de persuadir a Teherán para que abandone su febril búsqueda de armas nucleares no han tenido éxito al momento de escribir este libro. Tampoco las sanciones económicas. En el otoño de 2008, Irán aseguraba tener más de 6.000 centrifugadoras operativas, máquinas sofisticadas que pueden transformar el uranio de bajo grado en un material altamente enriquecido, adecuado para armas y fabricación de bombas.

Altos funcionarios de la inteligencia israelí me dicen que ahora temen que Irán tenga armas nucleares operativas a fines de 2009, o en algún momento de 2010. Altos oficiales de inteligencia de Estados Unidos y oficiales militares me dicen que creen que tenemos un poco más de tiempo. Algunos creen que quizás Irán no tendrá la Bomba hasta 2011. Otros creen que podría tardar hasta 2015.

Esperemos que los que dicen que a Irán todavía le faltan algunos años para tener las armas nucleares tengan razón. Pero todos los oficiales militares y de inteligencia que entrevisté para este libro de buena gana admiten que nadie sabe con seguridad qué tan cerca está Irán de obtener la "Bomba Islámica" y de amenazar a cada poder del Medio Oriente o de realmente llevar a cabo su programa apocalíptico.

Al final, quizá no importe que los analistas de la inteligencia de Estados Unidos y Europa crean que el mundo tiene más tiempo antes de que Irán obtenga la Bomba. Quizás ni siquiera importe que tengan razón en su análisis. ¿Por qué? Porque si Estados Unidos y la OTAN rehúsan tomar acción militar para neutralizar la amenaza nuclear iraní, y si Israel cree que se ha acabado el tiempo, es posible que los líderes de Jerusalén sientan que están en la misma situación que sus padres en 1967.

En esa época, los enemigos de Israel amenazaron con "lanzar a los judíos al mar" mientras acumulaban fuerzas militares de vanguardia en las fronteras del estado judío. Los funcionarios israelíes enfrentaron una amenaza existencial, y llegaron a la conclusión de que no tenían más opción que lanzar un ataque preventivo con la esperanza de neutralizar, y, de ser posible, eliminar esa amenaza. Si esperaban a ser atacados, temían que los hirieran tan duro, tan rápido y con tanto poder bélico que nunca se recuperarían. Por lo que atacaron. Milagrosamente, la guerra sólo duró seis días.

Ahora Israel enfrenta una situación aún más peligrosa que la de 1967. Si el Ayatolá Jamenei y el Presidente Ahmadinejad son capaces de adquirir ojivas nucleares y unirlas a los misiles balísticos de alta velocidad que ya poseen, estarían en posición de lograr como en seis minutos lo que Adolfo Hitler se tardó casi seis años en hacer: matar a seis millones de judíos.

Por lo tanto, es posible que los líderes israelíes opten por una estrategia similar a la que eligieron sus predecesores en 1967. En este caso, podrían lanzar un ataque aéreo enorme en contra de los complejos nucleares, bases aéreas, lanzadores de misiles, sistemas de defensa aérea iraníes y posiblemente contra oficinas gubernamentales e instalaciones cruciales de infraestructura, antes de que Irán tenga la oportunidad de atacar primero a Israel.

Al final podría demostrarse que esa medida es necesaria, pero también podría poner en llamas a toda la región. Israel podría enfrentar cientos de misiles balísticos de contragolpe de Irán así como cohetes de Siria, de Hezbolá en el Líbano, de Hamas en Gaza y posiblemente de Cisjordania también. Algunos de estos misiles podrían cargar ojivas químicas o biológicas, aun si las ojivas nucleares de Irán no estuvieran en el cuadro. Los misiles balísticos también podrían ser disparados desde Irán a los campos de petróleo de Arabia Saudita y a los estados del Golfo, a los buques cisterna del Golfo Pérsico y del Estrecho de Ormuz y a las bases y fuerzas de Estados Unidos que están en Irak. Miles de células terroristas suicidas podrían activarse en la región, particularmente en contra de Irak e Israel. Al mismo tiempo, células terroristas de agentes encubiertos podrían activarse en Europa occidental, Canadá y Estados Unidos.

Mientras tanto, los esfuerzos terroristas de destronar a los líderes del Medio Oriente que apoyan a Occidente, como el Rey Abdalá II de Jordania y el Presidente de Egipto, Hosni Mubarak, en favor de los regímenes islámicos Radicales, amigos de Teherán, también podrían activarse. En medio de esa masacre y caos, los precios del petróleo podrían ascender a $300 o más por barril. Los precios de la gasolina en Estados Unidos podrían llegar a $10 o más por galón, con horrendas repercusiones internacionales y domésticas. Lo peor de todo es que decenas de millones de civiles inocentes podrían quedar atrapados en el fuego cruzado de una guerra que no quieren, pero que no pueden evitar.

EL PANORAMA DESDE JERUSALÉN

El General Moshe Ya'alon, ex jefe del estado mayor de las Fuerzas de Defensa Israelíes, ve que pronto viene una guerra mayor, porque Occidente ha sido apático y poco convincente para confrontar al régimen de Teherán. Cuando me reuní con él en su oficina en Jerusalén, fue claro y directo. —La confrontación con el régimen iraní es inevitable, y va a ser militar más que política, por la falta de determinación en la comunidad internacional de tratar con ella [la amenaza iraní] con métodos políticos o económicos. Y no podemos evitarla, a menos que renunciemos a nuestra forma de vida, a nuestros valores y a nuestra cultura.[11]

—¿Cuánto tiempo tiene Occidente para tomar una decisión en cuanto a cómo detener a Irán? —pregunté.

—Cuando se trata del proyecto nuclear militar iraní —dijo—, es cosa de un par de años . . . quizá de un par de meses.

Eso fue en marzo de 2007.

—¿Puede Occidente detener con éxito a Irán? —presioné.

Puede, insistió, si lo toma en serio y rápidamente. "En términos militares, los iraníes no son tan fuertes." —El problema, dijo, es que "Occidente tiene falta de determinación. Hay pocos líderes hoy que realmente entienden que estamos involucrados en la Tercera Guerra Mundial."

Al igual que los Generales Boykin y Ya'alon, el primer ministro israelí Benjamín Netanyahu también está preocupado por la creciente amenaza nuclear iraní y por la incapacidad, o poca voluntad, de Occidente hasta el momento para afrontar la crisis de manera efectiva. Y también cree que el día de ajuste de cuentas se acerca rápidamente.

—Creo que Occidente interpretó mal, y todavía malinterpreta, la amenaza del islam Radical —me dijo en su oficina de Tel Aviv en marzo de 2007—. Es una ideología fanática y mesiánica, que busca tener una batalla apocalíptica con Occidente por la supremacía del mundo. Busca corregir lo que sus discípulos ven como un accidente de la historia, donde Occidente ha surgido y el islam ha declinado. Se supone que la corrección se logrará con la resurrección de un imperio islámico y la adquisición y uso de armas nucleares, si es necesario, para aniquilar a los enemigos del islam y subyugar al resto. Esta es una ideología patológica, así como lo fue el nazismo. Y representa una amenaza, a mi juicio, de muchas maneras mayor que el nazismo, porque Hitler se embarcó en un conflicto mundial y luego buscó conseguir armas nucleares, mientras que el principal régimen islámico radical, Irán, está buscando primero adquirir armas nucleares y luego embarcarse en un conflicto mundial. Y eso todavía no se entiende en Occidente y seguramente, si se entiende, no se actúa en base a ello.

»Cuando Irán tenga armas nucleares —continuó Netanyahu—, podría amenazar a Occidente de maneras que ahora son inimaginables. Podrían apoderarse del Golfo Pérsico, en todos sus lados, y tomar el control de las reservas de petróleo del mundo, de la mayoría de ellas. Podrían hacer caer rápidamente a Arabia Saudita y a Jordania. Y, por supuesto, a Irak. Todos sus debates internos en Estados Unidos sobre Irak serían irrelevantes, porque el Irán armado nuclearmente subordinaría a Irak en dos segundos. Y, por supuesto, amenazan con crear un segundo Holocausto en Israel y siguen con su idea de construir un imperio global, produciendo veinticinco bombas atómicas al año (250 bombas en una década) con misiles en los que ya están trabajando, para llegar a las costas orientales de Estados Unidos. Todo lo demás empalidece en comparación con este desarrollo. Esto tiene que detenerse.

¿Cuánto tiempo, le pregunté, tiene Occidente para actuar decisivamente y detener a Irán?

—No mucho —respondió—. Se nos está acabando el tiempo. No puedo decirle si se trata de un período de meses o de unos cuantos años. Seguramente no más de unos cuantos años.[12]

CAPÍTULO DOS

"EL ISLAM ES LA RESPUESTA; EL YIHAD ES EL CAMINO"

¿Quiénes son los Radicales y qué quieren?

EN EL TRANSCURSO de la investigación de este libro, leí cientos de libros, discursos, artículos y sitios en Internet escritos y producidos por los mismos Radicales. Por varias semanas, salía de mi oficina en la noche y me desplomaba en la mesa de la cocina para comer la cena con mi esposa, Lynn, y nuestros hijos, sintiéndome triste y deprimido. Cuando uno lee lo que los yihadistas realmente dicen y comienza a comprender el mal que tienen en sus corazones, es preocupante, por decir lo menos.

Pero igual de angustiante, debo decir, es el hecho de que hay demasiados en puestos de liderazgo nacional estadounidense, y en los medios de comunicación, que no están estudiando cuidadosamente a los Radicales, o simplemente no los están tomando en serio. Inexplicablemente, están atascados en una mentalidad previa al 11 de septiembre y parecen no estar dispuestos, o ser capaces, de ver ni comprender los peligros inminentes.

En medio de la campaña presidencial de 2008, por ejemplo, el Senador Barack Obama, demócrata de Illinois, hizo una declaración escandalosa en un ayuntamiento de Oregón. Sostuvo que Irán era un país pequeño, no una "amenaza seria" para Estados Unidos, Israel o nuestros aliados del Medio Oriente. "O sea, piensen en esto," explicó. "Irán, Cuba, Venezuela —estos países son pequeños comparados con la Unión

Soviética. No representan una amenaza seria para nosotros de la manera que lo hizo la Unión Soviética. Irán, pues, gasta una centésima parte de lo que nosotros gastamos en las fuerzas militares."[1]

La prensa estaba asombrada. Los líderes judeo-estadounidenses estaban asombrados. Y también muchos seguidores de Obama. ¿Era esto una metedura de pata? ¿O en realidad creía Obama que Irán no era una amenaza seria? El Senador John McCain, candidato presidencial republicano, criticó tajantemente a su rival. "Eso deja ver la profundidad de la inexperiencia del Senador Obama y su descuidado juicio," sostuvo en un discurso en Chicago, la ciudad de Obama. "La amenaza que representa el gobierno de Irán no es. nada pequeña."[2]

Al día siguiente, el Senador Obama cambió de opinión. Modificó su tono durante un discurso en Billings, Montana. "Irán es una seria amenaza," dijo al leer de un texto preparado. "Tiene un programa nuclear ilícito. Apoya al terrorismo a lo largo de la región y a milicias en Irak. Amenaza la existencia de Israel. Niega el Holocausto."[3]

La nueva declaración de Obama concordó con la opinión internacional aceptada. Hizo eco de perspectivas expresadas por la Senadora Hillary Rodham Clinton, demócrata de Nueva York y principal rival de Obama en ese entonces. También hizo eco de las perspectivas del entonces presidente Bush. Pero ¿expresaba lo que el Senador Obama realmente creía? ¿Se habría equivocado un día y dio al día siguiente su perspectiva real? ¿O es posible que el comentario inicial y espontáneo de Oregón proporcionara una ventana más exacta de cómo el político novato de cuarenta y seis años veía verdaderamente la amenaza nuclear iraní?

Si es lo segundo, Obama seguramente no hubiera estado solo. El mundo está repleto de escépticos con respecto a las intenciones y capacidades del liderazgo iraní, desde diplomáticos a profesionales de inteligencia, académicos y periodistas.

El ministro del exterior ruso, Sergey Lavrov, por ejemplo, en 2007 insistía en que "Corea del Norte representa una amenaza fundamental, pero Irán no."[4]

Scott Ritter, ex oficial de inteligencia del Cuerpo de Marines y ex inspector de armas de las Naciones Unidas en Irak, sostenía en 2007 que "Irán nunca se ha manifestado como una amenaza seria para la seguridad nacional de Estados Unidos, o, por extensión, como una amenaza a la seguridad global. . . . Irán, como nación, no representa ninguna amenaza en absoluto para la seguridad nacional de Estados Unidos ni para sus aliados principales de la región, incluso Israel."[5]

Nikki R. Keddie, profesora de historia de la Universidad de California en Los Ángeles, y autora de *Modern Iran: Roots and Results of Revolution* (*Las raíces del Irán moderno*), escribió en 2006 que "las declaraciones de Ahmadinejad tienen una audiencia en el mundo musulmán, quizás aún más que en Irán, pero no significa que Irán tenga la intención de llevar a cabo actos agresivos. Ahmadinejad está lejos de estar demente."[6]

Ted Koppel, ex anfitrión de *Nightline* de ABC, también le ha restado importancia a la amenaza nuclear iraní. Hasta ha sugerido —nada menos que en un editorial periodístico del *New York Times*— que el mundo debería permitir que Irán obtenga la Bomba. "Washington debería doblegarse ante lo inevitable," insistió. "Si Irán está tan resuelto a tener armas nucleares, que así sea."[7]

El fundador de CNN, Ted Turner, fue aún más lejos. "Ellos [Irán] son un estado soberano —nosotros tenemos 28.000 [ojivas nucleares]— ¿por qué ellos no pueden tener 10?" sostuvo en 2006. "Nadie en su sano juicio las usaría."[8]

LO QUE LOS RADICALES DICEN QUE QUIEREN

¿Tienen razón esos "expertos"?

¿Deberíamos permitir que los Radicales tengan un arma nuclear, o diez?

Antes de que lo hagamos, quizás valga la pena hacer un examen más cercano de las ambiciones de los Radicales en general y del régimen iraní en particular. Después de todo, los Radicales no son tímidos para explicar sus metas ni para reunir esfuerzos de millones que los ayuden a lograr esos planes.

> "Los gobiernos del mundo deberían saber que . . . el islam será victorioso en todos los países del mundo, y que el islam y las enseñanzas del Corán prevalecerán en todo el mundo."
> —*Ayatolá Ruhollah Jomeini, enero de 1979*[9]
> "Tenemos que esforzarnos para exportar nuestra Revolución a todo el mundo." —*Ayatolá Jomeini, 21 de marzo de 1980*[10]

"No evitamos declarar que el islam está listo para gobernar el mundo. . . . Tenemos que creer en el hecho de que el islam no se limita a fronteras geográficas, a grupos étnicos ni a naciones. Es una ideología universal que lleva al mundo a la justicia. . . . Tenemos que prepararnos para gobernar al mundo." —*Presidente iraní Mahmoud Ahmadinejad, 5 de enero de 2006*[11]

"Me reúno con ustedes ahora . . . bajo la bandera del bendecido despertar de la *Umma* [nación islámica] que se está extendiendo en el mundo. . . . La fuerza militar infiel más grande del mundo [la Unión Soviética] fue destruida. El mito del superpoder se desvaneció en presencia de los clamores de los muyahidines [yihadistas islámicos] de '¡Dios es grande!' Ahora, trabajamos desde las mismas montañas para liberar a la *Umma* de la injusticia que ha sido impuesta por la alianza de los sionistas y cruzados . . . [y crear] el futuro estado panislámico. . . . Señor nuestro, destruye a nuestros enemigos, fomenta disidencia entre ellos, sacude la tierra debajo de sus pies y danos control sobre ellos." —*Osama bin Laden, 23 de agosto de 1996*[12]

"Ya hemos gobernado el mundo antes y, por Alá, el día llegará en que gobernaremos todo el mundo otra vez. El día llegará en que gobernaremos Estados Unidos. El día llegará en que gobernaremos Gran Bretaña y todo el mundo." —*Jeque Ibrahim Mudeiris, clérigo palestino destacado de Gaza, 13 de mayo de 2005*[13]

"Nuestra misión: dominio del mundo" —*Lema que apareció en la página frontal de una publicación de la Hermandad Musulmana en Londres en 2001*[14]

Restaurar el califato y construir un imperio islámico que literalmente abarque todo el mundo es, sin duda alguna, la meta expresa de los Radicales, ya sean musulmanes chiítas o sunitas. Ha sido una meta desde el siglo VII, cuando Mahoma, a quien los musulmanes reverencian como profeta, caminaba en la tierra. Pero mientras que antiguamente esta noción era un sueño —deseado pero lejano—, muchos Radicales ahora creen que es realmente posible, mientras que la historia, desde su perspectiva, llega a una conclusión y el fin del mundo se acerca.

En 1979, hubo tres países que, a los ojos de los Radicales, se interponían en el camino del dominio: la Unión Soviética, Israel y Estados Unidos. El colapso de la Unión Soviética el día de Navidad de 1991 dramáticamente alentó a los Radicales. "Uno menos, faltan dos," razonaban, e Israel era percibido ampliamente como el próximo objetivo.

"Es la misión de la República Islámica borrar a Israel del mapa de la región." —*Líder Supremo Iraní Ayatolá Ali Jamenei, enero de 2001*[15]

"Una bomba es suficiente para destruir a Israel. . . . A su debido tiempo, el mundo islámico tendrá un dispositivo militar nuclear." —*Presidente iraní Rafsanjani, diciembre de 2001*[16]

"Rafsanjani dice que los musulmanes deberían utilizar arma nuclear en contra de Israel." —*Titular del Iran Press Service, 14 de diciembre de 2001*[17]

"Israel debe borrarse del mapa." —*Presidente iraní Mahmoud Ahmadinejad, 26 de octubre de 2005*[18]

"Les guste o no, el régimen sionista se dirige hacia la aniquilación. . . . El régimen sionista es un árbol podrido y seco que será eliminado por una tormenta . . . [porque] su existencia ha dañado la dignidad de las naciones islámicas." —*Ahmadinejad, 14 de abril de 2006*[19]

"Debo anunciar que el régimen sionista (Israel), con un récord de 60 años de genocidio, saqueos, invasión y traición, está a punto de morir y pronto será borrado de la escena geográfica." —*Mahmoud Ahmadinejad, 2 de junio de 2008*[20]

"Si todos ellos (los judíos) se reúnen en Israel, nos evitarán el problema de ir a buscarlos por todo el mundo." —*Líder de Hezbolá Jeque Hassan Nasrallah, 23 de octubre de 2002, al referirse a la creencia de los musulmanes chiítas del Día Final de que es la voluntad de Dios crear a Israel brevemente para que pueda ser destruido.*[21]

"Una de las razones fundamentales para crear Hezbolá fue desafiar al programa sionista de la región. Hezbolá todavía conserva este principio, y cuando un periodista egipcio me visitó después de la liberación y me preguntó si la destrucción de Israel y la liberación de Palestina y Jerusalén eran la meta de Hezbolá, respondí: 'Ese es el objetivo principal de Hezbolá, y no es menos sagrado que nuestra meta [final].'" —*Jeque Hassan Nasrallah, en mayo de 2000*[22]

"Todas las lanzas deberían dirigirse a los judíos, a los enemigos de Alá, la nación que fue maldita en el libro de Alá. Alá los ha descrito como simios y cerdos, adoradores de becerros, adoradores de ídolos. . . . Cualquiera que pueda pelear contra ellos con sus armas, debería salir [a la batalla]. . . . Nada desalentará [a los judíos] si no nos detonamos a nosotros mismos voluntariamente en medio de ellos. . . . Los hicimos estallar en Hadera, los hicimos estallar en Tel Aviv y en Netanya, y de esta manera, Alá nos establece como gobernadores sobre estas cuadrillas de vagabundos." —*Jeque palestino Ibrahim Madhi, Mezquita Jeque 'Ijlin en Gaza, 3 de agosto de 2001*[23]

"No tengan misericordia de los judíos, no importa dónde estén, en cualquier país. Luchen en contra de ellos en dondequiera que estén. En donde sea que se encuentren con ellos, mátenlos. En donde quiera que estén, maten a esos judíos y a esos estadounidenses que son como ellos —y a los que están de su lado— todos están en una trinchera, en contra de los árabes y de los musulmanes, porque establecieron a Israel aquí, en el corazón latente del mundo árabe, en Palestina." —*Dr. Ahmad Abu Halabiya al predicar en una mezquita de Gaza, 13 de octubre de 2000*[24]

Sin embargo, Israel no es el objetivo final. A los ojos de los principales líderes Radicales, el estado judío es el "Pequeño Satanás." Estados Unidos es considerado como el "Gran Satanás" y, en consecuencia, el blanco más deseado.

"Dios mediante, con la fuerza de Dios como respaldo, pronto experimentaremos un mundo sin Estados Unidos ni sionismo." —*Mahmoud Ahmadinejad, 26 de octubre de 2005*[25]

"Ahora, el tiempo de la caída del poder satánico de Estados Unidos ha llegado, y la cuenta regresiva para la aniquilación del emperador del poder y riqueza ha comenzado."
—*Mahmoud Ahmadinejad, 2 de junio de 2008, al marcar el décimo noveno aniversario de la muerte del Ayatolá Jomeini*[26]

"Prepárense para un mundo sin Estados Unidos." —*Mahmoud Ahmadinejad, 4 de junio de 2008*[27]

"El juicio para matar y pelear con los estadounidenses y sus aliados, ya sean civiles o militares, es una obligación para cada musulmán que puede hacerlo —en cualquier país. En el nombre de Alá, hacemos un llamado a cada musulmán que crea en Dios y que le pida perdón, a que acate la orden de Dios de matar a estadounidenses y a que les roben su dinero en cualquier parte, a cualquier hora y cuando sea posible." —*Osama bin Laden, 2 de febrero de 1998*[28]

"Ahora predecimos un día negro para Estados Unidos —y el final de Estados Unidos como Estados Unidos, Dios mediante." —*Osama bin Laden, entrevista con el Noticiero ABC en mayo de 1998*[29]

"Hacemos un llamado a la nación musulmana . . . que se prepare para el yihad impuesto por Alá y que aterrorice al enemigo al preparar la fuerza que sea necesaria. Esto debe incluir la fuerza nuclear." —*Osama bin Laden, 14 de mayo de 1998*[30]

"Que todo el mundo me oiga. Nuestra hostilidad con el Gran Satanás [Estados Unidos] es absoluta. . . . Termino mi discurso con el lema que seguirá repercutiendo en todas las ocasiones, para que nadie piense que nos hemos debilitado. Independientemente de cuánto haya cambiado el mundo después del 11 de septiembre, 'Muerte a Estados Unidos' seguirá siendo nuestro lema resonante y poderoso. Muerte a Estados Unidos." —*Líder de Hezbolá Jeque Hassan Nasrallah, 27 de septiembre de 2002*[31]

> "Si Alá quiere, Estados Unidos pronto será aniquilado, así
> como la Unión Soviética fue aniquilada. Estamos con-
> vencidos de esto. . . . Si Alá quiere, llegaremos a Estados
> Unidos. Los hombres de esta nación llegarán a Estados
> Unidos." —*Muhammad Taher Al-Farouq, líder del Movi-*
> *miento Islámico de Uzbekistán, en un artículo Web del 3 de*
> *diciembre de 2007*[32]
> "Alá ahogará al pequeño Faraón, al enano, al Faraón de todos
> los tiempos, de nuestra época, al presidente estadouni-
> dense. Alá ahogará a Estados Unidos en nuestros mares,
> en nuestros cielos, en nuestra tierra. . . . Estados Unidos
> será destruido." —*Jeque Ibrahim Mudeiris, destacado clérigo*
> *palestino de Gaza, 21 de marzo de 2003*[33]
> "Alá, destruye a Estados Unidos, a sus colaboradores y a sus
> agentes." —*Jeque Ikrimeh Sabri, el Mufti (líder) islámico*
> *de Jerusalén y de los Territorios Palestinos, 24 de agosto de*
> *2001*[34]

Observe cuidadosamente el lenguaje de los dirigentes Radicales. En
este momento de la Revolución —después de 1979 y después del 11 de
septiembre— los yihadistas no buscan simplemente asustar o aterrorizar
al pueblo estadounidense; buscan destruirlo completamente. No sólo
buscan repudiar o humillar; buscan aniquilar.

¿Cómo lograrían su misión esos Radicales? Tanto los líderes chiítas
de Irán como los líderes sunitas de al Qaeda son explícitos: utilizarán
cualquier medio que sea necesario, incluso armas de destrucción masiva
y particularmente armas nucleares, si llegaran a estar disponibles.

En su manifiesto publicado en 2001, *Caballeros bajo la bandera del*
profeta, el Dr. Ayman al-Zawahiri, máximo lugarteniente de bin Laden,
dejó muy clara la estrategia de al Qaeda: "Causar el mayor daño y producir el mayor número de víctimas en el oponente, sin importar cuánto
tiempo y esfuerzo requieran estas operaciones, porque este es el idioma
que Occidente entiende."[35]

En junio de 2002, Suleiman Abu Ghaith, un portavoz de al Qaeda
que nació en Kuwait, fue aún más lejos al declarar abiertamente: "Al
Qaeda tiene el derecho de matar a cuatro millones de estadounidenses

—dos millones que sean niños—, exiliar al doble, herir y lesionar a cientos de miles. Además, es nuestro derecho luchar contra ellos con armas químicas y biológicas."[36]

Hasta un estudio superficial de las declaraciones hechas por líderes Radicales no deja dudas en cuanto a sus motivos. Esto, en cambio, plantea serias incertidumbres en cuanto al conocimiento, sabiduría y juicio de líderes, académicos y periodistas estadounidenses y extranjeros que dicen que esos extremistas no representan ninguna amenaza seria para la seguridad occidental y que a los países radicalizados como Irán debería permitírseles adquirir hasta una bomba u ojiva nuclear funcional, por no decir varias o más. Los riesgos son sencillamente demasiado grandes y hay demasiado en juego.

LAS RAÍCES DE SU FURIA

¿Cómo se explica esa ambición e ira genocidas? ¿Qué impulsa a los Radicales a esos extremos y cuáles son las raíces de esa furia?

La respuesta, en esencia, está en el sentimiento profundamente arraigado de vergüenza, humillación, fracaso e impotencia en el mundo moderno que muchos musulmanes sienten ahora.

Érase una vez, cuando los pueblos musulmanes eran comprensiblemente considerados la fuerza militar y económica más grande del planeta. Los militares y mercantes musulmanes cruzaban el globo y dominaban casi todo lugar al que iban, desde el norte de África y España en Occidente, hasta la India, China y finalmente Indonesia —ahora el país musulmán más poblado del mundo— en el Oriente. Los ejércitos y predicadores musulmanes penetraron profundamente en África en el sur y hasta Rusia en el norte. Eran los musulmanes quienes controlaban las grandes rutas comerciales de oro, plata, seda y esclavos desde Asia a Europa. Fueron los musulmanes los que llevaron el sistema matemático de la India a Europa. Fueron los musulmanes los que lideraron el mundo en las ciencias, medicina, arquitectura, música, literatura y poesía durante mil años o más.

Ahora, los mismos periodistas, académicos y políticos islámicos dicen que el mundo musulmán es mejor conocido por la tiranía, la vil pobreza de todos excepto de la élite, la corrupción incontrolada, la violencia y el terrorismo. A pesar del descubrimiento del petróleo y de la fantástica riqueza en los territorios islámicos, a pesar del surgimiento del nacionalismo y de la creación de las naciones-estado después de la salida de las Bretaña y Francia coloniales del Medio Oriente y el norte de África, a pesar de la introducción ampliamente generalizada de las escuelas primarias y secundarias y por lo menos de una educación básica para cientos de millones de niños, el mundo islámico al inicio del siglo XXI está atascado en desesperanza y desesperación. Los poderes musulmanes no están ganando las guerras. Los pueblos musulmanes no están haciendo avances médicos. No están creando tecnologías nuevas e impresionantes. Es más, muchos musulmanes observan que sus gobiernos apenas son capaces de alimentar a su gente y de proporcionarles suficiente trabajo significativo.

"¿Cuál es nuestro problema? ¿Cómo llegó a ser así?"

Ese es el lamento que se escucha en las conversaciones entre los musulmanes en el Medio Oriente, en Europa y en toda Norteamérica. Es la ansiedad que se encuentra en innumerables discursos, libros, blogs y correos electrónicos que los musulmanes originan estos días.

Bernard Lewis, el notable erudito de la Universidad de Princeton de historia islámica y del Medio Oriente, ha escrito dos libros perspicaces y provocativos sobre este mismo tema.[37] En ellos, plantea el caso fascinante y convincente de que realmente fueron los primeros éxitos de los musulmanes los que plantaron las semillas de su propia decadencia. Cuando el islam era poderoso y dominaba el epicentro de la tierra, viajar por los territorios musulmanes era peligroso y, por ende, sumamente caro para los comerciantes europeos. Entonces los europeos decidieron encontrar una manera de esquivar el mundo islámico del todo. Esperando encontrar una vía alrededor del Cuerno de África y hacia India y Asia Oriental, comenzaron a explorar rutas marítimas que pudieran llevarlos al sur desde Inglaterra, Francia, España y Portugal, a lo largo de los litorales de África.

Esos viajes navales tan largos y arduos requerían más de los europeos: más educación, más tecnología, más toma de riesgos. Requerían que se construyeran mejores barcos, crearan mapas más exactos y desarrollaran habilidades de navegación. Requerían que se elaboraran instrumentos meteorológicos más precisos y que se desarrollara una comprensión más profunda de la meteorología. Para proteger a sus hombres y barcos de piratas, bandidos y colonialistas contrarios, los europeos también tuvieron que desarrollar mejores armas y tecnología de combate.

Hubo muchos errores y fracasos, sin duda. Pero los europeos demostraron ser persistentes y resistentes. A través de largos períodos de ensayo y error, desarrollaron una infraestructura educativa y tecnológica en sus países que les permitió dominar los mares peligrosos y abrirse camino al Oriente navegando por el sur. Finalmente, la riqueza, especies y otros tesoros orientales volvieron a las naciones europeas por medio de compañías navieras y marinas cada vez más avanzadas.

Mientras más trabajaban los cristianos europeos por evitar a los musulmanes del Medio Oriente, más conocimiento y experiencia se obtenía. Supieron de la pólvora y de los explosivos de los chinos. Descubrieron medicinas y remedios de hierbas por todo el Oriente. Volvían con ideas nuevas y una sed de más conocimiento.

El éxito produjo más éxito. La innovación llevó a más innovación, y este espíritu de exploración resplandeció a lo largo de Europa, y llevó a hombres como Cristóbal Colón a navegar hacia el oeste para llegar al Oriente. Con el tiempo, los barcos de madera dieron paso al acero. La fuerza del viento dio paso al vapor. La propulsión a vapor dio paso a los motores que utilizaban combustible fósil. Los hermanos Wright descubrieron el vuelo. Luego surgieron los aviones jumbo y los de combate. Los motores impulsados por gasolina y petróleo dieron paso a los submarinos y portaviones impulsados con energía nuclear. Luego llegó el viaje espacial. Los rusos pusieron un hombre en órbita. Los estadounidenses pusieron un hombre en la luna.

Al inicio del tercer milenio, viajar por todo el mundo era posible de una manera que nunca antes se había visto en la historia humana. El conocimiento aumentaba exponencialmente. Todo parecía cumplir las palabras del profeta hebreo Daniel cuando escribió que al final de los tiempos, "Muchos correrán de aquí para allá, y la ciencia se aumentará" (Daniel 12:4).

El mundo islámico se quedaba atrás. Aun así, por unos trescientos años los musulmanes ni se dieron cuenta. Se consideraban los amos del universo, y consideraban a los europeos como infieles y bárbaros. Tenían poco interés en darse cuenta, examinar o interesarse en los tremendos avances de la ciencia e ingeniería que los cristianos occidentales estaban realizando. Pero finalmente la invención y la rápida propagación de la radio y la televisión y las comunicaciones globales dejaron cada vez más claro, incluso a las masas no educadas dentro del mundo musulmán, cuán grandes eran las diferencias entre su mundo y Occidente.

Y entonces un grito desalentador ha estado surgiendo desde la profundidad del mundo musulmán por casi un siglo, ciertamente desde el colapso del Imperio Otomano y el final del califato islámico de Estambul, Turquía, en 1924.[38] Este gemido colectivo se intensificó después de que los árabes fueran derrotados por Israel en 1948, 1956, 1967 y de nuevo en 1973. Pareció llegar a un crescendo durante la Revolución Islámica de Irán en 1979. Empeoró dramáticamente tras los ataques del 11 de septiembre, y ahora se ha convertido en un rugido ensordecedor.

En un ensayo que se titula "Islamic Failure (Fracaso islámico)," que escribió para una revista intelectual británica en febrero de 2002, Pervez Amir Al Hoodbhoy —destacado científico paquistaní y profesor de física en Islamabad— lamentó el hecho de que "rara vez se ve un nombre musulmán al ojear revistas científicas, y si se ve, es probable que esa persona viva en Occidente." Al observar que "la lamentable situación actual contrasta rotundamente con el islam de ayer," Al Hoodbhoy señaló que "entre el siglo IX y el siglo XIII —la edad de oro del islam— las únicas personas que hacían un trabajo decente en la ciencia, filosofía o medicina eran musulmanas." Pero en el siglo XIII, "el Islam se derrumbó," y "el resto del mundo siguió adelante." El Renacimiento, observó Al Hoodbhoy, "trajo una explosión de investigación científica en Occidente," y el mundo islámico se quedó atrás. "Para los musulmanes, es hora de dejar de regodearse en la autocompasión: los musulmanes no son víctimas indefensas de conspiraciones ideadas por un Occidente todopoderoso y malicioso. El hecho es que la decadencia de la grandeza islámica ocurrió mucho antes de la época del imperialismo mercantil. Las causas fueron esencialmente internas. Por lo tanto, los musulmanes deben ser introspectivos y preguntarse: '¿Qué salió mal?'"[39]

En una serie de ensayos que escribió para una página en Internet en idioma árabe en junio de 2003, Al-Affif al-Akhdar, periodista musulmán de Túnez que ahora vive en el exilio en París, preguntó: "¿Por qué es tan rico el mundo árabe en recursos naturales y tan pobre en recursos humanos? ¿Por qué el conocimiento humano en otras partes crece a buen ritmo mientras que en el mundo árabe lo que se extiende en lugar de ello es el analfabetismo, el miedo ideológico y la parálisis mental? ¿Por qué las expresiones de tolerancia, moderación, racionalismo, compromiso y negociación nos aterran, pero [cuando escuchamos] gemidos fervientes de venganza, todos bailamos el baile de la guerra? . . . ¿Por qué otra gente ama la vida, mientras que nosotros amamos la muerte y la violencia, las matanzas y el suicidio, y lo llamamos heroísmo y martirio?"[40]

En un artículo titulado "What's Wrong with the Arab World? (¿Qué pasa con el mundo árabe?)" publicado en *The Arab American News* (Noticias estadounidenses árabes) en enero de 2008, el autor Jamal Bittar escribió emotivamente sobre "el deterioro del orden político, social y económico en la mayoría de países del mundo árabe" y de los "fracasos árabes producidos por ellos mismos" que estaban destruyendo los sueños y aspiraciones de millones. "Cada régimen del mundo árabe ha demostrado ser un fracaso," concluyó. "Nadie ha podido darle a su pueblo esperanzas realistas de un futuro libre y próspero. Los regímenes no han encontrado la manera de responder a la frustración de su pueblo, más que con una combinación de opresión interna y propaganda que genera ira en contra de los enemigos externos. . . . ¿Qué están haciendo los líderes árabes?"[41]

Y no son sólo los reporteros y académicos los que están haciendo estas preguntas. Los principales líderes políticos de la región también las hacen. Por ejemplo, piense en las palabras que el presidente paquistaní Pervez Musharraf dijo en un discurso sensacionalmente franco a oficiales superiores musulmanes de países de mayoría musulmana, en una conferencia sobre ciencia y tecnología que se llevó a cabo en Islamabad, en febrero de 2002, no mucho después de los ataques del 11 de septiembre: "Ahora somos los más pobres, los más analfabetos, los más atrasados, los más enfermos, los más ignorantes, los más despojados y los más débiles de toda la raza humana," dijo Musharraf.[42]

Observó que el producto nacional bruto *colectivo* de *todos* los países musulmanes estaba apenas en $1,2 billones, comparado con Alemania, cuyo PNB fue de $2,5 billones en esa época y con Japón, cuyo PNB entonces era de $5,5 billones. ¿Por qué? Una razón que él mencionó fue que "ninguno de los países musulmanes le había puesto atención [en serio] al desarrollo educativo y científico."[43]

Esa no fue una revelación reciente de Musharraf con la esperanza de aplacar a Occidente con un lenguaje moderado tras el ataque devastador de al Qaeda en Estados Unidos. Había sido un tema para el líder paquistaní desde que llegó al poder en 1999. Efectivamente, en uno de sus primeros discursos para los 170 millones de musulmanes de su país, el 17 de octubre de 1999, Musharraf no suavizó las palabras:

> Hace cincuenta y dos años, comenzamos con una luz de esperanza. Ahora esa luz ya no existe y estamos en la oscuridad. El desaliento y la desesperación nos rodean y no hay luz en ninguna parte. El deslizamiento ha sido gradual, pero se ha acelerado rápidamente en los últimos años. Ahora hemos llegado a un estado donde nuestra economía se ha derrumbado, nuestra credibilidad se ha perdido, las instituciones del estado están demolidas, la falta de armonía provincial ha producido grietas en la federación. . . . En resumen, hemos perdido nuestro honor, nuestra dignidad, nuestro respeto en el reconocimiento mutuo internacional. ¿Es esta la democracia que [nuestros líderes] visualizaban? ¿Es esta la manera de entrar al nuevo milenio?"[44]

"EL REVÉS"

Entonces surgió el renacimiento del Estado de Israel en 1948.

Trescientos millones de musulmanes en Medio Oriente esperaban que los ejércitos árabes de Egipto, Siria, Jordania, Líbano e Irak estrangularan al recién nacido estado judío en su cuna. Pero cuando el relativamente pequeño estado de Israel derrotó a los ejércitos árabes combinados, el sentido creciente de fracaso y humillación que los musulmanes sentían solamente se intensificó. La confrontación de 1956 entre Israel y Egipto, en la que Israel no sólo sobrevivió sino que prevaleció, agravó más la vergüenza musulmana y su sentido de impotencia militar.

Entonces en junio de 1967 ocurrió una derrota abrumadora y cataclísmica para los musulmanes, conocida por todo el mundo de habla árabe como *an-Naksah*, "El Revés." En solamente seis días, los israelíes más que triplicaron su tierra, recuperaron el estratégico Valle del Jordán, obtuvieron las estratégicas Alturas del Golán y reunificaron a Jerusalén —sin la ayuda directa de los estadounidenses, británicos, franceses o cualquier otro aliado. ¿Cómo fue eso posible?, el mundo islámico quería saber. ¿Cómo pudieron los musulmanes perder frente a los "infieles"? El dolor en la región era palpable, y la introspección se aceleró.

Para hombres como Yasser Arafat, el líder nacionalista mayormente secular de la recién creada (en 1964) Organización para la Liberación de Palestina, la lección de la Guerra de los Seis Días fue simple: *No confíes en los dictadores árabes; más bien, toma medidas con tus propias manos. Utiliza las tácticas terroristas de la guerrilla para hacer que los judíos sufran, teman, mueran y finalmente huyan.* Para muchos árabes musulmanes que también se contagiaron del espíritu de nacionalismo que se extendió en el globo en la última parte del siglo XX, esta fue una diagnosis y prognosis convincente e intoxicante. Los árabes estaban fracasando, decía el argumento, porque esencialmente estaban subcontratando su propia seguridad. Pero los dictadores árabes eran traidores. La única manera de ganar era inscribirse en la revolución de la OLP y meterse uno mismo en la lucha.

Pero también había otro análisis convincente. Era menos prominente en la región en ese momento, sin embargo era más persuasivo para muchos de los que lo oían. Los predicadores islámicos Radicales sostenían que los árabes estaban perdiendo en contra de los judíos —y fracasando en muchas áreas de la vida— no porque fueran malas personas o malos soldados, sino porque eran malos musulmanes. Se habían desviado del verdadero camino del islam. Se habían debilitado y hasta secularizado. Habían puesto su fe en los estados árabes, no en Dios. Su única esperanza, sostenían estos clérigos, era que los musulmanes de toda la región se purificaran, se volvieran a entregar a Alá, y que emprendieran un yihad islámico con base en los principios del Corán, no en una revolución secular política basada en los principios de Karl Marx, Gamal Abdel Nasser o cualquier otro. Sólo entonces Alá les volvería a mostrar su favor. Sólo entonces recuperarían la gloria de su historia. Sólo entonces recuperarían su honor y orgullo.

"Puedo decirle lo que la guerra de 1967 le hizo a la región," observó Essam Deraz, oficial de reconocimiento del ejército egipcio de la época, quien después se uniría a los muyahidines (yihadistas islámicos) en Afganistán y lucharía con Osama bin-Laden. "Vimos cómo destruyeron al ejército de nuestro país en horas. Pensamos que podíamos conquistar a Israel en horas. . . . No fue Israel el que nos derrotó, sino el régimen [de

Nasser] el que lo hizo, por lo que comencé a estar en contra del régimen. No fue una derrota militar. Se convirtió en una derrota de la civilización. No sabíamos que estábamos tan atrasados, que estábamos tan subdesarrollados, tan lejos de alcanzar al resto de la civilización moderna. Hubo un terremoto en la personalidad árabe-islámica, no sólo en Egipto sino en todo el mundo árabe."[45]

"¿Por qué nos derrotaron en 1967?" preguntó el Jeque Yussef Al-Qaradhawi, cabeza de la facultad islámica de leyes en la Universidad de Qatar y un líder espiritual del movimiento de la Hermandad Musulmana. "Los oficiales declararon que teníamos enormes cantidades de armas, pero no le dimos una preparación mental al guerrero. No lo preparamos para luchar por creencias religiosas y para defender los santuarios religiosos."[46]

Precisamente fue a esta conclusión a la que también llegó el Dr. Ayman al-Zawahiri, que es egipcio. Y esta fue una razón básica por la que después de la "derrota" de la Guerra de los Seis Días fundó una organización terrorista conocida como el Yihad Islámico Egipcio, que después se uniría con bin Laden y al Qaeda. "[Un] factor clave que afectó la marcha del movimiento del yihad [fue] la derrota de 1967," escribiría. "El mito del Líder del Nacionalismo Árabe, que lanzaría a Israel al mar, fue destruido. . . . Este movimiento engendró una nueva generación unos cuantos años después de la derrota de 1967. Esta generación volvió al campo del Yihad."[47]

SU MANTRA

En 1973, la suerte árabe empeoró.

En un ataque sorpresa, Egipto y Siria casi destruyeron a los israelíes en Yom Kippur, el día más santo del judaísmo. Pero con la ayuda constante de un puente aéreo estadounidense de armas para los israelíes, el estado de Israel, de manera decisiva, cambio la situación. Pronto las fuerzas árabes armadas, entrenadas y abastecidas por los soviéticos, estaban siendo aplastadas y exigieron un cese al fuego en las Naciones Unidas. Su derrota exacerbó aún más la humillación de los nacionalistas árabes seculares. Pero simultáneamente le dio alas al argumento Radical.

Siempre y cuando el mundo musulmán siga aceptando dictadores árabes corruptos y rehúse volver a los principios del Corán y a los caminos del yihad violento, nunca derrotarán a los sionistas, sostuvieron los Radicales. *¿Qué podría ser más humillante que perder frente a los judíos una y otra vez?* recriminaron. *¿Cuándo aprenderán los musulmanes a volver a Alá?*

"Hemos llegado al fin del mundo," advirtió Mohammed Taki al Moudarrissi, líder chiíta terrorista nacido en Irak, pero que trabajaba fuera de su sede en Teherán, a medida que el movimiento Radical cobraba fuerza. "El presidente y los ministros [del mundo islámico] se están devorando a sí mismos. Los ejércitos son traidores. La sociedad es corrupta. Los privilegiados, los notables, no se interesan en los pobres. Sólo el islam puede darnos esperanza."[48]

"Tenemos que limpiar la mancha vergonzosa por la que algunas personas imaginan que la violencia no tiene lugar en el islam," concluyó Muhammad Taghi Mesbah Yazdi, clérigo iraní de alto rango que después llegaría a ser el asesor espiritual de Mahmoud Ahmadinejad. "Hemos decidido y estamos resueltos a discutir y a demostrar que la violencia está en el corazón del islam."[49]

En una fetua (dictamen religioso) emitida por una conferencia islámica en Sudán, Hassan al-Turabi, el líder espiritual de Sudán, declaró: "Aquellos musulmanes que . . . tratan de cuestionar o dudan de la justificabilidad del yihad, por este medio se les declara 'hipócritas,' ya no son musulmanes, y son 'apóstatas' de la religión del islam; y serán condenados permanentemente al fuego del infierno."[50]

Cada vez más, los musulmanes de la región comenzaron a escuchar a los predicadores Radicales y a alejar su lealtad de los que veían como políticos fracasados. El movimiento yihadista estaba creciendo, y ahora tenían un mantra, que en esencia era: *El islam es la respuesta, y el yihad es el camino.*

Este mantra se repetía a lo largo del Medio Oriente, desde Egipto a Irán, entre los sunitas y chiítas por igual, y se expandió como un incendio. El lema de la Hermandad Musulmana —estampado en su literatura y publicaciones— se convirtió en "Alá es nuestro objetivo. El Profeta es nuestro líder. [El] Corán es nuestra ley. El yihad es nuestro camino. Morir en el camino de Alá es nuestra esperanza más elevada."[51] Al-Zawahiri echó leña al fuego al escribir un manifiesto tras otro que declaraba: "No hay solución sin el yihad,"[52] y "la única solución es confrontar a la tiranía . . .

y llevar a cabo el Yihad en el Camino de Alá. Podremos vivir con honor sólo si aprendemos a morir como mártires."[53]

Pero lo que cambió la suerte de los Radicales no fueron estrategas sunitas como los de la Hermandad Musulmana y el Yihad Islámico Egipcio. Lo que echó gas al fuego y cambió el destino del Medio Oriente moderno —y la historia del mundo occidental— para siempre fue el surgimiento en Irán de un clérigo chiíta con el nombre de Ruhollah Musavi Jomeini, que declaró: "Por medio del *Yihad*, [nosotros] tenemos que exponer y derrocar a los gobernadores tiranos." No era sólo una amenaza. Era una promesa.

En el capítulo 4 examinaremos el surgimiento dramático de Jomeini al poder y el efecto que tuvo en los Radicales por toda la región. Sin embargo, en primer lugar, es importante entender mejor lo que los Radicales creen teológicamente y cómo estas creencias los impulsan a utilizar la violencia para lograr sus objetivos.

CAPÍTULO TRES

LA TEOLOGÍA DE LOS RADICALES

Lo que creen, verso por verso

EL 17 DE SEPTIEMBRE DE 2001, apenas seis días después de los terribles ataques terroristas que mataron a casi tres mil estadounidenses, el Presidente George W. Bush viajó en una caravana de automóviles, con exceso de protección, al Centro Islámico de Washington, D.C. Allí hizo una declaración a los reporteros que se transmitiría a toda la nación y alrededor del mundo.

"La cara del terror no es la genuina cara del islam," dijo el presidente, rodeado por una extraordinaria falange de agentes del Servicio Secreto, muy armados y bien alertas. "El islam no se trata de eso. El islam es paz. Estos terroristas no representan la paz. Representan el mal y la guerra. Cuando pensamos en el islam, pensamos en una fe que brinda consuelo a mil millones de personas alrededor del mundo. Mil millones de personas encuentran consuelo, solaz y paz."

El presidente continuó observando que "Estados Unidos tiene millones de ciudadanos musulmanes, y los musulmanes dan una contribución increíblemente valiosa a nuestro país. Los musulmanes son doctores, abogados, profesores de leyes, miembros del ejército, empresarios, tenderos, madres y padres. Y tienen que ser tratados con respeto. En medio de nuestra ira y emoción, nuestros compañeros estadounidenses deben tratarse mutuamente con respeto."[1]

Tres días después, en una sesión conjunta del Congreso, el presidente dijo: "Los terroristas son traidores de su fe, en efecto, tratan de secuestrar al mismo islam."

Durante un mensaje el 15 de noviembre de 2005, en una celebración de Ramadán, el presidente declaró inequívocamente a musulmanes estadounidenses: "El islam que conocemos es una fe dedicada a la adoración de un Dios, como se revela en el Santo Corán" y "enseña el valor y la importancia de la caridad, la misericordia y la paz."

El año siguiente, durante una discusión con líderes musulmanes en la embajada de Afganistán en Washington, D.C., el presidente reiteró: "Todos los estadounidenses deben reconocer que la cara del terror no es la verdadera cara del islam. El islam es una fe que da consuelo a mil millones de personas alrededor del mundo. Es una fe que ha hecho hermanos y hermanas de cada raza. Es una fe que se basa en el amor, no en el odio."[2]

Durante una conferencia de prensa en noviembre de 2003, a Bush se le preguntó: —Sr. Presidente, cuando habla de paz en el Medio Oriente, usted frecuentemente ha dicho que la libertad la concede el Todopoderoso. Algunas personas que comparten sus creencias no creen que los musulmanes adoren al mismo Todopoderoso. Me pregunto sobre su opinión al respecto.

El presidente respondió: —Yo digo que la libertad es el regalo del Todopoderoso a cada persona. También lo condiciono al decir que la libertad no es el regalo de Estados Unidos para el mundo. Es mucho más grande que eso, por supuesto. Y sí creo que adoramos al mismo Dios.[3]

Esas no eran anomalías. El Presidente Bush continuó al describir el islam como una religión de paz en todo su período en la presidencia, y sostuvo consistentemente que los Radicales estaban "secuestrando" al verdadero islam.

Y no estaba solo. Otros líderes occidentales han hecho argumentos similares. El primer ministro británico Tony Blair, por ejemplo, frecuentemente abordaba "La enorme lucha que hay a nivel mundial entre los que creen en democracia y moderación y las fuerzas de reacción y extremismo," e insistía en que "las fuerzas del extremismo" estaban basando sus convicciones en cuanto al yihad en contra de Occidente "en una interpretación errónea y deforme del islam."[4]

De igual manera, el presidente francés Nicolas Sarkozy sostenía que "los que matan en el nombre del islam, y quieren empujar al mundo hacia una guerra religiosa global, ensucian el islam al decir su nombre."[5]

¿RELIGIÓN DE PAZ O DE YIHAD?

Esas declaraciones han sido enormemente controversiales en Occidente.

Por lo que permítame ser claro en cuanto a mis perspectivas: La gran mayoría de los 1,3 miles de millones de musulmanes del planeta no es Radical. No cree en emprender el yihad en contra de Occidente. No aprueba que se envíen a sus hijos e hijas como terroristas suicidas a matar cristianos, judíos y musulmanes apóstatas, entre otros. No quiere aniquilar la civilización judeocristiana, como la conocemos, ni apoderarse del mundo. Es, en general, gente tranquila y pacífica. Quiere criar a sus hijos en escuelas decentes para que obtengan trabajos decentes y que tengan vidas respetables y productivas que honren a Dios.

Segundo, los líderes occidentales deberían ser elogiados —no condenados— por afirmar la naturaleza pacífica de la mayoría de musulmanes. ¿Por qué insultar a los musulmanes que no participan en el yihad?

Tercero, los críticos deberían mantener en mente que los líderes occidentales están planteando estos puntos, en parte, para construir y fortalecer alianzas políticas y militares con líderes de gobiernos de todo el mundo musulmán que estén dispuestos a tomar partido con los gobiernos occidentales en contra de los Radicales.

Dicho esto, pensemos ahora en la pregunta esencial. Mientras que sin duda es acertado decir que la gran mayoría de musulmanes es gente pacífica, ¿es cierto también que el islam es en sí una religión de paz y no una religión que demanda el yihad en contra de los infieles? ¿Están los Radicales efectivamente "secuestrando" el islam y en el proceso "manchando" su buen nombre? Si así es, ¿cómo pueden los Radicales afirmar que el "islam es la respuesta y el yihad es el camino," si no hay base para sus creencias en el Corán, el manual de todos los musulmanes?

En la parte 2 de este libro, explicaré en detalle el caso de los moderados. Daré a los Reformadores la oportunidad de explicar, en sus propias palabras, la teología que los impulsa y los versos del Corán que utilizan para justificar su noción de que el islam es una religión de paz, no de violencia. Pero por el momento, examinemos el caso que plantean los

Radicales, pensemos en la teología que los impulsa y aprendamos los versos del Corán y otros escritos islámicos que los inspiran para exigir el yihad.

EL YIHAD MAYOR VERSUS EL YIHAD MENOR

Muchos eruditos islámicos enseñan que hay dos formas distintas de yihad. Por lo tanto, hay dos definiciones distintas del yihad. Una es considerada la forma "mayor," la otra es la forma "menor." Esta naturaleza dual se le atribuye al mismo Mahoma, que se cree que dijo a su retorno de una batalla: "Hemos terminado con el yihad menor; ahora estamos iniciando el yihad mayor," aunque este dicho no está registrado en el Corán.[6]

Para estos eruditos, el yihad mayor —conocido también como el "yihad interno"— representa la forma más alta y más importante. Puede definirse mejor como un esfuerzo espiritual e intelectual para hacer la voluntad de Alá y para abstenerse del pecado y de la tentación. Es, en otras palabras, una batalla interna o "guerra santa" en contra de la naturaleza pecaminosa de uno mismo, y puede resultar una batalla feroz. Para muchos musulmanes, es la forma de yihad más importante, porque involucra una batalla diaria, continua y eterna entre el musulmán y sus deseos tan humanos de mentir, robar, cometer adulterio o de cometer otras formas de pecado.

La teología islámica enseña que una persona puede ir al cielo solamente si sus buenas obras sobrepasan a sus deseos pecaminosos. Emprender un yihad efectivo en contra de la naturaleza pecaminosa de uno es, de esta manera, un asunto de vida y muerte eternas. Sura 29:6 (KMH) del Corán, por ejemplo, enseña que cualquiera que "lucha" o que emprende el yihad en contra de su naturaleza carnal, lucha "por su propio beneficio." De igual manera, al hablar en Sura 29:69, Alá asegura al lector que "a quienes se hayan esforzado por Nosotros ¡hemos de guiarles por Nuestros caminos! ¡Dios está, en verdad, con quienes hacen el bien!"

Esta es, entonces, la versión pacífica del yihad. Es la que muchos musulmanes señalan al decir que los occidentales interpretan mal la noción del yihad. Cuando mi primera novela, *The Last Jihad* (*La última cruzada*), se publicó en noviembre de 2002, di una charla en un evento de Tattered Cover, una importante librería independiente de Denver, Colorado. Durante la sesión de preguntas y respuestas, un musulmán del

Medio Oriente se puso de pie y me reprendió por utilizar mal la palabra *yihad*. No significaba, insistió, una batalla violenta del hombre contra el hombre entre los musulmanes y los infieles. Más bien, hablaba del conflicto de un hombre en contra de sí mismo, en cuanto a la purificación y el autocontrol. Agradecí sus comentarios y de buena gana admití que esta era seguramente una de las definiciones del yihad. Pero no es la única.

El yihad menor —conocido también como el "yihad externo"— puede definirse mejor como el uso que los musulmanes hacen de medios violentos, o de "guerra santa," para cumplir la voluntad de Alá al castigar a los infieles y para expandir el reino de Alá en la tierra. Para muchos eruditos musulmanes, esta forma de agradar a Alá, aunque es vitalmente importante, no es tan importante como el yihad mayor o "yihad interno." Sin embargo, como se lo expliqué al hombre en Denver, y al resto de la audiencia que estaba escuchando nuestra discusión, es esta definición —violencia en el servicio a Alá— que los Radicales como el Ayatolá Jomeini, Osama bin Laden y otros han utilizado para justificar sus acciones.

Los Radicales también utilizan esta definición para persuadir a los miembros de las Masas islámicas —particularmente a los jóvenes— a que se unan a su movimiento y participen en la Revolución. Esta forma de yihad violento es particularmente crucial, según una forma de escatología musulmana, en el Día Final y a medida que el Día del Juicio se acerca; algo que explicaré más detalladamente en el capítulo 12, que trata de la llegada del mesías islámico, conocido como el Mahdi.

Incluso un breve estudio de los escritos y discursos de los Radicales revela diversas citas de versos del Corán, algunas que se han tomado fuera de contexto. Piense en los pasajes siguientes que los Radicales usan para hacer un llamado a los musulmanes a la acción violenta.

"Se os ha prescrito que combatáis, aunque os disguste. Puede
    que os disguste algo que os conviene." —*Sura 2:216*
"A [judíos y cristianos] son a quienes Dios ha maldecido,
    y no encontrarás quien auxilie a quien Dios maldiga."
    —*Sura 4:52*
"Retribución de quienes hacen la guerra a Dios y a Su
    Enviado . . . serán muertos sin piedad, o crucificados,

o amputados de manos y pies opuestos, o desterrados del
país." —*Sura 5:33*

"¡Creyentes! ¡No toméis como amigos a los judíos y a los cristianos! . . . Dios no guía al pueblo impío." —*Sura 5:51*

"Matad a los asociadores [infieles, es decir a los cristianos y
judíos] dondequiera que los encontréis. ¡Capturadles!
¡Sitiadles! ¡Tendedles emboscadas por todas partes!"
—*Sura 9:5*

"Combatid contra los jefes de la incredulidad." —*Sura 9:12*

"Combatid a los que no creen en Dios ni en el Día Final . . .
de entre los que recibieron el Libro, hasta que paguen
el 'chizya' (tributo) por sus propias manos, después de
haberse humillados. Los judíos dicen: 'Uzayr es hijo de
Dios.' Y los cristianos dicen: 'Jesús es hijo de Dios.' . . .
¡Que Dios los aniquile!" —*Sura 9:29-30 (KMH)*

"A los infieles se les cortarán trajes de fuego y se les derramará
en la cabeza agua muy caliente, que les consumirá las
entrañas y la piel." —*Sura 22:19-20*

"No obedezcas, pues, a los infieles y lucha esforzadamente
contra ellos." —*Sura 25:52*

"Cuando sostengáis, pues, un encuentro con los infieles, des-
cargad los golpes en el cuello." —*Sura 47:4*

"Lo que sí os prohíbe Dios es que toméis como amigos a
los que han combatido contra vosotros. . . . Quienes los
tomen como amigos, ésos son los impíos." —*Sura 60:9*

"¡Oh, Profeta! Lucha contra los incrédulos y los hipócritas y sé
rudo con ellos. Su refugio será el Infierno." —*Sura 66:9
(KMH)*

Claramente, entonces, según los Radicales, el Corán es inflexible en
cuanto a ciertas cosas:

- La violencia es buena.
- Los judíos y los cristianos son malditos y se supone que no
  hay que ayudarlos, salvarlos ni ser amigo de ellos.
- En cambio, hay que matar a los judíos y a los cristianos

—donde y cuando los musulmanes los encuentren— porque son abominables, están llenos del mal y están destinados al infierno.

- Los infieles pueden (y a veces deberían) ser crucificados, decapitados, sufrir el corte de las manos y los pies o ser torturados de todas las maneras posibles.

LOS RADICALES Y LOS HADICES

El Corán no es la única fuente de inspiración y justificación para los Radicales. También se basan en los "hadices": dichos de Mahoma y tradiciones orales de los eventos de su vida que fueron recolectados y escritos para la posteridad por varios de sus seguidores devotos. Douglas Streusand, respetado erudito de historia islámica, ha observado que "en las colecciones de hadices, el yihad significa acción armada; por ejemplo, las 199 referencias al yihad en la colección de hadices más estándar —*Sahih al-Bukhari*— todas asumen que el yihad significa guerra."[7]

La colección a la que Streusand se refería son los escritos de Muhammad ibn Ismil al-Bukhari, que en el siglo IX registró una de las colecciones sunitas más confiables de hadices. (Los chiítas tienen colecciones separadas.) Al-Bukhari registró, por ejemplo, uno de los pasajes más citados de los Radicales, en el que Mahoma dijo: "La Hora [del Día final] no será establecida hasta que ustedes luchen contra los judíos; y la piedra donde el judío está escondido dirá: '¡Oh musulmán! Hay un judío escondido detrás de mí, mátalo'" (Bukhari, 52:177).

Sunan Abu Dawud registró otra de las colecciones sunitas más confiables de hadices, entre las que está un pasaje central para la teología Radical: "El yihad se llevará a cabo continuamente, desde el día en que Alá me envió como profeta, hasta el día en que el último miembro de mi comunidad luche contra el Dajjal (versión musulmana del Anticristo)" (Abu Dawud, 14:2526).

En 1968, poco después de la aplastante derrota de Egipto por parte de Israel en la Guerra de los Seis Días el Jeque Muhammad Abu-Zahra —teólogo Radical de la Universidad al-Azhar, la Harvard del mundo sunita, ubicada en un suburbio del Cairo— utilizó este verso para pedir a los musulmanes alrededor del mundo que siguieran el camino del yihad, y no el camino del nacionalismo árabe, para cumplir sus sueños y ambiciones, y que nunca se rindieran. "El yihad no terminará nunca," declaró, sacando su inspiración de los hadices. "Durará hasta el Día del Juicio."[8]

¿Hasta qué punto influyen estas enseñanzas en la manera en que los musulmanes jóvenes ven al mundo en general y a los judíos en particular? Piense en lo que Walid Shoebat, el otrora palestino Radical y autor de *Why I Left Jihad* (Por qué dejé el yihad), le dijo al productor de la película documental *Epicentro*:

> Aprendimos muchas cosas acerca de la gente judía en la escuela [islámica] y en el programa religioso. [Se nos enseñó que] los judíos, ante todo, eran asesinos de profetas, los judíos esparcen enfermedades, los judíos ponen drogas de infertilidad [en el suministro de agua] para que los palestinos no tengan hijos, los judíos ocasionan maremotos, los judíos dirigen el Congreso, los judíos poseen los medios de comunicación, los judíos crearon los protocolos de los ancianos de Sión. Todo lo que está bajo el sol siempre se le imputaba a lo que se llama sionismo internacional, que tiene sus tentáculos en todo el globo y con los cuales influyen en Occidente, y gobiernan en Estados Unidos, en Europa y en todas partes. Así que, básicamente, el judío era un conspirador que tiene que ser destruido y eliminado. Luego, la enseñanza escatológica del departamento de estudios islámicos se enfocaba [en] los judíos reunidos en Israel y en las naciones vecinas [para que] los musulmanes [puedan] atacarlos [más fácilmente]. Y entonces los árboles gemirán y las estrellas saldrán, hay un judío escondido detrás de mí, ven, oh musulmán, ven a matarlo. Eso es algo bien conocido que aprendemos en todas nuestras escuelas. Por lo que la eliminación del judío, finalmente, sucederá en Israel y los musulmanes la llevarán a cabo. Y esto es lo que vemos: [al presidente iraní] Ahmadinejad que clama la destrucción de Israel, [al líder de Hezbolá Hassan] Nasrallah que clama la destrucción de Israel. De repente la fantasía se ha convertido en realidad. De repente están llevando a cabo este dogma escatológico que se está enseñando por todo el Medio Oriente, cuando vemos a Nasrallah y a su maquinaria de guerra militar que marcha con pasos de ganso en las calles de Beirut y por todo el Líbano, exactamente

como los nazis lo hacían, en efecto, con los mismos gestos de los nazis. . . . Lo que ha sido un sueño para nosotros y lo que hemos aprendido en las escuelas repentinamente se ha convertido en realidad. Y lo que eso hace es desarrollar confianza en los musulmanes, que esto ya no es un sueño, es algo real. Por lo que el nivel de confianza aumenta en Irán, el nivel de confianza aumenta en el Líbano, el nivel de confianza aumenta entre los palestinos [que] obligaremos a los judíos a salir de Israel.

Hay que observar que algunos Radicales prominentes rechazan completamente la noción de las dos formas y definiciones distintas de yihad. Insisten en que solamente hay una definición: acción violenta para adelantar el reino de Alá. Por ejemplo, Abdullah Azzam, clérigo palestino que fue mentor intelectual de Osama bin Laden, escribió una vez: "El dicho: 'Hemos vuelto del yihad menor (batalla) al yihad mayor (yihad del alma)' que la gente cita con la base de que es un hadiz, es efectivamente un hadiz falso y fabricado que no tiene base. Solamente es un dicho de Ibrahim Ibn Abi 'Abalah, uno de los Sucesores [de Mahoma], y contradice la evidencia textual y realidad. . . . La palabra *yihad*, cuando se menciona sola, únicamente significa combate con armas. . . . El yihad es el clímax del islam. . . . El yihad ahora es individualmente obligatorio, e implica la persona y riquezas de cada musulmán. La comunidad islámica seguirá siendo pecaminosa hasta que la última parte de tierra islámica se libere de las manos de los Incrédulos, y no serán absueltos del pecado, a menos que sean muyahidines [emprendedores del yihad]." Azzam siguió escribiendo que el yihad violento "es un acto colectivo de adoración."[9]

Sin embargo, el Ayatolá Jomeini era alguien que creía en los conceptos del yihad interno y externo y se los enseñó a sus discípulos. Efectivamente, durante un sermón televisado a nivel nacional que dio después de volver a Irán, en febrero de 1979, Jomeini les dijo a millones de iraníes que lo miraban: "Los que emprendieron el yihad en la primera época del islam avanzaron y adelantaron sin ninguna consideración de sí mismos, ni de sus deseos personales, porque antes habían emprendido un yihad en contra de sí mismos. Sin el yihad interno, el yihad externo es imposible. El yihad es inconcebible, si la persona no le de la espalda a sus propios deseos y al mundo."[10]

LOS RADICALES Y LA SEGURIDAD DE SALVACIÓN

Los Radicales que son impulsados por la religión creen que sus acciones bendecirán a sus familias y a sus vecinos. Creen que la única manera de obtener salvación económica, política y social para la *Umma* musulmana, o nación islámica en general, es volver a la forma más pura de obediencia a las enseñanzas de Mahoma, como se expresa en el Corán y en los hadices. Si Mahoma les dice que maten infieles, entonces quieren obedecer fielmente, porque creen que solamente entonces Alá volverá a mostrar misericordia al pueblo musulmán, y de una vez por todas establecerá un gobierno islámico global para completar toda la historia humana.

Pero los Radicales no son impulsados simplemente por un deseo de bendecir a todos los musulmanes. También están impulsados por la creencia de que la obediencia a los métodos del yihad es el único camino a la salvación personal.

A medida que estudie el Corán, se dará cuenta de que el islam es una religión que se basa en obras. Por lo tanto, los Radicales —y todos los musulmanes religiosos que toman en serio el Corán— constantemente tienen que estar pensado en una solución de "51 por ciento." Constantemente tienen que esforzarse en hacer más buenas obras que malas para no ser condenados por la eternidad.

El problema es que el Corán no proporciona una manera para que los musulmanes evalúen cómo les va a lo largo de sus vidas. No hay tarjetas de calificaciones trimestrales. No hay evaluaciones anuales de rendimiento. Entonces, ¿cómo puede un musulmán —Radical o no— saber con seguridad si irá al cielo? ¿Cómo puede encontrar la seguridad de salvación que cada alma juiciosa busca antes de la muerte? Esta falta de claridad en cuanto a la calidad de su desempeño terrenal —y, por lo tanto, la falta de seguridad de su salvación eterna— es una fuente de gran ansiedad, temor e inseguridad para muchos musulmanes, sunitas y chiítas por igual.

Para entender mejor su sistema de salvación basado en obras, considere los siguientes versos del Corán:

"Toda alma probará el brebaje de la muerte. Recibiréis vuestras
recompensas el día de la resurrección. El que haya evitado
el fuego y entre en el paraíso, éste será bienaventurado . . .

pero tened paciencia y temed a Dios: esto está en el orden de las cosas." —*Sura 3:185-186 (Edimat)*

"Dios ha prometido a quienes crean y obren bien perdón y una magnífica recompensa." —*Sura 5:9*

"¡Creyentes! Si teméis a Dios, Él . . . borrará vuestras malas obras y os perdonará." —*Sura 8:29*

"Escucha a quienes creen y obran bien. . . . Los infieles, en cambio, tendrán un castigo severo." —*Sura 42:26*

"Para el día de la Resurrección dispondremos balanzas que den el peso justo y nadie será tratado injustamente en nada. Aunque se trate de algo del peso de un grano de mostaza, lo tendremos en cuenta. ¡Bastamos Nosotros para ajustar cuentas!" —*Sura 21:47*

"Aquellos cuya balanza es pesada (el peso de las buenas acciones es superior a las malas) serán los dichosos. Y aquellos cuya balanza es liviana, son los que perdieron sus propias almas y habitarán eternamente en el Infierno. El Fuego quemará sus rostros y estarán crispados sus labios."
—*Sura 23:102-104 (KMH)*

Estos dos últimos versos nos dan una imagen clara de las balanzas divinas de justicia. En el Día del Juicio, enseña la teología islámica, Alá pesa las buenas obras de un musulmán y las malas, y determina quién pasará la eternidad en el paraíso y quién será lanzado a las llamas del infierno para ser castigado y torturado por toda la eternidad. Por lo tanto, no debería sorprender que los Radicales —que en su esencia son puristas— tomen los versículos sobre emprender el yihad y matar infieles muy en serio. ¿Y por qué no? Hacer caso omiso del mandamiento del yihad sería desobedecer, y esa clase de desobediencia podría inclinar la balanza de justicia en contra de ellos en las cuentas finales.

Pero siga con esta lógica teológica por un momento. Aunque un musulmán sea completamente obediente al mandato de emprender el yihad, sólo esto no es una garantía de salvación eterna. Según el Corán, le agrega más obras al "buen" lado de la balanza. Pero ¿y si la vida de un musulmán estaba llena de pecado antes de ser un yihadista? ¿Y si comete pecados durante el tiempo en que emprende el yihad? ¿Y si comete pecados que ni siquiera se da cuenta que está cometiendo? O ¿qué pasa si ciertos pecados pesan más que ciertas obras buenas? La verdad es que hasta un seguidor del yihad totalmente dedicado sabe dentro de su corazón —si es verdaderamente honesto consigo mismo— que no sabrá con seguridad hasta el Día del Juicio si sus buenas obras inclinarán la balanza en su favor. Pero ¿quién quiere esperar hasta entonces? Realmente eso es apostar con la seguridad eterna de uno.

Lo que nos lleva a la única manera, en la teología de los Radicales, en que un musulmán puede estar seguro de su destino eterno.

LA SUPREMACÍA DEL MARTIRIO

Los Radicales creen que la única seguridad genuina o promesa segura de salvación eterna para un musulmán se obtiene al ser un mártir —e idealmente un terrorista suicida— por la causa del yihad.

"El llamado al yihad en nombre de Dios," escribió Osama bin Laden con sus colegas en 1984, en la primera edición de su revista de reclutamiento, *Yihad*, "lleva a la vida eterna al final, y a la liberación de sus cadenas terrenales."[11]

"Un mártir no sentirá el dolor de la muerte, excepto lo que se siente cuando a uno lo pellizcan," dijo bin Laden a sus seguidores en 1996, en su declaración de guerra formal en contra de Estados Unidos. "Los privilegios de un mártir están garantizados por Dios; se le mostrará el perdón con su primer chorro de sangre, y se le mostrará su asiento en el Paraíso, será decorado con las joyas de [la fe], y se le casará con las bellas . . . se le asegura seguridad en el Día del Juicio . . . [y] se le casará con setenta y dos de las puras [vírgenes del paraíso]."[12]

Bin Laden continuó afirmando que "sin derramamiento de sangre, no se podrá quitar ninguna degradación ni marca de la frente."[13]

Para decirlo de otra manera, bin Laden cree y predica que si un musulmán derrama su sangre y pierde la vida por la causa del yihad, hará que se le quiten de la balanza todas sus malas obras. Y lo que es más, utiliza el concepto de la seguridad de la salvación por medio del martirio como herramienta de reclutamiento, ofreciendo esperanza a los musulmanes que le temen al infierno más que a la muerte.

Bin Laden no es el único que predica esto. Muchos Radicales lo hacen. "Bendiciones a los que emprenden [el yihad] con su cuerpo," proclamó el Jeque Ibrahim Mudeiris, un predicador Radical en Gaza. "Bendiciones a nuestros *Shahids* [mártires] que sacrifican sus almas fácilmente por el nombre de Alá. . . . Bendiciones a los felices *Shahids* dentro de las entrañas del verderón del Paraíso. Bendiciones para los *Shahids* cuyos pecados son perdonados con la primera gota de su sangre."[14]

Algunos clérigos van aún más allá y sostienen que un mártir no sólo adquiere su propio perdón y salvación eterna, sino que puede salvar las almas de hasta setenta de los miembros de su familia. "Al mártir, si se reúne con Alá, se le perdona con la primera gota de sangre," proclama el Jeque Isma'il Aal Radhwan, otro predicador Radical destacado de Gaza. "Se le salva de los tormentos de la tumba; ve su lugar en el Paraíso; se le salva del Gran Horror [del Día del Juicio]; se le dan setenta y dos mujeres de ojos negros; garantiza que setenta de sus familiares sean aceptados en el Paraíso; se le corona con la Corona de gloria, cuya piedra preciosa es mejor que todo el mundo y lo que hay en él."[15]

Para ser claro, el Corán en realidad no ofrece setenta y dos vírgenes a los terroristas suicidas, ni a los demás mártires. El número de setenta y dos sale de varios dichos que se le atribuyen a Mahoma, que fueron registrados por eruditos islámicos antiguos. Aun así, hay versos en el Corán que bin Laden y otros Radicales citan para probar su punto. Entre ellos:

"[Dios] no dejará que se pierdan las obras de los que hayan
    caído por Dios. Él les dirigirá . . . y les introducirá en el
    Jardín, que Él les habrá dado ya a conocer." —*Sura 47:4-6*
"Para quien . . . haya temido comparecer ante su Señor,
    habrá dos jardines. . . . Estarán reclinad[a]s en alfombras
    forradas de brocados . . . las de recatado mirar, no toca-
    das hasta entonces por hombre ni genio [diablo] . . .
    buenas, bellas . . . huríes, retiradas en los pabellones."
    —*Sura 55:46, 54, 56, 70, 72*
"A los temerosos de Dios se les deparará el éxito: jardines y
    viñedos, de túrgidos senos, de una misma edad, copa [de
    vino] desbordante. . . . Es una retribución de tu Señor,
    regalo bien pensado." —*Sura 78:31-36*

"¿QHM?"

¿Qué haría Mahoma?

Esta es la pregunta que los Radicales hacen. Un examen informal del Corán y de los hadices revela que Mahoma mandó a sus seguidores a emprender la guerra santa violenta, en nombre de Alá, en contra de los infieles, ya sea judíos, cristianos, adoradores de ídolos, musulmanes apóstatas, agnósticos, ateos u otros que rehusaran confesar que "el islam es la respuesta y el yihad es el camino." Mahoma dirigió esas guerras durante su vida. Sus discípulos también lo hicieron después de él. Por lo tanto, no debería sorprendernos que los Radicales estén emprendiendo el mismo yihad al que se les manda en sus escritos santos.

"Alá quería que la vida de Mahoma fuera un modelo," observó el Jeque Yussef Al-Qaradhawi, director de la facultad islámica de leyes en la Universidad de Qatar y líder espiritual del movimiento de la Hermandad Musulmana, unos cuantos meses antes de los ataques del 11 de septiembre en Estados Unidos. "Alá ha convertido al profeta Mahoma en un epítome para los guerreros musulmanes, ya que le ordenó a Mahoma que peleara por la religión." En contraste, el erudito observó: "el cristiano no es capaz de imitar a Jesús en cuanto a la guerra . . . ya que Jesús nunca peleó."[16]

CAPÍTULO CUATRO

"ESTÁBAMOS DORMIDOS"

Cómo falló Washington con la Revolución Iraní

EL 15 DE NOVIEMBRE DE 1977, el Presidente Jimmy Carter fue anfitrión del sha de Irán, Mohammad Reza Pahlavi, y de su esposa, la Emperatriz Farah, en una suntuosa recepción de estado en los Jardines del Sur de la Casa Blanca. A pesar de que miles de estudiantes iraníes protestaron fuera de las puertas de la Casa Blanca y denunciaron los abusos a los derechos humanos por parte del sha y las restricciones en la libertad personal en su país de nacimiento, el presidente habló cálidamente de su "amistad personal cercana" con el sha y llamó a Irán "una isla de estabilidad" en el Medio Oriente, reflexionando sobre los vínculos personales y estratégicos entre los dos hombres y las naciones que dirigían.[1]

Carter era el octavo presidente estadounidense en conocer al sha personalmente. El primero fue Franklin Delano Roosevelt, que se había reunido con el monarca persa en la capital iraní de Teherán en 1943, en una cumbre con José Stalin y Winston Churchill, para buscar una manera de detener a Adolfo Hitler y su máquina de guerra nazi, que pasaba arrasando por Europa y el Medio Oriente.

Desde esa cumbre y la conclusión posterior de la Segunda Guerra Mundial, Irán surgió como un aliado clave y confiable de Estados Unidos y la alianza occidental, como un baluarte en contra del expansionismo soviético en el Medio Oriente y como un proveedor importante de petróleo a las industrias y familias estadounidenses. Washington le temía al deseo de Moscú de aprovechar los campos de petróleo del Medio Oriente y de controlar el Golfo Pérsico y las rutas de embarque de petróleo hacia Occidente. Era un temor que el sha y sus principales asesores compartían. No tenían el deseo de convertirse en un satélite del Kremlin, por lo que buscaron a los estadounidenses para solicitar ayuda, y Washington de buena gana respondió.

En las tres décadas siguientes, Estados Unidos vendió a Irán aviones de combate estadounidenses avanzados, bienes navales y toda clase de armas, además de un sistema de radar de vanguardia, para salvaguardar el espacio aéreo iraní de los bombarderos soviéticos. Estados Unidos también entrenó a pilotos iraníes y construyó enclaves para recopilar información en las montañas norteñas de Irán, diseñados para rastrear misiles de prueba soviéticos e interceptar comunicaciones militares soviéticas. Durante los años más fríos de la Guerra Fría, las relaciones con Teherán eran unas que la Casa Blanca y el Pentágono valoraban profundamente.

En diciembre de 1977, apenas un mes después de haber recibido al sha y a su esposa en la Casa Blanca, el Presidente Carter y su esposa, Rosalyn, aceptaron la invitación recíproca del sha de visitar Teherán. Momentos después de que el Air Force One aterrizara en Teherán, en la víspera del Año Nuevo, el presidente reafirmó en la televisión iraní lo que le había expresado al pueblo de Estados Unidos.

"Irán es una isla de estabilidad en una de las áreas más conflictivas del mundo," dijo Carter, sin ninguna reserva aparente y sin ningún sentido de lo que vendría. "Este es un gran tributo para usted, Su Majestad, para su liderazgo y para el respeto, admiración y amor que su pueblo le da."[2]

Un año después, el régimen del sha había caído, la familia Pahlavi había huido al exilio, un yijadista islámico estaba en el poder y al mando de armamento estadounidense avanzado con un valor de miles de millones de dólares, y el petróleo de Irán había dejado de fluir a Estados Unidos.

Y los principales funcionarios de Washington no lo vieron venir.

"Sabíamos que había algo de resentimiento [hacia el sha]," comentaría más tarde el asesor de seguridad nacional de Carter, Zbigniew Brzezinski. "Sabíamos algo de la historia del país, pero no estábamos conscientes, ni se nos informó, de la intensidad de los sentimientos."[3]

¿Cómo era eso posible? ¿Cómo pudieron pasar por alto las mejores y más brillantes mentes de la Casa Blanca, del Departamento de Estado y de la Agencia Central de Inteligencia a los precursores de la Revolución Islámica en Irán? Y treinta años después, ¿es posible que Washington vuelva a pasar por alto el peligro que está surgiendo otra vez en Irán?

SEMILLAS DE LA REVOLUCIÓN

No fue difícil encontrar evidencias del sentimiento en contra del sha que se desarrollaba en Irán a mediados de la década de 1970. Ruhollah Jomeini, el feroz clérigo islámico chiíta, ampliamente conocido como "el ayatolá," había estado difamando al sha por décadas hasta ese momento, frecuentemente desde el exilio en Turquía, Irak o Francia.

En primer lugar, Jomeini despreciaba el hecho de que desde que ascendió al trono en 1941, el sha había buscado convertir a Irán en una sociedad moderna y prooccidental. Por varias décadas, el sha parecía estar intentando seguir las reformas seculares democráticas que se iniciaron en Turquía con Mustafa Ataturk, quien fundó y construyó el estado moderno de Turquía después del colapso del califato islámico en Estambul, a principios de la década de 1920. Al igual que Ataturk, el sha prohibió a las mujeres que usaran los velos islámicos, requirió que los hombres usaran ropa occidental en todas las oficinas de gobierno, permitió que las mujeres se inscribieran en las clases de la Universidad de Teherán, y les dio a las mujeres el derecho de votar.[4] En octubre de 1962, el sha eliminó el requisito de que los candidatos políticos tenían que ser hombres y tenían que ser musulmanes. Jomeini se quejó vehementemente por las medidas del sha y trabajó de cerca con clérigos y sus seguidores alrededor del país para que insistieran en que se reinstalaran los requisitos islámicos.[5] Finalmente ocurrió, pero las tensiones entre Jomeini y el sha solamente se intensificaron.

"El Sha . . . se ha dedicado a destruir el islam en Irán," advirtió Jomeini. "Me opondré a esto mientras corra sangre en mis venas."[6]

Casi en cada sermón y en cada libro y artículo que escribió, Jomeini denunció al sha como traidor del islam y del pueblo iraní, y se dio cuenta de que estaba poniendo el dedo en la llaga. Mientras más enérgicamente predicaba en contra del régimen del sha, más iraníes respondían a su mensaje y pedían el cambio. A medida que el número de los seguidores de Jomeini aumentaba dramáticamente, a principios de la década de 1970, la preocupación del sha se acrecentaba. Temía que estuviera surgiendo un movimiento islamista que derrumbara su régimen —o que por lo menos lo desestabilizara. Por lo que comenzó a moverse en dirección opuesta, retrocediendo en algunas de sus reformas democráticas anteriores y restringiendo las libertades personales. En marzo de 1975, por ejemplo, el sha eliminó la democracia multipartidaria iraní e impuso un sistema de un solo partido: el suyo.[7] Cuando los estudiantes y otros disidentes protestaron, el sha tomó medidas severas y utilizó a la policía para atacar a las multitudes con cañones de agua y gas lacrimógeno. Utilizó a su fuerza policial secreta, conocida como SAVAK, para reunir, interrogar y a veces torturar a los oponentes políticos.

Al año siguiente, en un intento de apelar al nacionalismo persa y de poner a los fundamentalistas islámicos en su lugar, el sha, unilateralmente, abolió el uso del calendario islámico (lunar) y en lugar de eso requirió que los iraníes utilizaran el calendario persa que había sido desarrollado bajo el reino del líder persa Ciro el Grande.[8]

La medida tuvo un efecto contraproducente. Cada vez más, el sha era percibido como un dictador cruel y no como un monarca benévolo, que por mucho tiempo había sido su personaje público. Mientras tanto, la ira de Jomeini aumentaba, y cada vez más iraníes le ponían atención. "Está en contra del calendario islámico," protestó el ayatolá encolerizado en un discurso de febrero de 1978. "Estar en contra del calendario islámico es estar en contra del mismo islam. De hecho, lo peor que este hombre ha hecho durante su reinado es cambiar el calendario."[9]

CRISTIANOS Y JUDÍOS COMO OBJETIVO

Jomeini y sus seguidores tenían otras quejas además de la hostilidad del sha hacia su tipo de islam Radical. Despreciaban, por ejemplo, su alianza abierta con Estados Unidos, el epicentro de la cristiandad moderna desde su punto de vista, y su apenas disfrazada alianza con Israel, el epicentro del judaísmo. Después de todo, para ellos Israel era el "Pequeño Satanás," mientras que Estados Unidos era el "Gran Satanás." Pero el sha hacía negociaciones con ambos.

Ya en 1951, el sha comenzó a permitir que los judíos iraquíes emigraran al recién formado estado judío, a través de vuelos directos —aunque secretos— de Teherán a Tel Aviv.[10] Irán, bajo las órdenes del sha, vendió y embarcó petróleo a Israel. El sha compró aviones de combate a

Israel. También permitió que pilotos de combate israelíes se entrenaran juntamente con pilotos iraníes. Y lo que es más, de 1961 a 1978, cada primer ministro israelí, desde David Ben-Gurion a Menachem Begin, visitó Teherán y se reunió directamente con el sha.[11]

Todo esto hizo que los Radicales se pusieran apopléjicos. "Nuestro miserable pueblo subsiste en condiciones de pobreza y hambre, mientras los impuestos que la clase gobernante les quita a la fuerza se derrochan," gritó Jomeini en un discurso. "Ellos [el sha y sus asesores] compran aviones Phantom para que los pilotos de Israel y sus agentes puedan venir y entrenarse en nuestro país. Tan extensa es la influencia de Israel en nuestro país —Israel que está en estado de guerra contra los musulmanes, y quienes lo apoyan están de igual manera en estado de guerra contra los musulmanes— y tan grande es el apoyo que el régimen le da ¡que los soldados israelíes vienen a nuestro país a entrenarse! ¡Nuestro país se ha convertido en una base para ellos!"[12]

Para octubre de 1964, la alianza entre Estados Unidos e Irán había llegado a ser tan fuerte y vital para la economía y el ejército iraní que el sha les dio a los asesores estadounidenses y a sus familias, así como al personal técnico y administrativo, inmunidad legal por cualquier ofensa criminal que pudieran cometer en el territorio iraní. Para Jomeini, esto olió a imperialismo estadounidense. Irán ya no era un país soberano, fuerte y respetable, sostuvo. Ahora estaba subordinado al amo de Washington.

"Ellos [el sha y sus asesores] han reducido al pueblo iraní a un nivel inferior al de un perro estadounidense," gritó Jomeini durante un discurso en Qom, Irán, el 27 de octubre de 1964. "Si alguien atropella a un perro que pertenece a un estadounidense, se le procesará. Aunque el mismo Sha atropellara a un perro que pertenece a un estadounidense, se le procesaría. Pero si un cocinero estadounidense atropella al Sha, la cabeza del estado, nadie tendrá el derecho de interferir con él. . . . El gobierno ha vendido nuestra independencia, nos ha reducido al nivel de una colonia ¡y ha hecho que la nación musulmana de Irán parezca más atrasada que salvajes a los ojos del mundo! . . . ¡Esto es traición suprema!"[13]

Y Jomeini apenas estaba calentando. "¡Pueblo musulmán! Líderes del pueblo musulmán: ¡vengan a ayudarnos! ¿Tenemos que ser pisoteados con las botas de Estados Unidos simplemente porque somos una nación débil y no tenemos dólares? . . . Que el presidente estadounidense sepa que, a los ojos del pueblo iraní, ahora es el miembro más repugnante de la raza humana, por la injusticia que ha impuesto en nuestra nación musulmana. Ahora el Corán se ha convertido en su enemigo, ¡la nación iraní se ha convertido en su enemiga! . . . Todos nuestros problemas actuales son ocasionados por Estados Unidos e Israel. . . . ¡Oh Dios, remedia los asuntos de los musulmanes! ¡Oh Dios, concede dignidad a esta religión sagrada del islam! Oh Dios, destruye a esas personas que son traidoras a esta tierra, que son traidoras al islam, que son traidoras al Corán."[14]

Las palabras de Jomeini enfurecieron al sha. En lugar de permitir que el ayatolá denunciara sus políticas justo en sus narices, el sha hizo que arrestaran a Jomeini y lo deportaran del país.

Con Jomeini ausente, el sha aceleró e intensificó los vínculos de Irán con Estados Unidos en los años siguientes, culminando en 1978, cuando el Presidente Carter concedió a Irán estatus de "nación más favorecida" para aumentar el comercio entre Estados Unidos e Irán.[15]

Para el ayatolá, que estaba en el exilio —y sus seguidores que estaban en Irán— el tratado de comercio ejemplificó la misma esencia del problema. No querían ser vistos como favorecidos por los infieles de Estados Unidos. Ya estaban hartos. Desesperadamente querían una confrontación con Estados Unidos y el sha, y estaban a punto de lograrlo. "Estamos luchando en contra de Estados Unidos," dijo Jomeini contundentemente. "Pronto toda la nación se dará cuenta de que este sha es un agente de Estados Unidos."[16]

LA TORMENTA QUE SE AVECINA

El 18 de febrero de 1978, las protestas en contra del gobierno —estimuladas por Jomeini y sus aliados— estallaron en la ciudad iraní de Tabriz. Las fuerzas de seguridad iraníes atacaron a los protestantes, y hubo muchos muertos y heridos.

Diez días después, durante un discurso en la capital iraquí chiíta de Najaf, Jomeini denunció "las masacres criminales y derramamiento de sangre que se ha llevado a cabo en Tabriz" e hizo un llamado a Alá y al pueblo a "quitar el mal de los opresores" observando que "el pueblo de Irán ha elegido su camino, y no descansará hasta que haya derrocado a estos criminales y se haya vengado a sí mismo y a sus padres de esta familia sedienta de sangre."[17]

El 29 de marzo, las demostraciones en contra del sha irrumpieron no solamente en una ciudad iraní sino en cincuenta y cinco.

Para el 10 de mayo, las demostraciones violentas se habían esparcido a veinticuatro ciudades adicionales. El sha ordenó al ejército que restaurara el orden utilizando tanques y gas lacrimógeno.

Varios clérigos chiítas importantes de Teherán hicieron un llamado a la gente para que participara en "demostraciones pacíficas" que no provocaran a las fuerzas del sha. Muchos escucharon. Hubo un aumento en las huelgas comerciales y educativas por todo el país. Los mercaderes que simpatizaban con la Revolución rehusaron abrir sus tiendas en los días especificados por los líderes locales de Jomeini, mientras que los miembros de las Masas de la Revolución rehusaron comprar en tiendas que sí abrían sus puertas. Los activistas de Jomeini dijeron a los padres que no enviaran a sus hijos a la escuela en ciertos días, mientras que legiones crecientes de estudiantes universitarios dejaron de asistir a clases y llevaron a cabo concentraciones y entregaron folletos en contra del sha por todos sus campus y en sus ciudades.

Sin embargo, el mismo ayatolá no aprobó la noción de las demostraciones pacíficas. Él quería una confrontación directa, e instó a sus seguidores a que derrocaran al "régimen pagano." Poco después hubo demostraciones aún más grandes en contra del sha.[18]

El 19 de agosto de 1978 fue un momento crucial. Alguien incendió la sala de cine Cinema Rex en la ciudad portuaria petrolera de Abadan. Aunque fue claramente un caso de incendio provocado, hasta hoy no está claro quién fue el responsable. Pero el impacto fue horroroso. Unas 377 personas murieron, y muchos sospecharon que las fuerzas policiales secretas del sha habían ocasionado el incendio. Las noticias del incendio y las teorías de conspiración en cuanto a la participación de la SAVAK se esparcieron como fuego en todo el país. El 21 de agosto, Jomeini dio un discurso en el que acusó directamente a "la mano criminal" del "régimen tirano" del sha de haber provocado el incendio y de asesinar a los que estaban adentro. "Formar un anillo de fuego alrededor de la sala de cine y luego hacer que el personal cerrara las puertas era algo que sólo las autoridades podían hacer," dijo Jomeini en la ciudad de Najaf.[19]

Decenas de miles —y luego cientos de miles— de iraníes enfurecidos pronto comenzaron a llenar las calles, denunciando al sha y a su régimen mientras clamaron el regreso inmediato del ayatolá. A medida que los disturbios se esparcían de ciudad en ciudad, la gente comenzó a lanzar cocteles molotov a la policía, y la policía contraatacó. Al paso de los meses siguientes, las fuerzas del sha mataron aproximadamente a tres mil protestantes.[20]

Sin embargo, ese mismo agosto, de manera increíble, los principales expertos del Director de la CIA Stansfield Turner le dijeron que "el sha sobreviviría otros diez años."[21] Peor aún, la CIA envió un análisis escrito al Presidente Carter donde sostenía que Irán "no está en una situación revolucionaria, ni siquiera en una prerevolucionaria."[22]

Gary Sick, miembro del personal del Consejo de Seguridad Nacional de Carter cuando se iniciaba la Revolución Iraní, admitiría después que "la noción de una revolución [islámica] popular, que llevaría al establecimiento de un estado teocrático, parecía tan imposible como absurda."[23]

Ken Pollack, especialista del Medio Oriente en el Consejo de Seguridad del Presidente Clinton, después admitiría que "virtualmente todos los expertos de Irán en Washington . . . creían que el sha podría superar la tormenta."[24]

El corresponsal de inteligencia del *New York Times* Tim Weiner, en su libro de 2007, *Legacy of Ashes: The History of the CIA (Legado de cenizas: La historia de la CIA)*, después de años de investigación llegó a la conclusión de que "la idea de que la religión demostraría ser una fuerza política convincente a finales del siglo XX era incomprensible" para los funcionarios de Washington en esa época y que "pocos en la CIA creían que un clérigo anciano pudiera arrebatar el poder y proclamar a Irán como una república islámica."[25]

Mark Bowden, periodista premiado y autor de *Black Hawk Down (La caída del Halcón Negro)* y *Guests of the Ayatollah: The First Battle in Amerca's war with Militant Islam (Huéspedes del Ayatolá: La crisis de los rehenes en Teherán)*, sacó una conclusión similar y aleccionadora, después de años de investigación: "Para 1978, el Trono del Pavo Real tambaleaba. La inteligencia y las evaluaciones militares estadounidenses no lo anticiparon; sino que se predijo uniformemente que el sha superaría la tormenta. Lo que los reportes de la inteligencia occidental pasó por alto fue el gigantesco despertar del islam tradicional, una rebelión de las bases en contra de los valores del mundo secular y moderno. El surgimiento de Jomeini y la mulaocracia sorprendió a todos."[26]

EL CRESCENDO

A pesar de la despreocupación de los especialistas en Washington y de la extraña perspectiva de la CIA sobre la situación, el 7 de septiembre, más de medio millón de iraníes hicieron una demostración en las calles de Teherán gritando: "¡Muerte a los Pahlavi!" "¡Jomeini es nuestro líder!" "¡Queremos una república islámica!" y "¡Estados Unidos, fuera de Irán!"

Al día siguiente, el sha impuso la ley marcial. Las fuerzas de seguridad iraníes atacaron a una multitud de cinco mil en una sección sureña de Teherán. Aproximadamente doscientos demostradores murieron y cientos más fueron heridos en ese ataque y en otros fuera de la capital.[27]

Es cierto que la violencia policial en contra de los manifestantes sólo intensificó la simpatía y el apoyo para Jomeini y sus seguidores, aumentando dramáticamente su base de apoyo. Pero también es cierto que muchos iraníes interpretaron las acciones de la policía, que podrían haber sido mucho peor, como señal de que el sha no tenía las agallas para asesinar a sus enemigos. Muchos esperaban que la policía masacrara a todos los que estuvieran a la vista. El hecho de que la respuesta, aunque fue agresiva, no fuera tan agresiva como podría haber sido —y seguramente no tan agresiva como lo habían sido otros dictadores del Medio Oriente contra los enemigos del régimen a lo largo de los siglos— fue percibido rápidamente por los seguidores de Jomeini como evidencia de la debilidad del sha y del comienzo del final para el monarca del "Trono del Pavo Real."

El 26 de noviembre, más de un millón de personas salieron a una demostración en Teherán en contra del sha y su régimen. El 10 y 11 de diciembre, más de nueve millones de iraníes —más de un cuarto de la población— demostraron y se amotinaron alrededor del país, en lo que un historiador ha apodado "el evento de protesta más grande de la historia."[28]

Cuando el levantamiento llegaba a su crescendo, el sha pudo ver lo que se avecinaba. Sus días habían terminado. El día del Ayatolá Jomeini había comenzado. La única pregunta ahora era si el sha quería esperar a que lo capturaran las multitudes de Jomeini y que lo ejecutaran en público, o huir del país cuando todavía había tiempo. El 16 de enero de

1979, el sha tomó la decisión. Exactamente un año después de que el Presidente Carter declarara a Irán "una isla de estabilidad" y apenas cinco meses después de que los principales analistas de la CIA en cuanto a Irán hubieran concluido que el sha duraría otros diez años, Mohammad Reza Pahlavi , su esposa y sus tres hijos menores huyeron de Irán hacia el exilio, viajando primero a Egipto y luego a Marruecos.

"¡EL SANTO HA LLEGADO!"

El 1 de febrero de 1979, la Revolución llegó a casa. El Air France 747 chárter aterrizó en Teherán en el Aeropuerto Internacional de Mehrabad, precisamente a las 9:33 a.m. hora local, y fue recibido inmediatamente con una bienvenida extática. Aproximadamente cincuenta mil iraníes se habían reunido en la terminal, en el asfalto y en los campos, algunos llorando, otros gimiendo, todos desesperados por obtener un vistazo del hombre que sospechaban podría ser, de hecho, el Duodécimo Imán que por tanto tiempo habían esperado.

"¡El santo ha llegado!" cantaban las multitudes a medida que el Ayatolá Jomeini, alto y delgado, con una larga barba gris y ojos oscuros y pensativos, envuelto en túnicas negras y su distintivo turbante negro, salía al aire de la mañana. Ya de setenta y ocho años, se veía un poco cansado al principio, hasta lloroso, a medida que agitaba las manos un poco débilmente a la multitud que lo vitoreaba. Pero a medida que el clamor aumentaba y que la gente gritaba: "¡Es la luz de nuestras vidas!," pareció que el agitador sacó energía y determinación de la multitud.[29] El sha se había ido, Jomeini había vuelto y el país estaba a su disposición.

A medida que descendía las gradas hacia el pavimento, la multitud comenzó a cantar: "¡Jomeini, Oh Imán! ¡Jomeini, Oh Imán!" y "Allahu akbar," o "¡Dios es grande!"

"Un culto a la personalidad estaba en formación," escribiría después un servicio de transmisión persa de la BBC. "Jomeini había sido transformado en una figura semidivina. Ya no era un gran ayatolá y comisionado del Imán, alguien que representaba al Imán Escondido, sino simplemente 'El Imán.' En la teología árabe [y en la teología sunita y en el uso común], el término 'Imán' se utiliza para describir a un líder o líder de oración, pero en el Irán chiíta, donde el título se reservaba para los doce líderes infalibles del chiismo antiguo, entre la gente ordinaria acarreaba connotaciones que inspiraban temor reverencial. Al estimular su uso, algunos de los seguidores de Jomeini claramente querían explotar los sentimientos religiosos populares e implicar que él era el Imán Escondido, esperado por mucho tiempo."[30]

Y Jomeini seguramente no hizo nada para desanimar a la gente que pensaba que él lo era.

"Agradezco a las distintas clases de la nación por los sentimientos que han expresado hacia mí," dijo Jomeini en comentarios transmitidos alrededor del país. "La deuda de gratitud que tengo con el pueblo iraní pesa mucho en mis hombros, y de ninguna manera puedo pagarla." Después, como un funesto presagio de eventos que ocurrirían diez meses después, Jomeini agregó: "Nuestro triunfo vendrá cuando todas las formas de control extranjero hayan llegado al final y todas las raíces de la monarquía se hayan sacado del suelo de nuestra tierra. Los agentes de los extranjeros, durante los eventos recientes, han estado tratando desesperadamente de restaurar al sha en el poder. . . . Digo que sus esfuerzos son en vano. . . . La unidad del propósito es el secreto de la victoria. No perdamos este secreto, permitiendo que los demonios que tienen forma humana se formen para crear disensión en las filas."[31]

La enorme multitud se volvió loca.

Las fuerzas de seguridad iraníes nunca habían visto algo similar. Pero esto era sólo el principio.

Lo que realmente aterrorizó a la gente de seguridad fue el cuarto de millón de iraníes que esperaban en la siguiente parada de Jomeini, un cementerio de mártires islámicos, y los aproximadamente cinco millones más de musulmanes chiítas frenéticos que hacían fila en los caminos desde el aeropuerto hasta el centro de Teherán.[32] Más de una de cada siete personas que vivían en Irán en la época salió a darle un vistazo a su nuevo líder. Los oficiales de seguridad sabían que no podían permitir que el líder de la Revolución desapareciera y fuera aplastado por la multitud sin precedentes. El país ya había pasado por mucho.

Tuvieron que cambiar sus planes. Como después lo reportaría la revista Time, "la presión atascó la caravana de autos del Ayatolá, por lo que tuvieron que sacarlo por encima de la multitud de sus aduladores, por helicóptero."[33]

"ESTE ES EL PRIMER DÍA DEL GOBIERNO DE DIOS"

El 14 de febrero de 1979 —apenas dos semanas después de que el Ayatolá Jomeini hubiera vuelto a Irán— como 150 Radicales islámicos dejaron abrumados a los funcionarios estadounidenses al invadir el complejo de la Embajada de Estados Unidos en Teherán y tomar rehenes. Fue un tiempo tenso y aterrador para los casi mil diplomáticos, Marines y personal de apoyo que ya había presenciado más de un año de demostraciones masivas, revueltas y protestas violentas en contra del sha y Estados Unidos.

Afortunadamente, la situación tuvo un final feliz. Solamente unas cuantas horas después de haber comenzado, los Radicales —bajo la presión de los leales a Jomeini— liberaron a sus rehenes y se retiraron del terreno de la embajada. Con suspiros de alivio, el personal se refirió al incidente como "La Visita del Día de San Valentín."

Pero los eventos en Irán claramente iban de mal en peor, por lo que el Departamento de Estado retiró a la mayoría de su equipo diplomático y dejó menos de setenta empleados en el lugar.

Sin embargo, la Agencia Central de Inteligencia no parecía estar preocupada. "No se preocupen por otro ataque a la embajada," aseguró con calma el jefe de la Dirección de Operaciones de la CIA en Langley, Virginia, a su equipo de Teherán. "Los iraníes ya lo hicieron una vez, por lo que no tienen que demostrar nada. Además, lo único que podría desatar un ataque sería el hecho de que se dejara entrar al sha a Estados Unidos —y nadie en este pueblo es tan tonto como para hacerlo."[34]

En realidad, eso no era del todo cierto.

Unos días después de la liberación de los rehenes, Jomeini nombró a un primer ministro provisional para que dirigiera los asuntos diarios del estado y se movió rápidamente para autorizar un referendo nacional que cambiaría la misma naturaleza del sistema de gobierno iraní de una monarquía constitucional a una nación gobernada por la ley sharia. El 30 y 31 de marzo, millones de iraníes salieron a las urnas, y después, el 1 de abril de 1979, Jomeini oficialmente anunció que el referendo se había aprobado abrumadoramente con 97 por ciento de los votos. Irán ahora era la primera República Islámica genuina en la historia del mundo.

"Declaro a todo el mundo que nunca antes la historia de Irán ha presenciado un referendo de esa clase," observó Jomeini ese día desde su hogar en Qom, "donde todo el país corrió a las urnas con ardor, entusiasmo y amor para dar su voto afirmativo y enterrar al régimen tirano, para siempre, en el montón de basura de la historia. . . . Al dar un voto decisivo a favor de la república islámica, ustedes han establecido un gobierno de justicia divina, un gobierno en el que todos los segmentos de la población disfrutarán de consideración equitativa, la luz de la justicia divina brillará de manera uniforme sobre todos y la misericordia divina del Corán . . . abarcará a todos, como una lluvia vigorizante. . . . Se ha enterrado a la tiranía. . . . Este día [es] el primer día del gobierno de Dios."[35]

SE ENCIENDE LA MECHA

En enero, el sha y su familia se habían establecido en Marruecos, después de huir al exilio, pero eso no duró mucho. En marzo, el rey Hassan estaba cada vez más preocupado porque los Radicales podrían utilizar la presencia del sha como una excusa para lanzar ataques violentos dentro de su reino, o incluso intentar derrocar a su régimen. Por lo que le pidió al sha que se fuera.

Como no tenían muchas opciones, los Pahlavi volaron a las Bahamas, y después a México. Sin embargo, en octubre al sha le diagnosticaron un linfoma maligno. Su cuerpo estaba comenzando a apagarse, y sus doctores se preocupaban de que si no tenía un tratamiento adecuado, no viviría más de dieciocho meses. El 22 de octubre, el Presidente Carter acordó permitir que el sha y su esposa entraran a Estados Unidos para tratamiento médico. Llegaron al día siguiente. Pero ni el presidente ni sus asesores principales se percataron completamente de la mecha que estaban encendiendo, ni de la tormenta de fuego que se avecinaba.

Jomeini acababa de hacer un llamado a "todos los estudiantes de primaria, de la universidad y estudiantes teológicos a aumentar sus ataques en contra de Estados Unidos."[36] Un segundo plan para tomar la embajada ya estaba en la etapa avanzada de planificación, por un grupo de estudiantes universitarios que estaban dispuestos a jugar su papel en la Revolución, y ahora los líderes estudiantiles sintieron que tenían dos elementos cruciales para el éxito. Primero, tenían la bendición de su Líder Supremo para atacar al "Gran Satanás," aunque esa bendición era indirecta, ya que Jomeini en ese momento ni siquiera conocía sus planes. Segundo, tenían un pretexto perfecto para atacar, ya que los iraníes en todo el país estaban profundamente indignados por la decisión de Carter de mostrarle hospitalidad a un hombre que consideraban traidor al islam y, por lo tanto, merecedor de la muerte.

El 1 de noviembre, más de dos millones de iraníes hicieron una demostración en la Universidad de Teherán, no lejos del terreno de la embajada, gritando: *"¡Muerte a Estados Unidos! ¡Muerte a Estados Unidos!"* ¿Qué otro incentivo necesitaban que el hecho de que el Imán y su pueblo estaban con ellos? conjeturaron los líderes del plan.

Ese mismo día, el Asesor de Seguridad Nacional de EE. UU., Zbigniew Brzezinski, se reunió en secreto con el primer ministro iraní, Mehdi Bazargan. Su asistente, Robert Gates —que después se convertiría en el director de inteligencia central en el mandato del Presidente Bush 41, y en el secretario de defensa en el mandato del Presidente Bush 43— estuvo en la reunión.

"Brzezinski viajó a Argel para representar a Estados Unidos en el vigésimo quinto aniversario de la revolución argelina," recordó después Gates. "Yo lo acompañé. Fue una experiencia extraordinaria. Un punto céntrico de la celebración fue una recepción para los invitados extranjeros y un banquete espléndido. La recepción fue el sueño hecho realidad para un oficial de inteligencia. Todos los matones más grandes del mundo estaban presentes —Asad de Siria, Gaddafi de Libia, Yasir Arafat de la OLP, el General Giap de Vietnam, el Almirante Gorshkov de la Marina Soviética— y una colección notable de menos conocidos, terroristas, líderes guerrilleros y representantes de varios movimientos de liberación.

Cuando Brzezinski se enteró de que la delegación iraní quería reunirse con él, estuvo de acuerdo y se llevó a Gates a la reunión para que tomara notas. Gates recordó: "Nuestros anfitriones fueron el Primer Ministro Bazargan, un tipo pequeño arrugado, con vestigios de pelo blanco en su cabeza; el Ministro del Exterior Ibrahim Yazdi; y el Ministro de Defensa Mustafa Ali Chamran. Su saludo y el tono de toda la reunión fueron sorpresivamente amistosos, dadas las circunstancias."[37]

Lo que ocurrió después fue asombroso. En una demostración despampanante de completa falta de conocimiento por parte de la administración de Carter de las fuerzas con las que estaban tratando, Brzezinski le dijo al nuevo primer ministro de Irán que el gobierno de Estados Unidos estaba listo para buscar la manera de trabajar juntos y hasta ofreció a los Radicales venderles sistemas nuevos de armas. "[Brzezinski] les aseguró la aceptación estadounidense de su revolución," observó Gates, "discutió la realidad de un enemigo común: su vecino soviético del norte, la necesidad de cooperar en asuntos de seguridad en cuanto a los soviéticos y dejó abierta la posibilidad de reasumir las ventas militares."

Brzezinski confirmó todo esto en sus propias memorias y observó que, específicamente, le prometió no intentar derrocar al régimen de Jomeini, sino trabajar de cerca con el ayatolá y su equipo. "Puse de manifiesto que Estados Unidos no estaba involucrado en, ni estimularía, conspiraciones en contra del nuevo régimen iraní," escribió. Más adelante recordó que había dicho específicamente a Bazargan: "Estamos preparados para cualquier relación que ustedes quieran. . . . El gobierno estadounidense está preparado para extender las relaciones de seguridad, económicas, políticas y de inteligencia, al ritmo de ustedes."[38]

Bazargan, aparentemente, no se rió, pero bien podría haberlo hecho. Decir que no estaba impresionado con la oferta del "Gran Satanás" sería decirlo suavemente. El primer ministro insistió en la entrega del sha por parte de Estados Unidos para un juicio en Irán. Brzezinski dijo que no. Había muchas maneras en que los dos gobiernos podrían cooperar, respondió, pero "devolverles al sha sería incompatible con nuestro honor nacional."[39]

Las noticias de la reunión secreta se filtraron al día siguiente. En Irán surgió un sentimiento en contra de Estados Unidos, que ya era candente. Los iraníes se enfurecieron con la noción de que su primer ministro hubiera estado presente en la misma habitación, y no digamos hablando, con un alto funcionario de la Casa Blanca.

Sin embargo, de manera increíble, poca gente en Washington percibió el peligro inminente. El sábado 3 de noviembre, el Presidente Carter fue a pescar a Camp David, aparentemente inconsciente del daño enorme que estaba a punto de hacérsele al "honor nacional" de Estados Unidos.[40]

LA EXPLOSIÓN

Todavía no había amanecido en Washington.

Era domingo por la mañana del 4 de noviembre cuando un repentino mensaje de la Embajada en Teherán entró al ultrasecreto centro de comunicaciones del Departamento de Estado: "Los manifestantes han entrado al complejo de la embajada y al edificio."[41]

Más de tres mil Radicales, la mayoría estudiantes, habían trepado las paredes de la embajada, habían penetrado las cercas y puertas de seguridad internas del complejo, y habían desarmado a los Marinès (a quienes sus superiores les habían dado la orden de no disparar) y tenían a sesenta y seis estadounidenses como rehenes mientras que saqueaban los archivos que encontraron a su paso.*

Los empleados que estaban en la Sala de Situaciones de la Casa Blanca inmediatamente despertaron al presidente en Camp David a las 4:30 a.m. con una llamada telefónica. El presidente habló con Brzezinski, que acababa de volver de Argel, y con el Secretario de Estado Cyrus Vance. Ambos estaban inquietos, sin duda, pero ninguno estaba sumamente preocupado, y creían que la situación se corregiría rápidamente, como había ocurrido en el Día de San Valentín. Por lo tanto, el presidente se volvió a dormir. Fue el último sueño medio decente que Carter tendría hasta que dejó la presidencia el 20 de enero de 1981.

Los oficiales de inteligencia de Estados Unidos tradujeron pronto una copia del primer comunicado de los estudiantes, que castigaba severamente "a Estados Unidos, devorador del mundo" y declaraba: "Nosotros los estudiantes musulmanes, seguidores del Imán Jomeini, hemos ocupado la embajada de espionaje de Estados Unidos en protesta contra las tácticas de los imperialistas y sionistas. Anunciamos nuestra protesta al mundo; una protesta en contra de Estados Unidos por darle asilo y emplear al criminal sha, mientras tiene en sus manos la sangre de decenas de miles de mujeres y hombres de este país."[42]

Los oficiales superiores de la CIA y del Estado esperaban que Jomeini ordenara a los estudiantes que inmediatamente liberaran a los estadounidenses y su complejo. Pero eso nunca sucedió.

Al contrario, el ayatolá rápidamente emitió una declaración que elogiaba a los estudiantes. Luego nombró a su hijo, Ahmad, para que fuera el enlace con los estudiantes que habían tomado la embajada.

---

*Inicialmente, sesenta y seis miembros del personal de la Embajada de los Estados Unidos fueron tomados como rehenes. Trece mujeres y afroamericanos fueron liberados a finales de noviembre. Un rehén fue liberado en julio de 1980 porque su salud empeoraba seriamente. Los cincuenta y dos rehenes restantes pasaron un total de 444 días en cautiverio.

Ahmad escribiría después que su padre esperaba "relámpagos y true-
nos" desde Washington, una operación militar rápida y feroz que resca-
taría al personal de la embajada y que castigaría al nuevo régimen. Pero
las semanas se convirtieron en meses sin esa respuesta. En lugar de eso,
según la opinión de Ahmad, la Casa Blanca de Carter produjo en abundancia declaraciones abúlicas y débiles y no mostró interés serio en una
confrontación militar. El enviado del Presidente Carter a las Naciones
Unidas, Embajador Andrew Young, públicamente imploró al ayatolá que
mostrara "magnanimidad y compasión."

Jomeini olió debilidad. Se burló de la administración Carter diciendo
que actuaba "como un pollo sin cabeza" y explotó la indecisión de Carter
al máximo.[43]

HUMILLACIÓN

Por más de año y medio, cincuenta y dos ciudadanos estadounidenses
fueron sujetos a tortura, interrogación y a toda clase de abuso físico y
psicológico a manos de los Radicales islámicos.

A algunos de los rehenes se les cubrían los ojos y se les hacía desfi-
lar ante los medios de comunicación iraní en fotos que se transmitirían
en todo el mundo. A otros se les pateaba y golpeaba repetidamente. A
algunos se les apuntaba con pistolas en la cabeza mientras los estudiantes
amenazaban con hacerles explotar el cerebro si no abrían cajas fuertes
o respondían preguntas. En otras ocasiones, los estudiantes jugaron a
la ruleta rusa con ellos. En cierto momento, un grupo de estudiantes
forzaron a un diplomático al suelo. Uno sacó un cuchillo, lo colocó a
apenas unos centímetros de la cara del diplomático y amenazó con sacarle
los ojos, uno por uno, si rehusaba divulgar información confidencial. Y
mientras tanto, el Ayatolá Jomeini daba su total aprobación a esas actividades, y su hijo supervisaba las operaciones cotidianas de los terroristas.

En casa, los estadounidenses sentían un creciente sentimiento de
humillación y afrenta mientras veían en las noticias cómo se desarrollaba
la crisis en Irán, noche tras noche, con aparentemente nada de luz al
final del túnel. La mayoría de la gente no entendía la motivación de los
Radicales que habían tomado la embajada, ni del ayatolá a quien aparentemente adoraban. Tampoco entendían por qué el Presidente Carter se
veía tan débil en vista de una amenaza tan seria para la seguridad nacional

de Estados Unidos. Todo lo que veían era millones de iraníes que repetían: "¡Muerte a Estados Unidos! ¡Muerte a Israel!" y turbas violentas y fanáticas que quemaban la bandera de Estados Unidos y que quemaban una efigie del Presidente Carter. A medida que la crisis empeoraba, la popularidad de Carter cayó vertiginosamente a tan sólo 25 por ciento.

Los musulmanes alrededor del mundo —sunitas y chiítas por igual— estaban impactados por el giro dramático de los eventos. Los Radicales estaban fortificados. Los Reformadores estaban horrorizados.

Los funcionarios de Washington estaban estupefactos. En menos de un año, la Casa Blanca, el Departamento de Estado y la Agencia Central de Inteligencia habían pasado por alto la Revolución Islámica de Irán, el surgimiento de Jomeini, la caída del sha y la toma de la propia embajada de Estados Unidos en un país que era central para su seguridad nacional y que compartía una frontera de 2.600 kilómetros con la Unión Soviética.

El Almirante Stansfield Turner, director de la Agencia Central de Inteligencia durante el gobierno del Presidente Carter, después admitiría en sus memorias: "En la CIA servimos al presidente . . . pésimamente en cuanto a nuestra cobertura de la escena de Irán. . . . No habíamos apreciado lo insegura que era la base política del sha; no sabíamos que el sha tenía una enfermedad terminal; no comprendimos quién era Jomeini y el apoyo que su movimiento tenía; no teníamos idea de quiénes eran los captores de los rehenes ni cuál era su objetivo; y no pudimos señalar dónde tenían a los rehenes dentro de la embajada ni bajo qué condiciones. . . . Simplemente estábamos totalmente dormidos."[44]

CAPÍTULO CINCO

TRAGEDIA EN DESIERTO UNO

La historia de primera mano del intento de la
Fuerza Delta para rescatar a los rehenes

LA FUERZA DELTA SE HABÍA formado hacía apenas dos años.

Después de ver que los Radicales, por todo el Medio Oriente y Europa, secuestraron aviones de pasajeros civiles, hicieron estallar buses y escuelas de primaria, asesinaron rehenes israelíes en los Juegos Olímpicos de Munich y bombardearon bases militares de Estados Unidos, y otras instalaciones estratégicas occidentales, a principios de la década de 1970, el Coronel Charlie Beckwith, creador legendario de Delta y su comandante por mucho tiempo, había diseñado la nueva unidad élite supersecreta y contraterrorista del ejército, parecida al muy exitoso Servicio Aéreo Especial Secreto Británico (SAS). Beckwith, por mucho tiempo, había creído que el ejército estadounidense —líder en la supremacía aérea y operaciones masivas terrestres— estaba deplorablemente desprevenido para una nueva era de terrorismo, e hizo todo menos arrastrarse ante sus superiores pidiendo una oportunidad para crear una respuesta. Pero ni Beckwith ni ninguno de sus hombres tenían idea de cuán prontamente se les necesitaría.

En la víspera de la toma de la embajada, los jefes del Pentágono estaban haciendo la evaluación final de los operadores de Delta, para declararlos operacionalmente listos para el servicio. Jerry Boykin, miembro fundador de la fuerza, me hizo una descripción de aquel desafortunado día.

"El 4 de noviembre, acabábamos de terminar nuestra evaluación y un grupo de evaluadores había declarado que estábamos preparados. Algunos de los compañeros salieron a celebrar. Pero sin haber dormido por casi setenta y dos horas, caí en un sueño profundo que desesperadamente necesitaba. De repente, alguien me agitaba y decía: 'Jerry, Jerry, ¿puedes oírme?' Pensé que estaba soñando. Cuando finalmente me despertaron, me dijeron que habían tomado la embajada y que había estadounidenses como rehenes."[1]

Beckwith reunió a sus agentes Delta y los envió a la Granja, unas instalaciones supersecretas de entrenamiento de la CIA, para que descansaran y esperaran instrucciones adicionales. Entonces le dijo a Boykin que lo acompañara al D.C. para comenzar a planificar una posible operación de rescate.

"Era mi primera visita al Pentágono," recordó Boykin. "Y debo decirle que había un sentimiento de incredulidad —incredulidad de que estos Radicales otra vez tomaran rehenes en una embajada estadounidense que, según la ley internacional, es territorio soberano estadounidense. Y nadie comprendió realmente en ese momento que estábamos viendo el comienzo de la Revolución Islámica. Nadie comprendió verdaderamente la naturaleza de la amenaza a la que nos enfrentábamos."

El 8 de noviembre, a Beckwith y a Boykin los llevaron al Salón 2C840, un salón del Pentágono altamente seguro para la planificación de guerra, donde se reunieron con el Secretario de Defensa Harold Brown, el presidente del Estado Mayor Conjunto, David Jones, el resto de los jefes de servicio y varios especialistas de inteligencia.

"¿Qué sabemos? ¿Qué clase de información tenemos?" preguntó el Secretario Brown.

La respuesta: muy poco.

"¿Quiénes, exactamente, son los captores, y qué quieren?" insistió Brown.

De nuevo, la información era, como mucho, imprecisa. Era claro que los estudiantes iraníes estaban involucrados y que eran leales a Jomeini. Pero sus demandas no estaban claras, y ninguno en el Pentágono sabía si tenían ayuda externa.

"¿Ha hecho el gobierno iraní alguna declaración pública?" preguntó Jones.

Y una vez más se le dijo que había poca inteligencia.

Fue interminable. Había muchas más preguntas que respuestas y, en pocas palabras, las preguntas eran desalentadoras.

¿Qué clase de aeronave se podría utilizar para montar una operación de rescate? ¿Aviones, helicópteros o ambos?

¿Cuántos se necesitarían?

¿Cómo se reabastecerían?

¿Dónde aterrizarían?

¿Cómo penetrarían el espacio aéreo de Irán sin ser detectados?

¿Necesitarían aviones de combate que los acompañaran?

Una vez en el país, ¿cómo entrarían efectivamente los agentes a la embajada? A los rehenes, después de todo, los tenían en el corazón de Teherán, muy dentro del centro del país, a horas de distancia de Turquía, Irak, Afganistán o de algún portaaviones que operara en el Golfo Pérsico.

Y Teherán no era exactamente una ciudad amistosa. Delta se dirigiría hacia una ciudad de cinco millones de personas que odiaban a Estados Unidos y que no querrían nada más que matar a las fuerzas militares estadounidenses que estaban "invadiendo" su capital.

¿Tenían a todos los rehenes en la embajada, o los trasladaban alrededor de la ciudad?

¿Cuántos guardias los retenían?

¿Qué clase de armas utilizaban?

¿Qué tan seguido rotaban a los guardias?

Cada pregunta generaba una docena más. Pero había una pregunta que perseguía a los hombres en esa habitación más que cualquier otra: ¿qué harían mañana, la próxima semana o el próximo mes si los iraníes comenzaban a ejecutar a los rehenes, uno por uno?

OPERACIÓN GARRA DE ÁGUILA

En su extraordinario libro *Huéspedes del Ayatolá* el periodista Mark Bowden menciona una lista de requisitos y condiciones que uno de los colegas de Boykin escribió en ese entonces y que describía cuán desafiante era su tarea. Entre los requisitos estaban: "Ingresar a Teherán sin ser detectados"; "Traspasar la embajada y rescatar a los rehenes"; "No lastimar civiles"; y "No permitir que las fuerzas iraníes estén conscientes de, o que reaccionen a, nuestra presencia." Entre las condiciones: "Ningún país los ayudará"; "Todo el programa de entrenamiento debe mantenerse en secreto"; y "Toda la operación debe llevarse a cabo en la oscuridad."[2]

La tarea era abrumadora. Pero Beckwith, Boykin y sus hombres no tenían opción. Nadie tenía mucha confianza en que la diplomacia de la administración Carter pudiera resolver la crisis pacíficamente. Aun con su limitada comprensión del islam radical en ese momento, se dieron cuenta de que el ayatolá era un yihadista de corazón y que estaba disfrutando cada momento de su enfrentamiento con el "Gran Satanás." El equipo Delta tenía que estar preparado y tenía que cumplir. Había mucho en peligro.

Pronto surgió un concepto. Le pusieron la contraseña Operación Garra de Águila.

"Cuando iniciamos nuestra planificación," me explicó Boykin, "lo primero que buscamos fue quién podría apoyarnos en la región. Esperábamos que Turquía lo hiciera, pero Turquía decidió no hacerlo. Esperábamos que Paquistán lo hiciera, pero Paquistán tomó la misma decisión. Solamente Egipto y Omán acordaron apoyarnos en la región, por lo que tuvimos que lanzar nuestra operación desde uno de esos dos lugares.

"Al final resultó que nos lanzamos desde Omán. Nuestro plan era transportar por aire a nuestras tropas de asalto —aproximadamente cien Deltas, con un poco de apoyo de los Rangers— en aviones C-141 Starlifter de la Fuerza Aérea desde una base en Wadi Kena, Egipto, a Masirah, Omán. Entonces pondríamos a todos en aviones Talon C-130 [enormes aviones de carga del Ejército] y secretamente volaríamos a una ubicación como a ciento sesenta kilómetros de Teherán, donde descargaríamos en el desierto, en un lugar remoto conocido como Dasht-e-Kavir.

"Mientras tanto, ocho helicópteros Sea Stallion RH-53D de transporte de tropas despegarían de la cubierta del *Nimitz* [portaaviones que operaba en el Océano Índico] con nada más que su tripulación en ellos. Se nos unirían en el área que llamaríamos Desierto Uno. Reabasteceríamos los helicópteros. Todas las tropas Delta entonces abordarían los helicópteros y volarían a una segunda ubicación, que llamamos Desierto Dos, donde buscaríamos refugio y descansaríamos un poco."

A la noche siguiente, explicó Boykin, tres equipos Delta —que se llamaban Rojo, Blanco y Azul— con la ayuda de algunos agentes de la CIA que hablaban persa, abordarían unos camiones grandes (camuflados como si llevaran frutas, vegetales y alimentos enlatados al mercado) que iraníes reclutados por la CIA adquirirían y conducirían. Los camiones serían dirigidos hacia Teherán, directo a la embajada, bajo el refugio de la noche. Alrededor de la media noche, el Equipo Azul —comandado por Boykin— saltaría de uno de los camiones y, utilizando *grease guns* calibre .45 con silenciadores y eliminarían a los guardias de dos puestos, a lo largo de la Avenida Roosevelt. El Equipo Azul entonces aseguraría el perímetro, mientras que los equipos Rojo y Blanco escalarían las paredes del complejo, silenciosamente saltarían hacia el otro lado, asaltarían la embajada y eliminarían a todos los enemigos que encontraran.

El Equipo Rojo tenía que asaltar una bodega en el terreno de la embajada, conocida como "Mushroom Inn," donde se creía que estaban algunos de los rehenes. Mientras tanto, el Equipo Blanco se abriría camino con explosiones hacia la cancillería, donde tenían escondida a la mayoría de los rehenes.

Cuando la operación estuviera en marcha con éxito, el plan era que el Equipo Azul de Boykin correría al lado opuesto de la calle para invadir y ocupar un estadio de fútbol. Colocarían francotiradores en techos donde pudieran ver y detener cualquier refuerzo militar que pudiera dirigirse a la embajada. El estadio también serviría como el lugar donde los helicópteros de rescate aterrizarían, donde todos los agentes Delta abordarían y luego volarían fuera de la ciudad, con aviones de combate como escolta.

Los helicópteros entonces volarían a un campo de aterrizaje iraní en Manzariyah que sería invadido durante la operación de rescate con un elemento distinto de los Rangers. Los aviones Talon C-130 entrarían, recogerían a todos los estadounidenses y los sacarían del país, después de que los agentes Delta y los Rangers hubieran destruido todos los helicópteros.

El 19 y 20 de noviembre, los planificadores de Delta recibieron buenas noticias. Los iraníes habían liberado a trece rehenes mujeres y afroamericanos en un intento de obtener algo de simpatía internacional. No obtuvieron mucha simpatía, pero los oficiales de inteligencia de Estados Unidos recibieron un tesoro de información valiosa. De repente, algunas de los cientos de preguntas logísticas y operacionales de Delta, que no se habían respondido anteriormente, se estaban respondiendo. Al utilizar detalles recabados de los rehenes liberados, Delta pronto pudo elaborar y afinar un simulacro exacto del complejo de la embajada en la Granja. Allí, practicaron su asalto, cometieron sus errores, los corrigieron y lo intentaron otra vez, día tras día, semana tras semana.

"Le presentamos nuestra idea al presidente," recordó Boykin. "Estábamos ansiosos por ir, porque francamente necesitábamos tanta oscuridad como fuera posible y, obviamente, a medida que la primavera y el verano se acercaban, se nos acababan las horas de oscuridad. Me entristece decir que el presidente esperó hasta el último minuto, hasta que le dijimos: 'Más allá de este punto, nuestro plan tendrá que ser revisado y se nos tendrá que ocurrir un concepto nuevo, o esperar hasta el otoño, hasta que comencemos a obtener horas adecuadas de oscuridad otra vez.'"

En su libro *Never Surrender* (Nunca te rindas), Boykin observó: "Precisamente después de la toma de la embajada, el Presidente Carter declaró públicamente que Estados Unidos no haría nada para no poner en peligro las vidas de los rehenes. Lo que debía haber dicho era: 'Iremos a cualquier extremo para que nos devuelvan a nuestra gente. Todas las opciones están en la mesa.' . . . No nos dio confianza el hecho de que Carter no estuviera dispuesto a declarar eso públicamente. La mayoría de nosotros lo veía como un presidente débil antes de la crisis de los rehenes. Ahora, todos interpretábamos sus comentarios públicos como reveladores de que no tenía las agallas para un conflicto armado, aunque significara la humillación global de la nación que pretendía dirigir. . . . Yo me decepcioné de Jimmy Carter. Yo sabía que era hombre de fe, y no entendí su interpretación de la responsabilidad que Dios le había dado para defender a los indefensos."[3]

"OCHO FUERA DE PLATAFORMA"

Después de meses de indecisión de la Casa Blanca, y de negociaciones extraoficiales infructuosas del Departamento de Estado con los iraníes, Carter finalmente dio la "luz verde" a principios de abril de 1980.

La fecha real de la operación se estableció para el 24 de abril. Beckwith llevó a sus hombres a Egipto el 21, para preubicarlos para la misión y ultimar detalles. En la mañana del 24, los reunió para darles instrucciones finales y animarlos; luego le pidió a Boykin que guiara a los hombres en oración.

Boykin estaba sorprendido. El coronel era el soldado de las fuerzas especiales más rudo y tosco que había conocido. Beckwith nunca había discutido fe ni religión en su presencia, mucho menos orado. La mayoría del tiempo gritaba a sus hombres, los maldecía y les decía que los iba a despedir si no mejoraban, en vez de estimularlos a que buscaran a Dios. Sin embargo, la tarea que tenían enfrente era casi imposible, y hasta Beckwith parecía reconocer su necesidad de la intervención divina. Boykin se sintió honrado y humillado por el momento.

"Saben, chicos, hace como tres mil años, precisamente en este mismo desierto donde estamos parados, Dios sacó a los israelitas de la esclavitud," dijo Boykin a su banda de hermanos. "Viajaron por este mismo desierto hacia una nueva libertad. Y creo que Dios nos ha llamado a sacar a cincuenta y tres estadounidenses del cautiverio y llevarlos a la libertad."

Después, inclinó su cabeza, cerró sus ojos y guió al grupo en oración.

"Dios Todopoderoso," comenzó, "nos hemos colocado en tus manos. Y te pedimos que nos lleves y nos guíes para que podamos liberar a nuestros compañeros estadounidenses. Pedimos que tu mano de misericordia esté sobre nosotros. Te pedimos sabiduría, fortaleza y valor. Te pedimos que nos guardes y que guardes a la gente que vamos a buscar. Llévanos de regreso a casa con nuestras familias. Te pido esto en el nombre de Cristo. Amén." Juntos los hombres cantaron "God Bless America." Luego tomaron su equipo, abordaron los aviones de transporte y se dirigieron a Irán.

El vuelo fue largo y estuvo tranquilo, excepto por la transmisión del *Nimitz* —"Ocho fuera de plataforma"— que significaba que los ocho helicópteros habían sido lanzados con éxito y que iban en camino al punto de reunión.

Finalmente, los aviones de transporte, llenos de las fuerzas especiales estadounidenses y mucho combustible adicional, penetraron el espacio aéreo iraní sin ser detectados, utilizando trechos abiertos en el sistema de radar costero de Irán —trechos que los contratistas estadounidenses que habían diseñado el sistema para el sha habían creado a propósito para contingencias futuras imprevistas. Esta era, en realidad, una de esas contingencias imprevistas. Pero fue casi la última cosa buena que sucedió en esta misión.

En el acercamiento final a la improvisada pista de aterrizaje en Desierto Uno, Boykin vio una explosión masiva que brotó en la distancia. *¿Qué sería eso?* se preguntaron él y sus hombres. Estaban en medio del desierto, a horas de distancia de la civilización.

Apenas unos momentos después se enteraron que un grupo de contrabandistas estaba conduciendo un camión cisterna, probablemente lleno de gasolina robada, a través del desierto. Los contrabandistas se habían tropezado con una patrulla de los Rangers del Ejército de Estados Unidos, que estaba asegurando un perímetro de seguridad para el resto de los aviones Talon que llegarían. Cuando los Rangers trataron de detener al camión cisterna, los contrabandistas —que obviamente no esperaban encontrar a nadie en su camino— habían entrado en pánico y tratado de escapar. Los Rangers no se atrevieron a correr el riesgo de que los contrabandistas pudieran alertar a otros de su presencia, por lo que habían disparado un arma ligera antitanque al camión cisterna haciéndolo estallar en fragmentos. Sin embargo, todo el equipo se preocupó porque la explosión en sí podría haberlos desenmascarado. Ese resultó ser el menor de sus problemas.

Poco después, un bus de pasajeros, lleno mayormente de mujeres, pasó por allí. Los pasajeros estaban tan sorprendidos como los contrabandistas de encontrar tropas extranjeras en suelo iraní, junto con escombros ardiendo. Los Rangers hicieron disparos de advertencia al bus y lo obligaron a detenerse. Ahora tenían que encargarse de casi cincuenta prisioneros temporales. Y los golpes seguían llegando.

Los helicópteros que entraban ahora reportaban que estaban experimentando un *haboob*, una intensa tormenta de arena que es común en los páramos iraníes, pero que rara vez experimentan los pilotos de helicópteros estadounidenses. "Eso creó un atraso," dijo Boykin, "y creo que los helicópteros llegaban como con una hora y media de atraso. De nuevo, se nos acababan las horas de oscuridad que necesitábamos. Teníamos un margen muy pequeño con el cual trabajar."

Y cuando Boykin y sus colegas finalmente escucharon que los helicópteros se acercaban, vieron solamente seis, no los ocho que se habían lanzado; dos habían enfrentado dificultades mecánicas y habían regresado.

EL DESASTRE

Ese fue un acontecimiento grave.

Sin embargo, cuando los helicópteros aterrizaron, había más noticias devastadoras. Uno de los seis helicópteros restantes tenía problemas hidráulicos. Ahora quedaban sólo cinco.

Durante sus reuniones de planificación en el Pentágono, Beckwith y sus expertos en logística habían determinado que absolutamente necesitaban un mínimo de seis helicópteros para completar la misión y para sacar de Irán a todos los rehenes, soldados, equipos de avanzada y equipo. Con menos de seis Beckwith tendría que abortar toda la misión.

Ahora ya estaban muy dentro del territorio enemigo, con luz verde de su comandante en jefe para rescatar a cincuenta y tres almas estadounidenses, pero de repente estaban en peligro de tener que volver a casa con las manos vacías.

Como se esperaba, Beckwith se acercó a Boykin y a su equipo unos momentos después. "Tendremos que cancelar la misión," dijo.

Boykin no podía creerlo. "Sus palabras me golpearon como un puñetazo en las entrañas. Mi mente me mostró a los rehenes. Todos habíamos estudiado sus caras por meses. Habíamos memorizado cada detalle. Sabíamos sus historias. Y también sabíamos que si no seguíamos adelante para sacarlos ahora, nunca lo haríamos."

Él estaba preparado para discutir, pero rápidamente quedó claro que Beckwith no cedería. Después de todo, no podía arriesgar las vidas de todo su equipo. Habían puesto un mínimo de seis helicópteros por una razón —en su país, sin ninguna emoción, sin adrenalina— y Beckwith se ceñiría a eso. Ordenó a sus hombres que comenzaran a abordar los C-130 con todo su equipo.

"La gente ha cuestionado la sabiduría de no seguir adelante con los cinco que teníamos," me dijo Boykin. "Y este es el hecho: necesitábamos a cada hombre que teníamos para asaltar un complejo de veintisiete acres, para además asaltar el Ministerio de Asuntos Exteriores, que es donde tenían cautivos a tres de los rehenes. Pero más importante, necesitábamos toda la capacidad de carga que pudiéramos conseguir para sacar a los rehenes. Si seguíamos adelante con una fuerza reducida y teníamos éxito en librar a nuestros rehenes, enfrentaríamos un problema, porque los helicópteros simplemente no podrían sacarlos a todos. Por lo que tendríamos que intercambiar a un grupo de rehenes por otro, y esa tampoco era una buena opción."

Boykin y sus hombres se movieron rápidamente. La luz saldría pronto, y no querían que los encontraran en Irán, expuestos en el desierto abierto, cuando el sol saliera. Pero precisamente en ese momento, el desastre los atacó. Boykin miró mientras uno de los helicópteros que acababan de ser reabastecidos se elevó y se preparó para reubicarse lejos de los aviones de transporte. Pero a medida que los rotores revolvían una cantidad cegadora de polvo y arena, el piloto del helicóptero sufrió de vértigo. Perdió control de dónde estaba y comenzó a bajar directamente encima de uno de los C-130.

Un momento después, otra enorme bola de fuego iluminó el cielo grisáceo cuando el helicóptero y el avión de transporte chocaron. Boykin sintió una onda de calor ardiente que lo invadía, y entonces se dio cuenta de que docenas de sus colegas estaban atrapados dentro del avión en llamas. Peor aún, el avión estaba lleno de miles de libras de combustible adicional, que estallaría en cualquier segundo. Boykin, que se ahogaba con la arena y el humo, a gritos hizo una oración desesperada para salvar a sus hombres. "Padre, por favor ¡no permitas que estos hombres mueran!" suplicó. "Nos pusimos en tus manos, ¡y ahora todos van a morir si no haces un milagro!"

Casi antes de que dijera "Amén," Boykin vio una de las puertas de emergencia del Talon, que ya estaba sumida en llamas, abrirse de par en par, y sus colegas comenzaron a salir y a correr lejos del avión tan pronto como podían. "A medida que los hombres se acercaban," recordó, "yo les gritaba que se pusieran detrás del C-130 que estaba detrás de mí, para que se protegieran del calor y de la nueva explosión que estaba a unos momentos de ocurrir." Entonces, efectivamente, el avión Talon explotó, junto con las municiones y varios cohetes y misiles de hombro que estaban adentro.

EL IMPACTO

Cuando todo se acabó, ocho militares de Estados Unidos habían muerto. Se habían perdido siete helicópteros estadounidenses, junto con un C-130. Los rehenes todavía estaban en manos de los Radicales. Y todo el mundo estaba a punto de enterarse.

Beckwith transmitió por radio las noticias devastadoras al Centro Nacional de Comando Militar, el salón de guerra de alta tecnología, a prueba de bombas nucleares, que está debajo del Pentágono. David Jones, el presidente del Estado Mayor Conjunto, entonces llamó al presidente, que estaba angustiado, al igual que su personal superior. Hamilton Jordan, el jefe de estado mayor de la Casa Blanca, se excusó rápidamente, entró al baño privado del presidente y vomitó.[4]

A las 7:00, hora del este, el presidente dio las noticias a la nación en un discurso en vivo y televisado desde el Despacho Oval.

La nación estaba impactada.

En los meses siguientes, con razón o no, a Carter se le culparía tanto por la crisis de rehenes como por el fracaso de su administración para liberarlos. Y después, los votantes lo sacarían de la presidencia y lo reemplazarían con Ronald Reagan, el ex actor anticomunista y ex gobernador de California, que prometió reconstruir el ejército de Estados Unidos, humillar a sus enemigos y restaurar su orgullo.

A lo largo de la campaña presidencial, Carter y sus asesores trataron de asustar al electorado y hacerlos pensar que Reagan era un militarista radical derechista. La estrategia no funcionó en Estados Unidos. Reagan ganó con una gran mayoría.

Pero parece que la retórica de Carter funcionó en Teherán. Los cincuenta y tres rehenes estadounidenses fueron liberados el 20 de enero de 1981, precisamente unas horas después de que Reagan hiciera el juramento de posesión.

Pero las implicaciones políticas de la tragedia en Desierto Uno no estaban en la mente de Boykin en ese momento. Lo que más lo molestaba era el mal que veía desatarse a través del Ayatolá Jomeini y sus seguidores, un mal que ni él ni la mayoría de estadounidenses había experimentado antes.

"Lo que realmente es importante," insistió, con el dolor de aquellos recuerdos todavía evidentes en su rostro y en su voz, "es darse cuenta de que los iraníes recuperaron los cuerpos de ocho de los nuestros que murieron allí y los profanaron, mutilándolos. Los medios de comunicación de Estados Unidos no quisieron mostrar lo que hicieron. Lo vimos en las redes internacionales de noticias. Pero eso era algo que nunca habíamos experimentado. Era algo que no podíamos entender —la inhumanidad de eso. ¿Qué hace que la gente sienta tanto placer al mutilar y profanar los cuerpos de guerreros caídos?"*

---

*Es importante observar que el ejército de los Estados Unidos en general, y en particular la Fuerza Delta, aprendió mucho de la tragedia del Desierto Uno y de los errores que se cometieron allí. Con el tiempo, corrigieron esos errores y han tenido mucho éxito en operaciones contraterroristas y en operaciones de combate declarado en el Medio Oriente y alrededor del mundo, entre las que están la liberación de Granada de los comunistas apoyados por los soviéticos; la liberación de Panamá de la dictadura de Manuel Noriega, dirigida por el tráfico de drogas; la liberación de Kuwait de los iraquíes; la liberación de Irak del reinado de terror de Saddam Hussein; y la liberación de Afganistán del control del Talibán y al Qaeda. Recomiendo muchísimo el libro de Boykin *Never Surrender*, ya que estuvo íntimamente ligado a varias de estas misiones.

CAPÍTULO SEIS

"TENEMOS QUE EXPORTAR NUESTRA REVOLUCIÓN"

Irán, Hezbolá y la tragedia del Líbano

A LAS 6:25, HORA LOCAL, de la mañana del 23 de octubre de 1983, agentes del ayatolá utilizaron a un terrorista suicida para que estrellara un camión lleno de explosivos en el cuartel de los Marines de Estados Unidos en Beirut, Líbano.

El ataque resultó en "la explosión no nuclear más grande que se hubiera detonado en la faz de la tierra," según un juez de la corte federal de Estados Unidos, que declaró a la República Islámica de Irán culpable de haber cometido el crimen.[1] Las puertas cerradas de un edificio a más de noventa metros de distancia se desprendieron de sus bisagras. Todos los árboles del área circunvecina quedaron totalmente sin hojas. Las ventanas de la torre de control del aeropuerto internacional de Beirut estallaron. Y las instalaciones de los Marines, de cuatro pisos de cemento y acero, colapsaron y se redujeron a cuatro metros y medio de escombros, cenizas y humo.

Poco después de que mi esposa y yo nos casamos en el verano de 1990 y nos establecimos en el área de Washington, D.C., conocimos a Charlie y Lynn Derbyshire, una pareja de la iglesia que había experimentado el mal de la Revolución Iraní de primera mano. Lynn perdió a su hermano mayor —Capitán de Marines Vincent Smith— en el bombardeo de Beirut. Charlie todavía la estaba ayudando a sanar la herida cuando los conocimos. Pero los horrores del 11 de septiembre y las muertes posteriores de fuerzas estadounidenses e israelíes en Irak, Afganistán y el Líbano en los años siguientes volvieron a abrir esas heridas. A través de Lynn y Charlie, mi esposa y yo hemos podido tener una idea personal y dolorosa de las cicatrices emocionales duraderas que los yihadistas han dejado.

Cuando me propuse escribir este libro, luché conmigo mismo si pedirle o no a Lynn que compartiera su historia. Sin embargo, al final se lo pedí. Sentí que era importante que otros entendieran el impacto humano de la Revolución y que se dieran cuenta de que para las víctimas del terrorismo, el trauma es, en muchos aspectos, tan real ahora como lo fue hace tanto tiempo.

Amablemente, Lynn y Charlie estuvieron de acuerdo.

"ÉL SE ASEGURÓ DE QUE YO ESTUVIERA A SALVO"

"Amaba a Vince," explicó Lynn cuando estábamos sentados en su sala, tomando café. "Vince era mi héroe, mi protector, mi amigo. Era mucho más que un hermano. Tengo seis hermanos y dos hermanas, y él era el mayor. Siempre entraba y terminaba con las peleas familiares. Siempre era el que le decía a mis hermanos: 'Está bien, deja de molestarla; ya es suficiente.' Con cualquier broma que me jugaran —al poner ranas en mis bolsillos o cualquier otra cosa— Vince llegaba y me rescataba de esa clase de diversión fraternal. Siempre miraba a Vince como mi salvador. Vince siempre se aseguraba que yo estuviera a salvo."

Vince se graduó con honores de la escuela secundaria, después se fue a la Academia Naval. Jugaba fútbol. Cantaba en el coro. También se convirtió en seguidor de Jesucristo cuando estaba en la Academia Naval, a través de largas conversaciones con el primo de Lynn, un fuerte creyente, que también estaba allí.

Con el tiempo, Vince se enamoró, se casó y luego se fue al entrenamiento básico y a la escuela de aviación, antes de llegar a ser piloto; usualmente volaba helicópteros de ataque Cobra.

En mayo de 1983, lo enviaron a Beirut a trabajar como oficial de coordinación aérea del grupo; se aseguraba de que cuando las tropas terrestres necesitaban apoyo aéreo —ya fuera para transportar suministros o por una misión de combate— recibieran lo que necesitaban.

"ESTO NO PUEDE ESTAR SUCEDIENDO"

En octubre de ese año, Lynn vivía en Nuevo México. Recién casados, con su esposo acababan de llegar de la iglesia una bella mañana de domingo cuando su vecina salió a encontrarla. Lágrimas corrían por la cara de su vecina. Agarró a Lynn del brazo cuando salía del automóvil. "Tienes que entrar a la casa," dijo. "¡Algo terrible ha sucedido! Tienes que ver las noticias."

"Eran como las diez de la mañana," recordó Lynn. "Yo seguía diciendo: 'Sólo dime qué pasó —sólo dímelo.' Entramos a su casa —y esto fue antes de que hubiera transmisión de eventos noticiosos las veinticuatro horas del día, por lo que tuvimos que esperar que el programa que estaban transmitiendo terminara, hasta la próxima vez que interrumpieron con su reporte especial— y yo seguía diciéndole: 'Dime qué pasa; ¡dímelo!' Las dos estábamos llorando y yo no podía comprender qué estaba ocurriendo. Así que cuando las noticias salieron, obviamente estaba preparada para una gran tragedia, pero no lo estaba . . . No podía pensar. Y entonces cuando la noticia apareció en la televisión, fue casi como que me golpearan físicamente. Me eché un poco hacia atrás en la silla —'Esto no puede estar sucediendo, no puede ser cierto.'"

Los locutores de noticias reportaron que los terroristas suicidas habían atacado el cuartel de los Marines en Beirut, así como el cuartel que hospedaba a los pacificadores franceses. Había 241 estadounidenses muertos, 56 del cuartel francés y muchos más heridos.

Lynn corrió a su casa y llamó a sus padres, que vivían en Washington, D. C., pero no estaban en casa. Nadie tenía teléfonos celulares entonces, por lo que no tenía manera de localizarlos.

Entonces llamó a la esposa de Vince, que también estaba en el área del D.C., y encontró a sus padres allí, tratando de consolarlos a ella y a su hijo pequeño. Lynn le preguntó a su padre, quien era coronel en servicio activo en el Cuerpo de Marines en ese entonces: —Papá, ¿no sabes lo que está pasando? ¿Puedes decirnos algo?

—Todavía no sabemos nada —respondió su padre, y observó que sus colegas decían que una operación enorme de búsqueda y rescate estaba en marcha, porque había muchos hombres que todavía no habían sido encontrados.

"Eso fue un domingo," recordó Lynn, "y pasaron dos semanas y media, casi tres semanas, antes de que pudieran identificar el cuerpo de Vince. Y así pasaron todos los días —iba a la casa de mi vecina a ver televisión y llamaba a mis padres todos los días. Mi papá finalmente dijo, como al cuarto día: 'Cariño, sé que es difícil, pero te prometo que te llamaré si averiguo algo. No voy a hacerte a un lado. Prometo que te llamaré.'

"Yo era maestra en una escuela. Iba a la escuela y trataba de enseñar, pero no podía siquiera funcionar. Cuando escribía en el pizarrón, olvidaba a mitad de la oración qué era lo que estaba escribiendo. Me volteaba y miraba a esos pequeños del sexto grado, y salía del salón. Pero no podía dejar de ir al trabajo, porque eso es aún peor. Si puedes imaginarlo . . . esperar —diecinueve días— para averiguar si alguien que amas está vivo o muerto. Era una tortura."

—¿Cómo recibiste la noticia finalmente? —le pregunté.

—Mi padre me llamó un jueves por la mañana. Eran como las 5:00 a.m., creo. Y cuando el teléfono sonó, lo supe. Simplemente lo sabía. ¿Sabes? Uno tiene un sexto sentido para estas cosas. Respondí el teléfono y dijo: "Es hora que vengas a casa. Han identificado a Vince, y tienes que venir a casa para enterrarlo."

"Eso fue un remolino en sí, tratar de salir de un pequeño pueblecito en el centro de Nuevo México para ir a Washington, D.C., y ver las preparaciones del funeral, y todo era tan irreal. Lo enterraron en el Cementerio Quantico. Era la primera vez que estábamos todos juntos, con la mayor parte de mi familia, desde el día de mi boda. Así que ir del gozo de ver a tu familia en tu boda y luego reunirse para un funeral, era verdaderamente terrible.

"Y yo realmente no podía creerlo. Pasé mucho tiempo en esa primera etapa del dolor, cuando dices: 'Esto no está sucediendo; no puede ser real; esta no soy yo.' Porque estaba acostumbrada a que Vince se fuera por mucho tiempo. Era siete años mayor que yo. Cuando yo tenía once, él se fue a la Academia Naval, y estaba acostumbrada a no verlo. Se iba por largos períodos y luego recibíamos cartas y nos enterábamos de lo que le sucedía. Luego volvía a casa por algunos días y después se iba otra vez por seis meses. Por lo que tenía este sentimiento irreal de que: 'Va a volver a casa. Va a volver a casa.'

"Claro que era un féretro cerrado, por lo que tuve que convencerme a mí misma de que estaba en esa caja. Recuerdo cuando fuimos a la funeraria la noche antes del funeral. Tenían el féretro en una habitación y uno podía entrar y arrodillarse a orar, y nos dieron a cada uno la oportunidad de hacerlo. Allí estaba el féretro cubierto con la bandera y todas esas flores, y nada de lo que había allí era Vince. No podía serlo —sencillamente no podía. Recuerdo arrodillarme y orar: 'Señor, ¿cómo pudiste hacer esto? Si realmente eres un Dios amoroso, ¿cómo permitiste que esto pasara?'

"Y aunque suena muy extraño, no podía creerlo, incluso a lo largo de todo el funeral. Volví a Nuevo México sintiendo todavía que no era algo real, porque había hombres que habían sobrevivido el bombardeo y que no habían sido identificados por mucho tiempo, que fueron llevados en avión a un hospital en Alemania o a otra parte. Estaban vendados de la cabeza a los pies y se estaban recuperando, y pasaron semanas antes de que pudieran averiguar quiénes eran estos hombres, porque estaban tan gravemente lesionados. Estaban irreconocibles. Y yo seguía soñando. Me despertaba a media noche y me erguía, como lo ves en las películas de Hollywood, gritando su nombre, porque estaba verdaderamente convencida de que él no podía haber muerto. No era posible."

"NUNCA HABÍA OÍDO DEL TERRORISMO SUICIDA"

Con el tiempo, las autoridades de Estados Unidos reconstruyeron la cadena de eventos que llevaron al bombardeo.

Se enteraron que después de meses de monitorear las operaciones del cuartel que hospedaba a la Vigésima Cuarta Unidad Anfibia de Marines, agentes de Hezbolá habían emboscado un camión que se dirigía al complejo a entregar agua fresca. Entonces los agentes reemplazaron rápidamente el camión con uno que ellos habían pintado para que se viera igual al que los guardias de los Marines esperaban. Sin embargo, este vehículo de diecinueve toneladas había sido equipado con más de 1.130 kilos de explosivos de alta tecnología.

El piloto, según Estados Unidos descubrió después, era un yihadista devoto, dispuesto a dar su vida para matar estadounidenses y, de esta manera, esperaba, asegurar su lugar en el paraíso.

Cuando el sol comenzaba a salir en un bellísimo día de otoño en la capital libanesa, "el piloto pasó por el cuartel de los Marines" y "rodeó el gran aparcamiento que estaba detrás del cuartel." Luego, presionó el acelerador hasta el piso, "atravesó la barrera de alambre de espino y una pared de bolsas de arena y entró al cuartel." La fuerza de la explosión fue equivalente a entre 6.800 y 9.500 kilos de TNT.[2]

En ese entonces, por supuesto, Lynn y su familia no sabían casi nada de los detalles. Actuaban en la niebla de la guerra, entre rumores y migajas de información. Además, estaban tratando con una clase de guerra que nunca antes se había utilizado en contra de los estadounidenses.

"Nunca antes había oído yo del terrorismo suicida," recordó Lynn. "Antes que Vince se fuera allá, no sabía nada del Líbano. Me avergüenza decir que yo era una estadounidense media que no sabe nada de geografía. Tuvimos que buscarlo en el mapa. No sabía nada de los terroristas, por supuesto. Sabía de los musulmanes, pero nunca había oído nada de toda esta idea de musulmanes radicales, del yihad y toda esa clase de cosas. Ninguno de nosotros sabía nada de eso."

Lynn no estaba sola; que se sepa, este fue el primer ataque terrorista suicida de musulmanes en contra de objetivos estadounidenses de la historia.

En primer lugar, muchos estadounidenses no estaban seguros de por qué teníamos fuerzas en el Líbano y exigieron que los retiráramos. No estábamos allí *haciendo* la paz, sostenían. Obviamente no estábamos *guardando* la paz. No había paz. Entonces, ¿de que servía?

Desafortunadamente, el gobierno de Estados Unidos no ofreció respuestas. En mi opinión, la administración Reagan debió haber atacado los campamentos de Hezbolá con ganas, para dejar en claro que no vale la pena matar estadounidenses. También, debía haberle dado a los Marines reglas más claras del combate. Aunque parezca increíble, a los Marines "pacificadores" no se les permitía cargar armas con balas reales en el Líbano. A los guardias de los Marines que estaban de turno la mañana del ataque ni siquiera se les había permitido colocar cartuchos de municiones en sus armas, lo cual los hizo impotentes para detener al terrorista suicida cuando se dirigía velozmente hacia ellos. Fueron presa fácil.

Todo eso debía haber cambiado, inmediatamente. Pero en lugar de mostrar fortaleza en vista del reto yihadista, la administración Reagan se huyó. El 7 de febrero de 1984, el Presidente Ronald Reagan anunció que sacaría a los Marines del Líbano.

No pocos estadounidenses dieron un respiro de alivio. Pero entre los yihadistas de toda la región, hubo júbilo. El "Gran Satanás" acababa de recibir un golpe significativo. Los estadounidenses ahora estaban en retirada, todo por un solo piloto dispuesto a dar su vida para matar a otros. Ese fue un modelo, concluyeron, que tenía que reproducirse.

LA PARTICIPACIÓN DE IRÁN

Y entonces la historia dio un giro curioso.

"Justo después del bombardeo," explicó Lynn, "Hezbolá se presentó y se atribuyó el mérito de haber hecho esto, y de una manera jactanciosa y fatua: *¡Matamos a todos esos estadounidenses! ¡Les estamos dando duro! ¡Les estamos dando durísimo, y nosotros lo hacemos; lo logramos!'* Pero muy a inicios de 1984, quedó claro que Hezbolá estaba haciendo esto a petición del gobierno iraní."

Efectivamente, durante los años siguientes, a medida que el gobierno de Estados Unidos continuó investigando el ataque, llegó a ser cada vez más claro que toda la operación había sido puesta en marcha no solamente por Hezbolá, sino con la ayuda directa del régimen de Jomeini en Teherán. La evidencia cada vez mayor era tan convincente que las familias de los Marines asesinados finalmente decidieron unirse e interponer una demanda por homicidio culposo en contra de la República Islámica de Irán. Al hacerlo, esperaban demostrar, de una vez por todas, en una corte que Irán era, de hecho, responsable de las muertes de sus seres queridos. También esperaban castigar al régimen de la única manera que podían hacerlo, ya que ni la administración de Reagan, ni administraciones posteriores de Estados Unidos, habían castigado a alguien por el asesinato injustificable de Marines estadounidenses.

"Sólo soy un ama de casa," dijo Lynn. "Realmente sólo estoy tratando de criar a mis hijos y hacer que mi hogar funcione. Voy al supermercado y a la lavandería y hago esa clase de cosas, por lo que no entiendo la mayoría de esto acerca del islam radical. Va más allá de mi nivel. No fue hasta que estuvimos en el juicio y escuché el testimonio que habían recopilado que entendí lo fácil que en realidad era el caso, cuán total y enteramente responsable era el gobierno de Irán por la muerte de mi hermano y los otros 240 estadounidenses que fueron asesinados ese día."

LA EVIDENCIA ABRUMADORA

Lynn tenía razón. Cuando el caso, que las familias finalmente ganaron, estuvo en la corte salieron a luz muchos hechos que demostraron, sin duda alguna, que Irán estuvo detrás del ataque. Observe los siguientes extractos de la opinión escrita del juez del caso:[3]

El gobierno posrevolucionario de Irán . . . declaró su compromiso de esparcir las metas de la revolución de 1979 a otras naciones. Para ese fin, entre 1983 y 1988, el gobierno de Irán gastó aproximadamente de 50 a 150 millones de dólares para financiar a las organizaciones terroristas del Cercano Oriente. Uno de los países al que el gobierno iraní dirigió su atención fue a la república del Líbano, devastada por la guerra.

El Dr. Michael Ledeen, asesor del Departamento de Defensa en la época del bombardeo del cuartel de Marines y experto en relaciones exteriores de Estados Unidos, testificó en el juicio que "Irán inventó, creó, fundó, entrenó y dirige hasta el día de hoy a Hezbolá, que es probablemente la organización terrorista más peligrosa del mundo."

El camión falso de entrega de agua . . . [era] conducido por un iraní, Ismalal Ascari.

El 25 de octubre de 1983, el jefe de inteligencia naval notificó al Admirante [James A.] Lyons de la intercepción de un mensaje entre Teherán y Damasco que se había hecho el, o cerca del, 26 de septiembre de 1983. . . . El mensaje instaba al embajador que contactara . . . al líder del grupo terrorista . . . y que le diera instrucciones para que su grupo instigara con ataques en contra de la coalición multinacional en el Líbano, y *"que tomara una acción espectacular en contra de los Marines de Estados Unidos"* [énfasis agregado].

Basados en la evidencia presentada en el juicio por testigos expertos, a la Corte le parece que no hay duda de que Hezbolá y sus agentes recibieron abundante apoyo material y técnico del gobierno iraní.

UNA ORDEN DESDE ARRIBA

Una de las conclusiones del juez fue que "la sofisticación demostrada en la colocación de una carga explosiva en el centro del edificio del cuartel de los Marines, y el efecto devastador de la detonación de la carga, indican que es muy improbable que este ataque hubiera resultado en esa pérdida de vidas sin el apoyo de fuerzas militares regulares, como las de Irán."[4]

Lo que hace surgir la pregunta: ¿se habría requerido que el Ayatolá Jomeini diera su aprobación para semejante plan?

En un momento determinado del juicio, los jueces interrogaron al

Dr. Patrick Clawson, experto en Irán del Instituto de Política del Cercano Oriente de Washington, acerca de este mismo asunto. Clawson dijo que no había duda en su mente de que semejante ataque masivo en contra de las fuerzas estadounidenses tenía que haber sido aprobado por el nivel más alto posible del régimen iraní, específicamente por el mismo Jomeini. De otra manera, sostuvo, Hezbolá ni siquiera habría pensado en dar un paso en contra de Estados Unidos.

P: En el otoño de 1983, ¿hubo algo significativo, especialmente un ataque terrorista, [con] las dimensiones del ataque al cuartel de los Marines el 23 de octubre de 1983, que pudiera haber sido ocasionado por Hezbolá, sin el apoyo material de Irán?

Clawson: El apoyo material de Irán habría sido absolutamente esencial para cualquier actividad en ese entonces y, además, la política de la organización [era tal] que nadie en la organización habría pensado en llevar a cabo una actividad sin la aprobación iraní y, casi seguramente, órdenes iraníes.

P: ¿Está esa opinión dentro de un grado razonable de certeza, como experto en Irán?

Clawson: Absolutamente, señor.

P: ¿Requeriría una operación de esa clase, como la del 23 de octubre de 1983, de la aprobación de Irán del Ministerio de Información y Seguridad de Irán?

Clawson: Sí, señor.

P: ¿Y qué de [el primer ministro iraní] Rafsanjani?

Clawson: Habrían tenido una discusión en el Consejo de Seguridad Nacional, que involucraría al primer ministro, el Sr. Rafsanjani. . . . También habría requerido de la aprobación del líder religioso supremo de Irán, Ayatolá Jomeini.[5]

JUSTICIA PARA LOS SUPERVIVIENTES

Cuando el juicio terminó y toda la evidencia fue examinada y evaluada completamente, el Honorable Royce C. Lamberth, juez de distrito de

Estados Unidos para el Distrito de Columbia, emitió el fallo de que agentes que actuaron en nombre de la República Islámica de Irán "ocasionaron las muertes de más de 241 militares pacificadores en el cuartel de los Marines" en un "hecho premeditado y deliberado de asesinatos extrajudiciales." Además, el Juez Lamberth concluyó que Hezbolá, la República Islámica de Irán y el Ministerio de Información y Seguridad iraní "son responsables conjunta e individualmente, ante los demandantes, por daños compensatorios y punitivos."[6]

Le pregunté a Lynn cuál había sido su reacción cuando escuchó el veredicto.

"Caí de rodillas de gratitud," respondió instantáneamente. "Estaba tan agradecida. Para mí, era un pedazo de justicia que finalmente se había logrado. Poder decir finalmente: 'Aquí está la parte culpable; podemos nombrar a alguien que ha hecho esto' fue un gran paso adelante en el camino hacia la justicia."

"Ninguna orden de esta Corte restaurará alguna de las 241 vidas que se robaron el 23 de octubre de 1983," escribió el Juez Lamberth en la sección concluyente de su opinión. "Ni esta Corte puede sanar el dolor que se ha convertido en una parte permanente de las vidas de las madres y los padres, los cónyuges y hermanos, hijos e hijas. Pero la Corte puede dar pasos que castigarán a los hombres que llevaron a cabo este ataque abominable y, al hacerlo, tratar de lograr alguna pequeña medida de justicia para los sobrevivientes y los miembros de las familias de los 241 estadounidenses que nunca volvieron a casa."[7]

El 7 de septiembre de 2007, después de evaluar los méritos de cada miembro de la demanda colectiva, el Juez Lamberth ordenó que Irán pagara más de $2,600 millones a los casi mil sobrevivientes y miembros de las familias de los que murieron. "El costo del terrorismo apoyado por el estado," dijo, "acaba de subir."[8]

Las familias de las víctimas saben que las probabilidades de que realmente reciban algo del dinero de tributo son muy bajas. Y ni la victoria puede sanar todas las heridas.

"Veinticuatro años después, la herida de mi corazón por la muerte de Vincent todavía está abierta," compartió Lynn conmigo cuando nuestra conversación llegaba a su fin. "¿Y por qué? Porque los criminales se están saliendo con la suya. Y es porque siguen cometiendo crímenes similares y otra gente está sufriendo y muriendo por sus manos. Por lo que hay un sentimiento de desesperanza. Un sentimiento de que esto nunca va a terminar, que nuestro mundo ha cambiado completamente y nunca podremos volver a sentirnos seguros. Sabes, no estamos seguros en Estados Unidos, no somos libres en Estados Unidos. Somos esclavos de nuestro miedo —miedo al terrorismo. Sólo mira alrededor de Washington, mira los aeropuertos, todas esas medidas de seguridad, todas las grandes barricadas, las barreras de concreto. Todas esas cosas son resultado del terrorismo, porque les tenemos miedo a los terroristas."

LA AMENAZA CONTINUA DE HEZBOLÁ

Tristemente, Lynn tiene razón. Los responsables del ataque al cuartel de los Marines siguen sin ser castigados por sus crímenes, y siguen planificando nuevos atentados. Hezbolá es considerado ampliamente en círculos de inteligencia como la organización terrorista musulmana chiíta más peligrosa del mundo. El ex Subsecretario de Estado de Estados Unidos Richard Armitage ha dicho que "es posible que Hezbolá sea el equipo principal de los terroristas," mientras que "al Qaeda es realmente el equipo secundario."[9]

El Jeque Hassan Nasrallah, líder de Hezbolá, continúa respirando amenazas de muerte en contra de los estadounidenses e israelíes y reclutando y entrenando yihadistas, mientras trabaja de cerca con Teherán para prepararse para el mesías islámico, conocido como el Mahdi, que vendrá y dará lugar al fin del mundo. Reflexione sobre una simple muestra de las declaraciones de Nasrallah:

"Que todo el mundo me oiga. Nuestra hostilidad hacia el Gran Satanás [Estados Unidos] es absoluta. . . . A pesar de cuánto haya cambiado el mundo después del 11 de septiembre, 'Muerte a Estados Unidos' seguirá siendo nuestro poderoso y resonante lema: 'Muerte a Estados Unidos.'"[10]

"No creemos en repúblicas islámicas múltiples; sin embargo, creemos en un mundo islámico gobernado por un gobierno central."[11]

"Jerusalén y Palestina no serán recuperadas con juegos políticos sino con armas."[12]

"Estados Unidos seguirá siendo el enemigo principal y el Satanás más grande de todos. Israel siempre será para nosotros un crecimiento canceroso que necesita ser erradicado."[13]

"Prometemos perseverar en el camino que [nuestros fundadores] han elegido, el camino de Jomeini y Jamenei."[14]

"Le pido al Alá Todopoderoso . . . que los haga a ustedes los hombres que abrirán el camino para que el Mahdi de esta tierra establezca la justicia divina."[15]

Nasrallah, el mayor de nueve hijos, nació el 31 de agosto de 1960, en un pequeño barrio marginado del Este de Beirut. Apenas tenía dieciocho años cuando la Revolución Islámica se desarrolló en Irán. Pero rápidamente demostró ser un orador poderoso, un líder magnético y un organizador altamente efectivo. Ayudó a fundar Hezbolá en 1982 con financiamiento, entrenamiento y ayuda organizacional directa de Irán, y ayudó a convertirla en una fuerza enorme con la ayuda y guía estratégica continua de Irán.*

Para 1983, Nasrallah y su equipo ya habían reclutado y entrenado a unos doscientos yihadistas y lanzado el ataque al cuartel de los Marines, matando más estadounidenses en una sola ocasión que cualquier terrorista hasta ese momento. En una década, Nasrallah tenía por lo menos dos mil yihadistas entrenados bajo sus órdenes, aunque la mayoría era "reservista," no agentes pagados a tiempo completo.[16] Para la época de la Segunda Guerra del Líbano en contra de Israel en 2006, Hezbolá tenía alrededor de 6.000 a 10.000 yihadistas entrenados en su red, comparado con 170.000 de las fuerzas DFI y más de 400.000 reservistas israelíes, pero bajo el liderazgo de Nasrallah, a Hezbolá se le percibía ampliamente

---

*Nasrallah ha declarado públicamente que Hezbolá se fundó bajo las órdenes del Ayatolá Jomeini. Ha dicho oficialmente que en 1982, "los fieles eran de la opinión de que debería establecerse una corriente revolucionaria e islamista para confrontar, de manera adecuada, el nuevo reto que enfrenta el Líbano. Esta corriente iba a tener una visión política islamista clara, y operaría a través de una ideología consistente basada en los principios y línea política del Imán Jomeini. . . . Así es como Hezbolá llegó a ser" (citado por Noe, p. 26). En una entrevista en la televisión iraní el 16 de abril de 2007, el Jeque Naim Qassem, el líder número dos de Hezbolá, admitió que "cuando Hezbolá comenzó sus actividades en 1982, lo hizo según la opinión y el control religioso del Imán Jomeini." Continuó explicando que Hezbolá sigue las directrices religiosas y órdenes militares tácticas del liderazgo religioso y político de Irán, específicamente del actual ayatolá, Jamenei. Los líderes de Hezbolá pueden, explicó, pedirle a Jamenei la dirección sobre lo que es aceptable y lo que está prohibido para llevar a cabo operaciones yihadistas en contra de Israel, para asegurarse de que no pecan ni cometen un crimen (citado y traducido del árabe al inglés por el Centro de Información de Inteligencia y Terrorismo el 29 de abril de 2007, basado en extractos de la entrevista como lo citaron *MEMRI* [Instituto de Investigación de Medios de Información del Medio Oriente] y el Canal 2 de la Televisión Israelí. Ver www.terrorism-info.org.il.).

como que había hecho todo menos derrotar a los israelíes en esa confrontación de treinta y cuatro días.[17]

Los ataques terroristas de Hezbolá (que a veces se deletrea "Hezbollah," o "Hizbullah") se han extendido mucho más allá de los camiones bombarderos suicidas a la Embajada de Estados Unidos y al cuartel de Marines en Beirut en 1983. Según el reporte *Patterns of Global Terrorism* (Patrones de terrorismo global) del Departamento de Estado de 2008, Hezbolá estuvo también detrás del ataque al anexo de la Embajada de Estados Unidos de 1984 en Beirut; del secuestro del vuelo 847 de TWA en 1985, durante el cual fue asesinado un buceador de la Marina de Estados Unidos; del secuestro, detención y asesinato de estadounidenses y otros occidentales en el Líbano en la década de 1980; de los ataques a la Embajada de Israel de 1992 en Argentina; del ataque a la Asociación Mutua Israelí-Argentina (AMIA) de 1994 en Buenos Aires y del secuestro de tres soldados israelíes y no combatientes israelíes en 2000.[18]

Por lo menos desde 2004, las fuerzas de Nasrallah también han estado entrenando a miembros del "Ejército del Mahdi" iraquí —el grupo terrorista chiíta dirigido por Moqtada al Sadr— para atacar y matar fuerzas militares de Estados Unidos, de la Coalición y de Irak, así como a civiles iraquíes.[19] Oficiales superiores militares de Estados Unidos e Irak dicen que varios miles de insurgentes del Ejército del Mahdi han viajado al Líbano para recibir entrenamiento de Hezbolá, y vuelven a Irak como "los luchadores mejor entrenados del Ejército del Mahdi."[20] Un luchador de veintiséis años del Ejército del Mahdi dijo jactándose: "Tenemos vínculos formales con Hezbolá. Intercambiamos ideas y discutimos la situación que los chiítas enfrentan en ambos países. . . . Es natural que queramos mejorar al aprender de los demás. Imitamos a Hezbolá en la manera en que pelean y sus tácticas. Nos enseñamos mutuamente y estamos mejorando a través de esto."[21]

Ahora, Nasrallah está construyendo lo que cree que será la fuerza luchadora final para destruir a Estados Unidos y a Israel en el "Día Final." Según los documentos de Hezbolá capturados por los soldados israelíes durante la guerra de 2006, Nasrallah ha reclutado a 42.000 niños musulmanes, de siete a dieciséis años, para un movimiento juvenil yihadista conocido como "Exploradores del Imán al-Mahdi." A los niños los sumergen en el entendimiento de la escatología chiíta —la teología del Día Final— sobre la llegada del Mesías islámico, conocido como el Mahdi. Estudian las vidas y enseñanzas de Nasrallah y del actual ayatolá iraní, Jamenei, a quien se refieren como su "líder-comandante." Usan trajes de camuflaje, se pintan las caras de negro y hacen un juramento para participar en el yihad en contra de los infieles judíos y cristianos. Según los documentos oficiales de la organización, ya han muerto 120 miembros en acciones terroristas, incluso como terroristas suicidas. Una vez que cumplen diecisiete años, se unen a las unidades militares formales de Hezbolá.[22]

Pero, inexplicablemente, a pesar de la historia de Hezbolá de matar estadounidenses, israelíes e iraquíes —y de sus planes claros de matar a muchos más— Estados Unidos ha hecho muy poco para vencer a Hezbolá como ha buscado vencer a al Qaeda. Tampoco ha hecho mucho para traer a juicio al líder de Hezbolá, el Jeque Hassan Nasrallah, o a sus fuerzas. Esto ha servido para alentar a Nasrallah, quien está convencido de que Alá está con él y que el Mahdi está en camino.

CAPÍTULO SIETE

NAVIDAD EN KABUL

*Cómo la invasión soviética de Afganistán llevó
al surgimiento de Osama bin Laden*

1979 NO FUE UN BUEN AÑO para la CIA.

El 14 de febrero, Adolph Dubs, el embajador de Estados Unidos en Afganistán, fue secuestrado y asesinado por los Radicales de Kabul. Afganistán se había estado desplomando internamente por gran parte del año anterior, con un derrocamiento sangriento, asesinatos, demostraciones antigubernamentales violentas y numerosos bombardeos que sacudían al país. Un marxista prosoviético con el nombre de Nur Mohammad Taraki recientemente había tomado el cargo, habiendo entrado al poder en abril de 1978.

Al haber pasado por alto prácticamente la Revolución Islámica de Irán apenas unas semanas antes, los analistas del Medio Oriente de la CIA estaban ocupados, tratando de ponerse al día y de entender las implicaciones de la caída del sha y del surgimiento de Jomeini. El día que Dubs murió, la División del Cercano Oriente de Langley estaba enfocada principalmente en la Embajada de Estados Unidos en Teherán, que acababa de ser tomada por primera vez por seguidores de Jomeini, aunque el sitio del Día de San Valentín terminó después de unas cuantas horas.

Sin embargo, los analistas del Cercano Oriente de la KGB soviética estaban concentrados principalmente en el creciente caos de Afganistán. Sí, Taraki era un aliado soviético. Sí, él y el primer ministro soviético

Leonid Brezhnev habían firmado el tratado amistoso soviético-afgano en diciembre de 1978, que ataba a los dos países más formalmente que nunca antes. Y sí, Taraki era un estudiante de métodos stalinistas de tortura y represión. Pero los analistas de la KGB observaban cómo su títere aspirante creaba anarquía a lo largo de la frontera soviética del sur, y no establecía ni mantenía la unidad. En menos de un año desde que había llegado al poder, Taraki había ejecutado ya a tres mil prisioneros políticos, tenía a otros setenta mil pudriéndose en las cárceles afganas y había permitido que la guerra interna dejara casi cien mil civiles muertos.[1]

"NO PODEMOS PERDER AFGANISTÁN"

Además de esta violencia horrorosa, Taraki se había apoderado de unos doce mil kilómetros cuadrados de tierra de cultivo, y planeaba redistribuirla entre los que considerara más dignos de ellas. El clero islámico de Afganistán se había despertado ante la amenaza comunista. Criticaban a los ateos impíos que apoyaban a Taraki y sus tácticas brutales, y se estaban movilizando para derrumbarlo.

El Kremlin estaba preocupado. Aunque Afghanistán era un país pobre, inculto y casi sin recursos, les era estratégicamente importante. ¿Por qué? Ubicación, ubicación, ubicación. Al controlar totalmente a Afganistán, los soviéticos virtualmente controlaban dos fronteras de Irán, que le daban al ejército soviético una plataforma de lanzamiento para tomar el mando de ese país rico en petróleo y dominar, si no controlar totalmente, la región vitalmente económica del Golfo Pérsico. Con una Revolución ya en marcha en Irán y con Estados Unidos que acababa de perder a su aliado clave en el sha, los soviéticos creían que pronto podrían tener una oportunidad de apoderarse de Irán, y este era un premio demasiado valioso como para permitir que un peón como Nur Mohammad Taraki lo perdiera.

Además, Moscú temía profundamente la posibilidad de que 40 millones de musulmanes de las repúblicas asiáticas centrales llegaran a ser radicalizados, si veían que los Radicales islámicos aplastaban con éxito a los soviéticos y a sus títeres de Afganistán. El riesgo para el Kremlin era demasiado alto, por lo que el 17 de marzo, en una reunión a puerta cerrada del Politburo, el jefe de la inteligencia soviética, Yuri Andropov, dijo categóricamente a los oficiales superiores: "No podemos perder Afganistán."[2]

Moscú ya estaba considerando los pasos necesarios para mantener el control de Afganistán, incluso una invasión de ser inevitable. Comenzaron a movilizar unos treinta mil soldados de combate a la frontera afgana, como una medida preventiva. Pero los analistas de Langley malinterpretaron completamente la situación. El 23 de marzo de 1979, el reporte de inteligencia diario y confidencial de la CIA para los funcionarios superiores de la Casa Blanca, el Pentágono y el Departamento de Estado de Carter declaraba categóricamente: "Los soviéticos estarían muy renuentes a introducir grandes cantidades de fuerzas terrestres en Afganistán."[3]

En julio, el Presidente Carter autorizó medio millón de dólares de ayuda financiera secreta a los rebeldes islámicos conocidos como muyahidines (emprendedores del yihad) para ayudarlos a resistir el régimen prosoviético de Taraki. Los fondos no eran para armas. Más bien, eran "para propaganda insurgente, y otras operaciones psicológicas en Afganistán; establecimiento del acceso a la radio para la población afgana a través de instalaciones en un tercer país; y la provisión, ya fuera unilateralmente o a través de países terceros, de apoyo a los insurgentes afganos, a través de dinero en efectivo o suministros no militares," recordó Robert Gates, el entonces miembro del cuerpo administrativo del Consejo de Seguridad Nacional de Carter.[4]

El dinero no fue suficiente para derrocar a Taraki ni para expulsar a la influencia soviética. Seis semanas después, el dinero se había acabado. Pero, por otro lado, era realmente sólo un gesto de tibio apoyo de la administración Carter, no la confección de una estrategia antisoviética genuina. Después de todo, ni la Casa Blanca ni la CIA vieron la creciente amenaza soviética con exactitud. El 24 de agosto, por ejemplo, un reporte de la CIA para el presidente declaraba que la mayoría de los analistas de la agencia "sigue sintiendo que la situación en deterioro no presagia un aumento en la participación militar soviética a través de un combate directo."[5]

Pero aun sin las armas estadounidenses, los muyahadines estaban atacando a las fuerzas de Taraki con una frecuencia que aumentaba, y los soviéticos claramente se estaban inquietando. Entonces, el 14 de septiembre, Taraki fue asesinado. El director de la CIA, Stansfield Turner, finalmente escribió al presidente ese día, advirtiéndole que "es posible que los líderes soviéticos estén al borde de la decisión de comprometer a sus propias fuerzas para prevenir el colapso del régimen y proteger sus considerables intereses en Afganistán." Pero Turner concluyó su memo al decir que aunque se contemplaba esa decisión, todavía parecía poco probable.[6]

Hafizullah Amin —el hombre de Moscú— tomó el control después de la muerte de Taraki y con entusiasmo lanzó ataques en contra de los muyahadines, y mató a más de mil en unas cuantas semanas. Pero para diciembre, las operaciones de los muyahadines en contra del régimen de Amin eran cada vez más efectivas. Los soviéticos, con temor de que el recién instalado Amin pronto fuera destronado, movilizaron a más de cinco mil soldados de combate y varios comandantes militares soviéticos de alto rango al centro de operaciones, para que se unieran al número creciente de fuerzas que ya estaban ubicadas a lo largo de la frontera.

Pero el 17 de diciembre, el Director Turner dijo al Consejo de Seguridad Nacional que "la CIA no ve esto como una concentración acelerada" ni evidencia de una invasión soviética inminente a Afganistán.[7] Incluso aun el 19 de diciembre, los analistas superiores de la CIA concluyeron: "El ritmo de los despliegues soviéticos no sugiere . . . contingencia urgente."[8]

El 25 de diciembre de 1979 —el día de Navidad— ochenta y cinco mil soldados de combate invadieron Afganistán. Dos días después, las fuerzas especiales soviéticas asesinaron a Hafizullah Amin. Instalaron a un títere nuevo y enviaron otros veinticinco mil soldados para vencer a los muyahadines y asegurar el país para ellos mismos de una vez por todas.

Una vez más, el Presidente Carter y los funcionarios superiores de la Casa Blanca quedaron asombraron, al igual que el pueblo estadounidense. Dos naciones, Irán y Afganistán, habían caído en un corto período de tiempo. El islam radical y el imperialismo soviético estaban en auge. Estados Unidos había quedado sorprendido por ambos desarrollos y parecía impotente para influir en los sucesos.

En su discurso del Estado de la Unión del 23 de enero de 1980, el presidente expresó la gravedad de la situación. "Las implicaciones de la invasión soviética de Afganistán podrían representar la amenaza más seria para la paz desde la Segunda Guerra Mundial," dijo un sombrío comandante en jefe en una sesión conjunta del Congreso y la nación, y agregó que "las crisis de Irán y Afganistán" representaban "un peligro evidente y actual" para la seguridad nacional de Estados Unidos, en parte porque los yihadistas y los comunistas ahora amenazaban controlar el acceso de Estados Unidos y Occidente a los suministros de petróleo del Medio Oriente.[9]

Aun así, la CIA continuó con evasivas. "La CIA no sólo pasó por alto la invasión," observó el reportero de inteligencia del *New York Times* Tim Weiner, "sino que rehusó admitir que la había pasado por alto. ¿Por qué alguien en su sano juicio invadiría Afganistán, que había sido cementerio de conquistadores durante dos mil años?"[10]

Robert Gates, que en 1979 acababa de volver a la CIA después de un período de cinco años con el Consejo de Seguridad Nacional, coincidió. "Entre el verano y diciembre, los analistas soviéticos de la CIA no podían creer que los soviéticos realmente invadirían para desempeñar un papel trascendental en operaciones de combate terrestre. Vieron todas las razones por qué sería tonto que los soviéticos lo hicieran —las mismas razones que muchos del liderazgo soviético consideraron— y simplemente no pudieron aceptar que Brezhnev, o los demás, pudieran ver la ecuación de manera distinta. Los analistas pensaron que los líderes soviéticos pensaban igual que ellos. No fue la primera ni la última vez que cometerían este error."[11]

EL MOMENTO DECISIVO

Entra en escena Osama bin Laden, de veintidós años, estudiante de administración en Arabia Saudita, tímido, larguirucho y desgarbado, que rendía menos de lo esperado.

Cuando el Ayatolá Jomeini estableció en Irán la primera república islámica de la historia, y los soviéticos invadieron Afganistán comenzando a matar musulmanes en masa, los que conocían a bin Laden jamás se lo habrían imaginado surgiendo un día como el consumado líder de los yihadistas islámicos sunitas, el arquitecto de los ataques terroristas más mortíferos de la historia estadounidense, y el héroe carismático de los Radicales alrededor del globo, sean sunitas o chiítas.

Sin duda, 1979 fue el momento decisivo. Bin Laden rápidamente se obsesionó con el Irán de Jomeini y con la invasión soviética. Examinó sus causas y sus implicaciones, y fueron estos dos eventos los que cambiaron su destino para siempre y lo llevaron a la conclusión de que Alá lo había elegido para una misión muy específica: ayudar a destruir a la Unión Soviética y a Estados Unidos, y a restablecer un califato islámico global en la tierra.

Osama —que significa "león" en árabe— nació a finales de 1957, o a principios de 1958 (el registro no es totalmente claro). Fue el décimo séptimo de por lo menos cincuenta y cuatro hijos de Mohammed bin Laden, saudita acaudalado, fundador de una de las compañías de construcción más grandes del Medio Oriente.* La madre de Osama, Alia Ghanem, era una mujer siria de origen palestino que conoció a Mohammed en Jerusalén, cuando hacía trabajos de renovación en la Cúpula de la Roca. Apenas tenía catorce años cuando se casó con Mohammed, y se convirtió en una de sus veintidós esposas.

Osama fue el único hijo que Alia tuvo con Mohammed, y el niño recibió poca, si alguna, atención de su padre. Cuando Osama tenía apenas cuatro o cinco años, Mohammed se divorció de Alia obligándolos a que dejaran su casa —lejos de todos los hermanos y hermanas de Osama— y a trasladarse a una casa pequeña, a unas cuantas cuadras. Fue un momento traumático para el pequeño niño, que ahora efectivamente era hijo único criado por una madre soltera en la cultura rígida, misógina y fundamentalista de Arabia Saudita.

Pero todo estaba a punto de complicarse terriblemente. No mucho después del divorcio, Osama supo que su padre había muerto en un accidente aéreo.[12] Después, un hermano de Osama, Salem, también moriría en un terrible accidente aéreo.[13] Parecería que los aviones y la muerte llegaron a estar inseparablemente entrelazados en la psique de Osama a una edad muy joven.

Finalmente, su madre se volvió a casar, esta vez con un empleado del imperio de construcción bin Laden que se llamaba Attas, y le dio tres hijos y una hija, lo cual le dio a Osama nuevos hermanos y una hermana con quien crecer. Pero en junio de 1967, cuando se acercaba a su décimo cumpleaños, Osama y el resto del mundo árabe experimentaron otro

---

*Hay una disputa en cuanto a la cantidad de hijos que Mohammed bin Laden realmente tuvo. El Reporte de la Comisión del 11 de septiembre, en la Sección 2.3, dice que cincuenta y siete. Pero Lawrence Wright, autor de *The Looming Tower* (La torre fortificada), un libro totalmente excepcional que fue indispensable para redactar este capítulo, dice que cincuenta y cuatro (ver la nota en la p. 444 del libro de Wright). Mientras tanto, Peter Bergen, de CNN, cita una entrevista con un amigo de la niñez de bin Laden, que confirma que son cincuenta y cuatro. Ver el libro de Bergen *The Osama Bin Laden I Know: An Oral History of al Qaeda's Leader* (*Osama de cerca*), otro libro excelente y vitalmente útil, p. 17.

trauma trascendental. Vieron cómo el pequeño Estado de Israel devastaba a las fuerzas militares de Egipto, Siria y Jordania, entrenadas y armadas por los soviéticos, en apenas seis días.

¿Por qué? se preguntaban el emocionalmente devastado Osama y sus amigos. *¿Qué había salido mal? ¿Por qué Alá le estaba dando la espalda a las fuerzas árabes?* No eran los únicos que se hacían esas preguntas, por supuesto. Parecía que todos en el mundo islámico se preguntaban qué estaba saliendo mal.

ASOCIACIÓN CON LA HERMANDAD MUSULMANA

La primera vez que Osama bin Laden oyó una respuesta que tuvo sentido para él parece haber sido alrededor de 1972, en su primer año de la escuela secundaria. Fue entonces que conoció a un maestro de gimnasia sirio que era miembro de la Hermandad Musulmana, el grupo islámico yihadista fundado en Egipto en 1928 por un carismático clérigo sunita radical que se llamaba Hassan al-Banna.[14]

Al aplicar las enseñanzas de al-Banna al desastre de la Guerra de los Seis Días, el maestro de gimnasia le explicó a bin Laden que los árabes le habían dado la espalda a Alá al adoptar a los soviéticos impíos, por lo que Alá les estaba dando la espalda a los árabes. La apostasía estaba incapacitando al pueblo árabe. Solamente si los árabes se purificaban, si daban la vuelta completa y totalmente para seguir las enseñanzas del Corán, y se involucraban en la guerra santa en contra de los judíos y los apóstatas musulmanes, podrían alguna vez recuperar el favor de Alá y la gloria que una vez fue suya.

Mientras más escuchaba bin Laden, más comenzó a apoyar la ideología de los Radicales. Y mientras lo hacía, experimentó un despertar religioso y político, concluyó Lawrence Wright en su monumental libro *The Looming Tower: Al-Qaeda and the Road to 9/11.* "Osama dejó de ver los programas de vaqueros. Fuera de la escuela, rehusó usar vestimenta occidental. A veces se sentaba frente a la televisión y lloraba con las noticias de Palestina. . . . Comenzó a ayunar dos veces a la semana, los lunes y los jueves, para imitar al Profeta. . . . Además de las cinco oraciones diarias, puso su alarma para la una de la mañana y oraba solo cada noche."[15]

Cuando se acercaba a su décimo sexto cumpleaños en 1973 —y pasaba por una etapa de crecimiento que lo dejó con 1,98 metros de altura y con 73 kilos de peso— bin Laden estaba nuevamente asombrado y horrorizado al ver a los judíos de Israel derrotar a Egipto y a los sirios durante la Guerra de Yom Kippur. Ahora, el argumento de la Hermandad Musulmana tenía aún más sentido. Los árabes estaban siendo masacrados y totalmente humillados por los israelíes y Occidente porque se habían extraviado del camino y se habían olvidado del sendero de los profetas. El islam era la respuesta, concluyó, y el yihad era el camino.

Bin Laden se convirtió pronto en un miembro de la Hermandad. Comenzó a leer las obras recopiladas de Sayyid Qutb, el teólogo sunita radical y activista de la Hermandad Musulmana que fue ejecutado por las autoridades egipcias en 1966 pero cuyos libros llegaron a ser ampliamente populares entre los yihadistas jóvenes, vendiéndose millones de copias después de su muerte. Bin Laden se casó por primera vez en 1974 con una muchacha de catorce años, musulmana devota y que era su prima de Siria.* Después de la secundaria se inscribió en la Universidad King Abdulaziz en Yida, aparentemente, para estudiar administración y economía, pero también para encontrar y hacer una causa común con yihadistas del mismo parecer.

Al mismo tiempo, un evento geopolítico después de otro seguían obligándolo a pensar más profundamente en su cosmovisión y en cuán comprometido estaba con ella.

En 1975, por ejemplo, el rey saudita Faisal fue asesinado por su sobrino. El asesinato hizo tambalear al reino y fue ampliamente percibido por los Radicales islámicos como un juicio en contra del amor del rey por Estados Unidos y Europa Occidental.

En 1977, el presidente egipcio Anwar Sadat hizo su visita dramática a Jerusalén y comenzó a hablar de hacer la paz con los israelíes, lo cual horrorizó a los Radicales jóvenes que veían a Sadat como un apóstata digno de ser asesinado (algo que lograron cuatro años después).

A principios de 1979, el Ayatolá Jomeini condujo a su revolución islámica a la victoria en Irán, con lo cual entusiasmó a los Radicales de

---

*Analistas de inteligencia creen que bin Laden actualmente está casado con cuatro esposas, incluso con una que es descendiente del fundador del islam. También se ha divorciado de una esposa en el camino. Se cree que es padre de por lo menos quince hijos. Bin Laden una vez describió su opinión de los beneficios de la poligamia, que era, por supuesto, practicada por el fundador del islam y se estimula en el Corán. "Una [esposa] está bien, es como caminar," dijo bin Laden a un amigo. "Dos [esposas] es como montar una bicicleta: es rápido pero un poco inestable. Con tres hay un triciclo, estable, pero lento. Y cuando llegamos a cuatro, ¡ah! Esto es lo ideal. ¡Entonces puedes pasar a todos!" (citado por Lawrence Wright en *The Looming Tower*, p. 94.)

toda la región, incluso a los sunitas como bin Laden, que no estaban de acuerdo con la teología de Jomeini pero amaban sus tácticas y envidiaban sus logros.

El 20 de noviembre de 1979, más de 1.300 yihadistas islámicos radicales tomaron el control de la Gran Mezquita de La Meca. Su líder se declaró el Mahdi e hizo un llamado para derrocar a la apóstata Casa de Saud y a establecer un califato islámico global. La policía saudita finalmente invadió las instalaciones sagradas para expulsar a los extremistas, matando a 250 personas, hiriendo a 600 y enfureciendo a los musulmanes que simpatizaban con la causa de los extremistas.

Y entonces, se produjo la invasión soviética de Afganistán, a fines del año 1979.

Bin Laden se encontró luchando con preguntas difíciles. ¿Cuán serio era en cuanto a su fe religiosa y a sus opiniones políticas? Si tuviera que decidir entre seguir con sus convicciones que se desarrollaban cada vez más y llegar a ser tremendamente acaudalado, ¿qué elegiría? Aunque había sido expulsado de la familia bin Laden a una edad temprana, todavía llevaba el nombre de su padre. Todavía tenía derecho a decenas de millones de dólares de herencia. Todavía tenía la oportunidad de ser una figura clave en un negocio familiar de construcción de miles de millones de dólares. ¿Qué camino elegiría?

BÚSQUEDA DE UN MENTOR

Osama bin Laden pasó sus años universitarios no sólo buscando una educación, sino una figura paternal que estuviera dispuesta a ser su mentor y guía espiritual. Quería sentarse a los pies de un hombre que le diera la atención personal que ansiaba tan desesperadamente, alguien que le enseñara los caminos de Alá y que le fuera ejemplo de la vida del yihad. Quería a alguien que lo ayudara a elegir la dirección correcta para su vida. Creía profundamente que Alá lo había elegido para una misión especial. Pero no estaba seguro de poder encontrarla solo.

En 1981, bin Laden finalmente encontró a un jeque Radical con el nombre de Abdullah Azzam, que estuvo muy dispuesto a tomar al joven y ávido estudiante bajo su tutela.

Azzam había nacido en Jenín, un pueblo de Cisjordania, en 1941. Durante la guerra de 1967, huyó a Jordania, luego se trasladó al Cairo, donde obtuvo un doctorado en jurisprudencia islámica en la Universidad de al-Azhar. Después aceptó un trabajo dirigiendo oraciones en la Universidad King Abdulaziz en Yida, Arabia Saudita, donde conoció a bin Laden.

Bin Laden se sentía atraído, en parte, por el hecho de que Azzam era un miembro compañero de la Hermandad Musulmana y que era palestino, con un intenso deseo de liberar a Jerusalén de los judíos. También estaba intrigado por el fervor intenso con el que Azzam predicaba su mensaje y su compromiso absoluto de utilizar la violencia.

La manera de liberar las Tierras Santas de los infieles "es solamente con el yihad y el rifle," insistió una vez Azzam. "Sin negociaciones, sin conferencias, sin diálogos."[16] En otra oportunidad, Azzam sostuvo: "No se debe abandonar el yihad hasta que *únicamente* Alá sea adorado. . . . El yihad es el camino para la gloria eterna."[17] En su libro *Defense of Muslim Lands* (Defensa de las tierras musulmanes) Azzam escribió: "Pongan mucha atención al hadiz: 'Estar una hora en la línea de batalla por causa de Alá es mejor que sesenta años de oración nocturna.'"[18]

Pero el clérigo carismático no sólo hablaba del yihad; lo vivía, y esto animó a bin Laden aún más. En 1981, Azzam fue a Paquistán a enseñar el Corán en la Universidad Internacional Islámica en Islamabad. Allí, se reunió con los líderes de los muyahadines afganos. Extasiado por la pasión de estos yihadistas por la muerte y por la victoria sobre los soviéticos, Azzam visitó Afganistán. Cuando volvió a Arabia Saudita, les dijo a bin Laden y a sus demás estudiantes: "Llegué a Afganistán, y no podía creer lo que veían mis ojos. Sentí como si hubiera renacido."[19] Azzam estaba convencido de que en Afganistán los musulmanes deberían resistirse en contra de los comunistas, y estaba ansioso de involucrar a su joven protegido saudita.

"Azzam volvía a Yida frecuentemente y se quedaba en el apartamento de visitas de bin Laden en sus viajes al Reino," ha observado el periodista Lawrence Wright. "Llevaba a cabo sesiones de reclutamiento en el apartamento de bin Laden, donde magnetizaba a jóvenes sauditas con sus descripciones del sufrimiento de los refugiados y del valor de los muyahadines. '¡Tienen que hacerlo!' les decía. '¡Es su deber! ¡Tienen que abandonar todo e ir!'"[20]

A principios de la década de 1980, había de 3.000 a 3.500 árabes luchando en Afganistán, un número que creció rápidamente hasta alcanzar entre 16.000 y 20.000 para mediados de la década de 1980.[21]

"ME SENTÍ MÁS CERCA DE DIOS QUE NUNCA"

Osama bin Laden estaba convencido. Su mentor quería llevarlo a un viaje para emprender el yihad en contra de los soviéticos en Afganistán, y él desesperadamente quería decir que sí. Pero la madre de bin Laden le dijo que no podía ir. Lo mismo le dijo el gobierno saudita.

Al principio, bin Laden se sometió, y le prometió a su madre que no viajaría a un lugar peligroso. Pero Azzam era implacable; en parte exhortaba y en parte avergonzaba a su protegido para que se fuera con él en su próximo viaje a la zona de batalla.

En junio de 1984, las estrategias de Azzam tuvieron éxito. Finalmente persuadió a bin Laden para que se olvidara del negocio familiar de construcción, desafiara a su familia y a muchos de sus amigos menos devotos y se le uniera en Afganistán.

Al llegar a las montañas áridas y escabrosas de Afganistán, bin Laden se asombró por la miseria y la condición deplorable en que sus compañeros musulmanes se encontraban. "Me sorprendió el estado del equipo, armas, caminos y trincheras, y todo lo demás," recordó después. "Pedí perdón al Dios Todopoderoso; sentí que había pecado porque había escuchado a los que me aconsejaban que no fuera. . . . Sentí que esta tardanza de cuatro años no podía ser perdonada a menos que me convirtiera en un mártir."[22]

Bin Laden tuvo una epifanía en Afganistán cuando vio que unos yihadistas derrumbaron cuatro aviones soviéticos. La experiencia lo conmovió profundamente. "Vi con mis propios ojos los restos de [uno de] los pilotos. Tres dedos, una parte de un nervio, la piel de la mejilla, una oreja, el cuello y la piel de la espalda. ¡Algunos hermanos afganos llegaron y tomaron una foto de él como si fuera una oveja sacrificada! Dimos vítores. . . . Me sentí más cerca de Dios que nunca."

Bin Laden había encontrado su llamado. Cierto, no podía predicar todavía con el mismo intelecto, experiencia y carisma que Azzam poseía. En efecto, todavía era un hombre muy tímido y solitario. Pero ansiosamente quería imitar a su mentor. Quizás, pensó, podía ayudar a financiar la batalla en contra de los soviéticos con su propio dinero y con fondos recaudados de almas afines en Arabia Saudita. Decidió volver a Yida y buscar aliados financieros. Al final del año, había recaudado casi $10 millones para los muyahadines.[23]

Al mismo tiempo, no quería simplemente escribir cheques. Quería ayudar de manera práctica y tangible. Quería mancharse las manos de sangre. Por lo que continuó haciendo viajes a Afganistán para visitar a quienes les estaba proveyendo de armas, municiones, comida y suministros médicos, y pronto utilizó la experiencia de ingeniería de su familia para ayudar a diseñar, financiar y construir nuevos caminos, búnkers subterráneos y diversas instalaciones para los muyahadines. Y a medida que adquiría más experiencia en el país, comenzó a intentar dirigir pequeñas unidades de yihadistas árabes en batallas en contra de los soviéticos.

Las opiniones sobre las habilidades militares de bin Laden, incluso de sus compañeros cercanos, eran mezcladas, en el mejor de los casos. Bin Laden perdió muchos hombres durante sus pocos encuentros con el enemigo. Pero no había duda en absoluto de que estuviera adquiriendo un séquito profundamente devoto, tanto de árabes como de afganos, que admiraban su compromiso y estaban agradecidos por su apoyo personal y financiero. "No sólo dio su dinero, sino que también se dio a sí mismo," recordó Hamza Muhammad, un palestino que se inscribió para ayudar a los muyahadines y en el camino se enamoró de bin Laden. "Bajó de su palacio [en Arabia] para vivir con los campesinos afganos y los luchadores árabes. Cocinó con ellos, comió con ellos, cavó trincheras con ellos. Ese era el método de bin Laden."[24]

EL NACIMIENTO DE AL QAEDA

A finales de la década de 1980, bin Laden pudo ver lo que se avecinaba. Los soviéticos estaban siendo golpeados duro por los muyahadines y sospechaba que Moscú podría retirarse pronto. Cuando lo hicieran, bin Laden quería poder jactarse de que Alá había derrotado a uno de los dos superpoderes infieles del mundo y ahora estaba listo para derrumbar al otro.

Pero bin Laden sabía que no era posible enfrentarse al "Gran Satanás" solo. Necesitaba formar un equipo, una organización y un movimiento. Y el hijo del empresario más astuto de la región pronto se dio cuenta de que no necesitaba comenzar partiendo de cero. Una fusión funcionaría muy bien.

Bin Laden buscó al Dr. Ayman al-Zawahiri, líder de un movimiento terrorista prometedor conocido como el Yihad Islámico Egipcio, una rama de la Hermandad Musulmana. Los dos se habían reunido en algún momento en 1984 ó 1985, y bin Laden estaba intrigado por su historia.

Zawahiri —como seis años mayor que bin Laden— nació en Egipto en junio de 1951. Muy influenciado por la Hermandad y los escritos de Sayyid Qutb, había formado el primer grupo célula del yihad en 1966, cuando apenas tenía quince años.

El reclutamiento avanzó lentamente al principio. Pero un año después, Egipto perdió la Guerra de los Seis Días contra Israel. Tres años después, el presidente egipcio Gamal Abdel Nasser murió de un ataque al corazón. Y tres años más tarde, el entonces presidente Anwar Sadat perdió la guerra de 1973 contra Israel.

Para entonces, Zawahiri tenía veintidós años. El caso que había estado planteando ante sus amigos egipcios, que estaban emocionalmente devastados, finalmente le estaba ganando prosélitos. Sostenía que los movimientos nacionalistas seculares, como el de Nasser y Sadat, nunca iban a ayudar a los árabes a recuperar su honor ni la gloria que habían perdido. Esos movimientos tampoco liberarían nunca a Jerusalén. El islam era la única respuesta, sostenía. El yihad violento era el camino. Y ahora era el tiempo.

Cuando terminó la escuela de medicina en 1974, Zawahiri tenía cuarenta miembros en su célula. Pero no estaba nada satisfecho. Pronto adoptó cuatro células más pequeñas que operaban en el área del Cairo.

Entonces ocurrió la Revolución Islámica en Irán y la invasión soviética de Afganistán. Zawahiri estaba cautivado con la visión de Jomeini de un movimiento yihadista global, y no de uno que solamente se limitaría a un país. También se intoxicó con los relatos de los "milagros" de los muyahadines, que destruían a los soviéticos con la ayuda de Alá.

Zawahiri quería aprender todo lo posible para llevar las lecciones al Cairo, derrocar al régimen de Sadat, crear una versión sunita de la Revolución Islámica y luego exportar la Revolución por todo el Norte de África y el Medio Oriente sunita.

A bin Laden le quedó claro que Zawahiri tenía una visión atrevida y arrolladora, una estrategia detallada y una organización ya establecida de guerreros altamente educados y bien entrenados y de expertos comandantes de células. En pocas palabras, era un panorama apropiado que le permitiría a bin Laden establecer lo que efectivamente llegaría a ser el "Yihad, Inc.," una corporación multinacional dedicada a destruir la civilización judeocristiana y a imponer la ley sharia en todo el planeta.

Zawahiri necesitaba dinero y una base segura de operaciones para entrenar más hombres, para planificar acciones terroristas y para lanzar ataques, sin estar bajo el constante ojo vigilante de las autoridades egipcias. Para bin Laden, el dinero no era un inconveniente. Su familia había decidido apoyarlo a él y a sus esfuerzos en lugar de desconocerlo. De esta manera, su fortuna personal ahora se calculaba entre 60 y 300 millones de dólares. También tenía miles de nombres y direcciones de donantes que lo habían apoyado cuando ayudó a los muyahadines.

Mientras tanto, Afganistán era para bin Laden un lugar ideal para establecer campos de entrenamiento y su sede global. Cuando los soviéticos se marcharan, sería esencialmente la tierra de nadie, llena de muyahadines desempleados, pero con experiencia, buscando trabajo y un nuevo objetivo.

Por lo tanto, el 10 de septiembre de 1988, con la ayuda de Zawahiri y el Yihad Islámico Egipcio, Osama bin Laden formó una nueva organización yihadista conocida como al Qaeda (frase árabe que significa "la base"). Bin Laden tenía solamente treinta años.

CAPÍTULO OCHO

DECLARACIÓN DE GUERRA A ESTADOS UNIDOS

Nacimiento y crecimiento de al Qaeda

"SOY UNA SOLA PERSONA," dijo Osama bin Laden a quince colegas en sus primeras reuniones de planificación en septiembre de 1988.[1] Les dijo que tenían que construir un movimiento de yihadistas sunitas, y que tenían que hacerlo rápidamente. El plan de bin Laden era tener 314 terroristas entrenados en la nómina en Afganistán, listos para embarcarse en misiones, dentro de seis meses.

Para 1990, al Qaeda había establecido células, reclutadores y operaciones de recaudación de fondos en cincuenta países, incluso en Estados Unidos.[2] Para 1993, al Qaeda había entrenado a más de seis mil árabes para que exportaran el yihad a todo el mundo.[3]

"Los nuevos reclutas llenaban formularios con tres copias, firmaban su juramento de lealtad a bin Laden y juraban guardar los secretos de la organización," reportó Lawrence Wright. "A cambio, cada miembro soltero ganaba alrededor de $1.000 al mes de salario; los miembros casados recibían $1.500. Cada uno recibía un boleto de ida y vuelta a casa cada año y un mes de vacaciones. Había un plan de servicios de salud y —para los que cambiaban de opinión— una opción de compra: recibían $2.400 y se iban. Desde el principio, al Qaeda se presentaba como una oportunidad de trabajo atractiva para hombres cuya educación y carreras habían sido restringidas por el yihad."[4]

¿Qué aceleró el crecimiento de la organización novata tan rápidamente?

El retiro soviético de Afganistán, así de sencillo. En nueve años, más de quince mil soldados soviéticos y pilotos aéreos fueron asesinados en Afganistán y más o menos otros treinta mil fueron heridos. Cientos de aviones y helicópteros soviéticos fueron derrumbados. Y mientras tanto, bin Laden sostenía que las victorias de los muyahidines en contra de los infieles soviéticos eran una prueba de que Alá estaba de su lado.*

Pero en la mente de bin Laden, la derrota de los soviéticos fue solamente el comienzo. Sabía que necesitaba aprovechar el momento de esta victoria evidente y canalizarlo a operaciones futuras. Así que tan pronto como los soviéticos se retiraron, bin Laden regresó a Arabia Saudita para celebrar su victoria.

"Los elogios y la atención de los medios de comunicación hicieron que bin Laden fuera una celebridad buscada," reportó Youssef Bodansky, autor de *Bin Laden: The Man Who Declared War on America* (*Bin Laden: El hombre que declaró la guerra a Estados Unidos*), una de las mejores biografías escritas acerca del yihadista enigmático. "Hablaba en innumerables mezquitas y reuniones privadas. Algunos de sus feroces discursos eran grabados; se vendieron más de un cuarto de millón de cassettes y un sinnúmero de copias ilegales —y después, clandestinas— fueron también hechas y distribuidas."[5]

"Alá . . . concedió al pueblo musulmán y a los afganos muyahidines, y a aquellos que estaban con ellos, la oportunidad de luchar contra los rusos y la Unión Soviética," predicaba bin Laden a cualquiera que

---

*Bin Laden, convenientemente, excluyó dos elementos principales de la historia de la derrota soviética en Afganistán: al Presidente Ronald Reagan y al Rep. Charlie Wilson (D-Texas). Juntos, Reagan y Wilson persuadieron al Congreso a que aumentara los fondos para proporcionar enormes cantidades de armas a los muyahidines, entre las que estaban misiles de hombro tierra-aire, capaces de destruir aviones y helicópteros de combate soviéticos. Sin los fondos y el equipo de Estados Unidos, los muyahidines nunca habrían podido derrotar a los soviéticos. Algunos se han preguntado si estos fondos llegaron directamente a Osama bin Laden. La respuesta es no. Bin Laden utilizó las victorias de los muyahidines para su ventaja, pero él mismo nunca fue receptor de los fondos de Estados Unidos. Después de años de periodismo de investigación, el corresponsal de CNN Peter Bergen concluyó: "La Agencia [CIA] dirigió alrededor de tres millardos de dólares a los afganos muyahidines durante la guerra en contra de los soviéticos, pero no hay evidencia de que algo de este dinero haya ido a los árabes afganos, ni hay evidencia de que el personal de la CIA se haya reunido con bin Laden, ni con nadie de su círculo." Para más información sobre los esfuerzos encubiertos de la CIA para derrotar a los soviéticos en Afganistán, ver *From the Shadows* (Desde las sombras) de Robert Gates, pp. 319–31; *Osama de cerca* de Peter Bergen, pp. 60–61. Algunos también señalarían el libro de George Crile *Charlie Wilson's War: The Extraordinary Story of How the Wildest Man in Congress and a Rogue CIA Agent Changed the History of our Times* (*La guerra de Charlie Wilson*), en el que se basó la película con Tom Hanks, Julia Roberts y Philip Seymour Hoffman. En tanto que es una historia extraordinaria, narrada por participantes clave en esas operaciones secretas, debería advertirse a los lectores y espectadores de que tanto el libro como la película están llenos de obscenidades y libertinaje. Por lo tanto, honestamente, no puedo recomendarlos.

escuchara, incluso a periodistas estadounidenses. "Fueron derrotados por Alá y todos fueron borrados. Aquí hay una lección. La Unión Soviética entró a Afganistán a finales de diciembre de 1979. La bandera de la Unión Soviética se dobló de una vez por todas el veinticinco de diciembre, sólo diez años después. Fue lanzada al basurero. Se fue la Unión Soviética para siempre. Estamos seguros de que —con la gracia de Alá— prevaleceremos ante los estadounidenses y los judíos, como nos lo prometió el Mensajero de Alá en una tradición profética auténtica, cuando dijo que la Hora de Resurrección no vendrá antes de que los musulmanes luchen con los judíos, ni antes de que los judíos se escondan detrás de los árboles y las rocas."[6]

VISIONES OPUESTAS

Ahora al Qaeda era una compañía de rápido crecimiento.

El dinero y los nuevos reclutas llegaban a raudales, pero las tensiones dentro de la organización también se acumulaban, particularmente entre los dos mentores y guías ideológicos de bin Laden. Abdullah Azzam discrepaba fuertemente con la visión de Ayman al-Zawahiri de un movimiento yihadista global, y creía que era una pérdida de tiempo y dinero edificar a una escala tan grande y costosa. En lugar de eso, Azzam le imploraba a bin Laden que dirigiera su atención exclusivamente a ayudar a los palestinos a construir un movimiento islamista para hacer a un lado al nacionalista secular Yasser Arafat y a su Organización para la Liberación de Palestina. En su tiempo libre, Azzam había ayudado a crear Hamas, el Movimiento de la Resistencia Islámica de los Palestinos, en 1987. Con el dinero y el liderazgo intelectual de bin Laden, Azzam creía que juntos podían liberar Jerusalén y la Tierra Santa, así como habían liberado Afganistán.

Sin embargo, Zawahiri se oponía fuertemente. El asunto palestino era importante, sostenía, pero al Qaeda no estaba lista. La liberación de Palestina era sencillamente muy difícil como su próxima misión. Sí, Alá estaría con ellos, pero tenían que actuar con inteligencia. Necesitaban encontrar más donantes. Tenían que reclutar más yihadistas. Necesitaban construir su organización y adquirir más experiencia. Además, necesitaban enfocarse en destronar a los líderes árabes apóstatas como los de Egipto, Arabia Saudita y Jordania. Si pudieran rodear a los judíos con estados islamistas y formar un enorme ejército muyahadín, que no fuera solamente una banda abigarrada de guerreros bendecidos pero exhaustos, entonces podrían conseguir algo verdaderamente espectacular.

Ambos hombres competían vigorosamente por la atención y los recursos de bin Laden. Con su trasfondo palestino, bin Laden comprendía la visión de Azzam. Pero su corazón estaba con Zawahiri. Realmente quería ayudar a liberar Jerusalén y destruir a los infieles judíos y cristianos que habían creado y que apoyaban activamente al moderno Estado de Israel. Pero quería más. Ahora tenía una visión de construir la organización yihadista Radical más grande y agresiva del mundo. Quería derrumbar a Estados Unidos. Y concordaba con Zawahiri con que esto requeriría de más tiempo y planificación, para lo que Azzam, aparentemente, no tenía paciencia.

Azzam se sintió muy ofendido. Creía que bin Laden no se habría convertido en la estrella de rock de los Radicales sunitas si no hubiera sido por él, y estaba resentido por el reclamo de Zawahiri del tiempo y la afección de su protegido.

Zawahiri, en cambio, estaba furioso. Le preocupaba que Azzam estuviera tratando de apropiarse de al Qaeda, y que en el proceso pudiera condenarlos al fracaso. Zawahiri no iba a dejar que esto sucediera. Alguien tenía que ceder.

El 24 de noviembre de 1989, el problema se resolvió. Azzam y sus dos hijos murieron por una bomba en el camino cuando iban a una mezquita en Peshawar, Paquistán. Nadie se atribuyó el crédito nunca. Pero ya no hubo más tensiones.

CONSTRUCCIÓN DE UN MOVIMIENTO

Durante la siguiente década, bin Laden y Zawahiri construyeron la "compañía" de sus sueños.

Cuando surgían oportunidades para reclutar hombres nuevos, ellos las aprovechaban.

En el verano de 1989, por ejemplo, vieron al General Omar al-Bashir tomar el poder en un derrocamiento militar en Sudán, y observaron que Bashir estaba muy allegado a Hassan Abdallah al-Turabi, un clérigo sunita radical. Pronto quedó claro que Bashir estaba cambiando dramáticamente el curso de Sudán de una alianza histórica con Libia —dirigida por Muammar Gaddafi, un árabe secular nacionalista— a una nueva alianza atrevida con los mulás revolucionarios de Irán.*

Bin Laden y Zawahiri estaban impresionados. Al determinar que este era un hombre y un régimen con el que podían tener negocios, viajaron a Jartum y se reunieron con Bashir, ofreciéndole ayudar a organizar bases nuevas de reclutamiento y entrenamiento de terroristas, y trabajar de la mano de los iraníes. Bashir accedió de buena gana, y por años, bin Laden y muchos de sus asesores principales, de hecho, vivieron en Sudán.

El liderazgo de al Qaeda también estaba a la búsqueda de oportunidades para darles a sus "empleados" la experiencia de atacar a los infieles de maneras destacadas, ya que era bueno para la publicidad y por lo tanto les permitiría más reclutamiento y recaudación de fondos. En 1992 observaron que los barcos de la Marina de Estados Unidos que iban hacia Somalia atracaban en la ciudad portera de Adén en Yemen, para reabastecerse y para darles a los marineros estadounidenses un corto descanso antes de volver al peligro. Bin Laden, cuyo padre era originario de Yemen, estaba enfurecido. Ordenó a su equipo que atacara a los estadounidenses, y el 29 de diciembre de 1992, al Qaeda lanzó su primer ataque terrorista. Bombardearon dos hoteles en Adén. No murió ningún estadounidense en la operación, pero la Marina dejó de hacer visitas portuarias allí por cierto tiempo. Bin Laden lo consideró una primera victoria, pequeña pero importante. Los estadounidenses, concluyó, eran más débiles de lo que pensaba la mayoría de musulmanes.

A lo largo de 1992 y 1993, al Qaeda canalizó dinero, armas y hasta un poco de personal a Somalia, un país que se consideraba territorio musulmán. "En 1993, bin Laden emitió una fetua (edicto religioso) que llamaba a los somalíes a atacar a las fuerzas de Estados Unidos y a sacarlos del país," recordó James Phillips, el analista superior del Medio Oriente de Heritage Foundation, un grupo de expertos con base en el D.C.[7]

Phillips también ha observado que se sospechaba que miembros de al Qaeda enseñaban a la milicia somalí "a derribar helicópteros de Estados Unidos, al alterar los fusibles de granadas impulsadas por cohetes para

---

*Para diciembre de 1991, 157 miembros del parlamento iraní, así como el entonces presidente iraní Ali Akbar Hashemi-Rafsanjani, visitaron Jartum como una muestra de la nueva alianza iraní-sudanesa. Pronto, las armas iraníes y los asesores comenzaron a fluir en Sudán, una tendencia que ha continuado hasta el régimen de Mahmoud Ahmadinejad.

que explotaran en el aire. Esta táctica [fue] desarrollada por los muyahadines afganos en su guerra contra los soviéticos."[8]

Como ex comandante de la Fuerza Delta Jerry Boykin ha observado,
la operación de al Qaeda en Somalia demostró ser fenomenalmente exitosa en términos de propaganda, recaudación de fondos y reclutamiento
después de que se consideró que Washington salió corriendo tras los
eventos de la "Caída del Halcón Negro."

"Después de nuestra victoria en Afganistán y de la derrota de los
opresores que habían matado a millones de musulmanes, la leyenda
de la invencibilidad de las superpotencias se desvaneció," se jactaría
más tarde bin Laden, en una entrevista de la televisión estadounidense.
"Nuestros muchachos ya no veían a Estados Unidos como una superpotencia. . . . Estados Unidos había entrado [a Somalia] con 30.000 soldados, además de miles de soldados de diferentes países del mundo . . .
[pero] el soldado estadounidense era solamente un tigre de papel. No
pudo soportar los ataques que fueron lanzados a su ejército, por lo que
huyó. . . . Yo estaba en Sudán cuando esto sucedió. Me alegró mucho
enterarme de esa gran derrota que sufrió Estados Unidos; al igual que
cada musulmán."[9]

"MATEN A LOS ESTADOUNIDENSES . . . Y A SUS ALIADOS"

En 1996, los oficiales sudaneses estaban bajo presión por parte de Estados Unidos y los sauditas para que no hospedaran más a al Qaeda, y el
Presidente Bashir le dijo a bin Laden que tenía que irse. Sin poder volver
a su país natal, debido a toda su retórica que denunciaba a la familia real
saudita, bin Laden y su equipo volvieron a las montañas de Afganistán,
donde fueron recibidos calurosamente por el liderazgo del Talibán, el
grupo islámico Radical que recientemente había tomado el control de
Afghanistán.*

Estimulado por los primeros éxitos, y otra vez en una base de operaciones segura, bin Laden, que ahora tenía treinta y nueve años, reveló
el objeto de sus deseos más preciados y más fervientes oraciones. Emitió
una "Declaración de guerra en contra de Estados Unidos" el 23 de agosto
de 1996.

---

*Describo al Talibán con más detalles en la Parte 2, en los capítulos sobre el presidente afgano Hamid Karzai.

Ustedes que creen, cuiden de su deber a Alá. . . .

No debería ocultárseles que la gente del islam ha sufrido de agresión, iniquidad e injusticia impuesta por la alianza de los Cruzados y Sionistas y sus colaboradores. . . . Sangre [musulmana] se derramó en Palestina e Irak. . . . Se llevaron a cabo masacres en Tayikistán, Birmania, Cachemira, Filipinas . . . Somalia, Eritrea, Chechenia y Bosnia-Herzegovina, masacres que envían escalofríos al cuerpo y sacuden la conciencia. . . .

La última de estas agresiones, y la mayor . . . es la ocupación de la tierra de los dos Lugares Santos [refiriéndose a La Meca y Medina en Arabia Saudita] por los ejércitos de los Cruzados Estadounidenses y sus aliados. . . .

Ahora, sus hermanos e hijos [las fuerzas de al Qaeda] . . . han comenzado su Yihad por la causa de Alá, para expulsar al enemigo ocupante de [Arabia Saudita]. . . .

Hace algunos días, las agencias noticiosas reportaron que el Secretario de Defensa de los Cruzados estadounidenses [William Perry] dijo que "la explosión en . . . [las Torres] Khobar* le había dado una lección: no retirarse cuando son atacados por terroristas cobardes." Decimos al Secretario de Defensa que su discurso puede inducir a reírse a una madre que llora, y muestra los temores que los han consagrado a todos ustedes. ¿Dónde estaba este valor falso de ustedes cuando la explosión en Beirut se llevó a cabo en 1983? . . . Ustedes se transformaron en pedazos esparcidos en ese tiempo, [cuando] 241 soldados, principalmente Marines, murieron. ¡Y dónde estaba ese valor de ustedes cuando dos explosiones los hicieron irse de Adén, en menos de veinticuatro horas!

Pero su caso más vergonzoso fue en Somalia, donde —después de vigorosa propaganda en cuanto al poder de Estados Unidos y su liderazgo posterior a la Guerra Fría del Nuevo Orden Mundial— trasladaron . . . a 28.000 soldados estadounidenses a

---

*Esto se refiere al ataque del 25 de junio de 1996 en el complejo habitacional Torres Khobar, cerca de Dhahran, Arabia Saudita, por parte de miembros del Hezbolá saudita. Los terroristas detonaron un camión cisterna lleno de explosivos plásticos, que hicieron todo menos destruir el edificio más cercano. El ataque mató a 19 militares de los Estados Unidos y a un ciudadano saudita e hirió a 372 más.

Somalia. Sin embargo, cuando decenas de sus soldados murieron en batallas menores y un piloto estadounidense fue arrastrado en las calles de Mogadiscio, ustedes salieron del área llevándose decepción, humillación, derrota y sus muertos con ustedes. . . . Alá los ha deshonrado, y ustedes se retiraron; la extensión de su impotencia y debilidad llegó a ser muy clara. Fue un placer para el corazón de cada musulmán, y un remedio para los pechos de las naciones creyentes, verlos derrotados en las tres ciudades islámicas de Beirut, Adén y Mogadiscio.

[Nuestras fuerzas] no tienen otra intención más que la de entrar al paraíso, matándolos a ustedes [estadounidenses]. . . . La muerte más honorable es ser asesinado en el camino de Alá.[10]

Claramente, el objetivo de bin Laden en ese momento era sacar a los estadounidenses de Arabia Saudita. Pero durante los dos años siguientes llegó a la conclusión de que atacar a los estadounidenses solamente en la Península Arábiga era un error. De esta manera, el 23 de febrero de 1998, bin Laden emitió una nueva fetua, en la que declaraba que cada musulmán del mundo ahora tenía la obligación de atacar y matar estadounidenses en cualquier lado, en todas partes, y de liberar no sólo a Arabia Saudita, sino a Jerusalén y Palestina también.

Nosotros —con la ayuda de Dios— hacemos un llamado a cada musulmán que cree en Dios y quiere ser recompensado, a cumplir la orden de Dios de matar a los estadounidenses y saquear su dinero donde lo encuentren. También hacemos un llamado a las [naciones], los líderes, los jóvenes y los soldados musulmanes para que lancen la ofensiva contra las tropas satánicas de Estados Unidos y contra los colaboradores del diablo que son sus aliados, y que desalojen a los que están detrás de ellos, para que puedan aprender una lección.[11]

EN CONDICIONES DE FUNCIONAR

Las fetuas no eran simplemente fanfarronadas. Bin Laden, Zawahiri y su equipo también comenzaron a cumplir sus amenazas.

Primero, aceleraron el entrenamiento de tantos yihadistas como les fue posible, tanto para su propia organización como para otros grupos Radicales. Según personas de confianza de la inteligencia de Estados Unidos, entre el tiempo en que bin Laden trasladó sus operaciones a Afganistán y los ataques fatales a Estados Unidos el 11 de septiembre de 2001, al Qaeda entrenó entre diez y veinte mil yihadistas en sus campamentos.[12]

"Además de entrenar luchadores y agentes especiales, la red [de al Qaeda] de hostales y campamentos proporcionaba un mecanismo con el cual [bin Laden y sus líderes más altos] podían filtrar y examinar candidatos para iniciarlos en su organización," observó el *Reporte de la Comisión del 11 de Septiembre.* "Desde la época de su fundación, al Qaeda había empleado entrenamiento y adoctrinamiento para identificar a los candidatos 'dignos.' Mientras tanto, al Qaeda continuó colaborando de cerca con los muchos grupos del Medio Oriente —en Egipto, Argelia, Yemen, el Líbano, Marruecos, Túnez, Somalia y en otras partes— con los cuales se había vinculado cuando bin Laden estuvo en Sudán. También reforzó su base de Londres y sus demás oficinas alrededor de Europa, los Balcanes y el Cáucaso."[13]

Segundo, comenzaron a lanzar operaciones efectivas en contra de los intereses de Estados Unidos fuera de Arabia Saudita.

En la mañana del 7 de agosto de 1998, dos camiones bomba explotaron en frente de las embajadas de Estados Unidos en las ciudades africanas de Nairobi, Kenia, y Dar es Salaam, Tanzania, con pocos minutos de diferencia. El ataque de Nairobi mató a doce estadounidenses y 201 personas más, mayormente ciudadanos kenianos, e hirió a unos cinco mil más. El ataque de Tanzania mató a once personas, aunque ninguna de ellas resultó ser estadounidense. Bin Laden no dudó en adjudicarse el crédito de los ataques. Dijo públicamente que si hacer el llamado al yihad en contra de los estadounidenses y los judíos "es considerado un crimen," entonces "que la historia sea testigo de que soy un criminal."[14]

En diciembre de 1999, oficiales jordanos interceptaron una conversación entre agentes superiores de al Qaeda y miembros de un grupo célula yihadista con base en el reino hashemita. Estaban incubando un complot al que se referían como "el día del milenio." Unidades de la policía jordana se movilizaron rápidamente, y arrestaron a dieciséis terroristas que estaban planeando lanzar un ataque de armas químicas al liberar ácido cianhídrico en un teatro de cine que estaba lleno, en la capital de

Ammán, hacer explotar a turistas en el Hotel Radisson SAS de Ammán y atacar a los peregrinos cristianos en el santuario de Juan el Bautista, al lado del río Jordán.[15]

El 12 de octubre de 2000, al Qaeda utilizó un pequeño barco de pesca para lanzar un ataque terrorista suicida en contra del USS *Cole*, un destructor con misiles guiados, valorado en un mil millones de dólares, en el puerto de Adén, Yemen, que nuevamente era utilizado por las Fuerzas Navales de Estados Unidos. Diecisiete marinos estadounidenses murieron, y otros cuarenta resultaron heridos en la explosión, que formó un enorme hoyo a un lado del barco y casi lo hundió. El personal superior de bin Laden quería atacar un buque cisterna, o algún otro barco comercial, pero el maestro del terror de al Qaeda insistió en que apuntaran a un barco de guerra estadounidense.[16]

Mientras tanto, los agentes superiores de al Qaeda estaban planeando el ataque más intrépido y fatal de la historia en el suelo de Estados Unidos.

CAPÍTULO NUEVE

SOLTANDO LA BOMBA ISLÁMICA

Lo que bin Laden y al Qaeda realmente quieren

EL 1 DE MARZO DE 2003, en un intrépido asalto cerca de Islamabad, Paquistán, se arrestó a Khalid Sheikh Mohammed (conocido como "KSM") —jefe de operaciones externas de al Qaeda y coautor intelectual, junto con bin Laden, de los ataques del 11 de septiembre.

Agentes de la CIA y de Paquistán que habían estado buscando a KSM por años dirigieron la operación. Fue la captura del líder de al Qaeda de más alto rango de ese momento. Después de que oficiales de Estados Unidos lo interrogaron extensamente en múltiples ocasiones durante muchos meses, KSM fue finalmente trasladado para que se enfrentara a un tribunal militar en la Base Naval de Estados Unidos en la Bahía de Guantánamo, Cuba. Finalmente, notas de sus interrogatorios, que anteriormente estaban clasificadas como confidenciales, se pusieron a disposición del público.* Igualmente, fue hecha pública la transcripción de su interrogatorio que llevaron a cabo los fiscales militares en Gitmo.[1] Al leer ambos documentos, sentí como si hubiera estado sentado en ese

---

*Estas notas están disponibles en un documento oficial que se titula "Substitution for the Testimony of Khalid Sheikh Mohammed (Sustitución del testimonio de Khalid Sheikh Mohammed)," que contiene información detallada que se recabó de interrogatorios, antes clasificados, que la inteligencia de Estados Unidos hizo al terrorista importante de al Qaeda. El documento se puso a disposición de los fiscales federales para procedimientos legales en contra de Zacarías Moussaoui, agente encubierto de al Qaeda, que fue arrestado en Estados Unidos. Moussaoui fue reclutado y entrenado por KSM para que llevara a cabo ataques de "segunda ola" después del 11 de septiembre. Para leer el documento completo en línea, visite http://www.rcfp.org/moussaoui/pdf/DX-0941.pdf, accedido el 18 de julio de 2008.

salón con la pura maldad, comparable quizás a estar en la presencia de Charles Manson o Adolfo Hitler, hombres que claramente estaban plagados de demonios espirituales o emocionales, o de ambos. También fue una ventana escalofriante hacia la mente y el corazón de Osama bin Laden, que aprobaba todo lo que KSM hacía.

Cuando digo *maldad*, a lo que me refiero es a que Khalid Sheikh Mohammed no expresó ningún remordimiento en absoluto por el hecho de haber ayudado personalmente a asesinar, mutilar y causar daño a más de diez mil personas en toda su vida. Al contrario, estaba orgulloso de ello. Ávidamente describió todos los hechos terroristas que planificó y ejecutó en contra de civiles inocentes, incluyendo los ataques del 11 de septiembre, así como los que siguieron. En cierto momento, hasta se jactó de haberle cortado la cabeza a un reportero del *Wall Street Journal* que había tomado como rehén en los meses que siguieron al 11 de septiembre. "Decapité con mi bendita mano derecha la cabeza del judío estadounidense, Daniel Pearl, en la ciudad de Karachi, Paquistán," dijo a los oficiales de Estados Unidos sin vergüenza. "Para los que quisieran confirmarlo, hay fotos mías en Internet con su cabeza en mis manos."[2] Si eso no es maldad, no sé qué lo es.

Algo que sin duda surgió del testimonio de KSM fue una representación clara y profundamente preocupante del proceso de planificación que llevó al 11 de septiembre de 2001, y a las muertes de casi tres mil personas en Nueva York, Virginia y Pennsylvania. La historia realmente comienza allá por 1996, alrededor de la época en que bin Laden emitió su declaración de guerra en contra de Estados Unidos. KSM dijo que se reunió con el maestro del terror sunita en las cuevas de Tora Bora, Afganistán, y le presentó su sueño. Quería suficientes hombres y dinero para secuestrar diez aviones *dentro de* —no con rumbo a— Estados Unidos y lanzarlos en misiones kamikaze de asesinato y terror en ciudades estadounidenses.

Como acababa de conocerlo, bin Laden no estaba muy convencido de que KSM pudiera tener éxito con esa misión, pero estaba intrigado. Y mientras más sabía de KSM, más le agradaba.

KSM nació en Paquistán en 1964 ó 1965 y se crió en Kuwait con una familia devota y fundamentalista. Se convirtió en miembro de la Hermandad Musulmana a la edad de dieciséis años y, muy parecido a bin Laden, se convenció a una edad temprana de que el yihad violento era la única manera de restaurar la gloria del mundo musulmán. KSM había peleado con los muyahidines en Afganistán. Había peleado en contra de Occidente con las fuerzas yihadistas en Bosnia. Y había ayudado a recaudar dinero para ambas causas.

Pero había algo más de este Radical que atrajo a bin Laden hacia él: había vivido en Estados Unidos y entendía cómo funcionar en un ambiente "infiel." Según *The 9/11 Commission Report*, después de haberse graduado de la secundaria, "KSM salió de Kuwait para inscribirse en Chowan College, un pequeña universidad bautista de Murfreesboro, Carolina del Norte. Después de un semestre en Chowan, KSM se trasladó a Carolina Agricultural and Technical State University de Greensboro. . . . KSM obtuvo un título en ingeniería mecánica en diciembre de 1986."[3]

Bin Laden también apreciaba el deseo fanático de KSM de matar tantos estadounidenses como fuera posible. KSM y su sobrino, Ramzi Yousef —tres años menor que él— habían ayudado a diseñar y ejecutar el ataque del camión bomba al World Trade Center en 1993.*

Por lo que bin Laden acordó dejar que KSM comenzara a investigar esa operación con más detalles, pero solamente si ayudaba a al Qaeda a diseñar y lanzar otros ataques terroristas importantes, tarea que KSM aceptó con placer. Durante los años siguientes, desarrolló la "Operación Bojinka," una conspiración para secuestrar hasta una docena de aviones jumbo en las Filipinas y por toda Asia, y luego hacerlos estallar en el Pacífico, al dirigirse a Estados Unidos.[4] Aunque la policía de Manila frustró la operación antes de que fuera ejecutada, esta experiencia le dio a KSM una comprensión extensa de la mejor manera de colocar hombres y armas a bordo de aviones y de cómo manejar muchas de las preguntas logísticas que seguramente surgirían.

Mientras tanto, organizó con éxito el bombardeo de las embajadas de Estados Unidos en África. Esto impresionó a bin Laden y lo convenció de que KSM no sólo hablaba en serio en cuanto a matar estadounidenses, sino que tácticamente era lo suficientemente conocedor como para tener éxito en una operación compleja en múltiples ciudades en otro continente.

---

*Las fuerzas de seguridad paquistaníes capturaron a Ramzi Yousef en 1995, durante un asalto a lo que se sospechaba que era un refugio de al Qaeda. Más tarde lo entregaron a las autoridades estadounidenses y después se le juzgó en una corte federal, se le condenó y sentenció a cadena perpetua sin libertad condicional por su participación en el ataque al World Trade Center de 1993.

"TE JURO LEALTAD POR EL YIHAD"

En abril de 1999, KSM —quien típicamente no operaba en Afganistán sino desde Paquistán, Kuwait u otras partes del Medio Oriente y Asia— estaba de regreso en las cuevas de Tora Bora, reunido con bin Laden y tratando de persuadirlo a él y al Dr. Ayman al-Zawahiri de que adoptaran su plan audaz. Esta vez, bin Laden le dio luz verde, diciendo que creía que la conspiración podría funcionar y que KSM tenía la bendición y el apoyo financiero de la organización.

Emocionado, KSM se dispuso a reclutar a los hombres apropiados —es decir, los que fueran capaces de entrar con éxito a Estados Unidos y de vivir allí pasando desapercibidos, capaces de mantener la boca cerrada, capaces de entrenarse para una misión de la que no se les dirían los detalles finales hasta el último momento posible, y —quizás más importante aún— capaces de asesinar. KSM después les dijo a los interrogadores que requería que cada hombre seleccionado hiciera el siguiente juramento de lealtad a bin Laden personalmente: "Te juro lealtad, escuchar y obedecer, en los buenos tiempos y en los malos, y aceptar las consecuencias yo mismo; te juro lealtad por el yihad, y escuchar y obedecer, y morir por la causa de Dios."[5]

A principios de 2001, la conspiración había avanzado al punto que KSM estaba listo para examinar una lista de objetivos con bin Laden. El emir, o príncipe, de al Qaeda insistió que atacaran las dos torres del World Trade Center, el Pentágono y el Capitolio de los Estados Unidos, como mínimo. Pero bin Laden también le dio flexibilidad a KSM para atacar otros objetivos, entre los que estaban la Casa Blanca, la Torre Sears en Chicago y una embajada extranjera de su elección en Washington, D.C. Cuando Mohammed Atta (uno de los comandantes de célula egipcios, que finalmente secuestraría el Vuelo 11 de American Airlines y volaría hacia una de las torres del World Trade Center) sugirió atacar una planta de energía nuclear en Pennsylvania, bin Laden acordó agregar el objetivo a la lista.

"Después de los ataques de 1993 al World Trade Center, decidí que los explosivos y las bombas podrían ser problemáticos, por lo que me enfoqué en utilizar los aviones como armas," dijo KSM a los interrogadores. "Los objetivos más atractivos eran los edificios altos, tanto por la relativa facilidad para atacarlos como por el impacto simbólico. Bin

Laden expresó su deseo de atacar simultáneamente el Pentágono, la Casa Blanca y el edificio del Capitolio de Estados Unidos."[6]

Bin Laden personal y específicamente eligió a los líderes de célula que llevarían a cabo la operación. Pero era KSM en quien bin Laden confió para todos los detalles operativos. Por ejemplo, fue KSM quien diseñó el régimen de entrenamiento riguroso por el que pasaría cada miembro de célula, incluyendo el entrenamiento físico básico, las lecciones de inglés y las instrucciones de cómo llevar a cabo un secuestro, cómo desarmar a un mariscal del aire y del uso de explosivos. A los hombres también se les requirió que degollaran ovejas y camellos como práctica para matar a cualquiera que se interpusiera en su camino a bordo de los aviones.

KSM fue quien dio a los comandantes de célula el dinero que necesitaban para la misión. Fue KSM quien ayudó a sus hombres a adquirir pasaportes "limpios" sin sellos de Paquistán ni Afganistán. Les dijo dónde vivir en Estados Unidos. Les dijo qué estudiar (más inglés y cómo conducir un avión jumbo). Les prohibió hablar con otros musulmanes cuando estuvieran en Estados Unidos, para que no se sintieran tentados a confiar sus planes a alguien que podrían considerar un alma gemela. Les dijo cómo comunicarse con el centro de operaciones.

Todo estaba dividido en secciones. Sólo KSM, bin Laden y un puñado de otros agentes superiores de al Qaeda conocían todos los detalles.

A medida que se acercaba la fecha de la operación, KSM dijo que bin Laden seguía presionando por una acción más rápida. Tres veces bin Laden lo presionó para que la lanzara más rápidamente, pero KSM insistió en que no estaban totalmente listos. Ese verano, por ejemplo, bin Laden se enteró de que el primer ministro israelí, Ariel Sharon, se dirigía a la Casa Blanca. Le pidió a KSM que se moviera rápidamente para matar a Sharon, al Presidente Bush y a sus asesores superiores al mismo tiempo. Pero KSM volvió a resistirse, alegando que su equipo estaba cerca, pero todavía no estaba listo para atacar. Además, KSM creía que la decisión final de elegir una fecha de ataque debería estar en manos del comandante de célula superior, a quien él le había dado esa autoridad.

De esa manera, no fue hasta agosto cuando el mismo KSM finalmente supo la fecha de la operación. Inmediatamente se la informó a bin Laden. Pero se sentía horrorizado porque a medida que la fecha se acercaba, bin Laden comenzó a decirles a sus colegas y hasta a visitantes de alto nivel de su campamento en las montañas de Afganistán que algo grande se acercaba. KSM le pidió a bin Laden que ya no dijera nada más y que no se arriesgara a perjudicar la operación.

Finalmente, por supuesto, los ataques del 11 de septiembre se lleva-ron a cabo y fueron en realidad mucho más exitosos de lo que bin Laden o KSM se hubieran imaginado. "Nos sentamos a calcular la cantidad de pérdidas del enemigo y esperábamos que el número incluyera a los que iban en el avión y, en lo que a las torres [del World Trade Center] respecta, a los que el avión aniquilara," dijo bin Laden a unos amigos en una cena en Kandahar en noviembre de 2001, que fue grabada en una cámara de video personal y posteriormente recuperada por la inteligencia de Estados Unidos. "Yo era el más optimista de todos por mi experiencia en esta profesión y en este negocio. Dije que el combustible del avión derretiría el hierro y el hierro perdería sus propiedades." Bin Laden dijo que había predicho que el edificio se destruiría desde el punto del impacto hacia arriba. Pero la destrucción total de los edificios, según dijo, "fue mucho más de lo que esperábamos."[7]

Bin Laden formalmente se adjudicó los ataques del 11 de septiem-bre en 2003, en un video de dieciocho minutos que se proveyó a la red noticiosa Al Jazeera. En la grabación, el líder de al Qaeda dijo que había resuelto "destruir torres en Estados Unidos" porque "somos un pueblo libre . . . y queremos recuperar la libertad de nuestra nación."[8]

KSM arrojó más luz después sobre sus motivaciones y las de bin Laden. Según las notas de sus interrogatorios, "Sheikh Mohammed dijo que el propósito del ataque a las Torres Gemelas era 'despertar al pueblo estadounidense.' Sheikh Mohammed dijo que si el objetivo hubiera sido estrictamente militar o del gobierno, la gente estadounidense no se enfo-caría en las atrocidades que Estados Unidos está cometiendo al apoyar a Israel en contra del pueblo palestino y en la política exterior egoísta de Estados Unidos que corrompe a los gobiernos árabes y lleva a más explo-tación de los pueblos árabes [y] musulmanes."[9]

LO QUE AL QAEDA REALMENTE QUIERE

Durante su juicio militar en Gitmo, KSM admitió que no solamente era responsable de los ataques del 11 de septiembre, sino que había sido el autor intelectual de una "segunda ola" de ataques y de otros mega-ataques planificados en Estados Unidos, Israel y alrededor del mundo. En una declaración escrita que se les dio a los interrogadores, KSM siguió confesando no menos de treinta y un ataques terroristas distintos. Algunos ya se habían llevado a cabo. Otros fueron frustrados por las fuerzas de seguridad de Estados Unidos y extranjeras o con el arresto de KSM. Cada uno proveyó de conocimiento de lo que Osama bin Laden y su red al Qaeda realmente quieren:

1. Fui responsable de la Operación del World Trade Center de 1993.
2. Fui responsable de la Operación del 11 de septiembre, de la A a la Z.
3. Decapité con mi bendita mano derecha al judío estadounidense, Daniel Pearl. . . .
4. Fui responsable de la Operación del Bombardero del Zapato para derribar dos aviones estadounidenses.
5. Fui responsable de la Operación de la Isla Filka en Kuwait que mató a dos soldados estadounidenses.
6. Fui responsable del bombardeo de una discoteca en Bali, Indonesia, que era frecuentada por ciudadanos británicos y australianos.
7. Fui responsable de planificar, entrenar, investigar y financiar los ataques de la Nueva (o Segunda) Ola en contra de los siguientes rascacielos después del 11 de septiembre:
   Library Tower, California
   Torre Sears, Chicago
   Banco Plaza, Estado de Washington
   Edificio Empire State, Ciudad de Nueva York
8. Fui responsable de planificar, financiar y hacer el seguimiento de las operaciones para destruir barcos militares y buques cisterna de Estados Unidos en los estrechos de Ormuz y Gibraltar, y en el Puerto de Singapur.
9. Fui responsable de la planificación, entrenamiento, investigación y financiamiento de la operación para bombardear y destruir el Canal de Panamá.
10. Fui responsable de la investigación y financiamiento para

el asesinato de varios ex presidentes estadounidenses, entre los que estaba el Presidente Carter.

11. Fui responsable de la investigación, planificación y financiamiento del bombardeo de puentes de suspensión en Nueva York.

12. Fui responsable de planificar la destrucción de la Torre Sears quemando unos cuantos camiones cisterna debajo o alrededor de ella.

13. Fui responsable de planificar, investigar y financiar la operación para destruir el Aeropuerto de Heathrow, el Edificio Canary Wharf y el Big Ben en suelo británico.

14. Fui responsable de planificar, investigar y financiar la destrucción de muchas discotecas que eran frecuentadas por ciudadanos estadounidenses y británicos en suelo tailandés.

15. Fui responsable de investigar y financiar la destrucción de la Bolsa de Nueva York y otros objetivos financieros después del 11 de septiembre.

16. Fui responsable de planificar, financiar e investigar la destrucción de edificios en la ciudad israelí de Elat utilizando aviones que saldrían de Arabia Saudita.

17. Fui responsable de la planificación, investigación y financiamiento para la destrucción de embajadas estadounidenses en Indonesia, Australia y Japón.

18. Fui responsable de investigar y financiar la destrucción de la embajada israelí en India, Azerbaiyán, Filipinas y Australia.

19. Fui responsable de la investigación y financiamiento para la destrucción de un vuelo israelí de la Aerolínea El-Al en suelo tailandés, que saldría del Aeropuerto de Bangkok.

20. Fui responsable de enviar a varios muyahidines a Israel para que realizaran vigilancia para atacar varios puntos estratégicos dentro de Israel.

21. Fui responsable del bombardeo del hotel de Mombasa que es frecuentado por viajeros judíos a través de la línea aérea El-Al.

22. Fui responsable de lanzar un misil tierra-aire SA-7 de

fabricación rusa a un avión de El-Al o cualquier otro avión judío que saliera de Mombasa.

23. Fui responsable de planificar e investigar ataques a objetivos estadounidenses en Corea del Sur, como bases militares estadounidenses y unas cuantas discotecas frecuentadas por soldados estadounidenses.

24. Fui responsable de proporcionar apoyo financiero para atacar objetivos estadounidenses, judíos y británicos en Turquía.

25. Fui responsable de la vigilancia que se necesitaba para atacar plantas de energía nuclear que generan electricidad en varios estados de Estados Unidos.

26. Fui responsable de planificar, investigar y financiar el ataque a la sede de la OTAN en Europa.

27. Fui responsable de la planificación e investigación que se necesitaba para ejecutar la Operación Bojinka, que fue diseñada para derribar doce aviones estadounidenses llenos de pasajeros. Personalmente supervisé un viaje de ida y vuelta de un vuelo de Pan Am de Manila a Seúl.

28. Fui responsable del intento de asesinato en contra del Presidente Clinton durante su visita a las Filipinas en 1994 ó 1995.

29. Compartí la responsabilidad por el intento de asesinato en contra del Papa Juan Pablo II cuando visitaba Filipinas.

30. Fui responsable del entrenamiento y financiamiento para el asesinato del Presidente Musharraf de Paquistán.

31. Fui responsable del intento de destruir una compañía petrolera estadounidense de propiedad del judío ex Secretario de Estado, Henry Kissinger, en la Isla de Sumatra, Indonesia.

EL OBJETIVO FINAL

Por muy aterradoras que fueron estas operaciones, empalidecen en comparación con lo que al Qaeda ha estado pidiendo en oración y planificando durante por lo menos una década: la adquisición de armas de destrucción masiva (ADM) —idealmente armas nucleares— para utilizarlas en contra de Estados Unidos para matar entre cuatro y diez millones de estadounidenses.

Cuando se le preguntó en 1998 si al Qaeda tenía armas nucleares o químicas, bin Laden dijo a la revista *Time* que "adquirir armas para la defensa de los musulmanes es un deber religioso. Si en efecto he adquirido estas armas, entonces agradezco a Dios por permitirme hacerlo."[10] El momento de esa declaración fue significativo, porque 1998 fue el año en que Paquistán hizo pruebas con armas nucleares.

Desde entonces, muchos más detalles preocupantes han surgido acerca de la febril búsqueda de bin Laden de ADM y su muy enraizada creencia de que Alá le ha ordenado utilizarlas para matar cristianos y judíos. En el verano de 2002, Suleiman Abu Ghaith, portavoz de al Qaeda nacido en Kuwait, publicó la siguiente declaración en Internet: "Al-Qa'ida tiene el derecho de matar a cuatro millones de estadounidenses, inclusive un millón de niños, de desalojar el doble de esa cantidad y de herir e incapacitar a cientos de miles."[11] En mayo de 2003, al Qaeda reveló una fetua de un destacado clérigo saudita que aprobaba el uso de armas nucleares en contra de Estados Unidos y permitía el asesinato de hasta diez millones de estadounidenses.[12]

En 2007, Robert Mueller, director del FBI, hizo la siguiente declaración en una conferencia sobre el terrorismo nuclear: "Según algunos cálculos, hay suficiente uranio altamente enriquecido en almacenamientos globales para construir miles de armas nucleares, y no se yerra al suponer que hay muchas personas que no pensarían dos veces en utilizar esas armas. La economía de la oferta y la demanda estipula que alguien, en algún lado, proporcionará material nuclear al que ofrezca más, y ese material terminará en manos de los terroristas. Al Qaeda ha mostrado una intención clara de adquirir armas de destrucción masiva. En 1993, Osama bin Laden intentó comprar uranio de un proveedor en Sudán. Él ha declarado que el deber de Al Qaeda es adquirir armas de destrucción masiva. Y ha hecho repetidos contactos de reclutamiento con expertos en química, física y explosivos para que se unan a su movimiento terrorista."[13]

George Tenet, ex director de la CIA, al principio no estaba seguro de cuán en serio tomar las amenazas de ADM de bin Laden. Pero con el tiempo, se convenció. Ahora cree que la prioridad principal de bin Laden es adquirir armas nucleares y detonarlas dentro de Estados Unidos.

"Aunque teníamos sus propias declaraciones para preocuparnos, el consenso dentro y fuera de nuestro propio gobierno podría reducirse a esto: 'Los tipos que están en cuevas no pueden conseguir ADM,'" escribió Tenet en sus memorias publicadas en 2007, *At the Center of the Storm: My Years at the CIA* (En el centro de la tormenta: Mis años en la CIA). "Pero este era un asunto en el que no podíamos darnos el lujo de equivocarnos. Así que poco después del 11 de septiembre ordené al CTC [Centro de Contraterrorismo] de la CIA que estableciera una nueva sección que se enfocara exclusivamente en las ADM terroristas. . . . Comenzamos a examinar el registro histórico. Buscamos en nuestros archivos y enviamos equipos alrededor del mundo para compartir nuestras pistas y pedirles a los servicios de inteligencia extranjeros información que ellos tuvieran. Interrogamos a prisioneros de al-Qa'ida y estudiamos detenidamente documentos encontrados en refugios y en computadoras capturadas en Afganistán. Lo que descubrimos nos asombró a todos. Las amenazas eran reales. Nuestra inteligencia confirmó que los líderes más importantes de al-Qa'ida todavía están enfocados de manera sobresaliente en adquirir ADM. Es posible que bin Ladin [sic] haya proporcionado la guía espiritual para desarrollar ADM, pero el programa era dirigido personalmente desde arriba por su delegado, Ayman al-Zawahiri. Además, establecimos más allá de cualquier duda que al-Qa'ida tenía una intención clara de adquirir armas químicas, biológicas y radiológicas/nucleares (CBRN, por sus siglas en inglés) para poseerlas no como un disuasivo, sino para provocar pérdidas masivas en Estados Unidos.[14]

"De todos los esfuerzos de al-Qa'ida por obtener otras formas de ADM, la amenaza principal es la nuclear," enfatizó Tenet. "Estoy convencido de que allí es donde [bin Laden] y sus agentes desesperadamente quieren llegar. Ellos entienden que los bombardeos con automóviles, camiones, trenes y aviones les darán algunos titulares, de seguro. Pero si logran hacer explotar un hongo nuclear, harán historia. Un evento de esa clase ubicaría a al-Qa'ida a la par de las superpotencias y cumpliría la amenaza de bin Laden de destruir nuestra economía y llevar muerte a cada hogar estadounidense. Aun en los días más oscuros de la Guerra Fría, podíamos contar con el hecho de que tanto los soviéticos como nosotros queríamos vivir. No es así con los terroristas. Al-Qa'ida se jacta de que mientras nosotros le tememos a la muerte, ellos la abrazan."[15]

CAPÍTULO DIEZ

SECUNDARIA DEL TERROR

Cómo los Radicales se están infiltrando en Estados Unidos y Europa

¿QUÉ TAN SERIA ES LA AMENAZA RADICAL AHORA?

Muchos estadounidenses —quizás la mayoría— simplemente no tienen idea de cuán agresivamente los Radicales intentan infiltrarse en Estados Unidos, reclutar estadounidenses para los grupos celulares terroristas y obtener las armas que necesitan para llevar a cabo ataques catastróficos dentro de este país. Por lo tanto, analice un caso que sucedió no hace mucho, precisamente aquí en Washington, D.C., la ciudad a la que Lynn, mis hijos y yo llamamos hogar.

CONOZCA A AHMED ALÍ

Ahmed Omar Abu Alí nació en 1982, tres años después de la Revolución Iraní. Su familia se trasladó al área de Washington, D.C., cuando él tenía cuatro años y se crió en Falls Church, Virginia. Estudió en una escuela islámica en Alexandria, Virginia, se graduó con honores en 1999 y fue nombrado el primero de su promoción.

A veces me pregunto si alguna vez me topé con él, o si lo hicieron mi esposa o mis hijos. Por fuera, Ahmed parecía un Reformador ejemplar: un joven musulmán estadounidense, amigable, brillante y exitoso, que parecía amar a su país, a su familia y estar ansioso por seguir sus sueños de construirse una vida en una tierra de libertad. Pero las cosas no siempre son lo que parecen. En su interior, Ahmed era un Radical en ciernes, que hervía de odio.

En el otoño de 1999, Ahmed entró a la Universidad de Maryland para estudiar ingeniería eléctrica. Sin embargo, al año siguiente cambió de parecer. Se trasladó a la Universidad de Medina en Arabia Saudita para estudiar ley y teología islámica, y rápidamente se sintió atraído hacia los que compartían su creencia de que el islam era la respuesta y el yihad era el camino. En 2002, no mucho después de los ataques al World Trade Center y al Pentágono, Ahmed se unió a un grupo célula de al Qaeda que funcionaba dentro del reino.

Ahmed era el sueño hecho realidad de un reclutador. Tenía la ciudadanía estadounidense completa, pasaporte estadounidense y un disfraz respetable de estudiante universitario. Sus gestores de al Qaeda rápidamente lo enviaron a capacitarse en el arte del terror, que incluía disparar varias armas, la elaboración y detonación de explosivos y la falsificación de documentos. Entonces le dijeron que volviera a los Estados Unidos, que se casara con una cristiana y que se integrara en la comunidad. También le dijeron que se le proporcionarían agentes para llevar a cabo ataques espectaculares.[1]

Como en una escena de una de las novelas que estaba escribiendo en esa época, el complot que Ahmed y los líderes superiores de al Qaeda estaban desarrollando al otro lado del mundo incluía una conspiración para asesinar al presidente de los Estados Unidos y desencadenar una destrucción apocalíptica en la capital de la nación. Ahmed dijo a sus amigos que creía que George W. Bush era "el líder de los infieles."[2] Por lo tanto, sus colegas y él planearon utilizar múltiples francotiradores y terroristas suicidas para matar al presidente, mientras los agentes encubiertos de otra célula de al Qaeda, simultáneamente, secuestraban aviones fuera de Estados Unidos y los utilizaban para lanzar ataques kamikaze en contra de objetivos estadounidenses.[3] Más aún, Ahmed se reunió con un líder importante de al Qaeda que le pidió que investigara la posibilidad de atacar instalaciones de energía nuclear dentro de Estados Unidos.[4] La meta: desatar horrores que equivaldrían a tener en realidad su propia arma de destrucción masiva.

Si no fuera por la gracia de Dios y el duro trabajo de los oficiales de la Seguridad Nacional, internamente y en el extranjero, las conspiraciones bien podrían haberse realizado con éxito. En el verano de 2003, después de una serie de bombardeos terroristas en Arabia Saudita, las autoridades allí lanzaron una serie de ataques en contra de posibles complejos de Radicales a lo largo del país. En la redada se encontraba Ahmed, aunque los sauditas no estaban buscándolo específicamente y apenas sabían que existía, mucho menos que representaba una amenaza. Sin embargo, cuando los sauditas comenzaron a interrogarlo, rápidamente llegó a ser evidente que tenían en sus manos a un sospechoso muy importante, por lo que lo entregaron a funcionarios de Estados Unidos.

En el juicio de Ahmed, los abogados del Departamento de Justicia sostuvieron que se había "unido a una célula terrorista de al Qaeda . . . para emprender el yihad en contra de Estados Unidos."[5] Lo que es más, describieron el caso como "una de las amenazas terroristas más peligrosas que Estados Unidos enfrenta en el mundo riesgoso posterior al 11 de septiembre de 2001: un agente de al Qaeda nacido y educado en Estados Unidos, entrenado y comprometido para llevar a cabo ataques mortales en suelo estadounidense."[6]

La familia de Ahmed se rió en la corte cuando se explicaron los cargos, e insistía en que Ahmed era inocente. "Todo lo que el gobierno ha dicho se basa en mentiras, mentiras y más mentiras," dijo el padre de Ahmed al *Washington Post*, al describir a su hijo como un estudiante pacífico del islam, que fue arrestado mientras rendía sus exámenes finales.[7]

El jurado no le creyó. Ahmed Omar Abu Alí fue declarado culpable el 22 de noviembre de 2005 y fue sentenciado a treinta años en una prisión federal de máxima seguridad.

DETENER AL PRÓXIMO ALÍ

Ahora conozca a Fred Schwien.*

Nació en 1957 en WaKeeney, Kansas, un pueblo que actualmente tiene apenas dos mil personas y que era mucho más pequeño entonces. Fred creció viendo la revolución contracultural de las décadas de 1960 y 1970 en casa, y las guerras y revoluciones horrorosas que se desarrollaban en el extranjero, entre las que están el trauma de la participación de Estados Unidos en Vietnam. Criado en un hogar luterano, Fred era un cristiano evangélico a los dieciséis años.

---

*Se pronuncia "Shwin."

Fred vio la turbulencia de la época y sintió un llamado a defender a su país en contra de todos los enemigos, extranjeros y domésticos. Recibió un nombramiento para asistir a la Academia Militar de Estados Unidos en West Point, se graduó en junio de 1979, durante la etapa inicial de la Revolución Iraní, y comenzó su trabajo activo en el Ejército al mes siguiente.

Durante las siguientes dos décadas, Fred trabajó como oficial de infantería de los Rangers Aerotransportados y en varias posiciones de comando y del estado mayor en Estados Unidos, Europa y Panamá. Estuvo en el Pentágono, en el Estado Mayor, trabajando en asuntos de contraterrorismo. Estuvo en el Estado Mayor Conjunto, trabajando en asuntos de control de armas. Después, trabajó en la Sede Suprema de la OTAN en Mons, Bélgica, como delegado nacional asistente de las fuerzas armadas de Estados Unidos. En el trayecto, fue bendecido con una maravillosa esposa cristiana, y juntos comenzaron a criar una familia. Fred se retiró del ejército en 1999 como teniente coronel, y él y su familia finalmente se trasladaron de Europa al D.C.

Allí fue donde Lynn y yo los conocimos. En realidad, Lynn conoció primero a la esposa y a la familia de Fred en un ministerio de niños de nuestra iglesia, en el que ellas participaban. En ese entonces, Fred trabajaba como asistente del Secretario de Comercio de Estados Unidos Don Evans, pero en 2005, fue contratado como asesor superior del Secretario de Seguridad Nacional de Estados Unidos Michael Chertoff.

"Tienes que conocer a esta persona," insistía Lynn. "Su esposa cree que ustedes dos se llevarían muy bien, y yo creo que tiene razón. Ha leído tus libros. Se los ha dado al secretario y a otras personas de la oficina. Además, no escribe acerca de la Guerra en contra del Terror, realmente la está viviendo."

Como casi siempre sucede, Lynn tenía razón. Fred y yo comenzamos a reunirnos ocasionalmente para almorzar o para tomar café, y mientras más lo conocía, más me impresionaba. Ya fuera que saltara de aviones como Ranger o que viajara a Baghdad en un helicóptero Halcón Negro para coordinar operaciones de Seguridad Nacional con sus homólogos iraquíes, Fred Schwien había pasado toda su vida profesional protegiendo a gente como mi familia y yo de gente como Ahmed Omar Abu Alí, y yo le estaba profundamente agradecido.

En el invierno de 2008, me senté con Fred y le pedí que me llevara adentro de la Revolución desde su punto de vista —un mundo que pocos estadounidenses en realidad pueden ver.

Primero, le pedí a Fred su perspectiva acerca de la amenaza que Estados Unidos enfrenta ahora con el islam radical. —¿Qué tan seria es exactamente la amenaza para el pueblo estadounidense?

—La amenaza es muy real —respondió—. En los últimos años han ocurrido algunos ataques que tuvieron éxito en Londres y Madrid. Y luego ha habido algunos ataques que hemos desbaratado en el extranjero. En el verano de 2006 se desbarató una conspiración en contra de una línea aérea, antes de que el terrorista pudiera hacer estallar los aviones que venían a Estados Unidos desde el Reino Unido. Hubo un caso en el aeropuerto JFK en el que algunos Radicales estaban planificando hacer estallar las tuberías de combustible, esperando ocasionar una verdadera destrucción masiva cerca de JFK. Sabemos que a al Qaeda y a grupos similares les encantaría ocasionar grandes daños e innumerables víctimas dentro de Estados Unidos. Por lo que la amenaza es muy real, y los que he mencionado son los que han estado en la prensa, pero hay otros de los que el público no se ha enterado. En la frontera se detiene a gente todos los días que intenta entrar a Estados Unidos y que tiene algo en sus antecedentes, o con sus conexiones, que los agentes de Aduanas y de la Protección de Fronteras ven y dicen: "Esta persona no entra a Estados Unidos." O negamos visas a la gente cuando las solicita . . . porque creemos que tiene alguna conexión [con el terrorismo].[8]

—¿Podrías darme un ejemplo —pregunté— de un caso en que la Seguridad Nacional le negó la entrada a alguien a Estados Unidos y esa acción realmente salvó vidas?

—Definitivamente —respondió—. Detuvimos a un tipo porque un agente de la frontera no creía que fuera legítimo. No sabíamos qué se proponía esta persona, pero se le detuvo en la frontera. Le negamos la entrada a este país y se le mandó de regreso. Dos años después, se supo que había sido un terrorista suicida. Sus manos se encontraron unidas al timón después de un bombardeo suicida en un camión en Irak.

Las autoridades estadounidenses en Irak tomaron las huellas digitales de esas manos y las pasaron por la base de datos de la Seguridad Nacional para ver quién era. El sistema funcionó. No sólo ubicaron la identidad del terrorista sino que pudieron confirmar que había intentado entrar a Estados Unidos en algún momento, pero que se le había rechazado.

Gracias a Dios, pensé, *por ese agente de la frontera que estuvo alerta —es posible que sólo se guiara por sus instintos en ese momento, pero esos instintos resultaron acertados.*

—Cuando se trata de la amenaza de islamistas radicales —observó Fred—, tienes que tener en cuenta que los riesgos son muy altos. No podemos equivocarnos; ellos sólo tienen que salirse con la suya una vez. —Un Radical que se cuela en el país estaría en condiciones de llevar a cabo sus objetivos asesinos y posiblemente genocidas.

—¿Qué es lo que más te preocupa actualmente, Fred? —pregunté.

—El peor de los casos que nos preocupa es una clase de dispositivo nuclear o un dispositivo nuclear improvisado, o alguna clase de arma biológica —explicó—. Esos son nuestros dos temores mayores. Tenemos quince casos de planificación, y un número de planes que se aplican en contra de esos casos de planificación, para reaccionar ante ellos si algo sucediera. Entre estos podría estar una gripe pandémica. Podría haber un dispositivo nuclear. Podría haber un ataque químico. Así que, Dios no lo quiera, pero si una de estas cosas sucediera, el gobierno está ahora en una posición mucho mejor para responder de lo que estábamos antes del 11 de septiembre.

—Basado en todos tus años de experiencia, Fred, ayúdame a entender ¿cuál es la mentalidad del yihadista islámico radical que lo hace tan peligroso para el pueblo estadounidense?

—Lo que hace que los yihadistas sean tan peligrosos es que realmente nos odian y, de muchas maneras, odian nuestra forma de vida —respondió—. Y trabajan mucho para reclutar otra gente que crea en sus ideas. Cuando he hablado con líderes musulmanes, con imanes (los moderados, Reformadores), ellos creen que los Radicales toman el Corán totalmente fuera de contexto y lo utilizan para hacerles un lavado de cerebro a los jóvenes, en muchos casos, para que crean en una causa que realmente es muy, muy violenta y que está muy en contra de Occidente y de Estados Unidos.

Entonces Fred señaló a los dos países que le preocupan más en cuanto al reclutamiento Radical: Irak y Estados Unidos.

—En mi opinión personal, no hay nada que los Radicales quieran más que el fracaso de Estados Unidos en Irak —dijo—. Ellos quieren que fracasemos para demostrar que pueden derrotarnos. Y realmente tenemos que hacerlo bien en Irak. Tenemos que lograr una sociedad democrática que funcione. Es posible que se requiera de años para que Irak lo logre, pero tenemos que asegurarnos de que sea un éxito, porque las consecuencias de que Irak se convierta en un estado fracasado y en un criadero enorme de terroristas son demasiado horrorosas para imaginarlas.

Después agregó: —La autoradicalización de los musulmanes que viven en Estados Unidos también es algo que a la Seguridad Nacional le preocupa mucho. Los jóvenes, en particular, son vulnerables si se sienten marginados en la sociedad. De hecho, cuando visité Marruecos, uno de los funcionarios dijo que los jóvenes yihadistas son como los tiradores de Columbine. Estos chicos están allí. Se meten a Internet, navegan en un sitio Web yihadista y ven algo y dicen: "¡Ah! Yo puedo pertenecer a eso," y son absorbidos por un pensamiento Radical y una mentalidad yihadista. Y entonces es cuando pueden llegar a ser muy peligrosos porque, en esencia, se autoradicalizan precisamente donde están y es difícil saber quiénes son, y es difícil encontrarlos y detenerlos.

ADOCTRINAR AL PRÓXIMO ALÍ

Lo que nos lleva de regreso a Ahmed Omar Abu Alí.

Sí, era un ciudadano estadounidense. Sí, era brillante. Sí, fue el primero de su promoción de secundaria. Pero ¿qué estaba aprendiendo? ¿Qué se le estaba enseñando? Y ¿qué probabilidades hay que otros como él estén siendo adoctrinados o autoradicalizados?

Ahmed se graduó de la Academia Islámica Saudita (ISA), una escuela privada musulmana de primaria y secundaria de Alexandria, Virginia, precisamente al lado opuesto del río Potomac de la Casa Blanca y del edificio del Capitolio, el epicentro de la democracia estadounidense. La escuela abrió sus puertas en 1984, con un puñado de estudiantes pero con una misión apasionada de educar a una nueva generación de jóvenes musulmanes capaces de estudiar en universidades estadounidenses, de trabajar en puestos estadounidenses y de influenciar a la sociedad estadounidense con los valores del Corán. Pronto se convirtió en una institución muy prestigiosa, muy buscada por los musulmanes de Arabia Saudita y Estados Unidos. "El embajador saudita en Estados Unidos es el presidente de la junta directiva de la escuela," reportó el *Washington Post*, "y el reino subsidia los gastos que van más allá de la cuota anual de $3.000 de la academia, para los estudiantes que no son sauditas. Los estudiantes sauditas asisten libres de pago."[9]

En 2008, ISA ya tenía dos locales —el original en Alexandria y otro en Fairfax, Virginia—, y educaban alrededor de mil niños, desde el pre-escolar hasta el duodécimo grado. Al Jazeera la ha llamado "la institución más grande que enseña el idioma árabe y la educación islámica en la Costa Este de Estados Unidos," pero sus críticos ahora la apodan "Secundaria del Terror."[10]

¿Por qué? Aparte del hecho de que su graduado más famoso fue declarado culpable de tratar de asesinar al presidente, una investigación del *Washington Post* también descubrió que ISA "utilizaba libros de texto, tan recientes como del año 2006, en los que se comparaba a los judíos y cristianos con los simios y los cerdos, se les decía a los niños de octavo grado que esos grupos eran 'los enemigos de los creyentes' y se diagramaba, para los estudiantes de secundaria, dónde cortar las manos y los pies de los ladrones." Funcionarios sauditas admitieron al *Post* que "los libros de texto que se usaban en la Academia Islámica Saudita habían incluido material inflamatorio desde por lo menos mediados de la década de 1990." Sostuvieron que habían ordenado revisiones en 2006, pero el *Post* descubrió que en el año escolar 2006–07, "por lo menos un libro todavía contenía pasajes que exaltaban el yihad y el martirio, exigía la victoria sobre los enemigos de uno y decía que el asesinato de adúlteros y apóstatas era 'justificado.'"[11]

Los administradores de ISA y funcionarios sauditas ahora insisten que están haciendo todo lo posible para cambiar los libros de texto y proteger el programa educativo en contra de enseñanzas violentas. Pero algunos expertos dicen que lo que ha estado sucediendo allí es sólo la punta del iceberg. El gobierno saudita y los clérigos sauditas radicalizados, sostienen esos expertos, están exportando activamente su visión de la Revolución a Estados Unidos y Europa, y están utilizando institutos de entrenamiento islámico conocidos como madrazas, en su país y en el extranjero, para adoctrinar jóvenes y prepararlos para el reclutamiento en células terroristas.

EXPORTACIÓN DEL MÉTODO DEL "ISLAM WAHABÍ"

"No es casualidad que 15 de los 19 terroristas que nos atacaron el 11 de septiembre de 2001 fueran sauditas," observó el ex director de la CIA James Woolsey durante una declaración ante el Congreso en 2002. "Una encuesta que llevó a cabo la inteligencia saudita, y que compartió con el gobierno de Estados Unidos, descubrió que más de 95 por ciento de los sauditas entre las edades de 25 y 41 años sienten simpatía por Osama bin Laden."[12] Esa simpatía, combinada con la ideología extremista que se enseña en las escuelas islámicas, está creando un semillero de una nueva ola de terroristas islámicos radicales.

Pero Woolsey sostuvo que esta situación peligrosa no era aislada en la Península Arábiga. "La exportación del odio hacia nosotros, financiada por los sauditas y operada por los wahabíes, se extiende por el mundo," advirtió. "Es bien sabido que las escuelas religiosas de Paquistán que educaron a una gran parte de los del Talibán y de al Qaeda son wahabíes. Pero Paquistán no es el único blanco." Woolsey observó que "un porcentaje sustancial de mezquitas estadounidenses tienen imanes que son financiados por los wahabíes." Una ideología peligrosa de puro odio y violencia, dijo, está siendo "proliferada por los wahabíes dentro de la tierra estadounidense."[13]

El islam wahabí es una forma estricta y purista de la teología sunita, desarrollada por Muhammad Ibn 'Abd al-Wahhab en la Península Arábiga durante el siglo XVIII. Ahora, es la forma dominante del islam que se practica en Arabia Saudita, Qatar y los Estados del Golfo, Egipto y gran parte del Norte de África, con excepción de Marruecos; es una religión intensamente agresiva y misionera. Mientras que al-Wahhab probablemente nunca utilizó un lema tan simplista, de muchas maneras él fue uno de los primeros seguidores y predicadores de la noción de que "el islam es la respuesta y el yihad es el camino."

A mediados del siglo XVIII, precisamente cuando Tomás Jefferson y sus colegas estaban sentando las bases para que la Revolución Estadounidense creara libertad y democracia en Occidente, al-Wahhab y sus colegas estaban sentando las bases de su propia Revolución en el Medio Oriente. Temían que los sunitas estuvieran perdiendo su celo religioso, santidad moral y efectividad militar, e instaron a los musulmanes a dedicarse nuevamente a una versión radicalmente fundamental del islam. Durante el siglo y medio que siguió, ellos, sus descendientes y los discípulos que los siguieron se embarcaron en una serie de conquistas militares en la región, que culminaron con el establecimiento del Reino de Arabia Saudita en 1932.*

Ahora hay aproximadamente 1.200 mezquitas en Estados Unidos y se cree que entre 50 y 80 por ciento están bajo el control wahabí, o son dominadas por la teología wahabí.[14] Entre 1990 y 2000, el número de mezquitas en Estados Unidos aumentó en 42 por ciento, y una de cada cinco mezquitas ahora dirige escuelas primarias y secundarias de tiempo completo, lo cual significa que los musulmanes, de todas las sectas y distinciones teológicas, están poniendo mucha más atención en educar a una nueva generación de líderes musulmanes totalmente devotos.[15]

También hay un número creciente de megamezquitas que se están construyendo en ciudades importantes de Estados Unidos —de servicio completo, supercentros islámicos de servicios múltiples, diseñados para suplir una variedad de necesidades espirituales y educativas. La Mezquita Dearborn, de 1.115 metros cuadrados, de Dearbon, Michigan, no lejos de Detroit (hogar de unas trescientas mil personas de procedencia del Medio Oriente), tiene tres pisos, ocupa toda una cuadra de la ciudad y es la mezquita sunita más grande de Estados Unidos. Mientras tanto, el Centro Islámico de Estados Unidos, de más de $12 millones —también en Dearborn—, no sólo es la mezquita chiíta más grande del país, sino que fue descrita en la Prensa Asociada como "las instalaciones religiosas y culturales árabe-estadounidenses más grandes de Norteamérica." Además de nuevas instalaciones para adoración, "el complejo del centro de 11.000 metros cuadrados . . . consta de un auditorio, biblioteca y centro comunitario."[16]

No me malinterprete. No estoy diciendo que cualquiera de estas megamezquitas específicas necesariamente debe clasificarse como una amenaza. Ni los que asisten a ellas. Sin embargo, el problema del adoctrinamiento Radical en las mezquitas y escuelas islámicas es real y se ha extendido. En 2005, la altamente respetable organización de los derechos humanos conocida como Freedom House se propuso examinar la influencia del islam wahabí apoyado por los sauditas en la vida estadounidense. Sus investigadores analizaron más de doscientos libros y publicaciones

---

*Al islam wahabí frecuentemente se le llama también islam salafi. En árabe salafi significa "ancestro piadoso o justo." Por lo tanto, los salafistas siguen la versión fundamental y Radical del islam que fue enseñado por sus antepasados devotos, como Mohammad Ibn'Abd al-Wahhab.

recogidos en más de una docena de mezquitas y centros islámicos, a lo largo de ciudades estadounidenses como Washington, D.C., Nueva York, Los Ángeles, Oakland, Chicago, Dallas y Houston. Noventa por ciento del material fue publicado originalmente en árabe, aunque algunos libros y tratados analizados estaban en inglés, urdu (el idioma principal de Paquistán), chino o tagalo (el idioma principal de las Filipinas). Todas las publicaciones habían sido impresas por un ministerio del gobierno saudita, distribuidas por la embajada saudita o distribuidas a través de una mezquita o centro islámico apoyado por la familia real saudita.

Los investigadores descubrieron que los materiales, financiados por los sauditas, que se utilizaban en cientos de mezquitas a lo largo de Estados Unidos propagaban "una ideología religiosa que explícitamente promueve el odio, la intolerancia y otras violaciones a los derechos humanos y, en algunos casos, la violencia hacia miembros de otros grupos religiosos, tanto musulmanes como no musulmanes." Además, el estudio concluyó que "los recursos y publicaciones asociados con los sauditas sobre ideología extremista siguen siendo lectura y material educativo comunes en algunas de las principales mezquitas de Estados Unidos."[17]

Observe unos cuantos ejemplos del reporte de los investigadores:

"Los musulmanes que se salen del islam, por supuesto, son apóstatas . . . y, bajo la ley saudita, tienen que ser ejecutados. Una publicación en idioma urdu, publicada por el Ministerio de Asuntos Religiosos Saudita [y que se encontró en una mezquita financiada por los sauditas en Estados Unidos], cita al Jeque Bin Uthaimin que predica esta política: '[Nuestra] doctrina declara que si usted acepta cualquier religión diferente del islam, como el judaísmo o el cristianismo, que no son aceptables, se convierte en incrédulo. Si no se arrepiente, es un apóstata y tiene que ser ejecutado porque ha negado el Corán.'"[18]

"En un libro publicado en Arabia Saudita por Ascension Printing House y que fue distribuido a algunas mezquitas en Estados Unidos, incluso en la mezquita King Fahd de Los Ángeles, California, que fue construida con $8 millones de donaciones directas del rey saudita Fahd y su hijo, el asunto de la actividad misionera cristiana se vincula con la continuación de las Cruzadas. El texto wahabí dice: 'Está equivocado el que piensa que el odio de los Cruzados hacia el islam y los musulmanes se terminó con el fin de las Cruzadas; permanece con nosotros, incluso ahora, aunque de manera distinta a la de antes. Convertir musulmanes en cristianos es una de las facetas más obvias de este movimiento malicioso, que comenzó a extenderse en algunos países musulmanes para finalmente arrancar al islam de su gente.'"[19]

"La educación estatal saudita enseña a los niños, desde una temprana edad, las virtudes del yihad. El programa educativo de las escuelas primaria y secundaria del estado ha estado repleto de ejemplos de adoctrinamiento en el yihad, y muchos de estos mismos escritos están ahora disponibles para una creciente audiencia musulmana en Estados Unidos. Un ejemplo es un libro para estudiantes del tercer año de secundaria, publicado por el Ministerio de Educación Saudita, que fue recogido del Centro Islámico de Oakland en California. El texto, escrito con la aprobación del Ministerio de Educación Saudita, enseña a los estudiantes a que se preparen para el yihad, en el sentido de la guerra en contra de los enemigos del islam, y que se esfuercen por obtener una autosuficiencia militar: 'Para ser musulmanes genuinos, tenemos que prepararnos y estar listos para el yihad, en la manera de Alá. Este es el deber del ciudadano y del gobierno. La educación militar está adherida a la fe y su significado, y al deber de seguirla.'"[20]

"Según el punto de vista wahabí, es el deber religioso del musulmán cultivar la enemistad entre sí mismo y los incrédulos. El odio hacia los incrédulos es la prueba de que el creyente se ha desasociado totalmente de ellos. Una obra que se titula *Loyalty and Dissociation in Islam* (La lealtad y la disociación en el islam), recopilada por la Biblioteca Ibn Taymiya de Riad, y distribuida por el Centro Islámico de Washington, D.C., apoyado por el Rey Fahd, declara enfáticamente: 'Estar desasociado de los infieles es odiarlos por su religión, dejarlos, nunca confiar en su apoyo, no admirarlos, estar atentos en contra de ellos, nunca imitarlos y siempre oponerse a ellos, de cualquier manera, según la ley islámica.'"[21]

¿CUÁNTOS RADICALES HAY EN ESTADOS UNIDOS?

Dicho todo esto, permítanme ser muy claro otra vez: no todos los niños musulmanes que asisten a escuelas musulmanas en Estados Unidos, en Europa o en el Medio Oriente están siendo adoctrinados con la teología yihadista violenta. Al contrario, la gran mayoría de los 1,3 mil millones de musulmanes del mundo son gente pacífica y amigable que no representa ninguna amenaza a las vidas o intereses de la gente de Estados Unidos y Occidente. En efecto, la propia premisa de este libro es que, mientras que los Radicales que creen y predican que "el islam es la respuesta y el yihad es el camino" son increíblemente peligrosos, ellos representan solamente un segmento del mundo musulmán y tienen que ser comprendidos dentro del contexto de otras poderosas tendencias regionales y globales.

La pregunta importante es: ¿Cuántos Radicales hay exactamente, comparados con el número de musulmanes que son pacíficos y que no son amenazantes?

Para comprender la respuesta, primero veamos la situación dentro de Estados Unidos.

En 2007, el Centro de Investigaciones Pew publicó el estudio más grande y más completo de la opinión musulmana estadounidense que se haya hecho, incluyendo casi sesenta mil entrevistas con estadounidenses musulmanes en inglés, árabe, persa y urdu. El estudio, que se titula "Muslims in America: Middle Class and Mostly Mainstream (Musulmanes en Estados Unidos: De la clase media y mayormente convencionales)," descubrió que hay aproximadamente 2,35 millones de musulmanes en Estados Unidos que "en gran parte se han incorporado, están felices con sus vidas y son moderados con respecto a muchos de los asuntos que han dividido a musulmanes y occidentales alrededor del mundo." El estudio también descubrió que "los musulmanes en Estados Unidos rechazan el extremismo islámico por mayor margen de lo que lo rechazan las minorías musulmanas de países de Europa Occidental." Por ejemplo, casi siete de cada diez musulmanes en Estados Unidos (68 por ciento) tenía una opinión "algo desfavorable" o "muy desfavorable" de al Qaeda.[22]

Esto fue una buena noticia, sin duda. Pero en el ambiente actual, debería preguntarse: ¿por qué no fue 100 por ciento? De hecho, fue muy preocupante que al menos 5 por ciento de todos los musulmanes de Estados Unidos admitió a los encuestadores que tenía una opinión favorable de al Qaeda. Esto incluía a 7 por ciento de estadounidenses convertidos al islam y a 9 por ciento de musulmanes afroamericanos. Además, casi tres de cada diez (27 por ciento) dijeron que no sabían, o rechazaron dar respuesta a la pregunta en cuanto a su opinión de al Qaeda. Esto significa que de 2.350.000 musulmanes, hay por lo menos 117.500 musulmanes, dentro de Estados Unidos, a quienes les gusta lo que Osama bin Laden y sus colegas hacen y tienen una opinión favorable de su red terrorista. Si los que rehusaron responder la pregunta estaban ocultando su apoyo a al Qaeda, podría haber otros 600.000 o más musulmanes Radicales o musulmanes que se inclinan por el Radicalismo, o simpatizan con él, dentro del país.

Dicho sea a su favor, los encuestadores de Pew insistieron más, tratando de aclarar el asunto. Preguntaron si los musulmanes de Estados Unidos creían que los bombardeos suicidas en contra de objetivos civiles eran justificables. De nuevo, la buena noticia fue que la mayoría dijo que no, nunca. La mala noticia es que esta mayoría solamente fue un 78 por ciento. Un 9 por ciento abrumador rehusó contestar la pregunta. El resto —como 13 por ciento— indicó que creía que los bombardeos suicidas en contra de civiles inocentes a veces eran justificables (7 por ciento), a menudo (1 por ciento) o rara vez, pero no nunca (5 por ciento). También fue preocupante el hecho de que el estudio descubrió que los musulmanes más jóvenes —los que están entre las edades de dieciocho y veintinueve años— eran más devotos religiosamente y más Radicales. Un total de 7 por ciento de los musulmanes jóvenes tenía opiniones favorables de al Qaeda, y un aterrador 15 por ciento de ellos dijo que creía que los bombardeos suicidas a veces eran justificables.

Ahora, traduzca esos porcentajes a números de gente real, y puede comenzar a ver la magnitud potencial de la amenaza Radical dentro de Estados Unidos.

- 23.500 musulmanes en Estados Unidos creen que los bombardeos suicidas en contra de civiles frecuentemente son justificables.
- 164.500 musulmanes en Estados Unidos creen que los bombardeos suicidas en contra de civiles a veces son justificables.
- 211.500 musulmanes en Estados Unidos rehusaron responder la pregunta.

¿CUÁNTOS RADICALES HAY EN EUROPA?

Estados Unidos no es el único blanco de los Radicales, por supuesto. Gran Bretaña también enfrenta una enorme amenaza.

El 7 de julio de 2005, una serie de bombardeos suicidas arrasó los sistemas de buses y del subterráneo de Londres, durante la hora pico del tráfico de la mañana, y dejó a 52 personas muertas y a unos setecientos heridos. Fue una tragedia horrible, así como una vigorizante llamada de atención para las autoridades británicas, que por demasiado tiempo parecía que ignoraban la magnitud del problema.[23]

La inteligencia británica y los servicios de seguridad nacional inmediatamente lanzaron un enorme esfuerzo de investigación contraterrorista —con el nombre secreto de Project Rich Picture— para determinar exactamente con cuántos Radicales estaban tratando. Los resultados fueron escalofriantes. De los aproximadamente 1,6 millones de musulmanes que hay ahora en el Reino Unido, aproximadamente la mitad de uno por ciento son simpatizantes de al Qaeda. Aunque es posible que eso no parezca un gran número a primera vista, los funcionarios británicos son rápidos para hacer notar que significa que ahora hay hasta ocho mil futuros terroristas y terroristas suicidas en Gran Bretaña.[24]

El MI5 —el equivalente británico al FBI—, que ha visto crecer a su personal de menos de dos mil en 2001 a tres mil quinientos en 2008, "está esforzándose por identificar a los que podrían estar comunicándose con fuentes radicales," dijo una fuente de seguridad británica al *Independent.* "Sólo tiene que observar los antecedentes de los terroristas del 7 de julio en Londres, para ver la velocidad con la que la radicalización puede llevarse a cabo. Algunos de los que se hicieron estallar fueron ubicados, reclutados y radicalizados en el período de un año."[25]

De más preocupación es el hecho de que hasta tres mil Radicales nacidos en Gran Bretaña o que viven en Gran Bretaña ya han sido entrenados en campamentos de capacitación de al Qaeda.[26]

Pero es posible que el M15 en realidad esté minimizando la magnitud de la amenaza. Un reporte confidencial sobre "Young Muslims and Extremism (Musulmanes jóvenes y el extremismo)," producido por el Ministerio del Exterior y de la Mancomunidad y el Ministerio del Interior, que se le presentó al entonces primer ministro Tony Blair en 2004, descubrió que unos diez mil británicos han asistido a conferencias islámicas extremistas y que "comparados con la población como un todo, los musulmanes tienen tres veces más las tasas de desempleo, las tasas de actividad económica más bajas . . . y una concentración más alta en áreas necesitadas."[27]

Los asesores del primer ministro analizaron seis sondeos de la opinión pública británica, que se llevaron a cabo entre noviembre de 2001 y marzo de 2004, para entender mejor las actitudes de los musulmanes británicos hacia una variedad de temas. La buena noticia que descubrió el reporte fue que "la gran mayoría de musulmanes británicos (hasta 85 por ciento) consideraba que los ataques terroristas en los blancos occidentales, incluso los ataques del 11 de septiembre, eran injustificables. La gran mayoría (hasta 87 por ciento) sentía lealtad por Gran Bretaña. Una mayoría sentía patriotismo (67 por ciento) y consideraba incorrecto que los musulmanes británicos pelearan en contra de los aliados en Afganistán (62 por ciento). Un estudio de musulmanes jóvenes de 2001 mostró fuertes sentimientos de ira por los ataques del 11 de septiembre y que la mayoría creía que el islam prohibía o desalentaba ataques como esos."

Pero al igual que en el estudio estadounidense que llevó a cabo el Centro de Investigaciones Pew, también hubo malas noticias en los estudios británicos.

- "Una minoría de musulmanes [británicos] defendía el terrorismo (hasta 13 por ciento) . . . y una minoría no sentía lealtad por Gran Bretaña (hasta 26 por ciento)."
- "Entre 7 y 15 por ciento [de musulmanes británicos] consideraba que los ataques del 11 de septiembre eran justificables."
- "Entre 7 y 13 por ciento consideraba que más ataques terroristas serían justificables."
- "Entre 15 y 24 por ciento consideraba que estaba bien que los musulmanes británicos combatieran junto con el Talibán."

El estudio concluyó que "el número de musulmanes británicos que participan de manera activa en acciones terroristas, ya sea en su país o en el extranjero, o que apoyan esa actividad, es sumamente pequeño y se estima que es menos de uno por ciento."

Menos de uno por ciento es efectivamente una cantidad "sumamente pequeña" en cuanto a porcentajes. Pero hay que observar que los asesores del primer ministro británico indicaron que podría haber más de dieciséis mil posibles terroristas o patrocinadores de terroristas operando dentro del Reino Unido en este preciso momento.

Algunos en el Reino Unido están perdiendo las esperanzas; creen que los Radicales están tomando el control y que es posible que no haya manera de detenerlos. En febrero de 2008, por ejemplo, el Dr. Rowan Williams, Arzobispo de Canterbury, dijo a la BBC que era hora de que los británicos "enfrentaran el hecho" de que la adopción final de la ley sharia en el Reino Unido "parece inevitable."[28]

A otros, entre los que están eruditos e historiadores ampliamente respetados, les preocupa que toda Europa esté en peligro de ser controlada por el islam. En enero de 2007, el reconocido historiador del Medio Oriente Bernard Lewis impactó al mundo occidental al advertir que los musulmanes "parecen estar a punto de tomar el control de Europa." Dijo que la verdadera pregunta es esta: "¿Será una Europa islamizada o un islam europeizado?" En otras palabras, la Europa del futuro ¿será dirigida por los Radicales o por los Reformadores? "Los europeos están perdiendo sus propias lealtades y su confianza en ellos mismos," dijo Lewis. "No tienen respeto hacia su propia cultura." Agregó que los europeos se han "rendido" en cada asunto que tenga que ver con el islam.[29]

Ahora, 16 millones de musulmanes viven en Europa, y el riesgo de más terrorismo impulsado por los Radicales en Europa permanece. Hasta podría estar creciendo.[30] Sondeos que se llevaron a cabo en toda Europa en 2006 y 2007, por ejemplo, indicaron que:

- 15 por ciento de musulmanes del Reino Unido consideró que los bombardeos suicidas en contra de objetivos civiles eran a veces o frecuentemente justificables.
- 16 por ciento de musulmanes de Francia consideró que los bombardeos suicidas en contra de objetivos civiles eran a veces o frecuentemente justificables.
- 16 por ciento de musulmanes de España consideró que los bombardeos suicidas en contra de objetivos civiles eran a veces o frecuentemente justificables.
- 7 por ciento de musulmanes en Alemania consideró que los bombardeos suicidas en contra de objetivos civiles eran a veces o frecuentemente justificables.[31]

Otro estudio descubrió lo siguiente:

- 40 por ciento de musulmanes del Reino Unido consideró que Irán debería tener armas nucleares.
- 29 por ciento de musulmanes de Francia consideró que Irán debería tener armas nucleares.
- 14 por ciento de musulmanes de Alemania consideró que Irán debería tener armas nucleares[32]

MUSULMANES EN ESTADOS UNIDOS

¿Cuidadanos estadounidenses?

NO 23%

SÍ 77%

¿Nacidas fuera de EE. UU.?

NO 35%

SÍ 65%

¿Edad?

más de 40 44%

menos de 40 56%

23% de musulmanes de Estados Unidos es prosélito

- 59% de los prosélitos es afroamericano
- 34% es blanco
- 7% es de otro origen
- 55% de prosélitos llega a ser sunita
- 6% de prosélitos llega a ser chiíta
- 49% se convirtió antes de los veintiún años de edad
- 34% está entre las edades de veintiuno y treinta y cinco años
- Solamente 17% de prosélitos tiene treinta y seis años o más

De todos los musulmanes de Estados Unidos que nacieron en el extranjero:

- 24% es de países árabes
- 8% es de Irán
- 8% es de Paquistán
- 4% es de India
- 3% es de Bangladesh
- El resto es de varios otros países

¿CUÁNTOS RADICALES HAY EN TODO EL MUNDO?

En 2007, los autores John Esposito y Dalia Mogahed publicaron un libro titulado *Who Speaks for Islam? What a Billion Muslims Really Think* (¿Quién habla por el islam? Lo que realmente piensan mil millones de musulmanes). Esposito es profesor de estudios islámicos en la Universidad de Georgetown y director fundador del Centro Prince Alwaleed Bin Talal para el Entendimiento Cristiano-Musulmán de la universidad.

¿Por qué vinieron?

26% de musulmanes que ha nacido en el extranjero dice que llegó a Estados Unidos por oportunidades educativas

24% por oportunidades económicas

24% por razones familiares

20% por conflicto o persecución

¿Qué clase de musulmanes son?

50% de musulmanes de Estados Unidos es sunita

16% dice ser chiíta

22% dice que no tiene ninguna afiliación

El resto es una combinación de otras tradiciones o no quiso decirlo

53% dice que se ha vuelto más difícil ser musulmán en Estados Unidos desde el 11 de septiembre

25% dice que ha sido discriminado personalmente en Estados Unidos

73% dice que no ha sufrido discriminación en Estados Unidos

¿Qué tan devotos son?

41% ora cinco veces al día

40% asiste a la mezquita una vez a la semana o más

26% va menos de una vez a la semana

34% nunca va

77% de musulmanes iraníes nunca va a la mezquita —solamente 7% va una vez a la semana

57% de musulmanes paquistaníes va a la mezquita más de una vez a la semana —14% nunca va

¿Qué tan políticos son?

63% es demócrata o se inclina por los Demócratas (71% votó por Kerry en 2004)

11% es republicano o se inclina por los Republicanos (solamente 14% votó por Bush en 2004)

26% es independiente

43% cree que las mezquitas deberían expresar opiniones políticas, mientras que

49% dice que deberían permanecer fuera de los asuntos políticos

[Fuente: Andrew Kohut, "Muslims in America: Middle Class and Mostly Mainstream," Centro de Investigaciones Pew, 22 de mayo de 2007]

Mogahed, musulmana devota, es directora ejecutiva del Centro Gallup para Estudios Musulmanes.

Como lo declararon en su introducción: "Este libro es el producto de un gigantesco y multianual estudio de investigación de Gallup. Entre 2001 y 2007, Gallup dirigió decenas de miles de entrevistas en persona, de una hora de duración, con residentes de más de 35 países que son predominantemente musulmanes o que tienen poblaciones musulmanas sustanciales. . . . En total, investigamos una muestra que representaba a más de 90 por ciento de los 1,3 mil millones de musulmanes, lo cual hizo que este sea el estudio más completo que se haya hecho sobre los musulmanes contemporáneos."[33]

Lo que estos dos eruditos descubrieron fue fascinante . . . y preocupante.

Primero, las buenas noticias. Después de hacer veintenas de preguntas distintas para probar las actitudes e intenciones, la encuesta Gallup reveló que más de 93 por ciento de los musulmanes de todo el mundo encaja en la definición de Esposito y Mogahed de "moderados" —es decir, pacíficos, no violentos y tradicionalmente religiosos, pero que no es probable que representen una amenaza para los intereses de seguridad de Occidente. En Egipto, por ejemplo, 94 por ciento de musulmanes dijo que le gustaría tener una constitución que garantizara "permitir a todos los ciudadanos expresar sus opiniones acerca de los asuntos políticos, sociales y económicos actuales." En Irán, 93 por ciento dijo que quería esa libertad personal y política, como lo hizo 90 por ciento de musulmanes de Indonesia, el país islámico más grande del mundo. En Turquía, 93 por ciento de musulmanes cree que las mujeres deberían tener el derecho a votar, así como lo cree 89 por ciento de musulmanes de Irán y 90 por ciento de Bangladesh. Nueve de diez musulmanes de Indonesia, Bangladesh, Turquía y el Líbano creen que las mujeres deberían tener los mismos derechos legales de los hombres.[34] Efectivamente, todas estas son buenas noticias.

Ahora, las malas noticias. Aunque la mayoría abrumadora de musulmanes del mundo es moderada, cerca de 7 por ciento podría clasificarse como Radical. Es decir que apoya el terrorismo antiestadounidense y antioccidental, cree que es totalmente justificable y, de esta manera, simpatiza con los extremistas islámicos violentos y es un colaborador potencial. Es de este grupo que los actuales yihadistas Radicales están reclutando a los futuros yihadistas, y de esta manera representan una seria amenaza para los intereses de seguridad de Occidente.

"Según el sondeo de Gallup, 7 por ciento de los encuestados [musulmanes] cree que los ataques del 11 de septiembre fueron 'completamente' justificables y ve a Estados Unidos de manera desfavorable," concluyeron Esposito y Mogahed. "Al enfocarnos en el 7 por ciento, a los que llamamos 'los políticamente radicalizados,' no estamos diciendo que todos en este grupo cometen actos de violencia. Sin embargo, los que tienen opiniones extremistas son una fuente potencial de reclutamiento o apoyo para los grupos terroristas. . . . También es más probable que consideren otros ataques a civiles como justificables."[35]

A primera vista, 7 por ciento puede parecer como un número relativamente pequeño. Pero las implicaciones de esos resultados son asombrosas. Siete por ciento de 1,3 mil millones de musulmanes es igual a 91 millones de personas. Es posible que la gente se consuele al saber que la enorme mayoría de los musulmanes del mundo son gente pacífica. Pero ¿qué tan consolador es saber que 91 millones de musulmanes están "políticamente radicalizados"? Después de todo, si estos 91 millones de personas fueran a formar su propio país —digamos, la República Islámica de Radicalistán— representarían el duodécimo país más grande del planeta, y tendría dos veces la población de España, casi tres veces la población de Canadá, casi diez veces la población de Suecia y más de doce veces la población de Israel.*

Estudios extensos también descubrieron que los Radicales no necesariamente son más religiosos que los musulmanes moderados; ni necesariamente asisten a la mezquita más frecuentemente, ni leen el Corán más frecuentemente. Simplemente son religiosos *de modo distinto*. Es decir, son totalmente devotos a una interpretación radicalizada del Corán,

---

*Otras investigaciones sugieren que la cifra de 7 por ciento de Radicales realmente puede ser demasiado baja. Según un sondeo del Centro de Investigaciones Pew efectuado en 2007, 28 por ciento de los musulmanes egipcios dice que cree que los bombardeos suicidas en contra de objetivos civiles, a veces o frecuentemente, son justificables; 17 por ciento de los musulmanes turcos concuerda, junto con 10 por ciento de los musulmanes indoneses, 14 por ciento de los musulmanes paquistaníes, 29 por ciento de los musulmanes jordanos y 46 por ciento de los musulmanes nigerianos. Ver Andrew Kohut, "Muslims in America: Middle Class and Mostly Mainstream," Centro de Investigaciones Pew, 22 de mayo de 2007, http://pewresearch.org/assets/pdf/muslim-americans.pdf, accedido el 24 de junio de 2008.

como las teologías impartidas por el Ayatolá Jomeini, Sayyid Qutb y Osama bin Laden.

Además, estos Radicales no tienden a ser gente pobre, inculta y poco sofisticada que vive en una casucha en algún lado, aunque efectivamente hay Radicales de procedencia pobre. Según los datos del sondeo Gallup, el perfil actual típico de un Radical ahora es realmente muy parecido al de Ahmed Omar Abu Ali: joven, varón, inteligente, con educación universitaria, financieramente acomodado, con conocimiento de tecnología, altamente móvil, profundamente determinado y, por ende, increíblemente peligroso. Según el estudio:

- 49 por ciento de Radicales políticos está entre las edades de dieciocho y veintinueve años.
- 62 por ciento son hombres, mientras que 37 por ciento son mujeres.
- 67 por ciento tiene educación secundaria o superior.
- 65 por ciento dice que tiene un ingreso promedio o superior al promedio.[36]

CAPÍTULO ONCE

REVOLUCIÓN 2.0

El surgimiento del Ayatolá Jamenei y de Mahmoud Ahmadinejad

EL SECRETO DEL ÉXITO ESTÁ en los sucesores.

La Revolución Islámica pudo haberse detenido de un frenazo el 3 de junio de 1989, cuando el Ayatolá Jomeini murió de cáncer, apenas antes de cumplir ochenta y siete años. Pero Jomeini nunca se vio a sí mismo como un hombre orquesta. Había dedicado su vida a construir un movimiento de discípulos que adoptaran su visión Radical, que la exportaran alrededor del mundo y que la continuaran mucho después de su muerte. Al hacerlo, cuidadosamente había producido un círculo íntimo de protegidos confiables, leales e ideológicamente puros a quienes sentía que podía confiarles el liderazgo del movimiento.

Cuando uno de estos protegidos, el ayatolá Hussein Ali Montazeri —uno de los amigos más cercanos de Jomeini y su heredero designado— lo traicionó al atreverse a discrepar en público con el historial de los derechos humanos del régimen, Jomeini buscó otro discípulo y le dio las llaves del reino, por así decirlo, al ayatolá Alí Jamenei.

Jamenei nació en 1939 en el pueblo de Mashhad, en una familia pobre pero religiosamente devota, descendientes de Mahoma. En 1958, a la edad de diecinueve años, entró al seminario de Qom, donde conoció a su mentor mientras asistía a sus clases de misticismo y jurisprudencia islámicos. A Jomeini le agradó inmediatamente el joven Alí, brillante y

elocuente, y lo tomó bajo su protección, no sólo para enseñarle las com-
plejidades de la ley sharia, sino también para inculcarle el odio hacia el
sha y la pasión por emprender el yihad para purificar la sociedad iraní y,
algún día, establecer un estado islámico.

Alí era un seguidor dispuesto y devoto. Tradujo los libros del Radical
egipcio Sayyid Qutb al persa. Escribió algunos libros propios. También
llegó a estar tan sumergido en actividades políticas clandestinas y subver-
sivas que en 1979 ya había sido arrestado, encarcelado y torturado por la
policía secreta del sha por lo menos media docena de veces. A través de
todo eso, Alí Jamenei surgió como uno de los más confiables delegados
de Jomeini en Irán, durante el exilio del ayatolá en Turquía e Irak.

Cuando Jomeini finalmente volvió a su país y ascendió al poder,
nombró a Alí, que apenas tenía cuarenta años en esa época, miembro
de su Consejo Revolucionario; luego lo ascendió rápidamente. Jomeini
frecuentemente le daba el honor de pronunciar los sermones y las oraciones del viernes para las grandes masas de Teherán. Para 1980, Jomeini
lo había nombrado ministro de defensa, precisamente cuando estallaba
la guerra Irán-Irak. Para octubre de 1981, Alí Jamenei había sido electo
presidente de Irán, donde trabajó hasta la muerte de su mentor y su sor-
presiva promoción como Líder Supremo de la nación, después de haber
sobrevivido por poco a varios atentados de asesinato.

LA CONFRONTACIÓN CON ESTADOS UNIDOS ES "INEVITABLE"

Una de las características más notables del ayatolá Alí Jamenei es jus-
tamente las pocas características notablemente únicas que realmente
tiene.

Pocos han cuestionado su devoción religiosa, pero nadie en Irán —y
mucho menos sus compañeros clérigos— lo ve como un teólogo que
redefine las reglas del juego, como lo fue su mentor. Nadie cuestiona
su inteligencia, pero tampoco nadie lo ve como un estratega político
brillante, como lo fue su mentor. Ha sido descrito ampliamente como
un orador impresionante —ese fue un rasgo que Jomeini captó al principio— pero como Líder Supremo de Irán, mayormente ha evitado que se
le perciba como la cara o la voz pública de la Revolución, y en lugar de
eso ha preferido actuar como el titiritero, entre bastidores, de cualquiera
que sea el presidente de la nación en cualquier momento dado.

De muchas maneras, parece que sufre de un complejo de inferioridad, como si supiera que no está a la altura de la monumental tarea dirigiendo la Revolución que tiene por delante, y teme que todos los que lo rodean también lo sepan. En efecto, señaló esa falta de confianza en sí mismo durante su discurso de inauguración como Líder Supremo. "Soy," dijo, "una persona con muchos defectos y faltas, y verdaderamente un seminarista menor. Sin embargo, se ha colocado una responsabilidad sobre mis hombros y utilizaré mis habilidades y toda mi fe en el Todopoderoso para poder sobrellevar esta pesada responsabilidad."[1]

Entonces, en su nueva función —que creo que nunca pensó que la obtendría (o quizás que no duraría por mucho tiempo) y para la cual no creo que se sintiera preparado— Jamenei dejó en claro que se adheriría al mensaje de su mentor: antiestadounidense, antisionista y completamente comprometido a exportar la Revolución y a enfrentarse con Occidente, a cualquier costo. Observe una pequeña muestra de las citas más preocupantes de Alí Jamenei:

"El fin de Estados Unidos comenzará en Irak. Como lo dijo el Imán: 'Algún día también Estados Unidos será historia.'"[2]

"El sabor amargo y venenoso de la democracia liberal occidental, que Estados Unidos hipócritamente ha estado tratando de representar, a través de su propaganda, como un remedio sanador, ha herido al cuerpo y alma de la Umma [comunidad] islámica y ha quemado los corazones de los musulmanes."[3]

"Es natural que nuestro sistema islámico sea visto como un enemigo y rival intolerable por una potencia tan opresiva como Estados Unidos, que está tratando de establecer una dictadura global y avanzar sus propios intereses, al dominar otras naciones y pisotear sus derechos. También está claro que el *conflicto y la confrontación entre los dos es algo natural e inevitable*" (énfasis añadido).[4]

"Vendrá el día en que el actual presidente de Estados Unidos [George W. Bush] . . . sea juzgado en una corte suprema internacional por las catástrofes que ocasionaron en Irak. Los estadounidenses tendrán que responder por qué no terminan la ocupación de Irak y por qué las olas de terrorismo e insurgencia han agobiado al país. No siempre será así, y algún día se les pondrá fin, así como le ocurrió a Hitler."[5]

"Ahora, más que nunca, los pueblos musulmanes están disgustados y furiosos con los estadounidenses. . . . El régimen estadounidense puede esperar una bofetada arrolladora y un puñetazo devastador de la nación musulmana, por su apoyo a los crímenes y criminales sionistas. . . . El carácter y la conducta agresiva de Estados Unidos e Israel reviven el espíritu de la resistencia en el mundo islámico, [ahora] más que nunca, y hace que el valor del yihad sea más claro que nunca."[6]

"No hay manera de confrontar las olas bárbaras sionistas y la agresión del Gran Satanás excepto con el martirio."[7]

"El pueblo iraní ha estado derrotando a Estados Unidos durante los últimos veinticinco años. El mundo del islam ha sido movilizado en contra de Estados Unidos durante los últimos veinticinco años. La gente grita: '¡Muerte a Estados Unidos!'"[8]

"Hay un gran parecido entre el comportamiento de los estadounidenses actuales y el comportamiento de los nazis. . . . Los estadounidenses ahora están infectados con el orgullo satánico y el egoísmo arrogante."[9]

"Es la misión de la República Islámica de Irán borrar a Israel del mapa de la región."[10]

"En cuanto a la energía atómica, la necesitamos ahora. Nuestra nación siempre ha sido amenazada desde afuera. Lo menos que podemos hacer para enfrentar este peligro es decir a nuestros enemigos que podemos defendernos. Por lo tanto, cada paso que ustedes [miembros de la comunidad científica nuclear de Irán] den aquí es en defensa de su país y de su evolución. Con esto en mente, deberían trabajar duro y a gran velocidad."[11]

"Una ola de avivamiento islámico se ha extendido en el mundo islámico, y las naciones musulmanas están expresando un fuerte deseo de volver al islam y de practicar esta excelsa religión. Este despertar ha surgido de la gran revolución islámica del pueblo iraní, bajo el liderazgo de nuestro difunto y magnánimo Imán. . . . ¡Los enemigos nos dijeron que no exportáramos nuestra revolución islámica! . . . Sin embargo, nuestra revolución islámica [es] como la esencia de las flores de primavera, que es transportada por la brisa [y ha] llegado a cada esquina del mundo islámico."[12]

Vale la pena observar que mientras que Jamenei ha hablado enérgicamente (y ha seguido financiando a los grupos terroristas alrededor del Medio Oriente), ha hecho poco para influenciar en forma real y práctica. Ciertamente no permitió ninguna reforma seria y duradera en su país, ni lanzó ninguna guerra nueva en el extranjero. Más bien, pasó la mayor parte de sus primeros quince años como Líder Supremo construyendo la base política doméstica de la que penosamente carecía cuando llegó al poder, y construyó alianzas crucialmente nuevas —notablemente con potencias nucleares como Rusia, China y Corea del Norte— que pensaba ayudarían finalmente a Irán a lograr sus objetivos nacionales.

Y después, en 2005, eligió a un protegido prácticamente desconocido, para instalarlo como presidente y para que transmitiera su mensaje de cambio radical a la nación . . . y al mundo.

"EL PEQUEÑO BARRENDERO"
Nadie vio venir a Mahmoud Ahmadinejad.

Cuando anunció su candidatura para presidente en abril de 2005, el Radical de 1.62 metros de altura casi no recibió cobertura de los medios de comunicación. Tampoco obtuvo el respaldo de ningún periódico. Ningún partido político lo apoyaba. Tenía pocas credenciales políticas y casi nada de experiencia.

Nació en una familia pobre, pero religiosamente devota, el 28 de octubre de 1956 en Aradan, un pueblo pequeño en el centro de Irán; no tenía riqueza personal ni conexiones familiares que lo apoyaran. Ahmadinejad era hijo de un tendero y apenas tenía veintidós años cuando se desarrolló la Revolución. No había estado cerca del Ayatolá Jomeini. No había estudiado ciencias políticas, política pública, historia, ni siquiera teología islámica en la universidad. En lugar de eso, tenía un doctorado en manejo de tráfico y había sido profesor por unos cuantos años, después del tiempo que estuvo en el ejército. No se había casado con alguien de familia política; su esposa también era profesora.

Ahmadinejad no fue dirigente de ninguna asociación sindical ni de otra organización nacional. Había llegado al vigésimo tercer lugar en su campaña de 1999 por un escaño en el Ayuntamiento de la Ciudad de Teherán. Escasamente había sido electo alcalde de Teherán en 2003, cuando apenas 12 por ciento de los votantes aptos habían llegado a votar a las urnas. Entonces intentó ganarse el cariño de los pobres de la ciudad al vestirse ocasionalmente con un traje naranja y ayudar a los limpiadores municipales de la ciudad a recoger basura en uno que otro vecindario.[13]

Después de que el gobierno negó a más de mil candidatos el derecho de presentar su candidatura para presidente, una encuesta prematura puso a Ahmadinejad en el penúltimo lugar en una competencia entre los ocho candidatos restantes, con un insignificante 2,8 por ciento de apoyo.[14]

El favorito de la carrera era Akbar Hashemi Rafsanjani, uno de los clérigos y políticos más respetados del país, el hombre que había reemplazado al Ayatolá Jamenei como presidente en 1989 y había servido hasta 1997. El presidente del Ayuntamiento de la Ciudad de Teherán —un aliado político cercano del alcalde— dijo a los reporteros: "Hay una presión generalizada para que Ahmadinejad se retire. Todos quieren que deje la contienda, pero él mismo no está preparado para irse."[15] Ahmadinejad después bromeó: "Me decían: 'Nadie te conoce, no ganarás votos.' Yo les decía: 'Si nadie me conoce, entonces no se preocupen —si pierdo, nadie se dará cuenta.'"[16]

Sin embargo, dos meses después, todos se fijaron en Mahmoud Ahmadinejad. El 17 de junio de 2005, la clase política iraní fue tomada desprevenida cuando Ahmadinejad ganó 19,5 por ciento de los votos, mientras que Rafsanjani, con 21 por ciento, no logró asegurar una victoria. La BBC reportó que los miembros de la campaña de Ahmadinejad estaban tan impactados por los resultados que "ni siquiera habían preparado un podio para que él hablara como respuesta a los resultados."[17]

Entonces, una semana después —el 24 de junio— todo el mundo se sorprendió cuando Ahmadinejad no sólo le ganó a Rafsanjani en la segunda vuelta, sino que lo hizo con una avalancha, con una victoria de 62 por ciento contra 36 por ciento, y el gobierno afirmó que alrededor de seis de cada diez votantes aptos, unos 28 millones de iraníes, efectivamente habían votado.

AHMADINEJAD SORPRENDE AL MUNDO
—*Noticias árabes, 26 de junio de 2005*

LA SORPRESA IRANÍ
—*Al-Ahram, 7 de julio de 2005*

ESTADOS UNIDOS SOPESA EL RESULTADO IMPACTANTE DE LAS ELECCIONES PRESIDENCIALES DE IRÁN
—*Agence France-Presse, 25 de junio de 2005*

La Agence France-Presse correctamente describió las elecciones como un "terremoto político," cuyos temblores se sentían en todo el mundo.[18]

"Hoy es el inicio de una nueva era política," declaró Ahmadinejad al enterarse de su victoria arrasadora. "Estoy orgulloso de ser el pequeño sirviente y barrendero de la nación iraní."[19]

En apenas dos meses, el alcalde militante había pasado de prácticamente nada de cobertura periodística a una saturación global, e inmediatamente utilizó su nueva plataforma de los medios de comunicación, jurando acelerar el programa nuclear de Irán y provocar confrontaciones directas con Estados Unidos e Israel. Y ese fue sólo el comienzo.

¿ELEGIDO POR ALÁ O POR EL AYATOLÁ?
Rafsanjani inmediatamente protestó.

"Todos los medios del régimen se utilizaron de una manera organizada e ilegal para intervenir en las elecciones," insistió el ex presidente.[20]

Los seguidores de Rafsanjani alegaron —con no poca cantidad de evidencia— que el Ayatolá Jamenei había elegido cuidadosamente a Ahmadinejad y que lo había apoyado con su enorme peso político. Jamenei, después de todo, controlaba a los millones de miembros y ex miembros del Cuerpo de la Guardia Revolucionaria, una rama élite del

Ejército Iraní. También controlaba a cientos de miles de miembros y ex miembros del Basij, una enorme red iraní de agentes paramilitares que ayuda a las fuerzas policiales uniformadas y secretas a mantener el orden y funciona como una fuerza de reserva en época de guerra o de crisis interna. Si Jamenei decidió indicar a estas y otras redes no sólo a que voten por alguien, sino también a que reúnan millones de votos adicionales, sin duda tenía el poder para hacerlo, y abundaron las acusaciones de que los de la Guardia Revolucionaria habían rellenado las urnas, y que había habido muchas otras formas de fraude electoral, a lo largo de ese verano.[21]

Sin embargo, Ahmadinejad rehusó admitir que había sido elegido por el ayatolá. Más bien, creía que había sido elegido por Alá.

Por ejemplo, en un discurso del 14 de octubre de 2006 para la Unión de Ingenieros Islámicos, Ahmadinejad afirmó una conexión divina con Alá y sugirió que había sido elegido para una misión única: lanzar la segunda y última vuelta de la Revolución Islámica, para hacer de Irán una potencia nuclear y para introducir el reinado del Duodécimo Imán. Afirmó estar directa y personalmente inspirado por Alá y sugirió que sólo el favor de Alá en su vida podría explicar su ascenso meteórico al poder y su habilidad de impedir constantemente los objetivos de la política exterior de Estados Unidos y de otras potencias occidentales con respecto al Medio Oriente.

"Les dije que la segunda ola de la Revolución ya comenzó con mi elección a la presidencia, y es mayor y más terrible que la primera," dijo Ahmadinejad a la concurrencia. "En cuanto al asunto nuclear, he dicho a mis amigos, en muchas ocasiones: 'No se preocupen. Ellos [Occidente] sólo están haciendo ruido.' Pero mis amigos no [me] creen y dicen: '¡Estás conectado a algún lugar!' Yo siempre digo: 'Ahora Occidente está desarmado frente a Irán [en el asunto nuclear], y no sabe cómo terminar con este asunto.' Pero mis amigos dicen: '¡Estás pronunciando palabras divinas!' . . . Alguien me dijo: 'Alguien dice que usted tiene una conexión.' Yo dije: 'Sí, la tengo.' Me preguntó: '¿En realidad tiene una conexión? ¿Con quién?' Yo respondí: 'Tengo una conexión con Dios.'"[22]

Ahmadinejad entonces hizo un contraste de su inspiración directa de Alá con su afirmación de que el presidente Bush era inspirado directamente por el diablo y, por lo tanto, estaba condenado a la derrota. "El presidente de Estados Unidos es como nosotros. Es decir, también está inspirado. . . . Pero [su] inspiración es de una clase satánica. Satanás le da inspiración al presidente de Estados Unidos."[23]

Cuatro años después de la elección de Ahmadinejad como el sexto presidente de Irán, la evidencia es bastante clara de que el Ayatolá Jamenei lo eligió, lo bendijo y le dio una libertad enorme para hacer pronunciamientos apocalípticos y llevar a Irán al borde de la guerra. La verdadera pregunta es: ¿por qué? ¿Quién es Mahmoud Ahmadinejad? ¿Qué cree? ¿Hacia dónde cree que se dirigen Irán y el mundo?

Las respuestas que encontré a estas preguntas fueron sorprendentes, en parte porque aunque Ahmadinejad habla muy bien del fundador de la Revolución Iraní, tiene una teología claramente distinta, que ha cambiado dramáticamente el curso de Irán, quizás para siempre.

UN SEGUIDOR DEL MAHDI

Mahmoud es el cuarto de siete hijos —tres varones y cuatro mujeres— pero *Ahmadinejad* no es su verdadero apellido. El nombre de su padre era Ahmad Sabaghian. El apellido Sabaghian* significa "maestro del tinte," lo cual sugiere que la familia, en alguna época, se dedicaba a teñir lana para las alfombras persas. Pero según un familiar, cuando Ahmad trasladó a su familia a Teherán, y Mahmoud tenía un año, decidió cambiar el apellido de la familia, quizás para que no sonara como el de campesinos rurales y fuera más intensamente religioso. *Ahmadinejad*, el nombre que eligió, es una combinación de dos palabras persas, *Ahmad* y *Nejad*. Juntas, las palabras significan "de la raza Ahmadi" o "de la raza del justo," o más ampliamente, "de la raza del Profeta Mahoma," una referencia al hecho de que uno de los nombres de Mahoma era Ahmad, que significa "el justo."[24]

Originalmente, Ahmad era maestro del Corán, pero enseñando no podía ganar suficiente dinero para sostener a su familia. Se hizo cargo de una tienda que fracasó. Durante años atendió una barbería en Aradan, un pueblo de alrededor de diez mil personas. Después volvió a ser tendero en Narmak, una comunidad en las afueras de Teherán; más tarde fue herrero y obrero metalúrgico en la década de 1950, cuando surgió el apogeo de la construcción en la capital. Su esposa era descendiente de Mahoma y toda

---

*Algunos biógrafos lo deletrean "Saborjhian."

su vida usó un vestido largo negro y una envoltura en la cabeza, conocida como un chador, que escondía todo menos sus ojos.

Quizás Mahmoud Ahmadinejad no tenía dinero ni una familia con buenos contactos, pero tenía un intelecto poderoso y convicciones religiosas profundas, y las dos cosas lo han ayudado a avanzar significativamente. Después de la escuela secundaria, ocupó el 132º lugar entre unos ciento cincuenta mil a doscientos mil estudiantes que compitieron por apenas diez mil lugares disponibles en las universidades iraníes. Finalmente, decidió asistir a la Universidad de Ciencia y Tecnología de Narmak. Cuando tenía veintidós años estalló la Revolución, y él y sus hermanos se involucraron profundamente en actividades políticas a favor de Jomeini en el campus. Ahmadinejad ayudó a fundar la Unión de Estudiantes Islámicos y trabajó para una publicación religiosa de estudiantes políticamente activos que se llamaba *Jeegh va Daad*, que en persa quiere decir "Clama y grita."

Durante este mismo período, parece que Ahmadinejad también estuvo involucrado en una sociedad islámica oscura conocida como el Hojatieh, cuyos líderes enseñaban que el Duodécimo Imán vendría pronto y cuyos miembros creían que se les requería que tomaran acciones espirituales (no políticas) para acelerar su llegada.[25]

Incluso en el ambiente intensamente religioso que Jomeini estaba creando en esa época, muchos creían que el Hojatieh era una secta religiosa. Peor aún, desde la perspectiva de Jomeini, el movimiento desanimaba a la gente a que se dedicara totalmente a crear un estado islámico, y en lugar de eso prefería esperar que llegara del cielo. Por lo tanto, en 1983 Jomeini efectivamente prohibió el Hojatieh, y parece que Ahmadinejad escondió su simpatía con el grupo, para proteger sus oportunidades de avanzar en su carrera.

En 1980, Ahmadinejad se casó con una estudiante de ingeniería mecánica, devotamente religiosa, que conoció en la universidad, y la pareja tuvo tres hijos, una niña y dos varones, el último de los cuales nació en 1987. Pero durante la primera mitad de la década de 1980, por lo menos, Ahmadinejad no estuvo en casa mucho tiempo. Millones de hombres iraníes eran enviados al frente, a pelear la guerra que Saddam Hussein había iniciado en 1980. Jomeini también enviaba cientos de miles de niños pequeños al frente, para que caminaran en los campos minados y se hicieran volar en pedazos. Esto los convertía en "mártires" de la causa del yihad y, de esta manera, despejaba el camino para que los soldados entrenados siguieran y avanzaran en contra de los iraquíes.

Ahmadinejad no tuvo más opción que pelear en la guerra, y quizás creía que al hacerlo estaba preparando el camino para la revelación del Imán Escondido, pero su función exacta en la guerra es tenebrosa. Su biografía oficial declara que "durante la guerra que se le impuso a Irán, el Dr. Ahmadinejad estuvo presente activamente como miembro de las fuerzas voluntarias (Basij), en distintas partes y divisiones de los frentes de batalla, particularmente en la división de la ingeniería de guerra, hasta el final de la guerra."[26] Es posible que sea cierto en parte, pero las fuentes de inteligencia occidental, junto con numerosos relatos académicos y de los medios de comunicación, dicen que Ahmadinejad finalmente llegó a ser un comandante superior en la Fuerza de Qods [Jerusalén], una unidad del Cuerpo de Guardia Revolucionaria conocido por los asesinatos y los ataques terroristas en todo Irán, el Medio Oriente y en Europa.[27]

Cuando Ahmadinejad completó su servicio militar, comenzó a trabajar en varios puestos del gobierno provincial en todo Irán, y finalmente llegó a ser amigo cercano y discípulo de un envejecido pero muy influyente teólogo chiíta ultrarradical con el nombre de ayatolá Muhammad Taghi Mesbah-Yazdi.

Mesbah-Yazdi, que nació en 1934, ha llegado a ser probablemente la voz clerical principal que proclama la llegada del Mahdi y la urgencia de preparar el camino para su llegada y aparición en la tierra. Apodado "Profesor Cocodrilo" por "una caricatura notoria que lo representaba limpiándose lágrimas falsas por el encarcelamiento de un periodista reformista," se opone ferozmente a la democracia y a la libre expresión, odia a Estados Unidos y a Israel, apoya el uso de bombardeos suicidas en contra de civiles inocentes para avanzar el programa islámico y apoya el asesinato de los críticos del islam como Salman Rushdie.[28]

"Los profetas de Dios no creían en el pluralismo," dijo Mesbah-Yazdi una vez, al expresar su odio por el gobierno representativo y los Reformadores. "Creían que solamente una idea era la correcta. Lo que ahora se llama 'Reforma' en realidad es corrupción. Lo que se promueve en nombre de las Reformas y el sendero de los profetas está, de hecho, en conflicto total con los objetivos de los profetas."[29] Como feroz defensor del yihad violento como la manera para preparar el camino para la llegada del Mahdi, Mesbah-Yazdi ha sostenido que "tenemos que limpiar la vergonzosa mancha con la que algunas personas imaginan que la violencia no tiene lugar en el islam. Hemos decidido y estamos determinados a sostener y demostrar que la violencia está en el corazón del islam."[30]

Sólo para darle una idea de lo peligroso que es este tipo, uno de los discípulos de Mesbah-Yazdi, Mohsen Gharavian —maestro de teología chiíta en Qom— una vez emitió una fetua que declaraba "por primera vez que el uso de armas nucleares quizá no constituya un problema, según la Sharia." Después afirmó que "cuando todo el mundo esté equipado con armas nucleares, se podrá utilizar estas armas como una contramedida."[31]

¿Se distanció Ahmadinejad de su mentor antes o después de emitirse la fetua, o basado en cualquiera de las otras posiciones que el profesor ha tomado? Al contrario, Ahmadinejad ha dicho públicamente: "Considero al ayatolá Mesbah-Yazdi como uno de los líderes más grandes del islam y del chiísmo. . . . Sinceramente lo respeto como uno de los principales eruditos del islam."[32]

No fue sorprendente, cuando fue elegido alcalde de Teherán en 2003, que Ahmadinejad llevara a la oficina su doble pasión por el Mahdi y por el martirio. "Ahora, el gran deber y misión profética de nuestra nación es prepararse para la formación del gobierno universal del Mahdi," insistió.[33] Hizo un llamado a la gente de Teherán a que se prepararan para cumplir su "misión histórica y profética," de establecer un "gobierno islámico global."[34] Obligó a los hombres y a las mujeres a que tomaran ascensores separados en Teherán, creó parques separados para hombres y para mujeres, exigió que quitaran las vallas de publicidad del ídolo futbolista británico, David Beckham, criticó contundentemente las películas y la música occidental, aprobó un decreto que exoneraba a las mezquitas y organizaciones religiosas de pagar impuestos y aranceles, visitaba frecuentemente las mezquitas Radicales y estimulaba el celo religioso, ganándose finalmente el apodo de "el Talibán iraní."[35]

En un discurso para activistas religiosos dijo: "Esta es la época de una guerra cultural. Tenemos que dirigir las mentes de nuestra juventud hacia los principios, métodos y valores básicos de la Revolución."[36] En otro discurso declaró: "Cualquier sociedad que tenga el espíritu de martirio seguirá siendo invencible. . . . Si queremos resolver los problemas sociales actuales, tenemos que volver a la cultura de los mártires."[37] Hasta ordenó que una gran valla publicitaria que representaba a una terrorista palestina, que en una mano tenía a un niño y en la otra una ametralladora, se erigiera en una de las calles comerciales de Teherán. La leyenda decía: "Amo a mis hijos, pero amo más el martirio."[38]

En el camino, captó la imaginación del Ayatolá Jamenei, quien determinó que Ahmadinejad era precisamente el hombre que llevaría la Revolución al siguiente nivel.

CAMPAÑA A FAVOR DEL MAHDI

Desde el principio de su campaña presidencial, Ahmadinejad comenzaba sus discursos orando por el resurgimiento del Duodécimo Imán, hacía un llamado a la vigorización de la Revolución islámica e insistía que Irán debería oponerse a las potencias occidentales de "arrogancia global" y estar a la cabeza de establecer un gobierno único para el mundo, bajo la ley sharia.

Ahmadinejad insistía en que la Revolución de Jomeini no pretendía haber resuelto todos los problemas sociales y económicos de Irán. Sostenía que solamente el Mahdi podía resolver los problemas de la humanidad. Claro que había pobreza. Claro que había desempleo. Claro que había escándalos políticos, crimen, prostitución y contaminación cultural de Occidente que corrompía a sus jóvenes. Claro que los estadounidenses y sionistas estaban gobernando al mundo y esclavizando a los pueblos oprimidos del mundo, particularmente a los musulmanes. Estos no eran fracasos del Ayatolá Jomeini —o, más importante aún, del Ayatolá Jamenei— sino eran más bien una evidencia de los últimos días. Ahora no era tiempo de ser débiles, decía. Era hora de completar la Revolución. No era tiempo de negociar con Occidente, como lo sugería Rafsanjani. Era tiempo de enfrentarlos. La historia estaba del lado de Irán, prometía. Los estadounidenses y los israelíes serían juzgados a su debido tiempo, así como todos los demás apóstatas e infieles. Por lo tanto, era tiempo de preparar el camino para que el Mahdi viniera y corrijiera todo. Pero ¿quién haría eso? preguntaba. ¿Un casi apóstata como Rafsanjani, o un creyente genuino como él?

Más aún, Ahmadinejad jugaba la carta de la desigualdad social.

Atacaba a Rafsanjani como a un político que estaba fuera de la realidad, por su riqueza y privilegios; Ahmadinejad vestía pantalones sencillos, una camisa abierta y una simple chaqueta café claro con cremallera (a la que llegaría a referirse como su distintiva "chaqueta de Ahmadinejad"), y prometía cuidar de los pobres y necesitados porque entendía su condición de primera mano. Una y otra vez, contaba su historia personal de haber crecido con casi nada, hijo de un padre que constantemente tenía que cambiar de trabajo y buscar otro, pero que siempre le enseñó del Corán.

La retórica de Ahmadinejad era un combinado potente y provocador de religión fundamentalista, mezclado con un poco de marxismo revolucionario, que tenía un fuerte atractivo para una minoría significativa de iraníes. Pero ¿era realmente suficiente para intoxicar a 62 por ciento de la gente iraní para que votara por él en junio de 2005, cuando dos meses antes la mayor parte del país apenas había oído hablar de él? No parece probable, particularmente dado que la enorme mayoría de iraníes —algunos expertos con los que he hablado dicen que 70 por ciento o más— se ha vuelto en contra del islam y ahora es bastante secular en privado, aunque sea cuidadosa al expresar su disidencia en público. Por eso es que ni Rafsanjani, ni las élites políticas y de los medios de comunicación de Teherán (o tampoco fuera del país), esperaban a Ahmadinejad. Lo ignoraron como un payaso fanático, no como un estadista internacional, y se preocuparon poco de que tuviera la oportunidad de sobrepasar al favorito.

Pero la estrategia de la campaña de Ahmadinejad, en retrospectiva, fue muy astuta. Él no estaba tratando de persuadir a 62 por ciento del país. Tenía la audiencia de una sola persona. Al Líder Supremo, después de todo, le había gustado lo que había visto y escuchado cuando Ahmadinejad era alcalde. Si a Jamenei le seguía gustando lo que había visto en la campaña, Ahmadinejad sabía que el ayatolá podría hacer que la palanca del poder se inclinara a su favor. Apostó a eso y, al final, su apuesta le dio resultados. Mientras más estridente era Ahmadinejad en la tribuna política —explicando que la Revolución no era un fracaso sino que el Mahdi vendría a resolverlo todo— más enérgico llegó a ser el Líder Supremo. Jamenei escuchó el mensaje y silenciosamente eligió al hombre.

Cuando Jamenei entonces buscó a los líderes fundamentalistas del ejército y de los paramilitares —hombres que el ayatolá había estado cortejando y convenciendo desde 1989— y susurró que Ahmadinejad era "el hombre," no fue una venta difícil. En efecto, esos Radicales, escondidos en puestos claves en todo el gobierno y la sociedad iraníes, pudieron leer entre líneas. Pudieron ver que Ahmadinejad hablaba su idioma al plantear que el islam era la respuesta y el yihad era el camino. También comenzaron a creer que era la hora oportuna para que el Mahdi regresara. Por lo que hicieron lo que tenían que hacer para poner al hombre del ayatolá en la cúspide.

GOBERNANDO PARA EL MAHDI

Ningún líder de la historia de Irán se había dedicado tan completamente a la noción de que el Mahdi vendría pronto, y que era su responsabilidad preparar al pueblo iraní y al mundo para su inminente llegada. Esas creencias eran realmente contrarias a las enseñanzas del Ayatolá Jomeini, que sin duda creía en el concepto del Mahdi y se refería a él ocasionalmente, pero nunca creyó que su reaparición en la tierra estuviera cercana. Como vimos antes, Jomeini creía que era su trabajo —y no el del Mahdi— establecer agresiva y proactivamente un gobierno islámico global y no esperar a que "bajara del cielo." Pero Ahmadinejad estaba a punto de cambiarlo todo.

Con la elección de su protegido como presidente, el ayatolá Mesbah-Yazdi dijo que Ahmadinejad había ganado por "la bondad especial del Mahdi."[39] A cambio, Ahmadinejad aumentó en 1.000 por ciento, a $3,5 millones, el financiamiento del gobierno para el instituto mesiánico de su mentor.[40] También comenzó a dialogar con su mentor más regularmente y nombró a no menos de cuatro discípulos de Mesbah-Yazdi para puestos clave del gabinete; trajo a otros al gobierno a trabajar como asesores en otros puestos cruciales, incluyendo al Ministro de Inteligencia y Seguridad y al Ministro del Interior.

Desde el primer día, Ahmadinejad dejó claro que era el hombre del Mahdi. De hecho, parecía que se veía a sí mismo como una figura como Juan el Bautista: no como el mesías islámico, sino como el que había sido nombrado para poner el fundamento y anunciar su llegada. La pregunta es si Ahmadinejad pretendía bautizar al mundo con agua o con fuego.

Antes de su toma de posesión, Ahmadinejad le dijo a Jamenei que solamente era un mayordomo temporal de la presidencia y que pronto entregaría las riendas del poder al Mahdi. El ayatolá le preguntó: "¿Y qué pasará si no ha llegado [para el final de su período]?" Ahmadinejad fue firme. "Le aseguro que en realidad creo esto. Él vendrá pronto."[41]

En su primera reunión de gabinete, Ahmadinejad requirió que cada ministro de gobierno firmara una declaración que le juraba lealtad no a él sino al Mahdi.[42] Dijo a sus principales asesores en julio de 2005 que su misión era "el establecimiento de un gobierno islámico global, con la ayuda del Mahdi."[43] Anunció públicamente que su misión como presidente era establecer un gobierno y una sociedad que fueran "un patrón para la gente del mundo y, de esta manera, [uno que] finalmente sirva de plataforma para la reaparición del Mahdi."[44] Visitó la Mezquita de Jamkaran, cerca de Qom, y oró en uno de los dos pozos de deseos donde los iraníes chiítas creen que el Mahdi apareció una vez, después asignó millones de dólares para mejorar las instalaciones que rodean el pozo y cantidades adicionales para construir nuevos caminos y líneas de tren que llevaran a la gente al lugar, de cualquier parte del país.[45] Después, declaró el cumpleaños del Mahdi —el 9 de septiembre— como feriado nacional. Esto, a su vez, desencadenó una ola de un millón de peregrinos iraníes que visitaron el pozo ese día en 2005, la mayoría de los cuales lanzaba pequeños pedazos de papel al pozo, con sus oraciones garabateadas en ellos, con la esperanza de que el Mahdi las leyera y las respondiera.[46]

Para el mundo occidental, el primer indicio público de cuán fundamental sería la escatología islámica para el gobierno de Ahmadinejad llegó durante su primer discurso ante la Asamblea General de las Naciones Unidas en Nueva York, en septiembre de 2005. Ahmadinejad asombró a la audiencia de líderes mundiales y diplomáticos al terminar su discurso con esta oración: "Oh Señor poderoso, te pido que aceleres la aparición de tu último depositario, el Prometido, ese ser humano perfecto y puro, Aquel que llenará este mundo de justicia y paz."[47]

A medida que avanzaba el otoño, comenzaron a surgir reportes en los medios de comunicación iraníes de que Ahmadinejad decía a sus asociados que tenía comunicación directa con el Mahdi y que era uno de un grupo selecto de hombres elegidos específicamente por el Mahdi para ser sus representantes y ayudantes en el mundo antes de su retorno. No estaba claro si esta comunicación supuestamente había llegado en forma de oración, a través de alguna clase de visión o manifestación espiritual, o por una visita física real. Pero algunos reportes han indicado que Ahmadinejad se ha escapado de sus deberes oficiales por varias horas para tener conversaciones secretas con el Imán Escondido.[48]

Y lo que es más, Ahmadinejad comenzó a hablar de un plazo específico, y decía a sus compañeros, y hasta a ministros extranjeros de países islámicos, que creía que el fin del mundo estaba a unos dos o tres años de distancia, y que la manera de acelerar la llegada del Mahdi era aniquilando a dos países: Israel y Estados Unidos. Según el periodista ampliamente respetado Amir Taheri, nativo de Irán, Ahmadinejad comenzó a jactarse de que "el Imán le dio la presidencia para una sola tarea: provocar un 'choque de civilizaciones' en el que el mundo musulmán, dirigido por Irán, se enfrenta con el 'infiel' Occidente, dirigido por Estados Unidos, y lo derrota."[49]

Ahmadinejad, más adelante, asombró a un grupo de clérigos islámicos superiores al afirmar que durante su discurso en las Naciones Unidas estuvo rodeado de una luz hasta el final y que sentía la presencia de Alá que hablaba por medio de él. Un colega le dijo que cuando comenzó su discurso, "vi una luz celestial que vino, te rodeó y te protegió." Ahmadinejad entonces les dijo a los clérigos: "Yo también la sentí. De repente la atmósfera cambió. [Toda la gente en el salón] estuvo sentada allí durante los veintisiete o veintiocho minutos y no parpadeó. No estoy exagerando. Miré hacia arriba y los vi. Estaban pasmados. Fue como si una mano los hubiera paralizado."[50]

En octubre, Ahmadinejad puso sus cartas escatológicas en la mesa cuando dio un discurso en Teherán en el que aclaró más sus objetivos. Juró borrar a Israel "del mapa" y exhortó a los musulmanes a que imaginaran un mundo sin Estados Unidos. "¿Es posible para nosotros presenciar un mundo sin Estados Unidos y sin sionismo?" preguntó en una reunión de líderes de Hamas y del Yihad Islámico. "Es mejor que sepan que este lema y esta meta son alcanzables." Estimuló a los musulmanes de todo el mundo —chiítas y sunitas por igual— a que se preparen para el día en que "nuestro odio santo se extienda" y "ataque como una ola."[51]

Después, Ahmadinejad comenzó a negar públicamente el Holocausto, aun mientras hizo un llamado a otro. "Algunos países europeos insisten en decir que Hitler quemó a millones de judíos oprimidos en el incinerador," dijo en una conferencia islámica en La Meca. "Insisten tanto en este asunto que si alguien demuestra lo contrario, lo condenan y lo echan a la cárcel. Aunque no aceptamos esta afirmación, supongamos que es cierta y preguntemos a los europeos: ¿El asesinato de judíos oprimidos que Hitler llevó a cabo [justifica] su apoyo al régimen que controla a Jerusalén?"[52] Después, en un discurso televisado a nivel nacional en Irán, Ahmadinejad dijo que los sionistas "han fabricado una leyenda bajo el nombre de 'Masacre de los Judíos.'"[53]

No fueron sólo palabras. Ahmadinejad simultáneamente estaba tomando algunas acciones agresivas para aumentar las fuerzas militares iraníes y acelerar su propuesta de hacerlo nuclear. Ese otoño, Irán compró misiles a Rusia por un valor de $1.000 millones, y por años compró submarinos y otros sistemas avanzados de armas a Moscú.[54] Irán también recibió una docena de misiles de crucero con un rango de tres mil kilómetros, y cada uno de ellos era capaz de llevar ojivas nucleares.[55] El parlamento de Irán votó para bloquear las inspecciones internacionales de sus instalaciones nucleares.[56] Y Ahmadinejad "colocó al ejército firmemente en control [del] programa nuclear de su país, menoscabando la afirmación de su gobierno de que el programa pretende ser para uso civil," según un reporte del *Daily Times* paquistaní.[57]

Las acciones y observaciones de Ahmadinejad comprensiblemente pusieron en marcha una tormenta de protestas internacionales. Curiosamente, numerosos clérigos iraníes importantes y líderes políticos también estaban indignados. Algunos se oponían al llamado del presidente al genocidio, por principio. Otros, aunque en privado estaban de acuerdo con el presidente, públicamente se opusieron a él por hacer observaciones de una manera que arriesgaría la reputación internacional de Irán y su posición comercial con Occidente —y, por extensión, la economía de Irán. El ex presidente iraní, Mohammad Khatami, por ejemplo, dijo que Ahmadinejad y sus compañeros Radicales aspiraban a "imitar a bin Laden" y sostuvo que "están compitiendo con el Talibán al llamar a la violencia y al llevar a cabo crímenes extremistas que están en contra de la religión [islámica]."[58]

Semejante oposición fue un recordatorio útil de que aun en el gobierno Radical hay muchas diferencias y contracorrientes —algunas impulsadas por la política y otras personales— que se desenvuelven conjuntamente. Pero al final, es importante observar que nada de la dura crítica de Ahmadinejad, ya fuera externa o interna, hizo callar su voz. El Ayatolá Jamenei bien pudo haber frenado al presidente que había seleccionado, pero decidió no hacerlo. Al contrario, efectivamente exigió que los críticos de Ahmadinejad se tranquilizaran y que mostraran deferencia. "Jamenei," observó un analista sagaz del Medio Oriente, "tomó una posición al lado de Ahmadinejad, lo elogió a él y a su funcionamiento, pidiendo que nadie lo criticara, e hizo un llamado al apoyo de todas las fuerzas políticas del gobierno. Jamenei señaló que Irán está ahora en una etapa delicada, e hizo un llamado a hacer a un lado las rivalidades políticas —y, efectivamente, los comentarios de Khatami no se reportaron en la prensa iraní."[59]

Esto fue significativamente instructivo para cualquiera que estuviera observando de cerca y escuchando cuidadosamente. Lo que aprendimos en el verano y otoño de 2005 fue no sólo lo que Mahmoud Ahmadinejad creía, sino lo que el Ayatolá Jamenei creía, y quién quería que hablara por él y lo que él quería que el mundo oyera.

Retórica apocalíptica sobre el fin del mundo.

Una fetua que aprobaba el uso de armas nucleares.

Un juramento para aniquilar a Estados Unidos y a Israel.

Y una rápida aceleración del programa de investigación nuclear de Irán.

Para los que quieren unir los puntos, este fue un paquete peligroso y preocupante.

El problema: casi nadie en Occidente estaba observando de cerca ni escuchando cuidadosamente.

CAPÍTULO DOCE

PREPARAR EL CAMINO PARA EL MAHDI

Cómo la escatología chiíta ha dirigido la política externa de Irán

EN EL OTOÑO DE 2006, Mahmoud Ahmadinejad volvió a Nueva York para dar un discurso ante las Naciones Unidas. Sin embargo, esta vez lanzó una ofensiva carismática.

Primero tuvo su entrevista "exclusiva" con Mike Wallace, en *60 Minutes* de la CBS, en agosto. Después, apareció en la portada de la revista *Time* en septiembre. A esto le siguió una larga entrevista con Brian Williams para *Nightly News* de la NBC, y una entrevista de veinte minutos a la hora de mayor audiencia con Anderson Cooper de CNN. Después llegó el discurso de Ahmadinejad en las Naciones Unidas —que una vez más terminó con una oración para que Alá acelerara la llegada del Mahdi— que le ganó al presidente iraní un reportaje total.[1]

Sin embargo, como lo señalé en ese momento en dos artículos de National Review Online y en mi blog, algo estuvo curiosamente ausente en toda esta cobertura de los medios de comunicación. Ninguno de estos importantes periodistas estadounidenses le preguntó a Ahmadinejad acerca de sus creencias religiosas chiítas, ni de su fascinación con la llegada del Mahdi. No le preguntaron sobre su crítica de la fe en Jesucristo del Presidente Bush, en una carta de dieciocho páginas que había enviado al presidente. No mencionaron su motivación para que el Presidente

Bush se convirtiera al islam, ni su carta de diez páginas para la canciller alemana, Angela Merkel, esencialmente sobre el mismo tema.*

Wallace hasta se tomó el tiempo para preguntarle a Ahmadinejad acerca de su chaqueta y de lo que hace en su tiempo libre. Pero no se tomó el tiempo para preguntarle cómo la escatología de Ahmadinejad ha estado dirigiendo la política exterior iraní. La historia de portada de *Time*, y la exclusiva entrevista impresa con Ahmadinejad, nunca sacaron a colación el tema de su escatología. Williams tampoco lo hizo en su entrevista y menos Cooper. Tampoco lo hizo ninguno de todos los reportajes que se hicieron acerca de Ahmadinejad durante su visita a Estados Unidos.[2]

¿CAUTIVADOS O CONFUNDIDOS?

Los periodistas estadounidenses, típicamente, no evitan hacer preguntas difíciles y profundas sobre la cosmovisión de los líderes internacionales. Al Presidente Bush frecuentemente le preguntaban cómo su cristianismo evangélico participaba en su política exterior como presidente, particularmente en cuanto a Israel y el Medio Oriente. ¿Por qué entonces hubo tanta vacilación cuando se trataba de cuestionar las creencias religiosas de un líder islámico que ha hecho un llamado para que se borre del planeta al estado judío y que ha instado a sus compañeros musulmanes a imaginar un mundo sin Estados Unidos?

Mientras termino este manuscrito, en el otoño de 2008, ni un solo reportero occidental que haya entrevistado a Ahmadinejad —uno de los hombres más peligrosos del mundo— le ha preguntado directamente *alguna vez* acerca de su escatología. Pero él *quiere* hablar de lo que cree y por qué lo cree. Su religión le da forma a quién es él, y es lo que lo impulsa. Sin disculpas habla del tema todo el tiempo. Habló de eso como alcalde de Teherán. Habló de eso cuando hacía campaña para llegar a ser presidente de Irán. Repetidamente oró por eso ante toda la Asamblea General de las Naciones Unidas y una falange de cámaras y reporteros

---

*Ahmadinejad envió sus cartas al Presidente Bush y a la Canciller Merkel en mayo de 2006. En ambas cartas, instaba a los líderes a que se convirtieran al islam y que aceptaran su visión de los eventos mundiales. "Ahmadinejad esperaba seguir las huellas de muchos hombres grandes de la historia que instaban a los líderes mundiales y a sus oponentes a que se sometieran a la voluntad de Alá y a que se convirtieran al islam," escribió un biógrafo. "Estos intentos comenzaron 1.400 años antes, cuando el Profeta Mahoma envió emisarios a reyes y emperadores por todos lados, para invitarlos a adoptar el islam. Más recientemente, el Ayatolá Jomeini escribió al Presidente Mikhail Gorbachev en 1989 para sugerirle: 'El islam podría llenar la brecha intelectual que la muerte del comunismo ha creado en la Unión Soviética.'" (Kasra Naji, *Ahmadinejad: The Secret History of Iran's Radical Leader* [Ahmadinejad: La historia secreta del líder radical de Irán], p. 197)

internacionales. Da discursos importantes sobre eso en conferencias escatológicas. Habla de eso con grupos pequeños de amigos y líderes religiosos. Hace referencia a eso en cartas a los líderes mundiales.

Sin embargo, los medios de comunicación predominantes rehúsan hacerle preguntas al respecto. ¿De alguna manera quedan cautivados los periodistas con la presencia de Ahmadinejad? ¿O están tan sumisamente dedicados a su propio secularismo que están confundidos, y son incapaces de comprender la noción de que las creencias religiosas privadas de un hombre podrían afectar tan profunda y completamente al personaje público y su toma de decisiones políticas?

En una columna de 2006 del National Review Online, presenté cinco preguntas que Mike Wallace y/o sus colegas debían haberle hecho al presidente de Irán. Siempre y cuando Ahmadinejad, o alguien que tenga opiniones similares, permanezca en la presidencia, las preguntas siguen siendo válidas. Si se hacen de manera cordial y no de manera provocativa, no tengo duda de que abrirían una puerta hacia una historia intrigante e internacionalmente significativa. Por lo tanto, sigo teniendo la curiosidad de ver quién las hará primero.

1. Señor Presidente, usted dice a sus compañeros en Irán que cree que el fin del mundo se acerca rápidamente. ¿Por qué cree esto? ¿De qué manera estas perspectivas forman su política exterior?

2. ¿Podría hablarnos más a los occidentales acerca de su creencia de que el "Duodécimo Imán" (o "Imán Escondido") reaparecerá pronto y por qué cree que la manera de acelerar la llegada de este mesías islámico es lanzando un yihad global en contra de Israel y Estados Unidos?

3. Señor Presidente, en el islam, a Jesucristo se lo considera como un gran profeta y maestro. En su larga carta al Presidente Bush, habla mucho de Jesucristo. Critica al presidente por no seguir, en su opinión, las enseñanzas de Jesús. ¿Cuáles son algunas de sus enseñanzas favoritas de Jesús? ¿Cree que Jesús era judío? ¿Cree que vivió, enseñó e hizo sus milagros en Israel? ¿Cree que Jesús deseaba que Israel fuera borrado "del mapa"? En la crisis actual, ¿qué opina que haría Jesús?

4. Usted ha dicho a sus compañeros que cuando estaba hablando en las Naciones Unidas en el otoño de 2005, estuvo rodeado de una luz del cielo y que por veintisiete o veintiocho minutos todos en la Asamblea General quedaron fascinados por su discurso —que ni una sola persona parpadeó por todo ese tiempo. ¿Podría describirnos esa experiencia? ¿Cree que Dios o un ángel estuvo con usted en ese momento? ¿Cree que Alá lo ha elegido para ser el líder de Irán en este momento de la historia?

5. Usted dice que la era de las bombas se acabó. Entonces, ¿por qué firmó un negocio de $1.000 millones con Moscú en diciembre de 2005 para comprar misiles rusos y otras armas? ¿Por qué está enviando misiles, bombas y $100 millones al año a Hezbolá? ¿Por qué está enviando bombas y bombarderos a Irak? [3]

Aunque la élite de los medios de comunicación no ha demostrado mucha curiosidad por esta clase de preguntas ni sus respuestas, afortunadamente no se puede decir lo mismo de un número pequeño, pero creciente, de diseñadores de políticas y oficiales de la seguridad nacional estadounidense. A medida que las declaraciones y acciones de Ahmadinejad han llegado a ser más atroces —y a medida que las sanciones económicas y la diplomacia han demostrado ser cada vez menos efectivas— el interés por las motivaciones religiosas de los líderes de Irán ha aumentado sostenidamente entre las personas de confianza del gobierno.

Desde 2006, me han invitado al Capitolio y al Pentágono numerosas veces para hablar en privado e informalmente con congresistas y senadores de los dos partidos principales, con jefes de estado mayor de la Casa Blanca y del Senado, con asesores de políticas legislativas y generales, y con otros líderes militares de alto rango. También he tenido el privilegio de que me inviten a reuniones con funcionarios y ex funcionarios de la Agencia Central de Inteligencia y del Departamento de Seguridad Nacional, así como con embajadores extranjeros, diplomáticos y líderes políticos. Algunas veces han sido reuniones personales con una persona. Otras han sido con grupos pequeños de más o menos una docena.

En el otoño de 2007 tuve el honor de dar un discurso a más o menos

125 oficiales en el Pentágono sobre "Por qué la escatología de Mahmoud Ahmadinejad está dirigiendo la política externa iraní: Una perspectiva cristiana evangélica." Todas estas reuniones han sido confidenciales, lo que significa que no puedo decir quiénes estuvieron en las reuniones ni lo que dijeron. Sin embargo, puedo decir lo que yo dije. En la mayoría de ocasiones, mi mensaje fue un resumen ejecutivo del siguiente material.

BIENVENIDO A LA ESCATOLOGÍA CHIÍTA

El Duodécimo Imán fue una persona real, de carne y hueso, que vivió durante el siglo IX d.C. Al igual que los once líderes chiítas que hubo antes, era un varón árabe que, como descendiente directo del fundador del islam, se creía que había sido elegido divinamente para que fuera el guía espiritual y la máxima autoridad humana del pueblo musulmán. Se llamaba Muhammad Ibn Hasan Ibn Alí, y generalmente los chiítas creen que nació en Samarra, Irak, en 868 d.C., aunque pocos detalles de su corta vida son seguros o están libres de controversia. Los sunitas, por ejemplo, creen que nació después.

Antes de que pudiera llegar a una edad madura, cuando pudiera enseñar y aconsejar al mundo musulmán, como se pensaba que sería su destino, Alí desapareció de la sociedad humana. Algunos dicen que tenía cuatro años, mientras que otros dicen que cinco y algunos que seis.[4] Algunos creen que se cayó en un pozo de Samarra pero su cuerpo nunca fue recuperado. Otros creen que la madre del Mahdi lo colocó en el pozo para evitar que los malos gobernadores de la época lo encontraran, lo capturaran y lo mataran —y que el pequeño Alí posteriormente llegó a ser sobrenaturalmente invisible. De allí es donde se deriva el término "Imán Escondido," ya que los chiítas creen que Alí no está muerto sino que simplemente ha estado escondido de la vista de la humanidad —los chiítas se refieren a esto como el "ocultamiento"— hasta el Día Final, cuando Alá lo revelará otra vez.

Vale la pena observar que el 22 de febrero de 2006, los Radicales sunitas hicieron estallar la cúpula dorada de la Mezquita Al-Askari en Samarra, la mezquita que hospeda las tumbas del décimo y del undécimo Imanes chiítas y que marca la ubicación del pozo donde el Duodécimo Imán despareció misteriosamente.

Los chiítas creen que el Mahdi volverá al final de la historia —durante una época de caos, matanza y confusión— para establecer rectitud, justicia y paz. Cuando él venga, dicen, el Mahdi traerá a Jesús con él. Jesús será musulmán y será su lugarteniente, no el Rey de reyes y Señor de señores como lo enseña la Biblia, y obligará a los que no son musulmanes a elegir entre seguir al Mahdi o la muerte. "La posición espiritual del Mahdi es más alta que la de Jesús en el chiísmo, pero Jesús aparecerá cuando surja el Mahdi," observa Mehdi Khalaji del Instituto de Washington para Política del Cercano Oriente, autor de *Apocaliptic Politics* (Política apocalíptica). Según la tradición, Jesús: ejecutará el yihad bajo la comandancia del Mahdi y matará al Dajjal —el concepto musulmán que se acerca al del 'Diablo' cristiano; [él] invitará a la gente al islam, matará a los cristianos y destruirá iglesias; y también morirá antes que el Mahdi."[5]

Según se dice, los eruditos chiítas creen que el Mahdi aparecerá primero en La Meca y conquistará el Medio Oriente, luego establecerá la sede de su gobierno islámico global —o califato— en Irak. Pero no hay un acuerdo universal. Algunos creen que surgirá del pozo de la Mezquita de Jamkaran en Irán y luego viajará a La Meca y a Irak. Algunos dicen que conquistará a Jerusalén antes de establecer su califato en Irak. Otros creen que Jerusalén será conquistada como un prerrequisito para su regreso. "Cuando el Mahdi regrese, peleará con los judíos y los matará a todos," escribió un clérigo chiíta en 1409. "Aunque un judío se esconda detrás de una roca, la roca hablará y dirá: '¡Oh musulmán! Un judío se esconde detrás de mí. ¡Mátalo!'"[6]

Nada de esto está realmente escrito en el Corán, y los sunitas rechazan esta escatología, por lo que hay poca claridad y mucho espacio para debate y desacuerdo. Pero una cosa en la que se concuerda muy bien entre los "Duodecimanos" devotos es que el Mahdi terminará con la apostasía y purificará la corrupción dentro del islam. Por lo tanto, se espera que conquiste la Península Arábiga, Jordania, Siria y "Palestina," y luego él y Jesús matarán entre 60 y 80 por ciento de la población del mundo, específicamente a los que rehúsan convertirse al islam.[7]

SEÑALES DEL RETORNO DEL MAHDI

El Instituto del Futuro Brillante de Qom es un centro teológico de ideas, establecido por eruditos chiítas en 2004 para estudiar el "mahdismo" a profundidad y para preparar a los chiítas para el regreso del mesías islámico.[8] El instituto enseña que cinco "señales distintivas" precederán la llegada o revelación del Imán Escondido.[9]

1. La primera [señal] es el surgimiento de un combatiente en Yemén, llamado el Yamani, que ataca a los enemigos del islam.

2. La segunda señal es el surgimiento de un líder militante anti-mahdi, llamado Osman Ben Anbase, que también será conocido como Sofiani. Se le unirá otro militante anti-mahdi llamado Dajal, a quien muchos musulmanes han comparado con el anticristo. La insurrección de Sofiani precederá a la reaparición del Mahdi en La Meca por exactamente seis meses. Estas dos fuerzas, conocidas como las fuerzas del mal, ocuparán Siria y Jordania y avanzarán desde allí. Las fuerzas del bien en esta batalla serán dirigidas por un hombre de Khorasan, una provincia de Irán, y los oponentes se reunirán para una batalla épica cerca de la ciudad de Kufa, en la zona central chiíta del sur de Irak.

3. La tercera señal distintiva serán voces del cielo. La voz más distintiva será la del ángel Gabriel, que llamará a los fieles para que se reúnan alrededor del Mahdi.

4. La cuarta señal implicará la destrucción del ejército de Sofiani.

5. La quinta y última señal conllevará las señales de la muerte de un hombre santo con el nombre de Mohammad bin Hassan, llamado Nafse Zakiye, o el alma pura. Quince días después de que haya sido asesinado, el Mahdi aparecerá en La Meca. [Entonces] el Mahdi nombrará a Jesucristo como su diputado. La gente reconocerá al Mahdi porque habrá un ángel arriba de su cabeza gritando: "Este es el Mahdi. Síganlo." El Mahdi tendrá puesto un anillo que le perteneció al rey Salomón y tendrá la vara de madera que Moisés sostuvo cuando dividió el Mar Rojo. Su ejército de 313 aumentará a diez mil, y cincuenta serán mujeres.

El ayatolá Ibrahim Amini, profesor del Centro de Aprendizaje Religioso de Qom, y uno de los eruditos chiítas más respetados de Irán, enseña una perspectiva similar. En su libro *Al-Imam al-Mahdi, the Just*

Leader of Humanity (Al-Imam al-Mahdi, el líder justo de la humanidad), Amini describió las señales de la llegada del Mahdi muy detalladamente.[10] Entre ellas sobresalen un enorme terremoto y el lanzamiento de una guerra global para matar o someter a los judíos, a los cristianos y a otros "infieles." En un pasaje, Amini cita a Mahoma (de un hadiz, no del Corán), que dice: "¡Escuchen las buenas noticias acerca del Mahdi! Surgirá cuando la gente enfrente conflicto severo y la tierra sea sacudida por un terremoto violento. Él llenará la tierra con justicia y equidad, así como está llena de injusticia y tiranía. Llenará los corazones de sus seguidores con devoción y propagará justicia por todos lados."

Amini escribió:

Cuando el mundo esté psicológicamente listo para aceptar el gobierno de Dios y cuando las condiciones generales estén favorables a la idea de la autoridad de la verdad, Dios permitirá que el Mahdi lance su revolución final. . . .

Unas cuantas personas selectas . . . serán las primeras en responder a su llamado, y serán atraídas a él como el hierro a un imán, en esa primera hora de su aparición. . . . Al ver el cumplimiento de muchas de las señales prometidas en las tradiciones, un gran número de incrédulos se volverá al islam. Los que persistan con su incredulidad y maldad serán asesinados por los soldados del Mahdi. El único gobierno victorioso en todo el mundo será el del islam, y la gente se esforzará devotamente para protegerlo. El islam será la religión de todos, y entrará a todas las naciones del mundo. . . .

El Mahdi ofrecerá la religión del islam a los judíos y a los cristianos; si lo aceptan serán librados, de lo contrario serán asesinados. . . . No parece probable que esta catástrofe pueda evitarse. . . . La guerra y el derramamiento de sangre [son] inevitables. . . .

El Imán de la Era y sus colaboradores vencerán a las fuerzas de la incredulidad y al materialismo impío al emprender el yihad. Con el poder de la guerra justa, las fuerzas del enemigo de Dios y los colaboradores de la incredulidad e injusticia serán exterminados. Hay numerosas tradiciones que hablan del inminente uso de la fuerza para lograr la meta.

CÓMO SE PREPARA A LA GENTE PARA EL FINAL

Líderes y eruditos musulmanes me dicen que se ha producido un número sin precedentes de libros, artículos, panfletos y sitios en Internet desde el final de la década de 1980, y específicamente en los últimos años, que enseñan a la gente a prepararse para el Día Final. Muchos de estos libros han sido grandes éxitos editoriales en Irán y por todo el Medio Oriente.

Pero Ahmadinejad y sus asesores quieren que todos estén listos, no sólo aquellos que pueden o quieren leer la escatología islámica. Con ese propósito, una serie de películas documentales llamada "El Mundo Hacia la Iluminación" fueron lanzadas en la televisión iraní en el otoño de 2006, diseñadas para ayudar a responder las muchas preguntas que los iraníes tienen acerca del fin del mundo como lo conocemos. Haciéndole eco al Instituto Brillante, al ayatolá Amini y a otros eruditos chiítas notables, la serie explicaba las señales de los últimos días y qué esperar cuando llegue el mesías islámico. Entre los puntos clave que presentó la serie están:[11]

- El mundo está ahora en sus "últimos días."
- El Mahdi aparecerá primero en La Meca, luego en Medina.
- El Mahdi conquistará toda Arabia, Siria e Irak, destruirá a Israel y luego establecerá un "gobierno global" con base en Irak, no en Irán.
- Jesús volverá a la tierra, pero no como el Hijo de Dios, ni siquiera como líder. Más bien, servirá como lugarteniente del Mahdi para destruir a los infieles.
- El Mahdi enviará a diez mil de sus soldados al este y al oeste para arrancar a los "opresores." Durante ese tiempo, "Dios le facilitará las cosas y las tierras llegarán a estar bajo su control, una tras otra."
- "Aparecerá como un joven atractivo, vestido con ropa impecable, y emitirá la fragancia del paraíso. Su cara brillará con amor y bondad por los seres humanos. . . . Tiene una frente radiante, ojos negros penetrantes y un pecho amplio. Se parece mucho a su ancestro [el] Profeta Mahoma. Una luz celestial y justicia lo acompañan. Vencerá a los enemigos y opresores con la ayuda de Dios, y según la promesa del Todopoderoso, el Mahdi erradicará toda la corrupción e

injusticia de la faz de la tierra y establecerá el gobierno global de paz, justicia y equidad."

- Antes de que el Mahdi aparezca en el mundo, "una persona piadosa . . . un individuo de Irán, venerable y temeroso de Dios" se reunirá con él. Esta persona prometerá lealtad al Mahdi, a medida que "combate la opresión y corrupción y entra a Irak para suprimir el asedio de Kufa y el santo Najaf y para derrotar a las fuerzas de [los enemigos del islam] en Irak."*

Un sitio noticioso israelí fue el primero en captar la historia y su significado para la seguridad nacional israelí, y observó que el programa también decía que el Mahdi pronto "formará un ejército para derrotar a los enemigos del islam en una serie de batallas apocalípticas" y "vencerá a su archivillano en Jerusalén."[12]

Lo que me pareció particularmente interesante fue la atención que la serie le daba al aumento paralelo de interés en la escatología entre los musulmanes y los cristianos, aunque también observaba las numerosas y profundas diferencias teológicas de los dos.

"El apocalipsis es una creencia profunda entre los humanos en cuanto al fin del mundo," dijo el narrador del programa. "Una de las características de Occidente en la era actual es la obsesión con el fin del tiempo. Los expertos dicen que las discusiones en cuanto al salvador y al 'fin de los tiempos' no habían sido tan predominantes antes como ahora en Occidente. . . . Ellos [los evangélicos] creen que el Mesías [Jesús] reaparecerá y establecerá su reino global con su centro en [Jerusalén], con la ayuda de los cristianos nacidos de nuevo. Los líderes religiosos de esta secta, en la década de 1990, propagaron fuertemente sus creencias en Estados Unidos y las sociedades europeas. En los últimos dos años, docenas de libros se han publicado en este campo. . . . Estos cristianos extremistas creen que los protestantes del mundo deben llevar a cabo ciertos eventos, con el fin de preparar el terreno para la reaparición del Mesías. Los seguidores de esta escuela creen que tienen el deber religioso de acelerar estos eventos, por ejemplo, plantando el estado ilegal sionista de Israel para los judíos del mundo, en Palestina."[13]

---

*La serie no especificaba si esta persona era el Presidente Ahmadinejad o alguien futuro.

El programa y el sitio en Internet que lo acompañaba llegaron hasta a sugerir que el Mahdi podría llegar a la tierra en 2007 y podría ser revelado al mundo ya en el equinoccio de la primavera.

Eso, por supuesto, no sucedió.

"INMINENTE"

No todos los musulmanes —ni siquiera todos los chiítas— comparten la clase de escatología que acabo de esbozar. Hasta los chiítas que sí creen lo que Ahmadinejad cree no están convencidos, en absoluto, de que esos eventos vayan a ocurrir durante sus vidas, mucho menos pronto. En efecto, muchos iraníes están horrorizados por lo que Ahmadinejad ha estado diciendo y haciendo. Pero el asunto es que a Ahmadinejad, a sus asistentes y a sus asesores cercanos los impulsa la creencia, profundamente arraigada, de que el mesías islámico aparecerá pronto y que al iniciar una guerra para aniquilar a la civilización judeocristiana, pueden acelerar ese día. Esto también impulsa al Líder Supremo Jamenei.

Acelerar es la palabra clave aquí. Ahmadinejad y su equipo no creen que ellos tengan que estar sentados, de brazos cruzados, *esperando* al Mahdi. Creen que se les han dado tareas específicas para acelerar su llegada y están determinados a lograr esas tareas, sin importar el costo que tenga para ellos o para su país. "El Imán Escondido no tiene una presencia tangible entre nosotros, pero siempre está [aquí], y tenemos que preparar el terreno para su pronta aparición," dijo Ahmadinejad en una conferencia de escatología en 2006, para el cumpleaños del Mahdi. "Tenemos que correr hacia él y apresurarnos a preparar el terreno para su aparición. *[No aparecerá] si nos sentamos sin hacer nada. La humanidad tiene que correr hacia el Imán Escondido para alcanzarlo*"[14] (énfasis añadido).

Pronto es otra palabra clave. Los líderes occidentales quizá no lo noten y no les importe, pero Ahmadinejad ha trabajado en su administración como si el reloj siguiera caminando y el tiempo se estuviera acabando. Como lo observé antes, poco después de su elección en junio de 2005, Ahmadinejad comenzó a decirles a sus colegas que el fin del mundo estaba apenas a dos o tres años de distancia. Por lo tanto, fue significativo que dos años después diera un discurso en el Seminario Internacional sobre la Doctrina del Mahdismo en Teherán, en el que advirtió que los días de Occidente casi se habían terminado. El 25 de agosto de 2007, Ahmadinejad dijo: "Nuestros enemigos naturalmente se sienten amenazados por el llamado a [creer en] el Mahdi, porque no quieren que la gente piense en la justicia. Pero nuestra respuesta a ellos es que la era de lo agresivo ha llegado a su fin. Creemos que es hora de que los justos gobiernen." Después agregó que los preparativos para el Imán Escondido "pronto se completarán."[15]

Unos cuantos días después, el 28 de agosto, Ahmadinejad dijo que "los problemas actuales que el mundo enfrenta son el resultado [del gobierno] de los gobernadores indignos" y que "la solución final es reemplazar a estos regímenes y gobernadores indignos y establecer el gobierno del Imán Escondido." Entonces volvió a hacer énfasis en que el retorno del Mahdi "es inminente."[16]

El 29 de agosto dijo: "La nación iraní y la Revolución Iraní tienen un papel fundamental para preparar el terreno para la llegada del Imán Escondido. . . . *Tenemos que desarrollar Irán rápidamente para crear las condiciones [apropiadas] para su llegada,* y también tenemos que ayudar al resto de las naciones del mundo [a prepararse para su regreso], para precipitar este gran evento. . . . La responsabilidad que actualmente descansa en [los hombros] de Irán es muy pesada; es la clase de misión [que] se les confió a los profetas divinos. No nos permite descansar o dormitar ni por un momento. ¿Alguna vez han visto que un profeta deje de cumplir su misión?"[17] (énfasis añadido).

Unas semanas después, durante su tercera visita a Estados Unidos, en lugar de terminar su discurso ante la Asamblea General de la ONU con una oración para que Alá trajera al Mahdi rápidamente, como lo había hecho en sus dos visitas anteriores, Ahmadinejad decidió comenzar su discurso con una oración. "Oh Dios," oró ante cientos de líderes mundiales, "acelera la llegada del Imán al-Mahdi, concédele buena salud y victoria y haznos sus seguidores y aquellos que confirman su legitimidad."[18]

LAS IDEAS TIENEN CONSECUENCIAS: CREANDO CAOS EN IRAK

Si todo esto fueran sólo palabras, sería una cosa. Pero las ideas tienen consecuencias. Las creencias religiosas de Ahmadinejad han dirigido la política iraní en una variedad de áreas significativas. En esta sección y en la próxima mencionaré dos de las más importantes.

La primera fue la política de Irán en cuanto a Irak después del esfuerzo de Estados Unidos y de la Coalición para liberar al país del reinado de terror de Saddam Hussein. Algunos políticos estadounidenses han sugerido que Teherán tiene un interés real y vital en ayudar a crear un Irak tranquilo y pacífico, aunque no esté contento con los esfuerzos por crear allí una democracia prooccidental. Por lo tanto, esos líderes vigorosamente han abogado para que Estados Unidos haga negociaciones directamente con el régimen de Ahmadinejad, a fin de buscar la manera de terminar con la violencia sectaria en toda Mesopotamia.

Por ejemplo, en su *Study Group Report* (Reporte del grupo de estudio) publicado en 2006, el ex secretario de estado James A. Baker III, el ex presidente del Comité de Asuntos Exteriores de la Cámara Lee Hamilton y un grupo distinguido de veteranos de la política exterior sostuvieron lo siguiente: "Estados Unidos debe construir un consenso internacional nuevo para la estabilidad de Irak y de la región. Para fomentar ese consenso, Estados Unidos tiene que embarcarse en un esfuerzo diplomático robusto para establecer una estructura de apoyo internacional que esté proyectada a estabilizar Irak . . . y que incluya a todos los vecinos de Irak —Irán y Siria entre ellos. A pesar de las conocidas diferencias que hay entre muchos de estos países, todos comparten el interés por evitar las horrorosas consecuencias que fluirían de un Irak caótico, particularmente una catástrofe humanitaria y la desestabilización regional."[19]

A primera vista, ese análisis se ve bien, particularmente porque viene de esos expertos tan eminentemente preparados. Pero mírelo nuevamente con la lente de la escatología chiíta. ¿Existiría la posibilidad de que los líderes que sienten el llamado de Alá para crear caos, matanza y confusión en todo el Medio Oriente crean que es para su bienestar nacional estratégico el aminorar las "consecuencias horrorosas" de la guerra y la insurgencia? Más aún, ¿es posible creer que los líderes que esperan que el Mahdi pronto establezca la ley sharia en Irak, así como la sede de un gobierno islámico global allí, crean que es para su bien ayudar a los estadounidenses, británicos, franceses y a otros poderes judeocristianos a establecer libertad y democracia en Irak? O con el tiempo, ¿es más probable que envíen más terroristas, dinero y armas a Irak para matar a los estadounidenses, a las fuerzas de la Coalición y a los iraquíes; que destruyan infraestructura; que desestabilicen la economía; que impidan el flujo de petróleo y gasolina de Irak; y que generalmente hagan la vida imposible para todos en el país?

En 2005, Irán vertió aproximadamente $1.000 millones en actividades para interferir con los asuntos internos de Irak.[20] A mediados de 2006, 80 por ciento de los insurgentes extranjeros que fueron arrestados en Irak (1.577 de 1.972) procedían de Irán.[21] En junio de 2006, el ex presidente iraní Rafsanjani dijo sin rodeos: "Si Irán e Irak se unen, los enemigos no podrán hacer nada en contra del islam en la región."[22] Para marzo de 2007, aproximadamente 70 por ciento de los insurgentes extranjeros todavía venía de los estados chiítas del Golfo, incluso de Irán.[23] Ese verano, a medida que sostenía que la llegada del Mahdi era "inminente," Ahmadinejad también estaba revelando su estrategia en cuanto a las aspiraciones de Irán, al decir a los reporteros: "El poder político de los ocupantes [Estados Unidos y las fuerzas de la Coalición en Irak] se está colapsando rápidamente. Pronto veremos un enorme vacío de poder en la región. . . . Estamos preparados para llenar el vacío."[24]

En abril de 2008, las fuerzas de seguridad iraquíes descubrieron el escondite más grande de armas iraníes a la fecha, entre las que había más de mil componentes para bombas, más de tres mil libras de explosivos y cuarenta y cinco cohetes Katusha, junto con cartuchos de municiones, morteros y pedestales de morteros.[25] No fue sorprendente que ese mismo mes, el General David Petraeus testificara en el Capitolio que los grupos terroristas apoyados por Irán, como el Ejército del Mahdi —dirigido por el agitador chiíta iraquí Moqtada al-Sadr—, representaban la "amenaza de largo plazo más grande para la viabilidad de un Irak democrático."[26] Al mes siguiente, el director de la CIA Michael Haydeen dijo categóricamente: "Opino [que] es la política del gobierno iraní, aprobada por el nivel más alto de ese gobierno, facilitar el asesinato de estadounidenses en Irak. Sólo asegúrense de que haya claridad en eso."[27]

Hay que observar aquí que a mediados de 2008, Teherán limitó los ataques del Ejército del Mahdi y dejó de enviar tanto apoyo a los insurgentes chiítas. Como resultado, la violencia en Irak disminuyó dramáticamente. Pero creo que Ahmadinejad y sus asesores tomaron la decisión táctica para tranquilizar las cosas en Irak. No fue que ellos acordaran con la Comisión Baker-Hamilton y pensaran: "Caramba, la violencia en nuestras fronteras y el caos de Bagdad es algo malo." Al contrario, los líderes iraníes odian a los iraquíes. Sienten que los árabes están por debajo de los persas, étnica, racial y moralmente. Quieren la venganza por la invasión de Saddam a Irán en 1980 y por los horrores de la guerra de ocho años entre Irán e Irak. En todo caso, estratégicamente ellos quieren crear las condiciones en Irak que acelerarán la llegada del Mahdi, y vieron que el caos que estaban produciendo era muy efectivo. Pero tácticamente se enfrentaron con una pregunta: ¿no sería más efectivo ocasionar más matanzas en Irak *después* de que Estados Unidos y a las fuerzas de la Coalición se hayan ido de la región? Claro que sí lo sería. Entonces, ¿cuál sería la mejor manera para sacar a Estados Unidos y las fuerzas de la Coalición tan pronto como sea posible? Sencillo: que Washington crea que ha ganado la guerra.

Eso requería que se disminuyera la violencia, y rápidamente. Menos violencia en Irak, según esperaban el liderazgo de Teherán, ayudaría a la campaña presidencial de Barack Obama, que abogaba por un retiro rápido de las tropas estadounidenses.* También podría dañar la campaña de John McCain al no darles a los estadounidenses una necesidad de elegir a un héroe de guerra y veterano experimentado en la función de Comandante en Jefe. Además, menos violencia en Irak le daría al Congreso y a la administración de Bush una razón para sacar a las tropas de Irak tan pronto como fuera posible, que es lo que todas las encuestas de la opinión pública estadounidense indicaban que el público quería.

Pero no se equivoque: esta fue una decisión táctica. Si no se encargan de Irán —y si Jamenei, Ahmadinejad y los líderes que tienen opiniones teológicas similares permanecen en el poder—, Teherán finalmente hará todo lo que pueda para hacer de Irak un infierno en la tierra, con el fin de crear las condiciones para la llegada del Mahdi.

LAS IDEAS TIENEN CONSECUENCIAS: ADQUISICIÓN DE ARMAS NUCLEARES

El segundo escenario político más importante impulsado por la escatología chiíta es el deseo febril de Irán de construir, comprar o robar armas nucleares.

---

*En marzo de 2008, Ahmadinejad efectivamente dijo a un periódico español que no tendría ningún problema con ver que Barak Obama fuera electo presidente de Estados Unidos en lugar de John McCain. Después de que quedara claro que había ido demasiado lejos y que realmente podría dañar las oportunidades de Obama, Ahmadinejad tuvo que declarar públicamente que no había tenido la intención de apoyar al joven senador de Illinois. (Ver "Ahmadinejad: I Never Endorsed Obama (Ahmadinejad: Nunca apoyé a Obama)," Press TV, 5 de marzo de 2008. Ver también "Iran Avoids Support for US Presidential Hopefuls (Irán evita apoyar a candidatos para la presidencia de EE. UU.)," Fars News Agency, 11 de marzo de 2008).

En diciembre de 2007 surgió un debate internacional feroz en cuanto a cuán pronto Irán podría ir en contra de Israel, o de cualquier otro país, con armas nucleares. El debate se desencadenó con la publicación de un documento estadounidense conocido como "Evaluación Nacional de Inteligencia," o NIE. Escrito en cooperación por dieciséis agencias de espías de Estados Unidos, la NIE sugería que Estados Unidos tenía evidencia concreta de que Irán había detenido su programa para desarrollar armas nucleares en 2003.

"Muy probablemente Teherán está dejando sus opciones abiertas en cuanto a construir un arma," reportó el *International Herald Tribune*, basándose en la versión no confidencial del reporte, "pero las agencias de inteligencia no saben si actualmente pretende desarrollar armas nucleares. . . . Irán sigue produciendo uranio enriquecido . . . un programa que el gobierno de Teherán ha dicho que está diseñado para usos civiles. El cálculo nuevo dice que el programa de enriquecimiento todavía podría darle a Irán suficiente materia prima para producir un arma nuclear a mediados de la próxima década, cronograma que esencialmente no se ha modificado de los cálculos anteriores. Pero el cálculo nuevo declara con 'mucha confianza' que un programa iraní, dirigido por el ejército, que intentaba transformar esa materia prima en un arma nuclear se ha cancelado desde 2003, y también dice con mucha confianza que el cese 'fue dirigido principalmente como respuesta al creciente escrutinio y presión internacional.'"[28]

Las grandes preguntas: ¿Fue precisa esta evaluación de la inteligencia de Estados Unidos? ¿Se ha rendido Irán en tratar de desarrollar armas nucleares?

"Tal vez" fue mi respuesta de entonces, "y esperemos que así sea." Sería maravilloso saber que Irán no es la creciente y preocupante amenaza nuclear que las agencias de inteligencia de Estados Unidos, y de otros países, decían que era, precisamente hasta que se publicó la NIE.

Pero claro que siempre está la posibilidad de que la evaluación de Estados Unidos esté equivocada.

La exactitud de algunos de los reportes de nuestra inteligencia en el Medio Oriente, en efecto, se ha puesto en duda en años recientes, y con razón. Lo que es más, siempre tenemos que recordar que en mayo de 1998, India y Paquistán llevaron a cabo múltiples pruebas con armas nucleares, asombrando a las agencias de inteligencia de Estados Unidos y de otros países occidentales, que no tenían idea en absoluto que uno de esos países estuviera tan cerca de obtener la Bomba. En esa época, el Senador Richard Shelby (R-AL), que entonces era el presidente del Comité de Inteligencia del Senado, definió esto como un "fracaso colosal" de la comunidad de inteligencia de Estados Unidos, y tenía razón.[29]

Dios no quiera que tengamos un fracaso similar en cuanto a Irán. Un nuevo fracaso de inteligencia en cuanto al actual régimen apocalíptico de Teherán podría ser un fracaso *catastrófico*, no simplemente *colosal*.

Y aunque efectivamente Irán hubiera detenido por poco tiempo el desarrollo de armas nucleares en 2003, mucho ha ocurrido desde entonces que podría haber cambiado el cálculo en Teherán.

Primero, Estados Unidos y nuestros aliados liberaron a Irak en 2003. ¿Es posible que Irán reiniciara su programa de armas nucleares por razones defensivas cuando terminaron las principales operaciones terrestres, tratando de evitar que Irán alguna vez sea "liberado" por Estados Unidos o cualquier otro país o coalición? Además, Ahmadinejad llegó al poder en agosto de 2005. ¿Es posible que Irán reiniciara su programa de armas nucleares por razones ofensivas, esperando preparar el escenario para que aparezca el mesías islámico?

Tanto entonces como ahora, abundaron los escépticos sobre la NIE. Numerosos diplomáticos, analistas de inteligencia y expertos militares anteriores de Estados Unidos, en el país y en el extranjero, dudaron que la evaluación de las intenciones y aptitudes de Irán fuera exacta.[30] Y en una rara ocasión de concordancia, las páginas editoriales del *New York Times*, *Wall Street Journal* y *Washington Post* expresaron dudas semejantes.

El *Times* advirtió que la NIE "no es un argumento para que cualquiera baje la guardia cuando se trata de las ambiciones nucleares de Irán."[31]

El *Journal* señaló que "tan sólo en 2005, el cálculo del consenso de nuestros espías decía que 'Irán actualmente está determinado a desarrollar armas nucleares' y lo hace 'a pesar de sus obligaciones internacionales y de la presión internacional.' Este fue un juicio de 'mucha confianza.' La nueva NIE dice que Irán abandonó su programa nuclear en 2003 'como respuesta al creciente escrutinio internacional.' Esta también es una conclusión de 'mucha confianza.' Una de las dos conclusiones está equivocada, y lanza considerables dudas en cuanto a todo el proceso con el que estos 'cálculos' —el consenso de 16 burocracias de inteligencia— se llevan a cabo y se les otorga la categoría de evangelio."[32]

El *Post*, tan escéptico como los demás, con razón resaltó el hecho de que "mientras que la inteligencia de Estados Unidos tiene 'mucha confianza' en que el trabajo secreto en una bomba fue suspendido 'durante por lo menos varios años' después de 2003, sólo hay 'confianza moderada' en que Teherán no haya reiniciado el programa militar." Además, el *Post* observó —un poco fatídicamente, podría agregar— que "la enorme inversión manifiesta en el enriquecimiento del uranio, por lo pronto, prosigue como un desafío a resoluciones obligatorias de la ONU, aunque Teherán no tiene un uso legítimo del uranio enriquecido" y "el cálculo de Estados Unidos de cuándo podría Irán producir suficiente uranio enriquecido para una bomba —en algún momento entre finales de 2009 y mediados de la próxima década— no ha cambiado."[33]

Y ha salido a la luz nueva información desde que se escribió la NIE. Al final de 2007, una investigación de la Organización Internacional de la Energía Atómica (OIEA) reveló que Irán ha adquirido, en el mercado negro, diseños para construir ojivas nucleares. "Tanto la OIEA como otros expertos han clasificado las instrucciones esbozadas en los diseños como que no tienen ningún valor más que para un programa de armas nucleares," reportó la Prensa Asociada. "A los oficiales superiores de la OIEA se les negaron entrevistas con por lo menos dos oficiales nucleares iraníes, de quienes se sospechaba participación en un programa de armas, dijeron. Uno era el líder de un laboratorio de física en Lavizan, afuera de Teherán, que fue arrasado antes de que la agencia tuviera la oportunidad de investigar las actividades que se llevaban a cabo allí. El otro estaba a cargo de desarrollar las centrifugadoras de Irán, que se utilizan para enriquecer el uranio."[34]

Para febrero de 2008, la OIEA dijo a funcionarios superiores de Estados Unidos que había recibido, de múltiples estados miembros, "documentación abundante que detallaba los anteriores intentos de Irán de desarrollar una ojiva nuclear."[35] Poco después, el inspector general de armas nucleares de la ONU dijo en una reunión, a puerta cerrada, de diplomáticos internacionales que "la agencia había recabado información, de cerca de diez países, que sugiere que Irán participó en estudios de dotación de armas." Específicamente observó el descubrimiento de un documento iraní, de quince páginas, que describía el proceso para modelar el metal de uranio en dos hemisferios, como el que se utiliza en las ojivas nucleares, que le pareció "alarmante," y observó que "no había razón por la que un país necesitara poseer ese documento, a menos que quisiera producir hemisferios de uranio para un arma nuclear."[36]

En el verano de 2008, Ahmadinejad anunció que Irán poseía seis mil centrifugadoras, máquinas capaces de enriquecer el uranio al punto de fabricación de armas, casi el doble de la cantidad que la ONU había dicho que Irán estaba usando apenas unos meses antes.[37]

Mientras tanto, ese verano Irán probó misiles con un rango de por lo menos 2.012 kilómetros —capaces de atacar secciones del este y sur de Europa— y cada uno era capaz de llevar ojivas nucleares cuando ya estuvieran listas.[38] Irán también puso su satélite *Omid* ("esperanza") en órbita, haciendo surgir preocupaciones de que si tenían la experiencia técnica para poner cohetes en el espacio, también se estaban acercando al día en que pudieran lanzar un misil balístico intercontinental de largo alcance, capaz de atacar a Norteamérica.[39]

¿PODEMOS VIVIR CON LA BOMBA PERSA?

A medida que Irán, con Ahmadinejad, aceleraba su búsqueda de armas nucleares y los misiles para lanzarlas, un creciente coro de voces en la comunidad de política exterior sugirió que esto podría no ser algo tan terrible, y sostuvieron que Occidente podría disuadir o contener con éxito a un Irán con armas nucleares, como lo hicimos con la Unión Soviética durante la Guerra Fría y lo hemos hecho con la República Popular de China.

Michael Eisenstadt, miembro superior y director de estudios de seguridad en el Instituto de Política del Medio Oriente de Washington, presentó una declaración ante el Comité de los Servicios Armados de la Cámara el 1 de febrero de 2006, que se titulaba "Disuadir y contener: Cómo tratar con un Irán nuclear."

Barry R. Posen, del Centro de Estudios Internacionales del MIT, escribió un editorial periodístico para el *New York Times* el 27 de febrero de 2006, titulado: "Podemos vivir con un Irán nuclear."

En una columna publicada en el *National Journal,* el 19 de mayo de

2006, el periodista Paul Starobin escribió: "Al pensar en una nueva estructura disuasiva, algunos analistas abogan por un enfoque global en el que los estados nucleares —entre los que están Estados Unidos, Gran Bretaña, Francia, Rusia y China, los cinco miembros permanentes del Consejo de Seguridad de la ONU— efectivamente cubrieran a la gran región del Medio Oriente con una sombrilla nuclear protectora. La propuesta sería simple: si los mulás [de Irán] usan o siquiera amenazan con utilizar armas nucleares, enfrentarían la posibilidad de represalias de estas potencias." Starobin también sostuvo que "la adquisición de Irán de una bomba probablemente mejoraría las probabilidades de que Estados Unidos e Irán renovaran un diálogo después de todos estos años" porque, como le dijo un analista del Medio Oriente, "ven la adquisición de un arma nuclear como un prerrequisito para tener diálogo con Estados Unidos."

En el otoño de 2007, el ex comandante de CENTCOM John Abizaid también se unió a la gran multitud al decir: "Hay maneras de vivir con un Irán nuclear. Creo que tenemos el poder de disuadir a Irán si obtiene armas nucleares," así como disuadimos a la Unión Soviética y a China. "Irán no es una nación suicida," agregó. "La disuasión nuclear funcionaría con Irán."[40]

A lo largo de las elecciones primarias presidenciales de 2008, la disuasión y la contención fueron los temas de los candidatos demócratas. Como lo observé en el capítulo 2, el Senador Barack Obama pasó por alto la seriedad de la amenaza iraní durante su campaña al decir que no era nada comparada con la amenaza que representaba la Unión Soviética durante la Guerra Fría, y sostuvo que habíamos disuadido con éxito a Moscú de hacer algo catastrófico.

El ex embajador en la ONU Bill Richardson planteó algo similar, y afirmó durante uno de los debates: "Como sabemos por la Guerra Fría, la disuasión es, por encima de todo, un asunto de claridad y credibilidad. Tenemos que ser absolutamente claros de que un Irán nuclear es inaceptable, y tenemos que ser absolutamente creíbles al decir lo que haremos si los iraníes siguen haciendo caso omiso de la voluntad de la comunidad internacional. El mensaje claro tiene que ser este: desarrollen armas nucleares y enfrentarán sanciones globales devastadoras."[41]

La Senadora Hillary Rodham Clinton fue aún más explícita durante una entrevista en *Good Morning America* de la ABC, la mañana de las elecciones primarias de Pennsylvania. Amenazó con exterminar a Irán *después* de un ataque nuclear iraní, esperando que ese lenguaje tan fuerte disuadiera al régimen iraní de lanzar un ataque de esa clase.

—Usted dijo: "Si Irán atacara a Israel, habría un enorme contragolpe" —observó el anfitrión Chris Cuomo—. Palabras aterradoras, Sra. Clinton. ¿"Enorme contragolpe" significa que entraría a Irán y lo bombardearía? ¿Es eso lo que trata de sugerir?

—Bueno, la pregunta fue si Irán lanzara un ataque nuclear a Israel, ¿cuál sería nuestra respuesta? —respondió Clinton—. Y quiero que los iraníes sepan que si yo soy la presidenta, atacaremos a Irán, y quiero que lo entiendan, porque significa que tienen que mirar muy cuidadosamente a su sociedad. Porque no importa el estado de desarrollo que tenga su programa de armas nucleares, en los próximos diez años, en los que podrían pensar tontamente en lanzar un ataque a Israel, nosotros podríamos aniquilarlos totalmente. Decir eso es algo terrible, pero esa gente que gobierna Irán tiene que entenderlo, porque quizás eso los disuada de hacer algo que sería imprudente, tonto y trágico.[42]

Eso realmente sonó severo, y quizás haya ayudado a Clinton a derrotar al Senador Obama en la elección primaria de Pennsylvania ese día, 55 por ciento contra 45. Pero hubo dos fallas serias en lo que Clinton dijo.

Primero, al ofrecer una estrategia reactiva y no proactiva con respecto a Irán, ella estaba dejando abierta la posibilidad de otro Holocausto. Si los líderes iraníes obtienen ojivas nucleares y pueden unirlas a los misiles balísticos de alta velocidad que ya poseen, Ahmadinejad podría matar a unos seis millones de judíos en alrededor de seis minutos. ¿Qué tiene de bueno decir que Estados Unidos aniquilaría a Irán *después* de que Ahmadinejad o algún sucesor ejecutara otro Holocausto?

Segundo, Clinton y sus colegas del mismo parecer creen que su discurso duro disuadirá a los líderes iraníes de lanzar un ataque nuclear en contra de Israel. Pero ¿lo hará? Recuerde, los líderes iraníes creen que ellos tienen que crear caos y matanzas a nivel global con el fin de dar lugar a las condiciones óptimas para el regreso del Mahdi. Creen que han sido elegidos por Alá para aniquilar a Estados Unidos y a Israel, y para exportar la Revolución Islámica. ¿No es cierto que la única manera remotamente posible, humanamente hablando, es que Irán adquiera armas nucleares y los medios para lanzarlas en contra de Estados Unidos e Israel?

¿Cómo entonces podría Occidente disuadirlos o contenerlos con éxito? Si mueren, estos Radicales creen que van directamente al paraíso. ¿Qué podríamos ofrecerles como incentivo o amenaza que los aleje de lo que ven como su deber dado por Dios, cuando su fracaso en obedecer podría, según ellos, ser desobediencia que merece el castigo de una eternidad en el fuego del infierno?

Muchos en Washington no pueden ver, o rehúsan ver, el problema aquí. El senador de Delaware Joe Biden, por ejemplo, dijo durante su campaña presidencial: "Mi preocupación no es que un Irán con capacidad nuclear algún día sea estimulado, por un fervor mesiánico, a utilizar un arma nuclear como un dispositivo del Armagedón y cometa suicidio nacional para acelerar el regreso del Imán Escondido. Mi preocupación es que el temor de que un Irán con capacidad nuclear active una competencia de armas en el Medio Oriente, con Arabia Saudita, Egipto, Siria y otros que se unan."[43]

Ese segundo asunto es, sin duda, una verdadera preocupación. Pero basado en la evidencia, ¿por qué Biden desecharía tan rápido el primer asunto? Mahmoud Ahmadinejad no es solamente otro dictador hambriento de poder, como los líderes soviéticos o chinos de antaño. Tampoco lo son el Ayatolá Jamenei ni el ayatolá Mesbah-Yazdi, ni sus muchos colegas de los escalones superiores del liderazgo iraní. Ellos no son comunistas. No son ateos. No creen que este mundo sea todo lo que hay. Son fascistas islámicos chiítas. Creen que son los Juanes Bautistas chiítas, los precursores del mesías mesiánico que pronto vendrá. Creen que la misión de su vida es matar millones de judíos y cristianos e introducir un califato islámico. Si mueren, están convencidos de que saben a dónde van.

Pero realmente no creen que van a morir —al menos no en manos de los infieles. En lugar de eso, creen que han sido elegidos para un cargo divino y que nada puede detenerlos. Eso es lo que los hace tan peligrosos. Desafortunadamente, demasiados políticos de Washington —entre los que están Obama, Clinton y Biden— no entienden esto.

Y ese es un problema serio. Entender mal la naturaleza y amenaza de la maldad es arriesgarse a que nos tomen desprevenidos. Entender mal la naturaleza y la amenaza de la Segunda Revolución Iraní podría ser el preludio al genocidio. No podemos arriesgarnos a que nos tomen desprevenidos.

CAPÍTULO TRECE

EL CAMINO QUE ESTÁ POR DELANTE

Mi conversación con el ex director de la Inteligencia Central

ERA UNA BELLA MAÑANA DE DOMINGO en el centro de Bagdad cuando un chico llamado Amar entró a un concurrido centro de votación sin llamar mucho la atención. Aunque tenía diecinueve años, Amar había nacido con síndrome de Down y se creía que tenía la mente de un niño de cuatro años.

Este era un día emocionante en Irak —30 de enero de 2005—, el día de las primeras elecciones verdaderamente democráticas en la larga y atormentada historia del país. A pesar de la intensa violencia sectaria que había asediado al país desde la caída de Saddam Hussein en la primavera de 2003, había largas colas de personas que esperaban emitir su voto, y había un murmullo de emoción alrededor de las urnas. Era algo importante y la gente quería ser parte de eso. En efecto, más de ocho millones y medio de personas en todo el país —58 por ciento de los aptos para votar— llegaron ese día a los centros de votación de los barrios como ése para hacer oír sus voces. Nadie nunca se habría imaginado que Amar podría ser un terrorista suicida.

Pero antes de que alguien se diera cuenta de lo que estaba pasando, Amar se desintegró en una explosión que pudo escucharse a kilómetros de distancia.

Sus padres estaban en casa de unos amigos, celebrando el hecho de que acababan de votar por primera vez. Pero oyeron la explosión, y pronto escucharon un rumor que se esparcía rápidamente en su barrio chiíta de que el terrorista había sido un chico discapacitado. Aterrorizados, corrieron a casa y no encontraron a Amar. "Sus vecinos lo buscaron y uno de ellos identificó la cabeza de Amar, en el pavimento donde había caído," dijo el primo del muchacho a un reportero australiano. "Su cuerpo estaba hecho pedazos. He oído de que [los yihadistas] usan gente muerta, burros y perros para esconder sus bombas, pero ¿cómo pudieron hacerle esto a un muchacho como Amar?"[1]

Las autoridades iraquíes sospechan que los insurgentes habían secuestrado a Amar cuando sus padres fueron a votar; rápidamente le pusieron un chaleco de terrorista suicida y lo enviaron al centro de votación. "Tuvieron que haberlo secuestrado," dijo su primo. "Él era como un bebé. No tenía nada que ver con la resistencia y no había nada en la casa con lo que él pudiera hacer una bomba. Era un chiíta —¿por qué hacer estallar a su propia gente? No tenía discernimiento, pero mayormente era feliz; reía y jugaba con los niños en la calle. Ahora, su padre está inconsolable y su madre llora todo el tiempo."

El ministro del interior iraquí Falah al-Naqib estaba fuera de sí de enojo. "Un chico discapacitado fue utilizado para llevar a cabo un ataque suicida en un centro de votación," dijo enfurecido. "Esta es una indicación de los actos horrorosos que ellos [los seguidores del yihad] están llevando a cabo."[2]

Desafortunadamente, esa no fue la primera vez que los Radicales, que dicen que quieren llegar a ser mártires por Alá, se aprovecharan de los que no pueden elegir su propio destino. Ni sería la última.

La mañana del 1 de febrero de 2008, dos mujeres con retraso mental andaban por las calles abarrotadas de Bagdad. Sin que supieran los que las rodeaban, que debajo de las largas envolturas islámicas que usaban, llevaban chalecos de terroristas suicidas. Una entró al concurrido mercado de al-Ghazl, en el centro de la ciudad. La otra se dirigió a un mercado de aves en un barrio de la sección sureste de la capital y reunió gente a su alrededor, diciendo que tenía aves para vender.

Precisamente a las 10:20 a.m., hora local, la primera mujer estalló, matando a cuarenta y seis personas e hiriendo a por lo menos cien más.

Veinte minutos después, la segunda mujer estalló, matando a veintisiete personas e hiriendo a otras sesenta y siete.

"Inicialmente la policía dijo que la bomba . . . estaba escondida en una caja de aves," reportó la Prensa Asociada, "pero determinó que fue un ataque suicida después de encontrar la cabeza de la mujer."[3]

A medida que se desarrollaban las investigaciones, la policía se dio cuenta de que ambos chalecos terroristas habían sido detonados por control remoto, lo cual sugería que esas pobres mujeres probablemente ni siquiera se dieron cuenta de lo que estaban haciendo —o lo que se les estaba haciendo en el nombre de Alá. Más bien, las autoridades dijeron que probablemente fueron utilizadas por los Radicales debido a que eran mujeres y que no era probable que las revisaran en los puntos de registro, donde la ley islámica prohíbe a los soldados y oficiales de policía varones registrar a mujeres, y donde simplemente hay muy pocas oficiales mujeres que hagan el trabajo.* El hecho de que estas mujeres en particular fueran mentalmente discapacitadas simplemente hizo que el trabajo de los Radicales fuera más fácil.

"Al apuntar a iraquíes inocentes, ellos [los yihadistas] muestran su genuino carácter demoníaco," dijo un portavoz militar de Bagdad. "No les importa nada el pueblo iraquí. Quieren someterlo y a la fuerza crear un estado islámico sharia más grande."[4]

Estoy de acuerdo, y espero que ese portavoz haya sido ascendido y que haya recibido un aumento de sueldo por decir la verdad. Demasiados inocentes han muerto como para que nos quedemos sin decir nada. ¿Cómo se atreve el mundo a mantenerse en silencio en cuanto a lo que los Radicales están haciendo en nombre de Dios? El silencio traiciona y deshonra la memoria de los inocentes que fueron asesinados sin causa.

Así que llamemos al pan, pan y al vino, vino: lo que la Revolución Islámica de 1979 desencadenó en la humanidad fue un mal total y desenfrenado, en forma de crueles asesinos a sangre fría que festejan la muerte, que gozan y se estimulan con el pensamiento y con la vista de sangre humana, y que en privado —y cada vez más en público— tienen fantasías

---

*Las terroristas suicidas se están volviendo más comunes en las operaciones Radicales. Entre 1985 y 2006, más de 220 mujeres fueron terroristas suicidas en todo el mundo, cerca de 15 por ciento del total, según Mia Bloom, autora de *Dying to Kill: The Allure of Suicide Terror* (Muriéndose de ganas de matar: El atractivo del terrorismo suicida).

de desatar otro Holocausto, porque simplemente asesinar a cientos o a miles ya no sacia su deseo profano.

Tres décadas más tarde, esta maldad no se ha contenido. Ni ha disminuido su amenaza. Más bien ha empeorado, porque ahora los Radicales —ya sea los discípulos chiítas del Ayatolá Jomeini o los discípulos sunitas de Osama bin Laden— están al borde de adquirir la tecnología que se necesita para hacer que sus fantasías genocidas sean una realidad.

¿Por qué está durmiendo Occidente? ¿Puede despertarse? ¿Qué depara el futuro y de qué deberíamos estar pendientes en el camino que está por delante?

"LA VIDA NO ES SAGRADA EN SU LIBRO DE JUGADAS"

Unos cuantos días después de los ataques del 1 de febrero en Bagdad, tuve el privilegio de discutir estas mismas preguntas con uno de los oficiales de inteligencia más experimentados y de más alto rango de Estados Unidos.

Porter Goss nació en 1938 y al salir de Yale en 1960 comenzó su carrera como oficial de inteligencia del Ejército de Estados Unidos, durante uno de los años más fríos de la Guerra Fría, que incluyó la Crisis Cubana de Misiles, antes de que lo reclutara la Dirección General de Operaciones de la Agencia Central de Inteligencia. Allí trabajó como agente clandestino en América Latina, el Caribe y Europa desde 1962 hasta 1972, cuando una grave enfermedad lo obligó a retirarse.

Con su esposa, Mariel, se establecieron en el sur de Florida, donde Goss dirigió algunos negocios, fue elegido alcalde de su ciudad y finalmente ganó un escaño en el Congreso en 1989. Durante ocho de sus dieciséis años en la Cámara, Goss fue presidente del Comité Selecto Permanente de Inteligencia de la Cámara, antes de que el Presidente Bush lo nombrara como director de la Inteligencia Central en agosto de 2004, reemplazando a George Tenet. Goss se retiró de la Agencia y de la vida política el 26 de mayo de 2006, después de casi medio siglo de servicio a su país.

Lynn y yo conocimos a Porter y a Mariel en una cena en diciembre de 2007, en una pequeña posada rural no lejos de las montañas de Shenandoah, en la parte rural de Virginia. Unos amigos mutuos organizaron la reunión al enterarse de que los Goss no sólo tenían una copia de mi libro *Epicentro*, sino que ambos lo habían leído varias veces. Cuando llamaron para ver si queríamos reunirnos, no lo dudamos ni un instante. Al contrario, lo consideramos un honor.

Los Goss no pudieron haber sido más amables y sencillos cuando Lynn y yo les pedimos que compartieran sus historias y perspectivas de sus admirables años de saber lo que pocos saben y de ver lo que pocos ven.

Porter nos contó que, como presidente del comité de inteligencia de la Cámara, había estado en la frontera de Paquistán con Afganistán con oficiales de inteligencia paquistaníes en agosto de 2001, para informarse más acerca de los riesgos terroristas que surgían en la región. Después narró que la mañana del 11 de septiembre, en una reunión con el director de la inteligencia paquistaní en un salón de conferencias protegido en el Capitolio de Estados Unidos, un asistente le pasó una nota que decía que un avión acababa de chocar en una de las torres del World Trade Center. Como muchos, no lo pensó mucho al principio, creyendo que probablemente era un avión pequeño que se había desviado. Pero cuando un asistente volvió a entrar al salón unos momentos después para darle otra nota, en la que decía que la segunda torre acababa de ser atacada, Goss instantáneamente supo que era terrorismo. Le dio la nota al copresidente de su comité, Senador Richard Shelby de Alabama, quien entonces le entregó la nota al jefe de inteligencia paquistaní. El color desapareció de la cara del hombre. Se trataba de al Qaeda. No tenían duda de eso. La guerra de los Radicales para destruir a Estados Unidos finalmente había llegado a casa.

Cuando nos sentamos en febrero de 2008 para una entrevista en un salón que daba al Capitolio, le pregunté a Goss precisamente cuán seria creía que era la amenaza del islam Radical, y de los seguidores del yihad, para la seguridad nacional de Estados Unidos.

"Es una amenaza extraordinariamente seria," respondió. "Es algo en lo que hemos sido muy lentos para enfrentar como país —y que requerirá de generaciones para remediar. . . . Creo que en los bombardeos de Beirut fue cuando comenzamos a pensar repentinamente en cuanto al terrorismo como una amenaza a la seguridad nacional, junto con el secuestro de los rehenes en el Líbano, y cuando un jefe de estación fue maltratado y asesinado brutalmente a principios de la década de 1980.* De repente, el léxico de la seguridad nacional incluía las palabras *terrorismo* y *terrorista*.

"Después tuvimos toda una lista interminable de otros ataques, todas las explosiones y bombardeos, el ataque al *Cole* y ataques a nuestras embajadas. La amenaza yihadista es distinta y más peligrosa, en algunas maneras, a las demás amenazas históricas. Utilizan terroristas suicidas en esta guerra asimétrica que tienen. La artillería humana —especialmente mujeres jóvenes— es una nueva experiencia para nosotros. Piense en eso —artillería *humana*. Están usando vidas humanas para salir y hacer estallar a la gente. La vida no es sagrada en su libro de jugadas. El martirio y su recompensa superan al Código de Justicia Militar de Estados Unidos, ni qué decir de nuestra Constitución y Carta de Derechos. Para ellos, todo gira alrededor de Alá y cualquier cosa que sea la voluntad de Alá. No sabemos cómo enfrentar esto. Tenemos que aprender nuevas maneras de tratar con lo que los Radicales hacen, pero primero tenemos que comenzar a entender cómo piensan, y no hemos dado ese primer paso."[5]

Goss me dijo que "todos los ingredientes están en su lugar para que los islamistas Radicales recluten, se expandan y hagan daño. Generalmente entienden nuestras debilidades. Su deseo de hacernos daño no menguará. La enseñanza Radical continuará. Los recursos fluirán —incluso el dinero del petróleo— para armar y entrenar mártires. Continuarán aprovechándose de nuestra sociedad abierta para atacarnos, y continuarán explotando nuestra sensibilidad a la tolerancia y a los derechos humanos para tratarnos brutalmente, mientras que afirman que son las 'víctimas' del 'Satanás Malo.' Los yihadistas buscan destruir nuestros valores esenciales y creencias, y reemplazarlos con los suyos. Tienen la energía, están determinados y saben cómo explotar la guerra desigual para sus propósitos. Tienen resistencia, apoyo sustancial, paciencia eterna. Si se les permite más fortaleza, particularmente alguna forma de armas de destrucción masiva, enfrentamos un tiempo fatal y urgente."

---

*Goss se refería a William Buckley, el jefe de estación de la CIA en Beirut, que fue secuestrado por Hezbolá el 16 de marzo de 1984 y después fue asesinado en junio de 1985.

LOS SIETE GRANDES

Le pregunté a Goss, en base a toda su experiencia y a todo lo que ha visto —confidencial y de dominio público—, qué países o tendencias del epicentro lo preocupaban más, treinta años después de la Revolución Islámica. Goss presentó siete amenazas que está rastreando de cerca.

Amenaza no. 1: Irán

La amenaza más grande para la seguridad nacional de Estados Unidos, para la seguridad de Israel y para la seguridad de nuestros aliados en Europa y el Medio Oriente es la República Islámica de Irán, siempre y cuando los Radicales sigan dirigiendo las cosas allí, sostuvo Goss.

—Mahmoud Ahmadinejad es un populista carismático, estimulado por una visión fantástica —advirtió Goss—. Es peligroso. No cabe la menor duda en mi mente de que Irán está buscando activamente una capacidad de armamento militar nuclear que incluya un sistema de lanzamiento de largo alcance. Buscan el conocimiento en múltiples fuentes y han comprado años de tiempo al prolongar negociaciones poco sinceras con la Unión Europea, la ONU y la OIEA. Han manipulado los intereses personales chinos, rusos y franceses para su provecho. No tengo la mínima duda de que Ahmadinejad y la gente de las fuerzas militares de Irán estén buscando la Bomba Persa con fines militares. No se trata solamente del poder nuclear pacífico. Para comenzar, tienen suficiente petróleo, por lo que suena algo ridículo, pero es una situación muy, pero muy peligrosa. Ahmadinejad quiere ser realmente un jugador en el club nuclear. Si se permite que eso suceda, de repente estamos hablando de un arma nuclear en manos de un Radical en el califato. Ese sería un momento decisivo sumamente trascendental en el mundo geopolítico.

—¿Cuánto falta para que Irán tenga en realidad armas nucleares operativas? —pregunté.

—Depende de cómo las obtengan —respondió—. Si engañan y compran una, todo es posible. Pero pienso que si no la compran, si no pueden encontrar a alguien que se las venda, creo que la respuesta es que usted podría ver un arma, si no intervienen otros factores, en un rango de cinco a diez años. Ya sea que sigan el camino del uranio o del plutonio, eso no importa mucho. Estamos viendo que Irán podría adquirir el conocimiento en un par de años, un arma real quizás en cinco o diez, y luego quizás una capacidad que los convierta en un gran jugador si el resto del mundo no interviene y deja que eso suceda, pero eso es algo que en este momento no puedo juzgar. No sé qué es lo que el resto del mundo va a hacer. Mi cálculo se basa en algunas perspectivas conflictivas y reevaluaciones de años recientes. Pero no se trata de *si*, sino de *cuándo*.

—Entonces, cuando usted piensa en Irán en el transcurso de unos cuantos años, ¿qué es lo que más le preocupa? —pregunté.

—Que alguien que tiene pasión y no tiene control obtenga un arma nuclear, y el candidato más probable para eso ahora mismo es Ahmadinejad —dijo.

"Ahora mismo" fue la frase más importante de esa oración. Sin embargo, Goss observó que la popularidad de Ahmadinejad ha estado descendiendo en Irán y que este persa Radical quizás no esté por mucho más tiempo.

"Este tipo Ahmadinejad difícilmente es un político experimentado," explicó. "Es un poco populista. El problema es que eso ya no funciona. . . . Su falta de habilidad administrativa en tiempo real está erosionando su encanto entre la ciudadanía iraní, a medida que las cosas prometidas por la plataforma de su campaña no se ven por ningún lado. . . . Cada día, los iraníes están mucho más interesados en su pan diario que en el regreso del Duodécimo Imán. Por lo que ahora está comenzando a generarse una desunión. Esa desunión está siendo exagerada ahora por la tecnología, Internet. Ya no es tan popular o tan estimado como él cree que debería serlo. Creo que Ahmadinejad está en descenso. No creo que lo que está haciendo sea sostenible."

En este contexto, es importante observar que mientras que Ahmadinejad progresivamente podría estar en problemas políticos, no es el único líder de Irán que pronto podría salir de la escena política. La salud del Líder Supremo del país, el Ayatolá Jamenei —que nació el 7 de julio de 1939— es mal y empeora y, durante los últimos años, se le ha visto cada vez más débil en las apariciones públicas. Supuestamente tiene cáncer y es posible que haya sufrido un derrame cerebral en diciembre de 2006 o enero de 2007.[6] Además, ambos líderes enfrentan la posibilidad de asesinato, de un golpe de estado, de una rebelión popular o de un cambio de régimen de alguna otra manera.

Por lo tanto, en algún momento del futuro no muy lejano, podríamos ver un cambio dramático en la política iraní. La pregunta es, cuando Jamenei y Ahmadinejad ya no estén en el poder, ¿qué dirección tomará un nuevo gobierno iraní? ¿Continuarán exportando la Revolución los nuevos ayatolá y presidente; completarán el programa de desarrollo de armas nucleares; actuarán más, en público y en privado, para acelerar la llegada del Mahdi; intentarán tomar de los sunitas las "tierras santas" de La Meca y Medina; lanzarán ataques genocidas en contra de Israel, Estados Unidos y otros? ¿O revertirán el Radicalismo que se puso en acción en 1979, abandonarán la búsqueda de la Bomba Persa o entibiarán el fanatismo de los mulás o hasta eliminarán completamente la amenaza del Radicalismo al transformar a Irán, ya sea en una república democrática secular, no violenta, o en una monarquía constitucional?

Todo depende, por supuesto, de quién seguiría a Jamenei y Ahmadinejad. Pero Goss tiene razón —los riesgos son altos, y para el futuro previsible Irán es uno de los países más importantes del mundo islámico que hay que vigilar.

Amenaza no. 2: Al Qaeda y Osama bin Laden

Osama bin Laden y su organización están en un cercano segundo lugar en la lista de amenazas de Goss.

—En realidad hay algunos que todavía no creen que Osama bin Laden exista, que solamente es un mito, un personaje de Hollywood o algo así. Recuerdo que el presidente de Estados Unidos, después del 11 de septiembre, pasó por un tiempo difícil convenciendo a algunos de nuestros aliados cercanos que había una persona llamada Osama bin Laden. Pero bin Laden es un enorme peligro. Ahora es un ícono, por supuesto. Tiene una visión. Tiene carisma. Y se ha asociado con un administrador/ manipulador imponente, un tipo muy astuto que se cree la gran víctima de todos los tiempos, un tipo que se llama Zawahiri, de Egipto.

»Algunos yihadistas son creyentes genuinos, pero otras motivaciones, como el honor familiar o tribal, el nacionalismo, los cismas en el islam, las condiciones de vida desesperantes, la victimización percibida, la injusticia y cosas semejantes pueden estar involucradas. Pero para el liderazgo principal de al Qaeda, y muchos de los imanes Radicales, es simplemente una búsqueda de poder que se basa en una versión secuestrada del Corán. Lo que bin Laden y Zawahiri quieren es su propio método, que incluye búsqueda de poder, venganza, alguna recompensa terrenal y el regreso del islam al sunismo más puro. Destruir apóstatas, sacar a los infieles de las tierras santas [de Arabia Saudita e Israel] y finalmente subyugar a los infieles de todas partes (entre los que está Estados Unidos) parece ser el plan de juego.

—Usted, esencialmente, estuvo a cargo de la caza de bin Laden por casi tres años —observé—. ¿Por qué ha sido tan difícil atraparlo? ¿Habría esperado que más de seis años después del 11 de septiembre todavía estuviera fugitivo?

—¿Por qué no lo hemos atrapado [a bin Laden] después de tantos años? Bueno, hay muchísimas razones —dijo Goss suspirando—. En primer lugar, la geografía [a lo largo de la frontera de Paquistán] es tan escabrosa que ni siquiera se la puede explicar. A pesar de que puede verlo, no puede creerlo. Hay lugares donde los riscos son muy empinados, están tan cerca unos de otros, y el abismo es tan estrecho que el sol sólo brilla por unos minutos al día en el mismo fondo del abismo. Incluso con un helicóptero es difícil ver hacia abajo. He visto ese terreno. No sé cómo alguien puede andar por allí. Pero claro que hay cuevas en todo el lugar. No hay puntos de referencia. Todo se ve como todo lo demás. No hay refugio [para los agentes o comandos de Estados Unidos] para que se ande por allí. Por lo que es un área muy difícil de penetrar, un área muy difícil para sobrevivir. Y uno no sólo va y dice: "Creo que alquilaré un cuarto en la posada que está por allá y voy a ver si encuentro a bin Laden." No es esa clase de lugar en absoluto. Por lo que él tiene un sistema de vigilancia incorporado para mantener fuera a los tipos malos. La geografía funciona magníficamente para él. También utiliza un sistema de mensajes y para nosotros es muy difícil ocuparnos de él porque ha aprendido, y no precisamente por las buenas, lo que podemos y no podemos hacer, por lo que ellos han tomado medidas defensivas y contramedidas que son muy útiles.

La otra parte de la historia de cómo bin Laden ha podido eludir la captura, observó Goss, es que Estados Unidos está severamente limitado por la clase de fuerza que puede utilizar, y el lugar donde puede utilizarla.

"Permítame explicárselo," dijo Goss. "Digamos que recibo un mensaje de mi oficina que dice: 'Sr. Director, sabemos dónde está Osama bin

Laden; podemos ubicarlo exactamente aquí. Tenemos información verdadera de que Osama bin Laden está justo en este lugar.' Entonces tiene que preguntarse: ¿puede alguien ir a arrestarlo? O sea, ¿cuál es la situación? Acabo de explicar que está en un área geográfica muy hostil. Digamos que he ubicado la cueva y sé que es él. ¿Quién va a la cueva? ¿Cómo llega? Bueno, ¿en qué país está? Digamos que es Paquistán, porque se ha sugerido en los periódicos que en realidad podría estar en la frontera noroeste de Paquistán. Si eso es cierto, tenemos que ir a Paquistán si vamos a utilizar a nuestro ejército. Ahora, ¿se le va a permitir a nuestro ejército entrar a Paquistán para cazar a bin Laden? No, no se les permitirá. ¿Pueden ir sin el permiso de los paquistaníes? No, ellos son un estado soberano. Hemos firmado tratados. Entonces, nuestro ejército no es un participante en esto a menos que los paquistaníes lo inviten. Si algún presidente de Paquistán invitara al ejército de Estados Unidos a entrar a Paquistán para que atrape a Osama bin Laden, creo que rápidamente se convertiría en el *ex* presidente. Ese factor de estabilidad desaparecería, y tendría caos en las calles. Por lo que el ejército de Estados Unidos, sin duda alguna, no es el agente activo. Está bien, ¿tiene Estados Unidos la capacidad además de la militar que podría poner en práctica si tuviera información verdadera de dónde está Osama bin Laden? La respuesta es sí, en realidad tenemos algunas habilidades. Ahora, la pregunta es: ¿podemos usarlas? Y la respuesta, frecuentemente, es no."

Aquí Goss no quiso dar más explicaciones. Estaba sugiriendo claramente que los servicios clandestinos de Estados Unidos —de los que una vez él mismo fue miembro— en teoría podrían asaltar algún refugio en la frontera de Paquistán, pero una vez más, operar en la tierra de nadie en la frontera Afganistán-Paquistán sin el apoyo del gobierno paquistaní es inmensamente problemático.

Sin embargo, al decir esto Goss fue optimista, creyendo que la misión se llevaría a cabo. "Creo que Osama bin Laden finalmente será eliminado," dijo. "Será capturado o neutralizado de alguna manera."

Amenaza no. 3: Paquistán

Paquistán es importante en la lista de amenazas de Goss. Como un país con más de 170 millones de personas, Paquistán es el centro del fundamentalismo sunita extremo. Tiene armas nucleares. Y no es exactamente

el país más estable. Si los Radicales tomaran control del país repentinamente, o si el país se desintegrara en caos o guerra civil, Paquistán, en
cuestión de horas o días, podría convertirse en el país más peligroso de
la faz del planeta.

"Creo que esta es ahora la nueva Situación Catastrófica, si una de
estas armas nucleares, o esta capacidad, cae en manos de gente irresponsable que haya declarado que quiere borrar nuestra forma de civilización
occidental porque es apóstata," explicó Goss. "La pesadilla, excesivamente
posible, de asesinato, caos y anarquía en Paquistán podría llevar a que
la capacidad nuclear del país cayera en las manos equivocadas. Las 'más
equivocadas' de estas serían las del Talibán y los grupos religiosos fanáticos relacionados, que actualmente están restringidos por falta de potencia
de fuego. Sería un desastre que el ejército paquistaní perdiera el control
del armamento serio de Paquistán —incluso de las armas de destrucción
masiva— y vale la pena observar que sí existen fisuras dentro del mismo
ejército. Parece que no es inusual que la información estratégica y táctica
se difunda entre nuestros enemigos a través del Ejército paquistaní y/o
miembros de la inteligencia que son más solidarios con esa causa [Radi-
cal] que con nosotros. Lamentablemente, algunos son más solidarios con
el Talibán, especialmente en cuanto a Cachemira y a las distinciones
tribales que han durado generaciones."

Si las armas nucleares de Paquistán se vendieran a —o fueran robadas
por— al Qaeda o a los Talibanes y se trasladaran a las tierras ingoberna-
bles de la frontera entre Afganistán y Paquistán, o a las mismas montañas
de Afganistán, Goss dijo que podríamos enfrentarnos "a la Situación
Catastrófica —o por lo menos a la próxima gran guerra." Otro riesgo
que observó es que las armas nucleares paquistaníes terminen en manos
de los iraníes. "Ellos tienen a alguien que está en control de los Guardias
de la Revolución iraníes que difícilmente es responsable como jugador
mundial," dijo Goss del actual régimen de Teherán. "Nadie querría ver
un arma nuclear en sus manos."

Washington "apuesta que Paquistán evolucionará con éxito con las
normas 'democráticas' antes de que los locos puedan tomar el control,"
observó Goss, pero agregó que "el progreso hacia la libertad de reunión,
los derechos de la mujer, las elecciones parlamentarias, etc., ha sido irre-

gular. Esto le ha dado alas a más inestabilidad política, y la situación podría ponerse mucho peor."

—¿Qué tan grande fue el desastre, en cuanto a inteligencia, cuando Paquistán e India hicieron pruebas con armas nucleares en 1998 y la CIA no tenía idea de que estuvieran listos? —pregunté—. ¿Y qué nos dice eso en cuanto al peligro de que la CIA no se entere cuando Irán tenga la Bomba?

—El hecho de que hemos pasado por alto el desarrollo de la capacidad nuclear en estados soberanos es preocupante —admitió Goss—. Creo que hemos reforzado la capacidad de nuestra inteligencia, pero podría suceder otra vez. La posibilidad de que alguien surja como potencia nuclear, o que ocurran sucesos que nos sorprendan en el escenario nuclear, todavía es una posibilidad. Y siempre lo será porque hay muchas cosas que suceden detrás del telón. Nuestra inteligencia simplemente tiene que mejorar en este aspecto.

Cuando entrevisté a Goss, Pervez Musharraf todavía era presidente de Paquistán, y le pedí a Goss que evaluara la capacidad de Musharraf para mantener la estabilidad en su país, así como su habilidad para transformarse en un Reformador genuino.

"Estaríamos a un paso de la anarquía en Paquistán si alguien realmente tuviera éxito en un intento de asesinato del Presidente Musharraf," dijo Goss contundentemente. "Ahora, ya sea que usted piense que el Presidente Musharraf fue el mejor presidente o no, eso no importa. . . . Él ha tratado de ser un poco progresista en cuanto a la democracia, pero la opinión popular no lo deja ir muy lejos. Tiene un desfile muy difícil para dirigir allí. Ha hecho un trabajo bastante bueno, creo, al dar una medida de estabilidad, al darle al país una oportunidad de seguir adelante. Al mismo tiempo, nosotros [en Washington] tomamos muy en serio el contener la proliferación nuclear, y tenemos su colaboración en cuanto a esto, al detener lo que la organización de A. Q. Khan* estaba haciendo con otra gente irresponsable y al tratar con los terroristas. Ahora, si alguien tiene suerte y sacan a Musharraf, tendremos anarquía. Es difícil decir quién surgirá del montón cuando todo termine. Uno

---

*Dr. Abdul Qadeer Khan fue el padre del programa de armas nucleares de Paquistán. En 2004, confesó haber vendido diseños, equipo y consejo técnico a Irán, Libia y Corea del Norte para desarrollar sus programas de armas nucleares.

espera que el ejército paquistaní sea capaz de mantener el control de la maleta nuclear de Paquistán. Uno asume que eso puede suceder y hace lo que puede para asegurarse de que suceda. Pero no necesariamente ocurrirá. Entonces, la pregunta prevalece. Si tenemos caos en Paquistán, ¿quién surgirá con las armas? Y la respuesta es: no debe ser la gente inapropiada."

Después de sobrevivir a repetidos intentos de asesinato durante su período —los eventos se relatan muy vívidamente en sus memorias, *In the Line of Fire* (En la línea de fuego)— Pervez Musharraf finalmente renunció en agosto de 2008, bajo la tremenda presión de sus enemigos políticos. Entonces, quizás ahora más que nunca, Paquistán es un país al que hay que observar muy de cerca.

Amenaza no. 4: Irak

Irak sigue siendo un país crucialmente importante para la seguridad nacional de Estados Unidos y la seguridad total de la civilización occidental. Si hiciera implosión, esto sería visto por todo el mundo islámico como una derrota catastrófica para Estados Unidos y un éxito de proporciones milagrosas tanto para los grupos chiítas como para los sunitas que han estado emprendiendo el yihad en contra de las fuerzas de la Coalición desde poco después de la liberación de Irak en 2003. El reclutamiento Radical ascendería vertiginosamente. La recaudación de fondos para los Radicales alcanzaría nuevas alturas. E Irak podría llegar a ser un nuevo campamento base para terroristas, que entonces se diseminarían por todo el mundo para atacar los intereses estadounidenses y occidentales con venganza y ferocidad renovadas.

"Irak tiene que salir bien," dijo Goss. "No hay otra alternativa más que todo nos salga bien en Irak, porque si no es así, todo lo demás saldrá mal en la región. Así que, ya sea que Irak sea o no el centro de la batalla entre el Radicalismo y la Reforma, ahora es el capítulo más importante. Y no podemos darnos el lujo de irnos de Irak sin hacer que ese país quede moderado y resuelto, con un grado de estabilidad y progreso, calidad de vida, etc., y con la seguridad de que continuaremos siendo sus amigos para que logren esas metas. Creo que tendrá un gran efecto benigno en el área. No lograr esto ocasionaría un efecto tan catastrófico en el área que creo que otros progresos se desbaratarían rápidamente en estados cercanos."

Habiendo dicho esto, Goss se sentía optimista en cuanto al futuro de Irak en febrero de 2008, y continuó así durante el año. Se opuso a cualquier reducción rápida en los niveles de tropa de Estados Unidos y de la Coalición, que se podría percibir como una política de "salir corriendo." Pero se sentía animado por la firme reducción de violencia allí y, a diferencia de veintenas de críticos y pesimistas en Washington, estaba profundamente convencido de que Irak con el tiempo surgiría como un país pacífico y próspero.

"Espero que Irak pueda evolucionar como una nación soberana responsable en el futuro cercano," me dijo Goss, al oponerse con gusto a la sabiduría convencional en ese entonces. "Tiene la bendición de ubicación, recursos, agua, suelo fértil y una rica historia y cultura, y no es particularmente vulnerable a la invasión extranjera del enemigo. Equilibrar los niveles de poder y compartir las bendiciones entre los sunitas, chiítas y kurdos no son tareas insuperables. Reconstruir la infraestructura seriamente agotada y resistir algunos malos hábitos de los días antiguos requerirá de tiempo y buena voluntad. Creo que la mayoría de iraquíes estaría de acuerdo ahora en que una inversión de tiempo y buena voluntad es una idea mucho mejor que su reciente experiencia pasada. Sí, hay algunas señales positivas, especialmente el votar y el formar un gobierno, el hacer que algunos negocios se instalen y funcionen, el brindar mejor seguridad en las calles y la confianza de que los amigos de Occidente son confiables para ofrecerles ayuda. Los servicios del gobierno están siendo restablecidos a un nivel profesional, aunque desigualmente. Se está imponiendo la capacitación profesional del ejército y de la policía, aunque desigualmente. Creo que para nosotros, Irak será un aliado muy estable y confiable en un vecindario difícil, en la década que tenemos por delante."

Siempre y cuando, insistió, no hagamos algo tonto.

Amenaza no. 5: Arabia Saudita

Los sauditas han sido proveedores clave de petróleo a Occidente durante la mayor parte del siglo, y generalmente la familia real ha estado cerca de funcionarios en Washington, esperando mantener la estabilidad de su régimen y mantener el flujo de petrodólares de Estados Unidos. Pero Arabia Saudita también es:

- el hogar de La Meca y Medina;
- el lugar donde nació Mahoma, el fundador del islam;
- el lugar donde se escribió el Corán;
- el lugar donde nació Osama bin Laden;
- el lugar donde nacieron quince de los diecinueve secuestradores del 11 de septiembre, responsables de la muerte de casi tres mil estadounidenses;
- el lugar del bombardeo de las Torres Khobar en 1996, que mató a diecinueve estadounidenses e hirió a otros 372;
- y la fuente de enorme transferencia de riqueza a organizaciones terroristas como al Qaeda, Hamas y Hezbolá.

Goss sostuvo que, a la larga, vamos a tener que tratar con los sauditas, de una manera o de otra.[7]

"Aunque Irak es históricamente un punto vital, no creo que necesariamente sea el campo de batalla central, ni el último, en la lucha entre los Radicales y los Reformadores," dijo. "Mi candidato de dónde podría ocurrir la batalla más grande entre los Radicales y los Reformadores del islam no está lejos de donde comenzó todo en 600 d.C —Arabia Saudita. Si usted va a responder preguntas en cuanto a qué es el islam verdadero, tiene que ir a la fuente. No soy optimista en cuanto a que se pueda encontrar una solución pacífica. La riqueza y el wahhabismo fluyen de Arabia Saudita, así como incontables 'terroristas homicidas,' lo hacen a las candentes zonas epicéntricas. El arreglo que el régimen tiene con los clérigos fanáticos, así como su enfoque al estilo de 'asunto de familia' para los terroristas capturados, sugiere un aterrizaje muy difícil cuando los posoctogenarios vuelvan a la tierra."

Amenaza no. 6: Hamas y Hezbolá

No se olvide de las hermanas gemelas del Radicalismo, que están apoyadas por Irán y que buscan aniquilar a Israel con alguna clase de evento cataclísmico, insistió Goss. Específicamente hizo la advertencia de "sucesos que diariamente encienden la mecha en Gaza" y que los sunitas Radicales de Hamas, podrían usar para desencadenar una invasión israelí y una posible reafirmación del control sobre Gaza. También advirtió de "una gran explosión" por parte de los Radicales chiítas de Hezbolá, que podría "enardecer todavía más a los fanáticos" en contra de "cualquier tolerancia de Israel," por parte del gobierno del Líbano, o de "cualquier otra clase de política moderada" en Beirut. Una captura violenta del gobierno del Líbano por parte de Hezbolá, o un toma efectiva a través de elecciones manipuladas, son posibilidades muy reales.

Amenaza no. 7: Seguridad de la energía

"No se puede ignorar al petróleo cuando se habla de seguridad," me dijo Goss, al completar su lista de las principales amenazas que hay que considerar en los meses y años futuros. "Sí, hay suficiente petróleo para las necesidades previsibles del futuro cercano, pero mucho de eso parece estar en los lugares equivocados o en manos no confiables. No se trata de ahorrar en el aire acondicionado o en la calefacción voluntariamente —ni de racionar en la gasolinera por los precios altos. La producción en las áreas conflictivas y la distribución a través de canales vulnerables plantea cuestiones de disponibilidad, no obstante el precio.

La gran interrogante, dijo, es: "¿Cuán lejos irá cualquier nación con poder militar para asegurar la entrega de energía para sostener la calidad de vida y/o viabilidad política de su país?"

Goss no estaba dando fórmulas de política de cómo, exactamente, Estados Unidos o cualquier otro país debería maximizar la seguridad de la energía para la siguiente generación. Sencillamente estaba observando que nuestros enemigos están utilizando el petróleo como un arma en contra de nosotros.

Dos semanas después de nuestra entrevista, Michael McConnell, director de inteligencia nacional de Estados Unidos, hizo el mismo planteamiento ante el Congreso. "Los países de la OPEP ganaron aproximadamente $690.000 millones por exportación de petróleo el año pasado, casi tres veces las ganancias que obtuvieron en 2003," observó McConnell. "Las ganancias aumentadas también han permitido que los productores como Irán, Venezuela, Sudán y Rusia acumulen ventajas políticas, económicas y hasta militares, y han complicado esfuerzos multilaterales para enfrentar problemas como la tragedia de Darfur y el programa nuclear de Irán."[8]

Pocos estadounidenses se dan cuenta de que los líderes de al Qaeda e Irán, explícitamente, han seguido la política de un yihad económico en contra de Estados Unidos.

> "Si se destruye su economía, se ocuparán de sus propios asuntos y no de esclavizar a los pueblos débiles. Es muy importante concentrarse en atacar la economía de Estados Unidos por todos los medios posibles." —*Osama bin Laden, diciembre de 2001*[9]
>
> "También aspiramos a continuar, con el permiso de Alá, con la destrucción de la economía estadounidense." —*Dr. Ayman al-Zawahiri, septiembre de 2002*[10]
>
> "Junto con los muyahidines de Afganistán, sangramos a Rusia por diez años hasta que fue a la bancarrota y se vio obligada a retirarse en derrota. . . . Continuamos esta política de sangrar a Estados Unidos al punto de la bancarrota. . . . Al Qaeda gastó $500.000 en [los ataques del 11 de septiembre], mientras que el incidente y sus resultados le han costado a Estados Unidos más de medio billón de dólares. Esto significó que, con la Gracia de Dios, cada dólar que al-Qaeda gastó le costó a Estados Unidos un millón de dólares y una gran cantidad de empleos. . . . Esto demuestra el éxito del plan de sangrar hasta la bancarrota." —*Osama bin Laden, octubre de 2004*[11]
>
> "No se puede encontrar en Estados Unidos a ningún político que sea capaz de salvar la economía de Estados Unidos de este desplazamiento hacia el valle del colapso." —*Mahmoud Ahmadinejad, abril de 2008*[12]
>
> "En estos días, [aunque] todavía no ha ocurrido ningún incidente, los precios del petróleo han subido de $12 a $120 el barril. Ahora, traten de calcular cuánto subirá [el precio] de este artículo esencial si el enemigo actúa de una manera temeraria." —*Mohammad Ja'far Assadi, comandante del Cuerpo de la Guardia Revolucionaria iraní, agosto de 2008*[13]

Como lo observó el Comandante Assadi, esta política del yihad económico en contra de Estados Unidos y Occidente ha estado funcionando, especialmente cuando se trata de subir el precio del petróleo, y de esta manera forzar a los occidentales a transferir su riqueza a estados controlados por los Radicales. Piense en las siguientes tendencias:[14]

- **1973:** El petróleo estaba a menos de $5 el barril cuando el embargo del petróleo árabe en contra de Occidente comenzó. La gasolina estaba apenas a 39 centavos el galón.
- **1979:** El petróleo estaba a $13 el barril cuando la Revolución Iraní comenzó. La gasolina estaba a 90 centavos el galón.
- **1981:** El petróleo estaba a $37 el barril cuando la Guerra Irán-Irak estaba en marcha. La gasolina estaba a $1,38 el galón.
- **1988:** El petróleo cayó a $15 el barril cuando la Guerra Irán-Irak terminó. La gasolina estaba a 95 centavos el galón.
- **1998:** El petróleo cayó a solamente $10 el barril, después de la primera Guerra del Golfo, un tratado de paz entre Israel y Jordania, y un régimen moderado en el poder de Irán con el presidente Mohammad Khatami. La gasolina estaba a $1,06 el galón.
- **2000:** El petróleo subió a $30 el barril después de los ataques de al Qaeda en contra de embajadas de Estados Unidos en África y en contra del USS *Cole*, el colapso de las pláticas de paz árabe-israelíes en Camp David y la explosión de la segunda intifada, junto con la creciente demanda de China e India. La gasolina estaba a $1,51 el galón.
- **Junio de 2008:** El petróleo aumentó a un precio récord de $135 el barril, después de los ataques del 11 de septiembre; de la guerra en Afganistán; de la guerra en Irak; de la insurgencia en Irak; de los repetidos ataques terroristas de al Qaeda en todo el mundo; de la elección de Mahmoud Ahmadinejad; de las amenazas de Irán de quitar a Israel del mapa; de la guerra de Hezbolá en contra de Israel; de las crecientes pláticas de un posible ataque preventivo por parte

de Estados Unidos o Israel en contra de Irán; y de amenazas iraníes de destruir cisternas y barcos navales de Estados Unidos, que pasaban a través de los Estrechos de Ormuz, los angostos pasajes navegables, estratégicamente vitales entre el Océano Índico y el Golfo Pérsico, por los cuales unos 17 millones de barriles de petróleo son transportados todos los días. La gasolina estaba a $4 el galón.[15]

Mientras que los precios globales del petróleo y de la gasolina seguirán subiendo y bajando en años futuros por una diversidad de razones, algunas geopolíticas y otras relacionadas con la oferta y la demanda, hay que plantear una pregunta crucial: ¿qué está haciendo Estados Unidos para proteger nuestra seguridad de energía, liberarnos del petróleo del Medio Oriente y aislar nuestra economía de las estrategias de los Radicales que esperan desangrarnos?

Hasta aquí, muy poco.

Sin embargo, deberíamos hacer todo lo posible para llegar a ser más eficaces y encontrar fuentes alternativas de energía.

También deberíamos perforar para encontrar más petróleo en nuestro país.

Aunque parezca increíble, desde la Revolución Iraní, la producción de crudo de Estados Unidos ha *caído* en 37 por ciento. En 1979, la producción doméstica de petróleo crudo en Estados Unidos fue de 8.552 barriles por día. Para 2006, habíamos disminuido a 5.136 millones de barriles al día.[16] En 1982, Estados Unidos impuso, en efecto, una prohibición federal a la perforación de pozos petroleros en la Plataforma Continental Externa. Pero los precios, la tecnología y las condiciones geopolíticas han cambiado drásticamente desde entonces.[17]

Es hora de perforar. Según el Departamento del Interior de Estados Unidos, "asumiendo la tecnología existente, hay aproximadamente 112 miles de millones de barriles de petróleo técnicamente recuperable en tierra y en aguas estatales."[18] Correcto —Estados Unidos tiene *por lo menos* 112 miles de millones de barriles de reservas de petróleo comprobados, precisamente aquí en casa.

Para poner eso en perspectiva, tenemos casi la mitad de las reservas que Arabia Saudita tiene (267 miles de millones de barriles), y casi tanto como el mismo Irán tiene (136 miles de millones de barriles). Como lo observó el *Investor's Business Daily* en un editorial publicado mientras yo escribía este libro, 112 miles de millones de barriles de petróleo es suficiente "para accionar 60 millones de automóviles durante 60 años," y "eso sin contar el billón de barriles que están encerrados en el esquisto —tres veces las reservas totales de Arabia Saudita."[19]

¿Por qué no estamos haciendo todo lo que podamos para sacar nuestro propio petróleo, en nuestro país, y construir las instalaciones necesarias para refinar el petróleo estadounidense, empleando trabajadores estadounidenses para que hagan el trabajo? Esos pasos nos dirigirían en la dirección correcta para bendecir a nuestra propia gente, para resguardar nuestra economía y dejar de transferir cientos de miles de millones de dólares a países pertenecientes a los Radicales Islámicos o controlados por ellos.

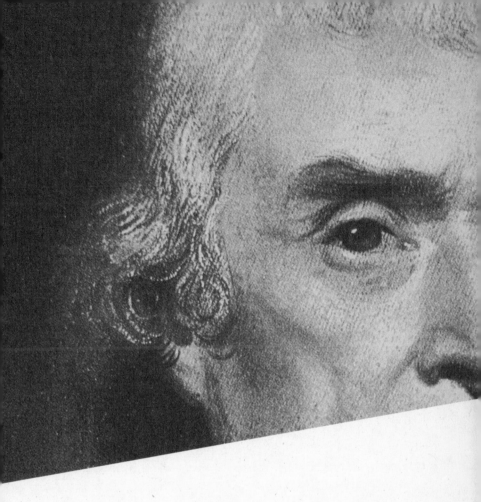

los
REFORMADORES
PARTE DOS

CAPÍTULO CATORCE

"EL ISLAM ES LA RESPUESTA, PERO EL YIHAD NO ES EL CAMINO"

¿Quiénes son los Reformadores y qué quieren?

"¿NO HAY MUSULMANES por allí que piensen que los Radicales están locos y que estén dispuestos a luchar en contra de los yihadistas?" me preguntan frecuentemente. "¿Dónde están los líderes musulmanes que promuevan libertad, oportunidad y que estén tratando de crear y expandir la democracia en el Medio Oriente moderno, sin importar lo difícil que esto pueda ser?"

Es triste que esas preguntas tengan que plantearse tanto tiempo después de los ataques del 11 de septiembre. Pero los medios de comunicación predominantes francamente han hecho un trabajo terrible al examinar las tensiones internas y la enorme diversidad de creencias y prácticas entre el mundo musulmán.

Por lo que aquí están las respuestas: *"Sí, definitivamente,"* y *"Están por allí, pero generalmente no reciben suficiente atención ni respeto."*

Mi esposa, Lynn, y yo hemos conocido a muchos musulmanes que vehementemente se oponen a los Radicales y buscan solamente la paz y la prosperidad para su gente en la comunidad de las naciones. Hemos hecho amistad con esos musulmanes. Los hemos invitado a casa a cenar. Hemos viajado alrededor del mundo para cenar en sus hogares. Los hemos entrevistado a profundidad y, aunque no estamos de acuerdo con ellos teológicamente, hemos llegado a amarlos y a admirarlos de muchas maneras.

En efecto, son una ráfaga de aire fresco tremendamente bien recibida en una región que está siendo sofocada por los Radicales, y merecen no sólo ser reconocidos por la gente libre de Occidente, sino apreciados, estimulados y apoyados, ya que de muchas maneras ellos representan nuestra línea frontal de defensa para detener al peor de los casos que los Radicales estén planeando.

Entonces, que no haya duda de que por toda Norteamérica, Europa, África del Norte, el Medio Oriente y Asia, hay una enorme y creciente cantidad de musulmanes devotos que leen el Corán, oran a Alá, adoran en mezquitas, respetan la cultura islámica, crían a sus hijos para que sigan la tradición islámica . . . y son moderados, no extremistas.

Al igual que los Radicales, los musulmanes moderados sienten que el mundo islámico enfrenta problemas sociales y económicos enormemente serios y desafiantes. Al igual que los Radicales, muchos de ellos sienten consternación de que por tanto tiempo durante el siglo XX y hasta el presente, tantas sociedades islámicas fracasaran en mejorar sustancialmente la calidad de vida de 1,3 miles de millones de musulmanes en el planeta, mucho menos para los grupos minoritarios que viven en países mayormente musulmanes. Al igual que los Radicales, están muy insatisfechos con el estancamiento político del Medio Oriente, así como también están profundamente preocupados por el efecto nocivo de la cultura occidental (películas, música, televisión, Internet, pornografía, etc.) en sus hijos y nietos.

Pero a diferencia de los Radicales, son firmes en el hecho de que la violencia no es una ruta apropiada para el discurso político del cambio social. A diferencia de los Radicales, no creen en imponer su opinión del islam en alguien más. A diferencia de los Radicales, no ven a Occidente como un enemigo mortal, sin importar nuestros errores. No buscan el fin del mundo ni un choque de civilizaciones. Al contrario, si usted hablara con ellos, le dirían, como me lo han dicho a Lynn y a mí: *"Sí, el islam es la respuesta, pero el yihad no es el camino."*

Esos musulmanes devotos representan una gran porción del grupo al que llamo "los Reformadores."

Y no están solos. También existe un número grande y creciente de Reformadores que, aunque están totalmente de acuerdo en que el yihad violento no es el camino, no llegarían tan lejos como para decir que el islam es *la* respuesta. Fueron criados como musulmanes. Respetan a los musulmanes tradicionales. Pero ellos mismos no son muy religiosos. No han abandonado el islam en sí, ni se han convertido a otra religión. Pero son principalmente seculares en su enfoque al cambio político y social. Este grupo de Reformadores estaría más cómodo al decir que el islam es *una* respuesta, pero solamente una de muchas.

Juntos, estos dos hilos forman el movimiento para la reforma del mundo islámico y buscan una revolución que no es menos dramática que la de los Radicales, pero es mucho mejor para los musulmanes y para el resto del mundo.

LOS SEGUIDORES DE JEFFERSON

Lo que me deja fascinado y cautivado de este movimiento de Reformadores es que, aunque ven al mundo a través de la lente del Corán —ya sea por razones religiosas o simplemente culturales— simultáneamente concuerdan con Tomás Jefferson, que escribió en la Declaración de Independencia de Estados Unidos que toda la gente ha sido "dotada por su Creador con ciertos Derechos inalienables, y entre ellos están la Vida, la Libertad y la búsqueda de la Felicidad." Por lo tanto, ellos sostienen que la clave para dar rienda suelta al potencial del islam está en dar a los hombres, mujeres y niños *más* libertad, *más* apertura, *más* protección de los derechos humanos y civiles y *más* oportunidades de participar en el gobierno representativo —hasta, e incluyendo, la creación de democracias políticas totalmente funcionales— cuando y donde puedan. ¿Por qué? Porque, al igual que Jefferson, creen que estos derechos fueron dados por Dios y que los gobiernos fueron creados para protegerlos, no para deshacerse de ellos ni para negarlos arbitrariamente. Y lo que es más, creen en proteger los derechos humanos y civiles de las minorías étnicas, religiosas y políticas dentro de sus países, nuevamente, porque creen que Dios creó a todos los hombres con estos derechos inalienables, y ya que Dios celebra las diferencias y la diversidad, los gobiernos y sociedades musulmanes también deberían hacerlo.

En su primer discurso de inauguración en 1801, Jefferson —una de las voces más influyentes y respetadas durante la Revolución Estadounidense— presentó quince principios de gobierno representativo, que llegarían ser conocidos con el tiempo como la "democracia jeffersoniana." Entre estos principios están:

"Justicia igual y exacta para todos los hombres, de cualquier estado o creencia, religiosa o política"

"Paz, comercio y amistad sincera con todas las naciones, alianzas dudosas con ninguna"

"Cuidado celoso del derecho de elección por parte del pueblo"

"Consentimiento absoluto en las decisiones de la mayoría"

"Supremacía de la autoridad civil por encima de la autoridad militar"

"Difusión de información y denuncia de todos los abusos en el tribunal de la causa pública"

"Libertad de religión"

"Libertad de prensa"

"Libertad de la persona bajo la protección del habeas corpus, y juicio por jurados seleccionados imparcialmente"[1]

"Estos principios," observó Jefferson, "forman la brillante constelación que va delante de nosotros y que guía nuestros pasos por una era de revolución y de reforma. La sabiduría de nuestros sabios y la sangre de nuestros héroes han sido dedicadas a su logro. Deberían ser el credo de nuestra fe política, el texto de instrucción cívica, el punto de partida con el que se puede juzgar los servicios de las personas en que confiamos; y si nos desviamos de ellos en momentos de equivocación o de alarma, apresurémonos a volver sobre nuestros pasos y a regresar al único camino que lleva a la paz, libertad y seguridad."

Jefferson creía que este país era "la mejor esperanza del mundo" para la diseminación de la libertad y de la dignidad humana; abiertamente y sin vergüenza apeló al Todopoderoso, "al Infinito Poder que gobierna los destinos del universo," por sabiduría, para que los consejos de gobierno hicieran "lo que es mejor" para el pueblo.[2]

Con el mismo espíritu, y a veces utilizando el mismo idioma, los Reformadores están tratando de llevar su propia revolución al mundo musulmán, una revolución que se basa en los principios de libertad y oportunidad, no de fascismo y opresión.

CONSTRUCCIÓN DE UN MOVIMIENTO

Aunque no todos los Reformadores son "demócratas jeffersonianos" desarrollados, un número creciente de líderes musulmanes están buscando seguir las enseñanzas y ejemplo de Jefferson a su propia manera, no importa cuán vacilante e imperfectamente.

No todos los Reformadores están dispuestos a admitir públicamente que son discípulos de Jefferson. Algunos, con razón, temen que sus críticos domésticos —especialmente los Radicales— los acusen de tratar de imponer un "modelo estadounidense" en sus ciudadanos. Otros quizá ni siquiera están completamente conscientes de que los principios universales por los que abogan, y que están tratando de implementar, fueron articulados por el tercer jefe de estado de Estados Unidos. Pero ya sea que lo admitan o no, los Reformadores más importantes e impresionantes son, de hecho, seguidores de Tomás Jefferson.

No están simplemente enseñando o hablando del poder del gobierno representativo; realmente están adquiriendo fuerza política verdadera y están influyendo revolucionariamente en países cruciales del Medio Oriente. En el proceso, están representando y estimulando a un enorme y creciente movimiento de musulmanes que quieren expandir la libertad y la democracia por toda la región.

En la parte 1 mencioné a John Esposito y a Dalia Mogahed, que en 2007 escribieron un libro titulado *Who Speaks for Islam? What a Billion Muslims Really Think*. Basado en encuestas Gallup llevadas a cabo en treinta y cinco países con poblaciones de mayoría musulmana o de minorías musulmanas sustanciales, los autores describieron el libro como "el estudio más completo y más grande que se haya hecho de los musulmanes contemporáneos."[3] El estudio descubrió que la mayoría arrolladora de musulmanes —más de nueve de cada diez— son tradicionales y bastante moderados en sus opiniones políticas, lo cual quiere decir que no están inclinados a la violencia ni al extremismo, como los Radicales. Esto no necesariamente hace que todos sean Reformadores. Pero números importantes de musulmanes moderados están dispuestos a adoptar las nociones jeffersonianas de gobierno.

Por ejemplo, los autores descubrieron que "las mayorías sustanciales en casi todos los países estudiados" —94 por ciento en Egipto, 93 por ciento en Irán y 90 por ciento en Indonesia— dijeron que si tuvieran la oportunidad de redactar una constitución para un país nuevo, "garantizarían la libertad de expresión, que se define como que 'permite a todos los ciudadanos expresar su opinión sobre los asuntos políticos, sociales y económicos de la época."[4] Los autores también descubrieron que las grandes mayorías, en la mayoría de los países musulmanes, apoyan el derecho a votar, no sólo para los hombres sino también para las mujeres.

Estas cifras, que indican ese número tan grande de gente reformista en el mundo musulmán, fueron reforzadas por un extenso estudio llevado a cabo en todo el Medio Oriente por el Pew Global Attitudes Project (Proyecto Pew de Actitudes Globales), publicado en 2005. El estudio Pew descubrió que 83 por ciento de musulmanes de Kuwait cree que la democracia puede funcionar en su país, 68 por ciento de musulmanes en Jordania, 68 por ciento en el Líbano, 64 por ciento en Marruecos y 58 por ciento en Paquistán, para nombrar unos cuantos.[5] De igual manera, 83 por ciento de musulmanes de Turquía cree que es "muy importante vivir en un país donde la gente puede criticar abiertamente al gobierno." Lo mismo es cierto para 67 por ciento de la gente libanesa, 63 por ciento de paquistaníes y 56 por ciento de indonesios.[6]

¿Podríamos desear que hubiera 100 por ciento de apoyo para los principios jeffersonianos en estos y otros países musulmanes? Claro que podríamos. Pero el asunto es que hay cantidades reales y enormes de musulmanes de las Masas que se describen a sí mismos como que están listos, dispuestos y capaces de responder al mensaje de líderes que son percibidos como Reformadores audaces y sinceros. En efecto, algunos ya lo han hecho.

IMÁGENES DE ÉXITO

En esta sección del libro, lo llevaré dentro del mundo musulmán para que le dé un vistazo íntimo y personal a varios de los Reformadores más impresionantes. Pero primero, tenemos que considerar unas cuantas imágenes de las historias de éxito de la región, para captar el cuadro global.

Imagen: Turquía

La historia de éxito más grande de un Reformador del mundo musulmán fue dirigida por un hombre llamado Mustaf Kemal Ataturk. Después del colapso del Imperio Otomano y de la caída del califato en Estambul, en la década de 1920, Ataturk fundó el estado moderno de Turquía como una democracia amigable para los musulmanes, pero esencialmente secular y representativa. Muchos esperaban que este experimento no sobreviviera y mucho menos que funcionara. Pero lo ha hecho por casi un siglo.

Después de las reformas arrolladoras que Ataturk puso en marcha —en las que les dio a los hombres y a las mujeres el derecho de votar, separó los asuntos de la mezquita y el estado y estableció un control de seguridad para evitar que los Radicales obtuvieran el control del Ejército—, Turquía llegó a ser un aliado confiable de Estados Unidos y miembro de la OTAN. De hecho, Turquía llegó a ser tan confiable que Estados Unidos instaló en suelo turco misiles balísticos, armados con ojivas nucleares, apuntando hacia la Unión Soviética durante algunos de los años más álgidos de la Guerra Fría.

Ahora, Turquía está presionando para convertirse en el primer país de mayoría musulmana en unirse a la Unión Europea. Ha enviado tropas a Afganistán para luchar contra al Qaeda y el Talibán. Ha enviado tropas al norte de Irak para luchar contra las células terroristas a lo largo de la frontera de Turquía con Irak. Ha enviado tropas al Líbano para participar con la fuerza pacificadora de la ONU. Es un refugio y lugar de reunión para los musulmanes moderados. Ha sido tan amigable con Israel por tanto tiempo que decenas de miles de judíos israelíes se agrupan allí cada año para disfrutar de maravillosas vacaciones mediterráneas a bajo costo. Es un país que consistentemente moderniza su economía, su infraestructura y su industria turística.

He tenido la bendición de visitar Turquía no menos de media docena de veces en años recientes, y aunque me preocupa la posibilidad de que Turquía eventualmente pueda tomar la dirección equivocada y llegar a estar controlada por los Radicales (por razones que describiré en la parte 3), a la fecha he estado maravillado de cómo un país que alguna vez fuera el epicentro del islam haya sido por tanto tiempo un modelo de moderación y democracia jeffersoniana.

Imagen: Jordania

El rey Hussein de Jordania fue otro Reformador impresionante, aunque imperfecto, del siglo XX.

La familia del rey —descendientes de Mahoma— originalmente era de la Península Arábiga, y por décadas Su Majestad fue un líder en la lucha para destruir a Israel. Pero para su enorme mérito, el rey Hussein finalmente se puso en contra de los Radicales y de los violentos árabes nacionalistas, de una manera dramática y casi milagrosa.

En 1978 se casó con una estadounidense (Lisa Halaby, conocida como la reina Noor). Fue aliado y amigo cercano del presidente egipcio Anwar Sadat, que en 1979 llegó a ser el primer líder árabe en forjar un histórico tratado de paz con Israel. El rey Hussein también estableció un sistema parlamentario elegido democráticamente, responsable de la gobernanza diaria de este pequeño país desértico. Entonces, él mismo acordó firmar un tratado de paz con el estado judío en 1994. E hizo todo esto a pesar de vivir a la sombra de Saddam Hussein en Irak, su vecino maniático del este; a la sombra del régimen de Assad que controlaba Siria, su vecino déspota al norte; y a pesar del hecho de que los Radicales trataron de asesinarlo varias veces.

Cuando el rey Hussein sucumbió al cáncer en 1999, ese fue un día triste para los Reformadores de la región. Pero afortunadamente, su hijo, el rey Abdalá II, ha continuado en los pasos de su padre. Firmó un acuerdo de libre comercio con Estados Unidos en 2000. Llegó a ser un aliado crucialmente importante de Occidente en la batalla en contra de los Radicales después del 11 de septiembre y durante la liberación de Irak y sus secuelas. En 2006 se convirtió en el primer monarca musulmán en dar un discurso en el Desayuno de Oración Nacional en Washington, D.C., al hablar de la importancia de las relaciones musulmano-cristianas ante dos mil evangélicos de todo el mundo. Y mientras tanto, el rey Abdalá ha tratado de dirigir a Jordania, paso a paso, en una dirección más moderada política y socialmente, a pesar de las constantes amenazas de asesinato, ataques terroristas, golpes de estado e insurrecciones.

No ha sido un trayecto fácil, y ha habido reveses en el camino. Nadie podría describir al Reino Hashemita de Jordania como una democracia jeffersoniana madura en este momento. Pero al haber visitado el país tres veces en años recientes, tengo que decirle que me he enamorado de Jordania, de su gente y de sus líderes. Como judío y creyente en Jesús, nunca me he sentido en peligro en Jordania. Al contrario, he tenido el honor de reunirme a salvo con Reformadores de un extremo del país al otro. He entrevistado al Primer Ministro Abdelsalam al-Majali, el hombre que, de hecho, firmó el tratado de paz con Israel. Me he hospedado en los hogares de jordanos que me han recibido con los brazos abiertos, que me han enseñado su historia y que me han dicho cuántas esperanzas tienen en su futuro. Como resultado, estoy profundamente impresionado con el progreso significativo que el país ha hecho durante las últimas tres décadas.

Efectivamente, es precisamente porque los jordanos han hecho ese progreso que me preocupa la determinación de los Radicales de lanzar allí un yihad, de tomar la capital y crear un campamento base en contra de Israel y de Occidente para Irán y al Qaeda. Por lo tanto, frecuentemente oro por la paz, prosperidad y progreso continuo de Jordania. Oro por la salud y seguridad del rey Abdalá, y oro por que Dios le conceda sabiduría para determinar la mejor manera de seguir adelante en tiempos tan desafiantes.

Imagen: Afganistán

Hamid Karzai es otro de los más distinguidos Reformadores de nuestra época, alguien que describiré en las páginas siguientes y que necesita mucha oración.

En octubre de 2008, tuve el privilegio de viajar a la capital afgana de Kabul —ciudad que está en primera línea en la guerra entre los Radicales y los Reformadores— para reunirme con líderes tribales, entrevistar a afganos de las Masas y descubrir la historia de Karzai por mí mismo. Debo decir que es una saga inolvidable.

Karzai, que una vez fue miembro de los muyahidines en contra de la ocupación soviética de su país en la década de 1980, llegó a ser un crítico feroz de los Radicales y un defensor poderoso de la democracia en la década de 1990. Después de la liberación de Afganistán en el otoño de 2001, Karzai surgió como el primer presidente de Afganistán electo democráticamente en más de cinco mil años de historia registrada. En contra de todas las probabilidades y a pesar de repetidos intentos de asesinato, Karzai no sólo ha estado gobernando un país que una vez era considerado ingobernable, sino que también ha intentado construir una democracia jeffersoniana genuina en una tierra que aparentemente no podía ser menos apropiada para el experimento.

¿Es controversial? Absolutamente. ¿Tendrá éxito? Todavía está por verse. Pero no hay duda de que la suya es una historia convincente, como pronto lo verá.

Imagen: Irak

Jalal Talabani es otro fascinante guerrero transformado en Reformador, y otro líder que describiré.

"¿Jalal qué?" podría preguntar.

No se preocupe. No es sólo usted. Su rostro debería aparecer en la portada de *Newsweek*. Su historia debió haberlo nombrado "el Personaje del Año" de la revista *Time*. Debería ser un nombre conocidísimo para los estadounidenses que han invertido tanta sangre y riqueza en la liberación de Irak. Pero los medios de comunicación lo han ignorado mayormente. De esta manera, pocos estadounidenses tienen idea de quién es o por qué importa.

En 2008 tuve el privilegio de hacer dos viajes dentro de la nación de Irak, devastada por la guerra, para entender mejor quién es este hombre y qué es lo que lo motiva. Es una historia increíble, y sinceramente, si no hubiera estado allí y no lo hubiera escuchado por mí mismo, quizás no lo habría creído.

Talabani, que una vez fuera líder de una facción guerrillera kurda en las décadas de 1960 y 1970, dejó las armas, ordenó a sus seguidores que hicieran lo mismo y ayudó a crear una provincia pacífica y próspera en el norte de Irak en la década de 1990, después de la primera Guerra del Golfo.

En 2005, después de la caída de Saddam Hussein y de la liberación de todo el país, Talabani surgió como el primer presidente de Irak electo democráticamente. Desde entonces ha emprendido una batalla implacable y, yo diría, heroica para derrotar a los Radicales y construir una democracia jeffersoniana.

Por supuesto que no está solo, y el destino del experimento democrático en Irak por cierto que no descansa totalmente en sus hombros. Pero lo que cree lo asombrará. Lo que ha logrado con la ayuda de los pueblos iraquí y estadounidense, junto con nuestros aliados de la Coalición, lo sorprenderá a usted. Y su visión para el futuro de este país creo que lo estimulará a usted, así como me estimuló a mí, y espero que lo persuada para que ore diariamente por Irak como nunca antes lo ha hecho.

Imagen: Marruecos

El rey Mohamed VI de Marruecos ha pasado casi desapercibido por los principales medios de comunicación de Estados Unidos. Casi nunca se le ha descrito, pero debería, ya que discreta pero consistentemente está llegando a ser uno de los Reformadores más intrigantes y consumados del mundo musulmán.

Desde que llegó al trono en 1999, el impresionante joven gobernante del Norte de África se ha embarcado en una iniciativa para transformar Marruecos en un modelo de moderación, cooperación con Occidente y reforma democrática. Después de los ataques del 11 de septiembre en Estados Unidos y de una serie de bombardeos suicidas que sacudieron a su país en 2003, el rey tomó medidas duras con al Qaeda y con otros grupos Radicales. Fortaleció los vínculos políticos, económicos y militares con Estados Unidos y la Unión Europea. Permitió y animó a docenas de partidos políticos para que participaran en elecciones parlamentarias libres y justas, una experiencia relativamente nueva para los marroquíes. Ha expandido el papel del gobierno electo democráticamente para que dirija los asuntos diarios del país. También ha desarrollado dramáticamente oportunidades para que las mujeres trabajen en el gobierno.

Mientras tanto, Su Majestad discretamente ha fortalecido los vínculos con Israel y la comunidad judía. Modernizó completamente el método de capacitación para los nuevos clérigos musulmanes del reino y requirió que fueran educados en las virtudes del cristianismo, del judaísmo y de la teología de los Reformadores. Y lo que es más, envió a los principales líderes musulmanes a que tendieran lazos con cristianos evangélicos de Occidente y hasta invitó a evangélicos bien conocidos a visitar y dar charlas en Marruecos.

Desde que el rey Mohamed llegó al poder, he tenido el honor de viajar a Marruecos cuatro veces y de desarrollar amistad con trabajadores cercanos de Su Majestad, entre los que están el erudito islámico más importante del país. En el camino, Lynn y yo nos hemos enamorado de Marruecos y frecuentemente oramos por ese país. Creemos que la historia de Marruecos llegará a ser vitalmente importante para el resto del mundo musulmán en los años venideros.

CAPÍTULO QUINCE

LA TEOLOGÍA DE LOS REFORMADORES

Lo que creen, verso por verso

NO LO DUDE: una batalla feroz arde en el corazón y en el alma del mundo musulmán.

Por un lado, está la teología de los Radicales que, como hemos visto, enseña que el verdadero islam requiere que los hombres violentos emprendan el yihad violento en contra de los apóstatas e infieles en nombre de Alá.

Por otro lado está la teología de los Reformadores, que enseña que el verdadero islam es una religión de paz, que el Corán es un libro de paz y que los Radicales están pervirtiendo el islam para sus propios fines fascistas y hambre de poder.

Pocos entendían o podían explicar mejor esta batalla de ganadores absolutos entre los Radicales y Reformadores que la Sra. Benazir Bhutto, quien se desempeñó como la primera *mujer* elegida como primera ministra de Paquistán (1988–1990) y que después se desempeñó como *segunda* primera ministra de ese país mayormente fundamentalista (1993–1996).

Fue criada por padre sunita y madre chiíta de descendencia kurdoiraní. Bhutto se consideraba afortunada porque se le había enseñado una teología moderada del Corán desde temprana edad. "Mis padres me enseñaron que los hombres y las mujeres son iguales ante los ojos de Dios," recordaría después, "que el primer convertido al islam fue una mujer, que la línea del Profeta fue transmitida a través de su amada hija Fátima."[1]

Después, estimulada por sus padres para que estudiara la democracia jeffersoniana en Estados Unidos, comenzó a asistir a la Universidad de Harvard en el otoño de 1969. Paquistán en esa época sufría bajo una dictadura militar, pero en Estados Unidos, Bhutto llegó a apreciar de primera mano el poder notable y duradero de la Revolución Estadounidense, así como los enormes desafíos de crear y sustentar una sociedad libre.* "En Estados Unidos, vi el poder de la gente para cambiar e influir en las políticas," escribió Bhutto una vez. "La lucha de Paquistán y la realidad de la capacidad de la gente en Estados Unidos para hacerse valer, de mantener sin miedo lo que creían, fueron influencias importantes en mi vida. Me encontraba situada entre dos mundos, el mundo de la dictadura y el mundo de la democracia. Podía ver el poder de la gente en una democracia y lo contrasté con la falta de fuerza política en mi país. [También] vi que la gente de Estados Unidos da por sentado sus derechos: libertad de expresión, libertad de asociación, libertad de movimiento. En mi país, la gente era asesinada o encarcelada cuando luchaba por estas libertades."[2]

Años después, durante sus dos períodos en el puesto de primera ministra, estuvo bajo una crítica abrasadora y resistencia feroz por parte de los extremistas y los moderados. Los Radicales la odiaban por su creencia firme de que el islam es la respuesta, pero que el yihad no es el camino. Los Reformadores la despreciaban por ser, en el mejor de los casos, una ejecutora imperfecta de sus convicciones y, en el peor de los casos, una hipócrita descarada, al permitir la corrupción incontrolada durante su administración.

Después de su segundo período, Bhutto y su familia salieron en un

---

*Hay que observar que el padre de Benazir Bhutto, Zulfikar Ali Bhutto —que se educó en Berkley y Oxford— era un musulmán sunita que se casó con una musulmana chiíta (segunda esposa). Benazir fue hija de la segunda esposa de Zulfikar. Cuando Benazir estudiaba en Harvard en 1971, Zulfikar fue electo presidente de Paquistán y se desempeñó como tal hasta 1973. Su período fue enormemente controversial, lleno de acusaciones de corrupción y abusos a los derechos humanos. Finalmente fue arrestado, condenado y ejecutado por acusaciones de asesinato. Sin embargo, durante su tiempo en el cargo, redactó la constitución actual de Paquistán e hizo esfuerzos para llevar a su país, poco a poco y paso a paso, hacia la democracia al estilo turco, amigable con el islam, pero de naturaleza secular.

exilio autoimpuesto a Dubai, la capital comercial de los Emiratos Árabes Unidos —que ya era un modelo de moderación e innovación económica en surgimiento— donde se dedicó casi por una década a leer, a pensar, a reunirse con Reformadores y a desarrollar más completamente sus propias opiniones sobre cómo atacar la corrupción, llevar más rendición de cuentas al gobierno y crear una mezcla de tradición islámica y democracia jeffersoniana en un país como Paquistán.

"EL ISLAM FUE ENVIADO COMO UN MENSAJE DE LIBERACIÓN"

En el exilio, Bhutto escribió un libro extraordinario titulado *Reconciliation: Islam, Democracy and the West* (*Reconciliación: El islam, la democracia y el mundo occidental*), que bien podría llegar a ser el manifiesto del movimiento de los Reformadores. En él escribió: "Dentro del mundo musulmán ha habido y continúa habiendo una grieta interna, una confrontación frecuentemente violenta entre las sectas, ideologías e interpretaciones del mensaje del islam. Esta tensión destructiva ha puesto a hermano contra hermano, un fratricidio mortal que ha torturado las relaciones intraislámicas por 1.300 años. Este conflicto sectario asfixió la brillantez del renacimiento musulmán que se llevó a cabo durante el Oscurantismo de Europa, cuando las grandes universidades, científicos, doctores y artistas eran musulmanes. Ahora, esa violencia sectaria intramusulmana se manifiesta más visiblemente en una guerra civil sectaria contraproducente que está desmoronando al Irak moderno y ejerciendo su brutalidad en otros lugares del mundo, especialmente en partes de Paquistán."[3]

Sostuvo que el Corán "no predica simplemente la tolerancia de otras religiones" sino que "reconoce también que la salvación puede lograrse en todas las religiones monoteístas." En efecto, insistía en que "la libertad de elección" —ya sea qué religión seguir, con quién casarse, a qué escuela asistir o qué líderes elegir— es "un principio básico" de la teología islámica.

Más adelante observó que "en contraste con las actitudes de otras grandes religiones hacia los que no son seguidores, los musulmanes aceptan a los judíos y a los cristianos como 'gente del Libro.' De esta manera, los terroristas globales musulmanes, entre los que está Osama bin Laden, exponen una ignorancia dramática del islam. Distorsionan el islam, mientras que al mismo tiempo utilizan el nombre de la religión para atraer a la gente al sendero del terrorismo. Bin Laden afirma: 'La enemistad entre nosotros y los judíos se remonta en el tiempo y está profundamente arraigada. No hay duda de que la guerra entre nosotros dos es inevitable.' Este comentario contradice 1.300 años de coexistencia pacífica entre los musulmanes y los judíos."[4]

En definitiva, concluyó Bhutto después de años de estudiar el Corán, "el islam fue enviado como mensaje de liberación." Atacó a los Radicales por tratar de "secuestrar el islam" para sus propios fines sangrientos.[5] Elogió a Turquía como "una de las genuinas historias de éxito de la gobernanza democrática en el mundo musulmán" y elogió a Qatar por "luchar para construir una democracia," observando que en 1999 el emir del pequeño país del Golfo Pérsico "permitió elecciones locales en las que las mujeres pudieron votar y ser candidatas para la presidencia" y en 2005 creó una constitución que permitió una legislatura unicameral. También observó que "en el panteón de los países musulmanes, Indonesia también ha surgido como un ejemplo de uno de los grados más altos de éxito en la gobernanza democrática," imperfecto, sin duda, pero que se dirige en la dirección correcta.[6]

Tristemente, el 27 de diciembre de 2007, apenas unas semanas después de regresar a su Paquistán natal, cuando planeaba postularse otra vez en una plataforma revigorizada de reformas democráticas audaces y arrolladoras, Bhutto fue asesinada por los Radicales que estaban determinados a silenciarla y a enviar un mensaje a todos los demás Reformadores de que sus días estaban contados.

LA GENTE DEL LIBRO

Hemos visto los versos del Corán que los Radicales señalan para afirmar que se justifica que emprendan el yihad violento en contra de los que consideran apóstatas e infieles.

Entonces, ¿cuáles son los versos que los Reformadores señalan como prueba de que el islam es una religión de paz y que los musulmanes deberían trabajar juntos con los cristianos y los judíos, conocidos en el Corán como la "Gente del Libro"?

Hay muchos versos en realidad. Observe los siguientes ejemplos:

"Los creyentes [musulmanes], los judíos, los cristianos . . .
—quienes creen en Dios y en el último Día y obran
bien— ésos tienen su recompensa junto a su Señor. No
tienen que temer y no estarán tristes." —*Sura 2:62*

"Entre la gente de la Escritura hay una comunidad honrada:
durante la noche, recitan las aleyas de Dios y se proster-
nan, creen en Dios y en el último Día, ordenan lo que
está bien, prohíben lo que está mal y rivalizan en buenas
obras. Esos tales son de los justos. No se les desagradecerá
el bien que hagan. Dios conoce bien a los que Le temen."
—*Sura 3:113-115*

"Hemos revelado la Tora, que contiene Dirección y Luz. Los
profetas que se habían sometido administraban justicia a
los judíos según ella, como lo hacían los maestros y doctores, según lo que de la Escritura de Dios se les había confiado." —*Sura 5:44*

"Hicimos que [a los primeros profetas] les sucediera Jesús, hijo
de María, en confirmación de lo que ya había de la Tora.
Le dimos el Evangelio, que contiene Dirección y Luz."
—*Sura 5:46*

"No discutáis . . . con la gente de la Escritura . . . Decid: 'Creemos en lo que se nos ha revelado a nosotros y en lo que se
os ha revelado a vosotros. Nuestro Dios y vuestro Dios es
Uno.'" —*Sura 29:46*

"Dios no os prohíbe que seáis buenos y equitativos con [judíos
y cristianos] quienes no han combatido contra vosotros
por causa de la religión, ni os han expulsado de vuestros
hogares. Dios ama a los que son equitativos." —*Sura 60:8*

Los Reformadores además sostienen que varios versículos claves que
a menudo citan los Radicales son usados fuera de contexto.

Por ejemplo, Sura 8:60 dice: "¡Preparad contra ellos toda la fuerza,
toda la caballería que podáis para amedrentar al enemigo de Dios y vuestro y a otros fuera de ellos, que no conocéis pero que Dios conoce! Cualquier cosa que gastéis por la causa de Dios os será devuelta, sin que seáis
tratados injustamente." Los Radicales dicen que esto les da la justificación

para utilizar cualquiera y toda la fuerza posible —incluso armas de destrucción masiva— en contra de los infieles. Pero el verso que sigue dice: "Si, al contrario, se inclinan hacia la paz, ¡inclínate tú también hacia ella! ¡Y confía en Dios! Él es Quien todo lo oye, Quien todo lo sabe" (Sura 8:61). Los Reformadores dicen que esto demuestra que el Corán realmente pone el énfasis en hacer paz entre las naciones islámicas y Occidente, no en emprender un yihad violento y apocalíptico en contra de la civilización judeocristiana.

De manera similar, Sura 9:5 (Edimat) comienza diciendo: "Matad a los idólatras dondequiera que los halléis, hacedles prisioneros, sitiadles y acechadles." Pero la segunda parte del verso dice: "Pero si se arrepienten, si observan la oración, si hacen limosna, entonces dejadles tranquilos, pues Dios es indulgente y misericordioso." Los Radicales sostienen que este versículo sugiere dar a los infieles una última oportunidad de convertirse o morir. Los Reformadores, por otro lado, sostienen que este versículo pone el énfasis en la pacificación y en la reconciliación, no en el yihad violento.

Los Reformadores también sostienen con gran fuerza moral que los bombardeos suicidas están absolutamente prohibidos en el Corán y en varios hadices, y que cometer esa acción tan mala enviará al musulmán al infierno, no al paraíso. "En el Corán, preservar la vida es un valor moral central," escribió Bhutto. "No permite el suicidio, sino demanda la preservación de la vida: 'Gastad por la causa de Dios y no os entreguéis a la perdición. Haced el bien. Dios ama a quienes hacen el bien'" (Sura 2:195).[7] Otros eruditos del islam citan hadices como este para demostrar que el suicidio está prohibido en el islam: "El Profeta dijo: El que se mata a sí mismo con una espada será atormentado con esa espada en el fuego del Infierno. El Profeta también dijo: El que se estrangula a sí mismo se estrangulará a sí mismo en el Infierno. . . . El que se lanza de una montaña y se mata se lanzará hacia el fuego del Infierno para siempre. . . . Cualquiera que se mata de cualquier manera será atormentado de esa manera en el Infierno."[8]

EL DEBATE INTERNO

Extraordinariamente, la batalla por el alma del islam —de definir la religión para las generaciones actuales y futuras— no es solamente entre los

Radicales y los Reformadores. La batalla se emprende entre los Radicales mismos a medida que algunos teólogos islámicos que han sido solidarios con los yihadistas o que han cooperado activamente con ellos han comenzado a reevaluar sus creencias esenciales y han llegado a la conclusión de que hombres como Osama bin Laden y el Ayatolá Jomeini no sólo estaban equivocados, sino que eran malos y que debería hacérseles responsables ante la ley por sus actos.

Por ejemplo, observe este titular del *Jerusalem Post*, publicado el 8 de enero de 2008:

DISCÍPULO REFORMADO DE AL-ZAWAHIRI EN ISRAEL

En el artículo que seguía, el reportero David Horovitz describía a un hombre llamado Tawfik Hamid, un musulmán de cuarenta y siete años que creció en el Cairo y que soñaba en llegar a ser un *shaheed* —un mártir—, quizás con un bombardeo suicida. ¿Por qué? Porque quería ir al paraíso donde, según se le dijo, podría "comer todas las paletas de caramelo y chocolates que yo quisiera, o jugar todo el día sin que nadie me dijera que estudiara."

Cuando entró a la escuela de medicina en la Universidad del Cairo, estaba convirtiéndose en un Radical devoto. "Comencé a dejarme crecer la barba. Dejé de sonreír y de contar chistes. Adopté una apariencia seria todo el tiempo y llegué a ser muy crítico hacia otros. . . . Mi odio hacia los no musulmanes aumentó dramáticamente, y la doctrina yihadista llegó a ser una segunda naturaleza para mí."[9]

Pronto, Hamid conoció al Dr. Ayman al-Zawahiri, un compañero egipcio, y quedó extasiado por su mensaje y su manera de comunicarlo. Describió al estratega principal de al Qaeda como "uno de los oradores más feroces que hubiera escuchado," cuya "retórica nos inspiró para que nos involucráramos en la guerra en contra de los infieles, los enemigos de Alá."

Hamid rápidamente se convirtió en un seguidor del yihad. Fue capacitado para hacer estallar mezquitas e iglesias. Estuvo involucrado en planes para secuestrar a un oficial de policía y enterrarlo vivo. Finalmente se le invitó a un campamento de entrenamiento en Afganistán.

Pero él estaba desarrollando un profundo sentido de intranquilidad.

"La brutalidad no encajó con mi personalidad," explicó. Hamid comenzó a estudiar el islam más cuidadosamente. Se encontró gravitando hacia los versos de paz y pluralismo, rechazó la invitación de unirse a los Radicales y dedicó su vida a enseñar la teología de los Reformadores; hasta se mudó a Estados Unidos e hizo las paces con los israelitas.

"Prácticamente hablando," explicó en su primer viaje al estado judío, si los musulmanes jóvenes "no tienen una interpretación alternativa del Corán, va a ser imposible" impulsar un enfoque moderado. Y dijo que sin él, "esencialmente les estamos pidiendo que dejen su religión" y eso "no sucederá." Dijo que el islam "podría ser seguido e interpretado de una manera pacífica, pero la manera dominante actual de interpretación tiene muchas áreas violentas con las que hay que tratar. ¿Decir que el islam es pacífico? No lo es. Pero puede enseñarse pacíficamente. El texto permite que hagamos eso."

Un ejemplo: Mientras que el Corán sí califica a los judíos como "monos," Hamid dijo que eso se aplicaba solamente a "los judíos que se resistían al judaísmo" —es decir, los judíos apóstatas que se resistieron a las enseñanzas de Moisés y que fueron impíos e idólatras. En cuanto al resto, Hamid dijo que los musulmanes tienen que ser "increíblemente respetuosos de los judíos con base en el Corán" ya que el texto llama a Moisés y a los descendientes de Abraham e Israel el pueblo "elegido."

Sura 19:51 (KMH), por ejemplo, dice que Moisés —el que sacó a la nación de Israel de la esclavitud en Egipto— "era verdaderamente un elegido y era un mensajero y un profeta."

Sura 19:58, mientras tanto, dice: "Dios ha agraciado" a los "descendientes de Adán" y "los descendientes de Abraham y de Israel . . . que dirigimos y elegimos."

Observe también este titular del *New York Sun*, publicado el 20 de diciembre de 2007:

TEÓLOGO DE ALTO RANGO DE [AL] QAEDA INSTA A SUS SEGUIDORES A FINALIZAR SU YIHAD

En el artículo que seguía, el reportero Eli Lake observó un desarrollo sorprendente: "Uno de los teólogos de alto rango de al Qaeda hace un llamado a sus seguidores a finalizar su yihad militar y dice que los ataques del 11 de septiembre de 2001 fueron una 'catástrofe para todos los musulmanes.' En un manifiesto publicado por fascículos, escrito desde la prisión en Egipto, Sayyed Imam al-Sharif ataca a Osama bin Laden" y "hasta hace un llamado a la formación de una corte islámica especial para juzgar a Osama bin Laden y a su viejo camarada Ayman al-Zawahri." Lake observó que el manifiesto del teólogo era "una renuncia a su obra anterior, al decir que el yihad o guerra militar en contra de los estados apóstatas y Estados Unidos es fútil" y en ciertas partes suena "como memorias sazonadas de Washington por un ex funcionario amargado."[10]

Los siguientes son extractos del manifiesto de Sayyed Imam al-Sharif, como lo tradujo el Instituto de Investigación de Medios de Información en Medio Oriente:[11]

"Corté mis lazos con todos [en al Qaeda] . . . cuando vi que la mayoría de ellos seguían sus propios deseos. Alá dijo (Corán 28:50): '¿Quién está más desencaminado que él que persigue sus propios deseos sin la guía de Alá? Alá no guía a la gente injusta.'"

"Los eventos del [11] de Septiembre, 2001, fueron . . . una catástrofe para los musulmanes. . . . Cualquiera que apruebe sus acciones comparte su pecado."

"[Al-Qaeda] hizo encender una disputa que encontró su camino en cada hogar, y ellos fueron la causa del encarcelamiento de miles de musulmanes en las prisiones de varios países. Ellos causaron la muerte de decenas de miles de musulmanes —árabes, afganos, paquistaníes, y otros. El Emirato Islámico del taliban fue destruido, y Al-Qaeda fue destruido. Ellos fueron la causa directa de la ocupación americana de Afganistán y otras fuertes pérdidas que no hay suficiente tiempo para mencionar aquí. Ellos cargan con la responsabilidad de todo esto."

"Yo pienso que debería establecerse una corte del *shari'a*, compuesta de fiables estudiosos, con el propósito de responsabilizar a esta gente [Osama bin Laden, el Dr. Ayman al-Zawahiri, etc.] por sus crímenes."

También había otros puntos intrigantes en el manifiesto. Entre ellos:

- Las vidas y propiedades de los musulmanes tienen que ser preservadas.

- El yihad en contra de los líderes de los países musulmanes no es aceptable.
- Es prohibido dañar a los extranjeros y turistas en países musulmanes.
- Es traición matar gente en un país no musulmán después de haber entrado a ese país con el permiso de su gobierno (p. ej. una visa legal).[12]

Aunque pasó desapercibido en gran parte por los principales medios de comunicación de Estados Unidos y Europa, la publicación del manifiesto fue una noticia en el Medio Oriente y fue un desarrollo significativo en la furiosa batalla entre los Radicales y los Reformadores. Representó una reevaluación sistemática del caso del yihad por un teólogo de alto rango de al Qaeda, cuya voz seguramente será escuchada ampliamente en los años venideros. Y no sólo por las Masas que procesan el debate como si estuvieran viendo un juego de campeonato de tenis en Wimbledon —volteando la cabeza de un lado a otro— sino también entre algunos Radicales, cuyas conciencias están ardiendo y cuyos ojos reflejan un horror creciente, a medida que ven lo que están haciendo desde una óptica diferente, y cuestionan si Dios, después de todo, no está en todo este derramamiento de sangre y odio.

CAPÍTULO DIECISÉIS

EL DESERTOR

El sorprendente llamado a la democracia y reforma de un heredero de Jomeini

EL 26 DE SEPTIEMBRE DE 2003, el nieto del Ayatolá Jomeini —un clérigo chiíta muy respetado por sus méritos propios— tranquilamente se puso de pie ante una audiencia en Washington, D.C. Miró a la multitud, respiró profundamente y después, por medio de un intérprete, denunció la Revolución Islámica, dijo que era hora de iniciar una era nueva de libertad y democracia en su país e instó a la administración de Bush a que movilizara al pueblo estadounidense a derrocar al régimen iraní, así como Winston Churchill había movilizado a los británicos para destruir a Adolfo Hitler.

"Como saben, la historia de Irán del siglo XIX es la historia de un país bajo dictadura," dijo Hossein Jomeini, que entonces tenía cuarenta y cuatro años, a la concurrencia en el American Enterprise Institute —AEI (Instituto Estadounidense de Iniciativa), a unas cuantas cuadras de la Casa Blanca. "Pero la Revolución y el Sr. Jomeini prometieron cambiar la situación iraní y llevar la democracia a Irán. Desafortunadamente, como resultaron las cosas, Irán otra vez llegó a ser . . . [una] dictadura aún peor después de la Revolución."[1]

El salón estaba poblado de más de cien profesionales políticos veteranos. Posiblemente pensaban que habían oído de todo. Pero no habían escuchado esto. En efecto, casi no podían creerlo. Quien hablaba no era un experto derechista. No era un estudioso de la política neoconservativa. Era un miembro de la misma familia del ayatolá. Era el hijo del primogénito del ayatolá, Mostafa. Y acababa de convertirse en el oponente más franco de la Revolución.

El discurso del AEI no era la primera vez que Hossein Jomeini hablaba públicamente en contra de su familia y de la Revolución. En realidad había estado hablando por años, y en ese entonces no vivía en Irán sino en el exilio, en Irak. Justo antes de llegar a Estados Unidos, le había concedido una entrevista a una red televisiva árabe en la que llamó al actual régimen iraní "la peor dictadura del mundo" y sostuvo que los mulás de Irán estaban explotando el islam "para continuar con su gobierno tiránico." Y lo que es más, hizo un llamado "a un régimen democrático que no haga uso de la religión como medio para oprimir a la gente y estrangular a la sociedad" e insistió que era hora "de separar la religión del estado."[2]

Pero esta era la primera vez que el principal desertor había hablado en contra del régimen iraní en suelo estadounidense. "Al principio, durante los primeros años de la Revolución, estuve involucrado en el proceso," explicó Jomeini, que tenía como veinte años en 1979. "Sin embargo, como dos años después de la Revolución, comencé a cuestionar y a dudar de las prácticas y comportamiento de la República Islámica, especialmente en cuanto a las ejecuciones y las presiones en el público. . . . En ese entonces aún creía en la legitimidad de un régimen teocrático. Pero mis críticas se reflejaron en la prensa, en los periódicos de la época, y de alguna manera me vi forzado a retirarme de la política y dediqué todo mi tiempo a los estudios religiosos. . . . [En] los últimos años, he llegado a creer que un régimen teocrático, un gobierno religioso, no es compatible con la doctrina islámica, porque eso debería establecerse únicamente después de la reaparición del [Duodécimo] Imán ausente."[3]

Esta última oración fue un punto fascinante, y debo admitir que entonces no entendí apropiadamente su importancia. No había invertido tiempo para estudiar la llegada del Duodécimo Imán. Mahmoud Ahmadinejad, después de todo, todavía no había surgido como el presidente de Irán, por lo que ningún líder musulmán chiíta, que yo conociera, hablaba abiertamente de la "inminente" llegada del Mahdi, mucho menos de las implicaciones apocalípticas de ese desarrollo. Como muchos en Washington, en el otoño de 2003 estaba enfocado principalmente en la emocionante liberación de Irak, y lo que eso significaba para el resto de la región.

Pero Hossein Jomeini estaba delante de la curva. Había estado pensando bastante y por mucho tiempo en cuanto a teología chiíta, y tratando de llegar a conclusiones lógicas en cuanto a lo que sus creencias significaban para su vida y las vidas de sus compatriotas.

En el proceso, había llegado a dos conclusiones: (1) la Revolución Islámica había sido un grave desastre, que había aplastado las vidas y los sueños de millones de iraníes; y (2) como advirtió a la multitud de AEI: "la religión no puede mezclarse con el gobierno en la ausencia del Mesías." Es decir, Jomeini cree que hasta que el Mahdi venga y establezca su califato global, no hay lugar en la tierra para un gobierno islámico que se base en la ley sharia.

Esa conclusión pudo haberlo llevado al campo de Ahmadinejad. Hossein Jomeini pudo haberse convertido en un Radical, convencido de que era la misión de su vida dada por Dios "acelerar" la llegada del Mahdi al lanzar un yihad genocida en contra de Occidente. En lugar de eso concluyó —como lo hizo Tomás Jefferson— que en la ausencia de un gobierno "perfecto," un gobierno representativo con un sistema incorporado de equilibrio de poderes era mucho mejor que una dictadura violenta.

"EL PUEBLO IRANÍ QUIERE DEMOCRACIA"

"El pueblo iraní está cansado, fatigado, después de . . . años de privaciones y represión," observó Jomeini. "Se le ha privado de los medios básicos de vida. . . . No tiene muchas esperanzas. Está frustrado. No puede ir a las calles y luchar contra el régimen. . . . [Pero] no podemos permanecer callados y ver más destrucción en Irán y en el pueblo iraní. No podemos simplemente observar a la generación joven que está bajo una presión tremenda. . . . Ha perdido esperanzas. Todos están entristecidos. Todos están melancólicos y, en cierto modo, es una . . . generación deprimida."[4]

Insistió que era hora de una nueva Revolución Iraní, guiada por los Reformadores y no por los Radicales. "Ahora, [el] pueblo iraní quiere democracia otra vez, quiere libertad," explicó Jomeini. "La democracia es compatible con todos los valores básicos del chiísmo y la ley islámica. . . .

[El] establecimiento de la libertad y la democracia en los países islámicos es la garantía de la paz internacional. Es la garantía de la seguridad del mundo. Es la garantía de que los estadounidenses y los europeos —especialmente los estadounidenses— puedan vivir en paz y seguridad en sus propios países."

Dijo que la gran interrogante era quién dirigiría esta nueva Revolución. "En este tiempo, la pregunta es cómo podemos llegar a la democracia y la libertad en nuestras comunidades del Medio Oriente. Nuestra nación está lista, pero no puede tener ninguna clase de actividad porque no hay liderazgo."

El evento en el que Jomeini estaba hablando había sido organizado por Michael Ledeen, que entonces era un erudito a tiempo completo de asuntos iraníes en AEI y coautor (con William Lewis) de *Debacle: The American Failure in Iran* (Debacle: El fracaso estadounidense en Irán) y después de *The Iranian Time Bomb: The Mullah Zealots' Quest for Destruction* (La bomba de tiempo iraní: La búsqueda de los mulás fanáticos de la destrucción). Cuando conocí a Ledeen en septiembre de 2008, le pregunté cómo había persuadido a Jomeini para que diera ese discurso tan emblemático a unas cuantas cuadras de la Casa Blanca.

"Llegó a Bagdad, y alguien que estaba en Bagdad con nuestras fuerzas armadas me lo dijo y me puso en contacto con Jomeini," me dijo Leeden. "Fue precisamente después de la liberación de Irak, y Jomeini aparentemente le había dicho a un oficial militar estadounidense: '¡Es maravilloso estar en un país libre!'" Ledeen inmediatamente hizo el seguimiento y contactó al heredero de Jomeini. "Tenía la intención de ir a Estados Unidos," recordó Ledeen. "Le dije que nos encantaría hospedarlo si, y cuando, viniera."[5]

Después del discurso, Ledeen moderó una sesión de preguntas y respuestas. A Jomeini se le preguntó en cuanto al deseo creciente de muchos iraníes de una liberación de su país guiada por Estados Unidos y si apoyaría esa maniobra. Fue una pregunta que fácilmente pudo haber evadido, o resistido vehementemente, diciendo que lo último que Irán necesitaba era otra "Operación Libertad Iraquí." En lugar de eso, cuidadosa y deliberadamente dijo: "Uno debería pensar en lo profundo que los problemas y presiones de Irán afectan al pueblo iraní, que hay muchos de ellos que efectivamente anhelan alguna clase de intervención extranjera para deshacerse de esta calamidad." La respuesta fue diplomática. Fue sutil. Pero efectivamente no fue un "no."

Un invitado al evento entonces hizo la pregunta más directamente: —No tenemos la tradición del té de las cuatro de la tarde en Estados Unidos, pero si a usted lo invitaran a la Casa Blanca y tuviera una plática de media hora con el presidente de Estados Unidos, ¿qué específicamente le pediría al presidente . . . que hiciera para liberar a su país?

Jomeini reflexionó en eso por un momento y después también respondió más directamente: —Yo pediría al presidente que tomara el asunto de la democracia, no sólo en el Medio Oriente sino específicamente en Irán, muy en serio. Así como Churchill movilizó a la pacífica población británica en contra de Hitler, Estados Unidos también podría movilizar a la opinión pública estadounidense para la liberación de los iraníes.

Fue un momento impactante. Allí estaba un miembro de la familia Jomeini que diplomáticamente, pero intencionalmente, instaba al Presidente Bush a movilizar al pueblo estadounidense para que apoyara el "cambio de régimen" en Teherán, así como el Primer Ministro Winston Churchill una vez reclutó al pueblo británico a que apoyara al "cambio de régimen" en Berlín.

Pero la administración Bush no respondió. El presidente ocasionalmente hablaba de su solidaridad con el pueblo de Irán, pero hizo poco substancialmente para apoyar lo poco que dijo. Con sus manos llenas por la creciente insurgencia en Irak, ni el Departamento de Estado ni el Pentágono buscaron una estrategia significativa para fortalecer la oposición democrática dentro de Irán, y no lanzaron operaciones militares para derrocar a los mulás ni desarrollaron una coalición para hacerlo. En efecto, la Secretaria de Estado Condoleezza Rice esencialmente entregó la cartera de Irán a los europeos.[6]

"LA FORTALEZA NO SE OBTENDRÁ CON LA BOMBA"

Tres años más tarde, después de ver el ascenso de Ahmadinejad y de oír los discursos asesinos y mesiánicos del presidente iraní —y de ver que Estados Unidos no hacía nada para detenerlo— Hossein Jomeini aumentó su crítica. Desató otro ataque al régimen y a la Revolución dirigida por su familia. Ya no estaba siendo amable ni diplomático. Más bien, durante una entrevista con al-Arabiyah, la red de televisión por satélite con base en Dubai, desde Qom en Irán, Jomeini hizo un llamado a Estados Unidos para derrocar al régimen de Ahmadinejad y liberar a su país de una vez por todas.

"La libertad tiene que llegar a Irán de cualquier manera posible, ya sea por desarrollos internos o externos," insistió Jomeini cuando se le preguntó si apoyaba una invasión militar de Estados Unidos a Irán. "Si usted fuera prisionero, ¿qué haría? Yo quiero que alguien abra [las puertas de] la prisión."[7]

Estas, efectivamente, eran palabras duras de alguien que de adolescente solía unirse a los millones de compañeros musulmanes chiítas en las calles de Teherán gritando: "¡Muerte a Estados Unidos!" en las manifestaciones de su abuelo. Pero Jomeini no se disculpó. Para él, convertirse en un Reformador fue un acto de obligación moral hacia su país y especialmente hacia los hijos de Irán.

"La Revolución de mi abuelo ha devorado a sus hijos y se ha desviado de su curso," dijo Jomeini. Y dejó claro cuán fuertemente se oponía a los esfuerzos febriles de Ahmadinejad de obtener armas al observar: "Irán obtendrá poder real si la libertad y la democracia se desarrollan allí. La fortaleza no se obtendrá por medio de armas ni de la Bomba."

Describió el régimen iraní de los mulás como "una dictadura de clérigos que controlan cada aspecto de la vida." Fue particularmente crítico del trato que se les da a las mujeres. "El régimen iraní le pone grilletes a las mujeres al obligarlas [a que usen] el *hijab* en su forma más fea —es decir, un [velo] negro. . . . Las niñas que salen de las escuelas o de la universidad [se ven] deprimentemente sombrías."

Luego, al resaltar cuán completamente había roto con los Radicales, el nieto del ayatolá reveló por primera vez a la gente del mundo musulmán que cuando visitó Estados Unidos había tenido una reunión personal con Reza Pahlavi, el hijo del difunto sha de Irán. Casi se podía sentir que el aire era succionado de los pulmones de Ahmadinejad y del Ayatolá Jamenei; ambos hombres consideran al sha y a toda su familia como traidores y apóstatas.

En los suburbios de Maryland, en las afueras de Washington, D.C., Reza Pahlavi ha surgido durante más o menos la última década como crítico sobresaliente de los Radicales de su país, fiel partidario para que termine el reinado del terror de los mulás y para que se introduzca una nueva era de democracia jeffersoniana en su país de nacimiento. En 2002, Pahlavi publicó un manifiesto titulado *Winds of Change: The Future of Democracy in Irán* (Vientos de cambio: El futuro de la democracia en Irán). También creó un sitio en Internet (www.rezapahlavi.org) que explica más su defensa de la democracia. Ha viajado por todo Estados Unidos y el mundo, tratando de construir un movimiento de compañeros Reformadores que estén listos para derrocar a los mulás, aunque se ha opuesto a la intervención militar de Estados Unidos tan enérgicamente como Hossein Jomeini la ha propugnado. No todos los Reformadores iraníes están convencidos de que Pahlavi es necesariamente el hombre para dirigir la siguiente Revolución, pero seguramente es una figura clave para el movimiento.

Y ahora el nieto del ayatolá estaba describiendo públicamente un viaje que había hecho al otro lado del mundo para reunirse con el hijo del sha, y elogiaba la causa común que había reunido a los dos hombres, a pesar de sus historias y de sus diferencias políticas.

Fue "una reunión ordinaria con un hombre que comparte mi sufrimiento," dijo Jomeini a los televidentes de Al-Arabiyah. "La [causa] de nuestro sufrimiento es una y la misma, es decir la tiranía, aunque cada uno de nosotros tiene su propia orientación [política]."[8]

Sin embargo, la administración de Bush —tan enérgica y efectiva para hacer un cambio de régimen en Afganistán e Irak— no hizo nada para ayudar al pueblo de Irán a encontrar su libertad.

LA PUNTA DEL ICEBERG

Cuando Hossein Jomeini hizo el escandaloso anuncio de su reunión con Reza Pahlavi, el nieto del ayatolá se convirtió en uno de los desertores más prominentes del grupo de los Radicales iraníes, y cada vez más con cada discurso y entrevista consecutivos. Y no estaba solo. Ahora, un número creciente de iraníes —y musulmanes de toda la región— están optando por arriesgar sus vidas para oponerse a los Radicales y buscar una clase de gobierno y forma de vida totalmente distintos.

Hay muchas razones para estar en desacuerdo, claro, pero si tuviera que resumir esas razones, diría —basado en entrevistas a miles de musulmanes disidentes a lo largo de los años y en mis lecturas de veintenas de sus libros, discursos y blogs— que esos disidentes y desertores se sienten traicionados. En su opinión, los Radicales les prometieron mucho a ellos, a los miembros de sus familias, a sus amigos y a sus compatriotas, y han traicionado esas promesas de la peor manera posible. El islam extremista y el fundamentalismo no generaron más libertad, más oportunidad, más esperanza ni gozo. En lugar de eso, los Radicales desataron tal violencia, opresión horrorosa y comportamiento psicótico en su pueblo que millones de musulmanes quedaron impactados al darse cuenta de que si no luchaban por cambiar, se ahogarían en su propio dolor, si no en su propia sangre.

Por ejemplo, considere el caso de Ali Rez Asgari. Alguna vez fue el viceministro de defensa iraní del Presidente Khatami. También dirigió el Cuerpo de la Guardia Revolucionaria. Pero en 2002 ó 2003, ya no pudo soportarlo más. Odiaba la dirección por la que el Ayatolá Jamenei estaba llevando a su país. Se sentía traicionado por los líderes de la Revolución. No veía esperanza para la reforma ni fin alguno al apoyo de Irán a la violencia en contra de civiles inocentes de toda la región y del mundo. Por lo que comenzó a espiar a su país. Comenzó a entregar documentos confidenciales a las agencias de inteligencia de Occidente. Y luego, por miedo a que lo descubrieran, finalmente desertó a Occidente, muy probablemente a Estados Unidos, en 2007.

Desde entonces, las fuentes dicen que ha estado revelando secretos e informando a los oficiales de inteligencia sobre todo lo que sabe. Algunos reportes publicados en el Medio Oriente dicen que Asgari hasta le dio a Israel la información clave que necesitaba para atacar y destruir unas instalaciones nucleares sirias en el otoño de 2007. Lo que fue particularmente asombroso de la deserción de Asgari fue que la inteligencia israelí cree que ayudó a fundar y a desarrollar Hezbolá en el Líbano, bajo la dirección del Ayatolá Jomeini, a principios de la década de 1980.[9]

¿Es Asgari un demócrata jeffersoniano? No lo sé. Pero su deserción es una evidencia más de cómo hasta los creyentes genuinos de la Revolución Islámica le están dando la espalda y están en búsqueda del cambio.

O considere el caso de Hamid Reza Zakiri. Nació en 1962 y apenas tenía diecisiete años cuando la Revolución se desarrolló, pero pronto se convirtió en un creyente genuino. Entró al ejército al inicio de la Guerra de Irán-Irak y rápidamente ascendió de grado. Finalmente se convirtió en el director de inteligencia del Cuerpo de la Guardia Revolucionaria y después en un oficial de inteligencia de alto rango en el Ministerio de Seguridad del Presidente Khatami.

Pero en 2003, Zakiri no aguantó más. Al haber visto lo que los Radicales realmente se proponían —lo que creían y cómo se comportaban— desertó hacia Occidente y comenzó a revelar los secretos de su país, entre los que estaban el hecho de que Irán estaba trabajando de cerca con Corea del Norte en su programa de armas nucleares, y que al Qaeda le había pedido ayuda a Irán en los ataques del 11 de septiembre. "¿Sabía de los planes para atacar al World Trade Center de Nueva York?" se le preguntó a Zakiri durante una entrevista pública con *Al-Sharq Al-Awsat*, un diario saudita con base en Londres, en 2003. "No," respondió el desertor, "pero teníamos en nuestra sede maquetas de las dos torres [del World Trade Center], de la Casa Blanca, del Pentágono y del edificio de la CIA en Langley."

Zakiri explicó que un agente de alto rango de Hezbolá había llegado a Irán antes de septiembre de 2001 y había entregado una carta del Dr. Ayman al-Zawahiri a los altos oficiales de inteligencia. La carta decía: "Necesitamos su ayuda para llevar a cabo una misión de máxima importancia en la tierra del 'Gran Satanás.'" La solicitud fue negada, pero Zakiri describió con detalles cómo Irán ayudó a al Qaeda y a otros grupos yihadistas sunitas de muchas otras maneras.[10]

Considere también el caso de Ahmad Rezai, un iraní que escapó a Estados Unidos en el verano de 1998 y que pidió asilo político después de haberse horrorizado por lo que había visto en su país. Sin embargo, Rezai no era un desertor ordinario. Era el hijo del General Mohsen Rezai, ex comandante del Cuerpo de la Guardia Revolucionaria iraní y uno de los principales asesores del Ayatolá Jamenei. El mismo Ahmad trabajó una vez en el Cuerpo de la Guardia Revolucionaria, la fuerza élite de combate de Irán, y después dijo a los oficiales de inteligencia de Estados Unidos que Irán era cómplice de numerosos ataques terroristas alrededor del mundo, entre los que estaban el bombardeo de las Torres Khobar en Arabia Saudita.[11]

"No creemos en el gobierno iraní," dijo Rezai cuando tenía alrededor de veinte años durante una entrevista en 1999, en la red de radio Voice of America. "Creemos que la República Islámica es un régimen terrorista, el gobierno terrorista más grande del mundo. No queremos ser considerados terroristas ni tener algo que ver con el terrorismo. Queremos ser libres. Queremos tener una buena vida, democracia, libertad, pero no tenemos libertad en Irán. . . . La República Islámica ha tomado nuestras vidas y nos ha sacrificado por sus metas. . . . Quieren que trabajemos para ellos, que llevemos a cabo sus programas, sus trabajos terroristas alrededor del mundo. Quieren controlar a Israel. Quieren controlar a los países musulmanes. Quieren ejercer poder en el mundo como Hitler."[12]

El joven desertor concluyó: "El islam no es popular en Irán. Ningún joven quiere ser musulmán ahora, no cuando ven lo que hace este régimen en nombre del islam."

Esas historias son solamente la punta del iceberg. Veintenas de desertores y personas que piden asilo político han huido de Irán durante la última década. No todos se hacen públicos, por supuesto. Y no todos son demócratas jeffersonianos. Pero todos se sienten traicionados por su gobierno, su ideología tiránica y su comportamiento criminal. Todos han tenido asientos de primera fila en la pesadilla, y el hecho de que hayan arriesgado sus vidas para buscar libertad en Occidente —usualmente en Estados Unidos— es un testimonio de cuán desesperados se sienten con el régimen de Irán.*

LOS ABATIDOS

Casi 70 millones de personas viven en Irán ahora. Siete de cada diez son jóvenes —menores de treinta años. Casi uno de cada cuatro iraníes es menor de quince años.[13] No recuerdan los días intoxicantes de la Revolución de 1979. Nunca experimentaron la emoción de derrocar al sha. Todo lo que conocen son promesas rotas. Los ayatolás prometieron a sus padres una sociedad llena de esperanza, crecimiento y oportunidad. Ahora, lo que tienen en lugar de eso es desesperación, desempleo, inflación y una

---

*El peligro para los disidentes y desertores iraníes es real. Irán es conocido por asesinar, secuestrar y torturar a esos críticos. Un reporte de la Fundación por la Democracia en Irán descubrió que entre 1979 y 1996: "unos 70 exiliados y activistas políticos iraníes [fueron] asesinados por agentes del gobierno iraní en el extranjero." El grupo también observó que un subcomité de derechos humanos de las Naciones Unidas oficialmente condenó los asesinatos extraterritoriales de Irán en una resolución que se aprobó el 24 de abril de 1996. La resolución declaraba que la comunidad internacional "deplora la violencia continua en contra de los iraníes fuera de la República Islámica de Irán" y afirmaba que los gobiernos "son responsables de los asesinatos y ataques de sus agentes." (Ver "FDI releases report on assassinations (FDI publica reporte de asesinatos)," Action Memorandum 011, Fundación por Democracia en Irán, 6 de mayo de 1996). En 2007, Bret Stephens del *Wall Street Journal* reportó que "Ahmad Rezai ha . . . vuelto a Irán, según se dice, aunque no está claro si lo hizo de manera voluntaria o bajo coacción." Le envié un correo electrónico a Stephens en septiembre de 2008. En ese momento dijo que aún no se ha encontrado el rastro de Rezai. Sólo puedo desear y orar que esté a salvo. (Ver "Iran's al Qaeda (Al Qaeda de Irán)" de Bret Stephen, *Wall Street Journal*, 16 de octubre de 2007).

pobreza crónica. La enorme mayoría de iraníes no puede desertar, por supuesto. En lugar de eso, se encuentran atrapados y desanimados.

Tres décadas después de la Revolución, y a pesar del hecho de que Irán está sentado en un mar de petróleo y gas natural que debería resultar en una economía robusta impulsada por las exportaciones, aproximadamente un cuarto de la fuerza de trabajo elegible —alrededor de 6,5 millones de personas— no puede encontrar trabajo, aunque el gobierno oficialmente reconoce una tasa de desempleo de solamente 10 por ciento.[14] Mientras tanto, la inflación en 2008 rondaba alrededor de 30 por ciento, lo cual hace difícil, incluso para los que tienen trabajo, seguir con el costo de los productos y servicios esenciales.[15] Por lo menos uno de cada diez iraníes vive por debajo del nivel de pobreza, y 5 millones de iraníes sobreviven con menos de dos dólares al día, según la CIA y la ONU.[16]

Sin embargo, algunos iraníes dicen que la situación es mucho peor. "Noventa por ciento de la población vive por debajo del nivel de pobreza, y sólo diez por ciento de la gente tiene acceso a los servicios sociales que el gobierno proporciona," dijo Mohammad Abbaspour, miembro del Majlis (parlamento) iraní que trabaja en el Comité de Asuntos Sociales, en 2005.[17]*

Mientras la Revolución fracasaba en cumplir sus promesas, el uso de drogas —particularmente entre los jóvenes— se disparó cada año. A pesar del hecho de que cada gobierno iraní, comenzando con el de Jomeini, ha tomado medidas severas en contra de las drogas ilegales, ahora hay más de 4 millones de drogadictos en Irán, 11 millones de consumidores y medio millón de traficantes de drogas. Según un alto oficial iraní de vigilancia y control de drogas, "cada tres minutos, una persona de la sociedad llega a ser adicta a las drogas."[18]

Según el *Reporte Mundial de Drogas de 2007* de la ONU, Irán tiene

---

*Lo que es particularmente ofensivo del caos de la socialista y tristemente mal administrada economía de Irán es que derrocha el valor del activo más importante de Irán: el capital humano. Cuando tienen libertad de desarrollar sus habilidades y de alcanzar su potencial dado por Dios, los trabajadores iraníes son unos de los más brillantes y más ingeniosos del mundo. En el ambiente del mercado libre de los Estados Unidos, por ejemplo, las familias estadounidenses de linaje iraní, en promedio, ganan 20 por ciento más que la familia media estadounidense. Casi un tercio de los estadounidenses-iraníes gana $100.000 o más. No menos de diez estadounidenses-iraníes han sido fundadores o ejecutivos de alto rango de negocios en los Estados Unidos que en conjunto valen $1 billón, entre los que están Pierre Omidyar, fundador de eBay, que tenía activos netos de $7,7 millardos en 2008. (Ver "Fact Sheet on the Iranian-American Community [Hoja de datos de la comunidad estadounidense-iraní]" de Ali Mostashari, Serie del Grupo de Estudios de Investigación Iraní, Massachussetts Institute of Technology, abril de 2003, http://isg-mit.org/projects-storage/census/Factsheet.pdf.)

la proporción más alta de adictos al opio y a la heroína de todo el planeta: 2,8 por ciento de la población. Ningún otro país siquiera se le acerca; Afganistán tiene el segundo lugar con 1,4 por ciento.[19] El director del Centro Nacional Iraní para Estudios de Adicción dijo al *Washington Post* en 2005 que 20 por ciento de la población adulta de Irán está "de alguna manera involucrada en el abuso de drogas," mientras que un doctor iraní que trata el abuso de drogas dijo al *Post* que 68 por ciento de sus pacientes comenzó a usar drogas antes de cumplir veinte años y agregó tajantemente: "Tenemos desesperación."[20]

Lo peor de todo es que los expertos dicen que Irán no ha llegado a la cima de la epidemia de la drogadicción.[21] Reza Sarami, un alto oficial iraní de antinarcóticos, dijo: "Si no se hace algo para reducir este aumento de consumidores de drogas, tendremos unos nueve millones de adictos en menos de veinte años," más del doble de los 4 millones de adictos que Irán tiene ahora.[22]

LOS HASTIADOS

La desesperación es una respuesta para los que no pueden desertar.

Otra es ira pura y fastidio. Decenas de millones de iraníes están furiosos con los Radicales. Individualmente, no tienen fuerza política. Pero cada vez sienten más rechazo hacia los yihadistas, particularmente por la violencia de musulmán contra musulmán que ven que se perpetra en Irán, Irak, Afganistán, Somalia, Paquistán, Sudán y en los bombardeos suicidas y otros ataques terroristas desde Casablanca hasta Estambul y Riad. Como resultado, están escuchando cuidadosamente a cualquier Reformador que encuentren en la radio o televisión satelital, o en Internet, y se están trasladando consistentemente al campo Reformador.

Cuando estaba investigando para este libro, entrevisté a un alto funcionario que trabajaba para una agencia de inteligencia occidental. Este hombre pasó muchos años en Irán y una vez fue el jefe de estación de esta agencia en Teherán. Los hechos que compartió conmigo en cuanto a la magnitud de la crueldad del liderazgo iraní en contra de su propia gente me estremecieron. Pero esas estadísticas verdaderamente no son un secreto para los iraníes que están atrapados dentro del país, ni para los aproximadamente 5 millones de iraníes que viven en el exilio. Piense en lo siguiente:

- Irán ha ejecutado a más de 120.000 de sus ciudadanos por razones políticas desde 1979, incluyendo a mujeres embarazadas, ancianas y niños en edad escolar.
- Irán masacró a 30.000 de sus prisioneros políticos solamente en 1988.
- La policía secreta de Irán emplea 170 formas de tortura física y psicológica.
- El régimen manda a la cárcel a más de 800.000 iraníes cada año.
- El régimen emplea lapidaciones; ejecuciones públicas en la horca; extirpación de ojos; amputación de dedos, manos y piernas; decapitaciones; y azotamientos en público como "castigo" por desobediencia.
- El gobierno de Irán ha participado en no menos de 450 operaciones terroristas alrededor del mundo, incluyendo bombardeos, secuestros, raptos y asesinatos.
- El régimen ha cerrado por lo menos ochenta periódicos y revistas desde abril de 2000, docenas de periodistas iraníes están en la cárcel y algunos han llamado a Irán "la prisión de periodistas más grande del mundo."
- Irán tiene la tasa de suicidios más alta del mundo (200 intentos fatales de suicidio por cada 100.000 personas).
- Unos 1.500 iraníes huyen del país cada día.[23]

Con un deseo ardiente de denunciar esas atrocidades —pero con pocos medios para hablar unos con otros, mucho menos con el mundo exterior— "los Hastiados" de Irán han recurrido a escribir blogs. Ahora hay por lo menos ochenta mil blogs iraníes en Internet, diarios personales electrónicos en los que la gente escribe diariamente, a veces cada hora, anotaciones sobre sus pensamientos, sentimientos, opiniones políticas y los asuntos del día. El persa es en realidad el tercer idioma más popular de Internet, después del inglés y el chino mandarín.[24]

Revisar esos blogs persas es tomar la temperatura de la ira encendida que se acumula por debajo del régimen de Teherán y que amenaza explotar como un volcán. Observe una muestra de media docena de distintos escritores de blogs:

"Yo [se omite improperio] a todo Hezbolá [partido de Alá] . . . y a su islam distorsionado y a su ideología que utiliza para menoscabar al ser humano a través de la tortura. . . . Esta generación [de gente joven] finalmente . . . se da cuenta de la clase de hoyo en el que está. . . . La gente pone al ayatolá y a los clérigos al mismo nivel que los proxenetas y matones."

"En mi vida ha habido épocas en que, consumido por la ira, he sentido impotencia y un gran vacío . . . una época en que se siente que la injusticia aplasta la mente. . . . Uno quiere gritar y gemir y todo lo que puede ver es la cara cínica de su enemigo . . . un oponente que simplemente parece excitarse aún más con el fantasma de tus ojos húmedos y mejillas rojas. . . . [Estos son] tiempos en que uno siente que Dios debe estar avergonzado de haber creado al hombre."

"He vivido 27 años . . . con la revolución, represión, asesinatos, ejecuciones en la horca y guerra. . . . Mi juventud y niñez pasaron durante los bombardeos . . . mirando las manos temblorosas de mis mayores. . . . A veces pienso que este lugar es la tierra maldita por Dios."

"Si al menos estos musulmanes idiotas de nuestros países vecinos supieran de nuestro fallido experimento con un gobierno islámico también entrarían en razón. . . . [La Revolución] se acabó . . . y cuando estos mulás sean destronados . . . será como cuando cayó el Muro de Berlín. . . . Pronto nos desharemos de ellos. . . . Un poco de paciencia . . . nuestro amanecer se acerca."

"Para mí, el aspecto más impactante del 11 de septiembre fue que no se trató de un solo asesino sino de un grupo de personas que voluntariamente cooperó secretamente en esta acción de maldad. . . . ¿No tuvieron momentos de lucidez los que participaron y se preguntaron: 'Acaso no es pura maldad lo que estamos haciendo'? . . . Pero ya no sólo es el 11 de septiembre. Estamos viendo tantos hechos de absoluta maldad alrededor del mundo, cometidos por musulmanes. . . . No tengo duda en cuanto a la naturaleza mala de nuestros gobernadores ni de su capacidad de perpetrar hechos de tanta iniquidad. . . . No puedo dejar de sentir un enorme sentido de vergüenza, culpa e impotencia."

"Mantengo un blog en Internet para poder respirar en este aire sofocante. . . . En una sociedad donde a uno lo llevan a [la cárcel] por el simple crimen de pensar, escribo para no perderme en la desesperación . . . para sentir que estoy en algún lugar donde puedo articular mis llamados de justicia. . . . Escribo un blog para poder gritar, gemir y reír, y hacer las cosas que ahora no se me permite en Irán."[25]

No son sólo los millones de iraníes los que están abatidos y hastiados por las ideas y los hechos de los Radicales. Cientos de millones de musulmanes alrededor del mundo se sienten igual.

Por ejemplo, observe una tendencia intrigante en Paquistán durante años recientes. Un sondeo Pew que se hizo en 2004 descubrió que Osama bin Laden disfrutaba de una calificación favorable de 65 por ciento entre los hombres paquistaníes.[26] Aunque es profundamente inquietante en un país de 170 millones de personas —y un país que posee armas nucleares— este descubrimiento realmente no debería ser sorprendente. Paquistán ha sido considerado por mucho tiempo un semillero para el islam Radical y, como se observó antes en este libro, es posiblemente el país donde Osama bin Laden ha estado escondido desde la liberación de Afganistán.

Pero en septiembre de 2007, después de tres años de excesiva divulgación y, muchas veces, espectacular violencia de al Qaeda contra musulmanes en Irak, Afganistán y en otros países, la calificación favorable de bin Laden en Paquistán bajó a 46 por ciento.[27]

¿Quién era el líder político más popular de Paquistán de ese entonces? No era bin Laden. Tampoco el Presidente Musharraf, que tuvo una calificación favorable de solamente 38 por ciento.

Más bien, la líder fue Benazir Bhutto, la ex primera ministra paquistaní que prometía volver a su país desde el exilio y ser candidata a presidente en una plataforma de reforma audaz y arrolladora. En septiembre de 2007, Bhutto tuvo una calificación favorable de 63 por ciento.[28] Muchos analistas políticos y de inteligencia creen que ella estaba bien ubicada para derrotar a Musharraf en las próximas elecciones y surgir como la próxima presidenta de Paquistán. Sin embargo, como se observó en el capítulo anterior, fue asesinada.

¿Mejoró la calificación favorable de bin Laden como resultado? Al contrario, en enero de 2008, la calificación de bin Laden entre los paquistaníes había caído a apenas 24 por ciento, una caída récord en siete años de encuestas. Mientras tanto, la calificación favorable de al Qaeda cayó de 33 por ciento en agosto de 2007 a apenas 18 por ciento en enero de 2008.[29]

CAPÍTULO DIECISIETE

CONOZCA A HAMID KARZAI

*La verdadera historia del primer presidente de
Afganistán electo democráticamente*

ES DIFÍCIL IMAGINAR un país con menos probabilidades de llegar a
ser una democracia. O ver surgir a un seguidor de Tomás Jefferson como
su líder.

Pero Afganistán y su pueblo, que es intensamente independiente han
tenido, ciertamente, la habilidad de desafiar las probabilidades.

Esta región sin salida al mar y golpeada por la pobreza, que por
mucho tiempo fue gobernada por reyes, se convirtió en un estado-nación
en 1747, pero tuvo poco interés para Occidente hasta que los soviéticos
la invadieron en 1979. Eso debía haber sido el final. A los ojos cínicos
de Washington, Afganistán parecía estar destinado a ser absorbido por
Moscú, para que fuera otro estado satélite. Pero el pueblo afgano rehusó
rendirse. Y Ronald Reagan rehusó abandonarlos.

A principios de 1980, Afganistán se convertía rápidamente en el
frente central de la lucha épica entre las fuerzas de la libertad y los comunistas del Kremlin. Con un valor tremendo, firme resolución y miles de
millones de dólares en ayuda y armamento estadounidense —incluso
misiles antiaéreos Stinger de vanguardia— los afganos finalmente derrotaron al poderoso Ejército Rojo, y a finales de la década de 1980, expulsa-
ron a todos los soldados soviéticos de su país. Fue una victoria arrasadora,

como para los libros de cuentos. Y luego, para vergüenza nuestra, nos volvimos a olvidar de Afganistán.

Estados Unidos había desarrollado muy buena voluntad dentro de Afganistán. Habíamos forjado relaciones fuertes, aunque encubiertas, con líderes nacionales, caciques tribales y jóvenes cultos, dispuestos a recuperar y reconstruir su país. Podríamos haber provisto ayuda humanitaria para los 5 millones de refugiados que se consumían en escuálidos campamentos en la frontera afgano-paquistaní. Podríamos haber ayudado a los afganos para construir escuelas, hospitales, granjas y fábricas. Podríamos haberlos ayudado a construir caminos y plantas eléctricas y a perforar miles de pozos para proveer agua fresca.

No estoy diciendo que deberíamos haber hecho todo por ellos, pero podríamos haber ayudado. Deberíamos haber ayudado. Pero no lo hicimos. Cuando los soviéticos se fueron, nosotros también nos fuimos.

UN "PARAÍSO" RADICAL

El gobierno provisional postsoviético colapsó en 1992 y los Radicales se apresuraron a llenar el vacío, especialmente Mohammed Omar —también conocido como "Mulá Omar"— el feroz y fanático comandante muyahidín que una vez perdió un ojo en un enfrentamiento armado con los rusos, pero que se recuperó y continuó hasta fundar el Talibán, una de las organizaciones yihadistas más extremistas del planeta.

Los afganos habían sido mancillados y despojados por el Imperio del Mal del Norte, observó Omar, y ahora habían sido abandonados y traicionados por los infieles de Occidente.

Pero esto era razón de celebración, no de tristeza, insistía Omar. Sostenía que Alá le había dado al pueblo afgano una gran victoria en la guerra y ya era hora de agradecérselo construyendo un país puramente islámico, gobernado con la ley sharia y edificado sobre las sagradas cenizas del pasado.

No todos estaban enamorados de la visión de Omar, mucho menos querían verlo a cargo. Pero Omar no iba a aceptar un no como respuesta. Creía que había sido elegido por Dios, que estaba peleando para Dios y que Dios le daría la victoria. A mediados de la década de 1990, después de años de guerra tribal brutal y sangrienta y de una violencia sectaria horrenda, los combatientes del Talibán habían suprimido con éxito a la mayoría de sus oponentes, y habían asegurado el control del país. En un mundo de hombres ciegos, el tuerto —literalmente— ahora era el rey.

Es difícil expresar con palabras el reino de terror que desató el Talibán en el pueblo de Afganistán. Hablar con los afganos que sufrieron por las condiciones infernales que estos Radicales crearon, como tuve la oportunidad de hacer en un viaje de investigación a Kabul en octubre de 2008, es terminar con lágrimas por las casi increíbles historias que ellos comparten. Los esposos golpeaban a sus esposas sin razón, con el estímulo del gobierno. A las mujeres se les prohibía arreglarse el pelo. Se les prohibía usar esmalte de uñas. Fueron forzadas a usar burkas azules que las cubrían de pies a cabeza y que prácticamente eran sofocantes en el clima candente.

Los padres golpeaban a sus hijos y abusaban de ellos psicológicamente. Cerraron las escuelas. Les quitaron sus juguetes. Se prohibieron las películas. Se prohibió la televisión. Se prohibió la radio, excepto por una estación que continuamente les enseñaba del Corán. Se prohibieron los juegos. Estaba prohibido volar cometas. Se prohibieron los conciertos. Tocar música en lugares públicos estaba prohibido. Se prohibió la celebración de Año Nuevo. Se prohibieron los adornos de Navidad. Desde luego se prohibió el cristianismo.

Se cerraron los museos y los zoológicos. Se encarceló a los disidentes. Otros fueron asesinados. Se ejecutó a los apóstatas. "Si alguna vez quisieron ver a Satanás operando al aire libre, ese era Afganistán," dijo un amigo que solía viajar a Kabul frecuentemente antes del 11 de septiembre. "El Talibán era el verdadero mal, desenmascarado, sin restricciones. Nunca he visto algo así."[1]

Fue a este "paraíso" Radical que el Mulá Omar invitó a Osama bin Laden.

Omar extendió la invitación al líder de al Qaeda y a su red terrorista para que volviera a Afganistán después de una temporada en Sudán, construyera sus campamentos de entrenamiento en las montañas Hindu Kush y disfrutara de un santuario lejos de los estadounidenses, los británicos y los israelíes, que estaban comenzando a comprender la amenaza que ellos representaban para Occidente. Bin Laden gustosamente aceptó la oferta. Seguro, preferiría haber derrocado a la familia real saudita, haber tomado el control de la Península Arábiga y haber establecido "la base" en La Meca o Medina. Pero el ícono de los yihadistas sunitas consideraba a Afganistán una tierra santa y un segundo hogar. Y fue allí que él y sus colegas comenzaron a confabular los ataques del 11 de septiembre y a tratar de comprar armas de destrucción masiva.

Una vez más, todo parecía estar perdido para el pueblo afgano. Sí, en su gran mayoría eran musulmanes orgullosos y tradicionales. Sí, la mayoría creía que el Corán les enseñaba a emprender el yihad en defensa de su país, y lo habían hecho para repeler a los soviéticos. Sí, igualmente habían estado agradecidos por la ayuda externa de Estados Unidos y Arabia Saudita. Pero no se habían apuntado para esto. Étnicamente no eran árabes. Teológicamente no eran wahabbis. Políticamente no eran fascistas. Y ahora, de repente, después de todo su sacrificio y sufrimiento, allí estaban, como esclavos de los salafistas. Reclutaban a sus hijos para el yihad o se les obligaba a hacer cosas abominables en nombre de Alá. La esperanza se desvanecía rápidamente. Surgía la depresión. El abuso de drogas era incontrolado. El país se convertía en la fuente número uno del opio y la heroína, y no parecía que hubiera salida.

Pero, dicho sea a su favor, los afganos nunca se rindieron. En el norte, un movimiento de resistencia antitalibán estaba reclutando, entrenando y formando un ejército de una variedad de tribus afganas conocido como la Alianza del Norte. En Occidente, los exiliados afganos —como el rey Zahir Shah (sin relación con el sha de Irán), que había sido depuesto en 1973 y que vivía en Roma— estaban tratando de explicar el enorme y creciente peligro que representaban el Talibán y al Qaeda y pedían encarecidamente a Estados Unidos y a la Unión Europea ayuda financiera y política para hacerlos retroceder y finalmente derrotarlos. En Paquistán, un exiliado afgano joven, con el nombre de Hamid Karzai —que una vez fuera miembro de los muyahadines y brevemente simpatizante del Talibán— estaba pasando por una asombrosa transformación personal y política, y surgía como el líder de la oposición antitalibán.

Luego ocurrió el 11 de septiembre. Occidente despertó súbitamente de su sueño. Repentinamente se acordó de Afganistán. Tuvo que hacerlo rápidamente. Y cuando comenzó la liberación de aquel antiguo país, su pueblo y la comunidad internacional buscaron a Karzai como líder.

UNA FAMILIA DE MODERADOS

Hamid Karzai nació como uno de ocho hijos —siete varones y una mujer— en la aldea de Karz, en la Provincia de Kandahar de Afganistán, la Nochebuena de 1957.

Su familia era prominente y acaudalada. Su padre era el educado y ampliamente respetado jefe de la tribu Popolzai. Como devoto musulmán tradicional, el padre de Karzai había hecho su peregrinaje a La Meca, pero no creía que su país debía ser gobernado por la ley sharia. Al contrario, era un moderado político y un monarquista constitucional que personalmente estaba cerca del rey, que entonces todavía estaba en el poder. Continuamente estimulaba al rey para que extendiera las libertades personales y que diera a los líderes tribales más oportunidades de participar en la toma de decisiones del país.

El anciano Karzai también tenía grandes sueños para sus hijos. Quería que recibieran educación de primera clase y que llegaran a estar preparados para guiar a su país hacia el progreso y la modernización. Envió a varios de sus hijos a estudiar a Estados Unidos. Cuando Hamid terminó la secundaria, su padre lo envió a la universidad en India para que obtuviera su licenciatura y su maestría, y para que llegara a ser competente con el inglés, al nivel de sus dos idiomas nativos, pashto y dari (también conocido como persa).

Hamid Karzai apenas tenía veintiún años en 1979, cuando el Ayatolá Jomeini lanzó la Revolución Islámica en Irán y los soviéticos invadieron su país. Al vivir en India, se sentía solo y lejos de los eventos dramáticos que abrumaban a su pueblo y a su familia. Cuando supo que a su padre lo habían encarcelado, quiso volver corriendo a casa, pero su familia dijo que no. No había nada que él pudiera hacer para ayudar. Tenía que seguir vivo, terminar sus estudios y planear el futuro. Aceptó de mala gana.

Sin embargo, en 1982 Karzai escuchaba historias dramáticas de que los muyahidines peleaban valerosamente en contra de las fuerzas soviéticas. Todavía no estaban logrando grandes éxitos (que no comenzarían hasta 1984, cuando la administración Reagan dramáticamente aceleró la ayuda para los "luchadores de la libertad" afganos por medio de la CIA), pero se mantenían en pie.

Karzai se inspiró. Quería ser parte de eso. Quería ayudar de alguna manera. Como no pudo contenerse más, compró un boleto de tren y comenzó el viaje de cuarenta y ocho horas de Simla, India, a Quetta, Paquistán, donde por lo menos podría ver los enormes campamentos de refugiados que crecían rápidamente a lo largo de la frontera entre Afganistán y Paquistán, y tener una idea más clara de lo que realmente estaba ocurriendo dentro de su país.

Sin embargo, en el tren escuchó algo que lo preocupó profundamente. Varios hombres de uno de los movimientos políticos más radicales hablaban de unirse al yihad y de matar a los rusos, pero también hablaban del sueño de sus líderes de algún día tomar el control de Afganistán y de establecer una teocracia sunita, así como el Ayatolá Jomeini había tomado el control de Irán y había establecido una teocracia chiíta.

Este era un avance nuevo, por lo menos para Karzai. Desde su limitado punto de vista en India, todo lo que había oído eran historias positivas de que los yihadistas defendían a su país de los infieles. Todavía no había detectado una tendencia extremista que podría buscar utilizar el conflicto de Afganistán para secuestrar el país y llevarlo al fascismo jomeinista en lugar de volver a una monarquía constitucional.

"Tomé conciencia de un movimiento político e ideológico que quería socavar el tradicional sistema de valores afgano y la forma de vida afgana," dijo Karzai a un biógrafo. "En los meses y años subsiguientes, vería que este movimiento radical tenía muchos padres. Todos tuvieron parte en su crecimiento —Occidente, los vecinos [esto es, Irán, Paquistán y la Unión Soviética], todos. Y este movimiento era a la larga la causa de mucho mal en Afganistán y de mucha destrucción en Estados Unidos y en el resto del mundo."[2]

UNIÉNDOSE A LOS MUYAHIDINES

Aunque ahora ya estaba alerta y desconfiaba de una creciente tendencia extremista en el esfuerzo antisoviético, Karzai era un nacionalista devoto y todavía estaba profundamente comprometido en ayudar a que los muyahidines tuvieran éxito. Como había terminado sus estudios académicos, ahora estaba libre para unirse a la resistencia y ofrecer las capacidades que tuviera por la causa.

Como carecía de entrenamiento militar, su padre —que vivía en el exilio en Paquistán— le pidió a Karzai que lo ayudara con la logística de movilizar comida, suministros médicos, armas y otros artículos a los combatientes que operaban dentro de Afganistán. Más adelante, se le pidió que trabajara en los campamentos de refugiados, enseñando inglés a los jóvenes ansiosos de prepararse para tener algún día una mejor vida. Era un trabajo que amaba, y del cual aún está orgulloso hasta el día de hoy.

"De todas las cosas que hice durante esos años, [enseñar] el curso de inglés fue una de mis mejores contribuciones," recordaría Karzai después. "Fue un gran, gran trabajo y muchos afganos jóvenes que aprendieron inglés en ese programa continuaron su educación, algunos a un nivel muy alto. Recuerdo a esas personas, y me da mucha alegría saber que pude ayudar con su educación."[3]

Sin embargo, al final Karzai decidió ir a la batalla en contra de los soviéticos. Quería participar de lo que su pueblo hacía. Quería ver lo que los rusos hacían. Quería sentir que estaba haciendo una diferencia en la línea de fuego. Creía que si Alá tenía un plan para que alguna vez él diera liderazgo al pueblo afgano, iba a necesitar la credibilidad de haber servido en la zona de combate.

El liderazgo finalmente le dio su oportunidad. Fue a numerosas misiones en lo más profundo de su país natal, dirigiendo asaltos en contra de los convoyes soviéticos, entablando enfrentamientos armados con patrullas soviéticas y derribando helicópteros y aviones de combate soviéticos. Fue vivificante para Karzai, pero él, su padre y los líderes muyahidines sabían que a la larga no era el mejor uso de sus dones y habilidades, incluso de sus habilidades lingüísticas. Podía ser mucho más útil al movimiento como líder político, desarrollando relaciones y alianzas con el mundo exterior y planificando para el día en que Afganistán fuera libre y se formara un nuevo gobierno.

Cuando los soviéticos finalmente salieron en 1989 y el régimen provisional que habían dejado en su lugar colapsó en 1992, los muyahidines ascendieron al poder en un "gobierno interino." Karzai fue llevado de vuelta a Kabul y se le nombró viceministro de relaciones exteriores. Fue un papel que le habría venido perfectamente, pero no duró mucho. La coalición que formaba el gobierno era frágil, en el mejor de los casos. Después de más de una década de combate intenso, varias de las tribus más poderosas no estaban preparadas para dejar de pelear. Tampoco estaban preparadas para compartir el poder. Querían controlar todo el país por sí mismos, y estalló una horrenda guerra civil.

Era reino contra reino, tribu contra tribu. Karzai miraba con incredulidad cómo el país al que acababa de ayudar a liberar descendía a lo que llamó "un desierto de crueldad."[4] Kabul estaba siendo demolida, casa por casa, calle por calle. Lo poco que los soviéticos habían dejado intacto estaba siendo arrasado sistemáticamente. Y miles de musulmanes afganos estaban muriendo en el proceso.

Para 1994, Karzai ya no pudo soportarlo. Había fracasado espectacularmente en persuadir a la administración Clinton-Gore a que ayudara a su país que se desintegraba. Las Naciones Unidas y los europeos fueron igualmente poco útiles. Con la violencia tan fuerte temía por su vida y por la vida de su esposa y sus hijos, por lo que Karzai los sacó y volvió a Quetta, Paquistán, para recuperar aliento y reagruparse.

OPOSICIÓN AL TALIBÁN

A principios de la década de 1990, Karzai comenzó a observar que el Talibán ascendía al poder, aunque al principio él —como muchos afganos— pensó que sería una fuerza positiva para el cambio.

"Como lo cuenta Karzai," escribió Nick Mills, profesor asociado de periodismo de la Universidad de Boston, en una excelente e intelectualmente estimulante biografía sobre el líder afgano, "un caudillo de Kandahar secuestró a dos niñas de un grupo rival y las niñas fueron violadas colectivamente en la base del caudillo. Un pequeño grupo del Talibán atacó la base del caudillo, liberó a las niñas y lo ahorcaron. La noticia del dramático rescate se extendió rápidamente. Los paquistaníes también se enteraron y proporcionaron armas, vehículos y asesores militares al Talibán."[5]

La meta en ese entonces era encontrar a alguien —*cualquiera*— que restaurara un poco el orden y la seguridad en un país destruido por la anarquía y violencia sectaria. El Talibán parecía reunir las condiciones. Como lo ha dicho Karzai: "Teníamos esperanzas en el movimiento. Esperábamos que el Talibán trajera paz y que devolviera Afganistán al pueblo afgano."[6]

Pero a medida que el Mulá Omar y sus fuerzas firmemente lograban el control del país, Karzai seguía escuchando reportes preocupantes de actos caprichosos de crueldad en contra de civiles inocentes, y comenzó a detectar que el Talibán no era realmente un movimiento nacional. Estaba siendo fuertemente influenciado por árabes y no afganos. Se veían números crecientes de sauditas que entraban y operaban en Kabul, Kandahar y en otras regiones del país. Los musulmanes wahhabi Radicales, no los musulmanes tradicionales, predicaban en las mezquitas. Y maletas llenas de dinero de la Península Arábiga fluían al país.

En 1996, los líderes del Talibán le pidieron a Karzai que fuera embajador de Afganistán en las Naciones Unidas. Pero, profundamente preocupado por la dirección que tomaba el movimiento, Karzai no aceptó. Para 1999, el Talibán y sus "invitados" de al Qaeda controlaban 90 por ciento del país y ahora creían que Karzai —que todavía estaba en Paquistán— emergía como su principal enemigo.

Tenían razón. Los líderes tribales enviaban mensajeros a Karzai pidiéndole ayuda. Karzai era entrevistado en la BBC, en The Voice of America, Radio Liberty y otras redes internacionales, y él exponía la crueldad del Talibán e imploraba al mundo que ayudara a su país otra vez.

"¿El islam?" diría Karzai a cualquiera que escuchara. "El Talibán no practica el islam." Decía que ellos eran una "herramienta para difamar al islam." Los acusó de estar allí "para destruir a Afganistán y al islam" e insistió: "Humillar mujeres no es islam. Privar a los niños de la educación no es islam. Destruir vidas está en contra del islam."[7]

Para silenciar a Karzai, el Talibán asesinó a su padre en 1999. Sin embargo, eso no detuvo al idealista afgano. En lugar de eso, profundizó su resolución de hacer todo lo posible para liberar a su país y llevar libertad y democracia a su pueblo.

Karzai aceleró sus esfuerzos para hacer que la administración Clinton-Gore y las potencias occidentales vieran el peligro que se gestaba en su país y para persuadirlos de que tomaran una acción decisiva en contra del Talibán y al Qaeda, antes de que fuera demasiado tarde. Trágicamente, sus súplicas cayeron en oídos sordos. "Estuvimos diciéndole a Estados Unidos durante los últimos cinco o seis años . . . de los peligros que [estos terroristas] podrían representar para Estados Unidos," diría después Karzai durante una entrevista en la televisión estadounidense, no mucho después del 11 de septiembre. "Desafortunadamente, el incidente de Nueva York sucedió con una tremenda pérdida de vidas, y eso ocasionó la reacción, que fue la correcta y que fue a tiempo. Lo único es que me duele que se requiriera de esa clase de calamidad para que trabajáramos en contra del terrorismo."[8]

Karzai está convencido de que el gobierno de Estados Unidos podría haber tomado medidas durante la década de 1990 para aplastar la amenaza que representaban al Qaeda y el Talibán, y que tenía la obligación moral con el pueblo estadounidense, así como con su propio pueblo, de haberlo hecho. Lamenta que el precio que Estados Unidos pagó por no escuchar fue tan enorme. "¿Debería haber hecho más el Presidente Clinton en ese entonces?" dijo Karzai después, al describir su decepción por todas las oportunidades perdidas en la década de 1990. "Sí, pero no sólo él —todo el mundo debería haber hecho más. Si el mundo hubiera hecho más, las Torres Gemelas estarían de pie ahora."[9]

DESTRUIR EL TALIBÁN

A medida que se desarrollaban los ataques del 11 de septiembre en Estados Unidos, Karzai estaba enfurecido, pero no sorprendido. Eso era lo que por mucho tiempo temió que podría suceder, y ahora había sucedido.

Cuando la administración Bush estuvo lista para contraatacar, Karzai y sus colegas también estaban listos. Después de años de preparación, disponían de una red de insurgentes para ayudar a los estadounidenses, comenzando con las fuerzas de la Alianza del Norte, que todavía controlaba alrededor de 10 por ciento del país. Tenían una extensa red de líderes tribales e informantes que podían dar información de la ubicación y movimientos de las fuerzas militares del Talibán y al Qaeda. Tenían una extensa red de aldeanos que estaban dispuestos a proporcionar camiones, camas, comida y cualquier otra cosa que pudieran para ayudar a los estadounidenses y a los muyahidines a sacar a esos Radicales para que pudieran volver a respirar el aire fresco de la montaña. También tenían cientos de líderes locales listos y dispuestos a formar un gobierno representativo en el momento oportuno.

A principios de octubre de 2001, Karzai dejó su hogar en Quetta y se dirigió a las montañas cerca de Kabul para reunir a su pueblo en contra del Talibán. "Les dije a todos que iba al servicio funeral de un amigo en el pueblo," dijo. "Ni siquiera le dije a mi esposa lo que en realidad pretendía. Solamente le dije que si no volvía en unos cuantos días, era porque estaba ocupado y que no se preocupara. Claro que estaba sorprendida, pero no le di la oportunidad de que hablara sobre mi viaje. Me apresuré a salir."[10]

Cuando ya estaba en la frontera afgana, Karzai contactó a tres amigos cercanos y asesores confiables que habían acordado ayudarlo a entrar y a cubrirle las espaldas en el proceso. "Ellos tenían dos motocicletas y un par de pistolas," recordó, y agregó que llevaban puestos turbantes y sombreros al estilo afgano, esperando mezclarse con el tráfico local y no llamar la atención. La elegante ropa occidental había quedado atrás, así como el distinguido sombrero de lana de cordero que a Karzai le encantaba usar y por el que después se le llegó a conocer.

Karzai era un hombre buscado. Dado lo que le había ocurrido a su padre, sabía que si el Talibán lo encontraba, lo matarían inmediatamente. Estaba corriendo un riesgo enorme, pero sentía que no tenía opción. Si iba a haber una oportunidad de liberar a su nación, era esta, y su credibilidad con su pueblo, así como con Occidente, dependía de que ingresara al país tan rápido como fuera posible.

"Nos quedamos en una aldea cerca del aeropuerto de Kandahar; luego nos trasladamos a una casa en el centro de la ciudad," recordaría Karzai después. "Esa noche, bombas estadounidenses comenzaron a caer alrededor de nosotros. La guerra había comenzado. Mis primos contrataron un taxi —una vieja camioneta Toyota— para que nos llevara al centro de Afganistán. Nos quedamos con un clérigo por varias noches en la aldea de Tarin Kowt. Su hermano era un juez talibán. En las tardes, el hermano tomaba el té conmigo y defendía al Talibán. Pero nunca les dijo que yo estaba en la casa. Fue entonces cuando me di cuenta de que el Talibán estaba huyendo, que los afganos querían cambio."[11]

Una noche a eso de las nueve, Karzai y sus colegas tuvieron su primera asamblea de organización antitalibán dentro de Afganistán, reuniéndose con el mulá local y cuatro líderes de tribus.

Uno de los líderes preguntó si Karzai estaba en contacto con los estadounidenses.

Karzai dijo que sí.

¿Los estadounidenses enviarían tropas o sólo bombas?

Karzai dijo que no lo sabía con seguridad.

"Usted tiene un teléfono satelital," observó el mulá. "Llame a los estadounidenses y dígales que vengan a bombardear el centro de comando talibán," en la aldea de Tarin Kowt.

Karzai vaciló. Dijo que no podía pedir ataques aéreos estadounidenses en contra de su propio pueblo.

"En ese caso, usted no quiere ganar," dijo el mulá. "Usted quiere ser un perdedor."

Las palabras lo hirieron, y Karzai quedó sorprendido por el tono contundente del clérigo.

"La población está con usted totalmente," continuó el mulá. "Lo defenderemos con nuestras vidas. Pero esta gente con la que estamos tratando es cruel, y tienen apoyo total de fuera del país [esto es, el dinero y la red internacional de yihadistas de bin Laden]. No tendrán misericordia de nosotros. Nos bombardearán. Dispararán cohetes a nuestros hogares y esparcirán la carne de nuestras mujeres e hijos en los árboles. ¿Es eso lo que quiere?"

Karzai sacudió la cabeza.

"No podemos ganar sin los estadounidenses," concluyó el mulá. "Si usted no puede decirles que bombardeen, entonces por lo menos pídales que nos proporcionen armas."[12]

Karzai finalmente accedió. Hizo la llamada, luego reunió a alrededor de sesenta hombres que estaban dispuestos a dirigirse a las montañas a esperar. En el camino, se encontraron a cientos de otros hombres afganos —viejos y jóvenes— que estaban dispuestos a unírseles. "Los estadounidenses nos proporcionaron armas, municiones y dieciséis miembros de las fuerzas especiales," dijo Karzai. "En una ocasión, el Talibán y al Qaeda estuvieron cerca de capturarnos, pues pusieron una emboscada con casi quinientos miembros de su milicia. Pero un clérigo de la aldea, que se había levantado para llamar a las oraciones de las primeras horas de la mañana, vio a estos hombres armados que salían de sus vehículos y que se movían hacia las montañas. En lugar de hacer el llamado a los fieles a orar, corrió a advertirnos. Pusimos intensa resistencia y tuvimos la ayuda de los bombarderos estadounidenses. El Talibán anunció que me habían atrapado y ahorcado. Sabía que mi esposa estaba escuchando eso, pero no pude llamarla porque las baterías de mi teléfono satelital se estaban acabando."[13]

Pronto comenzaron a llegar decenas de miles de fuerzas militares de Estados Unidos y la OTAN, enormes cantidades de armas y municiones que fluían para los hombres de Karzai y la Alianza del Norte y la mayoría de los del Talibán y al Qaeda corrieron por sus vidas.

CAPÍTULO DIECIOCHO

LA MISIÓN DE KARZAI

Lo que quiere y lo que ha logrado

ES CASI IMPOSIBLE expresar el sentido de júbilo que Hamid Karzai, su familia, sus colegas y su pueblo sintieron cuando su país fue liberado a finales de 2001.

O cuando Karzai tomó posesión como presidente interino el 22 de diciembre de 2001.

O cuando las elecciones nacionales se llevaron a cabo el 9 de octubre de 2004, y 8,1 millones de afganos, 42 por ciento mujeres, votaron.

O cuando se contaron los votos y supieron que Karzai había recibido 55,4 por ciento de los votos y una cantidad abrumadora, 3 millones, más de votos que el más cercano de sus dieciocho contrincantes.

O cuando Karzai hizo el juramento el 7 de diciembre de 2004, por un período de cinco años, como primer presidente electo democráticamente en la historia de Afganistán.

O cuando las elecciones parlamentarias se llevaron a cabo en 2005, con unos cinco mil candidatos que competían por la oportunidad de representar a su pueblo.

El día que tuvieron su primera oportunidad de emitir su voto para elegir a sus propios líderes fue un día que los afganos nunca olvidarán. "Es un día muy importante," dijo un hombre de setenta y cinco años, sin dientes y con un viejo turbante negro, mientras votaba en 2004.

"Estamos muy felices. Es como el día de la independencia, o el día de la libertad. Estamos trayendo paz y seguridad a este país."[1]

"Estamos eligiendo a nuestro propio presidente," dijo el director de una escuela afgana, de cincuenta años. "Eso es importante. Definitivamente habrá cambios después de estas elecciones. Habrá un final para los robos y milicia armada. La gente cooperará con el gobierno."[2]

"Es como un sueño," dijo un afgano a la BBC, con sus ojos llenos de lágrimas. "Veinticinco años de desplazamiento y de una vida lejos de casa me han roto la espalda. Ahora me siento como si hubiera vuelto a nacer."[3]

Una anciana que caminó en medio de la nieve de las montañas por cuatro horas en busca de un centro de votación para emitir su voto dijo a un reportero: "Mi vida ya casi se acabó. [Pero] estoy haciendo esto por mis hijos, y por los hijos de mis hijos."[4]

Sin embargo, no todos fuera del país entendían totalmente lo que sucedía en Afganistán. Muchos aquí en Occidente no creían —y todavía no creen— que el gobierno representativo pudiera arraigarse firmemente y que diera fruto en un país islámico como Afganistán, especialmente por el hecho de su larga historia de derramamiento de sangre. Pero Hamid Karzai, un Reformador consumado, consistentemente ha dejado en claro que es un musulmán orgulloso y devoto, así como un demócrata orgulloso y determinado.

Durante un foro en septiembre de 2003 en la Universidad de Princeton, un estudiante le preguntó directamente a Karzai si el islam era compatible con la democracia. Absolutamente, insistió. El Talibán y al Qaeda utilizaron el islam "para justificar el asesinato, las muertes y la destrucción." Pero el pueblo afgano "aunó esfuerzos" con las democracias del mundo "y los sacó." El verdadero islam, sostuvo, hace un llamado a una sociedad justa y equitativa. "¿Cómo se puede tener justicia si no se tiene gente que vote y elija a sus gobiernos?," preguntó. "El islam es totalmente compatible con la democracia."[5]

Este no es un argumento que él presenta solamente en Occidente. Karzai dio un discurso particularmente poderoso a los líderes musulmanes de Doha, Qatar, en febrero de 2008. Entre sus observaciones estuvieron los siguientes comentarios:

Como musulmán me duele mucho ver que, en contraste con la gloria de nuestros antepasados, ahora los musulmanes vivimos en épocas bastante atribuladas. Es deplorable que muchos de los conflictos actuales más violentos se lleven a cabo en nuestros países; o que, a pesar de nuestros recursos ilimitados, a demasiados nos afecte la pobreza. Es doloroso ver que constituimos una quinta parte de la población del mundo, pero sólo cinco por ciento de la economía del mundo. Mientras que los requerimientos de nuestra fe son totalmente consecuentes con nuestros deberes como ciudadanos de un solo mundo que compartimos con Occidente, a veces parece que tenemos dificultad para reconciliar a los dos. . . .

Como musulmán, creo que es hora de que nos vaya mejor con las doctrinas básicas de nuestra gran fe, el islam, y que volvamos a vivir su tradición gloriosa de tolerancia y progreso. Hace mil cuatrocientos años, el benevolente Dios decretó a su Mensajero Mahoma (la paz sea con él) en el Santo Corán que "todos los humanos son iguales a los ojos de Dios," y que los humanos nacen en diferentes tribus y distinciones, no para despreciarse unos a otros, sino para que se conozcan mejor. Este verso del Corán es la afirmación más antigua sobre nuestra humanidad compartida y sobre los elementos básicos que tenemos en común, como miembros de una sola raza humana. Como musulmanes, tenemos que vivir a la altura de la eminencia de esta verdad divina.

Y luego, más de un milenio después de que el Santo Corán hablara acerca de la igualdad a los ojos del Dios Todopoderoso, los padres fundadores de lo que ahora es Estados Unidos de América se adhirieron a los mismos principios, cuando comenzaron a fundar una gran nación: "Sostenemos como evidentes por sí mismas dichas verdades: que todos los hombres son creados iguales," declararon. La Constitución de Estados Unidos comienza con "Nosotros, el Pueblo" —un recordatorio contundente del énfasis del islam en la sumisión básica de la humanidad. Gracias a la visión ejemplar de sus padres fundadores, Estados Unidos ahora es un genuino modelo de prosperidad, esperanza y éxito.

Los ideales estadounidenses de libertad, democracia, igualdad y respeto por los derechos de la persona han inspirado a la gente alrededor del mundo. Yo diría que son estos ideales, mucho más que las proezas militares, lo que hace que Estados Unidos sea atractivo. . . .

Estados Unidos también ha sido uno de los países más exitosos del mundo en cuanto a adoptar y aceptar la multiplicidad de religiones y transformarla en una realidad social. Ahora, en Estados Unidos, los musulmanes viven en paz y armonía con los seguidores de otras religiones, disfrutando protección y derechos completos como ciudadanos de ese país. . . . Ahora, no importa cuán divergentes puedan parecer superficialmente las opiniones e intereses de Estados Unidos y del mundo musulmán, fundamentalmente, aspiramos a los mismos ideales de libertad, paz y prosperidad.[6]

CONFRONTACIÓN CON LOS RADICALES

Desde el mismo inicio, el joven presidente, que tenía apenas cuarenta y cuatro años cuando se convirtió en el líder de su país, ha enfrentado enormes desafíos. Entre ellos: el terrorismo continuo, ya que las fuerzas del Talibán y al Qaeda buscan desestabilizar y derrocar su régimen; millones de viudas y huérfanos; pobreza dolorosa; escasez de buenas viviendas y buenos trabajos; analfabetismo; trauma psicológico; incontrolada producción y uso de drogas; escasez de presupuesto; corrupción gubernamental; y un vecindario increíblemente hostil, con Irán por un lado, un Paquistán inestable en el otro, y el Oso Ruso al norte.

Dados esos desafíos, Hamid Karzai me ha impresionado profundamente. No creyó erróneamente que construir una democracia funcional sería fácil; y nunca ha tratado de convencer a su pueblo, mucho menos a otros países o líderes del mundo, que lo sería. Ha sido honesto y directo en cuanto a las dificultades que enfrenta su país, y, personalmente, me ha emocionado su determinación personal de destruir la influencia oculta de los Radicales en su país y el hecho de que no ha desfallecido, a pesar de por lo menos cuatro intentos de asesinato entre 2001 y 2008.

"La vida inocente es el enemigo del terrorismo," ha sostenido Karzai con pasión. "En otras palabras, el terrorismo nos ve a todos como sus enemigos. Por lo tanto, tenemos un solo enfoque, una sola causa, una sola dirección, un solo objetivo: luchar contra él, punto. Jugar con él es como tratar de entrenar a una serpiente en contra de alguien más. Uno no entrena a una serpiente. No se puede entrenar a una serpiente. Vendrá y lo morderá. Por lo tanto, sólo hay una manera: combatir el terrorismo, combatir el extremismo, de cualquier manera, en cualquier lugar, y no utilizar el extremismo como un instrumento de política. Estos son males de los que el mundo tiene que deshacerse. No tenemos opción. Si adoptamos un enfoque complaciente de que hay una opción en eso, verá más destrucción alrededor del mundo, sin saber cuándo tocará el próximo objetivo."[7]

Karzai no sólo habla. Ha demostrado que es un hombre de acción. No sólo ha apoyado fuertemente los esfuerzos militares de Estados Unidos y la OTAN para arrancar a los Radicales de su país, sino que ha instado a Occidente a que lleve *más* tropas para terminar el trabajo. Comenzando en el invierno de 2007, y a lo largo de la primavera de 2008, los ataques terroristas en contra del gobierno de Karzai y en contra de civiles inocentes aumentaron significativamente. Karzai, en privado, insistió ante funcionarios de Estados Unidos y la OTAN que se necesitaba de un "aumento de tropas" en Afganistán, como se hizo en Irak. Solamente más tropas podrían reducir dramáticamente la violencia en Kabul y en el interior y estabilizar al gobierno y a la sociedad, sostuvo, mientras que en ausencia de más tropas, el futuro de Afganistán estaba en grave peligro.

El 13 de junio de 2008, las fuerzas del Talibán acentuaron este punto, al tener éxito en un atrevido escape de la prisión en el que a veintenas de militantes increíblemente peligrosos —entre los que estaban numerosos terroristas suicidas aspirantes— se les permitió escapar a las montañas. "Bajo la protección de la noche, casi todos los prisioneros, aproximadamente 1.150, incluso unos 400 prisioneros del Talibán, huyeron de la cárcel," reportó Reuters.[8]

Para entonces, la administración Bush, los británicos y otros países de la OTAN ya habían incrementado sus esfuerzos, pero se aceleraron notablemente después de la fuga de la prisión, aumentando el número de soldados extranjeros en Afganistán de alrededor de cuarenta mil en 2007 a más de setenta mil para el otoño de 2008.[9]

Mientras tanto, en 2008 más de cincuenta mil soldados afganos entrenados por los estadounidenses y británicos defendían a su país como parte del Ejército Nacional Afgano (ANA), una fuerza que ni siquiera existía antes de que Karzai tomara el cargo. Cada dos semanas en 2008, más de mil soldados adicionales se graduaban del Centro de Entrenamiento Militar de Kabul. La meta de Karzai era tener por lo menos ochenta mil soldados entrenados en el ANA para 2010, y con la ayuda occidental, parece que logrará esa meta.

Países de todo el mundo están ayudando a abastecer a las fuerzas afganas. Los búlgaros han proporcionado morteros, municiones y binoculares. Los canadienses han proporcionado armas pequeñas, municiones y otra clase de equipo. Los checos han proporcionado helicópteros. Los griegos han proporcionado tanques. Los rumanos han proporcionado cocinas móviles de remolque, mientras que los suizos han proporcionado camiones de bomberos.[10]

La ayuda internacional adicional es absolutamente crucial para ayudar al ejército afgano a prepararse para el día en que sea totalmente responsable de la seguridad de los ciudadanos de la nación, y se ha progresado. "El ANA está tomando cada vez más el liderazgo en las operaciones de seguridad," declaró un reporte de la OTAN en 2008, notando, entre otros indicadores positivos, que el ANA dirigió una operación para liberar a un pueblo clave afgano que estaba controlado por el Talibán en diciembre de 2007.[11]

Sin embargo, cuando hice una visita en octubre de 2008, la gran interrogante todavía era si Estados Unidos y la OTAN estaban haciendo lo suficiente para hacer que Kabul y el resto del país estuvieran a salvo del Talibán y de los terroristas de al Qaeda. Sí, se ha hecho mucho. Pero muchos afganos me dijeron que el Talibán se estaba reagrupando, determinados a desatar más caos y carnicería si Occidente no hacía más para fortalecer las manos de Karzai.

Ahora, tengo que decir que cuando estuve allí, Kabul me impactó como la capital nacional más escuálida y empobrecida que yo hubiera visitado —pero no necesariamente la más peligrosa. Había mendigos por todos lados. Niños cubiertos de mugre vagaban en las calles. Muchas mujeres indigentes llevaban puestos los burkas sofocantes (a pesar del hecho de que la temperatura estaba por encima de 35 grados centígrados) mientras cargaban niños y comestibles, ya que no tenían vehículos propios. La mayoría de edificios estaban marcados con evidencias de tres décadas de lucha, y muchos parecían estar en peligro de colapsar. Sin embargo, mis colegas y yo pudimos viajar por los alrededores con bastante libertad. No utilizamos un automóvil blindado. No usamos chaleco antibalas ni casco. Los afganos que nos llevaron y nos guiaron de un lugar a otro no tenían armas, y nosotros tampoco. A los extranjeros se les estimula a que no anden solos, ya que los secuestros por los agentes del Talibán todavía son una preocupación. Pero no hubo actos de terrorismo en los cinco días que estuvimos allí. Nunca escuchamos disparos. Nunca escuchamos explosiones. Y nunca sentimos miedo, a pesar de la historia sangrienta de la ciudad.

Sin embargo, apenas unos días después de que nos fuimos, un cooperante cristiano fue asesinado en Kabul por dos miembros del Talibán. Poco tiempo después, un terrorista suicida entró disparando a un edificio de la capital y se hizo estallar; mató a cinco personas e hirió a veintiún más.

No obstante, a pesar de incidentes como este, numerosas fuentes afganas y de Estados Unidos me dijeron que la seguridad en grandes partes del interior del país ha mejorado significativamente a lo largo del verano de 2008. Un diplomático de Estados Unidos en Kabul me dijo que, aproximadamente, de 80 a 90 por ciento del territorio afgano ahora era bastante seguro —no perfectamente, pero dramáticamente más que cuando gobernaban los del Talibán. Apenas unos días antes de que mis colegas y yo llegáramos, el Presidente Karzai y varios gobernadores afganos y líderes tribales llevaron a cabo una videoconferencia con el Presidente Bush y varios diplomáticos de Estados Unidos y oficiales militares. Karzai informó a Bush de las últimas evidencias de progreso. Específicamente observó que los líderes de la provincia de Nangarhar —ubicada directamente en la frontera con Paquistán, en el corazón del país Talibán— durante el último año se había transformado exitosamente de ser el segundo productor afgano más grande de semillas de amapola para hacer opio y heroína a una provincia que prácticamente estaba libre de drogas.[12]

Hay que observar que el Talibán está luchando duro para recuperar ciertas provincias afganas (como Kandahar) que una vez fueron baluartes Radicales. Pero las fuerzas estadounidenses, afganas y de la OTAN han redoblado sus esfuerzos para "despejar, mantener y construir" estas áreas —despejar pueblos, aldeas y provincias de combatientes del Talibán y al Qaeda; mantener estas áreas y protegerlas de una reinfiltración; y luego invertir fondos significativos para construir escuelas, clínicas médicas, edificios de apartamentos y otra infraestructura que se necesita urgentemente.

No ha sido fácil. La lucha está lejos de terminar. Muchos días difíciles probablemente están por delante. Pero a la fecha, hay que reconocer que Karzai ha permanecido firme en la batalla en contra de los Radicales.

Algunos escépticos y críticos han acusado a Karzai de ser un "títere" de Occidente y un "secuaz" de la administración Bush. Una historia de 2006 de *Newsweek* preguntaba: "¿[Es] Karzai demasiado tímido?"[13] El periódico alemán *Der Spiegel* ha llamado a Karzai "líder débil y paranoico" cuyo nombre "es una fuente de diversión" en algunas capitales europeas.[14] Después de un intento de asesinato fallido en 2002 en el que las fuerzas de seguridad de Estados Unidos ayudaron a salvar la vida de Karzai, Dan Rather de CBS News efectivamente dijo en la cara del presidente: "Nada sugiere 'títere' más que ser protegido por los guardaespaldas de Estados Unidos. ¿Coincide con eso?"[15]

La pregunta fue insultante y ridícula. Pero Karzai la manejó como un verdadero estadista. "No, no coincido con eso," respondió firmemente. "Permítame decirle, cuando recibí la oferta de Estados Unidos de aceptar personal de seguridad estadounidense, la rechacé, y por diez días continuaron diciéndome: '¡Hamid! Creemos que debería tener a nuestra gente, está mejor equipada, está mejor entrenada.' Dije no, que probablemente a los afganos no les gustaría. Pero cuando la gente se enteró de que los estadounidenses la estaban ofreciendo y que no la habíamos aceptado, me dijeron: '¡Está loco! Debería aceptarla inmediatamente; es bueno para nosotros.'"[16]

Karzai tenía razón, y los afganos coincidieron totalmente. Les gusta la colaboración de Estados Unidos y la OTAN en la seguridad. A diferencia de algunos periodistas occidentales, entienden los riesgos y entienden el mal con el que se enfrentan. Para 2008, 70 por ciento de la población afgana dijo que apoyaba la presencia de las fuerzas internacionales para que los ayudaran a establecer seguridad. Y lo que es más, un asombroso 84 por ciento dijo que apoyaba a su gobierno elegido democráticamente, comparado con apenas el 4 por ciento que dijo que querían volver al gobierno del Talibán.[17]

Karzai y su país de ninguna manera están fuera de peligro. Están en una lucha por sus vidas. Pero están totalmente comprometidos con la lucha, y a diferencia de algunos países de Medio Oriente, no han tratado a Osama bin Laden como héroe o como un genio malinterpretado. "En Afganistán, la gente lo odia [a bin Laden] porque ha ocasionado mucho sufrimiento a los afganos," dijo una vez Karzai a un entrevistador de la televisión estadounidense. "El pueblo afgano verdaderamente ve el dolor por el que el pueblo estadounidense pasó [el 11 de septiembre] porque ellos han experimentado el mismo dolor, por lo que . . . hay odio hacia [bin Laden] en Afganistán."[18]

ENFRENTÁNDOSE A LA POBREZA

También me ha animado enormemente el compromiso del Presidente Karzai para tratar con los enormes retos sociales y económicos que enfrenta su país y su devoción para mejorar la calidad de vida de cada afgano, particularmente las vidas de las mujeres y los niños. Mientras que el país tiene un camino larguísimo por delante, Karzai y su equipo han progresado significativamente contra todo pronóstico.

Para comenzar, Karzai ha tenido éxito al persuadir a los líderes mundiales para que apoyen a su país en una variedad de maneras. Por ejemplo, en enero de 2002, apenas unas semanas después de haber asumido el cargo, "Karzai irrumpió en el escenario internacional . . . en una conferencia internacional de donantes en Tokyo, donde logró persuadir a los donantes a ofrecer más de $4.000 millones para ayudar a reconstruir Afganistán," reportó la BBC, al describir al nuevo presidente como "carismático" y "estadista sagaz," con habilidades diplomáticas impresionantes.[19]

Para 2006, esas habilidades habían ayudado a Karzai a impulsar esa suma a $10.500 millones en ofrecimientos de ayuda internacional. En el verano de 2008, el gobierno de Estados Unidos —impresionado por el progreso significativo y firme que se había logrado hasta el momento— ofreció $10.000 millones adicionales de ayuda militar y de reconstrucción, mientras que otros ochenta países ofrecieron otros $5.000 millones.[20]

Esos recursos se han utilizado de maneras importantes. Más de cuatro mil kilómetros de caminos pavimentados atraviesan ahora el país, comparado con solamente cincuenta cuando el Talibán estaba a cargo. Se ha reconstruido casi dos mil escuelas públicas. Cinco universidades están funcionando ahora. Ciento tres hospitales están prestando servicios, junto con 878 clínicas de salud regionales, y se han administrado unos 16 millones de vacunas en contra de las enfermedades infantiles.[21]

"Desde la caída del Talibán, la tasa de mortalidad infantil ha disminuido en casi 25 por ciento," observó la Primera Dama Laura Bush impresionada, después de una visita en junio de 2008. "Su PIB per capita ha aumentado en 70 por ciento. En 2001, sólo 8 por ciento de afganos tenía acceso a servicios básicos de salud. Ahora, ese número es 85 por ciento. En 2001, menos de un millón de niños afganos asistían a la escuela —todos varones. Ahora, más de seis millones de niños afganos están en la escuela —casi un tercio son niñas."[22]

Quizás no sea sorprendente que Karzai tenga el interés especial de cuidar de las necesidades de las mujeres y los niños. Está casado con una doctora que ha pasado muchos años cuidando viudas y huérfanos en campos de refugiados afganos, y la pareja tuvo a su primer bebé —varón— en 2007, cuando Karzai tenía cuarenta y nueve años.[23]

Por el momento, los Karzai también han estado enfocados particularmente en estimular la participación de las mujeres en el sistema político. "Debemos hacer mucho más," dijo Karzai. "Pero los últimos cinco años han producido muchos resultados, y mucho más se llevará a cabo en el futuro. De 249 miembros del Parlamento Afgano, 68 son mujeres. Eso es 27 por ciento del Parlamento Afgano."[24] En comparación, en el 110º Congreso de los Estados Unidos (2007–2009), las mujeres solamente tenían 18 por ciento de los escaños en la Casa y el Senado juntos.[25]

Cuando se le preguntó en 2006 si el pueblo afgano consideraba la presencia de Estados Unidos y la OTAN como una invasión o liberación, Karzai dijo que liberación, sin dudarlo por un momento. "Hace cinco años," dijo, "estábamos en un país gobernado por al Qaeda, gobernado por sus socios, el Talibán, y sus colaboradores del exterior. Hace cinco años, más de cinco millones de nuestra gente vivía fuera de Afganistán . . . los líderes políticos de nuestro país [vivían] fuera de Afganistán. . . . Yo estaba fuera de Afganistán. . . . No teníamos escuelas en Afganistán. No teníamos prensa en Afganistán. No teníamos televisión en Afganistán.

La gente no podía escuchar la radio en sus hogares. . . . Si lo sorprendían escuchando la BBC, podía ser castigado. Ahora tenemos a Afganistán, una vez más, como el hogar de todo el pueblo afgano. . . . Cuatro millones y medio de refugiados afganos han vuelto. Tenemos la bandera de Afganistán ondeando por todo el mundo en nuestras embajadas, y tenemos sesenta embajadas representadas en Afganistán, algunas residentes, otras no residentes. Tenemos a las Naciones Unidas. Tenemos a Estados Unidos que está construyendo una embajada enorme allí. . . . Así que por todas las buenas razones, somos un país liberado con democracia. . . . Ahora tenemos . . . seis canales de televisión privados. Y tenemos más de 300 periódicos, todos críticos, por cierto. Y tenemos más de treinta [estaciones] de radio. Entonces, ¿cómo diría que estamos, liberados o no?"[26]

¿Le falta mucho al país? Claro que sí. ¿Será fácil el camino que está por delante? En absoluto. ¿Podría el progreso de Afganistán desviarse, o por lo menos desestabilizarse seriamente, si Karzai fuera asesinado o removido de la escena política? Eso es muy posible. Pero como cualquier otro líder, Karzai ha tratado de mantener su vista en el avance que ha alcanzado su país sin dejarse paralizar por el temor o la depresión enfocándose más bien en lo que a su país todavía le falta.

SEGUIDOR DE JEFFERSON

Karzai no es un líder perfecto. No debería ser visto como alguna clase de salvador o de panacea para la nación afgana. Honestamente, sólo Dios sabe si sobrevivirá en el cargo, mucho menos si será reelecto. Pero dadas las cartas con las que ha tenido que jugar, no hay duda en mi mente de que sus primeros años gobernando Afganistán fueron notables. Ha sido un verdadero Reformador nadando en una piscina de tiburones y barracudas Radicales. Por eso, merece el crédito, y el pueblo estadounidense merece la oportunidad de conocer sus opiniones, logros y cuán dramática ha sido su historia.

A la larga, la verdadera prueba de su éxito será si Karzai puede crear un gobierno nacional estable, limpio, verdaderamente democrático, capaz de rendir cuentas y de reclutar, entrenar e inspirar a una nueva generación de sucesores democráticos y libres de corrupción. Si él se permite ser visto como un hombre orquesta —que trata de resolver los enormes retos de Afganistán esencialmente por sí mismo— entonces perderá una oportunidad histórica. Pero si es capaz de reclutar más hombres resistentes, inteligentes y éticos para que lo ayuden a gobernar el país, y si puede levantar más Reformadores que puedan establecer y mantener la seguridad mientras que, simultáneamente, expanden la libertad y la democracia adentro y en el exterior, mucho después de que Karzai se haya retirado o haya desaparecido de esta tierra, entonces se ganará la posición de una de las personas realmente extraordinarias que redefinieron las reglas del juego en el siglo XXI.

Comenzó bien. La pregunta es: ¿terminará bien?

El 4 de julio de 2004, el Presidente Karzai fue honrado en una ceremonia en Filadelfia por ser un genuino seguidor de Tomás Jefferson y un modelo para los futuros demócratas jeffersonianos. Al darle a Karzai la Medalla de la Libertad de Filadelfia, H. Craig Lewis, presidente de la Fundación Filadelfia, lo dijo de esta manera: "Como algunos estadounidenses muy famosos que se reunieron en Filadelfia hace más de dos siglos, el Presidente Karzai ha ofrecido su vida, su fortuna y su honor sagrado por una causa y un país en el que cree profundamente. Se une a una lista distinguida de ganadores de la Medalla de la Libertad que han defendido genuinamente la libertad y los valores democráticos para beneficio de sus países y del mundo."[27]

El Alcalde John F. Street agregó: "El Presidente Hamid Karzai tiene una tremenda fe en su país y en su gente y es una fuerza extraordinaria para guiar Afganistán hacia la estabilidad y la democracia."[28]

Vale la pena leer las palabras de Karzai de ese día:

Me siento profundamente honrado al recibir la Medalla de la Libertad de Filadelfia este día significativo, que conmemora la Independencia de Estados Unidos . . . en este magno salón . . . que en sí es un rayo y un símbolo de libertad. . . . Acepto la Medalla de la Libertad de Filadelfia, con orgullo y corazón humilde, a nombre del pueblo afgano. Este premio es un premio del pueblo afgano. La Declaración de Independencia, que fue firmada en este mismo salón, llevó a la fundación de esta gran nación . . . Estados Unidos de América. Este documento histórico y extraordinario . . . se basó en las convicciones básicas, pero fundamentales, de los padres fundadores de Estados Unidos . . .

de que ¡"Dios quiso que el hombre fuera libre"! Que "la vida, la libertad y la búsqueda de la felicidad" eran derechos inalienables, concedidos por Dios a todos los hombres . . . derechos que no deben quitarse. Nosotros, el pueblo afgano, también hemos venerado estos derechos divinos en nuestra nueva Constitución. Y los protegeremos y defenderemos. . . .

En noviembre de 2001, cuando realizaba la campaña en contra del Talibán, una bomba cayó en la casa de un líder tribal y mató a varios miembros de su familia inmediata. Pocos días después, estaba desayunando con unos ancianos afganos, entre ellos este líder tribal, y algunos oficiales estadounidenses. El líder tribal dijo a los oficiales estadounidenses: "He perdido a miembros de mi familia . . . y no me importaría perder más miembros de mi familia, con tal de que Afganistán sea liberado." Damas y caballeros, el pueblo afgano ha sacrificado mucho para obtener libertad. . . .

A fin de cuentas, el pueblo afgano tuvo éxito. Con su ayuda, liberamos Afganistán de la invasión soviética . . . y con su apoyo . . . liberamos Afganistán del gobierno del terrorismo y del extremismo. Como colaboradores y defensores de la libertad, nuestros países están conscientes de que la libertad tiene sus enemigos. Donde la Libertad muere, el mal crece. Los afganos hemos aprendido, de nuestras experiencias históricas, que la libertad no llega fácilmente. Profundamente apreciamos el valor de la libertad . . . porque lo hemos pagado con nuestras vidas. Y defenderemos la libertad con nuestras vidas. Aquí cito al rey afgano de la primera parte del siglo pasado . . . el rey Amanullah Khan, sus palabras sobre la búsqueda de la independencia. "No dejaré de buscarla hasta que obtenga el deseo de mi corazón. Ya sea que la vida que hay en mí alcance a mi amada, o que la vida que hay en mí deje mi cuerpo." Para él su "amada" era la libertad. Y la libertad es efectivamente amada. Gracias. Que Dios los bendiga. Que Dios bendiga a Estados Unidos y a Afganistán."[29]

Palabras impresionantes, de un hombre impresionante.

CAPÍTULO DIECINUEVE

"ESTAMOS LUCHANDO EN CONTRA DE LOS FASCISTAS ISLÁMICOS"

Nouri Al-Maliki y la batalla por Irak

MI TELÉFONO SONÓ tarde un martes.

—Hola, Joel, ¿qué hará mañana?

Inmediatamente reconocí la voz como la del asistente principal del Presidente de la Cámara Denny Hastert.

—No mucho, ¿por qué? —pregunté.

—¿Quiere venir a oír el discurso de Maliki?

Claro que quería. Tres años después de la liberación, Nouri al-Maliki, el primer iraquí elegido democrática y constitucionalmente como primer ministro en los cinco mil años de historia de Irak, llegaría a Washington para dar un discurso al día siguiente, el 26 de julio de 2006, a una sesión conjunta del Congreso. Todos en la ciudad querían escuchar su discurso.

Maliki era una figura controversial, y mucho dependía de él. Musulmán chiíta nacido en 1950, se había exiliado en Irán y luego en Siria después de que Saddam Hussein ordenara su ejecución en 1980, volviendo a Irak únicamente después de la liberación en 2003. Esto había ocasionado que no pocos en Washington y en las capitales europeas expresaran abiertamente sus sospechas en cuanto a sus creencias esenciales e independencia. ¿Era este tímido, de lentes y previo disidente, un genuino Reformador democrático? ¿O era un aliado ideológico —si no un agente

real— de Teherán y Damasco? Sin antecedente alguno de haber gobernado, ¿podría llegar a ser un negociador serio, capaz de confrontar y
aplastar a los Radicales, como Moqtada al-Sadr, cabeza del Ejército del
Mahdi, la peor de las milicias chiítas, financiado, abastecido y estimulado
por los iraníes? ¿O simplemente era un títere de la administración Bush,
un testaferro cuya misión era apaciguar a los chiítas iraquíes mientras
permitía que el Pentágono y el Departamento de Estado realmente fueran
los que estuvieran a cargo?

Maliki había sido electo por el parlamento hacía apenas tres meses, y
parecía tener problemas para formar un gabinete; no lo logró hasta finales de mayo. Pero hay que reconocer que desde entonces él y su equipo
habían tomado la iniciativa. El 7 de junio, las fuerzas de inteligencia estadounidenses e iraquíes atraparon y eliminaron a Abu Musab al-Zarqawi,
cabeza de "Al Qaeda en Irak" (AQI), y a varios de los principales asesores
de Zarqawi, en un ataque aéreo nocturno dramáticamente exitoso que
instantáneamente apasionó a los Reformadores y a las Masas por igual
cuando las noticias se difundieron por todo el país.

Zarqawi, nacido en Jordania, era, después de todo, el hombre más
temido de Irak en ese entonces. Como seguidor totalmente devoto del
yihad, tenía vínculos directos y personales con Osama bin Laden, y había
estado en comunicación regular con el cerebro de al Qaeda y sus delegados superiores. Parecía tener suficientes fondos y armas. Controlaba
a miles de combatientes locales y extranjeros, cuya misión era mutilar,
matar y destruir veintenas de civiles iraquíes, con la esperanza de ponerlos
en contra del gobierno incipiente y de la misma noción de democracia. Y
hasta las 6:11 p.m. de esa noche, parecía que era invencible.

"Hemos declarado una guerra feroz contra este mal principio de la
democracia y contra los que siguen esta ideología equivocada," había
dicho Zarqawi, precisamente antes de la primera ronda de elecciones
iraquíes en enero de 2005. "Cualquiera que trata de ayudar a establecer
este sistema es parte de él." Llamó "semi-ídolos" a los candidatos parlamentarios iraquíes y denunció a los votantes iraquíes como "infieles,"
jurando matar a tantos de ellos como le fuera posible.[1]

Después de la exitosa operación para sacar a Zarqawi, Maliki inmediatamente llevó a cabo una conferencia de prensa que fue vista en los
hogares de todo Irak. "Hoy Zarqawi fue derrotado," dijo Maliki; el alivio

era palpable en sus ojos y voz. "Este es un mensaje para todos los que usan la violencia, los asesinatos y la devastación para desestabilizar la vida en Irak, para que reflexionen internamente antes de que sea demasiado tarde."[2] Y lo que es más, agregó que aquellos ciudadanos iraquíes que habían dado información que llevó al exitoso ataque, de hecho, serían elegibles para recibir la recompensa de $25 millones que las fuerzas de la Coalición habían puesto por la cabeza de Zarqawi, claramente tratando de estimular más información a través de la línea telefónica, segura y anónima, que las autoridades de Estados Unidos e Irak habían establecido.

"La muerte de Abu Musab al-Zarqawi marca un gran éxito para Irak y la Guerra Global en contra del Terror. . . . Felicito al Primer Ministro," dijo Zalmay Khalilzad, el embajador de Estados Unidos en Irak de ese entonces, que estaba de pie al lado de Maliki en la conferencia de prensa. "Zarqawi fue 'el Padrino' de los asesinatos sectarios y del terror en Irak. Declaró una guerra civil dentro del islam y una guerra global de civilizaciones. Su organización ha sido responsable de las muertes de miles de civiles en Irak y en el extranjero." Agregó que mientras que la muerte del líder terrorista "en sí misma no acabaría con la violencia," todavía era "un paso importante hacia la dirección correcta" y "un buen augurio para Irak [y] para el gobierno nuevo del Primer Ministro Maliki."[3]

Momentos después, el Presidente Bush se trasladó al Jardín de las Rosas de la Casa Blanca para elogiar al gobierno de Maliki y dijo: "La ideología del terror ha perdido a uno de sus líderes más visibles y violentos."[4]

Sin embargo, el ataque a Zarqawi era sólo el comienzo. A la semana siguiente, las fuerzas iraquíes y estadounidenses llevaron a cabo 452 asaltos (incluyendo 143 asaltos de sólo fuerzas iraquíes), capturaron a 759 sospechosos y eliminaron a 104 terroristas, basándose, en parte, en información recabada en la casa donde estaba el líder de al Qaeda cuando murió y, en parte, en avisos que comenzaron a fluir después de la conferencia de prensa de Maliki.[5]

El asesor de seguridad nacional del primer ministro observó que las fuerzas de la Coalición habían descubierto un "gran tesoro . . . una gran cantidad de información" en la computadora de Zarqawi, en su memoria USB y en su teléfono celular. "Ahora tenemos la sartén por el mango," dijo después de que se completaran los asaltos. "Conocemos sus puntos de ubicación, los nombres de sus líderes, sabemos dónde están y sus movimientos por medio de los documentos que hemos encontrado en los últimos días."[6]

Entonces Maliki hizo un llamado a los Radicales para que dejaran la violencia y entraran al sistema político. Dijo: "Hay espacio para el diálogo con los insurgentes que se oponían al proceso político y que ahora quieren unirse a él, después de que ofrezcan garantías" de que renuncian totalmente a todo uso de violencia. Pero agregó que "no vamos a negociar con los criminales que han matado a los inocentes."[7]

Aunque enfrentaba desafíos enormes y preguntas de todo el mundo en cuanto a si estaba a la altura de la tarea de gobernar Irak, Maliki por lo menos pudo llegar a Washington con un éxito importante en su haber.

"ESTAMOS CONSTRUYENDO EL NUEVO IRAK"

El silencio se apoderó de la gran asamblea.

Los miembros de la Cámara de Representantes y del Senado estaban sentados, así como miembros de la administración, la comunidad diplomática y un contingente completo de prensa. El Primer Ministro Maliki se aclaró la garganta y se preparó para hablar.

Mientras lo hacía, oré en silencio para agradecerle al Señor por darme la oportunidad de estar en el salón en ese momento histórico. Miles de estadounidenses y soldados de las fuerzas aliadas habían muerto para liberar a los iraquíes y hacer que este momento fuera posible. Miles más de estadounidenses y miembros de la Coalición habían sido heridos en la guerra de 2003 y en la Operación Tormenta del Desierto en 1991, cuando habíamos ayudado a liberar a Kuwait de la tiranía de Irak.

Recordé la mañana de un sábado, terriblemente fría, quince años atrás —el 12 de enero de 1991, para ser exacto— cuando tuve el privilegio de sentarme en esa misma cámara, en esa misma sección de visitantes. En ese entonces, miraba a los miembros del Congreso debatir si le darían al Presidente George H. W. Bush ("Bush 41") la autoridad para ir a la guerra contra Irak. Fue un argumento amargo y en repetidas veces, brutal. El país y sus líderes electos democráticamente estaban notablemente divididos en cuanto a aprobar una guerra que involucraría a medio millón de soldados, marineros, aviadores y Marines estadounidenses, en una batalla contra las fuerzas de Saddam Hussein, que controlaba al cuarto ejército más grande del mundo.

Pero ¿no debería ser así? pensé. *Ir a la guerra es un acto terrible, aunque a veces sea necesario. Merece un debate vigoroso, a plena voz y muy público, aunque ese debate sea confuso.*

Y fue confuso. Las pasiones fluían tanto como nunca lo había visto en esta ciudad. Y entonces, en la tarde, vi a los miembros de la Cámara emitir sus votos. Por un margen de 250 a 183, el Presidente Bush obtuvo la autorización que solicitó, junto con un voto del Senado, aún más cercano, de 52 a 47 a favor de ir a la guerra.

Ahora, quince años y medio después, algo que nunca imaginé que fuera posible se desarrollaba ante mis propios ojos. Un ciudadano iraquí que había sido elegido como primer ministro por los representantes electos democráticamente de un Irak libre estaba de hecho parado en el podio, donde grandes presidentes y primeros ministros de los últimos dos siglos se habían parado anteriormente. Casi no podía creerlo.

Nouri al-Maliki era una figura prácticamente desconocida para la mayoría de estadounidenses, como lo era para la mayoría de la gente alrededor del mundo. Pero ahora no sólo mis ojos, sino los ojos de muchos países, estaban en él. Él representaba nuestras esperanzas y sueños de libertad y de una relación más pacífica y segura con la gente del epicentro. ¿Cómo le iría? ¿Estaba a la altura del desafío? Sólo el tiempo lo diría. Pero Maliki no podía haber llegado en un mejor momento. Él y su equipo estaban a la ofensiva. Estaban teniendo progreso real y tangible. Se avecinaban tiempos difíciles, pero el primer ministro estaba celebrando una victoria, y se la había ganado.

"En el nombre de Dios, el más misericordioso, el más piadoso, Su Excelencia, Presidente de la Cámara, Sr. Vicepresidente, honorables damas y caballeros, miembros del Congreso, con gran placer tomo esta oportunidad de ser el primer primer ministro de Irak, electo democráticamente, en dirigirse a ustedes, los representante selectos del pueblo estadounidense. Y gracias por otorgarme esta oportunidad única de hablar en esta asamblea respetable. Permítanme comenzar agradeciendo al pueblo estadounidense por medio de ustedes, a nombre del pueblo iraquí, por apoyar a nuestro pueblo y expulsar la dictadura [de Saddam Hussein].

Irak no olvidará a los que estuvieron con él y que continúan estando con él en época de necesidad."

El salón —que había estado prácticamente en silencio hasta ese momento— estalló en un aplauso ininterrumpido.

"Gracias," continuó finalmente, "por su determinación continua de ayudarnos a combatir a los terroristas que asedian a Irak, que es una lucha por defender la democracia de nuestro país y a nuestra gente que aspira la libertad, la democracia, los derechos humanos y al gobierno de la ley. Todos esos no son valores occidentales; son valores universales de la humanidad."

Nuevamente, el aplauso fue ensordecedor.

"Sé que algunos de ustedes cuestionan si Irak es parte de la guerra contra el terror," observó Maliki más tarde en el discurso. "Permítanme ser muy claro: Esta es una batalla entre el verdadero islam, en el que la libertad y derechos de una persona constituyen una base fundamental, y el terrorismo, que se cubre con una capa falsa de islam. En realidad, los terroristas están emprendiendo una guerra en contra del islam, de los musulmanes y de los valores, y difund[en] odio entre la humanidad. . . . La verdad es que el terrorismo no tiene religión."

Maliki estaba planteando un argumento que es esencial para los Reformadores: que el islam es una religión de paz, y que ha sido secuestrado por los Radicales.

"Es su deber, y el nuestro, derrotar a este terror," continuó diciendo el primer ministro. "Irak es la primera línea en esta lucha, y la historia demostrará que los sacrificios de los iraquíes por la libertad no serán en vano. Los iraquíes son sus aliados en la guerra contra el terror. . . . El destino de nuestro país y el suyo está vinculado. Si se permite que la democracia fracase en Irak y que el terror triunfe, entonces la guerra contra el terror nunca se ganará en ninguna parte. Sr. Presidente, estamos construyendo el nuevo Irak sobre la base de la democracia y estamos erigiéndola sobre la base de nuestra creencia en los derechos de cada persona . . . para que las generaciones iraquíes futuras puedan vivir en paz, prosperidad y esperanza. Los iraquíes hemos probado la libertad, y la defenderemos absolutamente. . . . Nuestro pueblo . . . desafió a los terroristas cada vez que se les hacía el llamado para tomar una decisión, al arriesgar sus vidas con la emisión del voto. Han declarado una y otra vez, agitando con orgullo los dedos manchados de tinta, que siempre tomarán la misma decisión."

De repente, un manifestante que estaba en la galería de visitantes se levantó de un salto y gritó: "¡Los iraquíes quieren que las tropas se vayan! ¡Tráiganlos a casa ahora! ¡Los iraquíes quieren que las tropas se vayan! ¡Tráiganlos a casa ahora!"

El servicio de seguridad sacó rápidamente de la cámara al manifestante, y Maliki continuó, desafiando directamente la noción de que los iraquíes querían que las fuerzas estadounidenses se fueran pronto, y mucho menos "ahora."

"Que no haya dudas," insistió. "Ahora Irak es una democracia que está firme por los sacrificios de su pueblo y los sacrificios de todos los que estuvieron con nosotros en esta crisis, de naciones y países. Y por eso es que —gracias— me gustaría agradecerles mucho a ellos por todos sus sacrificios. . . . La jornada ha sido peligrosa, y el futuro no está garantizado. Muchos en todo el mundo subestimaron la resolución del pueblo de Irak y estaban seguros de que nunca llegaríamos a esta etapa. Pocos creyeron en nosotros. Pero ustedes, el pueblo estadounidense, creyeron, y estamos agradecidos por eso."

De repente yo estaba de pie, aplaudiendo al primer ministro, al igual que todos los demás en el salón. Fue un momento profundamente emocionante para mí, y fue entonces que me di cuenta de cuánto significaba para mí, y para muchos estadounidenses, que un líder iraquí, en nombre del pueblo iraquí, nos agradeciera lo que habíamos hecho por ellos.

Y el primer ministro tenía razón. Muchos líderes mundiales no habían estado dispuestos a ayudar a liberar a Irak de la tiranía. Efectivamente, muchos líderes políticos estadounidenses, en ese mismo salón, habían rehusado ayudar a los Reformadores en su lucha épica en contra de los Resistentes y los Radicales. Pero había funcionado. No había sido fácil. Muchos más sacrificios serían necesarios. Pero se estaba progresando tremendamente y alguien tuvo la decencia de decir gracias.

"No permitiré que Irak se convierta en una plataforma de lanzamiento de al Qaeda y otras organizaciones terroristas," insistió el primer ministro, provocando más aplausos bien merecidos. "No permitiré que el terror les robe a los iraquíes sus esperanzas y sueños. No permitiré que los terroristas dicten nuestro futuro."

Terminó declarando su sincera creencia de que Irak y Estados Unidos "se necesitan mutuamente para derrotar al terror que afecta al mundo libre," y prometió que Irak, con la ayuda de Estados Unidos, con el tiempo llegaría a ser "la tumba del terrorismo y los terroristas, para el bien de toda la humanidad."

Después de todo, dijo, la verdad es que "Dios nos ha hecho libres."

MALIKI VERSUS CLINTON

¿Fue eso simplemente un espectáculo?

Numerosos críticos de Washington dijeron que lo fue, que el Primer Ministro Maliki no era un Reformador genuino y que sólo estaba diciendo a los principales financistas de su país —el Congreso y el pueblo estadounidense— lo que querían oír, mientras evadía otros temas importantes.

El presidente del Partido Demócrata Howard Dean acusó a Maliki de ser un "antisemita" por no denunciar a Hezbolá específicamente en su discurso, ni en discusiones privadas en el Capitolio, por los repetidos ataques terroristas de ese grupo terrorista libanés en contra de Israel.[8]

El Senador Chuck Schumer, demócrata de Nueva York, también criticó tajantemente a Maliki por no señalar a Hezbolá en su discurso, ni en reuniones posteriores en el Capitolio, como lo hizo el Senador Richard J. Durbin, demócrata de Illinois, aunque el primer ministro repetidas veces denunció a grupos "terroristas" de toda la región.[9]

El presidente del Comité de los Servicios Armados del Senado, Carl Levin, demócrata de Michigan, se convirtió en un crítico particularmente áspero después de ese discurso, así como la Senadora Hillary Clinton de Nueva York. Efectivamente, para el siguiente verano, ambos hacían un llamado al parlamento iraquí para que se deshiciera de Maliki, en favor de alguien que favoreciera más sus opiniones y estilo político.

"Durante su viaje a Irak la semana pasada, el Senador Levin . . . confirmó que los fracasos del gobierno iraquí han reforzado la opinión que ampliamente se tiene de que el gobierno de Maliki no es funcional y no puede producir un establecimiento político, porque está demasiado comprometido con líderes religiosos y sectarios," dijo la Senadora Clinton en una declaración que su oficina publicó el 22 de agosto de 2007. "Comparto la esperanza del Senador Levin de que el Parlamento Iraquí reemplace al Primer Ministro Maliki con una figura menos divisiva y más unificadora cuando retorne en unas cuantas semanas."[10]

Fue un acontecimiento extraordinario. Allí estaban dos estadounidenses de un perfil alto, interfiriendo directamente en la política interna de una democracia amigable al hacer un llamado a que se removiera del cargo a un primer ministro que había sido electo democráticamente, porque no les gustaban sus métodos. Algunos especularon que su genuino punto de disputa era que Maliki había apoyado fuertemente la iniciativa del "incremento de tropas" de Bush-McCain de poner más poder militar en Irak para ayudar a destruir a la insurgencia, cuando ambos senadores, Clinton y Levin, se habían opuesto intensamente a la iniciativa. La Senadora Clinton había dicho en ese entonces: "Nuestra mejor esperanza de fomentar el progreso político en Irak es iniciar el retiro inmediato de las tropas de Estados Unidos."[11]

Esto enfureció a muchos altos funcionarios iraquíes que desesperadamente trataban de mantener unido a su país, entre ellos Maliki, quien temía que un retiro precipitado de las fuerzas estadounidenses ocasionara que la nación se desplomara en una guerra civil declarada, y que destruyera todas las ganancias democráticas que hasta allí se habían logrado.

Maliki no perdió el tiempo para devolver el golpe. "Hay funcionarios estadounidenses que consideran a Irak como una de sus aldeas, por ejemplo, Hillary Clinton y Carl Levin," dijo Maliki a los periodistas iraquíes y estadounidenses. "Esta es una interferencia severa en nuestros asuntos domésticos. Carl Levin y Hillary Clinton son del Partido Demócrata y tienen que demostrar democracia."[12] Continuó instando a Clinton y a sus colegas a que "entraran en razón" y que "respetaran la democracia" y la voluntad del pueblo iraquí. Y lo que es más, observó que "los líderes como Hillary Clinton y Carl Levin, en sus vidas políticas, no han experimentado la clase de diferencias que tenemos en Irak" y que "cuando ellos dan su opinión, no tienen conocimiento de lo que significa la reconciliación."[13]

Aunque todavía no se sabe cuán exitoso será Maliki como Reformador, debo confesar que, a pesar de algunas de mis propias preocupaciones en cuanto a la fuerza política y la sagacidad del primer ministro, a mi parecer, Maliki ganó mucho crédito ese día. Había repelido con fuerza a dos maestros del estancamiento político de Washington y de las riñas partidistas, porque tuvieron la audacia de criticar sus dificultades para dar lugar a la unidad y progreso político precisamente en Bagdad, cuando el Senado de Estados Unidos hacía tan poco en su propia casa.

UN VERDADERO HÉROE DE LA REVOLUCIÓN

Unas cuantas horas después del discurso de Maliki, mi teléfono celular sonó otra vez.

Era una amiga judía que había conocido en Israel. Con ella estaba alguien quien pensó que yo debía conocer.

"Es un miembro de la delegación del primer ministro y ayudó a escribir el discurso," explicó. "También es el único miembro del parlamento iraquí que ha estado en Israel. Le hablé de usted, de sus libros y de su interés en el futuro de su país. Le gustaría conocerlo, si usted tiene tiempo."

La verdad es que no tenía tiempo, pero hice algunos arreglos.

Mithal al-Alusi y yo nos reunimos para desayunar al día siguiente en el hotel Willard InterContinental, al otro lado de la calle de la Casa Blanca. Como regalo le llevé una copia de mi última novela, *The Copper Scroll* (El rollo de cobre), que acababa de publicarse. Revisó la contraportada, que decía en parte: *"Saddam Hussein se ha ido. Yasir Arafat está muerto. Surge un nuevo Irak. Pero también surge un nuevo mal, y ahora los asesores de la Casa Blanca Jon Bennett y Erin McCoy enfrentan una nueva amenaza terrible que se desató por un misterio antiguo."*

Me hizo preguntas de por qué mis novelas tenían un historial tan extraño, que parecía que se hacían realidad. Brevemente compartí con él las profecías bíblicas en las que se basan, incluyendo las profecías de los libros de Daniel, Jeremías, Isaías y Apocalipsis que indican que Irak algún día se convertiría en la nación más rica, pacífica y poderosa de todo el planeta. Esas profecías lo intrigaron, particularmente por el hecho de que, como musulmán sunita, nunca antes las había oído.

Nos pusimos a discutir el discurso del primer ministro. Alusi no se adjudicó el crédito; únicamente dijo que había ayudado a revisar y a editar el discurso con el primer ministro. Sospecho que solamente estaba siendo modesto. Pero sí dijo que creía firmemente —al igual que yo— que el discurso para el Congreso había salido bien y que había comunicado efectivamente la visión del nuevo liderazgo iraquí.

"He escrito acerca de esos discursos para el líder ficticio de Irak en mis novelas," dije. "Pero, honestamente, no estoy seguro si alguna vez tuve la suficiente fe para creer que vería y oiría uno que fuera pronunciado por un líder iraquí en la realidad."

En el transcurso de la mañana que compartimos, y al rastrear su carrera desde entonces, he llegado a creer que Mithal al-Alusi es un verdadero héroe de la Revolución, un genuino Reformador demócrata jeffersoniano que ha empeñado su vida para construir un Irak nuevo, libre y estable.

Alusi, nacido en 1953, apenas tenía veintiséis años cuando Saddam Hussein y el Ayatolá Jomeini llegaron al poder en Irak e Irán respectivamente. De primera mano sabe qué se siente vivir en una República de Temor. Pero ahora ha respirado aire libre y rehúsa que se le quite otra vez, a él o a su pueblo. Por eso es que fundó el Partido Demócrata de la Nación Iraquí, con una plataforma ferozmente liberal que hace un llamado a las elecciones libres, a la libertad de expresión, de culto, de reunión y a otros ideales jeffersonianos. Y no solamente es el primero, sino que, al momento de escribir este libro, todavía es el único miembro del parlamento iraquí que alguna vez visitara Israel. Esta es una distinción de la que se enorgullece bastante, pero por la cual también ha pagado un gran precio.

En septiembre de 2004, Alusi recibió una invitación para dar un discurso en una conferencia en Herzliya, ciudad israelí del litoral del Mediterráneo, al norte de Tel Aviv, sobre cómo combatir a los terroristas islámicos. A pesar de las objeciones de sus amigos y colegas que temían por su seguridad si los Radicales en Irak se enteraban de este viaje, Alusi aceptó, convencido de que Irán —no Israel— era la verdadera amenaza para la seguridad de Irak y la región. El viaje salió bien. Alusi fue bien recibido y conoció a personas que le pareció que eran ideológicamente afines en muchos sentidos. Volvió a Irak después de algunos días sintiéndose firme en su convicción de que Irak necesitaba construir una relación discreta, pero fuerte, con los israelíes.

Pero el 8 de febrero de 2005, sucedió una tragedia. Los extremistas islámicos trataron de asesinar a Alusi por sus opiniones prodemocráticas y su visita a Israel. Los Radicales emboscaron su automóvil en Bagdad. En el tiroteo que resultó, asesinaron a los dos hijos de Alusi —Ayman, de veintinueve años, y Jamal, de veintidós. También asesinaron a Haidar, su guardaespaldas. El mismo Alusi fue baleado múltiples veces y perdió parte de uno de sus pulgares, pero milagrosamente sobrevivió al ataque.

"De nuevo, los fantasmas de la muerte están saliendo," dijo Alusi a la Radio Irak Libre, unas horas después de salir del escenario sangriento. "Están listos para matar a una persona, listos para matar la paz, listos para matar la victoria de los iraquíes y su derecho a la vida. De nuevo, los secuaces del [Partido] Ba'ath, y las sucias bandas de terroristas, al Qaeda y otros, están saliendo, convencidos de que pueden determinar la vida y la muerte a su antojo. Irak no morirá. Mis hijos . . . murieron como héroes, al igual que otras personas que mueren heroicamente. Pero, por Dios, no le entregaremos Irak a los asesinos y terroristas. . . . En cuanto a los defensores de la intolerancia religiosa que están dispuestos a matar . . . les digo: 'Hermanos, verdaderamente ustedes han cometido un grave error.' Les digo: 'No puede haber un estado de Irak a menos que esté fundado en las instituciones [democráticas] y [el gobierno de] la ley.'"[14]

En septiembre de 2005, Alusi recibió la invitación de volver a la conferencia de Israel sobre el contraterrorismo y, excepcionalmente, volvió a aceptar la invitación.

—¿Por qué? —pregunté.

—Nadie puede detenerme —dijo firmemente—. No estoy jugando un juego, amigo mío. Creo en mis metas. Ser democrático no significa solamente ir a las elecciones. Para ser demócrata, se tiene que tener principios y se tiene que ser fuerte en ellos. La mayoría de iraquíes cree que Irán es la amenaza más grande de la región, no Israel. Yo estoy de acuerdo con ellos. Y creo que tenemos que trabajar junto con los israelíes. Quiero paz con los israelíes. Quiero paz con todos, excepto con los terroristas. No debería haber paz con ellos.

EL DESPERTAR DE ANBAR

En agosto de 2008 llamé a Alusi para ponerme al día.

Habían ocurrido muchas cosas durante los últimos dos años, desde que había hablado con él. La violencia sectaria iraquí iba en descenso. La amenaza de la violencia iraní en la región estaba en gran ascenso. El "incremento de tropas" había funcionado. El gobierno dirigido por el Presidente Jalal Talabani y el Primer Ministro Maliki no sólo había durado sino que parecía que estaba teniendo éxito de una manera que pocos habían predicho.

Pero yo quería entenderlo todo desde su punto de vista único, como musulmán sunita en un gobierno de mayoría chiíta, que vivía en el corazón de Bagdad, en el centro de batalla entre los Radicales y los Reformadores.

—¿Se siente optimista, amigo mío? —le pregunté al comenzar nuestra llamada de una hora.

—Lo estoy —dijo—. Estamos tratando de encontrar la manera de seguir adelante. Estamos tratando de progresar, de darle a la gente una mejor vida. No tuvimos éxito en los últimos ochenta años. Pero sí creo que tenemos la capacidad de llegar a ser una democracia genuina en el corazón del Medio Oriente. Estamos dispuestos. Y tenemos la necesidad, no solamente por diversión, de jugar el papel de un pueblo libre en la atmósfera claramente extremista de Irán, al Qaeda, Hezbolá, el Ejército del Mahdi y otros. La clave es Bagdad. Si Bagdad es fuerte y está segura, tendremos paz. Si perdemos Bagdad, todo se pierde.[15]

Le pedí que me hablara del éxito del "Despertar de Anbar" durante el verano y otoño de 2006, en el que cientos de miles de sunitas de la Provincia de Anbar, en la mitad occidental de Irak, a lo largo de la frontera con Siria y Jordania —que alguna vez fueron aliados de Al-Qaeda en Irak (AQI)— decidieron volverse en contra de AQI, entregar a los terroristas a las autoridades locales y nacionales y unirse al progreso político. Fue un desarrollo extraordinario y Alusi había estado en medio de él.

"Soy secular, de origen sunita, de Anbar, que es la provincia más grande de Irak," explicó. "Mi pueblo de Anbar era la base real de Al-Qaeda en Irak. Los fanáticos religiosos allí odian la democracia. Ese era el baluarte para los extremistas sunitas. Pero el pueblo de Anbar, después de un poco de tiempo, entendió lo peligroso que al Qaeda realmente era. Vio la violencia. Se horrorizó. El hecho de que los musulmanes mataran a otros musulmanes en nombre del islam hizo que la gente se pusiera en contra de al Qaeda."

Yo estaba familiarizado con algunos de los horrores a los que Alusi se refirió. En cierto momento en 2006, las fuerzas de AQI asesinaron y luego quemaron en público el cuerpo de un clérigo sunita en Anbar que estaba estimulando a la gente de su pueblo a entregar a los terroristas a la policía local. Los sunitas iraquíes que habían sido fuertes colaboradores, o por lo menos simpatizantes, de AQI, estaban horrorizados y comenzaron a acelerar su colaboración con a la policía. El Primer Ministro Maliki visitó entonces Ramadi, una ciudad de más o menos cuatrocientos mil sunitas en el corazón de la Provincia de Anbar, haciendo un llamado a la gente para que se volviera en contra de AQI. Para detener a Maliki —recuerde, un musulmán chiíta— y aquellos que lo escuchaban, AQI comenzó a utilizar armas químicas en Anbar —particularmente bombas llenas de gas de cloro— en la primera mitad de 2007, intentando masacrar a civiles musulmanes sunitas iraquíes y de enviar el mensaje que no se toleraría la colaboración sunita con el gobierno federal iraquí, en lugar de la colaboración con los Radicales. Pero esto sólo enardeció más a los residentes de Anbar en contra de AQI y despertó a más sunitas a la creciente necesidad de estar en contra de los líderes y agentes de AQI, por sus propias vidas y las de sus hijos y nietos.[16]

Más soldados iraquíes y de la Coalición también se trasladaron a la Provincia de Anbar y capturaron a Radicales clave. Y Maliki y otros líderes chiítas siguieron trabajando con jefes tribales sunitas y líderes comunitarios del lugar, los involucraron en el proceso político federal y les mostraron que realmente podrían tener voz y una función significativa en el futuro del país.

"Lo que ocurrió en Anbar significa que ahora tenemos experiencia iraquí para tratar con una gran área que está controlada por al Qaeda y ayudar a la gente a ponerse en contra de los extremistas y a moverse en dirección de la libertad y seguridad," observó Alusi.

"Al mismo tiempo," dijo, "los extremistas también estaban tratando de poner a los sunitas en contra de los chiítas y a los chiítas en contra de los sunitas. Pero tiene que entender que en Irak, no hay familias de sunitas puros ni de chiítas puros. Todos están mezclados. Algunos tienen un padre chiíta pero una madre sunita, o viceversa. O tienen un primo sunita o un tío chiíta, o lo que sea. Por lo que es difícil dividir a la gente que ya está tan mezclada y entrelazada."

ENFRENTÁNDOSE A IRÁN

Le pregunté a Alusi por qué los chiítas iraquíes no están desarrollando una alianza con los chiítas iraníes para apoderarse de Irak y sacar toda la influencia occidental, como muchos temían que ocurriría.

"Tiene que entender, Joel, que el Imán Ali [el Gran ayatolá Ali al-Sistani] —el líder de los chiítas en Irak— es el padre de la paz liberal de Irak. Es el líder de los liberales. Es una fuerza de la moderación y la democracia en Irak. Dice a la gente: 'Todos tienen el derecho de pensar por sí mismos y de salir con algo nuevo.'"

Alusi tenía toda la razón. El Ayatolá al-Sistani ha sido una voz extraordinaria —y en gran medida inesperada— de moderación y tolerancia en Irak. Cuando las fuerzas de Estados Unidos se preparaban para liberar a su país en marzo de 2003, Sistani dijo a los musulmanes chiítas —un 60 por ciento de la población iraquí— que las recibieran y que no se opusieran a ellas. Cuando llegó la hora de instalar un gobierno interino, Sistani estimuló la completa participación chiíta. A medida que se acercaba la fecha de las elecciones iraquíes, de nuevo Sistani estimuló a una participación chiíta total. Cuando la violencia sectaria, impulsada por los sunitas de AQI, se intensificaba en el otoño de 2004, Sistani hizo un llamado a las milicias chiítas a no responder de la misma manera. "Por favor sean civilizados," dijo. "No queremos iniciar una guerra civil. Este es el punto más importante."[17]

Sistani no siempre ha logrado mantener pacíficos a los chiítas —contener a Moqtada al-Sadr, el líder fanático del Ejército del Mahdi impulsado por los chiítas, del 2005 al 2007 fue particularmente difícil— pero ha seguido intentándolo. Además, curiosa pero afortunadamente, no ha sido una voz del antiamericanismo, a diferencia de sus contemporáneos de Irán. No evoca las repeticiones de "¡Muerte a Estados Unidos!" y "¡Muerte a Israel!" como lo hace el Ayatolá Jamenei en Teherán. No quiere ser visto como muy amigable con los estadounidenses, pero dicho sea a su favor, no ha agitado el sentimiento chiíta en contra de los líderes ni del ejército estadounidense.

—La teología chiíta iraquí es pacífica aquí —observó Alusi—. En Irán no enseñan lo que el Imán Alí enseña aquí.

—¿A qué se debe eso? —pregunté—. ¿No es contra la intuición? ¿No pensábamos todos que Irán iba a ser capaz de influir en Sistani en contra de nosotros y en contra de los Reformadores en acenso en Bagdad?

Alusi voluntariamente admitió que los iraníes han podido enlistar a muchos chiítas iraquíes en su causa. Pero, por la gracia de Dios, no han podido apropiarse de todo el movimiento ni de sus líderes.

—Los chiítas aquí son de mente abierta, y son iraquíes, no iraníes —dijo—. Son inteligentes, no tontos. Son seres humanos, no asesinos.

Este es el espacio en donde tenemos que edificar. Los chiítas se están volviendo en contra de Moqtada al Sadr. Nadie puede controlar a Moqtada si los chiítas lo apoyan. Pero los chiítas no apoyan los métodos extremistas. Esto significa que hay una gran esperanza para mi país.

—Muy bien —coincidí—. Pero en total, ¿qué tan seria es la amenaza iraní para la región y para el mundo?

—Irán es un problema excepcional —dijo categóricamente Alusi—. Sentimos eso. El régimen de Irán es fascista. Está tratando de tener propaganda fascista loca para controlar al pueblo chiíta de Irak. Creemos que está tratando de usar a Irak como un instrumento para lograr sus metas. Irak, Israel y Estados Unidos tienen que enfrentarse a Irán. Tenemos que trabajar juntos. Enfrentamos al mismo enemigo y nos necesitamos mutuamente. Si Irán puede destruir la democracia aquí en Irak, atacará a otros países: a Turquía en el norte, a los estados del Golfo en el sur, a Jordania y a otros. Irán es muy inteligente como para atacar a Irak y a ningún otro país. Si pueden ganar en Irak, podrán controlar a otros países también. Irán quiere construir un arco chiíta que comience con el sur de Irak, que vaya hacia Siria, el Líbano y por los límites de Israel. Irak es el jugador central para detener eso.

—¿Cree que Irán esté tratando de adquirir armas nucleares?

—Claro que sí. Lo sabemos. ¿Pueden obtener una bomba pronto? Sí, creo que pueden. Pero tienen que probarla, de otra manera no podrán estar seguros de que funcione. Pero si la prueban, la comunidad internacional despertará a la amenaza. Por lo que Irán está tratando de pasar el tiempo jugando juegos para poder construir una bomba atómica. No la probarán hasta que hayan preparado más y estén listas para ser usadas: cinco, seis, siete u ocho. Tiene que darse cuenta, Joel, que todas las agencias internacionales de inteligencia están preocupadas de que al Qaeda esté tratando de desarrollar una bomba atómica. El conocimiento está allí. No es difícil de obtener. El problema es tener el uranio para hacer la bomba. ¿Y qué pasará si Irán consigue ese uranio? ¿Qué pasará si ayudan a al Qaeda a desarrollar bombas atómicas? ¿Qué pasará entonces?

—¿Qué debemos hacer con Irán? —pregunté.

—Si queremos detenerlos, tenemos que atacarlos —respondió, sin hacer ni una pausa—. Entonces tendremos una guerra grande. . . . Me molesta mucho oír a algunos generales decir que "No podemos hacerlo.

No podemos detener a Irán. Sería demasiado difícil." Pero tenemos que hacerlo. No tenemos opción. En realidad sería una operación corta detener el peligro. Irán no es tan fuerte como todos creen. Ahora mismo, ni siquiera tienen la Bomba todavía, pero están tomando a todos como rehenes. "Si tratan de detenernos," dicen, "enviaremos terroristas a atacarlos. Si nos detienen, bombardearemos sus campos petroleros. Si nos detienen, incendiaremos la región." Siguen haciendo amenazas, y nadie en el mundo libre toma medidas. Ahora, imagine si tienen la bomba atómica, ¿cómo evitaremos que logren sus metas malévolas? El mundo debería detenerlos. Estados Unidos debería detenerlos e Irak debería ayudar, porque no hay alternativa. Quizás otros políticos no sean capaces de decirlo todavía, pero ¿a quién le importa? Tiene que hacerse.

—¿Cuánto tiempo tienen Occidente e Irak para detener a Irán antes de que sea demasiado tarde?

—Los iraníes tienen un programa de tiempo —dijo Alusi—. No lo conozco. Están jugando un juego. Están trabajando a tiempo completo para obtener bombas atómicas. Desde mi punto de vista, necesitan un año como máximo. Están determinados a lograr su meta.

¿EL MODELO IRAQUÍ?

El 10 de septiembre de 2008, Alusi volvió a Israel. Era su tercera visita, pero su primera como miembro del Parlamento. Durante su discurso hizo un llamado para una cooperación mayor entre Bagdad y Jerusalén. Pero cuando volvió a Irak, se vio en medio de una tormenta de fuego. Algunos Miembros del Parlamento exigían que fuera arrestado por haber viajado a un estado "enemigo." Otros exigían que le quitaran sus privilegios parlamentarios y que se le prohibiera entrar al edificio del parlamento. Alusi recibió numerosas amenazas de muerte y no pudo viajar por temor a ser asesinado.

—¿Valió la pena visitar Israel no solamente una sino tres veces? —pregunté.

—¿Vio al Presidente Talabani estrechar la mano del ministro de defensa israelí [Ehud Barak] el mes pasado? —preguntó como respuesta—. Si yo no hubiera ido, ¿qué habría pasado? Estamos rompiendo los tabúes y ya no existen. Yo pagaré cualquier precio para mantener a Irak seguro y para crear una sociedad libre.

—¿Aboga por un tratado de paz formal con Israel en el presente?

—Mire, los iraquíes tenemos respeto por el pueblo israelí —dijo—. Hay más de trescientos mil israelíes que nacieron en Irak. Pero también somos políticos. Estamos tratando de construir un estado, y tenemos que ser cuidadosos. . . . Por lo que no queremos ir demasiado lejos, con demasiada rapidez. . . . Nos necesitamos mutuamente. Tenemos herramientas que los israelíes necesitan. Ellos tienen herramientas que nosotros necesitamos. Al quedarnos solos seríamos débiles. Trabajar juntos es muy importante, pero una relación formal es difícil ahora.

Este hombre no sólo es valiente, pensé, *también es bastante sagaz.*

Tenía una pregunta más para él.

—Si Irak lo hace bien —pregunté—, si realmente puede convertirse en una democracia saludable, segura y totalmente funcional, ¿qué clase de impacto tendría esto en el resto de la región?

—Estoy tratando de aprender de la comunidad internacional cómo construir una democracia iraquí —respondió—. Si tenemos éxito en Irak, no sólo como personas, sino como un todo, como una democracia emergente, tendremos una gran influencia en toda la región. Mire lo que ya sucedió desde que Irak llegó a ser libre. Kuwait ahora permite que las mujeres sean electas. Hubo elecciones en Bahrain. En los Emiratos están probando pequeños experimentos dándole a la gente más voz y voto en sus gobiernos. Los sauditas también. En Egipto, el Presidente Mubarak está teniendo dificultades claras al tratar de hacer que su hijo lo suceda. Estamos agradecidos con el pueblo estadounidense por ayudarnos a llegar a ser un pueblo libre. Pero no se trata de que ustedes nos estén exportando a Tomás Jefferson. No se trata de exportar. Ustedes no pueden obligar a la gente a que adopte la libertad y la democracia. Pero si la quieren, ellos la aceptarán y la adoptarán. Y los iraquíes queremos democracia. Queremos libertad. Esto viene de nuestros corazones y almas. Estamos combatiendo a los fascistas islámicos que quieren dirigir nuestras vidas. Pero queremos ser libres, y tengo muchas esperanzas por la manera en que están saliendo las cosas.

CAPÍTULO VEINTE

CONOZCA A JALAL TALABANI

La verdadera historia del primer presidente de Irak electo democráticamente

POCOS REFORMADORES me han intrigado e impresionado como Jalal Talabani. El primer presidente de Irak electo democrática y constitucionalmente, está tratando de gobernar a un país desprovisto de cualquier tradición de gobierno representativo en más de cinco mil años de historia registrada.

Es un kurdo en un país donde los kurdos conforman apenas como 15 por ciento de la población. Y está tratando de gobernar un país de árabes, que conforman un 80 por ciento de la población y que por mucho tiempo han ridiculizado, odiado y hasta masacrado a los kurdos.*

Es un sunita en un país donde los sunitas conforman apenas como 35 por ciento de la población. Y está tratando de gobernar a un país de chiítas, que comprenden como 60 por ciento de la población.**

Es un líder musulmán, pero ningún líder político nacional en Irak ha hecho más por proteger a los cristianos iraquíes de los Radicales sunitas y Radicales chiítas. Ningún otro líder iraquí, aparte de Mithal al-Alusi, ha sido tan amigable con los judíos, particularmente con los israelíes. Fue Talabani quien estrechó la mano del ministro de defensa israelí Ehud Barak en una conferencia a la que ambos asistieron en Atenas en julio

---

*Los asirios, los turcomanos y otras minorías conforman el otro 5 por ciento.
**Los cristianos, los zoroastristas y otras minorías religiosas conforman el otro 5 por ciento.

de 2008, desencadenando llamados a su renuncia por parte de algunos miembros del parlamento iraquí.[1]

También fue Talabani el que dijo en noviembre de 2007 que el presidente israelí Shimon Peres era "una persona bienvenida en el Kurdistán iraquí," porque Peres por mucho tiempo apoyó "el establecimiento de un estado kurdo, o de una región federal independiente para los kurdos, en el norte de Irak."[2]

Al mirar de cerca, uno descubre que Talabani es un ex líder de la guerrilla, pero está tratando de persuadir a los iraquíes a dejar la violencia sectaria como una herramienta política. Se hizo famoso como separatista kurdo, pero está tratando de persuadir a su país a permanecer unido, a crear una república federal y a aceptar la unidad nacional. Es el fundador de un partido político socialista —la Unión Patriótica del Kurdistán— pero desde principios de los años noventa ha ayudado a crear una economía de mercado real y funcional en las repúblicas kurdas iraquíes.

Y lo que es más, ahora apoya el impuesto parejo de Irak, está haciendo lo que puede para atraer más inversión externa directa al país, está comprometido con la democracia al estilo de Estados Unidos y Gran Bretaña y está tratando de persuadir a sus compañeros iraquíes a adoptar la economía del mercado y la democracia jeffersoniana.

Y por si fuera poco, Talabani tiene más de setenta años, pero está tratando de gobernar un país donde la edad promedio es apenas veinte y casi cuatro de cada diez ciudadanos tienen menos de quince.

La tarea ha sido abrumadora, en pocas palabras. Pero contra todo pronóstico, ahora está claro que Talabani ha jugado un papel crucial al ayudar a crear un Irak nuevo que es cada vez más pacífico y próspero.

En el otoño de 2008, se consideraba que se podía viajar a salvo en aproximadamente 90 por ciento del territorio iraquí, sin mucho temor de secuestro, asesinato o ataque terrorista. La violencia en Bagdad bajó en un 80 por ciento de sus peores meses en 2006. Más de 70 por ciento de las operaciones de combate eran dirigidas por el ejército y las fuerzas de seguridad iraquíes. Con la ayuda de Estados Unidos, y las fuerzas iraquíes que cada vez más eran más experimentadas y exitosas, mataron y capturaron a yihadistas en cantidades impresionantes. Los civiles iraquíes de todo el país estaban tan hastiados de la violencia de musulmán contra musulmán que se pusieron en contra de los líderes yihadistas. Llamaban a los números de colaboración ciudadana y ayudaban a las fuerzas estadounidenses e iraquíes para capturar a los líderes clave y denunciar grandes escondites de armas.

A medida que disminuía la violencia, la economía de Irak comenzó a acelerarse. La producción de petróleo y las exportaciones aumentaron. Veintenas de compañías extranjeras comenzaron a llegar. Decenas de miles de iraquíes crearon sus propios negocios pequeños. Se crearon nuevos empleos. Los precios de las casas aumentaron. Comenzaron las nuevas construcciones. Había grúas por todos lados, particularmente en el norte, a medida que los nuevos y altos edificios de oficinas y apartamentos brotaban. A finales de 2008, a la economía iraquí le iba tan bien que el gobierno de hecho terminó con un excedente de alrededor de $80.000 millones, evidencia tangible de que el país finalmente se movía en la dirección correcta.[3]

Hay mucho más por hacer, sin duda. Irak de ninguna manera está fuera de peligro. Pero aunque rara vez se reporta en la prensa occidental, muchas cosas buenas han ocurrido en Irak desde que Talabani llegó al poder. La pregunta es: ¿por qué?

EL SURGIMIENTO DEL "MAM JALAL"

¿Quién es Jalal Talabani? ¿De dónde vino? ¿A dónde quiere llevar a Irak?

Para entender el extraordinario surgimiento al poder del presidente de Irak y la visión que él tiene para su país, varios colegas y yo aprovechamos la oportunidad de viajar a Irak dos veces en 2008, una vez en febrero y otra vez a finales de septiembre. Viajamos extensamente por las provincias kurdas donde Talabani se hizo famoso, hablando con la gente que ha seguido su carrera por décadas y que con cariño lo llama "Mam Jalal," o "Tío Jalal." Visitamos el pueblo donde nació, vimos el hogar que todavía posee y visita en la orilla del Lago Dukan, no lejos de la frontera de Irán. Entrevistamos a varios de sus asesores principales. También entrevistamos a varios funcionarios diplomáticos y militares de Estados Unidos en Irak y Washington que han conocido a Talabani con el paso de los años.

Aquí tiene lo que descubrimos.

Talabani nació el 12 de noviembre de 1933, durante una época de cambio político turbulento en Irak. Apenas un año antes, Irak había adquirido su independencia del control británico, después de que la Liga de las Naciones lo separara del imperio otomano, como país moderno, el 11 de noviembre de 1920.

De niño, Talabani se crió en la aldea de Koya, cerca del Lago Dukan, en el corazón del Kurdistán iraquí. Koya está rodeada de un bello paisaje, cuya geografía me hizo recordar Nuevo México o Arizona en el suroeste estadounidense —montañas escabrosas, desiertos áridos y cielo extenso pintado que es particularmente maravilloso cuando el sol sale y se pone. Es conocida por muchos kurdos como un centro "progresivo," hogar de muchos reconocidos poetas, cantantes e intelectuales kurdos.

Cuando tuvo la edad apropiada, Talabani fue a la secundaria en Erbil, una ciudad kurda más moderna y próspera que ahora tiene una población de más de un millón de personas y es la capital oficial política y administrativa del Kurdistán iraquí.* Fue allí donde Talabani se volvió políticamente activo, al fundar clandestinamente su propio grupo estudiantil kurdo a la edad de trece años y unirse oficialmente al Partido Democrático del Kurdistán —dirigido por Mustafa Barzani, el legendario líder kurdo de la resistencia— a la edad de catorce años. Cuatro años después, Talabani había impresionado tanto a sus mayores con su inteligencia y conocimiento que fue electo para el comité central del partido, donde ayudó a formular política y estrategia futuras.

"Al terminar su educación secundaria, solicitó admisión en la escuela de medicina, pero las autoridades de la entonces gobernante monarquía hashemita se la negaron por sus actividades políticas," según registra su biografía oficial. "En 1953 se le permitió entrar a la escuela de leyes, pero se vio obligado a pasar a la clandestinidad en 1956, para escapar del arresto por sus actividades como fundador y secretario general de la Unión Estudiantil de Kurdistán. Después del derrocamiento de la monarquía hashemita en julio de 1958, el Sr. Talabani volvió a la escuela de leyes y al mismo tiempo buscó la carrera de periodista y editor. . . . Después de graduarse en 1959, el Sr. Talabani hizo el servicio militar en el ejército iraquí, donde estuvo en las unidades de artillería y defensa y fue comandante de una unidad de tanques de combate."[4]

---

*En español, Erbil ocasionalmente también se escribe "Irbil" o "Arbil." En árabe, la ciudad se conoce como "Hawler."

Irónicamente, fue en el ejército iraquí donde Talabani recibió el entrenamiento en armas, estrategia militar y tácticas de combate que le permitieron en 1961 unirse a Mustafa Barzani como uno de los líderes de la "primera revolución kurda," una insurgencia armada y violenta en contra del gobierno iraquí.

El sueño de Talabani y Barzani era crear un Kurdistán libre, independiente del control de Bagdad. Su plan era reclutar, entrenar, movilizar y desplegar jóvenes kurdos para atacar unidades e instalaciones militares iraquíes hasta que Bagdad —gobernada por el totalitario Partido Ba'ath— cediera y reconociera el derecho de los kurdos a la autodeterminación. Sus aliados principales eran Irán, Estados Unidos e Israel.

Talabani y Barzani sagazmente explotaron el antiguo odio hacia los árabes iraquíes y con éxito solicitaron al sha que financiara parcialmente su rebelión en contra de Bagdad. También convencieron a Washington y a Jerusalén para que, en el espíritu del antiguo proverbio árabe "el enemigo de mi enemigo es mi amigo," apoyaran financieramente a los kurdos en contra del gobierno de Irak, que estaba en contra de Estados Unidos e Israel, y de que trabajar juntos con el sha, que estaba a favor de los kurdos, era una inversión sabia. Por lo tanto, la CIA y el Mossad llegaron a estar muy activos en Kurdistán durante esta época.

UNA CASA DIVIDIDA

A principios de la década de 1970, los insurgentes kurdos habían ocasionado daños y víctimas sustanciales en contra del gobierno central iraquí, pero dentro del movimiento de la resistencia estaban creciendo grandes grietas.

Cuando el Partido Ba'ath ofreció a los kurdos un acuerdo de paz y autonomía parcial, el PDK, dirigido por Barzani, estuvo inclinado a aceptar la oferta. Muchos kurdos estaban cansados por los años de lucha armada. Sin embargo, Talabani se opuso ferozmente a cualquier cosa que no fuera la independencia total.

Para 1974, las negociaciones del PDK con Bagdad habían colapsado, pero las tensiones entre Barzani y Talabani eran acentuadas. Los dos hombres habían desarrollado dos estrategias muy distintas para lograr sus metas comunes. Al mismo tiempo, cada uno había amasado un gran séquito de colaboradores kurdos dedicados. Se avecinaba una separación, y los eventos de 1975 llegaron a ser el punto decisivo.

En marzo de 1975, Bagdad y Teherán firmaron lo que se llegó a conocer como el "Acuerdo de Argel." El acuerdo —negociado en secreto en Argelia por Saddam Hussein, que entonces era el vicepresidente de Irak— estaba diseñado para resolver antiguas disputas de tierra y límites de fronteras entre los dos países. Como parte del trato, Saddam exigió que el sha cortara la ayuda a la rebelión kurda en contra de Bagdad.

El sha estuvo de acuerdo. Los fondos dejaron de fluir desde Teherán casi instantáneamente. Saddam volvió a Irak, rápidamente organizó sus fuerzas y lanzó un contraataque enorme en contra de las fuerzas kurdas. Barzani se vio obligado a escapar por su vida al exilio y finalmente terminó en Washington, D.C.

Talabani percibió que era el momento de apoderarse del liderazgo. Se separó del PDK y formó su propio partido político, la Unión Patriótica del Kurdistán, o UPK. Entonces, el 1 de junio de 1976 —después de trabajar febrilmente para agenciarse de suficientes fondos extranjeros y de armas— Talabani lanzó una "segunda revolución kurda" en contra de Saddam y del gobierno iraquí.

En 1979, los kurdos habían vuelto totalmente a entablar su lucha sangrienta contra Bagdad, pero casi nunca se habían sentido tan aislados. El Ayatolá Jomeini —que por años había vivido en el exilio en Irak— ahora había tomado control total del gobierno de Irán. Saddam Hussein había tomado control total del gobierno de Irak. La administración Carter cortó los fondos para los rebeldes kurdos. Y Mustafa Barzani murió en Washington el 1 de marzo de 1979. Su hijo, Massoud Barzani, retomó lo que su padre había dejado, pero las tensiones entre los Talabani y los Barzani siguieron sin disminuir, y el pueblo kurdo entró a los años ochenta con pocas esperanzas de lograr las libertades por las que habían luchado tan duro por tanto tiempo.

CRÍMENES EN CONTRA DE LA HUMANIDAD

Es difícil describir adecuadamente los males que Saddam Hussein y su régimen le ocasionaron al pueblo kurdo en la década de 1980, pero hasta una descripción breve ayuda a explicar por qué Talabani luchó tanto para liberar a su pueblo del reinado de terror de Saddam.

De 1986 a 1989, Saddam activó la Operación Anfal, una campaña militar diseñada para neutralizar la oposición kurda de una vez por todas. El primo hermano de Saddam, un hombre llamado Ali Hassan al-Majid, que finalmente llegó a ser conocido como el "Químico Ali" por su uso de armas químicas de destrucción masiva contra los kurdos, dirigía la operación. Después de la caída del régimen de Saddam en 2003, tanto Saddam como el Químico Alí fueron juzgados, declarados culpables y sentenciados a muerte por una corte iraquí, y fueron ahorcados por crímenes en contra de la humanidad. Parte de los cargos en su contra: asesinato de por lo menos 180.000 kurdos con gas venenoso y ejecuciones masivas.

"Sentí el olor de algo sucio y extraño," testificó una mujer kurda de cincuenta y seis años durante el juicio, con la voz temblorosa por la emoción, al recordar con horror los sucesos del 5 de junio de 1987, el día en que las fuerzas iraquíes lanzaron bombas llenas de gas venenoso en su pueblo. "La gente caía al suelo. Vomitaba y sus ojos se cegaban. No podíamos ver nada. Todos teníamos miedo."[5]

"Vi docenas de mujeres y niños que caminaban con sus ojos rojos; muchos vomitaban sangre," dijo un doctor kurdo a la corte. "Todo en la aldea estaba muerto —aves, animales, ovejas. . . . Traté a un hombre cuyo cuerpo estaba lleno de burbujas químicas, pero falleció unos días después."[6]

Durante el juicio, que comenzó el 21 de agosto de 2006, la corte "oyó a más de setenta testigos que describieron ataques aéreos químicos, aldeas que fueron quemadas y kurdos que fueron acorralados y torturados," reportó el servicio noticioso Reuters. La fiscalía también presentó a la corte documentos oficiales del gobierno iraquí donde se autorizaban los ataques.

"El primer documento fue un memorándum de 1987 de la inteligencia militar de Irak, que pedía autorización del despacho del presidente para utilizar el gas mostaza y el gas sarín en contra de los kurdos."[7] Un segundo documento demostró que "Saddam había ordenado a la inteligencia militar que estudiara la posibilidad de un 'ataque repentino' utilizando tales armas en contra de las fuerzas iraníes y kurdas." Un tercer documento —un memorándum interno escrito por un oficial de inteligencia militar iraquí— confirmaba que la inteligencia iraquí "había recibido aprobación del despacho del presidente para un ataque utilizando 'municiones especiales,' y hacía énfasis en que ningún ataque se lanzaría sin antes informar al presidente."[8]

TRAICIÓN

El 2 de agosto de 1990, Saddam ordenó a las fuerzas iraquíes que invadieran Kuwait, reclamando que Irak era el legítimo propietario del territorio y del petróleo de Kuwait. Esto, a su vez, hizo que el Presidente George H. W. Bush ("Bush 41") organizara una coalición internacional para proteger a Arabia Saudita y a los demás estados del Golfo de la agresión iraquí y para sacar a los iraquíes de Kuwait. El presidente ordenó la guerra a las fuerzas de Estados Unidos el 16 de enero de 1991. La Operación Tormenta del Desierto resultó ser un éxito impresionante, pero hubo consecuencias inadvertidas para los kurdos.

El 16 de febrero, a medida que las fuerzas de Estados Unidos y la Coalición aumentaban una dura campaña aérea en contra de las fuerzas iraquíes en Kuwait con una campaña terrestre impresionantemente efectiva, Bush 41 hizo un llamado público a "los militares y al pueblo iraquíes a que tomaran la iniciativa para obligar a Saddam Hussein, el dictador, a renunciar."[9] La teoría en Washington era que aunque el Consejo de Seguridad de Naciones Unidas no había autorizado un derrocamiento del régimen de Saddam Hussein por parte de Estados Unidos durante la liberación de Kuwait, quizás Estados Unidos podría inspirar un golpe de estado en Bagdad en cualquier caso.

Talabani y Massoud Barzani vieron su momento para lograr la liberación con la ayuda de Estados Unidos. Inmediatamente ordenaron a las fuerzas paramilitares kurdas del norte de Irak el combate en contra de las fuerzas de Saddam, incluso mientras los líderes de los grupos paramilitares chiítas en el sur de Irak hacían lo mismo. Pero cuando Saddam contraatacó y comenzó a matar a los guerrilleros y a civiles kurdos y chiítas en grandes cantidades, Estados Unidos rehusó ir en su ayuda.

"Dejé muy claro que no teníamos la intención de entrar a Irak," dijo Bush 41 entonces. "Condeno la brutalidad de Saddam Hussein en contra de su propio pueblo. Pero no quiero ver a las fuerzas de Estados Unidos, que se han desempeñado con tanta habilidad y dedicación, absorbidas en una guerra civil en Irak."[10]

Los líderes kurdos quedaron conmocionados por lo que vieron como una traición estadounidense. Imploraron a Washington que protegiera a sus civiles de otro genocidio impulsado por Saddam. Pero al principio, la Casa Blanca hizo oídos sordos a sus súplicas.

"Dejé claro desde el principio que no era el objetivo de la Coalición, ni de Estados Unidos, derrocar a Saddam Hussein," insistió Bush 41. "Por lo que no creo que los chiítas del sur, los que están descontentos con Sadam en Bagdad, ni los kurdos del norte, alguna vez creyeran que Estados Unidos iría en su ayuda para derrocar a este hombre. . . . No he llevado a nadie a la conclusión errónea en cuanto a las intenciones de Estados Unidos de América, ni de otro colaborador de la coalición, quienes, a mi entender, están de acuerdo conmigo en este asunto."[11]

Era invierno y hacía mucho frío en las montañas del norte de Irak. Pero a medida que el número de víctimas kurdas ascendía rápidamente debido a los ataques aéreos, varios millones de civiles kurdos decidieron enfrentarse a los elementos y huir al sur de Turquía. Pocos de los refugiados tenían comida, agua, tiendas o ropa lo suficientemente cálida para sí mismos o para sus hijos.

Las noticias de la creciente crisis humanitaria, y las súplicas fervientes e incesantes del liderazgo kurdo, finalmente pusieron en acción a Estados Unidos y a la ONU. Estados Unidos lanzó la Operación Llevar Consuelo, creando una zona de exclusión aérea sobre las provincias kurdas de Irak —implementada por aviones de combate estadounidenses— para evitar que la fuerza aérea de Saddam Hussein bombardeara a los kurdos. También creó una operación de puente aéreo para llevar diecisiete mil toneladas de suministros de ayuda humanitaria a los kurdos del norte de Irak y del sur de Turquía.

EL LADO BUENO

Por la gracia de Dios, hubo un lado bueno en la inactividad inicial (y breve) de Estados Unidos a favor del pueblo kurdo. Aunque la tardanza fue inexcusable, el apoyo financiero y político de Estados Unidos para los kurdos finalmente se activó, y fue una gran bendición que salvó muchas vidas y finalmente convenció a la gran mayoría de los refugiados kurdos de que volvieran a sus hogares. Y lo que es más, la operación de la zona de exclusión aérea de Estados Unidos efectivamente separó al Kurdistán iraquí del resto de Irak. Saddam Hussein ya no pudo atacar al pueblo kurdo. De esta manera, efectivamente, se estableció la autonomía kurda.

Talabani y Barzani no perdieron tiempo. Aunque no se apreciaban, sabían que ahora tenían amplio apoyo moral y político internacional. También sabían que tenían que hacer uso de ese apoyo para crear un enclave independiente tan rápido como les fuera posible.

A pesar de sus propias tensiones internas, ellos y sus asesores pronto crearon el Gobierno Regional Kurdo. Formaron un parlamento. Redactaron una constitución democrática. Organizaron elecciones libres y razonablemente justas por primera vez en la historia de Kurdistán. Comenzaron a estimular dentro de Kurdistán todo lo que no había sido posible cuando Saddam Hussein los gobernaba: libertad de expresión, libertad de reunión, libertad de culto, una prensa libre. También comenzaron a desarrollar vínculos diplomáticos con el resto del mundo y trataron de atraer ayuda financiera e inversión extranjera directa.

¿Fue confuso? Sí, lo fue. ¿Fue polémico? También. Pero estaba sucediendo. Con la ayuda (tardía) de Estados Unidos, una democracia nueva y real nacía en el corazón del mundo musulmán.

CAMBIO DE RÉGIMEN

Doce años después, cuando el Presidente George W. Bush ("Bush 43") decidió liberar al resto del pueblo iraquí y derrocar al régimen de Saddam Hussein, Talabani estaba listo para ayudar a sus amigos estadounidenses de cualquier manera posible. Proporcionó la información que tanto necesitaban los comandantes militares de Estados Unidos. Dio asesoría política a los agentes de la CIA para tratar de identificar a los líderes tribales de todo Irak que estarían dispuestos a ayudar a derrocar a Saddam, a neutralizar al ejército iraquí y luego a gobernar al país en un mundo después de Saddam.

El 20 de marzo de 2003, la Operación Libertad Iraquí comenzó bajo las órdenes de Bush 43. Las fuerzas terrestres entraron a Bagdad el 5 de abril. Cuatro días después, la ciudad estaba inicialmente segura, y los ciudadanos iraquíes —con la ayuda del ejército de Estados Unidos— demolieron la estatua de Saddam Hussein en el corazón de la capital. A medida que las cámaras transmitían las imágenes extraordinarias, en vivo, alrededor del mundo, los iraquíes comunes inmediatamente saltaron sobre la cabeza y la cara de la estatua. La maldecían y al hombre en cuya imagen fue creada. Repetían: "¡Muerte a Saddam! ¡Muerte a Saddam!"

"Mam Jalal estaba en Suli cuando el régimen de Saddam cayó," me dijo el vocero de Talabani, Mala Bakhtyar, durante una entrevista exclusiva de ochenta minutos en una de las oficinas del presidente en Suleimaniya (también conocida como "Suli"). "Fue un momento muy dramático para él, para todos nosotros. Por años había intentado persuadir a Saddam a que respetara los derechos kurdos y adoptara la democracia, pero Saddam no lo escuchó."[12]

Bakhtyar reveló que Saddam efectivamente había enviado un mensaje privado a Talabani apenas unas semanas antes de que las fuerzas de Estados Unidos y la Coalición llegaran a liberar al país. El líder iraquí estaba tratando de sobornar a todos los grupos de la oposición en un esfuerzo de evitar que trabajaran con los estadounidenses. "Saddam quería que Mam Jalal supiera que les estaba concediendo amnistía a todos los grupos de oposición de Irak, menos a Talabani." Talabani le envió a Saddam un mensaje como respuesta que decía: "La historia no le dará amnistía a usted. La historia recordará que usted utilizó armas químicas en contra de su propio pueblo."

El 22 de abril de 2003, precisamente después de llegar a Irak para comenzar a trabajar en la reconstrucción y formar un nuevo gobierno, a las primeras dos personas que el teniente general de Estados Unidos Jay Garner fue a ver fueron Jalal Talabani y Massoud Barzani. Talabani le dijo a Garner que la Coalición tenía que formar un "grupo de asesores" formado por importantes disidentes iraquíes contra el régimen de Saddam, que podrían ayudar a sentar las bases de una nueva democracia.

Talabani presentó a los que deberían ser los miembros del grupo, a los que no deberían ser incluidos en el principio, qué antecedentes religiosos deberían tener los miembros para hacerlo verdaderamente representativo, cuáles serían sus funciones y cómo deberían interactuar con Garner y su equipo. También insistió en que el nuevo gobierno iraquí tuviera una estructura federal que le daría libertad significativa y autonomía al pueblo kurdo, en vista de todo por lo que habían pasado a lo largo de los años.

Garner estaba impresionado.

"Si esto funciona, les haré un gobierno provisional," dijo a Talabani y a Barzani. "Ustedes todavía trabajarán por mí, pero les haré un gobierno provisional."[13]

Garner entonces comenzó a revisar su propia lista de cosas por hacer.

—¿Qué vamos a hacer en cuanto a una constitución? —preguntó.

—Ya hemos pensado en eso —respondió Talabani—. Haremos una gran reunión, y traeremos entre 200 y 300 personas. Jay, este será un mosaico de Irak. Estarán todos los grupos étnicos, todas las religiones, todas las profesiones . . . los sexos, [y juntos] redactaremos esta constitución.

—¿Qué tan rápido puede hacerlo? —preguntó Garner.

Talabani sonrió y propuso la semana del 4 de julio.

SURGE UN NUEVO LIDERAZGO IRAQUÍ

Garner ya no estuvo el 4 de julio.

Fue reemplazado por un diplomático con mucha más experiencia y conocimiento, el embajador L. Paul "Jerry" Bremer III, que fue el enviado presidencial a Irak de mayo de 2003 a junio de 2004.

Fue Bremer quien hizo realidad las sugerencias de Talabani y Barzani al crear un grupo asesor inicial de siete líderes iraquíes que estaban a favor de la democracia, al que apodó el "G-7."* Fue Bremer el que finalmente convirtió al G-7 en el Consejo de Gobierno Iraquí (CGI) con veinticinco líderes iraquíes importantes a favor de la democracia, entre los que estaban Talabani y Barzani. Fue Bremer quien creó una presidencia rotativa para que cada mes un miembro distinto del CGI presidiera al grupo, minimizando las tensiones y previniendo que cualquier miembro obtuviera demasiado poder, demasiado rápido. También fue Bremer quien en el transcurso de los doce meses siguientes ayudó al CGI a tomar una serie de decisiones esenciales, desde crear puestos de gabinete y llenarlos con la gente adecuada hasta preparar el terreno para un parlamento iraquí, una constitución iraquí y las primeras elecciones verdaderamente libres y justas del país.

En la primavera de 2004, los perfiles del nuevo gobierno iraquí

---

*Los siete líderes fueron Jalal Talabani, Massoud Barzani, Ayad Allawi (chiíta que después se convirtiera en el primer nombrado, pero no electo, primer ministro), Ahmad Chalabi (chiíta), Naseer Chaderchi (sunita), Ibrahim al-Jaafari (chiíta) y Abdul Aziz Hakim (chiíta).

estaban tomando forma. Talabani tenía sus ojos en la presidencia y hasta viajó a Washington en un esfuerzo por reunir apoyo en el Congreso y entre los funcionarios superiores de la administración Bush. Pero a principios de mayo de ese año, el plan de la Coalición formulado por Bremer y aprobado por la Casa Blanca, el Departamento de Estado y el enviado de la ONU, Lakhdar Brahimi, era ofrecerle la presidencia no a un kurdo sino a un árabe sunita. El papel de primer ministro iba a ofrecérsele a un árabe chiíta, y Bremer creía fuertemente que la Coalición tenía que equilibrar las tensiones entre los dos grupos religiosos y darles a los sunitas una participación significativa en el proceso político.

El 16 de mayo, Bremer hizo a un lado a Talabani y trató de desilusionarlo cortésmente. "Por demasiado tiempo ellos [los árabes sunitas] han sentido que no han estado representados en el nuevo Irak, Sr. Talabani," explicó Bremer. "Tenemos que utilizar este gobierno como una oportunidad para ampliar la base política de Irak."[14]

LA BÚSQUEDA DE UN PRESIDENTE

La elección principal de Bremer para la presidencia era Adnan Pachachi, un sunita secular de ochenta y un años de una prominente familia iraquí sunita. Educado en Egipto, Pachachi había sido embajador de Irak a las Naciones Unidas a finales de la década de 1950 y de nuevo a finales de la década de 1960, y más tarde fue ministro del exterior de Irak. Durante los años de Saddam Hussein, vivió en el exilio en Abu Dhabi, y volvió a Irak por primera vez después de la liberación de 2003, aunque en realidad se había opuesto a la invasión de Estados Unidos. Pachachi era ampliamente respetado por los funcionarios de Estados Unidos y fue invitado a ser miembro del CGI después de la liberación. Ayudó a desarrollar la Ley Administrativa Transicional —esencialmente un borrador de la constitución— y fue presidente del CGI en la rotación del cargo.

Para Bremer y sus colegas, Pachachi parecía un perfecto guardián de la democracia incipiente, hasta que se llevaran a cabo las elecciones nacionales el próximo mes de enero y surgiera el primer presidente iraquí libremente electo.

Pero cuando se filtró la noticia de que Pachachi probablemente sería nombrado presidente, comenzó la crítica aguda por todo Bagdad. A los sunitas religiosos no les gustaron el secularismo de Pachachi. Y algunos chiítas importantes se oponían, por principios, a que un árabe sunita recibiera un puesto tan elevado. Podían ver a un sunita en el papel de vicepresidente, quizás, pero definitivamente no en la presidencia en sí. Otros miembros del CGI simplemente no confiaban en que Pachachi fuera un líder lo suficientemente fuerte. Después de todo, se había opuesto a la liberación de Irak desde el principio. ¿Por qué debería gobernar ahora el país?

Bremer tuvo que seguir adelante. Al final del mes, le devolvería soberanía total al pueblo de Irak y se iría del país para siempre. Irak tenía que tener un gobierno nuevo en su lugar y una transición organizada. Así que, con la aprobación de la Casa Blanca, Bremer le ofreció a Pachachi el puesto, a pesar de la crítica creciente en contra de él, y programó una conferencia de prensa para el martes 1 de junio de 2004, para anunciar a Pachachi como el nuevo presidente de Irak y a Ayad Allawi como el nuevo primer ministro.

Pero esa mañana, el asistente militar de Bremer le entregó un teléfono celular. Era Lakhdar Brahimi, el enviado de la ONU.

"Noticias sorprendentes," comenzó Brahimi. "Pachachi ha rechazado el puesto. Estoy atónito y no sé qué le pasó. ¿Qué haremos ahora?"[15]

Bremer estaba igualmente atónito. Él y Brahimi pensaron atrasar la conferencia de prensa por varios días, pero al final decidieron que eso sería un error, porque temían que las rivalidades internas en el Consejo de Gobierno Iraquí solamente se intensificarían con el tiempo.

"Tenemos que cerrar todo el trato" —el nuevo primer ministro y el nuevo presidente— "o todo se desbaratará," concluyó Bremer.

SALIENDO DE LAS SOMBRAS

En ese momento de crisis, Bremer no buscó a Talabani sino a Jeque Ghazi al-Yawer, que era el presidente del mes del CGI y había estado buscando el puesto de manera activa.

Aunque era el miembro más joven del IGC —apenas tenía la mitad de la edad de Pachachi— Ghazi, en todos los demás aspectos, encajaba en la imagen que Bremer quería para el primer presidente soberano de Irak. Había nacido en Mosul, el corazón del ardor islámico sunita en Irak. Era religiosamente devoto pero políticamente moderado. Se había educado en Arabia Saudita (lugar de nacimiento del islam sunita) así como en Estados Unidos (lugar de nacimiento de la democracia) y tenía una maestría en ingeniería civil de la Universidad de Georgetown. Su inglés era excelente y tenía un don para las entrevistas de televisión. Era hábil con la tecnología, ya que había administrado un exitoso negocio de telecomunicaciones en el reino saudita antes de volver a Irak después de la liberación.

Y lo que es más, había apoyado firmemente la guerra de liberación de Estados Unidos. A pesar de su juventud —o quizás por ella— era respetado ampliamente en el CGI como un joven Reformador apasionado.

Ghazi aceptó el nombramiento con gratitud. Cuando Bremer devolvió oficialmente la soberanía completa al pueblo de Irak el lunes 28 de junio de 2004, Jeque Ghazi al-Yawer se convirtió en el presidente del gobierno interino de Irak.

Su período fue impresionante. Era aceptado y se confiaba en él, y no tenía miedo de decir lo que pensaba. Públicamente denunció a los Radicales sunitas —tales como Al Qaeda en Irak, por ejemplo— como los "ejércitos de la oscuridad" que trataban de desencadenar una guerra civil en Irak. Y lo que es más, insistió en que esos no eran musulmanes sunitas verdaderos, porque estaban matando musulmanes cuando el Corán prohibía esos actos. Los así llamados Radicales sunitas realmente eran gente secular con "mentes enfermas." Estos insurgentes eran más una "mafia" que un movimiento religioso, sostuvo, fanáticos obsesionados con el poder y con un arraigado "odio por la democracia." Observó que muchos ni siquiera eran iraquíes sino que se habían infiltrado de otros países. "Esta no es una batalla entre iraquíes," dijo. "Esta es una batalla entre el bien y el mal."[16]

El 6 de abril de 2005, las primeras elecciones libres y justas de la historia de Irak finalmente se llevaron a cabo. Y cuando la Asamblea Nacional de Irak (parlamento) de 275 miembros se reunió, Jalal Talabani fue elegido presidente.

Al año siguiente, el 22 de abril de 2006, después de que se completara y aprobara la constitución de Irak, Talabani ganó la distinción de ser el primer presidente de Irak democrática y constitucionalmente electo.

¿Por qué? No era complicado. Por más de setenta años, Talabani se había ganado la confianza del pueblo iraquí. Había dedicado su vida a oponerse a Saddam Hussein. Había estado dispuesto a morir si fuera necesario para pelear por la liberación de su pueblo. Todos sabían que era un Reformador genuino.

Y por cierto no era un novato que trataba de aferrarse al poder por el poder o para que su nombre saliera en los periódicos. Por décadas, Talabani había construido alianzas en todo el mundo con líderes y naciones dispuestas a ayudar al pueblo iraquí a obtener su libertad, y había impresionado a los iraquíes con sus habilidades diplomáticas en el camino. Además, no sólo había hablado de desarrollar la primera democracia genuina en el mundo musulmán; sino que era uno de apenas un puñado de líderes de Irak que en realidad habían ayudado a crear y a gobernar una democracia saludable, funcional y operacional —el Gobierno Regional de Kurdistán— que se componía de tres de las dieciocho provincias de Irak (Erbil, Suleimaniya y Dahuk), 4 millones de personas y cuarenta mil kilómetros cuadrados de territorio, un área cuatro veces más grande que el Líbano.

"No escatimaremos ningún esfuerzo para presentar a Irak como un modelo de democracia," dijo Talabani al tomar el cargo. "Esperamos consolidar la unidad nacional . . . sin importar los orígenes religiosos y sectarios. . . . [Y aseguraremos que] todos los iraquíes sean iguales ante la ley. Eso significa que no habrá discriminación [y] que todos los árabes, kurdos y otras nacionalidades tendrán los mismos derechos."[17]

CAPÍTULO VEINTIUNO

LA PRUEBA DE TALABANI

La insurgencia, la iniciativa y el futuro

EL 13 DE SEPTIEMBRE DE 2005, el Presidente George W. Bush recibió al Presidente Jalal Talabani en la Casa Blanca para una serie de reuniones estratégicas privadas. Cuando terminaron, los líderes llevaron a cabo una conferencia de prensa formal.

"Me siento orgulloso de estar con un líder valiente del pueblo iraquí, un amigo de Estados Unidos y un testimonio del poder de la libertad humana," comenzó Bush. "Sr. Presidente, gracias por su liderazgo. Gracias por su valor. El Presidente Talabani ha dedicado su vida a la causa de la libertad de Irak. Como abogado, periodista y líder político del norte de Irak, se opuso a un dictador brutal, porque cree que cada iraquí merece ser libre. El dictador destruyó aldeas kurdas, ordenó ataques con gas venenoso en una ciudad kurda y violentamente reprimió a otros grupos religiosos y étnicos. Para el Presidente Talabani y sus compatriotas, el día que Saddam fue retirado del poder fue un día de liberación. Y Estados Unidos siempre estará orgulloso por haber dirigido a los ejércitos de la liberación. En los últimos dos años, el pueblo iraquí ha tenido clara la visión de su futuro. Este enero último, más de 8 millones de iraquíes desafiaron a los terroristas que colocan bombas en automóviles y a los asesinos; y votaron en elecciones libres. Fue un acto de unidad inspirador el que 80 por ciento de la asamblea nacional electa eligió a un presidente, un miembro de la minoría kurda de Irak, para que dirigiera a la nación libre."[1]

El presidente iraquí sonrió. "Es un honor representar a la democracia más joven del mundo," dijo cortésmente. "En nombre del pueblo iraquí, le digo a usted, Sr. Presidente, y al glorioso pueblo estadounidense, gracias, muchas gracias. Gracias porque nos han liberado de la peor clase de dictadura. Nuestro pueblo sufrió demasiado por esta peor clase de dictadura. La señal son las tumbas masivas con cien mil niños y mujeres iraquíes inocentes, hombres jóvenes y ancianos. Gracias. Y gracias a Estados Unidos ahora hay cincuenta millones de musulmanes en Afganistán e Irak liberados por su liderazgo valiente y su decisión de liberarnos, Sr. Presidente. Estamos de acuerdo con el Presidente Bush en que la democracia es la solución para los problemas del Medio Oriente. Sr. Presidente, usted es un gran estadista visionario. Le rendimos homenaje. Estamos agradecidos con usted. Nunca olvidaremos lo que ha hecho por nuestro pueblo."

Talabani continuó y declaro a Irak "socio" del pueblo estadounidense en la lucha en contra de los Radicales. "Nos enorgullece decir abiertamente y repetirlo, que somos socios de Estados Unidos de América para luchar en contra de la tiranía y el terrorismo y a favor de la democracia," dijo sin disculparse. "Es algo que no nos avergüenza decir, y que repetiremos en todas partes, aquí, en Irak, en las Naciones Unidas y en todos lados. Los iraquíes y los estadounidenses por igual en la guerra en contra del terrorismo. Nuestros soldados ahora pelean al lado de sus valientes soldados, ahora y todos los días. Hemos capturado a muchos elementos importantes de al Qaeda. Matamos a muchos de ellos. Y también tuvimos a muchos de ellos en nuestras cárceles. . . . Ahora Irak es un país libre. . . . Con su apoyo, [crearemos] una sociedad que disfrute la democracia por primera vez en la historia."[2]

Qué momento tan extraordinario. El mundo miraba al presidente, precisamente de Irak, parado frente a un cínico cuerpo de prensa de la Casa Blanca, que agradecía al pueblo estadounidense por su compromiso con la democracia y que sugería que Irak algún día sería un modelo de reforma para otros países del Medio Oriente.

MÁS TROPAS, ¿O MENOS?

Hay que decir en su favor que el nuevo presidente iraquí no sólo habló. Como lo había demostrado en toda su vida hasta entonces, era un hombre de principios y de acción. Cuando se le probó, se enfrentó al reto.

La primera prueba llegó cuando las insurgencias sunita y chiíta se aceleraron. Cada vez más iraquíes, estadounidenses y miembros de la Coalición estaban siendo asesinados a diario. Un número creciente de líderes políticos externos apremiaban al Presidente Bush para que retirara a sus fuerzas estadounidenses y dejara que los iraquíes pelearan solos.

Talabani no pudo haber discrepado más vehementemente.

En noviembre de 2006, Talabani se reunió en París con el entonces presidente francés Jacques Chirac, que se había opuesto firmemente a la liberación de Irak desde el principio. Algunos probablemente esperaban que Talabani intentara congraciarse con Chirac, concurriendo con el criticismo tajante del líder francés del liderazgo estadounidense y su insistencia de que el Presidente Bush sacara las fuerzas de Irak tan rápido como fuera posible.

Pero Talabani estaba en completo desacuerdo. No sólo reiteró su agradecimiento por el cambio de régimen en Bagdad, dirigido por Estados Unidos, sino que agregó que quería que las fuerzas de Estados Unidos se quedaran por lo menos tres años más. "Necesitamos tiempo," dijo Talabani. "No veinte años, pero tiempo. Personalmente puedo decir que dos o tres años serían suficientes para desarrollar nuestras fuerzas y decirles a nuestros amigos estadounidenses: 'Adiós con agradecimiento.'"[3]

Tras bambalinas, Talabani fue más lejos, instando a la Casa Blanca y al Pentágono a que enviaran más tropas estadounidenses para ayudar a derrotar a los Radicales en Irak. No estaba solo. Uno de sus aliados clave en Washington, el Senador John McCain, el Republicano de Arizona, también estaba presionando en la Casa Blanca para implementar una política de "incremento de tropas," para destacar de quince a treinta mil soldados adicionales de Estados Unidos en el suelo de Irak —y desplegarlos más efectivamente— a pesar del hecho de que las encuestas revelaron que sólo de 15 a 18 por ciento del pueblo estadounidense apoyaba esa política.[4]

El 10 de enero de 2007, el Presidente Bush formalmente adoptó y anunció su apoyo para una iniciativa, diciéndole al pueblo estadounidense que "está claro que necesitamos cambiar nuestra estrategia en Irak. . . . El fracaso en Irak sería un desastre para Estados Unidos. Las consecuencias del fracaso son claras: Los extremistas islámicos radicales crecerían en fuerza y ganarían nuevos reclutas. Estarían en una mejor posición para derrocar a los gobiernos moderados, crear caos en la región y utilizar los ingresos del petróleo para financiar sus ambiciones. Irán cobraría ánimo en su búsqueda de armas nucleares. Nuestros enemigos tendrían un refugio seguro desde el cual planificar y lanzar ataques al pueblo estadounidense. El 11 de septiembre de 2001 vimos lo que un refugio para extremistas, al otro lado del mundo, podría hacer en las calles de nuestras propias ciudades. Por la seguridad de nuestro pueblo, Estados Unidos tiene que tener éxito en Irak."[5]

Bush observó que "nuestros esfuerzos pasados para proteger a Bagdad fracasaron por dos razones principales: No había suficientes tropas iraquíes y estadounidenses para proteger los vecindarios que habían sido despejados de terroristas e insurgentes, y había demasiadas restricciones en las tropas que sí teníamos. Esto requerirá de un aumento en los niveles de las fuerzas estadounidenses. Por lo que he destacado 20.000 soldados adicionales a Irak. La gran mayoría de ellos —cinco brigadas— será desplegada en Bagdad. . . . Nuestros enemigos en Irak harán cualquier esfuerzo para asegurarse de que nuestras pantallas de televisión estén llenas de imágenes de muerte y sufrimiento. Pero con el tiempo, podemos esperar ver tropas iraquíes cazando asesinos, menos actos descarados de terror y una creciente confianza y cooperación de los residentes de Bagdad."[6]

BATALLA POR EL "INCREMENTO DE TROPAS"

La política Bush-McCain del "incremento de tropas" desató un torrente de oposición en Washington, y los ataques llegaron tanto de los Demócratas como de los Republicanos.

El Senador Barack Obama, demócrata de Illinois, inmediatamente fue a MSNBC a declarar su creencia de que la iniciativa haría la vida peor en Irak, no mejor. "No estoy convencido de que 20.000 soldados adicionales en Irak [vayan] a resolver la violencia sectaria allá. De hecho, creo que harán lo contrario."[7]

Más tarde esa noche, en *Larry King Live* de CNN, Obama descartó todo el concepto de crear un gobierno saludable, funcional y representativo en Bagdad. "Sabemos que no vamos a tener una democracia jeffersoniana en Irak," insistió el senador menor. "Tenemos que tener una perspectiva más realista y limitada de lo que es posible. . . . No creo que avancemos en esa tarea [de proteger a Irak] —de hecho, estoy seguro de que no avanzamos— al poner más soldados estadounidenses en riesgo. . . . Al pensar que estamos enviando ese mensaje, simplemente con agregar 15.000 o 20.000 soldados en lugar de iniciar un retiro por fases, creo que estamos cometiendo un error fatal."[8]

Talabani, en contraste, apoyó fuerte y públicamente la iniciativa; insistió en numerosas entrevistas en el mundo musulmán, así como en Occidente, que se sentía optimista en cuanto al futuro de su país; y vehementemente rehusó rendirse a los Radicales que estimulaban a los estadounidenses para que salieran corriendo. En una entrevista con un periódico árabe en Damasco, unos días después de los comentarios de Obama, Talabani desató su furia en contra de los Radicales islámicos. Dijo que sentía un "resentimiento" profundo hacia ellos, especialmente hacia al Qaeda, a quienes acusó de "emprender una guerra de exterminio en contra del pueblo iraquí." Dijo que al Qaeda no "respeta el islam" porque están "apuntando a civiles inocentes."[9]

Talabani continuó revelando que en 2006, por lo menos cuatro mil terroristas nacidos en el extranjero —más de 90 por ciento de los cuales entra a su país a través de Siria— fueron asesinados en Irak por las fuerzas iraquíes y de la Coalición. Dijo que esos terroristas estaban ocasionando daño terrible dentro de su país, y observó que en 2006 unos treinta y cuatro mil civiles iraquíes habían sido asesinados por terroristas islámicos Radicales. "Esto es una clase de genocidio en contra del pueblo iraquí, llevado a cabo por gente que vino del exterior de Irak," incriminó Talabani.

"Al-Qaeda ha anunciado que los chiítas son *Rafiditas* [infieles que rechazan la autoridad y el liderazgo islámicos legítimos] y por lo tanto es legítimo matarlos," agregó. "También ha anunciado que los kurdos son traidores, por lo tanto es aceptable matarlos; y que los sunitas árabes, que no los siguen, son apóstatas cuyo castigo también se conoce. . . . Esta es una declaración de guerra para el pueblo iraquí."

Entonces el reportero árabe que estaba haciendo la entrevista le preguntó a Talabani: —Sr. Presidente, ¿tiene miedo de que no haya manera de salir de esta situación?

—No, creo que sí hay salida —respondió Talabani con confianza.

Primero, sostuvo que a medida que las fuerzas de seguridad iraquíes se entrenen más adecuadamente y que estén mejor equipadas y que puedan tomar el papel principal en defender a su país, los Reformadores podrían aplastar a los Radicales.

Segundo, sostuvo que a medida que la población viera la terrible explosión de violencia de musulmanes en contra de musulmanes —e igual de importante, a medida que viera que los Reformadores demostraran valor al contraatacar y vencer a los Radicales— muchos iraquíes más comenzarían a sentir una medida de esperanza, comenzarían a participar en el proceso político y ayudarían a las fuerzas de seguridad iraquíes a cazar a los terroristas y a descubrir los escondites de armas. De hecho, sostuvo que esto ya estaba comenzando a suceder.

"La gente de las áreas contaminadas con el terrorismo ha comenzado a resistir a los terroristas," observó Talabani. "En ciertas áreas, la gente está totalmente lista para trabajar con las fuerzas del gobierno para ponerles un tapón a los hechos terroristas. Este es un buen fenómeno." E igual de emocionante, dijo que estaba viendo "un cambio en la mentalidad de casi toda la comunidad sunita" que antes pensaba que las fuerzas militares estadounidenses eran el enemigo y que los insurgentes iraníes, su dinero y sus armas eran una bendición porque estaban ayudando a matar a los "infieles." Pero Talabani dijo que "ahora creen que Irán es el peligro principal, no los estadounidenses" y "ya han comenzado las negociaciones secretas con los estadounidenses" en cuanto a cómo unirse para detener a los iraníes para que no maten a tantos iraquíes.

LOS PEORES CASOS

Un año después de que la nueva política del "incremento de tropas" se anunciara y que se pusiera en acción, me senté con Mala Bakhtyar, el vocero de Talabani, y le pregunté directamente si el presidente todavía creía que las cosas iban en la dirección correcta.

La respuesta de Bakhtyar fue un sí firme. Observó que toda la evidencia en ese momento reforzaba la confianza del líder iraquí de que el "incremento de tropas" estaba funcionando. Dijo que Talabani y otros líderes iraquíes —incluso el Primer Ministro Maliki— creían que Irak finalmente se dirigía en la dirección correcta, a pesar de todos los críticos y pesimistas de Washington.

"El Presidente Talabani está optimista en cuanto al futuro de Irak," me dijo Bakhtyar inequívocamente. "Cree que las fuerzas del extremismo serán derrotadas. Cree que resolveremos la mayoría de problemas que los iraquíes están sufriendo y que la democracia seguirá hacia adelante. . . . Creemos que Irak finalmente surgirá como el país democrático central de la región. Otros países del Medio Oriente verán a Irak como el modelo."

Agregó que Irak, a la larga, podría ser más influyente en la región que otros países moderados y prooccidentales como Jordania, Marruecos, los Estados del Golfo y otros similares "debido a los ingresos" de la exploración, producción y exportación acelerada del petróleo en las décadas futuras, que le darán a Irak la capacidad de invertir en otros estados moderados y de fortalecer las manos de los compañeros Reformadores.

—¿Qué es lo que más le preocupa al Presidente Talabani? —pregunté.

—El peor de los casos es una guerra civil —dijo, una guerra completa que abarque a todo el país (no solamente aldeas, ciudades o regiones específicas) y que lleve al genocidio—. Si la guerra civil hubiera estallado, de quinientos mil a un millón de personas habrían muerto. . . . Muchos grupos terroristas han trabajado duro y han hecho planes para crear una guerra civil apoyada por países vecinos. . . . Si Estados Unidos no estuviera aquí, la guerra civil ya habría ocurrido. Como patriota, espero que los soldados extranjeros no estén en mi país por mucho tiempo. Pero la realidad es que por ahora son necesarios.

Rápidamente agregó que Talabani y sus asesores superiores temen que si las fuerzas de Estados Unidos y de la Coalición se van de Irak demasiado pronto o imprudentemente, la democracia podría colapsar y todavía podría surgir una verdadera y completa guerra civil, llevando a matanzas a gran escala y al caos en la región. Por haber visto ya el genocidio en su pueblo, Talabani no tiene intenciones de dejar que vuelva a ocurrir.

Durante nuestra conversación, Bakhtyar fue muy cuidadoso de no discutir la campaña presidencial estadounidense que estaba en plena marcha entonces. Sabía muy bien que el Senador McCain había sido un proponente antiguo de la estrategia del "incremento de tropas," mientras que los Senadores Obama y Clinton —entre muchos otros políticos estadounidenses— habían sido fuertes proponentes de salir de Irak tan pronto como fuera posible. Sin embargo, Bakhtyar dejó claro que los líderes de los niveles más altos del gobierno iraquí tenían serias preocupaciones de que Estados Unidos pudiera abandonar al pueblo iraquí en tiempo de necesidad.

—El Presidente Talabani cree que la relación con Estados Unidos es estratégica y se relaciona con el destino de Irak —me dijo Bakhtyar—. Pero una parte de la opinión pública estadounidense está equivocada. Creen que Irak enfrenta problemas por la presencia de las fuerzas estadounidenses. Al contrario, 80 por ciento de esos problemas han sido controlados por las fuerzas estadounidenses y británicas. Mire, Irak ha existido por unos ochenta años o más. Hemos combatido contra Israel cuatro veces. Peleamos con Irán por ocho años. Ocupamos Kuwait. Estuvimos bajo un embargo internacional por trece años. Ha habido lucha continua a lo largo de toda la historia kurda. De 1938 a 1945 hubo tres levantamientos en la región de Barzan. De 1961 a 1975 ha habido aún más luchas en Kurdistán. De 1976 a 1991 hubo muchas operaciones militares y revueltas. Entonces ¿qué es Irak? ¿Es un país o una carnicería? Nadie ha experimentado paz ni felicidad aquí. Es un país de derramamiento de sangre. Entonces ¿por qué culpamos a Estados Unidos por nuestros problemas? Los terroristas están luchando en contra del proceso democrático de Irak. Los terroristas están asustados por lo que sucederá si la democracia gana en Irak. Saben que la era del error y fundamentalismo [Radical islámico] terminará.

—Aparte de la guerra civil y el genocidio —pregunté—, ¿qué otras preocupaciones tiene el presidente en cuanto a lo que los terroristas podrían hacer para hacer fracasar la creación de un nuevo Irak?

—Joel, 8 millones de armas fueron distribuidas por Saddam antes de caer —explicó Bakhtyar—. Al inicio de la insurgencia, calculamos que hubo de unos ochenta a noventa mil voluntarios para pelear en contra de Estados Unidos. Ahora creemos que ha bajado a cuatro o cinco mil. Esto todavía es una amenaza grande. El asesinato de Talabani o de al-Maliki tendría un enorme efecto. . . . Talabani no solamente es el presidente de Irak. Es, en muchas maneras, visto como el verdadero líder de Irak, porque ninguno del resto de los políticos iraquíes ahora tiene la confianza de los árabes chiítas y sunitas, de los kurdos ni de los izquierdistas.

Este es el patio del Presidente Talabani, porque es el líder más sabio y experimentado que Irak haya tenido en mucho tiempo.

—¿Se siente personalmente optimista en cuanto al futuro de su país? —pregunté.

—Sí —dijo con una sonrisa—. Creo que los democráticos del Medio Oriente ganarán esta guerra en los próximos diez a quince años.

RESULTADOS ESPECTACULARES

No todos han sido tan optimistas.

En la primavera de 2007, el líder de la mayoría del Senado Harry Reid, demócrata de Nevada, marcó el cuarto aniversario de la liberación de Irak al declarar que "la guerra está perdida, y este 'incremento de tropas' no está logrando nada."[10]

En la primavera de 2008, la Senadora Hillary Clinton marcó el quinto aniversario de la liberación de Irak al calificar todo el esfuerzo —una guerra por la que votó para que se autorizara— como "una guerra que no podemos ganar."[11]

La misma primavera, la ex secretaria de estado de Estados Unidos Madeleine Albright, que trabajó en la administración Clinton-Gore, insistió que "Irak pasará a la historia como el mayor desastre en la política externa estadounidense."[12]

Talabani y sus asesores superiores dicen que la exacta antítesis es la verdad. Dicen que el "incremento de tropas" ha demostrado ser un éxito espectacular. Dicen que la guerra en Irak no solamente se *puede* ganar, sino que *se está* ganando. Además, dicen que Irak pasará a la historia como una de las historias de éxito más grandes de Estados Unidos. Y ven ahora que tienen una evidencia sólida y convincente para demostrar sus afirmaciones.

En cuanto al "incremento de tropas," solamente en los primeros nueve meses de 2007, el número de soldados estadounidenses en la tierra de Irak aumentó de 132.000 a 168.000. Más tropas y mejores tácticas y estrategias para utilizar esas tropas tuvieron un impacto inmediato y poderoso. Durante esos primeros nueve meses, los funcionarios iraquíes observan que 4.882 insurgentes fueron asesinados por las fuerzas iraquíes y de la Coalición. Eso fue un aumento de 25 por ciento en el mismo período del año anterior. Llevó el total a casi veinticinco mil insurgentes muertos en Irak en los primeros cinco años después de la liberación. Más de veinticinco mil insurgentes también fueron capturados en los primeros cinco años.[13]

En el transcurso del año siguiente, los resultados fueron aún más impresionantes. En agosto de 2008, Moqtada al-Sadr —el alborotador Radical chiíta— efectivamente se rindió. Ordenó a sus combatientes a dejar sus armas y transformar su Ejército del Mahdi en una organización de servicios sociales. Este fue un desarrollo dramático y es una razón clave por la que los niveles de violencia siguen cayendo.

¿Podría al-Sadr revertir el curso en cualquier momento y lanzar una insurgencia nueva y más violenta? Sí. ¿Podría Irán decidir invertir aún más fuertemente en una insurgencia tan revitalizada? Absolutamente. Por lo que Talabani y su equipo siguen alertas. Pero sin duda no creen que al-Sadr se habría doblegado si Estados Unidos se hubiera rendido unilateralmente y hubiera dejado el país, como se recomendaba enfáticamente en Washington y en muchas capitales europeas.

A finales de agosto de 2008, hasta el *New York Times* tuvo que reconocer el progreso que se estaba logrando. "El 'incremento de tropas,' claramente, ha funcionado, por lo menos por ahora," escribió corresponsal del *Times* Dexter Filkins. "La violencia, medida en el número de ataques en contra de los estadounidenses e iraquíes cada semana, ha caído en 80 por ciento en el país desde principios de 2007, según cantidades proporcionadas [por el General de EE. UU. David Petraeus]. Las muertes de civiles, que alcanzaron el punto máximo de más de 100 al día a finales de 2006, también han descendido. Los bombardeos suicidas y de vehículos, que avivaban la violencia sectaria, han caído de un total de 130 en marzo de 2007 a menos de 40 el mes pasado. En julio, menos americanos fueron asesinados en Irak —13— que en cualquier otro mes desde que comenzó la guerra."[14]

LA PERSPECTIVA DE BREMER

En julio de 2008 llamé al Embajador L. Paul "Jerry" Bremer, que fue nombrado por el Presidente Bush como enviado presidencial a Irak de mayo de 2003 a junio de 2004, y le pedí su evaluación de la situación en Irak. Bremer había estado allí esencialmente desde el comienzo. Conocía bien a Talabani. Había visto la horrorosa violencia que al Qaeda, el

Ejército del Mahdi y otros habían desatado en el país durante los años anteriores. Por lo que le pregunté: "Al ver hacia atrás en su época en Irak y considerar todo lo que ha sucedido desde que usted estuvo allí, ¿quién cree que está ganando —los Radicales o los Reformadores— y por qué?"

El diplomático de mucho tiempo —Bremer estuvo en el Departamento de Estado por veintitrés años— y confidente del legendario Henry Kissinger pensó en la pregunta por un momento. Luego dijo que finalmente se sentía cautelosamente optimista de que Irak iba a salir bien. Había habido algunos años muy dolorosos, reconoció fácilmente, pero ahora creía que había una luz al final del túnel, y que no era un tren que se aproximara.

"Los extremistas sunitas se dirigen a perder lo que ellos mismos definen como la batalla central —la batalla en Irak— después de que se les sacó del poder en Afganistán," dijo Bremer. "Verdaderamente se han acercado a perder en Irak. Esto seguramente aún podría cambiar. Pero creo que a los Radicales sunitas se les ha ido la mano en Irak."[15]

Cuando le pedí que se explicara, Bremer dijo primero que, según su perspectiva, a los líderes de al Qaeda y otros extremistas sunitas se les ha ido la mano en hablar incesantemente acerca de crear un califato islámico dirigido por los sunitas. "Cuando hablan de reestablecer el califato, los iraquíes medios —60 por ciento de los cuales son musulmanes chiítas— oyen: 'Ay, están hablando de un dominio sunita. ¿Acaso no acabamos de deshacernos de mil años de dominio sunita?'"

Segundo, Bremer dijo que creía que a Al Qaeda en Irak se le había ido la mano en instigar la violencia de musulmanes contra musulmanes que los iraquíes veían en sus televisores —así como en sus calles— día tras día, noche tras noche, semana tras semana. "Los Radicales sunitas han matado a muchísimos chiítas inocentes, y casi tuvieron éxito en activar una guerra sectaria extensa," dijo Bremer. "Pero los sunitas iraquíes ahora están resistiendo. El despertar de Anbar fue impresionante, ver a decenas de miles de ciudadanos sunitas medios unirse en contra de al Qaeda."

Bremer también observó una tercera tendencia que le parecía positiva. Recientemente tuvo una reunión con líderes tribales sunitas en Washington que le dijeron: "Nosotros somos aliados cercanos de ustedes [Estados Unidos] por nuestro enemigo común —Irán." Después de esa reunión, Bremer concluyó con que "los árabes sunitas que dudaban en recibirnos para derrocar a Saddam [que era un sunita] finalmente están llegando a darse cuenta que les conviene más que tengamos éxito, por la seria amenaza que representa Irán." Los sunitas iraquíes no quieren ser controlados por los chiítas de Irán, y muchos han llegado a darse cuenta de que si los sunitas impulsan una guerra civil con los chiítas iraquíes, podrían conducir a esos chiítas a los brazos de Irán de una vez por todas, un prospecto que no les parece atractivo en absoluto.

CONFRONTANDO A LOS CÍNICOS

Claro que no todos creen que sea posible construir una democracia jeffersoniana en el mundo musulmán, mucho menos en un país tan desafiante como Irak.

Barack Obama lo dijo de esta manera durante su campaña presidencial de 2008: "Se nos dijo que esto nos haría más seguros y que sería un modelo de democracia en el Medio Oriente. No ha resultado así. . . . La política de esta Administración ha sido la combinación de una ingenuidad extraordinaria —la noción de que, bueno, se nos saludará como los libertadores, se nos lanzará flores en Irak, que estaremos creando una democracia jeffersoniana, que es un modelo."[16]

El compañero de fórmula de Obama, el Senador Joe Biden, Demócrata de Delaware, asintió de buena gana, echando por la borda la "saludable pero ingenua perspectiva [del Presidente Bush] de que las nociones occidentales de libertad sean aceptadas fácilmente en esa área del mundo. . . . Creo que el presidente . . . piensa que existe un Tomás Jefferson o un [James] Madison esperando saltar de detrás de cada duna de arena, pero no hay ninguno."[17]

La candidatura Obama-Biden difícilmente estaba sola. Anthony Zinni, el general retirado del Cuerpo de Marines que una vez dirigió el Comando Central de Estados Unidos, sostuvo que "la idea de la administración Bush de que se puede trasplantar una democracia jeffersoniana a Irak y bautizarla con una sola elección, y muchos dedos sumergidos en tinta, fue ridícula. . . . Un curso básico de la educación cívica debería haberle avisado que la región no estaba lista y que primero necesitábamos de estructuras de gobierno viables, partidos políticos funcionales que todos comprendieran y un electorado educado."[18]

Sin embargo, a pesar de esas críticas, Jalal Talabani sigue siendo imperturbable. Cree en lo más profundo de su ser que los iraquíes quieren libertad y democracia. Cree que los iraquíes son capaces de crear una sociedad de paz y prosperidad. También cree que los iraquíes están progresando mucho y a buen ritmo. No afirma que sea fácil. No afirma que no habrá adversidades. Pero algo está claro: está dispuesto a vivir, luchar y morir, si es necesario, para lograr lo que para él es el sueño de toda su vida.

En un mar de tristeza y cinismo en todo el epicentro, tengo que decir que Talabani me impacta como un hombre de impresionante integridad, valor y esperanza para el futuro. Por lo que yo sé, es un Reformador que está logrando resultados, y eso no es algo pequeño en ninguna parte de nuestro mundo, particularmente en el corazón del Medio Oriente musulmán.

UNA CONVERSACIÓN CON QUBAD TALABANI

Después de que casi completara estos dos capítulos sobre el Presidente Talabani, recibí una invitación para reunirme con Qubad Talabani, hijo del presidente iraquí, y para entrevistarlo el 10 de octubre de 2008 en su oficina de Washington, D.C. Naturalmente, acepté sin ninguna reserva.

Qubad —cuyo nombre es de origen zoroastrista y significa "recto y fuerte"— nació en Londres en 1977 y actualmente representa al Gobierno Regional de Kurdistán en Washington y es el asesor personal de su padre, particularmente en las relaciones entre Estados Unidos y Kurdistán e Irak. Me pareció muy simpático —inteligente, sofisticado, de buen humor, apasionado por su gente y su país y tan optimista como su padre en cuanto al futuro. También me pareció que era un fuerte creyente de que construir una democracia jeffersoniana en Irak es posible y es lo que hay que hacer, sin importar lo que demore.

"Sería desacertado que Estados Unidos no terminara el trabajo [en Irak]," dijo Qubad a un periodista estadounidense en 2006. "Está medio completo. Todavía se está democratizando a la sociedad de Estados Unidos después de unos cuantos cientos de años. No esperamos transformarnos de una dictadura tiránica a una democracia jeffersoniana en dos o tres años. Hemos sido gobernados por personalidades por décadas. Tenemos que crear instituciones de gobierno, con separación de poderes dentro del sistema político, que puedan proteger las libertades civiles del pueblo.

Una retirada prematura de tropas llevaría al colapso de nuestro gobierno incipiente, y convertiría la situación en una guerra civil de gran escala."[19]

A eso yo sencillamente agregaría: "Amén."

Lo que sigue son extractos de mi conversación con Qubad Talabani.

JOEL C. ROSENBERG: Durante muchos años, su padre en realidad fue un líder guerrillero, ¿no?, ¿ peleando por la liberación kurda del Partido Ba'ath y del régimen de Saddam?

QUBAD TALABANI: Lo fue, pero nunca fue terrorista. Su partido, el UPK [Unión Patriótica de Kurdistán], nunca atacó a civiles. Su único objetivo era el ejército de Saddam. En 1983, mi padre dijo a los líderes del PKK [una facción militante kurda del norte de Irak y el sur de Turquía que luchaba por la liberación de los turcos] que tenían que dejar sus armas y dejar de atacar a los civiles. Pero no escucharon. . . . En 1991, durante el levantamiento kurdo en contra de Saddam Hussein, las fuerzas del UPK en cierto momento habían capturado 120.000 soldados iraquíes. Ni uno de ellos fue asesinado. Todos fueron tratados humanamente. Se les alimentó, y finalmente se les soltó y se les envió a sus casas. Compárelo con las muchas decenas de miles de kurdos que fueron masacrados por las fuerzas de Saddam.

ROSENBERG: ¿Alguna vez imaginaron usted o su padre un presidente kurdo?

TALABANI (riéndose): No, nunca imaginé algo así. Ni mi padre. De hecho, cuando lo veo en la televisión y oigo que lo presentan como el presidente de Irak, todavía tengo que mirar dos veces. A veces no parece algo real. Es aún más extraordinario cuando uno se da cuenta de que en 1983 Saddam Hussein dio amnistía a todos los miembros del movimiento de la resistencia kurda —a todos menos a Jalal Talabani.

Debería hablar con Zalmay Khalilzad.* Él le contará de una reunión en 2002 en Londres. Fue una conferencia de los líderes de oposición

---

*Zalmay Khalilzad fue embajador de EE. UU. en Irak de 2005 a 2007, después de lo cual se convirtió en el embajador de EE. UU. ante la ONU. De 2003 a 2005, fue embajador de EE. UU. en Afganistán.

iraquíes. Hubo muchos altercados. La reunión fue totalmente desorganizada. Pero, finalmente, mi padre llevó a siete u ocho personas a un salón y los tranquilizó, y ellos pudieron progresar en cualquier asunto que los inquietaba. Y al final de la reunión, Zalmay hizo a un lado a mi padre y le dijo: "Usted sabe que es el único en esta habitación que podría ser el presidente de Irak algún día." Mi padre se rió. Fue muy amable lo que Zalmay dijo, pero no estoy seguro de que mi padre lo haya tomado en serio entonces. Sin embargo, años después, cuando mi padre efectivamente fue elegido presidente, una de las primeras llamadas que recibió fue la de Zalmay, que decía: "Vio, se lo dije."

ROSENBERG: ¿Dónde estaba cuando se supo la noticia de que su padre había sido elegido presidente?

TALABANI: Estaba en el D.C. Estaba solo. Fue un momento muy emotivo para mí. Casi no podía creerlo. Me serví una copa de coñac y pensé en la famosa canción de Frank Sinatra "A Mi Manera," porque así es exactamente la manera en que mi padre ha vivido su vida y ha llegado al poder —haciéndolo a su manera. Y ahora había tenido éxito.

Tiene que saber que la primera vez que vi a mi padre fue cuando tenía cuatro años. Después de que nací, mi madre y yo vivimos en Londres para estar a salvo de todos los problemas en Irak. Mi padre estaba de regreso en Kurdistán y viajaba constantemente. Y un día se oyó un toque en la puerta, la abrí y corrí hacia mi madre y dije: "Mamá, hay un hombre en la puerta." Ella dijo: "Ese no es sólo un hombre, es tu padre." Yo estaba impactado. Por lo que volví y lo dejé entrar. Pero entonces tuve un poco de valor y le dije: "¿Dónde está mi regalo?" Y él dijo: "Bueno, no tengo un regalo. Lo siento." Y yo dije: "¿Qué clase de padre viene a tu puerta y afirma ser tu padre y no trae un regalo?"

ROSENBERG: Bueno, por lo menos ahora su padre le ha dado a usted y a todo el pueblo kurdo un regalo —un Irak sin Saddam Hussein y el Partido Ba'ath.

TALABANI: Es cierto. Lo llamé ese día y le dije: "Sr. Presidente, felicitaciones." Se emocionó y dijo: "Sr. Embajador, felicitaciones." Realmente fue un momento extraordinario. Después de todo, pocos partidos políticos [de oposición] en realidad logran el objetivo para el que fueron creados. Pero el partido de mi padre lo ha logrado. Fue fundado en 1975 para sacar a Saddam Hussein del poder y para crear un Irak federal y democrático. Y contra todo pronóstico, ha tenido éxito.

ROSENBERG: ¿Cuáles diría que son las muestras más grandes de progreso desde que su padre se convirtió en el presidente de Irak?

TALABANI: Creo que la muestra más grande de progreso ha sido que la gente en realidad se ha puesto en contra de los extremistas —en contra de al Qaeda y del Ejército del Mahdi. En parte, los mismos extremistas han ocasionado esto con todos sus ataques en contra de los civiles inocentes. Finalmente los iraquíes dijeron: "Ya es suficiente." Y, por supuesto, la política del "incremento de tropas," [de más soldados estadounidenses que ayudan a las fuerzas iraquíes] ha sido muy efectiva. Al Qaeda ahora está en fuga. El Ejército del Mahdi está inactivo. Así que en gran medida tenemos una situación de seguridad mejorada.

Las cosas todavía son frágiles, por supuesto. Todavía no sabemos por cuánto tiempo las cosas estarán tranquilas. Pero no hay duda de que ahora mismo el hecho de que los iraquíes se sientan más seguros y más a salvo, y que quieran que el gobierno iraquí y la Coalición tengan éxito en derrotar a los extremistas, es la señal más grande de éxito desde 2005.

ROSENBERG: ¿Hay otros éxitos que señalaría que han ocurrido en el período de su padre?

TALABANI: Los hay. Yo los llamaría miniéxitos. Ninguno es tan importante como aplastar a los terroristas, pero aun así son muy importantes. El estado de los medios de comunicación iraquíes es una historia de éxito. Los medios ahora son muy accesibles. Ha habido una proliferación de periódicos, estaciones de radio, canales de televisión, sitios Web y blogs. Se han abierto muchos cafés Internet. Las noticias se reportan abiertamente. La gente puede hacer oír sus opiniones acerca de todo, abiertamente. Ese es un cambio enorme y positivo de lo que era la vida en el estado policial de Saddam.

Otro éxito ha sido la cancelación de las sanciones [económicas internacionales]. Los productos y servicios ahora se mueven entre Irak y otros países. Irak ya no está aislado de la comunidad internacional. Esto es un marcado contraste con la era de Saddam.

Yo diría que un tercer éxito es el pluralismo político. Hay muchos partidos políticos que operan libremente en Irak ahora, y representan muchas ideas distintas y puntos de vista. Esto es un gran cambio.

Y luego, por supuesto, esta es la primera vez en la historia iraquí que hemos visto la transición pacífica de un gobierno a otro —sin golpes de estado, sin derramamiento de sangre, sin conspiraciones. Bueno, quizás un poco de conspiración (se rió).*

ROSENBERG: ¿Cuáles son algunas de sus preocupaciones más grandes para el futuro?

TALABANI: Una de mis preocupaciones es que, aunque hay más apertura para discutir las ideas políticas en Irak, no ha surgido una tolerancia verdadera de las distintas creencias religiosas. Como podrá imaginar, este es un verdadero desafío en Irak porque estamos muy divididos en las líneas sectarias —chiítas, sunitas, cristianos, seculares y otros. Creo que es vital que podamos desarrollar una cultura donde la gente tenga opiniones religiosas fuertes, pero que pueda respetar a alguien que no esté de acuerdo con ellos sin llegar a ser violento. Y tenemos que encontrar la manera de estimular la tolerancia religiosa, a nivel nacional así como al nivel local y regional.

Permítame darle un ejemplo de una manera en que deberíamos estar haciendo esto. El parlamento recientemente debatió la ley de elecciones provinciales, pero durante el proceso descartaron el Artículo 50 del proyecto de ley, que era un artículo muy importante. Este artículo ordenaría la representación de las distintas minorías étnicas y religiosas en los gobiernos locales, para que todos los grupos religiosos tengan voz y voto en las decisiones locales. El Presidente Talabani y algunos de sus colegas

---

*El 6 de abril de 2005, el presidente interino inicial de Irak, Ghazi Mashal Ajil al-Yawer, pacíficamente entregó el poder a Jalal Talabani, primer presidente electo democráticamente de Irak bajo la constitución recién ratificada del país. De igual manera, al día siguiente —7 de abril de 2005— el primer ministro interino inicial de Irak, Ayad Allawi, pacíficamente le entregó el puesto a Ibrahim al-Jaafari, que se convirtió en el primer ministro bajo la Autoridad Transicional Iraquí. Después, el 20 de mayo de 2006, al-Jafaari pacíficamente le entregó el poder a Nouri al-Maliki, que llegó a ser el primer primer ministro de Irak electo democráticamente bajo la constitución recién ratificada del país.

han enviado el proyecto de ley de vuelta para reconsideración, insistiendo en que el Artículo 50 sea reinstalado para proteger las opiniones religiosas de las minorías. El GRK [Gobierno Regional de Kurdistán, que representa a cinco de las dieciocho provincias de Irak] también está presionando para que reinstalen el Artículo 50 en el proyecto de ley final.

ROSENBERG: Bueno, esto hace surgir un punto que me parece muy interesante, Qubad. Porque durante toda mi investigación acerca de Irak y mis viajes en el país, he quedado impactado por la tolerancia del pueblo kurdo —la mayoría de los cuales son musulmanes sunitas— con los cristianos. Cuando pasamos por los puntos de inspección, si los soldados se enteran que somos cristianos, sonríen y nos dejan pasar. Hay muchas iglesias que operan abiertamente y a salvo por todo Kurdistán. Los cristianos pueden hablar libremente de su fe en Cristo. De hecho, varios colegas y yo tuvimos la oportunidad de asistir a una conferencia de unos 640 pastores iraquíes cerca del Lago Dukan, a la vista del hogar presidencial de su familia. Personalmente no puedo pensar en otro país del mundo musulmán donde cientos de líderes cristianos pudieran reunirse abiertamente para adoración, oración y enseñanza bíblica, tan cerca de la casa de un presidente.

TALABANI: Sería muy valeroso tener 640 pastores y cristianos en una reunión frente a la casa del rey Abdalá en Jordania —y él es un tipo muy agradable. No podría tener una reunión de esa clase en Bagdad ahora. Todos habrían sido masacrados. Y a eso me refiero —tenemos que crear una cultura de genuina libertad y tolerancia religiosas.

ROSENBERG: Estoy totalmente de acuerdo. Pero ¿por qué el pueblo kurdo y el Presidente Talabani no solamente toleran a los cristianos sino que los apoyan y hasta los protegen?

TALABANI: [Como kurdos] siempre fuimos un pueblo oprimido. Ahora que no lo somos, es inconcebible que oprimamos a una minoría.

ROSENBERG: Bueno, sin duda podrían oprimir a otras minorías si quisieran hacerlo. Muchos grupos, a lo largo de la historia, han encontrado su libertad y luego se han puesto en contra de los que anteriormente los oprimían.

TALABANI: Bueno, simplemente no podemos hacerlo. No somos así. No es posible que nos pongamos en contra de los cristianos, por ejemplo. Hemos visto lo que los cristianos han hecho en Kurdistán —ayudar a crecer la economía, llevar turismo, inversiones— y estamos agradecidos por eso.

Algo que debería observar, Joel, es que como kurdos ponemos nuestra identidad étnica antes que nuestra identidad religiosa. El hecho de que la mayoría de kurdos sea musulmán sunita nunca nos protegió como minoría en el régimen de Saddam. Él era un musulmán sunita, como lo eran todos sus asesores. Pero nunca nos trataron bien por ser sunitas. Fue precisamente lo contrario. Nos atacó constantemente. Utilizó armas de destrucción masiva en contra de nosotros. Mató a miles de kurdos a pesar del hecho de que éramos de su misma religión.

Quiero que todos los cristianos estadounidenses sepan que Jalal Talabani es el defensor más grande que tienen en Irak —más que los líderes de los partidos políticos cristianos— no porque le interesen más que a los líderes cristianos [políticos] sino porque puede utilizar su autoridad para asegurar los derechos de los cristianos. Está ayudando a proteger a las iglesias. Está haciendo todo lo posible para proteger y avanzar la libertad religiosa para los cristianos. Y espera que algún día todo Irak sea tan seguro y accesible para los cristianos como lo es Kurdistán ahora.

ROSENBERG: Qubad, ¿cree que Kurdistán podría servir como modelo para el resto de Irak? Después de todo, tiene una ventaja de dieciséis años, ¿verdad? Después de la primera Guerra del Golfo, Estados Unidos impuso una zona de exclusión aérea en el norte de Irak, evitando que las fuerzas de Saddam pudieran atacar a los kurdos. Ese nivel recién descubierto de libertad llevó a la aprobación de una constitución democrática, a la creación de un parlamento, a elecciones democráticas libres. En realidad no ha sido fácil para los kurdos. Hubo batallas violentas entre varios grupos políticos kurdos, entre las que están la que su padre dirigió y otra dirigida por la familia Barzani. Pero al final parece que todos ustedes resolvieron las cosas.

Su padre es ahora el primer presidente electo democrática y constitucionalmente en la historia de Irak. Massoud Barzani es el presidente electo democráticamente del Gobierno Regional de Kurdistán. Nechirvan Barzani es el primer ministro del GRK. Usted actúa como embajador o representante del GRK en Washington. La economía kurda está creciendo firmemente. Se construyen casas nuevas. Se construyen edificios nuevos. La inversión externa directa en los negocios kurdos está aumentando. Los estadounidenses se sienten seguros allí. Los cristianos se sienten seguros allí. ¿No es posible que Kurdistán se vea ahora como el resto de Irak se verá en unos diez a quince años?

TALABANI: Creo que Kurdistán podría servir como modelo. Pasamos por los errores que Irak está pasando ahora. Pero al final pudimos arreglar las cosas. Pudimos hacer a un lado nuestras diferencias políticas cuando vimos una meta más grande —derrocar a Saddam. Sí se requirió de tiempo. Y se requirió que Estados Unidos nos golpeara duro en la cabeza e insistiera en que nos uniéramos. Pero finalmente vimos los beneficios de un frente kurdo unido, y hemos tenido un gran progreso en los últimos dieciséis años, y específicamente durante los últimos cuatro o cinco años.

¿Seguirá Irak nuestro ejemplo? No lo sé. En general, todavía hay mucha inmadurez política en Irak, igual como nosotros en los años noventa. Pero el hecho de que un kurdo sea el presidente del país —creo que eso es una señal esperanzadora.

CAPÍTULO VEINTIDÓS

EL REY Y YO

Conozca a Mohamed VI y a los Reformadores de Rabat

EN LA PRIMAVERA DE 2006 recibí una llamada telefónica de un amigo en Casablanca.

Mi amigo explicó que llegaría a Washington con el Dr. Ahmed Abaddi, un amigo del rey marroquí Mohamed VI que había leído mi novela *The Ezekiel Option* (La opción Ezequiel) y estaba interesado en conocerme. Además se preguntaban si Lynn y yo estaríamos dispuestos a dar una pequeña cena en nuestra casa con algunos periodistas y diseñadores de políticas para discutir los esfuerzos de Marruecos para combatir el Radicalismo islámico, promover la democracia y construir puentes de amistad y cooperación con los judíos y cristianos evangélicos.

Le dije que con gusto lo haríamos. En efecto, sería un honor.

Sería modesto decir que la noche estuvo fascinante.

El Dr. Abaddi no era simplemente un profesor de religión comparativa, de voz suave y modales amables, que había estudiado en la Universidad de Chicago y había aprendido un inglés excelente. Como director de asuntos islámicos de Marruecos, también era un hombre de influencia considerable, responsable de supervisar más de treinta y tres mil mezquitas sunitas en todo su país.* Su esposa, Fatiha, también era impresionante —una esposa y madre devotamente religiosa, refinada y culta que, al igual que Lynn, se había dedicado a criar cuatro hijos (aunque los hijos de Abaddi eran un poco mayores que los Rosenberg, tenían entre siete a diecisiete años).

De casi cincuenta años, los Abaddi eran cálidos y atractivos, y desde el momento que entraron a nuestra casa, Lynn y yo inmediatamente sentimos un afecto real por los dos.

Sólo encontramos un pequeño problema: Fatiha hablaba mucho más árabe y francés que inglés, y nosotros no hablábamos *nada* de árabe y un *mal* francés de secundaria. Afortunadamente, Lynn había invitado algunos amigos cercanos que pudieron traducir, y eso hizo una gran diferencia.

Con nosotros también estaban dos docenas de otros amigos y conocidos, entre los que había escritores del *Washington Times*, *National Review*, *Weekly Standard* y de National Public Radio; varios funcionarios de la administración, entre los que estaban Fred Schwien, asesor superior del Secretario de Seguridad Nacional Michael Chertoff; Jack y Kathy Rusenko, fundadores la Academia George Washington, la escuela privada de primaria y secundaria más prominente de Marruecos, y quien sugirió la velada; un diplomático de la Embajada de Marruecos que ayudó a coordinar el viaje; y la junta del Joshua Fund, la organización educativa y caritativa sin fines de lucro que Lynn y yo fundamos "para bendecir a Israel y a sus vecinos en el nombre de Jesús, según Génesis 12:1-3."

Después de presentarnos apropiadamente, Lynn sirvió sus famosas (y mis favoritas) "hojaldres de pollo," espárragos y ensalada, y nos acomodamos para una discusión íntima, no obstante pública.

UN MONARCA ACTIVO

En una época en que Osama bin Laden y Mahmoud Ahmadinejad respiraban sus amenazas asesinas en contra de los cristianos y los judíos e

---

*La mayoría de los sunitas marroquíes, incluyendo el Dr. Abaddi, son musulmanes sufitas, no musulmanes wahhabíes. Es decir que practican algo que se llama "sufismo." La Enciclopedia Británica define esto como "un movimiento místico dentro del islam que busca encontrar amor y conocimiento divinos a través de la experiencia personal con Dios." El sufismo probablemente comenzó en Irak, después de la muerte de Mahoma en 632 d.C. Aunque los eruditos no coinciden con la naturaleza exacta del origen del movimiento —ya sea que fuera una espiritualización del islam, una evolución hacia el misticismo, un intento de escapar de una religiosidad sofocante, etc.— y a pesar de la fuerte resistencia con el paso de los años dentro y fuera del islam, "la importancia del sufismo en la historia del islam es incalculable." Ahora el sufismo se practica en todo el mundo en numerosas variaciones. Ver http://answers.com/topic/sufism.

intentaban incitar a los musulmanes alrededor del mundo para aniquilar a Estados Unidos e Israel, el Dr. Abaddi fue un maravilloso y bien recibido soplo de aire fresco. Nos recordó que en 1777, Marruecos fue el primer país del mundo que reconoció oficialmente a Estados Unidos como país independiente. Desde entonces, dijo, Marruecos ha sido no solamente el país musulmán más occidental geográficamente; también ha sido el más prooccidental ideológica y operacionalmente.* Y según la opinión de Abaddi, el rey Mohamed VI surgía discretamente como uno de los Reformadores más audaces del mundo musulmán.

La historia del rey de Marruecos no era una que la corriente principal de los medios de comunicación estadounidenses reportara, pero era una que Abaddi creía que debería reportarse. Después de todo, explicó, desde que ascendió al trono en julio de 1999 —apenas unas horas después de la muerte de su padre, el rey Hassan II— el joven monarca había estado transformando a Marruecos en un modelo de moderación, de manera activa, constante y sistemática.

Después del 11 de septiembre, el rey podría haber mostrado simpatía a los terroristas y a la condición del pueblo musulmán, como lo habían hecho muchos en el mundo islámico. Después de todo, era un descendiente directo del fundador del islam. En lugar de eso, el rey inmediatamente ordenó a sus fuerzas de seguridad que trabajaran de cerca con Estados Unidos para acorralar a los agentes de al Qaeda, con un éxito tremendo. El 16 de junio de 2002, la inteligencia marroquí y la CIA interceptaron una célula encubierta de agentes de bin Laden, que estaban en la etapa avanzada de planificar ataques terroristas mayores en contra de buques de guerra y contenedores comerciales de Estados Unidos y Gran Bretaña en el Estrecho de Gibraltar.[1] Unos días después, la policía marroquí acorraló aún más agentes de al Qaeda y los arrestos han continuado cada pocos meses desde entonces.[2] Para 2006, las autoridades marroquíes habían arrestado casi tres mil sospechosos terroristas —algunos nacionales, otros de Arabia Saudita y de otros países islámicos— y desbaratado por lo menos cincuenta células terroristas.[3]

---

*"Los marroquíes reconocieron al gobierno de los Estados Unidos en 1777," dice el Departamento de Estado de los Estados Unidos. "Las relaciones formales de los Estados Unidos con Marruecos datan desde 1787, cuando las dos naciones negociaron un Tratado de Paz y Amistad. El tratado, que fue renegociado en 1836, todavía está en vigor y constituye el tratado ininterrumpido más largo de relaciones en la historia de los Estados Unidos" (ver perfil del país de Marruecos en el Departamento de Estado, noviembre de 2003).

Simultáneamente, Su Majestad mandó a Abaddi y a sus colegas del Ministerio de Asuntos Islámicos para que iniciaran una campaña de información pública de discursos, sermones y entrevistas en los medios de comunicación marroquíes, condenando las enseñanzas y tácticas de al Qaeda y presentando la teología de los Reformadores. El rey ordenó que esta campaña se acelerara e intensificara después que una serie de bombardeos suicida despedazaran varios restaurantes de musulmanes y judíos y un centro comunitario en Casablanca el 16 de mayo de 2003, dejando cuarenta y cinco muertos (entre los que había doce de los catorce terroristas) y más de cien heridos.

Estaba visto que los Radicales representaban un peligro claro y presente para la seguridad y protección de los 34 millones de ciudadanos del reino, así como para la estabilidad del régimen en sí. Y como el décimo octavo heredero de la dinastía alauí, que ha gobernado Marruecos desde 1649 —así como el "Príncipe de los Creyentes," guardián de todos los musulmanes, judíos y cristianos en Marruecos— el rey no iba a dejar que los Radicales triunfaran.

De hecho, el pueblo marroquí, cuya mayoría estaba indignada por los ataques, tampoco lo haría. Ese mes, Abaddi y su equipo ayudaron a movilizar a más de un millón de marroquíes a que salieran a las calles de Casablanca para denunciar al terrorismo islámico radical, una marcha en la que más de mil judíos marroquíes abiertamente participaron y fueron cálidamente aceptados por la comunidad musulmana como almas gemelas en contra de un enemigo común.

Como si todo esto fuera poco, el rey también comenzó a avanzar una serie de reformas legislativas significativas diseñadas para abrir el proceso democrático y permitir que todos los marroquíes —incluso las mujeres— tuvieran el derecho de participar. Las reformas buscaban proteger los derechos de las mujeres y los niños y rectificar algunos abusos a los derechos humanos, por los que se había culpado ampliamente al padre del rey. Además, Su Majestad ordenó a Abaddi y a sus colegas que lanzaran un nuevo programa agresivo de entrenamiento teológico, para asegurar que todos los imanes que salieran de los seminarios marroquíes estuvieran preparados para promover una versión moderada, pacífica y progresiva del islam, y que no convirtieran a las mezquitas en semilleros de reclutamiento Radical e incitación, como en Egipto y Arabia Saudita.

"Necesitamos que nuestro pueblo conozca al verdadero Occidente . . . que entienda que Occidente no es un ángel, pero tampoco es un demonio," dijo Abaddi, intentando adoptar un acento occidental, a los que habían llegado a cenar a nuestra casa esa noche. "Este esfuerzo no es un lujo. Estamos tratando de entrenar a gente responsable para que viva en épocas peligrosas."[4]

Siguió diciendo que le preocupaba la retórica apocalíptica que salía de Teherán, el programa nuclear de Irán, el terrorismo islámico radical, el SIDA y la severa pobreza global. "Marruecos puede ayudar a producir paz. Creo que el modelo marroquí es práctico y útil. Comunica un concepto totalmente distinto del islam al resto del mundo. . . . Personalmente no puedo sentarme sin hacer nada. Hay un proverbio árabe que dice: 'No seas un Satanás mudo.' Me siento obligado a hacer todo lo que pueda para tener un mundo mejor."

UNA INVITACIÓN AL REINO

Durante los años que siguieron a esa primera reunión, el Dr. Abaddi y yo desarrollamos una amistad que he llegado a apreciar mucho. Entre otras cosas, me ha ayudado a entrar en las mentes de los Reformadores y a entender mejor quiénes son, qué quieren, cuándo comenzaron, a dónde van y cómo planean llegar. Nos mantenemos en contacto por teléfono. Nos comunicamos por correo electrónico. Él ha vuelto a nuestra casa por más hojaldres de pollo y más conversaciones profundas. En el camino, amablemente me invitó a visitar su país y ver el modelo marroquí por mí mismo. En enero de 2008 acepté.

Había estado en Marruecos antes, como turista con Lynn y los chicos en 2001 y 2002, y otra vez en 2005, cuando estaba investigando y escribiendo *Epicentro*. Ya me encantaba Marruecos por su belleza, rica historia y gente maravillosamente hospitalaria. Pero esta era una visita particularmente especial porque me dio la oportunidad de reunirme con hombres y mujeres que trabajaban para el rey Mohamed VI, que lo conocían bien, lo asesoraban y entendían lo que lo motivaba.

El mismo Abaddi había sido ascendido desde la última vez que lo había visto. Ya no era responsable de supervisar los asuntos diarios de las mezquitas del país. Ahora había sido nombrado personalmente por Su Majestad para que dirigiera un centro de estudios estratégicos cuya misión explícita era involucrar a todos los eruditos islámicos destacados del país en un esfuerzo arrollador para establecer y avanzar apasionadamente un programa Reformador para el siglo XXI. Y lo que es más, Abaddi estaba enseñando el Corán a una audiencia de aproximadamente 6 millones de musulmanes, todas las noches, en un programa de la televisión marroquí y en una red satelital árabe, por todo el Norte de África y el Medio Oriente. Esencialmente se había convertido en el Dr. James Dobson o en el Chuck Swindoll del mundo musulmán moderado, uno de los maestros religiosos más reflexivos y más escuchados de la región.

En pocas palabras, fue un viaje extraordinario. Como parte de nuestra delegación, estaban conmigo varios amigos queridos, como John Moser, director ejecutivo del Joshua Fund; Fred Schwien de la Seguridad Nacional (que viajaba como ciudadano privado); y Chip y Larissa Lusko, productores de la película documental de *Epicentro,* que otra vez tenían un equipo de filmación, ya que compilábamos material para un futuro documental de *Dentro de la Revolución.*

Visitamos juntos el palacio, nos reunimos con miembros del parlamento y un funcionario importante de seguridad nos dio información en el Ministerio del Interior. Hablamos con eruditos islámicos, pasamos varios días con el Dr. Abaddi y nos invitaron a una maravillosa cena en nuestro honor en casa de los Abaddi en la ciudad capital de Rabat. También pasamos una tarde fascinante (aunque confidencial) con el Embajador de Estados Unidos, Thomas Riley, y su esposa en su casa y visitamos a Jack y Kathy Rusenko en Casablanca, en la Academia George Washington, donde ellos y su personal tienen el privilegio y la responsabilidad de ayudar a preparar a unos quinientos estudiantes de Marruecos, Estados Unidos y dos docenas de otros países para que lleguen a ser los líderes futuros de sus respectivos países, la mayoría de ellos del Norte de África y del Medio Oriente.

MIS IMPRESIONES DEL REY

Lo que vi, oí y aprendí durante esa visita a Marruecos, junto con mis observaciones de los últimos ocho años de observar de cerca al país, podrían llenar un libro por mérito propio. Pero tengo que decir que lo que me ha impresionado más ha sido el carácter y la visión del rey Mohamed VI. No nos hemos conocido personalmente. Él estaba llevando a cabo una cumbre con el rey Abdalá II de Jordania cuando estuvimos allí, y rara vez concede entrevistas, particularmente a extranjeros. Sin embargo, he llegado a creer que es alguien a quien hay que observar de cerca.

Su Majestad, que nació el 21 de agosto de 1963, es uno de los líderes más jóvenes del mundo musulmán. Aunque comenzó a moverse lenta y cautelosamente cuando se convirtió en rey, con el tiempo ha puesto a sus propios compañeros en posiciones de poder para reemplazar a la generación de su padre. Ha consolidado su apoyo dentro del ejército y la clase gobernante y ha impresionado a los ciudadanos como gobernante que verdaderamente se interesa por los pobres y está determinado a mejorar sus vidas. En el proceso, parece que ha ganado confianza, ha llegado a ser más enérgico y ha estado más dispuesto a llevar a los marroquíes hacia un futuro en el que tengan más libertad para tomar sus propias decisiones en cuanto a cómo vivir sus vidas, cómo criar sus hijos, cómo desarrollar sus negocios y cómo interactuar con el mundo exterior. Efectivamente, de muchas maneras, Su Majestad ha llegado a ejemplificar una nueva generación de líderes regionales.

El rey es religioso, habiendo empezado a memorizar todo el Corán a la edad de cuatro años, pero de ninguna manera es Radical. Es un monarca, pero no un megalómano; no abriga visiones ilusorias de grandeza y poder global, como algunos líderes de la región. Es dominante, pero no dictador, como algunos han criticado que era su padre. Está claramente dispuesto a expandir la democracia, pero se opone profundamente (y sabiamente) a permitir que los extremistas secuestren el proceso electoral y se aferren al poder de una vez por todas.

Y lo que es más, es cuidadoso y respetuoso de la historia y tradición árabe, pero también es prooccidental en su perspectiva y enfoque. Está comprometido a proteger y avanzar los derechos humanos del pueblo palestino, pero también ha desarrollado relaciones excelentes con los judíos en general y con los israelíes en particular. De igual manera, está consciente de las enormes sensibilidades que hay dentro de la región en cuanto a la noción de que los musulmanes se conviertan al cristianismo, pero ha demostrado un interés sincero y consistente de fomentar mejores relaciones con los cristianos en general, particularmente con los evangélicos.

CÓMO ENTENDER A LOS REFORMADORES DE RABAT

Lo más impresionante para mí fue el hecho de que el rey y sus asesores entienden verdaderamente la magnitud de la lucha épica que enfrentan y parecen estar totalmente comprometidos con la victoria.

"Esta es una batalla para definir el alma y el espíritu del islam en sí," me dijo Abaddi cuando estábamos sentados una tarde, tomando té, en su amplia pero modestamente decorada oficina, con una vista de Rabat, con su población de 2 millones. "Y no nos atrevemos a fracasar. Su Majestad cree que los riesgos son muy grandes. No tenemos el derecho de cometer los errores de las generaciones anteriores, porque deberíamos haber aprendido de los errores anteriores y porque somos muy eficientes ahora. Y nuestros errores podrían ser muy caros. Mire Pearl Harbor. Mire Hiroshima y Nagasaki. La Segunda Guerra Mundial fue muy cara en cuanto a vidas humanas. Pero la próxima guerra podría resultar en la exterminación del planeta."

Le pedí que se extendiera en eso, particularmente en vista del discurso apocalíptico que sale de Teherán.

—Actualmente —dijo—, uno puede discernir muchas semillas apocalípticas en nuestro pensamiento en el Medio Oriente. Ha habido una explosión de literatura apocalíptica en el mundo musulmán que comenzó en la década de 1980, después de 1979, de hecho. Ha habido cientos de libros acerca del fin del mundo y de la llegada del Mahdi y de profecías mesiánicas e ideologías. Ahmadinejad se está preparando para la llegada del Mahdi. Osama bin Laden se está preparando para el Mahdi. Está tratando de usar su versión del islam para reclutar un ejército, y es muy peligroso. Por eso es que digo que esta es una batalla por el alma del mundo musulmán, porque hay dos versiones totalmente distintas. Una es pacífica, y la otra, apocalíptica. Y Marruecos puede ser una respuesta a esto, porque Su Majestad está dirigiendo un plan de reforma que toca las fuerzas y el entendimiento y renueva las almas y espíritus del islam.

»Pero tenemos que actuar. Tenemos que enfrentar esto. Tenemos que poder presentar argumentos intelectuales y teológicos que convenzan a la gente que los Radicales están equivocados. Necesitamos acciones coordinadas en los medios de comunicación, en el mundo del arte, en las universidades, en gabinetes estratégicos, en las Naciones Unidas. También tenemos que poder hablar en un idioma que la gente regular, incluso los que no tienen mucha educación, puedan entender y responder. Los Reformadores tienen que involucrarse en acciones que les moverán el piso a los Radicales.

—¿Qué es lo que ve como el peor de los casos si los Reformadores no aprovechan el momento, o si aprovechan el momento, pero pierden el argumento con las Masas del mundo musulmán? —pregunté.

—Millones de reclutas nuevos del radicalismo —respondió—. Más guerra. Más terrorismo. Pero, Joel, lo peor no son los desastres materiales, por muy malos que puedan ser. Lo peor serían las oportunidades no aprovechadas de vivir como hermanos en armonía y belleza. Lo peor sería pasar por alto la cita con el destino.

Abaddi señaló una y otra vez los pasajes del Corán que dicen que Dios creó a toda la humanidad, hombres y mujeres de cada nación. Dijo que esos pasajes demuestran que "todos somos una familia, una familia extendida, y nos necesitamos mutuamente para sobrevivir y triunfar." Sostuvo que esta era la doctrina islámica de la "complementariedad," la noción de que todos complementamos y completamos mutuamente.

Además, dijo que el Corán enseña que ya que fuimos creados como hermanos y hermanas, tenemos que desempeñar un "reconocimiento mutuo." Insistió que esto va "más allá de la tolerancia." Tolerar a alguien es simplemente soportarlo. Eso no es lo suficientemente bueno. "La gente que cree que es autosuficiente con sus propias ideas y sus propias perspectivas del mundo está en peligro." Dijo que lo que necesitamos es reconocer que otra gente, las otras religiones, las otras razas tienen el bien en ellas, tienen riqueza y belleza y tenemos que ser lo suficientemente sabios para encontrar esas cualidades, apreciarlas y edificar sobre ellas.

"Estas ideas existen en el Corán," dijo, hablando específicamente de la complementariedad y del reconocimiento mutuo. "Pero, honestamente, han estado en 'pausa' por demasiado tiempo. No han sido activadas lo suficiente. No se han enseñado ni practicado lo suficiente. Es hora de presionar el botón de 'reproducir.' La sabiduría es como las piezas de un rompecabezas. ¿Sabía que los esquimales tienen cuarenta y tres palabras distintas para nieve? ¿Por qué? Porque ellos realmente entienden la nieve. Entienden sus matices y sus facetas. Tienen una sabiduría que nosotros no tenemos. Y si vamos a vivir en una tormenta de nieve, ¿no sería bueno partir de la sabiduría de los esquimales?

"Y si estuviera armando un rompecabezas de Cyrano de Bergerac. ¿Qué pasaría si arma todo el rompecabezas, pero le falta una pieza? ¿Y si le faltara la nariz? Perdería todo el punto, ¿verdad? Tenemos que ver las piezas faltantes en el mundo que nos rodea, para tener el cuadro global, para entender realmente cómo funciona el mundo. Y la única manera de obtener esas piezas que faltan es reconocer que alguien más, de otra cultura o religión, puede entender algo que nosotros ahora no entendemos."

No puedo pensar en una mejor manera de resumir la manera en que los Reformadores ven el mundo. Sí, ellos creen que el islam es la respuesta. Pero no, no creen que el yihad violento sea el camino. Sí, buscan sabiduría en el Corán. Pero no, no rechazan al mundo exterior, ni siquiera al mundo de los cristianos y los judíos. Más bien, creen que es hora de enseñar a los musulmanes a reverenciar su propia religión, y también de extenderse a otras culturas y religiones y de buscar la sabiduría que tal vez ellos no tienen.

CAPÍTULO VEINTITRÉS

EL MODELO MARROQUÍ

El programa de un país, de doce pasos, para combatir a los Radicales

SIN EMBARGO, NO SON SÓLO PALABRAS. No es sólo teoría.

El rey Mohamed VI y su equipo tienen un plan. Efectivamente, han desarrollado lo que equivale a un programa de doce pasos para combatir a los Radicales y expandir el mensaje de reforma de Marruecos en toda la región y en todo el mundo. Los pasos son:

1. Conocer al enemigo
2. Detener al enemigo
3. Abrazar a Oriente
4. Abrazar a Occidente
5. Enseñar la teología de los Reformadores
6. Expandir la democracia
7. Capacitar a las mujeres
8. Combatir la pobreza
9. Dejar que hablen los que no tienen voz
10. Desarrollar y mantener relaciones estrechas con la comunidad judía
11. Acercarse a los cristianos evangélicos de Occidente
12. Oponerse al "estigma de Hollywood"

Permítame explicar.

PASO 1: CONOCER AL ENEMIGO

En primer lugar, el rey y su equipo creen que una buena inteligencia es crucial para identificar las amenazas terroristas *antes de que se materialicen. Tienen toda la razón.*

Esto implica desarrollar redes efectivas de agentes humanos y vigilancia electrónica para monitorear grupos y personas extremistas. Y se requiere de una cooperación estrecha con otras agencias de inteligencia de la región, y alrededor del mundo, para monitorear subversivos que podrían estar planificando entrar al territorio marroquí o atravesarlo.

Pero también implica entender la mentalidad del enemigo. Y en vista de que el enemigo principal ahora involucra a seguidores de una interpretación extrema del islam, eruditos religiosos como Ahmed Abaddi han surgido como jugadores clave para ayudar al rey y su corte a entender más profunda y completamente a lo que se enfrentan.

"Cuando usted estudia la literatura de los extremistas, visita sus sitios Web y mira sus DVDs y lo que producen, ve que hay seis asuntos repetitivos que siempre vuelven," explicó Abaddi.

Dijo que el primer asunto es el del colonialismo, en el que se demoniza a Occidente porque, según dicen los Radicales, "¡Vinieron y colonizaron nuestros países y mataron a nuestra gente!" Aunque es cierto que Marruecos fue colonia de Francia por casi un siglo, hubo poca violencia. Pero en Argelia, observó Abaddi, unos 1,5 millones de musulmanes fueron asesinados por colonialistas franceses, por no hablar de los otros casos numerosos de violencia perpetrados en todo el Norte de África y en el Medio Oriente por los británicos, los italianos y otros. Agréguele a esto lo que Abaddi llama el "cóctel afgano-iraquí" en el que los Radicales dicen que los estadounidenses y los europeos están ocupando territorio islámico como colonialistas, imperialistas y opresores, y obtiene un asunto emocional muy cargado que resuena profundamente dentro del mundo musulmán y ayuda a los Radicales a reclutar enormes números de nuevos yihadistas.

El segundo asunto es la creencia de que Occidente está "agotando la riqueza del mundo islámico" al explotar los recursos naturales de la región, en especial el petróleo. Claro que Occidente les paga a los musulmanes enormes cantidades de dinero por estos recursos. Cada año, solamente Estados Unidos envía cientos de miles de millones de dólares a países musulmanes a cambio del petróleo, además de lo que los europeos están pagando. Difícilmente nos vemos como que estamos "explotando" a alguien. Pero Abaddi observa que, como uno lo esperaría, esos hechos nunca los mencionan los Radicales; de esta manera, el asunto de la explotación tiene un gran atractivo populista.

El tercer tema recurrente entre los extremistas es el "estigma de Hollywood," un sentimiento amplio y arraigado de humillación por toda la región, debido a la creencia que las principales películas estadounidenses constantemente muestran a los árabes y musulmanes como tontos, sucios y malos.

El cuarto, según Abaddi, es la "conspiración" histórica de Occidente "en contra del Imperio Otomano," que era la sede del califato y representaba la unidad de los musulmanes. Los Radicales constantemente repiten hechos acerca del ataque de 1915 por los británicos, los franceses y los alemanes para reclamar el control de Estambul. Aunque los Aliados realmente perdieron la Batalla de los Dardanelos y la campaña Gallípoli, los conflictos resultaron en un cuarto de millón de víctimas turcas, y los Radicales han jurado nunca olvidarlo. Los marroquíes, reconoció Abaddi, no estaban muy preocupados con este asunto porque nunca fueron parte del Imperio Otomano. Aun así, agregó: "esto es lo que se dice en la literatura Radical" y ha estado funcionando para reclutar más yihadistas.

El quinto asunto es la doble moral percibida que los occidentales tienen en cuanto a Israel versus los árabes. Los Radicales dicen que los judíos poseen sistemas de armas importantes, armas de destrucción masiva y hasta armas nucleares, y Occidente no dice nada. Pero cuando Irak, Irán u otros países de la región buscan esas armas, "entonces todos tratan de deshacerse de esos países," dicen los Radicales.

El sexto asunto es la existencia de Israel, en primer lugar. Los Radicales insisten en que se cometió una gran injusticia con el pueblo musulmán cuando los judíos comenzaron a inundar la Tierra Santa, al comprar tierra y sacar a la población local. Los judíos, por supuesto, dicen que el renacimiento de Israel —aparte de ser un evento profético— fue especialmente diseñado para corregir una gran injusticia: el Holocausto. En respuesta, los Radicales dicen: "¡No hubo Holocausto! Y si lo hubiera habido, que los judíos tengan un estado en Europa, donde se cometieron las supuestas atrocidades, no en Palestina, ¡que no estuvo involucrada directamente!" Es un círculo vicioso, compuesto por todas las muertes y el desplazamiento experimentado por los musulmanes del área desde 1948.

PASO 2: DETENER AL ENEMIGO

Una cosa es conocer al enemigo. Otra cosa es detener al enemigo, y aquí, es esencial tener servicios de seguridad extraordinarios, capaces de interceptar terroristas y de desmantelar células yihadistas antes de que puedan atacar. Marruecos ha sobresalido en este campo, y para entender por qué, Fred Schwien, John Moser y yo nos tomamos el tiempo para visitar la sede central del Ministerio del Interior. Allí nos reunimos con Khalid Zerouali, un funcionario importante en el equivalente de Marruecos del Departamento de Seguridad Nacional de Estados Unidos.

Inmediatamente sentí simpatía por Zerouali, que tenía como cuarenta años, por lo que se parecía a mí en edad —y no simplemente porque él inició nuestra reunión diciéndome que había leído y que había apreciado *Epicentro*. También aprecié su pasión por su trabajo y lo bien que entendía la naturaleza del mal que enfrenta Marruecos.

"La amenaza para nosotros es real y seria," nos dijo Zerouadi. "Fuimos el primer país árabe en unirse a ustedes después del 11 de septiembre. Su Majestad estaba en Mauritania y envió condolencias a Estados Unidos desde allí. Después comenzamos a trabajar de cerca con Estados Unidos para detener a al Qaeda. Era correcto hacerlo, pero el hecho es que nos convirtió en un objetivo. Todavía somos un objetivo. Hasta aquí hemos tenido éxito. Pero no podemos descansar ni por un momento."[1]

Zerouali observó que bin Laden y Zawahiri han establecido una nueva rama conocida como "Al Qaeda en el Magreb Islámico"* o AQIM, una red clandestina de agentes e infiltrados encubiertos, cuya misión es matar inocentes, derrocar moderados y finalmente establecer regímenes nuevos que puedan crear nuevos campamentos base para la operación original de al Qaeda, que está en fuga desde la liberación de Afganistán. "Los líderes de al Qaeda están buscando nuevos refugios," dijo, sin rodeos. "Y la región del Sahara históricamente ha tenido todas las

---

*"Magreb" es un término árabe y francés que generalmente se refiere a la mitad occidental del Norte de África, que incluye a Marruecos, Mauritania, Túnez y Libia.

condiciones apropiadas —gente pobre, fronteras porosas, estados que no pueden controlar sus propios territorios. Su Majestad reconoció esto inmediatamente y nos ordenó que tomáramos medidas para salvaguardar a nuestro pueblo. Nuestra fortaleza es la información —saber quiénes están en nuestro país, lo que están haciendo, si representan una amenaza, y detenerlos a tiempo."

—¿Qué es lo que le quita el sueño? —le pregunté.

—La autoradicalización —dijo—. Podemos encontrar gente cuando está actuando en un grupo. Podemos captar sus llamadas o interceptar sus correos electrónicos o reclutar a un informante. Pero Internet ahora representa un desafío real. Puede ir allí y aprender a hacer una bomba. Puede encontrar enseñanzas yihadistas. Puede aprender a ser terrorista. . . . ¿Cómo puede detener eso? ¿Cómo puede evitar la química en la mente para evitar el trabajo fatal del terrorismo? —Él llama a este problema "terrorismo desechable," lobos solitarios que pueden aprender a explotarse a sí mismos, y a mucha otra gente, y después a desaparecer sin pista—. No puede detectarlos. No puede rastrearlos. No puede infiltrarlos. Rara vez puede detenerlos. Eso es lo que me preocupa.

La buena noticia es que desde los bombardeos de Casablanca en 2003, las fuerzas de seguridad marroquíes están recibiendo muchos avisos de ciudadanos que están pendientes de los guerrilleros que están en su medio. Unos meses antes de que llegáramos, por ejemplo, la policía hizo una redada en una casa para atrapar a una célula de terroristas suicidas que se preparaban para atacar. Durante la redada, varios de los terroristas se hicieron estallar, sólo matándose a sí mismos. Pero en la conmoción, uno de los terroristas huyó, sin que la policía se diera cuenta. Trató de mezclarse entre la multitud, pero varios lo vieron. No sabían que era uno de los terroristas. Pensaron que simplemente era un ladrón. Pero se abalanzaron sobre él, lo capturaron y se lo entregaron a la policía. "La población está en contra de todo este extremismo, de todos estos bombardeos suicidas," explicó Zerouali. "Dicen que eso no es islam; que no es humano."

La protección de fronteras es una de las preocupaciones de Zerouali. "Mi preocupación principal no son los aeropuertos ni los puertos marítimos," dijo, aunque su departamento ha trabajado duro para reforzar los procedimientos de seguridad en todos esos puntos de entrada, que incluyen hacer de Marruecos el primer país de la región en tener pasaportes biométricos que son casi imposibles de falsificar. "Mi principal preocupación es la tierra despejada." Consciente de esta amenaza hace una generación, el rey Hassan II ordenó que se construyera una "berma" o pared de seguridad en el Sahara, a lo largo de la frontera del sur (disputada) de Marruecos, comenzando en 1982. La meta entonces era evitar que los inmigrantes ilegales, traficantes de drogas y contrabandistas de armas entraran al país. La cerca de seguridad se terminó en 1988, mucho antes de que el gobierno de Estados Unidos decidiera que tenía que construir una de esas cercas a lo largo de su frontera del sur con México. Ahora, el muro es la primera línea de defensa en contra de agentes de al Qaeda y otros Radicales que esperan cruzar la frontera sin ser vistos.

Pero no es un sistema perfecto. Como se evidencia con la cantidad de terroristas extranjeros que las autoridades marroquíes han acorralado en años recientes, se necesita hacer mucho más.

PASO 3: ABRAZAR A ORIENTE

Al considerar que era más sabio, más seguro y más efectivo desarrollar alianzas fuertes con otros países islámicos moderados en lugar de ir solo en contra de los Radicales, el rey Mohamed VI —ubicado en la orilla occidental más remota del mundo islámico— ha tenido como prioridad abrazar a Oriente.

Ha desarrollado vínculos estrechos con Turquía con el paso de los años. En marzo de 2005 recibió al primer ministro turco Recep Erdogan en Rabat, en una visita de estado en la que los dos países firmaron un tratado de libre comercio. El rey también ha apoyado mucho la propuesta de Turquía de unirse a la Unión Europea, porque cree que ese sería un gran paso adelante para sanar las antiguas tensiones entre el mundo islámico y Occidente, particularmente dado el conflicto de Europa con Estambul en 1915.

El rey también ha apoyado mucho las reformas democráticas de Afganistán. Envió ayuda humanitaria al pueblo afgano inmediatamente después de la caída del Talibán, y Marruecos fue uno de los primeros países islámicos en apoyar y respaldar al gobierno del Presidente Karzai, desde los primeros días de su administración. "Marruecos . . . ha estado dando seguimiento con interés a los desenvolvimientos que Afganistán, país musulmán, ha experimentado . . . elogia el paso más importante del acuerdo al que llegaron los partidos afganos de formar un gobierno interino para dirigir los asuntos públicos . . . y considera este evento como un paso importante del camino que lleva a restaurar la paz, seguridad y serenidad para el pueblo afgano, después de los conflictos y adversidades por los que ha pasado," decía una declaración del Ministerio del Exterior marroquí, el 24 de diciembre de 2001. Desde entonces, el rey y el Presidente Karzai han establecido y mantenido un contacto diplomático regular.

Marruecos también fue el primer estado árabe en condenar la invasión de Kuwait por Saddam Hussein y envió tropas para ayudar a liberar al estado moderado del Golfo en 1991, así como para defender a los sauditas. Por otro lado, el rey y sus asistentes han tomado una actitud de "esperar y ver qué pasa" hacia al nuevo gobierno democrático de Irak. Después de la abducción y asesinato de dos diplomáticos marroquíes en Bagdad en el otoño de 2005, y de repetidos reportes de que al Qaeda ha estado reclutando marroquíes para lanzar ataques terroristas dentro de Irak, el asunto de la democracia en Irak y la participación militar de Estados Unidos y Europa aparentemente ha sido sencillamente demasiado polémico como para que el gobierno marroquí lo aborde hasta el momento.[2]

El aliado más cercano del rey en Oriente ha sido el Reino Hashemita de Jordania. Como lo observé antes, Su Majestad llevaba a cabo una cumbre bilateral con el rey Abdalá II de Jordania cuando yo estuve en Rabat. Efectivamente, los dos monarcas se reúnen regularmente y se consideran buenos amigos.

Y tiene sentido; comparten muchas similitudes. Aparte de estar entre los Reformadores destacados de la región, también son cercanos en edad (Mohamed nació en 1963, Abdalá en 1962) y de esta manera tienen una perspectiva generacional similar. Ambos son casados y tienen hijos (Mohamed tiene un hijo y una hija; Abdalá tiene dos hijos y dos hijas). A los dos les encanta la aventura y la alta velocidad (a Mohamed le encanta correr en su Mercedes y su moto acuática *Jet Ski*, que le ha dado su apodo de "Su Majetski;" a Abdalá le encanta correr en su Harley y el paracaidismo). Sus padres —el rey Hasan II y el rey Hussein, respectivamente— eran amigos y aliados y ambos eran solidarios con Occidente e

Israel. Sus padres también murieron a unos meses de distancia uno del otro, lo que les entregó el poder a sus hijos con poco aviso (el padre de Mohamed murió el 23 de julio de 1999, el padre de Abdalá murió el 7 de febrero de 1999).

Lo más importante es que ambos enfrentan el mismo gran reto —tratar de dirigir sus monarquías en la dirección de democracias representativas, sabiendo todo el tiempo que al Qaeda está buscándolos y que a los Radicales les encantaría derrocarlos o utilizar el proceso electoral para tomar el control. Ambos reyes están caminando en una cuerda floja, sin una red, y ninguno puede darse el lujo de resbalar.

PASO 4: ABRAZAR A OCCIDENTE

Al continuar con su creencia de no ir solo por el mundo, el rey Mohamed VI claramente ha decidido fortalecer las alianzas estratégicas con Europa y Estados Unidos.

Marruecos incluso ha expresado el deseo de unirse a la Unión Europea después de que Turquía sea aceptada —*si* Turquía alguna vez es aceptada.* Dado que la propuesta de Ankara parece ser una posibilidad remota en este momento, el rey ha acordado unirse a la nueva "Unión Mediterránea" formada por veintisiete estados de la Unión Europea y doce naciones más que rodean el Mar Mediterráneo, una iniciativa lanzada por el presidente francés Nicolas Sarkozy en una cumbre que se llevó a cabo en París en 2008.[3]

Su Majestad ha cooperado con Washington en un amplio rango de asuntos de seguridad, económicos y culturales. Hizo su primera visita estatal a Estados Unidos en el verano de 2000 y volvió en el verano de 2004, cuando la administración Bush le dio a Marruecos el título de "aliado preferencial fuera de la OTAN."

También, el rey recibe regularmente delegaciones de alto nivel en Rabat, como los Secretarios de Estado Colin Powell y Condoleezza Rice, y su gobierno firmó un histórico tratado de libre comercio con Estados Unidos en 2005, segundo acuerdo de esa clase que Estados Unidos firmaba con un país árabe (Jordania fue el primero), y el primero en

---

*Marruecos en realidad solicitó unirse a las Comunidades Europeas, precursora de la Unión Europea, en 1987, pero fue rechazado.

África. El acuerdo eliminó 95 por ciento de todos los aranceles para la mercadería que fluye entre los dos países y estableció arreglos para reducir progresivamente el 5 por ciento restante en la próxima década.

Además, Marruecos acordó en 2002 permitir que el gobierno de Estados Unidos construyera un transmisor de $225 millones en su país para la Radio Sawa, que transmite noticias, información, música y algunos programas de entretenimiento en árabe para los jóvenes en toda África del Norte y el Medio Oriente, que tienen pocos otros recursos de noticias exactas que se reportan de todo el mundo y pocos otros recursos de comentarios y análisis proestadounidenses.

PASO 5: ENSEÑAR LA TEOLOGÍA DE LOS REFORMADORES

Esta es una de las asignaciones del rey para el Dr. Abaddi, y él la toma muy en serio. La estrategia tiene dos componentes clave.

Primero, Marruecos cree que tiene que capacitar a una nueva generación de predicadores islámicos moderados.

Después de los bombardeos de 2003, el rey ordenó al Ministerio de Asuntos Islámicos que lanzara un programa de capacitación teológica para los nuevos imanes que les enseñe a promover la moderación dentro del islam, que los eduque en cuanto a la historia occidental y la importancia del cristianismo y el judaísmo para el desarrollo social y político y que los ayude a identificar y a oponerse a las fuerzas y tendencias extremistas dentro del islam. Los participantes toman treinta y dos horas de instrucción cada semana por todo un año. La primera promoción graduó a 210 clérigos nuevos, incluyendo a cincuenta y cinco mujeres, en 2006.

Abaddi y su equipo también ayudaron a organizar el "Congreso Mundial de Rabinos e Imanes para la Paz" en Bruselas (enero de 2005) y en Sevilla (marzo de 2006), donde unos 150 líderes musulmanes y judíos "se sentaron barba con barba" a explorar las cosas que tienen en común, para denunciar a los extremistas y "redactar declaraciones de paz." Están publicando libros y produciendo sitios en Internet, cintas y DVDs para impulsar la teología moderada dentro de la cultura.

Abaddi también ha puesto bajo supervisión del Ministerio de Asuntos Islámicos a unas nueve mil mezquitas que previamente no habían estado sujetas a supervisión del gobierno, elevando el número total de treinta y tres mil a cuarenta y dos mil.

Segundo, Marruecos cree que debe capacitar a una nueva generación de eruditos islámicos moderados.

El rey no está interesado solamente en los que enseñan el Corán día tras día. También le interesan los que forman la teología islámica para el próximo siglo. Para ayudarme a comprender el enfoque a largo plazo del rey, Abaddi nos envió a mis colegas y a mí al otro lado de la ciudad para reunirnos con un hombre llamado Dr. Ahmed Khamlichi (que se pronuncia "Jam-li-chi"), director de Dar Al Hadith Al Hassania, el instituto religioso más famoso de Marruecos.

De unos setenta años, el Dr. Khamlichi ha capacitado a veintenas de imanes, profesores y jueces desde que se fundó el instituto en 1965. Pero por la insistencia del rey, supervisó una transformación dramática de toda su operación después de los bombardeos de Casablanca en 2003. Ni él y ni su personal habían enseñado nada que se acercara al Radicalismo antes de los bombardeos. Pero tampoco habían estado desarrollando intencional y proactivamente a futuros líderes que estarían preparados para *combatir* el extremismo y plantear argumentos claros, con principios, bien investigados y teológicamente persuasivos a favor de la moderación islámica en todo Marruecos, ni mucho menos al resto del mundo árabe. Ahora, utilizando un programa totalmente modernizado, esta es precisamente su misión.

Sentados en la adornada oficina de Khamlichi en Rabat, cubierta de azulejos exquisitos pintados a mano y bonitos estantes de madera que tenían cientos de tomos de eruditos islámicos de todos los tiempos, tomábamos un dulce té de menta, mientras él nos explicaba lo que hacía y por qué.

"La situación es urgente," nos dijo inequívocamente. Dijo que Marruecos no puede confiar en que la policía acorrale a todos los Radicales y que los meta en la cárcel. Ni debería pensar en ejecutar a los Radicales en masa, como otros estados árabes lo han hecho en décadas recientes. Señaló las ejecuciones de miles de Radicales, como Sayyed Qutb, en Egipto. "¿Funcionó?" preguntó. "¿Se les puso freno a los movimientos Radicales [como la Hermandad Musulmana y el Yihad Islámico Egipcio]?" Observó que fue lo contrario. "Las violaciones a los derechos humanos han sido deplorables en esta región. Esto da origen a revoluciones, no a la paz." Insistió en que la única manera de ganar la batalla por el alma del islam, y de esta manera establecer una paz duradera y prosperidad en la región, es luchar y ganar una batalla de ideas. "El extremismo está ganando terreno nuevo," nos advirtió. "Es urgente desarrollar una nueva generación de eruditos para contrarrestar estas ideas Radicales."[4]

Su propuesta: reclutar a los mejores y más brillantes estudiantes musulmanes —líderes genuinos y prometedores— y convertirlos en eruditos que estén totalmente dedicados a enseñar la teología de los Reformadores y a aplicar su teología moderada a todo nivel de la sociedad marroquí.

Ahora, unos 160 estudiantes al año toman clases del personal selecto de Khamlichi, y estudian historia, sociedad y jurisprudencia islámicas, pero también estudian religión comparativa, que incluye los méritos del cristianismo y el judaísmo. Los estudiantes también estudian inglés y hasta hebreo.

Después de pasar casi todo el día hablando con el director y su personal, de visitar el campus urbano, de sentarnos en algunas clases —incluso una clase de hebreo en curso— y de hablar con varios estudiantes, tengo que decir que salí impresionado. Obviamente, no compartimos la misma teología. Pero al igual que Khamlichi, preferiría ver que un joven musulmán se convierta en un Reformador que en un Radical; y por eso, estoy agradecido por lo que él y su equipo están haciendo. No están jugando juegos. Son verdaderos Reformadores. Tienen un sentido de misión. Entienden que los riesgos no podrían ser más grandes. Y no tienen miedo del cristianismo ni del judaísmo. Efectivamente, creen que es hora de que los musulmanes entiendan ambas creencias mejor que nunca.

Mi única decepción, cuando se acabó el día, fue que sólo había una copia de la Biblia en árabe en la biblioteca, para que los estudiantes la usaran en sus clases de religión comparativa. Le pregunté a la bibliotecaria si creía que necesitaban más.

"Definitivamente," respondió. "Es que no tenemos fondos en el presupuesto."

Cuando le pregunté si el Joshua Fund podría proporcionar una caja de Biblias en árabe para ayudar a los estudiantes a estudiarla en su propio idioma, sus ojos se iluminaron. "Bueno, es muy amable," dijo, y con una pequeña, pero evidente, señal de verdadera apertura de los líderes del instituto, rápidamente obtuvo la aprobación. Cuando nos fuimos del país, las Biblias habían sido ordenadas y pronto fueron entregadas.

Cuando Abaddi me dijo que "el Dr. Khamlichi es uno de los hombres más prominentes de Marruecos," no tuve dificultades para entender por qué. Ni fue una exageración creer que "su cargo es muy delicado" en toda la estrategia de Marruecos porque, como lo dijo Abaddi, Khamlichi "está capacitando a los guardianes del mañana."

PASO 6: EXPANDIR LA DEMOCRACIA

En una entrevista rara con la revista *Time* en el verano de 2000, el rey Mohamed VI coincidió en que "Marruecos tiene mucho que hacer en lo que a democracia se refiere." Continuó diciendo que "la práctica diaria de la democracia evoluciona con el tiempo —tratar de aplicar un sistema democrático occidental en un país del Magreb [países del Norte de África], del Medio Oriente o del Golfo sería un error. No somos Alemania, Suiza ni España. Tengo mucho respeto por los países donde la práctica de la democracia es altamente desarollada. Sin embargo, creo que cada país tiene que tener sus propios rasgos de democracia."[5]

"La gente especula si la monarquía marroquí evolucionará como la española," observó Scott MacLeod, jefe de la agencia del Cairo del *Times*. Se refería al hecho de que después de la muerte del General Francisco Franco, dictador por mucho tiempo de España, el sucesor que había sido elegido y educado personalmente por Franco, el rey Juan Carlos, llegó al poder. Nadie esperaba que el joven monarca —que apenas tenía treinta y siete años— se opusiera al sistema que Franco había creado. Pero para sorpresa de todos, eso es precisamente lo que hizo. Comenzando en 1976, el rey, lenta pero constantemente, comenzó a ayudar al país a hacer la transición a una democracia constitucional hecha, derecha y robusta, sin violencia masiva ni agitación social. Legalizó a los partidos políticos. Autorizó la creación de una constitución. Y entonces efectivamente abandonó el poder absoluto, dejando el control del país en manos del pueblo y sus representantes electos, mientras continuaba como jefe de estado.

Fue un punto perceptivo y la respuesta del rey fue interesante.

"Tengo un gran respeto por Su Majestad Juan Carlos," dijo el monarca marroquí. "Lo llamo 'Tío Juan' porque es una persona extraordinaria a quien he conocido por mucho tiempo. Es casi un familiar. A menudo hablamos por teléfono y le pido consejo. Pero los marroquíes no son españoles y nunca lo serán. La democracia de España fue muy buena para España. Debería haber un modelo marroquí específico para Marruecos."[6]

Eso fue hace casi una década. Ahora, creo que el rey marroquí sabe precisamente hacia dónde se dirige. Sabe precisamente cómo va a llegar. Y tiene un líder acreditado en el rey Juan Carlos para responder a sus preguntas y aconsejarlo en el camino. Es posible que no haya sabido exactamente cómo proceder en 2000. Pero ahora sí. Y personalmente creo que está siguiendo el método español. No tan cabalmente, no tan rápidamente. No quiere asustar a las Masas. No quiere alarmar al resto del mundo musulmán. No quiere enfurecer a los Radicales, si puede evitarlo, ni darles la oportunidad de controlar su país y de hacer retroceder el reloj de la democracia y del progreso, como lo ha hecho Hamas en Gaza después de que Occidente imprudentemente presionara a las Autoridades Palestinas a llevar a cabo elecciones antes de construir una sociedad libre y civil. Pero sabe hacia dónde va, está en la dirección correcta y está aprendiendo a persuadir a la gente a seguirlo paso a paso.

Ahora, los marroquíes disfrutan de mucha más libertad para decir lo que quieren, para escribir lo que quieren y organizar sus partidos políticos, asociaciones laborales, organizaciones de derechos humanos y grupos de reforma social de lo que podían con el padre del rey actual —y mucho más que en cualquier otra parte del mundo islámico. El país tiene una legislatura bicameral en operación. Ha llevado a cabo varias elecciones del parlamento exitosas, transparentes y relativamente libres de corrupción —como las recientes de 2007— en las que compitieron treinta y cuatro partidos políticos democráticos.

Aún falta mucho por hacer. Las organizaciones prodemocráticas y de los derechos humanos no deberían disminuir su presión por más cambios. Efectivamente, deberían acelerar esa presión.

PASO 7: CAPACITAR A LAS MUJERES

Según la señorita Fatiha Layadi, entre las gestiones más impresionantes del rey ha estado su compromiso de mejorar las condiciones de las mujeres y los niños, y de expandir las oportunidades democráticas para que las mujeres estén en cargos políticos y tengan puestos de poder y autoridad. Layadi era reportera de noticias en Marruecos antes de ser electa para el Parlamento en 2007, donde ha surgido rápidamente como una de las mujeres más influyentes del país. La entrevisté en los jardines del Hilton en Rabat e inmediatamente quedé impresionado.

—¿Cuántas mujeres más están en el parlamento marroquí? —pregunté.

—Treinta y cuatro —dijo.

—¿De cuántos escaños?

—De 325 —respondió: más de 10 por ciento, uno de los porcentajes más altos en el mundo islámico—. Cuatro mujeres fueron elegidas en una elección directa y treinta fueron elegidas bajo lo que llamamos aquí en Marruecos la "Lista Nacional," que es una lista para las mujeres que fue acordada hace seis años para hacer más fácil el acceso al Parlamento para las mujeres, para que 20 por ciento de la Casa de Representantes estuviera formado por mujeres.[7]

Pero incluso eso no es suficiente para Layadi. Ahora ella y sus colegas están exigiendo una legislación que haría que un tercio del total de representantes sean mujeres.

—¿Alguna vez se había elegido a una mujer en Marruecos antes de los cambios estimulados por el rey en 2002? —pregunté.

—Sí, a cuatro —dijo.

—¿Cuatro en total, en toda la historia?

—Ah sí. Las mujeres han sido candidatas en las elecciones desde las primeras elecciones de Marruecos, en la década de 1960. Pero la primera vez que fueron electas, dos de ellas, fue en 1992.

—Así que esto es un verdadero progreso —observé, aún más impresionado al enterarme de que una judía marroquí fue candidata para un escaño en el Parlamento en 2007, lo que fue una noticia en todo el mundo islámico.[8]

—Sí, es una tendencia histórica en Marruecos. Tenemos que tener en mente que en su primer discurso a la nación, el nuevo rey dijo que el país no podía seguir hacia adelante solamente con una pierna, ya que las mujeres no tenían sus propios derechos, tanto políticos como civiles. Desde que el rey llegó al poder en 1999, ha habido reformas importantes que se han llevado a cabo. La primera y más importante para mí es la "Ley Familiar."

El 10 de octubre de 2003, el rey dio un importante discurso donde presentaba once reformas que quería que aprobara la legislatura.

Conocidas como el "Código Familiar" o la "Ley Familiar," estas incluían dar a hombres y a mujeres derechos iguales ante la ley; darles a las esposas que vivían en matrimonios abusivos y destructivos el derecho de divorciarse de sus esposos; darles a las esposas derechos iguales sobre la propiedad financiera de la pareja; y hacer de la poligamia —que los eruditos islámicos debaten calurosamente, pero que todavía es muy común en el mundo musulmán—* algo casi imposible al requerir que el esposo obtenga no solamente el permiso escrito de su primera esposa, sino también la afirmación de un juez de que "el esposo tratará a su segunda esposa y a sus hijos en igualdad de condiciones que la primera y les dará las mismas condiciones de vida a todos" antes de que se le permita casarse legalmente con otra mujer.[9]

La legislación histórica fue aprobada el 25 de enero de 2004 y fue un disparo que se escuchó en todo el mundo musulmán. Layadi admitió de buena gana que esto puso inconformes a los Radicales, pero no le importó. Ella estaba convencida de que la clase de reformas sociales y políticas que el rey ha estado buscando son absolutamente esenciales para ayudar a que Marruecos llegue a ser un modelo de moderación musulmana en una época de radicalismo musulmán.

—El 16 de mayo de 2003 fue un día terrible para mí como periodista y como marroquí —me dijo—. Nunca habría imaginado que los marroquíes mataran a marroquíes. No habría imaginado que los marroquíes jóvenes, dieciséis, pudieran ir por toda Casablanca y hacerse explotar y matar a cuarenta y cuatro personas con ellos. Fue un choque. Y el 11 de septiembre también fue un choque para mí. Recuerdo haber estado todo el día pegada a mi televisor, tratando de entender, tratando de sentir lo que esas personas en las Torres Gemelas sintieron cuando vieron que los aviones iban a atacar las torres. El terrorismo es algo loco. El terrorismo es algo, no sé cómo decirlo en inglés, estoy horrorizada. . . . Es algo increíble.

—Pero es impulsado por los que dicen que están luchando en nombre del islam —observé.

---

*Una porción del Sura 4:3 dice: "Si teméis no ser equitativos con los huérfanos, entonces, casaos con las mujeres que os gusten: dos, tres o cuatro." Mahoma tuvo múltiples esposas y se cree que este verso es una justificación para eso. Pero los eruditos islámicos que se oponen a la poligamia (o que severamente desaconsejan su práctica) observan que la porción siguiente del mismo verso dice: "Pero, si teméis no obrar con justicia, entonces con una sola."

—Osama bin Laden no es musulmán para mí —replicó ella.

—¿Y qué es? —pregunté—. ¿Cómo definiría a bin Laden?

—No sé. Como una clase de monstruo —respondió Layadi—. Toda esa gente es una clase de monstruo, criaturas que salen de la nada. La gente que mató a Benazir Bhutto . . . ¿por qué? La señora vino para hablar de democracia. La señora venía a hablar de reforma en su país. Y vinieron y se hicieron estallar. ¿Qué significa? Son criaturas de caos. . . . Simplemente no puedo entender de dónde vienen y a dónde quieren que vayamos. No tenemos nada en común como musulmanes. Dicen que son musulmanes, pero yo soy musulmana y no tengo nada en común con ellos.

»Mis padres solían tener amigos judíos. Yo solía jugar con amigos judíos. No tenía problemas con ir a hogares judíos, ni a hogares cristianos. Creo que la mayoría de marroquíes es como yo. El islam en Marruecos siempre ha sido distinto. Creo que Marruecos y Jordania están tratando de dejarse ver, los dos monarcas jóvenes están tratando de revelarse, como modelos para otros países árabes. Soy cautelosa porque creo que ambos países tienen que consolidar sus propios asuntos antes de tratar de ocuparse de otros. Hay reformas aquí en Marruecos y en Jordania que han estado en curso por menos de diez años, no lo olvide. Tenemos que consolidar todo esto . . . pero espero que podamos marcar una verdadera diferencia.

PASO 8: COMBATIR LA POBREZA

En 2000 la revista *Time* le preguntó al nuevo monarca de Marruecos cuáles eran los problemas más importantes.

"Primero, están el desempleo y la agricultura, la sequía," respondió. "Está la lucha en contra de la pobreza. Podría hablar de esto interminablemente: pobreza, miseria, analfabetismo."[10]

Desde entonces, el rey ha tomado una serie de medidas positivas para fomentar la economía de Marruecos y aumentar la riqueza nacional y los salarios individuales. Además de dar estabilidad política y de tomar fuertes medidas para evitar que los terroristas ahuyenten a los turistas y la inversión, también ha privatizado negocios del estado, ha reducido los impuestos y ha estimulado la diversificación de una economía basada en la agricultura a industrias que se relacionen más con la manufactura y la tecnología.

Aunque todavía queda un largo camino por delante, el progreso ha sido notable. En 1999, el producto interno bruto era de $108.000 millones, o cerca de $3.600 por persona, y no hubo absolutamente nada de crecimiento ese año. En los años siguientes, la economía creció entre 4 y 8 por ciento al año. En 2007, el PIB fue de $125.000 millones, o cerca de $4.100 por persona. La inversión extranjera directa se ha más que cuadruplicado. Hay un auge en la construcción en marcha en Casablanca, la capital comercial del país. Y el desempleo ha caído de 14 por ciento en 1999 a apenas 10 por ciento ahora.[11]

PASO 9: DEJAR QUE HABLEN LOS QUE NO TIENEN VOZ

Una de las reformas más distintivas que el rey persigue es crear un foro nacional para permitir que los marroquíes que sufrieron injusticias en manos de jueces, generales y oficiales de seguridad de su padre sean escuchados, que sean valorados y compensados. En 2004, las víctimas de la pasada opresión gubernamental fueron invitadas a testificar en vivo en la televisión nacional acerca de lo que les ocurrió, y se les compensó financieramente como una señal de buena voluntad.

"Fue impactante," recordó Layadi, y envió un mensaje sin precedentes de cambio en una nación islámica. "O sea, era la nueva forma de gobierno en Marruecos. Todos sabían que estas cosas habían ocurrido. Entonces, ¿por qué no hablar de ellas? ¿Por qué no hacer una verdadera catarsis? ¿Por qué mantenerlos callados como si fueran algo que avergüenza?"

"Fue la manera en que el rey dijo que no estaba de acuerdo con los generales y jueces anteriores y con otros que fueron responsables de la opresión," me dijo Abaddi.

Obviamente, el daño no pudo deshacerse. Pero por lo menos ya no estaba escondido y la gente pudo comenzar a recuperar alguna sensación de dignidad al decirle al país lo que habían experimentado, por qué fue algo incorrecto y qué sentían en cuanto a eso.

PASO 10: DESARROLLAR Y MANTENER RELACIONES ESTRECHAS CON LA COMUNIDAD JUDÍA

El rey actual, al igual que su padre, no ha tenido rival en el Medio Oriente en cuanto a honrar y respetar a los judíos y a tratarlos como ciudadanos iguales. Poca gente entiende esta relación extraordinaria mejor que Serge Berdugo, un hombre que tiene un lugar único en el mundo islámico. De 1993 a 1995 estuvo en el gobierno como ministro de turismo de Marruecos. Pero desde 1987 también ha sido el secretario general del Consejo de las Comunidades Judías de Marruecos.

Así es: Berdugo es judío.

Cuando visité Casablanca y Rabat en otoño de 2005, tuve el privilegio de reunirme con Berdugo en su casa, y me dio algunas perspectivas fascinantes. Observó que lo primero que el rey Mohamed V (el abuelo del rey actual) hizo cuando volvió del exilio en 1956 y llevó a su país hacia la independencia de Francia fue declarar que "los judíos son ciudadanos iguales." De 1956 a 1961, el rey insistió en instalar a por lo menos uno o dos líderes judíos en posiciones de nivel superior en cada ministerio del gabinete. El rey también dejó que los judíos emigraran libremente cuando querían, y ahora hay alrededor de seiscientos mil judíos marroquíes que viven en Israel.

Berdugo también me dijo que fue el rey Hassan II (el padre del actual rey, que llegó al poder en 1961) el que inició una relación con Israel a finales de la década de 1960, a través de una serie de reuniones secretas con Yitzhak Rabin y Moshe Dayan, que entonces eran dos de los funcionarios de defensa más importantes de Israel.

Para 1984, el rey había decidido hacer públicos esos contactos. Invitó a cincuenta líderes judíos e israelíes a Rabat para una conferencia interreligiosa. Como se esperaba, esto activó la controversia en la región. El gobierno sirio del entonces presidente Hafez al-Assad fue particularmente elocuente en expresar su afrenta —tan elocuente que el rey Hassan decidió extenderse. Ordenó que todo el liderazgo superior del gobierno marroquí, incluso el príncipe heredero, asistiera a la cena de gala de la conferencia. Al año siguiente, el rey ayudó a crear el Consejo Mundial de los Judíos Marroquíes. En 1986, invitó al primer ministro israelí Shimon Peres a Marruecos para una visita muy anunciada, una gestión que dejó pasmado al resto del mundo musulmán.

El rey Mohamed VI en realidad ha seguido con esta tradición extraordinariamente positiva. Uno de sus destacados asesores de política exterior es un judío marroquí con el nombre de Andre Azoulay. Después de los bombardeos de 2003 en Casablanca, el rey personalmente bendijo una serie de vigilias de velas y luego una reunión en la que un millón de marroquíes, entre los que había más de mil judíos, marcharon al unísono para denunciar a los yihadistas radicales e hicieron un llamado a la paz. "Nos aclamaron como judíos," me dijo Berdugo. "Nos besaron. La gente venía a nosotros y nos decía: 'Son nuestros hermanos.' Fue algo extraordinario."[12]

Unos años después, varios funcionarios marroquíes me confirmaron los rumores que circulaban en la prensa árabe de que el rey discretamente había estado sentando las bases con los líderes israelíes y palestinos para llevar a cabo una nueva ronda de pláticas de paz de alto nivel, tan pronto como el ambiente fuera apropiado. "Este rey es una nueva generación," me dijo un funcionario que pidió el anonimato. "Está listo para ayudar a lograr la paz entre los israelíes y los palestinos. El trato es fácil. Ahora estamos en un supermercado, no en el *zoco*. Todos conocemos el precio de la paz. Ya no es necesario regatear más. Es hora de hacer el trato."[13]

PASO 11: ACERCARSE A LOS CRISTIANOS EVANGÉLICOS DE OCCIDENTE

Hay que decir en su favor que el rey lanzó una iniciativa a finales de 2004 para construir un "puente de amistad" con los cristianos evangélicos de Estados Unidos, a pesar de las viejas polémicas en cuanto a las relaciones islámico-cristianas en todo el mundo árabe. Abaddi y sus colegas han establecido diálogos continuos con evangelistas prominentes y líderes eclesiásticos como el autor Josh McDowell, Richard Cizik de la Asociación Nacional de Evangélicos y con Rob Schenck del Concilio Nacional de Clérigos. Han invitado a pastores evangélicos, líderes de negocios y autores a visitar Marruecos y reunirse con líderes musulmanes. Hasta han organizado una serie de conciertos en Marrakech donde bandas de rock cristianas y musulmanas han tocado juntas para decenas de miles de jóvenes marroquíes.

—¿Por qué hace el rey algo que tan pocos líderes del mundo islámico hacen? —le pregunté a Abaddi durante su primera visita a mi casa.

—El rey sabe que el verdadero Estados Unidos no es Hollywood ni la industria pornográfica, sino la gente de fe —me dijo—. Históricamente, han sido los cristianos los que han conservado a Estados Unidos. Cualquiera que examine la historia de Estados Unidos sabe que los evangélicos están detrás de ella.

—Pero ¿por qué Marruecos específicamente se acercaría a los evangélicos cuando una de nuestras metas esenciales es *evangelizar*, una práctica
que se ve con malos ojos en el mundo musulmán?

Abaddi me dijo que siente que los evangélicos son "caballeros" en
quienes se puede confiar. "Estamos tratando de acercarnos al verdadero
Estados Unidos. Los evangélicos son gente seria y servicial." Abaddi reconoció que la idea de que los musulmanes se conviertan al cristianismo es
un tema muy polémico en su país. Pero también me dijo que ha escrito
y hablado en cuanto a la importancia de estimular la libertad religiosa
dentro del islam, incluso asegurar que "los musulmanes tengan el derecho de cambiar de religión," si así lo desean. "El islam no puede ser una
prisión," enfatizó cuando lo vi en Rabat. "La gente no debería sentirse
atrapada, como si estuviera en la cárcel y no pudiera salir. ¿Qué clase de
religión es esa?"

Sin duda, a Marruecos le falta mucho para llegar a la libertad religiosa
total. El gobierno todavía no reconoce oficialmente a los miles de musulmanes que se han convertido en seguidores de Jesucristo en años recientes,
y muchos creyentes han enfrentado discriminación y acoso. Pero basado
en lo que hasta aquí he visto, me siento optimista en cuanto al futuro y
creo que el rey y su corte darán otros pasos positivos en los años futuros.

Entre ellos: que Marruecos sea sede de conferencias importantes
(quizás televisadas a nivel nacional) en las que destacados líderes evangélicos y musulmanes discutan áreas de acuerdo y desacuerdo teológicos,
de una manera abierta, amable y sincera; que invite a evangélicos occidentales y a creyentes marroquíes a publicar libremente libros, DVDs y
otros materiales dentro del reino; y que Su Majestad hable en reuniones
evangélicas importantes en Estados Unidos, como el Desayuno Nacional de Oración en Washington, D.C., como lo hizo el rey Abdalá II de
Jordania en febrero de 2006.[14]

PASO 12: OPONERSE AL "ESTIGMA DE HOLLYWOOD"

Finalmente, Marruecos ha decidido no lamentarse ni quejarse por la descripción injusta de Hollywood de los musulmanes y árabes. En lugar de
eso, están estimulando activamente a los directores occidentales a ir a
Marruecos para que filmen importantes películas cinematográficas que
traten al islam justa y respetuosamente.

No están buscando piezas de propaganda ni hagiografías. Más bien, están buscando un poco de equilibrio. Los funcionarios de Rabat no esperan ver muchos guiones en sus escritorios que cuenten la historia de los Reformadores musulmanes. Pero, por lo menos, el reino sí busca guiones que tengan ejemplos de musulmanes que son maltratados por Occidente y que tengan ejemplos de musulmanes que trabajan con Occidente para atrapar a los Radicales.

Entre las películas recientes que se han filmado en Marruecos están *Black Hawk Down* (*La caída del Halcón Negro*: la historia de la lucha de Estados Unidos en contra de los Radicales en Somalia); *Charlie Wilson's War* (*La guerra de Charlie Wilson*: la historia de la ayuda de Estados Unidos a los muyahidines en contra de los soviéticos en Afganistán); *Kingdom of Heaven* (*Cruzada*: acerca de las Cruzadas europeas en contra de los musulmanes); *The Bourne Ultimatum* (*El ultimátum Bourne*: en la que, en parte, un ex agente de la CIA, Jason Bourne, persigue a un asesino en Tánger, Marruecos); y *Body of Lies* (*Red de mentiras*: la historia de un agente de la CIA que persigue a un terrorista en Jordania).

REFLEXIONES

Conclusión: Estoy impresionado con el Modelo Marroquí y con el rey y el equipo que lo han puesto en marcha. Todavía no está claro si estas medidas convertirán a Marruecos en una democracia jeffersoniana hecha y derecha con el tiempo, o si otros líderes musulmanes o países adoptarán el modelo para sí mismos. Solamente digamos que tengo esperanzas en las probabilidades marroquíes, y en el ambiente global actual, eso no es pequeña cosa.

los
RENACIDOS

PARTE TRES

CAPÍTULO VEINTICUATRO

"EL ISLAM NO ES LA RESPUESTA, Y EL YIHAD NO ES EL CAMINO; JESÚS ES EL CAMINO"

¿Quiénes son los Renacidos y qué quieren?

TASS SAADA ERA UN ASESINO.

Sus amigos y él asesinaban a judíos en Israel. Asesinaban a civiles y soldados por igual. Atacaban a los cristianos en Jordania. A veces lanzaban granadas de mano en hogares de cristianos. Otras veces atacaban sus casas con ametralladoras. Una vez trataron de asesinar al príncipe heredero de un país árabe. Casi lo lograron. Y todo lo hacían por voluntad propia. Lo hacían de buena gana. Saada, por cierto, así lo hacía. Su apodo era *Jazzar* —"carnicero." Era un sobrenombre que él disfrutaba.

Saada nació en Gaza y creció en Araba Saudita y en el Golfo, en un mundo de islam radical y violento nacionalismo palestino, y de adolescente ya era una caldera de odio turbio que hervía. Su familia era cercana a la familia real saudita. Una vez conoció a Osama bin Laden. Llegó a ser amigo personal de Yasir Arafat, hombre que por mucho tiempo consideró un héroe y en cuyo nombre felizmente mataba. Fue francotirador en la Organización para la Liberación de Palestina y, por algún tiempo, fue chofer de Arafat y uno de sus guardaespaldas.

Pero en 1993, Dios le dio al drama de la vida de Tass Saada otra escena.

Después de casarse con una estadounidense y trasladarse a Estados Unidos —país que había odiado por mucho tiempo— este yihadista encontró a Jesús. Un día, este violento Radical fue transformado radical-mente por el poder del Espíritu Santo. Este asesino llegó a ser un hombre de paz y compasión.

"JESÚS, ENTRA A MI VIDA"

Saada no esperaba convertirse en seguidor de Jesucristo.

Al contrario, cuando un amigo evangélico trató de compartir el evangelio con él, se puso furioso. Cuando su amigo lo animó a que leyera el Nuevo Testamento, cada fibra de su ser se resistió.

—¡No debo tocar ese libro! —dijo.[1]

—¿Y por qué no? —dijo su amigo—. Sólo es papel.

—¡No! —respondió Saada—. ¡Es la Palabra de Dios!

Los dos hombres se quedaron ahí parados por un rato. —¿En realidad crees eso? —le preguntó su amigo pasmado.

—Sí, lo creo —respondió Saada, casi sin entender las palabras que salían de su boca. Como musulmán, no había sido criado para creer que la Biblia era la Palabra de Dios. Ciertamente no se le había entrenado como Radical para que creyera eso. Pero pronto oyó que su amigo le decía: —Bueno, si crees eso, entonces deja que te lea lo que la Biblia dice de Jesucristo. ¿Te parece?

Saada asintió con la cabeza.

Su amigo comenzó a leer del libro de Juan, capítulo uno, versículo uno: "En el principio era el Verbo, y el Verbo era con Dios, y el Verbo era Dios."

Cuando su amigo dijo: "Verbo," Saada comenzó a temblar. De repente recordó una línea del Corán que dice: "El Mesías, Jesús, hijo de María; es el apóstol de Dios, y su verbo, que echó en María, es un espíritu que proviene de Dios."*

"Oír que la Biblia dice esencialmente lo mismo, que Jesús era el Verbo de Dios, me impactó en lo más profundo de mi ser," recordaría después Saada. "Sin darme cuenta, estaba de rodillas. No decidí conscientemente arrodillarme. Simplemente ocurrió. Perdí conciencia de que mi amigo estaba en la habitación. Una luz llegó a mi campo visual —una luz que hablaba. Bueno, sé que esto suena muy raro, pero es lo que ocurrió

---

*Sura 4:170 (Edimat); en otras ediciones se encuentra en el verso 171.

ese domingo por la tarde, el 14 de marzo de 1993. La luz me dijo: 'Yo soy el camino, y la verdad, y la vida; nadie viene al Padre, sino por mí.' Yo no sabía en ese momento que esas palabras estaban en lo que Jesús dijo durante la Última Cena [en Juan 14:6]. En lo que a mí concernía, eran un mensaje de Jesús solamente para mí."

De repente, dijo Saada, sin la más mínima duda sabía que el Dios trino —el Padre, el Hijo y el Espíritu Santo— existía. Sabía con seguridad que este Dios trino lo amaba. Y sollozando con vergüenza por su pecado y con agradecimiento por la misericordia de Dios, gritó: "¡Oh Jesús, entra a mi vida! ¡Perdóname y sé mi Señor y Salvador!"

"Sentí como si una carga pesada saliera volando de mis hombros," dijo. "Una sensación de paz y gozo entró rápidamente en mi corazón. La presencia de Dios era tan real que casi parecía que podía tocarla."

Su amigo estaba atónito. También estaba llorando. Para asegurarse de que Saada realmente entendía lo que hacía, le explicó el evangelio bastante detalladamente. Y después, para asegurarse de que Saada en realidad estaba dándole su vida total y completamente a Jesucristo, guió a Saada en la siguiente oración:

Señor Jesús, soy pecador, y me arrepiento de mis pecados. Te pido que me perdones y que me limpies de mis pecados con tu preciosa sangre. Señor, yo no puedo salvarme. No me puedo quitar mis pecados, pero tú sí. Tú eres el Salvador del mundo —el único Salvador— y quiero que seas mi Salvador. Te pido que me perdones y que entres a mi vida. Cámbiame y dame un corazón nuevo. Te amaré y seguiré por siempre. Ahora te agradezco por escuchar mi oración y por salvar mi alma. Sé que lo has hecho porque prometiste que lo harías. Ahora soy tuyo y tú eres mío. Te serviré por el resto de mi vida.

Saada no solamente hizo esta oración voluntariamente y de buena gana, sino que llegó a ser un seguidor dedicado de Jesús desde ese momento.

MINISTRO DEL EVANGELIO

"Yo era un francotirador palestino," me diría después Saada. "Pero entonces me enamoré de un Salvador que ama a los árabes así como a los judíos."

En su libro extraordinario, *Once an Arafat Man* (Una vez hombre de Arafat), Saada explicó su comprensión de que el Dios de la Biblia nos ama a todos con un amor inescrutable, eterno e inextinguible. Explicó que el amor de Dios es tan asombroso, tan divino, que efectivamente nos ofrece a todos —judíos y gentiles por igual— el regalo de la salvación, a través de la muerte y resurrección de su Hijo, Jesucristo. Y explicó que Dios quiere adoptarnos a todos en su familia. Quiere bendecirnos. Quiere cuidarnos. Quiere sanarnos y cambiarnos y hacernos más semejantes a él. Quiere capacitarnos para que seamos bendición para los demás.

En vista de la crianza y experiencias de la vida de Saada, es extraordinario que aceptara ese amor divino. Efectivamente, es milagroso, pero eso es exactamente lo que sucedió y, en el proceso, Saada fue transformado para siempre. No pasó mucho tiempo para que todo su núcleo familiar llegara a la fe en Cristo. Finalmente, Dios lo llamó a ser ministro del evangelio, y hasta le dio la oportunidad de compartir el mensaje de salvación con su ex jefe, Yasir Arafat, antes de la muerte del presidente de la OLP en 2004.

Saada también compartió humildemente el mensaje del amor y el perdón de Cristo con sus padres y sus hermanos, que todavía viven en el área del Golfo, muchos de los cuales querían matarlo por abandonar el islam. Finalmente, él y su esposa, Karen, comenzaron un ministerio para alcanzar a los pobres y necesitados en Gaza y Cisjordania —especialmente niños— con el amor de Dios, por medio de la distribución de provisiones como ayuda humanitaria en el nombre de Jesús.

Así fue como Saada y yo nos conocimos.

Era un sábado por la noche en enero de 2008, y me habían invitado a predicar en una congregación judío-mesiánica de Jerusalén. El título de mi sermón era "Lo que Dios está haciendo entre los musulmanes." No era un mensaje típico para una audiencia judía. Pero después de mucha oración, sentí que el Señor quería que compartiera con mis amigos israelíes lo que él me había dicho que compartiera con mis amigos jordanos cuando prediqué en Amán unos años antes:

Tenemos que tomar en serio la obediencia al mandamiento de Jesús de amar a nuestro prójimo y a nuestros enemigos. Solamente podemos hacerlo cuando tenemos el poder del Espíritu

Santo que fluye en nuestras vidas. Pero cuando lo hacemos —cuando en realidad obedecemos las enseñanzas y el modelo que él estableció para nosotros— la gente se dará cuenta. Las personas quedarán impactadas cuando nos vean amar a los que nos odian. Entonces harán preguntas. Sus corazones se ablandarán. Tendrán curiosidad por saber más del Dios que servimos. Y luego, es de esperar que quieran conocer a este Dios personalmente.

Les había dicho a los seguidores jordanos de Jesús que esto significaba que era hora de comenzar a amar a su prójimo y a sus enemigos judíos. Esa noche en Jerusalén, dije a los seguidores israelíes que esto significa amar a su prójimo y a sus enemigos musulmanes y creer que el Dios de la Biblia verdaderamente ama a toda la gente de todas partes, incluso a quienes los odian a él y a sus hijos.

Expliqué que detrás de los titulares de todas las guerras del Medio Oriente, de los rumores de guerras, de las revoluciones y de los hechos de terror, Dios realmente se está moviendo de una manera increíblemente poderosa. La gente del epicentro está llegando a Cristo en cantidades récord. Millones en Irán. Millones en Sudán. Millones en Paquistán. Millones en Egipto. Y muchos más en todo el resto de la región. Presenciarlo es verdaderamente algo sorprendente. La pregunta que planteé a los creyentes israelíes la planteo para todos los que decimos ser seguidores de Jesús: ¿qué función tiene el Señor para *nosotros* en el fortalecimiento de nuestros hermanos y hermanas de origen musulmán que vienen a Cristo, y cómo podemos amar de manera activa a nuestro prójimo y enemigos cuando, humanamente hablando, esto es imposible?

Ese fue el mensaje que había venido a compartir en Israel, y ¿quién fue la primera pareja que me presentó esa noche cuando entré por la puerta de la iglesia? Tass y Karen Saada.

Nunca antes los había visto. Cuando me contaron su historia, me conmovió profundamente. Allí estábamos, un ex asistente del Presidente de la OLP Yasir Arafat y un ex asistente del Primer Ministro Benjamin Netanyahu, abrazándonos —no tratando de matarnos— en el corazón de Jerusalén. Todo por la obra que Jesús había hecho para darnos corazones de amor y no de odio.

Tenía la sensación de que este era el comienzo de una historia, no el final. Y, en efecto, al día siguiente los Saada, mi equipo y yo decidimos viajar juntos con varios colegas israelíes a la ciudad israelita de Ascalón. Allí visitamos el Centro Médico Barzilai, un hospital que atiende a judíos y árabes heridos en los tiroteos continuos de la frontera que han asolado la región por tanto tiempo.

Al reunirnos con los administradores del hospital, Tass y yo dimos cheques de nuestros respectivos ministerios para ayudar a financiar la compra del equipo médico que tanto se necesita. Cuando los médicos y el personal preguntaron por qué habíamos llegado a bendecirlos, ambos les contamos nuestras historias. Tass explicó que había nacido a unos cuantos kilómetros al sur de donde estábamos reunidos y que había sido criado con el deseo de matar a todos los que estábamos sentados en la habitación.

"¿En realidad trabajó para la OLP?" preguntó un doctor.

Tass asintió con la cabeza.

"¿Y qué sucedió? ¿Qué lo cambió?" preguntó otro.

Tass le dio todo el crédito a Jesucristo. Brevemente explicó cómo Dios había cambiado su corazón y le había dado amor por el pueblo judío.

Y entonces nos dejó a todos atónitos. Pidió al personal del hospital que lo perdonara por lo que él y el pueblo palestino habían hecho para dañarlos a lo largo de los años. Fue un momento poderoso. Todos estaban llorando. Estos israelíes nunca habían visto algo así. Honestamente, pocos lo han visto.

SURGIMIENTO DE LOS RENACIDOS

Tass Saada ya no es un Radical —es un Renacido.

Ya no cree que el islam sea la respuesta. Ya no cree que el yihad sea el camino. Cree que Jesús es el camino, y la verdad, y la vida, y que nadie —judío ni gentil, Radical ni Reformador— puede tener una relación personal con Dios si no acepta que Jesús es el Mesías, como lo enseña la Biblia en Juan 14:6.

Aunque Saada seguramente preferiría ver a los Reformadores y no a los Radicales en el poder en el Medio Oriente, no me parece que particularmente sea una persona de naturaleza política. Cree que es parte de una revolución mucho más grande e importante —una revolución espiritual para salvar almas y cambiar vidas. Cree apasionadamente que el único camino para que la gente del Medio Oriente siga hacia delante y tenga un genuino y duradero progreso social, económico y espiritual es que tome la decisión de dar un salto hacia atrás en su historia y que reviva lo que alguna vez fuera tan común en la región antes del islam —el cristianismo bíblico del primer siglo y del Nuevo Testamento.

Saada ha dedicado su vida totalmente a asegurarse de que toda la gente del Medio Oriente —especialmente todos los musulmanes— antes de morir tenga la oportunidad de escuchar y comprender las afirmaciones de Jesucristo, en su propio idioma, y que tome su propia decisión de seguirlo o rechazarlo.

Los Renacidos como Saada sostienen con gran convicción que el cristianismo bíblico no es una religión occidental, colonialista ni imperialista. Tampoco es una ideología extranjera impuesta en el mundo musulmán para esclavizarlo o entorpecerlo. Más bien, los Renacidos afirman que el cristianismo bíblico es un movimiento que nació en el Medio Oriente, que se expandió rápidamente a todos los rincones del Medio Oriente, que se ha expandido por todo el mundo y que está destinado por profecía bíblica a ser revivido dramáticamente en el Medio Oriente precisamente antes de que Jesucristo vuelva a establecer su reino en la tierra, con base en la ciudad santa de Jerusalén.

Creen que el cristianismo es una fuerza espiritual y personalmente emancipadora, la fuerza emancipadora más fuerte de la historia humana. Creen que una relación personal con Dios, a través de la fe en Jesucristo, cambia los corazones para que los violentos lleguen a ser hombres y mujeres de paz y reconciliación. Y no creen esto porque alguien se los haya dicho, sino porque ellos mismos lo han experimentado.

Como lo verá en esta sección final —como lo oirá de sus propias palabras— los Renacidos saben, de primera mano, que el evangelio cambia los corazones de los temerosos en corazones llenos de valor y esperanza; que cambia a los que estaban hundidos en pecado y culpa en los que experimentan el gozo del perdón y una nueva vida. Y, otra vez, lo saben porque ellos mismos lo han experimentado.

Si usted viaja por el Medio Oriente, conocerá a muchos ex musulmanes que le dirán, como me lo han dicho a mí, que han tenido sueños y visiones de Jesús, que personalmente les dijo que lo siguieran. Con facilidad se identifican con el apóstol Pablo, que describe su propia conversión en su carta a los Gálatas diciendo: "pues yo ni lo recibí [el evangelio] ni lo aprendí de hombre alguno, sino por revelación de Jesucristo" (Gálatas 1:12). Estos ex musulmanes están impactados por la manera en que Dios ha cambiado sus vidas, especialmente en vista del hecho de que muchos de ellos, como Pablo, "perseguía[n] sobremanera a la iglesia de Dios, y la asolaba[n]." Como Pablo, eran "mucho más celoso[s]" por las "tradiciones de [sus] padres" (Gálatas 1:13-14). Al igual que Pablo —el apóstol más grande de la historia de la cristiandad, el hombre que escribió mucho del Nuevo Testamento— ellos también una vez fueron extremistas religiosos que odiaban a Jesús y a todos sus seguidores.

Pero ellos también se identifican, personal y profundamente, con las palabras de Pablo en Gálatas 1:15-24: "Pero cuando agradó a Dios, que me apartó desde el vientre de mi madre, y me llamó por su gracia, revelar a su Hijo en mí, para que yo le predicase entre los gentiles, no consulté en seguida con carne y sangre, ni subí a Jerusalén . . . sino que fui a Arabia, y volví de nuevo a Damasco. . . . Después fui a las regiones de Siria y de Cilicia [Turquía y Armenia], . . . y [la gente] solamente oían decir: Aquel que en otro tiempo nos perseguía, ahora predica la fe que en otro tiempo asolaba. Y glorificaban a Dios en mí."

Los Renacidos dicen que lo que pasó en la iglesia primitiva hace dos mil años está sucediendo ahora.

LO QUE QUIEREN LOS RENACIDOS

Cuando se les pregunta qué es lo que quieren, los Renacidos como Saada y otros señalan Mateo 28:18-20, donde Jesús dijo a sus discípulos: "Toda potestad me es dada en el cielo y en la tierra. Por tanto, id, y haced discípulos a todas las naciones, bautizándolos en el nombre del Padre, y del Hijo, y del Espíritu Santo; enseñándoles que guarden todas las cosas que os he mandado; y he aquí yo estoy con vosotros todos los días, hasta el fin del mundo."

Dicen que como Jesús es Dios, él tiene todo el poder. Él es el Rey de reyes y Señor de señores. Por lo tanto, cuando da una orden a sus discípulos, debe obedecerse. Y observan que esa orden es de predicar el evangelio a todo el mundo y hacer discípulos —no solamente "cristianos" sino seguidores de Cristo devotos y entregados— de "todas las naciones."

No sólo de las naciones seguras.

No sólo de las naciones democráticas.

No sólo de las naciones con mercado libre.

Jesús les dijo a sus discípulos que hicieran más discípulos en *todas* las naciones.

Incluso en las naciones difíciles.

Incluso en las naciones peligrosas.

Incluso en las naciones Radicales.

Efectivamente, los Renacidos dicen que la Biblia da un plan de juego geográfico específico. En Hechos 1:8, Jesús dijo a sus discípulos: "Pero recibiréis poder, cuando haya venido sobre vosotros el Espíritu Santo, y me seréis testigos en Jerusalén, en toda Judea, en Samaria, y hasta lo último de la tierra."

La directriz es clara, dicen los Renacidos. Jesús les dijo que iniciaran la iglesia en el epicentro, en Jerusalén, donde él murió y resucitó. Después ordenó a sus discípulos que llevaran el evangelio a Cisjordania, a Gaza y más allá, en una serie de círculos concéntricos que salieran de Jerusalén y que se extendieran aun a las partes más remotas y más desoladas del mundo. Por definición, esto incluye a todo el mundo islámico.

Alcanzar a todo el mundo —y particularmente al mundo del islam— con el evangelio es una misión enorme y desafiante. Muchos Renacidos fácilmente reconocen que, humanamente hablando, se sienten abrumados por la tarea. A menudo se sienten débiles físicamente, frágiles emocionalmente, intimidados por los Radicales o no lo suficientemente preparados para plantear el caso más intelectual de por qué un musulmán debería convertirse en seguidor de Cristo.

Pero dicen que su ánimo y fortaleza vienen de las promesas bíblicas como las de Mateo 28 y Hechos 1, en las que Jesús promete estar con ellos siempre. También promete darles acceso al poder sobrenatural de Dios, el poder del Espíritu Santo, a medida que lo obedecen y alcanzan a la gente de todas las naciones —incluso a los musulmanes— con el evangelio. Él promete guiarlos. Promete fortalecerlos. Promete darles las palabras correctas y el valor suficiente en medio del peligro. Y dicen que han visto que Dios cumple su promesa una y otra vez.

Por lo que estos seguidores de Cristo dicen que pretenden cumplir la "Gran Comisión" que Jesús les ha dado, sin importar lo que les ocurra, incluso persecución, tortura y muerte. Se preguntan: "Si Jesús nos amó tanto que dio su vida por nosotros en manos de sus enemigos, ¿no deberíamos estar dispuestos a morir en su servicio si fuera necesario?"

A diferencia de los Radicales, los Renacidos no buscan la muerte, ni tratan de convertirse en mártires. Quieren vivir tanto como sea posible, para alcanzar con el evangelio a tantos musulmanes como sea posible. Señalan Deuteronomio 30:19, donde Dios instruye a sus seguidores a "escoge[r], pues, la vida para que vivas tú y tu descendencia." Señalan Romanos 12:1, donde el apóstol Pablo dice: "Así que, hermanos, os ruego por las misericordias de Dios, que presentéis vuestros cuerpos en sacrificio vivo, santo, agradable a Dios, que es vuestro culto racional." Por lo tanto, no tienen la intención de hacerse estallar como terroristas suicidas, ni de cometer otra clase de violencia para matar a los "infieles." Se les ordena a que sean sacrificios *vivos* —gente que dedica su vida misma para servir a otros y salvar sus vidas.

Sin embargo, saben muy bien que Jesús también enseñó a sus discípulos que habrá oposición feroz. Saben que tienen que estar listos para morir en cualquier momento. "Si alguno quiere venir en pos de mí, niéguese a sí mismo, tome su cruz cada día, y sígame," dijo Jesús en Lucas 9:23-24. "Porque todo el que quiera salvar su vida, la perderá; y todo el que pierda su vida por causa de mí, éste la salvará."

DOS ENFOQUES DISTINTOS

Hay que observar desde el principio que no todos los Renacidos funcionan de la misma manera.

Hay cientos de distintas estrategias creativas que se utilizan para ganar a los musulmanes para Cristo y para ayudarlos a crecer en su fe, pero en cuanto a filosofía de ministerio, hay dos enfoques básicos, y son inconfundiblemente distintos. Este fue un punto que enfatizó Salim, director de uno de los ministerios más grandes del Medio Oriente y que tiene a varios árabes, iraníes y otros creyentes nacionales trabajando con él como personal pagado y voluntarios en cada país islámico del Norte de África, el Medio Oriente y Asia Central, cuando lo entrevisté.

"Joel, veo dos grupos entre los Renacidos," dijo Salim. "Primero están los que dicen: 'El islam está equivocado y no es la respuesta,' y predican que Jesús es el camino. Y hay un segundo grupo que dice: 'Predicamos sólo a Jesús y no criticamos el islam.' Por ejemplo, nuestro ministerio predica simplemente que Jesús es el Hijo de Dios y la única forma de salvación. Explicamos sus enseñanzas. Explicamos sus milagros. Explicamos su muerte en la cruz y su resurrección de los muertos. Enseñamos su amor por los pobres y los necesitados, por las mujeres y los marginados. Como lo dijo Pablo en 1 Corintios 2:1-2: 'Cuando fui a vosotros para anunciaros el testimonio de Dios, no fui con excelencia de palabras o de sabiduría. Pues me propuse no saber entre vosotros cosa alguna sino a Jesucristo, y a éste crucificado.' Nunca mencionamos el islam. Nunca mencionamos a Mahoma. Solamente predicamos a Cristo. Punto. Hay otros ministerios que específicamente enseñan que Mahoma no es profeta y que el islam está equivocado al decir que Jesús no es el Hijo de Dios. Y explican por qué Jesús es realmente el Hijo de Dios. . . . Yo no diría que una es más efectiva que la otra, pero nos parece que hay un gran beneficio al simplemente predicar el amor de Cristo como el mensaje positivo y esperanzador que es para los musulmanes que están hambrientos de verdad y que se han desilusionado y desencantado del islam."*

Salim observó que los ministerios que están confrontando al islam directamente están, en gran parte, emprendiendo una "guerra en el aire" a través de la radio y televisión satelital (así como de Internet) para los corazones y mentes musulmanas que típicamente han estado cerradas —y a veces violentamente opuestas— al mensaje del evangelio. Por razones de seguridad, los líderes de estos ministerios típicamente operan desde fuera de la región, o de sus perímetros, para no estar en peligro inmediato de ser asesinados por musulmanes enfurecidos por sus críticas de Mahoma y del Corán.

En contraste, esos ministerios que están predicando el evangelio sin mencionar nunca el islam típicamente están emprendiendo una "guerra en la tierra," dentro del hostil territorio musulmán. Sus líderes —y, más importante, sus discípulos y voluntarios— hablan con los musulmanes cara a cara, individualmente y en grupos pequeños. Distribuyen literatura del evangelio. Distribuyen CDs y DVDs con el mensaje del evangelio e

---

*Entrevista del autor en la primavera de 2008. Salim es un pseudónimo.

información de cómo llegar a ser un seguidor de Jesucristo totalmente dedicado. Llevan a cabo estudios bíblicos e iglesias en casas, en la privacidad de los hogares de la gente. En pocas palabras, funcionan dentro del fuego y enfocan sus esfuerzos en los musulmanes que ya están cerca de dejar el islam y que están dispuestos a escuchar y recibir el mensaje del evangelio.

Le pregunté a Salim si había espacio para ambos enfoques.

"Absolutamente," dijo. "Hay espacio para ambos. El beneficio de esos ministerios que confrontan el islam directamente es que crean controversia. Generan conversación entre los musulmanes acerca de lo que está mal en el islam, la hipocresía de sus líderes y las contradicciones en sus textos, así como quién es Jesús y qué enseñó. Jesús atacó a los fariseos, a los líderes religiosos de su época. No atacó a los judíos comunes, sino que confrontó directamente a los líderes judíos por su hipocresía. Por lo que esos ministerios que están confrontando a los líderes islámicos ahora tienen un lugar importante. Definitivamente están causando perturbaciones. Nosotros también. Sólo hay que recordar que estamos pagando un precio adentro por la ira que se genera desde afuera."

DOS CLASES DISTINTAS

Así como no todas las estrategias de los Renacidos son idénticas, también hay que observar que no todos los Renacidos son iguales.

He tenido el maravilloso privilegio de reunirme y hacer amistad con Renacidos en todo el mundo durante las últimas dos décadas. En el proceso de investigación y redacción de este libro, durante los últimos años, he hablado con más de 150 líderes cristianos que operan y ministran al mundo musulmán, y los he entrevistado a profundidad. Ya sea que fueran étnicamente árabes, iraníes, turcos, kurdos, afganos, bereberes o de algún otro origen, sus historias me parecieron absolutamente asombrosas e inspiradoras, en parte porque están dirigiendo una Revolución espiritual tan significativa e importante como las que dirigen los Radicales y los Reformadores. Y hasta diría que aún más.

En el capítulo siguiente, compartiré con usted las líneas de tendencia que indican lo rápido que el cristianismo está creciendo en el mundo musulmán. Pero primero permítame definir brevemente dos clases distintas de Renacidos, para que pueda entender de mejor manera quiénes son y de dónde vienen.

Algunos Renacidos son conocidos como "CTM," que quiere decir Creyentes con Trasfondo Musulmán. Estos son genuinos seguidores de Jesucristo, nacidos de nuevo y totalmente devotos, comúnmente conocidos en Occidente simplemente como "cristianos." La diferencia es que nacieron en familias musulmanas y fueron criados como musulmanes. Pero en cierto momento de sus vidas, se convirtieron al cristianismo y abandonaron el islam. Debido a esa decisión, los CTM enfrentan persecución, tortura y muerte por parte de sus familias, de sus vecinos y a veces de sus gobiernos por dejar el islam en general, y por convertirse en seguidores de Cristo en particular. Los CTM enfrentan una presión social y legal tremenda para que se mantengan en silencio en cuanto a su fe y no busquen comunión con otros creyentes y, desde luego, para que no traten de compartir su fe con otros musulmanes. Por lo tanto, necesitan de muchísima oración para sabiduría y valor, y por amigos cristianos que puedan ayudarlos a crecer y madurar en su fe y a saber cómo conducirse de una manera piadosa. Esto es cierto en cualquier lugar que viva un CTM, pero es particularmente cierto para los CTM que todavía viven en un país musulmán.

La otra clase de Renacido es alguien conocido como un "CTCN," que quiere decir Creyente con Trasfondo Cristiano Nominal. Estos también son genuinos seguidores de Jesucristo, nacidos de nuevo y totalmente dedicados. La diferencia está en que, mientras que ahora son creyentes genuinos, ellos nacieron en familias de padres que se decían cristianos, pero que en realidad no tenían una relación real, activa, transformadora y personal con Jesucristo. Sus familias quizás se identificaban culturalmente o religiosamente como cristianas, en lugar de musulmanes, judíos, hindúes o ateos. Quizás iban a la iglesia frecuentemente. Quizás iban rara vez, para Navidad y Semana Santa, por ejemplo. Pero la clave es que, mientras que un cristiano nominal puede describirse como cristiano por nombre, en realidad no ha sido transformado —no ha nacido de nuevo— por dentro.

Cuando toma la decisión de seguir a Cristo y se convierte en un CTCN, ese creyente enfrenta la amenaza de persecución, tortura y muerte por parte de sus vecinos, y a veces de sus gobiernos, si quieren compartir su fe con musulmanes y comprometerse con ministerios para ayudar a los CTM a crecer en su fe. También enfrentan aislamiento total por parte de los miembros de sus familias y amigos, que siguen siendo cristianos nominales y no entienden el cambio de vida por el que están pasando. Tristemente, muchos CTCN enfrentan persecución hasta de las iglesias en las que crecieron, porque su pasión por Jesús y por cumplir la Gran Comisión de Mateo 28:18-20 ahora amenaza a los pastores, o sacerdotes, de su niñez, que se oponen a causar perturbaciones de cualquier manera, forma y clase en una comunidad musulmana. Por lo tanto, al igual que los CTM, estos creyentes necesitan también de muchísima oración para sabiduría y valor, y de amigos cristianos que puedan ayudarlos a crecer y madurar en su fe y a saber cómo conducirse piadosamente en donde viven, y particularmente si todavía viven en un país musulmán.

La mera noción de un CTCN puede ser confusa para mucha gente, particularmente para los musulmanes, para quienes una persona es musulmana simplemente por nacer de padres musulmanes y no sólo por convertirse al islam. Pero la Biblia enseña que el solo hecho de nacer físicamente en una así llamada familia cristiana *no* da lugar a la salvación. Efectivamente, aunque los padres o hermanos de una persona en realidad sean seguidores genuinos de Jesús, nacer en esa familia *aun no* le da la salvación a esa persona. La única manera en que una persona puede recibir perdón por sus pecados y ser salva de la condenación eterna, según la Biblia, es arrepentirse y recibir personalmente a Jesucristo como Salvador por fe y, en el proceso, nacer de nuevo espiritualmente.

En Juan 3:3, Jesús dijo a un líder religioso de Jerusalén: "De cierto, de cierto te digo, que el que no naciere de nuevo, no puede ver el reino de Dios." Jesús dijo que el nacimiento físico en una familia religiosa no es suficiente. Tampoco lo es ser una persona muy "religiosa." Ni siquiera un líder religioso. Algo más tiene que ocurrir en el interior. De esta manera, a medida que lee el Nuevo Testamento, le quedará claro que el término "nacido de nuevo" es un término bíblico que se refiere a una persona que (1) está completamente convencida de que la fe en la muerte de Jesucristo en la cruz, y su resurrección de los muertos, es la única manera de recibir perdón por los pecados y de ser adoptado en la familia de Dios; y (2) le ha pedido a Dios consciente, intencional y decididamente, por medio de la oración, que lo limpie de sus pecados y lo salve por medio de la muerte y resurrección de Jesucristo.

Juan 1:12 nos dice que "a todos los que le recibieron, a los que creen en su nombre [Jesucristo] les dio potestad de ser hechos hijos de Dios."

Jesús dijo en Juan 3:16 que "de tal manera amó Dios al mundo, que ha dado a su Hijo unigénito, para que todo aquel que en él cree, no se pierda, mas tenga vida eterna."

En Romanos 10:9-10, el apóstol Pablo explica cómo nacer de nuevo: "Si confesares con tu boca que Jesús es el Señor, y creyeres en tu corazón que Dios le levantó de los muertos, serás salvo. Porque con el corazón se cree para justicia, pero con la boca se confiesa para salvación."

Luego, en 2 Corintios 5:17-18, Pablo nos dice el resultado de nacer de nuevo: "De modo que si alguno está en Cristo, nueva criatura es; las cosas viejas pasaron; he aquí todas son hechas nuevas. Y todo esto proviene de Dios, quien nos reconcilió consigo mismo por Cristo, y nos dio el ministerio de la reconciliación."

La travesía espiritual de mi propia familia me ha ayudado a entender cómo funciona este proceso. Aunque mi madre no es del Medio Oriente, en realidad es una CTCN. Nació en una familia protestante. Asistía a una iglesia cuando estaba creciendo en Roma, Nueva York. Como tal, creía que era cristiana. Pero la verdad es que era una cristiana nominal. Su corazón no había sido transformado, porque hasta 1973, nadie nunca le había explicado que ir a la iglesia no era suficiente. No sabía que necesitaba recibir individualmente a Jesucristo como su Salvador y Señor. Todo lo que sabía era que a pesar de llamarse cristiana, estaba llena de soledad y ansiedad enormes, y no tenía idea de cómo cambiar ni cómo encontrar alivio y esperanza para su vida.

Entonces, visitó una iglesia distinta en Rochester, Nueva York, donde varias parejas respondieron a sus preguntas sencilla y pacientemente. Le leyeron los versículos clave de la Biblia que explican cómo conocer a Dios de una manera real y personal y, cuando terminaron, inmediatamente supo que lo que decían era cierto. Sabía que eso era lo que quería. Ese mismo domingo en la mañana, ella decidió seguir a Jesús e hizo una oración muy similar a la que hizo Tass Saada.

En ese momento, ella nació de nuevo. Sus problemas no se desvanecieron inmediatamente. Pero desde ese día, ella comenzó a ver que Dios cambiaba su vida, porque le dio paz y gozo y una sensación de tranquilidad que nunca antes había tenido.

Mi padre, por otro lado, no es un CTM, pero podría decir que es un "CTJ" —Creyente con Transfondo Judío. Con el apellido Rosenberg, puede adivinar que no fue criado en un hogar cristiano. Más bien, fue criado en un hogar judío ortodoxo, aunque él se habría descrito más como agnóstico cuando tenía veinte años. En 1973, como seis meses después de que mi madre se convirtiera en seguidora de Jesucristo, mi padre oró para recibir a Jesús como el Mesías y también nació de nuevo. Sus problemas tampoco desaparecieron. Algunos hasta aumentaron. Pero en los años siguientes, aunque yo era joven, pude ver que mi padre cambiaba de maneras muy positivas. Ya no era el hombre amargo con genio vivo que yo temía. Se iba transformando en alguien apacible y amable, un hombre a quien le encantaba estudiar la Biblia y enseñarla —especialmente a los chicos.

Mi argumento simplemente es este: en mi hogar, personalmente, he presenciado —y he sido bendecido con— el amor de Dios hacia los judíos y los gentiles, y estoy agradecido porque él no muestra favoritismo ni restringe su benevolencia a un grupo ni al otro.

De igual manera, en mis viajes por el epicentro he presenciado personalmente —y he sido bendecido por— el amor de Dios por los musulmanes y por los cristianos nominales. Él los revive a ambos. Está despertando a los musulmanes a la verdad de las Escrituras, y está soplando vida espiritual nueva en la gente que fue criada en iglesias, pero que por mucho tiempo estuvo inconsciente del poder transformador de Jesucristo.

Y está haciendo lo mismo en cantidades que pocos habrían imaginado.

CAPÍTULO VEINTICINCO

LA GRAN HISTORIA NUNCA ANTES CONTADA —PARTE UNO

*El despertar espiritual más grande de la historia
del Medio Oriente está en marcha*

RARA VEZ OYE ESTO en las noticias.

Y rara vez lo oye en las iglesias de Occidente, de Oriente, ni en las del Medio Oriente. Pero la gran historia, nunca antes contada, es que más musulmanes están llegando a la fe en Jesucristo ahora que en cualquier otra época de la historia.

Para muchos musulmanes, la desesperación y el desaliento por lo que ven como el fracaso total de los gobiernos y sociedades islámicos para mejorar sus vidas y darles paz, seguridad y un sentido de propósito y significado en la vida está causando que dejen el islam y vayan en búsqueda de la verdad. Algunos se han perdido totalmente, y han llegado a ser agnósticos y ateos. Otros, como hemos visto, tristemente han buscado el abuso del alcohol y de las drogas. Pero millones se están dando cuenta de que solamente Jesucristo sana el dolor de sus corazones y las profundas heridas de sus almas.

Para otros musulmanes, no es la depresión sino la ira lo que los aleja del Corán y de la mezquita. Ven que demasiados líderes, gobiernos y predicadores musulmanes son partidarios de la crueldad y proceden con crueldad hacia las mujeres y los niños, y con violencia incluso en contra de sus compañeros musulmanes. No todos ellos encuentran a Jesús al abandonar el islam, pero millones sí, especialmente desde los ataques del

11 de septiembre en contra de Estados Unidos. De hecho, mientras que esta repercusión en contra de la teología y práctica del Radicalismo se ha estado desarrollando desde 1979, yo comencé a detectarla por primera vez durante mis viajes a Europa, el Norte de África y el Medio Oriente poco después del 11 de septiembre. Una y otra vez me encontraba con gente que por mucho tiempo había sido musulmana devota y tradicional. Me decían que habían visto, con horror, cómo las redes de televisión árabe repetían constantemente las imágenes de los aviones comerciales que fueron secuestrados por los yihadistas islámicos radicales y colisionaron en el World Trade Center.

Primero, lloraron. Pero después vieron que otros musulmanes vitoreaban, y su tristeza se convirtió en ira mientras se preguntaron: "¿Realmente somos así? ¿Realmente esto significa ser musulmán? ¿Dirigir aviones hacia edificios y matar a miles de civiles inocentes? Porque si eso es así, entonces no cuenten conmigo. ¿Cómo es posible que sea parte de una religión o movimiento político que glorifica y celebra la muerte?"

Muchos de estos ex musulmanes oyen el mensaje de los Reformadores, pero creen que en realidad son los Radicales los que están leyendo el Corán correctamente. Dicen que si una persona de veras estudia el Corán cuidadosamente, llegará a ser un Radical y emprenderá el yihad violento, porque eso es lo que la preponderancia de los versos les dice a los musulmanes que hagan. Dicen que los versos que hablan de que los musulmanes sean pacíficos con el "Pueblo del Libro" fueron escritos mayormente cuando Mahoma estaba tratando de ganar a judíos y cristianos para su bando, pero cuando Mahoma se dio cuenta de que no podía convertir a esos "infieles," se volvió en contra de ellos y escribió versos que los Radicales ahora adoptan en la búsqueda del yihad.

Ya sea que esas afirmaciones sean correctas teológica o históricamente claramente es un asunto para debatir. Sin embargo, el punto no es si esta gente tiene razón en su interpretación del Corán. El punto es que están hastiados. Están furiosos por las atrocidades que se cometen en nombre del islam. Y su ira solamente se ha intensificado cuando mes a mes y año a año presencian cómo los Radicales hacen estallar mezquitas, mujeres, niños y discapacitados físicos y mentales, y, en el proceso, hacen estallar sus sueños.

Y a medida que su ira aumenta, también aumenta su determinación a desasociarse del islam y a encontrar la verdad en otra parte.

LA OLEADA CRISTIANA

Dicho esto, lo que me intriga no es simplemente que los Renacidos digan que el despertar espiritual más grande de la historia del Medio Oriente está en marcha. Lo que me intriga es que los líderes islámicos se preocupen en público debido a que una oleada cristiana se está llevando a cabo en la región.

En 1993, un jeque saudita con el nombre de Salman Al-Odeh pronunció un sermón titulado: "Los misioneros cristianos están arrasando en el mundo islámico." Sostenía que "en España [los cristianos] tienen el centro más grande de misioneros para el África. Están muy bien capacitados y sus esfuerzos hacen que muchos marroquíes se conviertan." Luego citó la *World Christian Encyclopedia* (Enciclopedia mundial cristiana) —que describió como un "estudio peligroso"— y advirtió a sus compañeros musulmanes que "el número de cristianos en África era de 9 millones apenas en 1900 d. C., o . . . 9 por ciento de toda la población. En el año 1980 ¡llegaron a ser 200 millones! . . . Aumentaron de 9 a 200 millones en 80 años [y los autores del estudio] esperaban que llegaran a 390 millones en el año 2000, o 48 por ciento de toda la población de África."[1]*

Ocho años después, en diciembre de 2001, el jeque Ahmad Al Qataani, otro clérigo saudita importante, apareció en una entrevista en vivo en la televisión satelital de Aljazeera, para confirmar que, en efecto, los musulmanes estaban buscando a Jesús en cantidades alarmantes.

—Cada hora, 667 musulmanes se convierten al cristianismo —advirtió Al Qataani—. Cada día, 16.000 musulmanes se convierten al cristianismo. Cada año, 6 millones de musulmanes se convierten al cristianismo.

Atónito, el entrevistador interrumpió al clérigo. —¡Un momento! Permítame aclarar. ¿Tenemos 6 millones que se convierten del islam al cristianismo, o que se convierten del islam *y* otras religiones?

---

*Al-Odeh aparentemente estaba citando la edición de 1982 de *World Christian Encyclopedia*. Las cifras actualizadas en la edición de 2001 descubrieron que el número de cristianos en África había aumentado de 9,9 millones en 1900 a 360 millones en 2000, todavía un enorme crecimiento y un porcentaje significativo de convertidos musulmanes. Ver David B. Barrett et al, *World Christian Encyclopedia* (New York: Oxford Press, 2001), p. 5.

Al Qataani repitió su afirmación.

—¿Entonces 6 millones de musulmanes se convierten al año? —dijo el entrevistador.

—Cada año —confirmó el clérigo, y añadió—: Ha ocurrido una tragedia.[2]

No puedo confirmar estas cantidades exactas. Sin embargo, puedo confirmar la tendencia. Durante el proceso de entrevistar a más de 150 líderes cristianos en el epicentro durante los últimos años, he podido reunir información y evidencia anecdótica suficientes para tener una imagen —aunque sea imperfecta e incompleta— que proporcione una idea de la manera poderosa en que el Dios de la Biblia se está moviendo para atraer a los musulmanes a su familia. En vista de la amenaza de cárcel o muerte que enfrentan todos los creyentes de la región, sencillamente no es posible tomar un censo completo de cristianos, ni llevar a cabo un sondeo exacto para saber con seguridad cuántos musulmanes y cristianos nominales han llegado a la fe en Jesucristo en un año determinado, o incluso en las últimas décadas. Pero, de nuevo, no hay duda de que muchas personas se están convirtiendo en cristianos en la región, al punto de que los líderes musulmanes se están poniendo nerviosos y enojados.

AVIVAMIENTO EN IRÁN

"Es irónico que cuando el Ayatolá Jomeini tomó el poder en Irán, con su estilo de extremismo islámico chiíta, la verdadera cara del islam finalmente se expuso, no solamente a la población cristiana, sino a los mismos musulmanes," me dijo una vez uno de los principales evangelistas de la región, un hombre que se llama Taheer. "Antes de 1979, la demanda de Biblias en Irán nunca fue tan grande. Ahora, los iraníes siempre quieren más de la Biblia o de la enseñanza bíblica. Es contra la intuición, lo sé, pero es como si Dios hubiera utilizado a ese hombre, el ayatolá . . . para exponer el islam por lo que es y para que los musulmanes se dijeran: 'Eso no es lo que queremos; queremos algo distinto. Queremos algo mejor.'"[3]

Una musulmana iraní fue infértil por muchos años. Orar a Alá en la mezquita no le surtía efecto. Como conocía a varios CTM, les pidió que oraran por ella para que sanara. Ellos accedieron y comenzaron a leerle pasajes de la Biblia. Específicamente le enseñaron Santiago 5:14-16, que dice: "¿Está alguno enfermo entre vosotros? Llame a los ancianos de la iglesia, y oren por él, ungiéndole con aceite en el nombre del Señor. Y la oración de fe salvará al enfermo, y el Señor lo levantará; y si hubiere cometido pecados, le serán perdonados. Confesaos vuestras ofensas unos a otros, y orad unos por otros, para que seáis sanados. La oración eficaz del justo puede mucho." Entonces los creyentes oraron por la musulmana y la ungieron con aceite. Pronto quedó embarazada, y en secreto oró con sus amigos para llegar a ser seguidora de Jesús. Tuvo un bebé varón y lo llamó Shah —palabra persa que significa "rey"— diciendo: "Jesús es el Rey. ¡Él me sanó y me dio este hijo como un milagro!"

"Si está trabajando en Irán, siente como si estuviera trabajando con Dios," me dijo un destacado líder ministerial iraní. "Él está con nosotros en Irán. Jesucristo se revela a la gente en Irán. Un gran avivamiento está en marcha y habrá más. Mis amigos me dicen que me vaya del país por mi seguridad. 'El gobierno te arrestará,' dicen. 'Te matarán.' Pero si usted se va, está perdiendo una oportunidad grande e histórica. Si se queda y sirve, verá un gran avivamiento y verá que se cumple la profecía. Uno se siente tan pequeño. ¡Pero Dios es tan grande!"[4]

"En Irán," me dijo otro cristiano iraní, "uno no va detrás de la gente con el evangelio. Ellos vienen a hacerle preguntas acerca del Señor. Permítame darle un ejemplo. Fui al consultorio del doctor porque me sentía muy enfermo. Le pregunté a la recepcionista si podía ver al doctor inmediatamente, pero ella era una mujer con velo y musulmana fanática. No tenía la intención de hacerle la vida más fácil a un 'infiel,' y me dijo que tenía que esperar dos horas. 'Lo lamentará,' dije con una sonrisa y entonces me senté en el salón, que estaba lleno de gente. Unos momentos después, el doctor salió para recoger un expediente. 'Hola, Reverendo,' dijo. Yo lo saludé de vuelta. Entonces todos en la sala de espera me preguntaron: '¿Verdaderamente es reverendo?' Dije que sí. '¿Cómo puedo conocer a Jesús?' preguntaron. Se los dije y cinco musulmanes oraron conmigo en la sala de espera para recibir a Jesús como su Salvador. '¿Vio que ahora lamenta haberme hecho esperar?' dije a la recepcionista, de nuevo con una sonrisa. Nunca más me ha hecho esperar."[5]

LA AVALANCHA TODAVÍA SE AVECINA

"Permítame darle otro ejemplo," me dijo el mismo cristiano iraní. "Había una musulmana que había sido abusada y que intentó suicidarse tragándose un montón de píldoras para dormir. Pero mientras perdía el conocimiento, tuvo una visión de algo llamado 'Agua Viva.' Nunca había oído del 'Agua Viva.' Pero algo la hizo querer saber más. Se despertó, vomitó las píldoras, encontró una Biblia y leyó todo el Evangelio de Juan.

"Cuando llegó al capítulo 4, leyó la historia donde Jesús le pidió a una mujer triste y atormentada un trago de agua de un pozo en Samaria. La mujer se sorprendió de que este hombre judío hablara con ella. Entonces Jesús le dijo: 'Si conocieras el don de Dios, y quién es el que te dice: Dame de beber; tú le pedirías, y él te daría agua viva.' La mujer le dijo: 'Señor, no tienes con qué sacarla, y el pozo es hondo. ¿De dónde, pues, tienes el agua viva?' Respondió Jesús y le dijo: 'Cualquiera que bebiere de esta agua, volverá a tener sed; mas el que bebiere del agua que yo le daré, no tendrá sed jamás; sino que el agua que yo le daré será en él una fuente de agua que salte para vida eterna.'

"La musulmana estaba atónita por el amor y la compasión de Jesús por esta atormentada mujer samaritana. Ella quería de esa Agua Viva. Cuando terminó de leer el libro de Juan, ya había orado para aceptar a Cristo como su Salvador. Entonces llegó a nuestra iglesia a pedir ayuda para crecer en su fe. Nosotros no la llevamos a Cristo. Ella ya llegó convencida. Simplemente la animamos, le enseñamos la Palabra de Dios y le enseñamos a compartir su fe con otros. Y ella escuchó. Ha guiado a sus cuatro hermanas y a sus padres a Cristo. Y una iglesia de veinte creyentes iraníes secretos ahora se reúne en su casa."

"Antes de la Revolución [Islámica] había muy poca respuesta al evangelio," me dijo un pastor iraní. "En el verano de 1975, nuestro ministro compartió a Cristo con casi cinco mil personas. Solamente dos personas mostraron interés. Pero en 2005, noventa y ocho de cada cien personas con las que compartimos mostraron interés, y vimos muchas decisiones por Cristo."[6]

"En los últimos 20 años, más iraníes han llegado a Cristo [que en] los últimos 14 siglos," dijo Lazarus Yeghnazar, un evangelista que nació en Irán y que ahora vive en Gran Bretaña. "Nunca hemos visto una sed tan fenomenal. . . . Creo que este fenómeno [se convertirá] en una gran avalancha. Todavía es una lluvia. Todavía no es la avalancha que viene. . . . Pero pronto, pronto sucederá."[7]

En la época de la Revolución Islámica en 1979, solamente se sabía de unos quinientos musulmanes convertidos a Jesús dentro del país. En 2000, un estudio de tendencias demográficas cristianas reportó que había doscientos veinte mil cristianos en Irán, de los cuales entre cuatro y veinte mil eran musulmanes que se habían convertido.[8] Y según los líderes cristianos iraníes que entrevisté para este libro, el número de seguidores de Cristo en su país se disparó dramáticamente entre 2000 y 2008.

El dirigente de un destacado ministerio iraní, que aceptó hablar con la condición de mantener el anonimato, me dijo: "Basado en todas las cosas que estamos viendo dentro de Irán ahora, personalmente creo que si cada iraní que secretamente cree en Jesús pudiera presentarse ahora mismo y declarar su fe públicamente, el número sobrepasaría a un millón."[9]

Un destacado disidente político iraní, que está en Occidente, y que también es musulmán convertido al cristianismo, me dijo que cree que hay tantos como 4,5 millones de convertidos iraníes.[10]

Un iraní que dirige uno de los ministerios más grandes de evangelismo y discipulado a musulmanes chiítas en su país —y que es uno de los líderes ministeriales iraníes más confiables del mundo— me dice que cree que la cantidad real se acerca a 7 millones de creyentes, o aproximadamente una de cada diez personas en Irán.[11]

MEDIDAS ENÉRGICAS DEL GOBIERNO

Tenga en mente que es imposible verificar esos números en vista de las condiciones políticas actuales, pero, de nuevo, las tendencias son claras, y la reacción de pánico creciente de las autoridades iraníes en años recientes parece apoyar la noción del crecimiento sin precedentes de la iglesia iraní.

En abril de 2004, por ejemplo, un clérigo chiíta iraní con el nombre de Hasan Mohammadi dio un discurso abrumador en una escuela de secundaria en Teherán. Exhortó a los estudiantes que "velen por su amada fe chiíta" en contra de la influencia de los evangélicos y de otras presuntas religiones apóstatas, y advirtió: "Desafortunadamente, cada día aproximadamente cincuenta niñas y niños iraníes se convierten secretamente a las denominaciones cristianas en nuestro país."[12]

Mohammadi había sido contratado por el Ministerio de Educación para enseñar el islam chiíta a la juventud del país, que cada vez está más insatisfecha con la Revolución Islámica y está buscando realización en otra parte. Pero como un padre cuyo hijo estaba en la audiencia le dijo a un reportero: "[Mohammadi], sin saberlo, admitió la derrota de la República Islámica de Irán en promover su islam como régimen teocrático."

Para septiembre de ese año, el régimen iraní había arrestado a ochenta y seis pastores evangélicos y los había sometido a interrogatorios extensos y hasta a tortura. En octubre de 2004, Compass Direct, una agencia noticiosa cristiana internacional, reportó que "un alto funcionario [iraní] dentro del Ministerio de Inteligencia y Seguridad habló en el Canal 1 de la televisión estatal, advirtiendo a la población en contra de las muchas 'religiones extranjeras' que están activas en el país y se comprometió a proteger al 'amado islam chiíta' de la nación de todas las fuerzas extranjeras." El servicio noticioso continuó reportando que este funcionario de seguridad había ayudado a interrogar a diez de los pastores evangélicos arrestados, se había quejado debido a que las actividades cristianas en Irán se habían "salido de control" e "insistía en que la iglesia de ellos hiciera algo para detener el flujo de literatura, televisión y programas de radio cristianos que apuntaban a Irán."[13]

El surgimiento de Mahmoud Ahmadinejad llevó a una aceleración dramática de la persecución gubernamental a cristianos iraníes —particularmente pastores, muchos de los cuales han sido arrestados, interrogados, golpeados y mucho peor. "Un iraní convertido al cristianismo fue secuestrado la semana pasada de su hogar, en el noreste de Irán, fue asesinado a puñaladas y lanzaron su cuerpo sangrante frente a su casa unas horas después," reportó Compass Direct en noviembre de 2005. "Ghorban Tori, de 50 años, pastoreaba una iglesia independiente de cristianos secretos que se reunían en un hogar en Gonbad-e-Kavus, pueblo justo al este del Mar Caspio, a lo largo de la frontera con Turkmenistán. Apenas unas horas después del asesinato del 22 de noviembre, la policía local secreta llegó a la casa del pastor que había sido martirizado en busca de Biblias y otros libros cristianos prohibidos en idioma persa. Al final del día siguiente, la policía secreta también había invadido las casas de todos los demás cristianos conocidos de la ciudad. Según una fuente iraní bien informada, durante los últimos ocho días, representantes del Ministerio de Inteligencia y Seguridad (MOIS) han arrestado y torturado severamente a diez cristianos más en varias ciudades, entre ellas Teherán."[14]

Apenas unos días antes del asesinato del pastor, Ahmadinejad se reunió con treinta gobernantes provinciales y juró detener el creciente movimiento de iglesias en los hogares, supuestamente diciendo: "Voy a detener el cristianismo en este país."[15]

No obstante, los líderes evangélicos de Irán dicen que están viendo que las palabras de Jesús en Mateo 16:18 se hacen una realidad ante sus propios ojos: "edificaré mi iglesia, y las puertas del Hades no prevalecerán contra ella."

SUEÑOS Y VISIONES

Finalmente, me han dicho que la mayoría de CTM iraníes no llega al cristianismo principalmente por medio de las películas *La Pasión de Cristo* o *JESÚS*, ni por los ministerios de televisión satelital, ni siquiera por el trabajo del creciente movimiento de iglesias en hogares. Estos recursos son vitalmente importantes. Dan a muchos incrédulos una exposición inicial al evangelio, y en realidad están fortaleciendo la fe de creyentes nuevos, así como a los que han estado siguiendo a Cristo por algún tiempo. Pero no son suficientes para llevar a muchos iraníes a un momento de decisión. Lo que sí está llevando a los iraníes a Cristo son sueños y visiones de Jesús.

Una musulmana iraní tuvo un sueño en el que Dios le dijo: "Lo que te digan las dos mujeres con las que te reunirás mañana, escúchalo." Sorprendida, pasó el día siguiente con la curiosidad de con quién se reuniría. No tenía planes de reunirse con nadie, pero, en efecto, en cierto momento dos cristianas iraníes se le acercaron y le explicaron el mensaje de la salvación. Ella obedeció las instrucciones del Señor en el sueño, escuchó cuidadosamente y luego inclinó su cabeza y oró para recibir a Cristo como su Salvador.

Hace algunos años, un pastor iraní que conozco conoció a una chiíta iraní, de veintidós años, que se había hecho cristiana después de haber tenido una visión de Jesucristo. Ella llegó a su iglesia un día con hambre de estudiar la Biblia por sí misma. Mientras más estudiaba la Palabra de Dios, amaba más profundamente a Jesús. Pronto descubrió que Dios le había dado el don espiritual del evangelismo. Es decir, no solamente tenía pasión por compartir su fe con otros; el Espíritu Santo también la había bendecido con una capacidad sobrenatural de llevar a los musulmanes a Cristo. Ahora lleva a un promedio de quince personas a Cristo todos los días —así es, *quince al día*. Le dijo a mi amigo pastor que los musulmanes iraníes están tan desesperados por el evangelio que típicamente se tarda como cinco minutos en compartir la historia de su conversión y cómo Dios ha cambiado su vida para que el oyente esté listo para recibir a Cristo. Dice que las conversaciones "difíciles," con varias preguntas o inquietudes, tardan como de quince a veinte minutos. Su oración es poder llevar a siete mil musulmanes iraníes a Cristo en los próximos cinco años.[16]

En mi tercera novela, *The Ezekiel Option*, cuento la historia de dos cristianos que viajan por las montañas de Irán en un automóvil lleno de Biblias. De repente, su timón se atascó y tuvieron que frenar repentinamente para no salirse del camino. Cuando levantaron la vista, vieron a un anciano que tocaba en sus ventanas y les preguntaba si tenían los libros.

—¿Qué libros? —preguntaron.

—Los libros acerca de Jesús —respondió el anciano. Continuó explicando que un ángel recientemente lo había visitado en una visión y le había hablado de Jesús. Después, se dio cuenta de que todos en su aldea montañosa habían tenido la misma visión. Todos eran nuevos seguidores de Jesús, pero no sabían qué hacer después. Entonces el anciano tuvo un sueño en el que Jesús le decía que bajara de la montaña y que esperara a alguien en el camino que le daría unos libros que explicarían cómo ser cristiano. Él obedeció y, de repente, dos hombres con un automóvil lleno de Biblias se habían detenido justo frente a él.

Este fue uno de mis pasajes favoritos en *The Ezekiel Option*, pero no es ficción. No lo inventé. Es cierto. Directamente me lo dio un amigo que es líder de un ministerio en el Medio Oriente. Conoce personalmente a los hombres involucrados. Solamente le pregunté si podía cambiar sus nombres para usarlos en la novela, y mi amigo estuvo de acuerdo.

CAPÍTULO VEINTISÉIS

LA GRAN HISTORIA NUNCA ANTES CONTADA —PARTE DOS

Más evidencia de un avivamiento dramático en el Medio Oriente

LO QUE DIOS ESTÁ HACIENDO EN IRÁN es extraordinario. Pero sólo es el inicio. Al viajar a través del resto del mundo islámico, usted se da cuenta de que los milagros suceden por todos lados, y aumentan como nunca antes.

AVIVAMIENTO EN EL NORTE DE ÁFRICA

Los principales pastores y líderes ministeriales de Egipto calculan que hay más de 2,5 millones de seguidores de Jesucristo en su país. Muchos de estos son musulmanes que se han convertido, y también hay un enorme avivamiento en marcha entre los cristianos nominales dentro de la histórica iglesia copta, cuyos miembros ascienden a alrededor de 10 millones.[1]

La madre de Lynn, nuestros hijos, Lynn y yo vivimos en Egipto por casi tres meses, a finales de 2005 y a principios de 2006, mientras hacía investigaciones y escribía *Epicentro*. Durante ese tiempo, tuvimos la oportunidad de ver esta enorme oleada de cristianismo de primera mano. Nos reunimos con egipcios CTM y CTCN que participaban en ministerios de televisión satelital, en la radio, en Internet, en distribución de literatura evangelística y en toda clase de alcance evangelístico y programas de discipulado. Visitamos una variedad de iglesias, incluso la famosa "iglesia de la basura" en las cuevas que están arriba del Cairo, ubicada precisamente al lado de la más grande "ciudad" de basura y productos de deshecho que yo hubiera visto en mi vida.

Para llegar a la "iglesia de basura," primero hay que conducir a través de esta "ciudad" de edificios de apartamentos de ladrillo y cemento mal construidos, repletos de aproximadamente quince a treinta mil "personas de la basura" —nadie lo sabe con seguridad, y las cantidades siempre están cambiando— que viven literalmente entre miles de toneladas de basura. Por todas partes ve gente que la recoge, la clasifica y la mete en bolsas, buscando objetos de valor y esperando vender botellas de plástico y cosas similares a los recicladores. El hedor es increíble.

Pero después que la atraviesa hacia el otro lado, llega a un estacionamiento pavimentado y a una bella pequeña capilla cristiana, construida entre enormes acantilados. En los acantilados están esculpidas las escenas más asombrosas de Jesús caminando sobre el agua, Jesús en la cruz, Jesús ascendiendo al cielo, etc., cada una con un versículo de la Biblia escrito abajo en árabe e inglés, todo hecho por un artista polaco. Dentro de las seis cuevas hay seis capillas; la más grande tiene capacidad para veinte mil personas.

Nuestro guía de ese día era un CTM que se llama Addel. Compartió con nosotros (por medio de un traductor) que se había perdido en las drogas, el alcohol y la depresión de vivir en el pueblo de la basura. También compartió con nosotros cómo llegó a escuchar un casete de uno de los sacerdotes en la iglesia, y cómo Dios usó ese sermón para convencerlo de su pecado y señalarle lo que Jesús hizo en la cruz para recibir el castigo de sus pecados y ofrecerle perdón. Ahora Addel recibe visitantes que llegan a ver este ministerio extraordinario y les cuenta la historia de lo que Dios está haciendo allí.

Dijo que la iglesia fue plantada en 1978 por un sacerdote copto que tenía la carga de alcanzar a la gente que muchos consideran —como Pablo se calificó— "la escoria del mundo, el desecho de todos"* con las Buenas Nuevas de que podrían ser adoptados por el Rey de reyes. Tanta gente llegó a ser cristiana en los años siguientes que en 1992 tuvieron que convertir la cueva más grande en un anfiteatro para adoración. En un fin de semana normal, unos diez mil creyentes nuevos y crecientes en la comunidad de

---

*1 Corintios 4:13.

la basura llegan a cantar y a escuchar el mensaje del evangelio y a aprender cómo ser discípulos genuinos de Jesucristo. Los servicios se llevan a cabo los jueves en la noche (el servicio más popular), los viernes en la mañana y los domingos en la noche.

En mayo de 2005, más de veinte mil creyentes árabes se reunieron para un día de oración por sus amigos musulmanes no salvos, para que llegaran a ser seguidores de Cristo. El evento fue transmitido por todo el Medio Oriente en una red cristiana de televisión satelital, y permitió que miles más vieran a Dios obrando poderosamente.

El número de creyentes en Libia no se sabe actualmente. Me han dicho que en Túnez hay menos de mil CTM. Pero en la vecina Argelia —el lugar de nacimiento de San Agustín, uno de los primeros padres de la iglesia, pero que por muchos siglos estuvo sin presencia cristiana— más de ochenta mil musulmanes han llegado a ser seguidores de Cristo en años recientes. La gran mayoría de estos creyentes es gente joven, por debajo de los treinta años.[2]

La oleada del cristianismo ha llegado a ser tan alarmante para los clérigos islámicos que en marzo de 2006 los funcionarios argelinos aprobaron una ley que prohibía a los musulmanes que se hicieran cristianos y que siquiera aprendieran del cristianismo. Los cristianos que tratan de compartir su fe con los musulmanes enfrentan de dos a cinco años de cárcel y multas de cinco mil a diez mil euros por "tratar de exhortar a un musulmán a que adopte otra religión." En una maniobra por desarraigar al creciente movimiento de la iglesia en hogares, la ley también prohíbe a los cristianos reunirse en cualquier edificio sin licencia del gobierno.[3]

El cristianismo también está creciendo en Marruecos. En un viaje a Casablanca y Rabat en 2005, me enteré de que los medios de comunicación marroquíes protestaban por el "fenómeno de que los marroquíes se conviertan al cristianismo," sugiriendo que entre veinte mil y cuarenta mil musulmanes han llegado a ser seguidores de Cristo. El *Morocco Times*, por ejemplo, publicó un artículo el 12 de marzo de 2005, titulado: "¿Por qué los marroquíes se convierten al cristianismo?" Después, el 24 de enero de 2006, el *Times* publicó una historia titulada "Los misioneros evangélicos de regreso al primer plano."*

---

*Otras publicaciones marroquíes, como *Attajdid*, *Le Journal Hebdomadaire*, *Le Matin* y *La Gazette Du Maroc*, han publicado historias similares.

Los pastores locales y líderes ministeriales me han dicho que las clases de números mencionadas en estas historias pueden ser exageradas, pero de buena gana reconocen que Dios está activo en su país. Durante mis visitas, personalmente tuve el privilegio de conocer a muchos líderes CTM que compartieron conmigo las historias dramáticas de sus propias conversiones. Algunos de estos líderes, de hecho, eran "hajjis" —que significa que antes eran musulmanes tan devotos que hicieron el peregrinaje a la Meca, conocida como el *Haj,* a adorar a Alá— antes de que dejaran el islam y buscaran a Cristo. Ahora son evangelistas, hacedores de discípulos y plantadores de iglesias, llenos de historias emocionantes de cómo otros marroquíes están llegando a Cristo. Permítame compartir solamente una con usted.

Una joven musulmana de Marruecos —llamémosla Abidah (que significa "adoradora")— vio la película *JESÚS* cuando vivía y trabajaba en Europa y se convirtió en seguidora de Jesús. Después de dos años de que un creyente mayor y más sabio la discipulara, Abidah volvió a su casa de vacaciones, para visitar a su familia en Marruecos. Por cinco días oró por la manera en que le diría a su familia que era cristiana, pero tenía mucho miedo. Al sexto día, su hermana también volvió de Europa. —¡Miren lo que me dieron gratis! —dijo la hermana a su familia, y les mostró una copia del Injil (Nuevo Testamento) y la película *JESÚS,* que un cristiano le había regalado en el ferry en el que cruzaron el Mediterráneo.

—¡Miren, la película es de Isa!* —exclamó el padre, un musulmán tradicional—. Es nuestro profeta. Veámoslo.

Abidah estaba atónita.

La familia se sentó unida frente a la televisión. Como a mitad de la película, toda la familia hacía una pregunta tras otra, tratando de entender quién era Jesús, por qué enseñaba de la manera que lo hizo y cómo podía hacer milagros y mostrar ese amor y compasión a todos, incluso a sus enemigos.

Abidah vio su oportunidad. Comenzó a responder las preguntas. Ahora era su familia la que estaba atónita. —¿Por qué sabes todas estas cosas? —preguntó su padre.

---

*Isa es el nombre de Jesús en árabe.

—Porque vi esta película hace dos años y me convertí en cristiana. Pero tenía miedo de decírtelo.

Una nube cubrió la cara de su padre. Se veía enojado. Pero cuando habló, no le gritó a Abidah. En lugar de eso dijo: —¡Qué! ¿Nos hiciste esperar cinco días para escuchar de Jesús?

AVIVAMIENTO EN SUDÁN

En Sudán, mientras tanto, se está desarrollando una de las historias más grandes de la cristiandad moderna: un despertar espiritual de proporciones casi inimaginables, en medio de la guerra civil, el islam radical, la persecución incontrolada y el genocidio directo. Unos trescientos mil sudaneses han sido asesinados en años recientes solamente en Darfur. Más de 2,5 millones de sudaneses han sido desplazados por todos los combates. Pero el Dios de la Biblia se está moviendo poderosamente allí para atraer a esta gente amada a su familia.

En *Epicentro* reporté que un millón de sudaneses se han convertido a Cristo no más desde el año 2000 —no a pesar de la persecución, la guerra y el genocidio, sino *debido* a ellos. "La gente ve cómo es el islam radical," me dijo un líder cristiano sudanés, "y en lugar de eso ellos quieren a Jesús."[4]

Desde la publicación del libro en el otoño de 2006, más de un cuarto de millón adicional de sudaneses le han dado sus vidas a Cristo, y el cálculo total de creyentes en el país ha ascendido a más de 5,5 millones.[5] La verdadera necesidad ahora es de más pastores preparados, maestros bíblicos, hacedores de discípulos y trabajadores de ayuda humanitaria.

Cuando Sudán recibió la independencia en 1956, solamente había cinco o seis sacerdotes anglicanos nacidos de nuevo en todo el país. Ahora, hay más de 3.500 sacerdotes anglicanos, junto con veintenas de pastores y líderes ministeriales de otras denominaciones.[6] Pero esto sencillamente no es suficiente para estar a la altura de la demanda. Los estudiantes asisten a las clases del seminario en cuevas. El gobierno está evitando que los cristianos construyan instalaciones adecuadas para la capacitación en el ministerio. Y, por supuesto, cientos de iglesias han sido destruidas por los años de combates.

AVIVAMIENTO EN IRAK

En el otoño de 2008, varios colegas y yo tuvimos el privilegio de viajar a
Irak y participar en una conferencia de oración, adoración y enseñanza
bíblica, a la que asistieron 640 pastores, líderes de alabanza, líderes de
estudios bíblicos y jóvenes iraquíes. Nos dijeron que era la cuarta conferencia anual, y esta constituía, por mucho, la reunión más grande de
creyentes iraquíes de la historia moderna del país.

Fue un tiempo increíblemente especial, y yo quisiera que cada uno
de mis lectores pudiera tener una oportunidad similar. Los creyentes y
sus pastores llegaron de cada provincia del país. Estaban llenos de gozo y
emoción de adorar a Dios y de estar juntos como hermanos y hermanas
en Cristo. Literalmente cantaban canciones de adoración y alabanza a su
Señor Jesucristo por dos —y a veces tres— horas a la vez, antes de sentarse
para que un pastor les enseñara de la Biblia. Después de cada sesión, se
amontonaban para comparar notas sobre lo que Dios estaba haciendo
en sus ciudades, pueblos y aldeas. Contaban historias de milagros que
presenciaban en su medio. Oraban con y por los demás. Intercambiaban
direcciones de correo electrónico y prometían seguir en contacto. También pedían a los pastores y líderes ministeriales de Occidente (algunos
asistieron) que oraran para regresar a ayudarlos a dirigir conferencias
futuras y retiros para entrenar a los creyentes iraquíes, con el fin de que
pudieran estudiar la Biblia por sí mismos.

No hay duda de que el hambre de Cristo en los iraquíes también está
en su punto más alto, dicen los numerosos pastores y líderes ministeriales
que entrevisté. Varios millones de Nuevos Testamentos en árabe, y libros
cristianos, se han embarcado para Irak desde la liberación. Millones se
están imprimiendo dentro del país, y los pastores dicen que no pueden
estar a la altura de la demanda. Y lo que es más, los iraquíes ahora están
recurriendo a Cristo en cantidades que serían inimaginables en cualquier
momento del reinado del terror de Saddam Hussein.

Antes de 2003, según los principales líderes cristianos iraquíes, solamente se sabía de como cuatrocientos a seiscientos seguidores de Jesús
nacidos de nuevo en todo el país, a pesar de los aproximadamente setecientos cincuenta mil cristianos nominales en las históricas iglesias iraquíes. Cuando se publicó *Epicentro* en 2006, el número de creyentes
conocidos dentro de Irak había crecido a más de cinco mil. Y Dios ha

seguido actuando poderosamente desde entonces. A finales de 2008, los líderes cristianos iraquíes estimaban que había más de setenta mil creyentes iraquíes nacidos de nuevo —unos diez mil que adoraban en iglesias abiertas que enseñan la Biblia dentro de Irak, por lo menos otros diez mil que adoran en iglesias hogareñas secretas en Irak y otros cincuenta mil que viven como refugiados fuera del país, mayormente en Jordania, Egipto, Europa y Estados Unidos.[7]

Además de musulmanes que se convierten al cristianismo en grandes cantidades, también hay un despertar espiritual significativo en marcha dentro de las iglesias tradicionales iraquíes. "Los sacerdotes cristianos católicos y ortodoxos están viendo que su fe se revitaliza," me dijo un pastor iraquí, que pidió no ser nombrado. "Quieren ver sus iglesias restauradas con la clase de actividad del primer siglo: evangelismo, discipulado y milagros."[8]

¿Por qué tanta hambre espiritual? Cada cristiano iraquí que he entrevistado me ha dado las dos mismas respuestas: guerra y persecución. Aunque la seguridad en Irak se estaba deteriorando de 2003 a 2007, uno de los líderes principales del movimiento de los Renacidos me dijo que nunca había visto que tantos iraquíes oraran para recibir a Cristo y desearan la enseñanza bíblica.

Le pregunté cómo explicaba esos acontecimientos.

"Realmente no es tan complicado, Joel," respondió. "Cuando los seres humanos están bajo amenaza, buscan un poder fuerte que los ayude —un refugio. Los iraquíes miran a todos lados y cuando ven a los creyentes en Jesús, que disfrutan paz interna durante un tiempo de tanta violencia y temor, ellos también quieren a Jesús."[9]

Entonces le pregunté cómo él y sus discípulos habían compartido su fe y habían llevado gente a Cristo con todos los bombardeos suicidas, bombardeos de automóviles, francotiradores y otros problemas de los últimos años.

"Hicimos lo que pudimos," dijo, "pero Dios no depende de nosotros. Esto es algo que él hace por sí mismo. Está llevando musulmanes a Cristo. Solamente somos sus siervos, ayudando donde podemos. La verdad es que Dios está sanando a los musulmanes de enfermedades y afecciones. También les da visiones de Jesucristo a los musulmanes. Viene a ellos y habla con ellos, y ellos se arrepienten y le entregan sus vidas a él. Digo que los chiítas están viendo visiones de Cristo y se están arrepintiendo. Cuando los conocemos, ellos ya creen en Jesús. No tenemos que compartir el evangelio con ellos. Queremos hacerlo, pero no es necesario. Ellos ya están convencidos de que Jesús es el Salvador. Ya están convencidos de que la Biblia está la Palabra de Dios. Por lo que los ayudamos a estudiar la Biblia. Los ayudamos a crecer en su fe y a que participen en una buena iglesia para que puedan conocer a otros creyentes y aprendan a adorar a Dios como miembros de la iglesia. Pero verá, Joel, es Dios quien está activo. Él está haciendo que esto suceda —no nosotros."

AVIVAMIENTO EN LA TIERRA SANTA

En el corazón del mismo epicentro —Jerusalén, Judea, Samaria y Gaza— finalmente hay señales notables de avivamiento, después de siglos de sequía espiritual.

En 1967, solamente había unos cuantos cientos de CTCN y apenas un puñado de CTM en la Tierra Santa. Ahora, si se incluye a los creyentes árabes israelíes y a los creyentes palestinos que viven en Cisjordania y Gaza, hay alrededor de cinco a seis mil seguidores de Jesucristo, nacidos de nuevo, que caminan donde él caminó una vez. Lo que es verdaderamente emocionante es que apenas desde 2007, casi mil musulmanes han llegado a Cristo sólo en Cisjordania; la mayoría de ellos se convirtieron por medio de sueños y visiones de Jesús. Y lo que es más, la calidad de los convertidos es excepcional. Efectivamente, Jesús parece estar eligiendo a los innovadores espirituales en su patio posterior, y los está reclutando para que sean enormemente influyentes para alcanzar al resto del epicentro con el evangelio.

Uno de los Renacidos más influyentes que he conocido es un árabe palestino. Taheer (a quien cité en el capítulo anterior)* nació en una familia cristiana nominal, en Jerusalén, en 1947. Apenas tenía seis meses cuando estalló la primera guerra árabe-israelí. Su madre murió poco después. Sin embargo, Dios fue increíblemente bueno con él, y lo llevó a la fe salvadora en Jesucristo a la edad de dieciocho, mientras lloraba de rodillas con arrepentimiento después de leer finalmente el Nuevo Testamento por sí solo.

---

*Taheer es un pseudónimo.

"No os dejaré huérfanos," dijo Jesús en Juan 14:18-19, "vendré a vosotros. Todavía un poco, y el mundo no me verá más; pero vosotros me veréis; porque yo vivo, vosotros también viviréis." Estos versículos repentinamente volvían una realidad en la vida de este hombre, y pronto desarrolló una pasión por alcanzar a los musulmanes y cristianos nominales con la gracia maravillosa de Dios. Cuando lo conocí, dirigía la división del idioma árabe de uno de los ministerios de radio más efectivos del mundo, transmitiendo el evangelio y hora tras hora de enseñanza bíblica sólida a millones de musulmanes que buscan esperanza y verdad en el dial de sus radios.

Hace varios años, Lynn y yo conocimos a tres jóvenes palestinos de Belén, de un trasfondo cristiano nominal, que se habían hecho creyentes. No mucho antes de conocerlos, eran adolescentes que lanzaban piedras a los soldados israelíes y participaban con los activistas de la OLP y los Radicales de Hamas en demostraciones violentas en contra de lo que denunciaban como la "ocupación israelí de Palestina." Pero después de llegar a la fe en Jesucristo, habían cambiado completamente. Ahora estaban compartiendo su nueva fe con todo el que escuchara, se inscribieron en clases intensivas de la Biblia y evangelismo y hacían todo lo que podían para capacitar a creyentes palestinos más jóvenes para que también llegaran a ser efectivos en el ministerio.

"Finalmente, la iglesia en verdad está creciendo aquí," me dijo uno de ellos. "Recuerdo que hace apenas unos cuantos años había una iglesia en Belén donde sólo estaba el pastor y un creyente. Pero el pastor llevaba a cabo servicios como si el pequeño salón de adoración estuviera lleno, como una iglesia regular. Se paraba en el púlpito y leía anuncios. Predicaba su sermón. Luego decía a la congregación que se pusiera de pie para un canto de clausura. La congregación era sólo este tipo. Pero él se paraba y cantaba, y luego se volvía a sentar. Antes de ser creyente, me parecía chistoso. Pero ahora esa pequeña iglesia tiene más de cien creyentes nuevos en ella. Ya no me parece chistoso. ¡Es muy emocionante!"[10]

AVIVAMIENTO EN SIRIA, LÍBANO Y JORDANIA

En 1967 no había seguidores de Jesucristo nacidos de nuevo de trasfondo musulmán en todo el país de Siria. Pero después de la humillante derrota con los israelíes, y de todas las víctimas y de las matanzas que ocasionó la guerra, el interés espiritual en el evangelio comenzó a crecer. En 1997, había alrededor de mil creyentes conocidos en Siria. Ahora, hay entre cuatro y cinco mil creyentes nacidos de nuevo en el país, CTM y CTCN combinados.

¿Hay que hacer más? Absolutamente. Pero como me dijo un líder ministerial árabe: "Estoy muy emocionado porque Dios está haciendo un milagro en Siria." Dijo que particularmente las mujeres son receptivas al evangelio. Como doscientas cincuenta mujeres asistieron a una conferencia que su esposa organizó —*y noventa y seis oraron para recibir a Cristo.* "Algunas de las primeras iglesias del mundo estaban en Siria en el primer siglo," me recordó. "Luego se convirtió en un desierto espiritual. Pero ahora la iglesia está regresando allá." Y lo que es más, dice que "debido a que Pablo recibió a Cristo en el camino a Damasco, tenemos una visión de que este se convierta en un país enviador," es decir, un país que envíe discípulos entrenados de Siria a otros países musulmanes de la región a compartir el evangelio.[11]

Los líderes cristianos árabes de Jordania me dicen que en 1967 había menos de mil creyentes nacidos de nuevo en todo este país bíblicamente histórico —sólo se sabía como de diez Creyentes de Trasfondo Musulmán y de quinientos a ochocientos Creyentes de Trasfondo Cristiano Nominal. Pero Dios ha estado despertando a la iglesia en las últimas cuatro décadas, particularmente en los últimos años. Los cálculos conservadores dicen que el número de creyentes en el país ahora está entre cinco y diez mil. Sin embargo, el líder de un ministerio importante de Jordania cree que es posible que haya tantos como cincuenta mil creyentes en el país —como quince mil CTCN y más de treinta y cinco mil CTM.[12] De nuevo, las cantidades exactas no son tan importantes como la tendencia, y la tendencia es que la iglesia definitivamente está dando fruto otra vez, después de siglos de esterilidad espiritual.

En el Líbano, las fuentes me dicen que hay como diez mil seguidores genuinos de Jesucristo, nacidos de nuevo, aunque casi cuatro de cada diez de los 4 millones de residentes del país se describen como "cristianos." La mayoría de los creyentes es CTCN, pero los musulmanes están comenzando a mostrar una apertura al evangelio que ha estado ausente por siglos.

Cuando la Segunda Guerra del Líbano estalló en julio de 2006, los

Renacidos libaneses se reunieron para ayunar y orar por su país, aun mientras los cohetes y bombas caían alrededor de ellos y el estado de ánimo de la gente rápidamente se oscurecía. "Los libaneses se encuentran en un túnel muy oscuro y sienten que no hay luz," me dijo después el líder de un ministerio árabe local. "Le pedimos sabiduría a Dios para saber cómo amar a nuestros vecinos y a nuestros enemigos."

Los creyentes pronto se encontraron atraídos a Mateo 5:14-16, donde Jesús dice: "Vosotros sois la luz del mundo; una ciudad asentada sobre un monte no se puede esconder. Ni se enciende la luz y se pone debajo de un almud, sino sobre el candelero, y alumbra a todos los que están en casa. Así alumbre vuestra luz delante de los hombres, para que vean vuestras buenas obras, y glorifiquen a vuestro Padre que está en los cielos."

Determinaron que necesitaban ponerse en acción en vez de esperar a que la guerra terminara. Movilizaron a docenas de equipos, de veinte creyentes cada uno, para comenzar a hacer trabajo de ayuda humanitaria entre las familias chiítas del sur de Líbano que habían huido al área de Beirut por seguridad. En unas cuantas semanas, con la ayuda financiera del Joshua Fund, entregaron cuarenta mil paquetes con comida, suministros de cocina, Nuevos Testamentos y la película *JESÚS* en DVD a esas familias desplazadas y aterradas. También llevaron camiones llenos de suministros de ayuda y literatura del evangelio para las familias chiítas que estaban refugiadas en el sur, así como para las que estaban en el Valle de Bekaa, cerca de la frontera con Siria.

"Necesitan comida, pero más necesitan a Jesús," dijo un obrero ministerial cristiano árabe. Sólo con ese trabajo de alcance, más de 1.100 musulmanes libaneses oraron para recibir a Cristo como su Salvador.

AVIVAMIENTO EN ARABIA SAUDITA

En Arabia Saudita —el epicentro del Islam, debido a su condición de hogar de la Meca y Medina— se está llevando a cabo un despertar espiritual dramático. Los líderes cristianos árabes me dicen que en 1967 solamente había un puñado de creyentes de trasfondo musulmán en todo el país. En 2005, calculaban que había más de cien mil CTM sauditas. Creen que las cantidades son aún mayores ahora y dicen que miles de sauditas más han llegado a Cristo en Europa y en otros lugares alrededor del mundo. La mayoría viene a Cristo a través de sueños y visiones, aunque a menudo escuchan primero las afirmaciones de Cristo a través de la trasmisión del evangelio por radio, televisión satelital, Internet o a través de cristianos que se hacen sus amigos y les dan una Biblia o algún libro o película acerca de la vida de Cristo.

Observe un ejemplo. Una mujer saudita —llamémosla Marzuqah (que significa "bendecida por Dios")— se convirtió al cristianismo secretamente. Tenía un hermano que se estaba muriendo de una terrible enfermedad y Marzuqah estaba profundamente apesadumbrada. Amaba mucho a su hermano y quería pasar la eternidad con él en el cielo. Por lo que oró fervientemente para que Dios sanara y salvara a su hermano.

Un día, Jesús se le apareció a Marzuqah en un sueño. "Tus oraciones han sido contestadas," le dijo. "Ve y háblale a tu hermano de mí." Ella lo hizo.

Para su asombro, su hermano oró con ella para recibir a Cristo. Luego, su salud mejoró brevemente. La familia —al ver su mejora física, pero sin saber de su conversión— preguntó: —¿Por qué ha sucedido esto?

El hermano dijo: —Es porque acepté a Jesús como mi Salvador. Y él es mi sanador, no física, sino espiritualmente. Ustedes también tienen que aceptarlo.

Después de explicar por qué le había dado su vida a Cristo, murió al día siguiente. Pero primero hizo que la familia le prometiera que no le haría daño a Marzuqah por su fe. Ellos aceptaron.

Aunque su familia todavía no ha seguido su camino, Marzuqah ha llegado a ser una discípula devota. Estudia su Biblia dos horas al día. Ha encontrado a otros creyentes secretos con quienes se reúne para orar y estudiar la Biblia. Y está compartiendo el evangelio con sus amigos musulmanes. Dice: "¡Hay tanta gente a quien tengo que hablarle de Jesús!"[13]

AVIVAMIENTO EN AFGANISTÁN

Antes del 11 de septiembre de 2001, me han dicho, había menos de cien CTM en todo Afganistán. En 2005, como lo reporté en *Epicentro*, había diez mil CTM con base en el reporte de varias fuentes confiables. Sin embargo, después de viajar al país en el otoño de 2008, y de reunirme con pastores importantes y líderes ministeriales allá, estoy inclinado a bajar esa figura a un rango que oscila entre 3.000 y 5.000.

¿Se está moviendo Dios poderosamente en Afganistán? Efectivamente.

¿Ha crecido la iglesia significativamente desde el 11 de septiembre? Absolutamente. La pregunta es simplemente cuánto. Algunas fuentes me dicen que el número de creyentes afganos ahora está entre 20.000 y 30.000. Eso podría ser cierto pero, sinceramente, no vi suficiente evidencia para convencerme con alguna certeza de que ahora haya siquiera 10.000. No hay ni una iglesia afgana de CTM que pueda funcionar a salvo al descubierto. No hay conferencias de oración ni de adoración a las que los CTM puedan asistir en alguna cantidad significativa. La persecución de los creyentes es intensa. En efecto, un cristiano extranjero de 34 años, cooperante, fue martirizado en Kabul poco después de que nos fuimos. Dos miembros del Talibán le dispararon en la cabeza.[14]

"La necesidad más grande ahora es la de desarrollar liderazgo," me dijo un líder ministerial afgano. "Tenemos que capacitar pastores para que cuiden a todos estos nuevos creyentes."[15]

Un musulmán afgano analfabeto llegó a Cristo hace unos cuantos años, y un hombre mayor y más sabio en la fe comenzó a discipularlo. Luego se inscribió en una serie de clases de capacitación para que los creyentes secretos crezcan en su fe. Después de graduarse del quinto nivel de la capacitación bíblica y ministerial, compartió el evangelio en su pueblo, y casi todos oraron para recibir a Cristo. Juntos construyeron la primera iglesia cristiana afgana, sin ninguna ayuda externa.

Los líderes ministeriales de Afganistán dicen que la liberación espiritual del país comenzó tan pronto como lo hizo la liberación política. Los Renacidos comenzaron a distribuir artículos de ayuda humanitaria —comida, ropa, suministros médicos y otras cosas por el estilo— a sus vecinos y hasta a sus enemigos para mostrar el amor de Jesucristo de una manera real y práctica. Instalaron clínicas médicas, escuelas del idioma inglés y programas de capacitación para algún trabajo. Su meta no era convertir gente sino simplemente amar a la gente.

Al mismo tiempo, comenzaron a usar la radio y la televisión satelital para transmitir el evangelio a los afganos hambrientos de oír la verdad, después de décadas de opresión. Comenzaron a distribuir cientos de miles de copias del Nuevo Testamento y otra clase de literatura del evangelio. Quizás lo más importante es que comenzaron a exhibir y a distribuir copias de la película *JESÚS* en los idiomas locales y dialectos para alcanzar a los analfabetos.

Y los afganos comenzaron a responder.

La enorme controversia del caso de Abdul Rahman, un musulmán convertido al cristianismo que enfrentaba la ejecución ordenada por una corte en Kabul por apostasía, se convirtió en el tema de discusión de la nación en la primavera de 2006, con una cobertura de la televisión, radio y periódicos afganos. El evento puso un gran foco de atención en el hecho de que los afganos están recurriendo a Cristo en tales cantidades que los líderes islámicos están furiosos. También reveló a la iglesia afgana incipiente que los creyentes de todo el mundo oran y están ansiosos por verla crecer y florecer.

Por la gracia de Dios, y con la presión de los líderes estadounidenses, canadienses, británicos, italianos y otros, el caso en contra de Rahman fue descontinuado. Fue liberado y se fue del país.

Pero la persecución de creyentes en Afganistán difícilmente ha disminuido. Unos días después de la liberación de Rahman, otros dos creyentes afganos fueron arrestados, y según el servicio de noticias Compass Direct y Open Doors, un ministerio cristiano de los países "cerrados" del Medio Oriente, un joven afgano que se convirtió al cristianismo "fue golpeado severamente fuera de su casa por un grupo de seis hombres, que finalmente lo dejó inconsciente por un fuerte golpe que le dieron en la sien. Despertó en el hospital dos horas después," pero fue dado de alta antes del amanecer. Compass y Open Doors también reportaron que "varios cristianos afganos han estado sujetos a asaltos policiales en sus casas y lugares de trabajo, en el último mes, así como a amenazas telefónicas."[16]

AVIVAMIENTO EN ASIA CENTRAL

Durante el verano de 1986, tuve el privilegio de viajar a Tashkent, la capital de Uzbekistán, para compartir a Cristo con musulmanes. En ese entonces, había solamente unos cuantos creyentes uzbekos en un país de 27 millones de personas. Ahora, hay unos treinta mil seguidores de Cristo uzbekos, y el hambre por el evangelio está en su punto más alto. "Cientos y cientos de iglesias se plantaron después de que cayera la Unión Soviética," me dijo un líder cristiano uzbeko. "Y ahora estas iglesias están creciendo."[17]

En ese mismo viaje, también tuve la oportunidad de viajar a Alma-Atá (que ahora es Almaty) en el sur de Kazajstán, cerca de la frontera china, en un viaje ministerial para compartir el evangelio con musulmanes. En esa época no se conocían creyentes en Cristo kazakos en todo el país de 15 millones de personas. En 1990, solamente había tres creyentes conocidos. Pero ahora los líderes evangélicos del país reportan que hay más de quince mil cristianos kazakos, y más de cien mil cristianos de todos los orígenes étnicos.

Las historias que ahora oigo de Kazajstán son extraordinarias. Un joven musulmán kazako, por ejemplo, fue perseguido severamente después de que se convirtió al cristianismo y comenzó a predicar el evangelio de una aldea a otra. Los líderes de su propia aldea lo insultaban y decían cosas terribles de él. Pero varios años después, dos líderes tribales musulmanes llegaron a su casa con un cordero. Dijeron que habían llegado a disculparse porque sus cosechas estaban saliendo mal, su ganado se estaba muriendo y sabían que Dios los estaba castigando.

"¿Nos perdona?" le preguntaron.

El evangelista dijo que sí.

Entonces los líderes sacrificaron un cordero como señal de su arrepentimiento. Esto abrió una nueva puerta para que el joven diera testimonio de Cristo en esa aldea, y explicó versículos de la Biblia como Juan 1:29, que describe a Jesucristo como "el Cordero de Dios, que quita el pecado del mundo" por su muerte en la cruz. Los líderes tribales no llegaron a Cristo inmediatamente. Pero al haberle pedido perdón al evangelista y estar dispuestos a escuchar respetuosamente la Palabra de Dios, se dieron cuenta de que sus siembras de repente comenzaron a crecer y su ganado volvió a prosperar.

Entonces ocurrió algo realmente inesperado. El padre del evangelista rehusaba hablarle a su hijo, ni había visitado su casa por diez años por su conversión al cristianismo. Pero después de ver con cuánta paciencia y tranquilidad su hijo había soportado la persecución de la aldea, y cómo Dios había retirado su favor de la aldea y ahora se lo daba otra vez, el padre se sentó toda la noche con su hijo haciéndole preguntas de su fe, de la Biblia y del poder del Dios de su hijo para oír las oraciones y responderlas.

A la mañana siguiente, el Espíritu Santo movió el corazón del padre y el hijo tuvo el privilegio de orar con él para que recibiera a Jesucristo como su Señor y Salvador personal.[18]

AVIVAMIENTO EN PAQUISTÁN

Unos principales líderes cristianos paquistaníes en los que confío grandemente me dicen que hay una "explosión de conversión" en su país, comparable de muchas maneras a lo que está pasando en Irán, Sudán y Egipto. A pesar del hecho de que Paquistán es un campamento base para los Radicales, Dios está actuando poderosamente, y ahora hay aproximadamente de 2,5 millones a 3 millones de creyentes, nacidos de nuevo, que adoran a Jesucristo entre los yihadistas. Pueblos y aldeas completos a lo largo de la frontera afgana-paquistaní están teniendo sueños y visiones de Jesús y se están convirtiendo al cristianismo.

Un joven musulmán paquistaní que se convirtió al cristianismo llegó a ser un ministro audaz del evangelio entre los refugiados del Talibán. En el transcurso de dos a tres años, el evangelista de treinta y un años, personalmente, llevó a ochocientos extremistas del Talibán a la fe en Cristo, antes de que lo capturaran y lo asesinaran y su carro fuera incendiado por una turba sedienta de sangre.

El clima espiritual está tan maduro para la cosecha que hasta los evangelistas indios están viendo cantidades récord de paquistaníes que llegan a Cristo. Mi amigo el Dr. T. E. Koshy, anciano importante de uno de los movimientos evangélicos de plantación de iglesias más grandes de la India, comenzó a viajar a Paquistán en 1993 a predicar el evangelio y a fortalecer a los creyentes locales. En 2006, dirigió una conferencia en la ciudad de Lahore con el tema de "Jesucristo, el Sanador."

Dijo a la multitud de más de diez mil personas que se había reunido: "El pecado es la peor enfermedad de todas. Y solamente Cristo puede sanarnos de esta enfermedad." Señaló pasajes como Mateo 4:23-24, que nos dice que "recorrió Jesús toda Galilea, enseñando . . . y predicando el evangelio del reino, y sanando toda enfermedad y toda dolencia del pueblo. Y se difundió su fama por Siria; y le trajeron todos los que tenían dolencias, los afligidos por diversas enfermedades y tormentos, los endemoniados, lunáticos y paralíticos; y los sanó." Señaló pasajes como Mateo 14:14, que nos dice que "saliendo Jesús, vio una gran multitud, y tuvo compasión de ellos, y sanó a los que de ellos estaban enfermos."

Koshy también señaló pasajes como Mateo 9:1-8 que nos cuenta la historia de Jesús cuando sana a un hombre paralítico. "Ten ánimo, hijo; tus pecados te son perdonados," dijo Jesús al hombre. Los líderes religiosos se enojaron cuando oyeron esto, diciendo entre ellos: "Éste blasfema." Sin embargo, Jesús sabía exactamente lo que ellos pensaban. Por lo que les dijo: "¿Qué es más fácil, decir: Los pecados te son perdonados, o decir: Levántate y anda?" Entonces, en una exposición asombrosa de su autoridad, Jesús dijo al paralítico: "Levántate, toma tu cama, y vete a tu casa." Y el paralítico saltó sobre sus pies, completamente sano físicamente y completamente sano espiritualmente. El texto nos dice que "la gente, al verlo, se maravilló y glorificó a Dios, que había dado tal potestad a los hombres."

Cuando Koshy terminó de predicar, más de mil paquistaníes —todos llorando por sus pecados— tomaron la decisión de recibir a Jesucristo como su Salvador y Sanador. En las cuatro noches siguientes, Koshy predicó el poder de Cristo para sanar y perdonar, y cuando la conferencia terminó, más de tres mil paquistaníes habían llegado a ser seguidores de Jesucristo.[19]

Le pregunté a Koshy por qué tantos paquistaníes —musulmanes y cristianos nominales— están dando sus vidas al Señor en este mundo después del 11 de septiembre.

"Ahora, con tantos cristianos en Paquistán, muchos están viendo que los cristianos demuestran el amor de Cristo de una manera real y práctica," dijo. "Cuando el enorme terremoto atacó hace algunos años, fueron los cristianos los que respondieron con artículos de ayuda humanitaria, amor y compasión. Un musulmán me dijo: 'Nadie más que los cristianos vino a darnos esperanza.' Los paquistaníes ahora pueden ver la diferencia entre el islam radical consagrado y el cristianismo consagrado, y están eligiendo a Jesús. Puede ver la mano de Dios moviéndose muy poderosamente. El Enemigo crea intranquilidad en las masas, y los paquistaníes están dándose cuenta de que solamente pueden encontrar descanso, sanidad y perdón a través de Jesucristo."

CAPÍTULO VEINTISIETE

LA GUERRA EN EL AIRE

*Cómo los Renacidos utilizan la televisión y la radio para
alcanzar a los musulmanes con el evangelio*

PROBABLEMENTE NUNCA ha oído del Padre Zakaria Botros.

Pero tiene que conocer su historia. Es, sin lugar a dudas, el evangelista árabe más visto y más efectivo que opera en el mundo musulmán y, por un gran margen, es el más controversial. Pienso en él como el Rush Limbaugh de los Renacidos —es divertido, lleno de vida, brillante, dogmático y provocativo. Pero en lugar de predicar el evangelio del conservadurismo, está predicando el evangelio de Jesucristo. Y sus enemigos no sólo quieren silenciarlo. Quieren asesinarlo.

Un periódico árabe ha llamado a Botros el "Enemigo Público #1 del islam."[1] La semana que entrevisté a Botros por teléfono desde un lugar seguro y confidencial, me dijo que acababa de enterarse que un sitio Web de al Qaeda había puesto su fotografía y lo había nombrado uno de los infieles "más buscados" del mundo.[2] Los Radicales hasta han puesto una recompensa por su cabeza. La Christian Broadcasting Network reportó que la suma era tan alta como de $60 millones.[3] Botros no lo sabe con seguridad. Pero para poner eso en contexto, la recompensa que Estados Unidos ha puesto por la cabeza de Osama bin Laden es de $25 millones.

¿Por qué están los Radicales tan enfurecidos con un sacerdote copto de Egipto de unos setenta años? Porque Botros está emprendiendo una guerra en el aire en contra de ellos, y la está ganando.

TELEVISIÓN QUE HAY QUE VERSE

Utilizando tecnología satelital de vanguardia para sortear los esfuerzos de los gobiernos islámicos de mantener el evangelio fuera de sus países, Botros está desafiando directamente las afirmaciones de Mahoma de que es profeta y las afirmaciones del Corán de ser la palabra de Dios. Sistemáticamente deconstruye la vida de Mahoma, historia por historia, señalando defectos en su carácter y comportamiento pecaminoso. Cuidadosamente deconstruye el Corán, verso por verso, citando contradicciones e incongruencias. Y no solamente explica, sin disculparse, lo que él cree que es malo del islam; sino que sigue enseñando de la Biblia por qué Jesús ama a los musulmanes y por qué está listo para perdonarlos y adoptarlos en su familia, sin importar quiénes sean ni lo que hayan hecho.

Si Botros estuviera haciendo esto en una esquina, o en algún canal de acceso público, donde nadie lo viera ni le importara, eso sería una cosa. Pero su programa de noventa minutos —una combinación de predicación, enseñanza y respuestas a preguntas de personas (muchas veces airadas) que llaman de todo el mundo— ha llegado a ser un "programa de televisión que hay que verse" por todo el mundo musulmán. Se repite cuatro veces a la semana en árabe, su idioma nativo, en una red de televisión satelital llamada Al Hayat ("TV Vida"). Puede verse en todos los países de África del Norte, el Medio Oriente y Asia Central. También puede verse en todo Norteamérica, Europa y hasta tan lejos como Australia y Nueva Zelandia. Y no solamente *puede* verse en tantos lugares, *es* visto —por aproximadamente 50 millones de musulmanes al día.

Al mismo tiempo, Botros tiene un enorme éxito en sus múltiples sitios Web en múltiples idiomas. Allí, los musulmanes pueden leer sus sermones y estudiar por medio de un archivo de respuestas a preguntas que se hacen frecuentemente. También pueden ingresar a un salón de conversación que se llama "Pal Chat," donde no solamente se les permite sino que se les anima a hacer en línea sus preguntas más difíciles a consejeros entrenados, muchos de los cuales son musulmanes convertidos al cristianismo, que entienden exactamente de dónde vienen las preguntas y los problemas que enfrentan.

Como resultado, el "Padre Zakaria" —que ha estado en el aire solamente desde 2003— se ha convertido en un nombre familiar en el mundo musulmán. Sin duda millones lo odian, pero lo están viendo. Lo están escuchando. Están procesando lo que dice, y están hablando de él con sus amigos y familiares.

Cuando Botros reta a los clérigos Radicales a responder sus muchas refutaciones del islam y a defender el Corán, millones esperan a ver cómo responderán los fundamentalistas. Pero ellos rara vez lo hacen. Prefieren atacar a Botros en lugar de responderle.

Pero mientras más lo atacan los Radicales, más conocido llega a ser. Mientras más conocido llega a ser, más musulmanes se sienten obligados a sintonizarlo. Y mientras más musulmanes lo sintonizan, más llegan a la conclusión de que tiene razón y, a su vez, deciden convertirse en seguidores de Jesucristo.

Botros calcula que cada mes por lo menos mil musulmanes oran para recibir a Cristo con sus consejeros por teléfono. Algunos oran para recibir a Cristo en vivo, en el aire con Botros. Y esto seguramente es la punta del iceberg, ya que representa solamente a los que pueden comunicarse en las líneas telefónicas congestionadas. Sencillamente no hay suficientes consejeros entrenados para encargarse de todas las llamadas.

Muchos evangelistas árabes destacados que entrevisté para *Dentro de la Revolución* dijeron que creen que Dios está utilizando a Botros para ayudar a llevar la cosecha más grande de musulmanes convertidos al cristianismo en la historia de la cristiandad. Botros rehúsa aceptar el crédito, diciendo que solamente es una voz en un movimiento de millones. Pero sin duda está emocionado por las tendencias. Efectivamente ve que muchos musulmanes están recurriendo a Cristo ahora, mucho más que antes, y me dijo que ha citado *Epicentro* por lo menos tres veces como evidencia de las enormes cantidades de conversiones que se llevan a cabo.

Y lo que es más, jura seguir predicando el evangelio durante tanto tiempo como el Señor Jesús le dé aliento. Juan 3:16 —"Porque de tal manera amó Dios al mundo, que ha dado a su Hijo unigénito, para que todo aquel que en él cree, no se pierda, mas tenga vida eterna"— es el versículo que impulsa a Botros. Cree apasionadamente que Dios ama a todo el mundo, incluso a todos los musulmanes. Cree que "todo aquel" que crea en el señorío de Jesucristo —judío, musulmán o cualquier otro— en efecto recibirá vida eterna. No cree que todos los musulmanes sean Radicales, pero cree que todos los musulmanes están espiritualmente perdidos, y desesperadamente quiere ayudarlos a encontrar el camino al perdón y a la reconciliación con el Dios que los hizo y los ama.

"Creo que esta es la mano de Dios," me dijo Botros cuando hablamos por teléfono en septiembre de 2008. "Me está dirigiendo. Me dice qué decir. Me dice qué escribir en los sitios Web. Me está mostrando cada vez más cómo utilizar la tecnología para alcanzar a la gente con su mensaje de redención."

DOS VECES EN LA CÁRCEL

Zakaria Botros nació en Egipto en 1934, en una familia cristiana que lo educó para que amara a Cristo con todo su corazón, alma, mente y fuerzas y para que estudiara la Biblia por sí mismo. "Desde que era niño, amaba a Jesús y me encantaba adorarlo," dijo.

Sin embargo lo embargó la tristeza a una edad joven, cuando su hermano mayor, Fuad, fue asesinado por miembros de la Hermandad Musulmana. "Pero eso no hizo que me pusiera en contra de los musulmanes," dijo Botros. "Sé que él era creyente. Lo volveré a ver en el cielo."

Lo que sí le afectó a Botros fue un maestro de la secundaria que era "un musulmán muy fanático." El maestro "siempre me hacía preguntas difíciles de la Biblia" y se burlaba del cristianismo. "Comencé a estudiar el islam para responderle. Leí el Corán y otros libros. Y después llegué a ser maestro de escuela dominical en mi iglesia y comencé a enseñar a los jóvenes acerca de lo que era malo del islam y de lo que era bueno de la Biblia."

En 1959, a la edad de veinticinco años, Botros fue ordenado sacerdote en la Iglesia Egipcia Copta, una de las denominaciones cristianas ortodoxas más antiguas del Medio Oriente, fundado por el apóstol Marcos en Alejandría, Egipto. "Después de que me convertí en sacerdote, comencé a imprimir discursos y ensayos que explicaban cómo refutar al islam y llevar a la gente a Jesús," dijo Botros. Cuando lo arrestaron y encarcelaron por su fe en 1981, había bautizado a quinientos CTM.

Pero no fue suficiente. Botros quería tener más impacto. Cuando fue liberado después de un año en la cárcel, volvió a predicar el evangelio y a refutar el Islam. En 1989, las autoridades egipcias ya estaban hartas. No sólo lo arrestaron; lo sentenciaron a cadena perpetua en la cárcel.

Después de mucha oración —sus propias oraciones y las de muchos de sus discípulos y amigos— Botros se sorprendió cuando las autoridades le hicieron una oferta que no pudo rechazar: lo liberarían, pero sólo si se iba de Egipto al exilio, y no volvía nunca. Aceptó y se mudó a Melbourne, Australia, donde practicó su fe libremente hasta que se mudó a Inglaterra en 1992, donde vivió por once años.

Fue allí, entre la sociedad británica que rápidamente se convertía en el hogar de muchos inmigrantes musulmanes de todo el mundo, que Botros comenzó a orar por maneras de alcanzar a más musulmanes. No soportaba la idea de hablar a solamente unos cuantos a la vez. Pero también sabía que, por razones de seguridad, necesitaba una manera de llegar "a la cara" de un musulmán, sin estar realmente frente a su cara.

A principios de 2001, el Señor contestó sus oraciones. Alguien sugirió que estableciera un salón de charla de Internet, donde pudiera tener conversaciones con musulmanes sin exponerse a peligro físico. En abril de ese año nació "Pal Talk."

Pronto, un productor de Al Hayat escuchó hablar cada vez más Botros y lo llevó como invitado a la estación. La entrevista salió bien. A Botros le pidieron que volviera una y otra vez. Con el tiempo, los ejecutivos de Al Hayat le pidieron que dirigiera su propio programa semanal, donde enseñara la Biblia y desafiara al Corán. Después de mucha oración, Botros aceptó.

El "Debate de la Verdad" hizo su debut el 1º de septiembre de 2003. Al principio el programa era grabado. "Solíamos grabar veinte episodios en una semana y los transmitíamos después," recuerda Botros. Pero en febrero de 2008, se tomó la decisión de salir en vivo por noventa minutos cada viernes, durante la hora de mayor audiencia (9 p.m.) en el Medio Oriente. Mientras que una grabación del programa se repetía múltiples veces durante la semana, fue la transmisión en vivo durante el día santo musulmán, cuando las familias están en casa, sentados alrededor de sus televisores, lo que transformó todo. La audiencia creció rápidamente, y también la controversia.

"Ahora es mucho más efectivo," dijo Botros con una emoción palpable en su voz. "Ahora estoy en contacto directo con la gente. Me hacen preguntas en frente de todo el mundo musulmán. Me debaten. Me desafían. Y luego aceptan a Cristo en el aire. Apenas esta mañana, un hombre que se llama Ahmed oró conmigo para ser un seguidor de Jesús. Dijo: 'Te necesito, Dios. Te acepto ahora.' . . . ¡Qué gozo! Por eso es que hago esto."

DESAFÍO DIRECTO AL ISLAM

Botros no tiene pelos en la lengua en el aire, ni fuera del aire. Dice a los musulmanes lo que cree que está mal en la religión, sin importar qué tan doloroso sea escucharlo.

Durante un programa en 2005, por ejemplo, atacó a los musulmanes por abusar de los niños al decirles mentiras. "A los niños se les lava el cerebro diciéndoles que el islam es la verdad, que Mahoma es el último profeta, que los cristianos son infieles y que los judíos son infieles," dijo. "Lo repiten constantemente."

En ese mismo programa, atacó a los líderes islámicos por expandir su religión históricamente con violencia y no con persuasión. "El islam, como se presenta en *The Encyclopedia of Islam*, en el Corán y en el Hadiz, fue diseminado por medio de la espada," dijo Botros en el programa. "'La espada jugó un papel importante en diseminar el islam en el pasado, y es la espada la que preserva el islam ahora. El islam se basa en el yihad para expandir la religión.' Esto está muy claro en la enciclopedia. Esto aparece en la sección 11, página 3.245. Dice: 'Expandir el islam por medio de la espada es un deber que incumbe a todos los musulmanes.' Así el islam se expande por medio de la espada."[4]

Al mismo tiempo, Botros también les dice a los musulmanes la verdad en cuanto a cuán costoso puede ser, en términos humanos, convertirse al cristianismo, aunque eso es precisamente lo que quieren que haga. "Otra cosa [que tiene que saber] es el castigo por la apostasía," dijo. "[La *Encyclopedia of Islam* dice que] 'el castigo de muerte a cualquier musulmán que abandone el islam es uno de los factores más importantes que aterroriza a todo musulmán. No se atreve a cuestionar la verdad del islam, para que sus pensamientos no lo lleven a abandonar el islam. Si lo hiciera, recibiría el castigo por apostasía: Perdería su vida y sus propiedades.'"

Botros dijo que esto le recordaba una historia verdadera que una vez escuchó de un clérigo musulmán que trataba de difundir el islam en toda África. "Llegaron a cierto lugar para difundir el islam, y preguntaron a uno de los lugareños: '¿Prefiere adorar a un dios y tener cuatro esposas, o adorar a tres dioses y tener una esposa?' Claro que nosotros no adoramos a tres dioses, pero eso es lo que dijeron. El africano dijo: 'Me gustan cuatro mujeres y no me importa cuál dios. Quiero cuatro mujeres.'

"Entonces le dijeron que hiciera la *shahada* [la oración para convertirse en musulmán], y lo hizo. Después le dijeron que tenía que circuncidarse para llegar a ser musulmán. Él preguntó: '¿Realmente tengo que hacerlo? Soy un hombre adulto.' Ellos respondieron: 'Sí, tiene que hacerlo, para recibir la pensión mensual, y puede casarse cuatro veces.'

"El hombre aceptó y pasó por los dolores de la circuncisión a pesar de su edad avanzada. Comenzaron a pagarle la pensión mensual, pero después de unos meses, cancelaron la pensión. El hombre fue a preguntar: '¿Dónde está el dinero?'

"Ellos le dijeron: 'Ahora [que] ya está bien metido en el islam, ya no necesita la pensión mensual.'

"Él los amenazó: 'Abandonaré el islam.'

"Ellos dijeron: 'Si deja el islam, llevaremos a cabo el castigo de la apostasía con usted.' Él preguntó qué era, y ellos dijeron: 'Le cortaremos la cabeza y lo partiremos en pedazos.'

"Este africano comenzó a hablar entre dientes: 'Qué religión más extraña: cuando uno entra, ustedes le cortan un pedazo, y cuando sale, ustedes lo cortan a uno en pedazos.'

"Este es el castigo por la apostasía que mantiene a la gente con miedo. Aun cuando lleguen a la verdad, tienen miedo de expresar su opinión," concluyó Botros.

¿ES EFECTIVO?

Le pregunté a Botros si realmente era efectivo ser tan directo con los musulmanes. —Algunos hombres creen que el mejor evangelismo con los musulmanes es predicar sólo el amor de Cristo, no deconstruir el islam —observé—. Pero usted ha dicho que le gusta utilizar ideas provocativas y lenguaje que impacte a los musulmanes y los haga pensar en Jesús. Una vez dijo: "Esta es mi manera: corta, punzante, chocante." ¿No es cierto?

—Sí —se rió, agradecido por la pregunta, no a la defensiva—. Corto, punzante y chocante: absolutamente.

—Entonces, ¿por qué lo hace? —pregunté—. ¿Es esa realmente la mejor manera de mostrar el amor de Cristo?

—Escuche, Joel —dijo Botros con el tono de un abuelo amable que sienta a su nieto para explicarle cómo funciona el mundo—. Si está hablando con una persona que está profundamente pensativa, y le dice dulcemente: "Te quiero, amigo. Eres maravilloso. De veras te aprecio,"

¿lo escucha? No. No puede escucharlo porque está tan enfocado en sus propios pensamientos. ¿Cómo obtiene entonces su atención? ¿Le lanza un poco de agua en la cara? ¿Lo golpea en la cara? Eso lo despertaría, ¿verdad? Entonces tal vez se enoje. Tal vez lo insulte. "¿Qué haces?" le dice. "¿Por qué me tiraste agua en la cara?" Pero ahora le está poniendo atención.

»Ahora, si se acerca a un musulmán y le dice: "Dios te ama," ¿en realidad lo escuchará? No. Dirá: "¿Cuál de sus tres dioses me ama?" Si le dice a un musulmán: "La Biblia tiene todas las respuestas para la vida," ¿le creerá? No. Dirá: "Ah, ¿usted se refiere a la Biblia que ha cambiado y que ya no se puede confiar en ella?" No escuchan. Están tan enfocados en creer que el islam es la religión más fuerte del mundo, que Mahoma es el mejor profeta, están tan enfocados en lo maravillosas que son sus propias creencias que rehúsan siquiera considerar las afirmaciones de Cristo. Les han lavado el cerebro. Su conciencia está muerta. Entonces tengo que despertarlos primero con un choque, con un choque eléctrico. Trato de despertar a los musulmanes lanzándoles un poco de agua a la cara. No lo hago para ser malo. Lo hago porque los amo.

—¿Los eruditos musulmanes y los clérigos alguna vez llaman o escriben para responderle? —pregunté.

—En cinco años nadie ha respondido realmente mis preguntas —dijo.

—Creo que eso es lo que hace que los musulmanes estén tan enojados con usted —observé.

Botros se rió. —Hace que la gente quiera matarme.

"QUIERO QUE LEAN LA BIBLIA"

—¿Cómo, entonces, gira de hacer declaraciones provocativas a compartir el amor de Cristo con los musulmanes? —pregunté.

—Cuando tengo su atención, les digo: "Les leí de sus libros acerca de Mahoma y lo que él había hecho. Si están buscando la verdad, si realmente están buscando, entonces compare a Mahoma con Jesús. Vea lo que Jesús dijo en cuanto a la pureza y el amor. Pero tiene que leer en la Biblia para saber más. Y decirle a Dios: "Si el islam es la verdad, permíteme quedarme firme en él por toda la eternidad. Si no lo es, y si Jesús es la verdad, por favor házmelo saber."

—¿Está tratando de provocarlos a que lean la Biblia para demostrar que usted está equivocado? —clarifiqué.

—Sí —dijo Botros—. Quiero que lean la Biblia, que es la verdadera Palabra de Dios. Quiero que estudien la Biblia por sí mismos, porque sé que les abrirá los ojos para que vean quién es Jesús y cómo puede cambiar sus vidas para siempre.

Estaba planteando un punto que he escuchado de los Renacidos en todo el mundo, desde Marruecos hasta Afganistán: Un cristiano no puede, por sí mismo, convencer a un musulmán (o judío, o ateo o a cualquiera, en realidad) de la verdad del evangelio, y de esta manera "convertirlo" ni cambiarlo. Sólo el mismo Dios puede hacerlo, a través del poder del Espíritu Santo. Lo mejor que puede hacer un seguidor de Jesús es estimular a una persona a leer la Biblia y a que considere la vida y afirmaciones de Jesucristo, y luego animarlo a pedirle a Dios sabiduría para saber cuál es la verdad y cómo seguirla.

Esto es, de hecho, precisamente lo que la Biblia nos dice que hagamos. Salmo 119 nos dice: "Lámpara es a mis pies tu palabra, y lumbrera a mi camino" que me haré "más sabio que mis enemigos"; y la persona que la estudia cuidadosamente dice: "más que todos mis enseñadores he entendido."

El Evangelio de Juan, capítulo uno, nos dice que "antes de que todo comenzara ya existía aquel que es la Palabra. La Palabra estaba con Dios, y era Dios" (BLS). Juan continúa para dejar claro que la Palabra de Dios "fue hecho carne" en la forma de Jesucristo "y habitó entre nosotros (y vimos su gloria, gloria como del unigénito del Padre), lleno de gracia y de verdad."

Pablo nos dijo en 2 Timoteo 3:15-17 que las Escrituras "te pueden hacer sabio para la salvación por la fe que es en Cristo Jesús" y que "toda la Escritura es inspirada por Dios, y útil para enseñar, para redargüir, para corregir, para instruir en justicia, a fin de que el hombre de Dios sea perfecto, enteramente preparado para toda buena obra."

Hebreos 4:12 dice que "la palabra de Dios es viva y eficaz, y más cortante que toda espada de dos filos; y penetra hasta partir el alma y el espíritu, las coyunturas y los tuétanos, y discierne los pensamientos y las intenciones del corazón."

Y Santiago 1:5 nos dice que "si alguno de vosotros tiene falta de sabiduría, pídala a Dios, el cual da a todos abundantemente y sin reproche, y le será dada."

DIEZ DEMANDAS

Dado su estilo provocativo y éxito poderoso, le pregunté a Botros si estaba preocupado por su seguridad. Después de todo, está casado y tiene cuatro hijos adultos y nueve nietos.

"Tengo muchos guardias que me cuidan día y noche," respondió. "Están conmigo sin cesar —veinticuatro horas al día, siete días a la semana, 365 días al año. Y no me cobran ni un centavo."

Botros se refería a los ángeles. Aunque tiene el cuidado de no correr riesgos innecesarios, ha confiado su destino al Señor.

Una vez, durante una entrevista en árabe, a Botros le preguntaron: "¿Qué deberían hacer los musulmanes para hacer que deje de decir estas cosas?"[5]

Botros pensó en eso por un momento y luego dijo que tenía "diez demandas" para los clérigos y autoridades musulmanes. Si aceptaran las diez y verdaderamente las implementaran, entonces él dejaría de predicar el evangelio y de refutar el Corán. Durante nuestra conversación, le pedí a Botros que enumerara para mí su listado de diez demandas. Amablemente aceptó.

1. Borrar todos los versos del Corán que niegan la divinidad de Jesús y la revelación de Dios en él.
2. Reconocer que Jesús es el Espíritu y la Palabra de Dios, como verdaderamente lo creen, sin esconder este hecho.
3. Borrar todos los versos del Corán y hadices que incitan a los musulmanes a matar cristianos.
4. Borrar todos los versos del Corán y hadices que incitan a los musulmanes al terrorismo y a la opresión.
5. Quitar todos los versos del Corán que difaman la verdad de la crucifixión de Cristo, creando duda en cuanto al plan de Dios de la salvación.
6. Detener los ataques hacia Jesús y el Libro Santo en las mezquitas y en todos los medios de comunicación.

7. Darle a los musulmanes la libertad de elegir su religión y la libertad de expresar su fe.
8. Eliminar el castigo por la apostasía, que es la muerte; dejar de torturar a la gente que se convierte al cristianismo; y dejar de encarcelarlos.
9. Dar disculpas formales por parte de los líderes de todo el mundo árabe por el asesinato de cristianos en países invadidos por el islam.
10. Que los líderes den disculpas formales en todo el mundo árabe por los insultos dirigidos a la fe cristiana en toda la historia islámica.

No hace falta decir que hay que esperar sentados a que las autoridades musulmanas cumplan con estas demandas. Sospecho que el Padre Zakaria Botros estará predicando el evangelio sin parar hasta que el mismo Señor Jesús decida llevarlo a casa, o hasta el Rapto.

EL BILLY GRAHAM DE IRÁN

Aunque el "Padre Zakaria" ahora es, con creces, el evangelista del aire más ampliamente visto y conocido en el mundo musulmán, de ninguna manera es el único.

Considero que mi amigo Hormoz Shariat es el Billy Graham de Irán. Sin duda es el evangelista iraní más reconocido e influyente del mundo. Cada noche, en la hora de mayor audiencia, Shariat transmite por satélite un programa en vivo en el que comparte el evangelio en su persa nativo, enseña estudios bíblicos exhaustivos y toma llamadas telefónicas de musulmanes que tienen preguntas sinceras o que simplemente quieren atacarlo en el aire. Y dado que está conduciendo un programa distinto a cualquier cosa que haya en la televisión del estado iraní, Shariat atrae a una audiencia enorme, aproximadamente de 7 a 9 millones de iraníes cada noche.

Como pastor de una congregación, que crece rápidamente, de musulmanes conversos iraníes, Shariat también transmite su servicio de adoración semanal y enseñanza a Irán. Muchos creyentes secretos de Irán tienen mucho miedo de ir a una iglesia, por temor a que la policía secreta los agarre. Muchos también tienen mucho miedo de tocar música cristiana en sus hogares, o de cantar demasiado fuerte, por temor a que sus vecinos los oigan. Para algunos de ellos, el servicio dominical de Shariat es la única hora de adoración y comunión que tienen. Y para los musulmanes que tienen curiosidad sobre el cristianismo, pero igualmente tienen miedo de que cualquiera se entere de su interés, esos servicios les dan una ventana segura hacia un mundo de ideas a las que se sienten cada vez más atraídos.

Hace varios años, Shariat se interesó en mis novelas y en *Epicentro*, y me invitó a visitar su congregación e instalaciones de producción de televisión, en otro lugar seguro y secreto. Acepté con gratitud su oferta y me alegra mucho haberlo hecho.

Para mí, judío creyente en Jesús, fue increíblemente conmovedor conocer a ese extraordinario iraní creyente en Jesús, a su familia y a su personal. Fue asombroso ver cómo Dios los está usando para alcanzar al pueblo iraní, que aman tanto, con el mensaje transformador del evangelio.

Lo más extraordinario para mí es que Shariat no creció esperando ser un evangelista. En 1979, él y su esposa efectivamente eran parte de la Revolución Iraní. Junto con millones de otros iraníes, estaban afuera en las calles de Teherán gritando: "¡Muerte a Estados Unidos! ¡Muerte a Israel!" Pero cuando el sha cayó y Jomeini llegó al poder, Shariat resolvió que ya no quería que la muerte le llegara a Estados Unidos muy rápidamente. ¿Por qué? Quería irse y graduarse allá. Efectivamente, el deseo demostró ser un momento decisivo que cambiaría sus vidas para siempre.

A principios de los años ochenta, los Shariat obtuvieron las visas necesarias para ir a Estados Unidos a estudiar. Pero rápidamente se sintieron nostálgicos, solos y desanimados. Su matrimonio se estaba desgastando. Se peleaban. Estaban contemplando seriamente el divorcio.

Entonces una amiga invitó a la esposa de Shariat para ir a una iglesia evangélica con ella. Por alguna razón, ella dijo que sí, y allí comenzó a escuchar versículos de la Biblia, como Jeremías 31:3, donde Dios dice: "Con amor eterno te he amado." Escuchó Juan 10:10, donde Jesús dijo: "Yo he venido para que tengan vida, y para que la tengan en abundancia" —es decir, que esa vida sea plena y significativa.

También escuchó versículos sobre la disposición de Dios para perdonar todos sus pecados, versículos como 1 Juan 1:7-9, que dice: "Si andamos en luz, como él está en luz, tenemos comunión unos con otros, y la sangre de Jesucristo su Hijo nos limpia de todo pecado. Si decimos que no tenemos pecado, nos engañamos a nosotros mismos, y la verdad no está en nosotros. Si confesamos nuestros pecados, él es fiel y justo para perdonar nuestros pecados, y limpiarnos de toda maldad."

Algo pasó dentro de ella. De repente supo que Jesús era, efectivamente, el Mesías y el único camino para salvación, y oró para recibir a Cristo en su corazón. Entonces animó a su esposo para que asistiera a la iglesia con ella. Lo hizo y, en poco tiempo, él también se convirtió en un seguidor de Jesús. En parte, fue atraído por el amor de Dios y, en parte, por la noción de que Dios verdaderamente lo perdonaría y le daría la seguridad de salvación, algo que no podía obtener en el islam.

Los problemas de los Shariat no se evaporaron, pero sí comenzaron una relación genuina y profunda con el Dios que los había rescatado y los había adoptado en su familia. Para sorpresa suya, también comenzaron a enamorarse más profundamente uno del otro. Comenzaron a experimentar gozo y paz que fluían de su interior. Sus circunstancias realmente no habían cambiado —todavía estaban lejos de casa y batallaban con los estudios— pero sus vidas habían cambiado. Pronto sintieron que Dios los estaba llamando a dedicar sus vidas para alcanzar a todo Irán con el evangelio, y ahora son parte de la guerra en el aire más grande en la historia de la cristiandad.

Shariat me dijo: "Joel, a menudo me preguntan: '¿Qué tiene que ofrecer el cristianismo a los musulmanes?' Solamente puedo hablar de mi propia experiencia y de haber presenciado personalmente los efectos en miles de otros que han llegado del islam a Cristo a través de nuestro ministerio. Sin lugar a dudas, los beneficios que más se expresan son paz y gozo —que son resultados directos de la salvación. Como lo dice Jesús en Juan 14:27: 'La paz os dejo, mi paz os doy; yo no os la doy como el mundo la da. No se turbe vuestro corazón, ni tenga miedo.'

"Los musulmanes no disfrutan la seguridad de la salvación. He escuchado las oraciones de musulmanes devotos que le suplican a Dios que los libre de la tortura en la tumba y del fuego del infierno. A diferencia de los musulmanes, los cristianos tienen seguridad de salvación. Después de todo, la Biblia nos dice que la salvación es un regalo de la gracia de Dios.

No es algo que podamos ganar. No es algo que podamos comprar. Es algo que Dios nos da gratis. Todo lo que tenemos que hacer es aceptarlo. Hechos 16:31 dice: 'Cree en el Señor Jesucristo, y serás salvo.' Romanos 6:23 dice: 'Porque la paga del pecado es muerte, mas la dádiva de Dios es vida eterna en Cristo Jesús Señor nuestro.' 1 Juan 5:13 dice: 'Estas cosas os he escrito a vosotros que creéis en el nombre del Hijo de Dios, para que *sepáis* que tenéis vida eterna' (énfasis añadido). Los cristianos realmente podemos saber, con seguridad, que somos salvos y que vamos al cielo. Los musulmanes no.

"Cuando acepté a Cristo como mi Salvador, Joel, mi corazón se llenó de paz y gozo. Fue la cosa más extraordinaria. Y ahora, una de las recompensas más grandes de mi ministerio es oír decir a los musulmanes iraníes que ellos, también, están experimentando paz y gozo, porque han aceptado a Jesucristo como su salvador personal y han llegado a entender la seguridad que él les da de salvación."[6]

UNA EXPLOSIÓN DEL EVANGELISMO SATELITAL

Mientras otros medios de comunicación siguen trabajando poderosamente, ahora la televisión satelital ha llegado a ser la estrategia innovadora para avanzar el evangelio en el mundo musulmán. Y lo que es sorprendente para mí es precisamente cuánta gente del epicentro tiene antenas parabólicas, aunque no tengan casi ninguna otra posesión material.

"Las antenas parabólicas satelitales están surgiendo como hongos en los techos de la Bagdad posterior a Saddam Hussein," observó un reporte noticioso poco después de la liberación iraquí en 2003. "El comercio del equipo de televisión está floreciendo y los empresarios iraquíes emprendedores ven prospectos brillantes para este negocio. . . . La gente está comprando equipo satelital por dos razones. La primera es que la televisión satelital era ilegal en el Irak del gobierno de Saddam Hussein, y la gente ahora quiere 'probar el fruto prohibido.' La otra razón es que . . . la gente quiere acceso a las noticias y al entretenimiento de cualquier clase."[7]

En Irán, la televisión satelital todavía es ilegal, técnicamente, pero parece que a nadie le importa. Millones de antenas pueden verse en las grandes ciudades como Teherán, así como en pueblos pequeños y aldeas montañosas.

Durante más o menos la última década, he tenido el privilegio de viajar por países con una población combinada de más de 250 millones de musulmanes, y a todas partes que he ido, he visto antenas parabólicas que brotan como maleza. En las tiendas beduinas en las secciones más áridas y aisladas del desierto de Sinaí. En los más sucios barrios marginados del Cairo. En las aldeas montañosas más remotas de Marruecos. En los pueblos pequeñitos de Irak y Afganistán. En los vecindarios palestinos más pobres de Cisjordania. En las abarrotadas casas de vecinos de Turquía. Amigos de Irán, Arabia Saudita, Sudán, Yemen, Paquistán y de todas partes dicen que las antenas parabólicas son comunes allí también.

¿Por qué? Porque los musulmanes del siglo XXI —sin importar edad ni ingresos— quieren desesperadamente estar conectados con el mundo exterior. Quieren noticias e información que no venga de las redes televisivas administradas por sus gobiernos. Quieren enseñanza religiosa que no venga únicamente de las mezquitas manejadas por sus gobiernos. Tienen hambre de ideas nuevas, distintas.

No todo el que tiene una antena parabólica tiene los motivos más puros, por supuesto. Muchos están buscando pornografía y otras formas de contaminación cultural que se derrama de Europa y Hollywood. Pero cuando una persona pasa por los canales en búsqueda de algo que quieren ver en la privacidad de su hogar o habitación, a veces se tropieza con algún canal que muestra algo que necesitan, un canal que les proporciona una perspectiva completamente distinta del Dios del universo y una opinión completamente distinta de cómo podemos interactuar con él.

Con la explosión de las ventas de antenas parabólicas ha llegado una explosión de evangelismo satelital. Al Hayat es una de las principales fuentes de programación cristiana, pero sin duda no es la única estación que emite mensajes bíblicos a la región.

El sistema "Nilesat" de Egipto y el "Arabsat" del Golfo rehúsan tener cualquier programación cristiana, pero ahora hay no menos de dieciséis canales cristianos distintos de televisión que funcionan en los satélites "Hot Bird," dirigidos por la compañía de telecomunicaciones europea Eutelsat.* Estos canales son ampliamente diversos en doctrina cristiana,

---

*Entre los canales cristianos del epicentro están: Al Hayat; SAT-7 en árabe, persa, turco y dialectos del Norte de África; Miracle TV; Three Angels Broadcasting Network; God Channel; Spirit Channel, Smile (canal cristiano para niños del Medio Oriente); y cuatro estaciones dirigidas por Trinity Broadcasting Network.

estilo e impacto. Sin embargo, todos comparten los mismos objetivos: comunicar el evangelio; transmitir sermones y servicios eclesiásticos en árabe, persa, turco y otros idiomas y dialectos regionales; y exhibir películas y miniseries cristianas, incluso la película *JESÚS*, que fue producida en 1979 por Warner Brothers y la Cruzada Estudiantil Internacional para Cristo y ha tenido unos 6 mil millones de exhibiciones en las últimas tres décadas. Y estos canales están teniendo éxito más allá de lo que los Radicales puedan imaginarse.

Una red cristiana conocida como SAT-7 regularmente tiene una audiencia de por lo menos 9 millones en todo el Norte de África y el Medio Oriente, según el Dr. Graham Mytton, asesor de investigación y ex director de investigación de audiencia para BBC World Service, con base en un sondeo de ocho países musulmanes como muestra. Este número incluye de 2 a 3 millones de espectadores que la ven a diario, o por lo menos una vez a la semana: 319.000 personas en Marruecos, 201.000 en Siria y 118.000 en Arabia Saudita. También incluye de 5 a 6 millones de espectadores "ocasionales": 1,2 millones de personas en Marruecos, 464.000 en Siria y 309.000 en Arabia Saudita.[8]

No hace mucho tiempo, el líder de un ministerio del Medio Oriente me contó una historia extraordinaria que supo de primera mano, que es un indicativo de la clase de impacto que está teniendo el evangelismo satelital en general, y SAT-7 en particular.

Recordó que una anciana de Irán estaba viendo la película *JESÚS* en persa, en la privacidad de su pequeño apartamento. Siempre había estado fascinada con la persona de Jesucristo, pero sabía muy poco de él. No tenía una Biblia. No conocía a ningún cristiano. Nunca había ido a una iglesia. Ni siquiera estaba buscando particularmente una película acerca de Jesús esa noche. Solamente se tropezó con ella cuando pasaba por los canales que llegaban a su receptor satelital.

Pero a medida que se desarrollaba la historia, ella comenzó a responder al amor de Cristo. Estaba intrigada por sus enseñanzas; asombrada por su compasión y sus milagros; y conmovida por su amor y perdón, aun por sus enemigos, hasta por los que lo habían condenado a muerte y lo habían clavado en la cruz.

Cuando vio la representación de Jesús resucitando de los muertos, ella se encontró llorando.

Al final de la película, el narrador explicó cómo el espectador podía orar para llegar a ser un seguidor de Jesucristo. Al hacerlo, leyó un versículo de la Biblia —Apocalipsis 3:20— en el que Jesús dice: "He aquí, yo estoy a la puerta y llamo; si alguno oye mi voz y abre la puerta, entraré a él, y cenaré con él, y él conmigo."

Como no le era familiar el pasaje, y de esta manera no sabía que Jesús hablaba metafóricamente —diciendo que si una persona abre la puerta de su corazón y lo recibe, entonces él entrará y salvará a esa persona— la mujer pensó: *Supongo que será mejor que abra la puerta.* Por lo que se levantó de su silla, caminó hacia la puerta de su apartamento y la abrió.

Repentinamente un rayo de luz que emanaba de una figura en la puerta la cegó. —¿Quién es? —preguntó ella.

—Soy yo —dijo Jesús.

—Entra, mi Señor —dijo ella, y Jesús entró a su casa.

Durante los minutos siguientes, Jesús habló con ella de sí mismo, le dijo que la amaba y que la había perdonado y le dijo que consiguiera una Biblia y comenzara a leerla. Y entonces, tan repentinamente como había aparecido, se fue.

La mujer, atónita, pero emocionada, miró otra vez a la pantalla de televisión y se dio cuenta de que había un número telefónico al que podía llamar para más información. Tomó el teléfono e inmediatamente lo marcó.

La llamada fue trasladada de Irán a un número en el extranjero, a través de un sistema telefónico seguro que iba a dar a un centro secreto de llamadas —que Lynn y yo hemos visitado— donde convertidos iraníes que están capacitados para ser consejeros responden a las llamadas como estas y ayudan a los que quieren más información acerca de cómo ser cristiano o para crecer en su fe.

—Acabo de ver a Jesús —dijo la anciana al consejero, con la voz temblando.

—Grandioso —dijo el consejero—. ¿No es una película maravillosa?

—No, no, usted no entiende —dijo la mujer—. Acabo de *ver* a Jesús: en persona, en mi casa. Él se me apareció. Me dijo que ahora soy su seguidora. ¿Puede ayudarme a conseguir una Biblia y a entender qué es lo que tengo que hacer ahora?

EL PODER DE LA RADIO

Antes de la llegada de la transmisión de televisión satelital, la radio era el medio principal con el que los evangelistas árabes llevaban el evangelio a millones de musulmanes —muchos de los cuales eran analfabetos— en los países cerrados. Aun ahora, la radio todavía es un arma poderosa en la guerra evangélica del aire en el epicentro. Radio Transmundial, por ejemplo, transmite programación bíblica en árabe veintiocho horas a la semana (aproximadamente cuatro horas al día), desde dos estaciones, una en Chipre y la otra en Monte Carlo, que apuntan al Medio Oriente y al Norte de África respectivamente. Como resultado, reciben más de doscientas mil cartas al año de oyentes que piden respuestas a sus muchas preguntas; piden Biblias en árabe y cursos bíblicos por correspondencia; y comparten sus historias de cómo llegaron a la fe al escuchar los programas de Radio Transmundial. Otros ministerios radiales tienen enfoques y resultados similares.

Cuando estaba investigando para este libro, un querido amigo árabe que es evangelista compartió conmigo un gran ejemplo del impacto de la radio evangelística. Hace algunos años, recibió una carta de un hombre llamado Mohammed, que era el asistente de un imán en Arabia Saudita. Aunque el joven vivía en el país wahabí más extremo del planeta —y trabajaba en una mezquita todos los días— se iba a casa después del trabajo y escuchaba la radio cristiana, que transmitía tarde en la noche.

Una noche sintonizó una transmisión de quince minutos que se enfocaba en los analfabetos egipcios. El idioma del programa era un dialecto que utiliza la gente pobre de la parte alta de Egipto, y el locutor hablaba lentamente y con un vocabulario muy sencillo. Comenzó compartiendo tres o cuatro testimonios de musulmanes que habían llegado a Cristo. Después compartió un corto mensaje, enfocado en una verdad sencilla: Jesucristo es poderoso, y responde oraciones. Eso era todo.

Ahora, el saudita era muy culto y profundamente religioso. Podría haberse decepcionado por esta presentación sencilla y podría haberse enojado por todo ese hablar sobre Jesús penetrando la radio de la Meca y Medina. Pero tenía una necesidad en su vida personal, una necesidad muy específica y única.

Por mucho tiempo les había orado a Alá y a Mahoma que lo ayudaran a suplir esa necesidad. Pero no ocurrió nada. Y luego escuchó en la radio que "Jesucristo es poderoso y contesta las oraciones."

Como asistente del líder de la mezquita, creía que no podía orar a Jesús, que Jesús no era omnipresente, que Jesús no era Dios para que se le orara. Pero se dijo: "No tengo nada que perder si lo hago."

Entonces, cuando se fue a la cama, comenzó a repetir esa frase una y otra vez. Se quedó dormido con las palabras en su boca. "Oh Cristo, el poderoso."

A las cinco de la mañana, alguien llamó a su puerta. Era su hermano, que decía: —Buenas noticias, buenas noticias, Mohammed.

—¿Qué está pasando? ¿Por qué me despiertas ahora? —dijo Mohammed.

—No sé qué pasó, pero tu necesidad, tu pedido se ha satisfecho —dijo su hermano.

Mohammed estaba atónito. Recordó lo que había estado diciendo cuando se fue a la cama: "Oh Cristo, el poderoso." Y justo allí, frente a su hermano, dijo: —Ahora soy cristiano. Soy cristiano.

Renunció a su trabajo en la mezquita. Pasó a la clandestinidad. Recibió discipulado bíblico y capacitación ministerial. Y ahora es un evangelista cristiano en Arabia Saudita.

"Entonces, Joel, ¿quién trabajó?" preguntó mi amigo evangelista. "¿Quién cambió a este joven? Cristo el Señor. Eso es muy sencillo. Buscó a Cristo con fe y Cristo respondió. Y esa es la historia de veintenas de personas. Dios ha utilizado la radio para abrir los ojos de todos, incluso de los musulmanes, si están dispuestos a que sus ojos sean abiertos a él."

CAPÍTULO VEINTIOCHO

LA GUERRA EN TIERRA —PARTE UNO

*Cómo los Renacidos están haciendo discípulos,
a pesar de la persecución extrema*

TODOS LOS VERDADEROS SEGUIDORES de Jesucristo que he conocido del mundo musulmán sienten una gran carga por sus vecinos y compatriotas. A menudo, cuando oran, lloran porque saben que cientos de millones de musulmanes se van a la cama todas las noches sin esperanza, sin paz, sin que sus pecados hayan sido perdonados, sin la seguridad de que irán al cielo cuando mueran. Esto acongoja a los Renacidos y motiva a muchos de ellos a correr enormes riesgos para llevar las buenas noticias del amor de Dios y el plan de salvación a los que nunca han escuchado el evangelio, o que nunca han aceptado a Cristo como su Salvador.

Los Renacidos dicen que lo que los consuela son las palabras de Jesús en Mateo 16:18: "edificaré mi iglesia; y las puertas del Hades no prevalecerán contra ella." Este pasaje es una gran fuente de alivio y consolación para pastores y líderes de ministerios en el epicentro, porque significa que, a fin de cuentas, ellos no son los responsables de ganar gente para Cristo, de edificarlos en la fe, de plantar iglesias, de ayudar a la gente de esas iglesias a ganar a otros para Cristo ni de edificar a otros en su fe para que planten aún más iglesias. Primero que nada, ese es el trabajo de Jesucristo. Él dijo que *él* está edificando su iglesia en el epicentro y alrededor del mundo, y nada, ni nadie, puede detenerlo.

¿Cuál es entonces el trabajo de los Renacidos?

Simple: obedecer al Señor Jesucristo en lo que él les dice que hagan. "Si me amáis," dijo Jesús en Juan 14:15, "guardad mis mandamientos."

Entonces, ¿qué les dice Jesús que hagan? Que lo amen lo suficiente como para predicar el evangelio, para hacer discípulos, plantar iglesias y enseñar y capacitar a otros para que hagan lo mismo.

Para algunos, la noción de *hacer* el trabajo de Dios, mientras se *confía* en que Dios finalmente cumplirá con esa tarea, podría parecer contradictoria. Pero no para los Renacidos. Ellos dicen que la distinción es que el peso de la *obediencia* yace individualmente en los seguidores de Jesucristo, mientras que el peso del *éxito* yace en el mismo Jesucristo. Así como a un ministerio que funciona de manera muy efectiva en el mundo musulmán le gusta enseñar a sus miembros: "Su trabajo es compartir a Cristo en el poder del Espíritu Santo y dejar los resultados a Dios."

Para los hombres y mujeres que tratan de servir al Señor en circunstancias muy peligrosas y difíciles, estos son principios liberadores. La Biblia enseña que Jesús ama a sus seguidores genuinos, sin importar su desempeño. Quiere que ellos lo obedezcan, sin importar el costo, pero no los evalúa basado en sus resultados. Los resultados dependen de él, no de ellos, y esto, según me han dicho varios Renacidos, los ayuda a dormir pacíficamente en la noche, a pesar de la enorme tarea que tienen por delante.

"BOTAS EN LA TIERRA"

Como vimos en el capítulo anterior, los líderes de los Renacidos están profundamente agradecidos con el Señor por proveer la radio, la televisión por satélite y crecientemente Internet como nuevas maneras poderosas y efectivas para alcanzar enormes números de musulmanes con el evangelio y preceptos bíblicos.

Aun así, muchos no están convencidos de que puedan ganar la batalla por las almas del pueblo musulmán solamente por medio de una "guerra en el aire." Es decir, no sienten que puedan simplemente transmitir la programación evangelística y la enseñanza bíblica —no importa cuán buena sea la calidad de esos programas— desde lejos, y hacer el impacto revolucionario que ellos creen que se necesita. Insisten que es vital emprender una "guerra en la tierra" inmensa e histórica para complementar la "guerra en el aire." Por lo tanto, a medida que Dios los dirige, constante y sistemáticamente están poniendo "botas en la tierra" por todo el mundo musulmán: hombres y mujeres capacitados para hacer discípulos, que estarán preparados para hacer otros discípulos, que también podrán hacer otros discípulos.

Los Renacidos dicen que, a la larga, su esperanza de transformar al mundo musulmán no está en la tecnología sino en los seres humanos que han sido "revividos": transformados espiritualmente por la fe en Jesucristo y llenos del poder del Espíritu Santo de Dios.

Observan que Jesús no utilizó tecnología cuando vino a un rincón polvoriento de la Palestina ocupada por los romanos. Más bien, predicó a las masas, a veces de cinco a diez mil en una sola vez. También reclutó personas, desarrolló un equipo e invirtió su tiempo enseñando a este pequeño grupo de hermanos a vivir como innovadores globales y elegidos por Dios. Caminó con sus doce discípulos. Comió con ellos. Viajó con ellos. Pasó tiempo con los amigos de ellos y miembros de sus familias. Les dio proyectos y tareas para probar el contenido de su carácter y la calidad de su fe. Los perdonó cuando cometieron errores. Los animó. Oró por ellos. Oró con ellos. Y los amó hasta el último momento de su vida en la tierra.

¿Cuál fue el resultado? Hay que reconocer que uno —Judas Iscariote— fracasó desastrosamente al traicionarlos a todos. Pero vea a los otros once discípulos. Comenzaron como hombres mundanos, temerosos, celosos, mezquinos, competitivos, intolerantes, incultos e inexpertos. Pero después de unos cuantos años de caminar y hablar con Jesús, y de observar su vida, su pureza y poder sobrenatural en acción, estos hombres llegaron a ser predicadores, pastores, evangelistas y apóstoles tan audaces, decisivos y valientes que hasta sus oponentes tuvieron que admitir que pronto habían "trastorn[ado] el mundo entero" (Hechos 17:6). Los Renacidos dicen que este es el modelo que los creyentes en Cristo deben seguir, si van a cambiar el mundo musulmán.

La clave es el toque personal. La cultura musulmana es una cultura oriental, no occidental. Se basa en relaciones, en narración de historias y en gente que pasa largos períodos de tiempo unos con otros. La gente de las culturas orientales no se preocupa tanto por los horarios, las cuotas ni las cantidades de ventas, ni por contestar correos electrónicos y llamadas telefónicas rápidamente. Están interesados en el contacto personal. Están interesados en firmes apretones de mano, en buena comida, en el café fuerte y el té dulce; y mirar a los ojos al hombre para ver si es bueno o malo, y si pueden confiar en él o no.

En una cultura así, una revolución espiritual no puede emprenderse, ni ganarse, por control remoto. No puede hacerse todo desde los estudios de radio o televisión en Europa o Estados Unidos, ni a través del correo electrónico y sitios Internet. Algo —mucho— tiene que hacerse cara a cara, personalmente.

¿Puede ser peligroso? Absolutamente. Pero los Renacidos dicen que no hay otra manera.

Nunca antes en la historia humana ha habido tantos seguidores de Cristo en el Norte de África, en el Medio Oriente y en Asia Central. Los Renacidos me dicen que su misión es enfocarse en ayudar a los meros seguidores a transformarse en *discípulos totalmente dedicados* que están dispuestos a hacer lo que Jesús les diga que hagan. Quieren hacerlo en cada ciudad, pueblo, aldea y vecindario de sus países y región.

Y lo que es más, están tratando de identificar, capacitar y movilizar líderes. Están buscando, en oración, hombres y mujeres que estén listos para ayudar a los nuevos convertidos a estudiar la Biblia por sí mismos. Están buscando gente que esté dispuesta a guiar a creyentes nuevos y jóvenes en adoración a su Salvador resucitado. Esperan encontrar gente capaz de plantar iglesias nuevas, a menudo en la privacidad y confidencialidad de sus propias casas, ya que rentar, comprar o construir instalaciones para una iglesia llamaría mucho la atención, y los Radicales podrían atacar los edificios y hacerlos volar en pedazos. Los Renacidos insisten en que así es como se hacen los movimientos.

EMPRENDIENDO UNA GUERRA ESPIRITUAL, NO FÍSICA

En las páginas siguientes, describiré a algunos de los "comandantes terrestres" más efectivos que he conocido en el Medio Oriente. Pero primero, permítame ser muy claro en cuanto a un punto extremadamente importante. Cuando utilizo los términos "guerra en el aire" y "guerra en la tierra," no pretendo sugerir, de ninguna manera, que los Renacidos son gente violenta o que alguna vez recurrirían a armas militares para imponer sus creencias en otros. Al contrario, los Renacidos aborrecen la violencia tanto como los Radicales la acogen. Su convicción profundamente arraigada de no usar la violencia para avanzar el reino de Jesucristo viene directamente de las enseñanzas de la Biblia.

La noche de su arresto en el jardín de Getsemaní, Jesús le dijo a Pedro que no atacara a los soldados romanos con su espada, y observó que "todos los que tomen espada, a espada perecerán" (Mateo 26:52). De igual manera, el apóstol Pablo escribió a los que discipulaba diciéndoles: "Pues aunque vivimos en el mundo, no libramos batallas como lo hace el mundo. Las armas con que luchamos no son del mundo, sino que tienen el poder divino para derribar fortalezas" (2 Corintios 10:3-4, NVI).

Pablo planteó un argumento aún más detallado para este propósito en Efesios 6:10-17: "Por lo demás, hermanos míos, fortaleceos en el Señor, y en el poder de su fuerza. Vestíos de toda la armadura de Dios, para que podáis estar firmes contra las asechanzas del diablo. Porque no tenemos lucha contra sangre y carne, sino contra principados, contra potestades, contra los gobernadores de las tinieblas de este siglo, contra huestes espirituales de maldad en las regiones celestes. Por lo tanto, tomad toda la armadura de Dios, para que podáis resistir en el día malo, y habiendo acabado todo, estar firmes. Estad, pues, firmes, ceñidos vuestros lomos con la verdad, y vestidos con la coraza de justicia, y calzados los pies con el apresto del evangelio de la paz. Sobre todo, tomad el escudo de la fe, con que podáis apagar todos los dardos de fuego del maligno. Y tomad el yelmo de la salvación, y la espada del Espíritu, que es la palabra de Dios."

Los Renacidos no usan pistolas, rifles, ametralladoras, explosivos ni bombas de cualquier clase para avanzar en sus objetivos. Entienden que una guerra tanto física como espiritual se está emprendiendo en contra de ellos, pero la Biblia les enseña que emprendan *solamente* una guerra espiritual, una guerra de ideas y creencias, no una física.

De esta manera, dicen que agradecen a Dios cada mañana por un día nuevo y por la vida. Después oran para que Dios los llene del Espíritu Santo, que los vista con toda la armadura de Dios, que les dé la fortaleza y el valor para hacer y decir lo que él les ordene y que lleven a cabo sus propósitos divinos para ese día, en y a través de sus vidas.

RECLUTADO POR UN PAQUISTANÍ

Hamid es uno de los Renacidos iraníes más buscados del mundo.*

Precisamente porque es tan efectivo para reclutar y entrenar evangelistas, hacedores de discípulos, pastores y plantadores de iglesias iraníes, la policía secreta iraní lo ha buscado por años. Casi lo asesinan en 1994, pero por la gracia de Dios él y su familia escaparon por poco margen.

Aunque he sabido de Hamid por casi dos décadas, finalmente lo conocí por primera vez hace varios años en un lugar secreto y seguro. No tengo idea de dónde vive actualmente, pero he disfrutado el privilegio de mantenerme en contacto con él, y estuve profundamente agradecido cuando me permitió entrevistarlo para este proyecto. Su historia merece un libro completo, no sólo parte de un capítulo. Sin embargo, permítame compartir con usted algunos detalles y algunas de sus observaciones de cómo la guerra en la tierra se está llevando a cabo en Irán.

—Nací en 1943 en Isfahán, Irán, y a la edad de diecisiete años me convertí en seguidor de Jesucristo —relató Hamid—. No soy de trasfondo musulmán. Soy de un trasfondo cristiano nominal. Pero antes de nacer, mi madre tuvo un sueño en el que se le dijo: "Tendrás un varón, y este será su nombre. Él servirá al Señor."

»Desde los tres años, amaba a Dios. Mi abuela era católica y me enseñó a orar antes de irme a la cama. Cuando era adolescente, comencé a servir en la iglesia ortodoxa. Pero a los diecisiete años, tenía un amor inexplicable por Jesús. Creo que me eligió aun antes de ser formado en el vientre. Decidió que yo sería su seguidor, su siervo. Él es Dios. No siempre explica. Yo sencillamente sentía una pasión por servir al Señor. Fui al sacerdote y le dije: "¡Yo quiero predicar!" Fue como cuando el apóstol Pablo escribió en Efesios 1:4: "Nos escogió en él antes de la fundación del mundo, para que fuésemos santos y sin mancha delante de él."

—¿Sus amigos amaban a Jesús como usted? —pregunté—. ¿También querían predicar el evangelio en Irán?

Hamid se rió. —No, no tenía amigos así.

Dijo que las iglesias católicas ortodoxas en Irán ni siquiera creían en predicar el evangelio en las décadas de 1960 y 1970. No estaban tratando

---

*Hamid no es su nombre real; es un seudónimo para proteger a este líder cristiano iraní. Por razones de seguridad, no puedo decir cuándo ni dónde lo entrevisté, pero puedo decir que fue en los últimos dos años.

de llevar a los musulmanes a Cristo. De todas formas, hacerlo era ilegal. Por lo que Hamid tuvo poco estímulo y ninguna capacitación.

—El punto decisivo —me dijo—, ocurrió en 1974. Ya me había graduado de la universidad. Era ingeniero mecánico y estaba trabajando para una compañía petrolera. Pero un día conocí a un líder cristiano de Paquistán, que estaba viajando por todo Irán, buscando a alguien con quien iniciar un ministerio a nivel nacional en ese país. —Hamid dijo que tenía poco interés en ayudar al paquistaní. Después de todo, "la economía en Irán prosperaba entonces." La OPEP estaba batallando contra Occidente, el precio del petróleo estaba en alza y Hamid tenía una vida cómoda.

—Tres meses después, el paquistaní volvió a Irán y me invitó a asistir a una conferencia, fuera del país, sobre evangelismo y discipulado —dijo Hamid—. Yo tenía curiosidad, por lo que acepté. Mientras estaba allí, una voz en mi corazón me preguntó: "¿Qué quieres hacer con el resto de tu vida?" Yo no estaba seguro. Me gustaba trabajar con la compañía petrolera. Pero la voz me dijo: "Cada día, miles se van al infierno."

»Por tres días y tres noches luché con Dios. Finalmente supe lo que tenía que hacer. Regresé a Teherán y renuncié en la compañía petrolera. El paquistaní hizo arreglos para que yo recibiera entrenamiento ministerial por nueve meses. Entonces, en 1975, inicié un ministerio para alcanzar a todo Irán con el evangelio.

LANZAMIENTO DE UN MINISTERIO PARA ALCANZAR A TODO IRÁN

—¿Creía que era posible alcanzar a todos los iraníes con el evangelio? —pregunté.

Hamid admitió que realmente no. Quería ver que Dios hiciera algo grande en su país, pero la tarea parecía abrumadora.

Entonces le pregunté: —¿Anticipó la Revolución Islámica?

—No —dijo—. Incluso tres meses antes de la Revolución, ningún ciudadano común de Irán que yo conociera habría pensado que eso ocurriría, que el Ayatolá Jomeini podía destronar al sha y cambiar Irán para siempre.

—¿Cómo entonces lanzaron usted y su esposa un ministerio por sí solos?

—Nos concentramos en cinco cosas desde el principio —dijo—.

Primero, identificamos hombres y mujeres de muchas iglesias que demostraban pasión por el Señor, y les preguntamos si les gustaría que los discipuláramos. —Si decían que sí, Hamid y su esposa les enseñaban la Biblia. Les enseñaban lo que significaba caminar en el poder del Espíritu Santo y no tratar de vivir la vida cristiana con su fortaleza y conocimiento limitados. Le enseñaban a la gente que compartiera su fe y que sirviera al Señor completamente, en cada área de sus vidas.

—Segundo, llevamos a nuestros discípulos a parques a practicar cómo testificar [hablar con la gente de su fe en Cristo]. Tercero, reclutamos y entrenamos a cuatro discípulos para que llegaran a ser personal a tiempo completo en nuestro ministerio, porque sabíamos que no podíamos hacerlo solos, y no queríamos hacerlo solos. Cuarto, comenzamos una escuela bíblica por correspondencia. —Esto les dio una oportunidad a los cristianos iraníes de todo el país de estudiar la Biblia por sí solos, utilizando las lecciones que Hamid les enviaba, y de hacerlo en la privacidad y seguridad de sus propios hogares. Los estudiantes entonces enviaban su tarea completada y Hamid y su equipo tenían correspondencia con ellos, corregían sus tareas, respondían sus preguntas y los ayudaban a crecer en su fe de la mejor manera posible.

—Quinto, llevamos a cabo conferencias y reuniones especiales —agregó Hamid. Esto hizo que los creyentes iraníes tuvieran la oportunidad de reunirse para estudios bíblicos más intensivos, oración, adoración y comunión. Hamid creía que era muy importante para los seguidores de Cristo en el país que tuvieran tiempo juntos, se llegaran a conocer mutuamente y supieran que no estaban solos; que oraran los unos por los otros y se animaran para volver a sus pueblos y aldeas a compartir su fe en Cristo y ayudar a los compañeros creyentes a crecer en su fe.

LA GUERRA EN LA TIERRA EN IRÁN

Hamid admitió que no muchos musulmanes llegaron a Cristo los primeros años del ministerio. Los creyentes desarrollaban más valor en su fe, y eso era bueno. Pero había muy poco interés entre los chiítas iraníes.

Todo eso cambió en 1979.

"Agradezco a Dios por el Ayatolá Jomeini," dijo Hamid con una gran sonrisa, "porque hizo algo que todos los creyentes y misioneros de Irán juntos no pudieron hacer en cien años. Presentó el verdadero color del islam. Los iraníes de repente pudieron ver lo que es el islam en realidad. Y comenzaron a volverse en contra de él, porque no es lo que ellos pensaron que era."

Violencia. Tortura. Encarcelamientos. Ejecuciones. Violaciones. Corrupción. Una guerra de ocho años con los compañeros musulmanes de Irak.

"Verá, Joel, para los musulmanes no es difícil amar a Jesús," continuó Hamid. "Lo difícil es dejar a Mahoma. Hay un islam en la mente de la gente que en realidad no existe. El islam de sus mentes es una utopía. Piensan que el islam está completo. Entonces ¿por qué deberían dejarlo e ir a otra fe? Además, piensan que si uno deja el islam le pasarán cosas malas. Los musulmanes son muy supersticiosos. Creen que si uno lee la Biblia se irá al infierno. Algunos creen que si uno deja el islam, su cara se convertirá en la cara de un mono —y toda clase de cosas como esta. Antes de la Revolución, comenzábamos a compartir el evangelio con los musulmanes, hablándoles de Dios. '¿Cree que existe? ¿Qué piensa de él?' Esa clase de cosa. Pero después de la Revolución, no podíamos hablar de Dios porque la gente estaba muy enojada. Decían: 'Si esto es Dios, entonces no quiero a este Dios.' Entonces me di cuenta de que tenemos que comenzar con Jesús. '¿Ha oído de Jesús? ¿Ha leído sus enseñanzas? ¿Qué piensa de él?'"

La gente comenzó a responder. Querían leer de Jesús en el Nuevo Testamento. Querían ver películas sobre Jesús. Querían leer literatura cristiana que explicara cómo seguir a Jesús.

Hamid dijo que en 1980 había unos cuantos miles de CTM en Irán. Ahora cree que hay unos cuantos millones. El desafío ahora es que no hay suficientes pastores y líderes de ministerios que ayuden a todos estos creyentes a crecer y a madurar en su fe. Por eso es que Hamid y su equipo han invertido tanto tiempo, atención y recursos en identificar creyentes que podrían llegar a ser líderes sabios, amorosos y comprensivos. Por eso es que están ayudando a capacitar y a desarrollar esa clase de líderes. Ven que Dios está llevando grandes "rebaños de ovejas perdidas" a su reino, y el Señor les ha mostrado que la necesidad desesperante de Irán es entrenar a más "pastores" para que cuiden de estas ovejas y las guíen con la verdad bíblica.

LA LISTA DE SENTENCIADOS

Sin embargo, no es fácil ser pastor en Irán. El precio de servir a Cristo en un ministerio a tiempo completo es muy alto. Muchos líderes de ministerios han sido arrestados, torturados y hasta ejecutados o asesinados.

A principios de la década de 1990, un sacerdote anglicano fue decapitado en la ciudad iraní de Shiraz. Alrededor del mismo tiempo, se dispararon cinco balas al pastor iraní Hassan Dehghany. Aunque sobrevivió milagrosamente, su hijo de veinticuatro años, Bahram, fue encontrado poco después, muerto, martirizado por su fe en Cristo. En 1994, el gobierno iraní ahorcó a un hombre llamado Hoseyn Soodmand por cambiarse del islam al cristianismo. Ese mismo año, cuatro líderes cristianos iraníes fueron asesinados, uno después del otro: el obispo Haik Hovsepian, Mehdi Dibaj, Tateos Michaelian y Mohammed Yousefi.

Durante esta época de matanza, un oficial de la policía secreta iraní huyó del país y dio entrevistas a los medios de comunicación en las que dijo que se avecinaban más asesinatos de líderes cristianos. Una lista arrugada se encontró en el cuerpo de Tateos Michaelian después de su muerte. La lista contenía los nombres de aquellos líderes cristianos que ya habían sido asesinados y una lista de nombres de pastores que todavía no habían sido ejecutados. El nombre de Hamid estaba en la lista. Sucedió que él y su familia pudieron salir del país, dejando todas sus posesiones atrás, apenas horas antes de que los asesinos llegaran a su casa para matarlos.

Le pregunté a Hamid por qué creía que el asesinato sistemático de pastores había comenzado a principios de la década de 1990.

—Creo que hay tres razones —dijo—. Primero, la guerra con Irak había terminado, y la concentración del gobierno ahora se enfocaba en los problemas y las amenazas domésticos. Segundo, más gente estaba llegando a Cristo que antes. Efectivamente, muchos se habían hecho creyentes en los años ochenta. Pero a principios de los noventa, un verdadero despertar espiritual comenzó en Irán, una aceleración real en los números de musulmanes conversos, y el gobierno estaba dándose cuenta de eso. Y tercero, los niveles de líderes estaban aumentando demasiado. La calidad de los líderes que estábamos reclutando y entrenando era demasiado alta. Eran mayores, más educados y muy efectivos. Ya no era gente pobre e inculta la que llegaba a Cristo. Ahora, los educados estaban llegando al Señor —doctores, ingenieros, filósofos, gente rica. Y no solamente se estaban convirtiendo del islam, estaban dando su dinero a la causa de Cristo. Estaban dando sus joyas de oro a la iglesia para ayudar a financiar más trabajo en el ministerio. El gobierno y los mulás les tienen miedo a los líderes cristianos, porque son de una calidad muy alta y el Señor puede usarlos para guiar a mucha gente, de manera muy efectiva.

—¿Extraña su vida en Irán? —le pregunté a Hamid.

Se recostó y suspiró. —Sí —dijo. Extraña su país y extraña a sus amigos. Pero no lo lamenta. Dijo que cree que Dios lo está usando mucho más ahora que está viviendo afuera, donde puede estudiar, enseñar, predicar y viajar libremente, sin miedo a ser arrestado, o peor.

—Sólo mire lo que Dios está haciendo en Irán ahora —dijo—. ¿Cómo puedo no estar agradecido con el Señor? No habría creído en 1974 que podríamos ver a millones de creyentes en Irán, porque la gente era muy secular y muy rica entonces, en comparación al presente. Las mujeres solían viajar a París para que les arreglaran el pelo y regresar para asistir a una boda. Durante la época del sha, mi equipo y yo compartimos el mensaje con más de cinco mil personas un verano, pero sólo dos personas mostraron interés. Ahora, hay demasiadas llamadas que entran a nuestras oficinas de gente que ha aceptado a Cristo o que quiere saber más de Jesús. No tenemos tiempo para responderlas todas.

Y Hamid dice que esta es la razón por la que se enfoca en capacitar líderes que puedan responder a la revolución espiritual que Jesús ha desencadenado en Irán. —Como dijo Jesús: "La mies a la verdad es mucha, mas los obreros pocos; por tanto, rogad al Señor de la mies que envíe obreros a su mies."*

---

*Lucas 10:2

CAPÍTULO VEINTINUEVE

LA GUERRA EN TIERRA
—PARTE DOS

Más relatos de líderes en las líneas de fuego

DURANTE LAS ÚLTIMAS DÉCADAS, los pastores y líderes ministeriales más efectivos e influyentes que operan en las líneas de fuego de la guerra en tierra del mundo musulmán han sido aquellos que, al igual que Hamid, nacieron en familias cristianas nominales. Pero a medida que más musulmanes han llegado a la fe en Cristo, han crecido en su fe y han comenzado a obtener experiencia práctica en el ministerio, un número creciente de Creyentes de Trasfondo Musulmán también han surgido como líderes espirituales efectivos en el epicentro.

Samir es un ejemplo. Lo conocí en mi primer viaje a Irak, en febrero de 2008, e inmediatamente me impresionó su amor por Jesucristo y su pasión por el ministerio.*

Samir, árabe que nació en 1968 en una aldea del sur de Irak, fue criado como un devoto musulmán chiíta. Aunque sus antepasados eran imanes chiítas (clérigos islámicos de alto rango) y sus padres eran devotos, Samir dijo: "Nadie me empujó para que fuera muy religioso. Yo lo elegí. Tenía como once o doce años. Comencé a ir a la mezquita y a meditar en

---

*Samir no es su nombre real. Es un seudónimo para proteger a este líder cristiano iraquí. Estas secciones se basan en una entrevista del autor con Samir en febrero de 2008.

muchas cosas. Yo creía que había algo especial entre mi Dios y yo. Sentía que Dios estaba muy cerca de mí. Estaba tan cerca de Dios que solía tratar de hacer cosas divertidas para hacer que Dios se riera. Y sentía que él se reía, y que se sentía muy feliz . . . y yo era feliz."

Después de que se graduó de la universidad, preparado para ser electricista, fue arrestado. —La policía de Saddam percibió que yo era un activista o subversivo chiíta —me dijo.

—¿Era un rebelde? —le pregunté.

—Sí, lo era —admitió—. Estaba en contra del gobierno y en contra de los sunitas. Pero no era violento.

Samir pasó varios meses en la cárcel. Cuando fue liberado, se le requirió que sirviera en el ejército iraquí, pero se rehusó y lo enviaron de vuelta a la cárcel. Una corte especial lo liberó del servicio militar —al ejército de Saddam, dominado por los sunitas, no le interesaba entrenar chiítas para que utilizaran armas—, pero a Samir lo despidieron de su trabajo. Con esta reputación creciente de activista chiíta, tenía dificultades para encontrar trabajo.

Al final de 1994, Samir determinó que si de todas formas iba a ser etiquetado como chiíta radical, mejor sería que se convirtiera en un chiíta radical. Por lo que se trasladó a la ciudad iraquí de Nayaf e hizo la solicitud para estudiar en el *Hawza*, el seminario musulmán chiíta más selecto de todo Irak, el segundo más prestigioso e influyente después del seminario principal de Qom, Irán. Cuando lo aceptaron, Samir se sumergió en sus estudios y sus profesores le daban calificaciones altas.

Con el tiempo, Samir no sólo terminó sus estudios, sino que fue honrado grandemente porque se le invitó a ser profesor en el seminario, para enseñar doctrina chiíta a los estudiantes nuevos y dispuestos. Samir aceptó con entusiasmo.

VISIONES Y TRANCES

—Hay dos áreas de enseñanza en el *Hawza* —me dijo Samir—. La primera tiene que ver con el conocimiento, es decir, enseñar a los estudiantes teología islámica y ley sharia. La segunda tiene que ver con la vida espiritual de uno, es decir, ayudar a los estudiantes a desarrollar su relación con Dios. Yo estaba fascinado con las dos, pero especialmente con acercarme más a Dios y ayudar a otros a hacer lo mismo.

»El islam chiíta es muy místico, y enseñamos a los estudiantes que hay niveles, cada vez más altos, de crecimiento espiritual que tienen que alcanzar y a los que tienen que llevar a otros. Uno de estos niveles es descubrir el amor de Dios por uno y desarrollar su amor por Dios hasta que esté consumido por Dios. El desafío es que la doctrina chiíta enseña que el amor de Dios no está disponible para todos, sólo para los que pasan por este viaje espiritual muy específico que estábamos enseñando en el *Hawza*.

»Enseñábamos a nuestros estudiantes del seminario chiíta a que hicieran varios ejercicios espirituales. En estos ejercicios se supone que tiene que meditar hasta que esté, esencialmente, en trance. En ese trance, comenzará a ver visiones o revelaciones de imanes antiguos, de los diversos profetas y de otras figuras históricas. Pero los chiítas en realidad consideran esas visiones como un nivel de revelación muy bajo, porque ver a estas figuras antiguas podría evitar que una persona vaya más alto y vea al mismo Dios. Pero estas visiones y revelaciones son indicaciones de que va en la dirección correcta.

»Ahora, por favor entienda, Joel, que yo enseñaba todo esto a mis estudiantes. Era uno de solamente cuatro profesores en el seminario que enseñaba esta forma de meditación. Pero un día algo inesperado ocurrió.

—¿Y qué fue eso? —pregunté.

—Un día estaba meditando y fue casi como si estuviera volando en un avión —explicó Samir—. Estaba subiendo desde la tierra, cada vez más alto, y luego comencé a atravesar las nubes, y ascendía cada vez más alto y, entonces, de repente, era como si me estuviera alejando de la atmósfera y entrara a otra realidad, y entonces vi a Jesús. Sonreía conmigo. Se veía como el que había visto en la película *JESÚS*, que una vez había visto en la televisión, pero con una cara más oscura, una cara oriental. En la primera visión, no tuve comunicación con Jesús, pero me sentí con mucha paz. Entonces, en el transcurso de los dos días siguientes, apareció una segunda, tercera, cuarta y quinta vez. Comenzó a hablar conmigo. Me dio las respuestas a muchas preguntas que yo tenía.

Samir observó que el Corán enseña a los musulmanes que hay que reverenciar mucho a Jesús. Dice que Jesús nació de una virgen, que fue un maestro sabio y que hizo milagros. Pero no da muchos más detalles. Pero

Samir, cada vez más, quería entender a este Jesús que seguía apareciéndosele. No podía hablarles a sus doscientos estudiantes chiítas de las visiones que estaba teniendo. Pero como erudito, sabía que tenía que hacer más investigaciones. Por lo que un día le pidió a uno de sus estudiantes que fuera a Bagdad a buscarle una copia completa de la Biblia en árabe, aunque no le dijo para qué. El estudiante accedió, y Samir, en la privacidad de su habitación, comenzó a leer la Biblia vorazmente. Mientras más leía, más le intrigaba Jesús. Por lo que oraba más, esperando ver a Jesús otra vez, y lo vio. Por cierto tiempo, a mediados de los años noventa, Samir dijo que Jesús se le aparecía todos los días.

—El Señor, en algunas de estas apariciones, me daba tareas. Me decía dónde leer en la Biblia, versículos específicos. Me daba algún versículo, sin ninguna dirección específica. Por ejemplo, me decía que buscara dónde estaba: "Mas tú, cuando ores, entra en tu aposento, y cerrada la puerta, ora a tu Padre que está en secreto; y tu Padre que ve en lo secreto te recompensará en público." Pero no me decía dónde encontrar ese versículo en la Biblia. Por lo que yo tenía que leer toda la Biblia para encontrar los versículos.

En otras ocasiones, había sucesos específicos que Jesús le decía a Samir que ocurrirían, y ocurrían. Una vez, por ejemplo, Jesús le dijo a Samir que vería a cierta persona en Beirut, y efectivamente, la siguiente vez que Samir estuvo en Beirut vio a esa persona, aunque esa persona no vivía en Beirut y rara vez viajaba al Líbano.

"Desde la primera tarea que él me dio," me dijo Samir, "me llamó para que lo siguiera sólo a él. Me dejó claro que él tenía un gran trabajo y que me estaba llamando para que fuera parte de él."

EL PODER TRANSFORMADOR DE LA BIBLIA

Samir, el profesor del seminario chiíta, se había enamorado de Jesucristo. Se había convencido de que Jesús era el Único Dios Verdadero y el único camino a la salvación. Se había convencido de que el islam estaba equivocado, que el Corán no era la palabra de Dios, y que solamente la Biblia contenía las verdaderas palabras del Dios viviente. Sin duda, el proceso por el que pasó para llegar a esas conclusiones no fue un proceso clásico de conversión. Pero no había duda: Samir se había convertido en un verdadero seguidor de Jesucristo, totalmente devoto. Y tan pronto como se dio cuenta de su llamado para servir a Cristo enseñando la Biblia y no el Corán, huyó del *Hawza* para salvar su vida.

Samir me dijo que cuando piensa en su salvación, recuerda la historia de José en el libro de Génesis. Los hermanos de José lo capturaron y lo vendieron como esclavo. Pero finalmente, Dios lo libró, lo hizo líder en Egipto y lo usó para salvar a sus hermanos y a todo el pueblo del Medio Oriente de una terrible hambruna. José pudo haber estado enojado con sus hermanos por obligarlo a ser esclavo, pero no lo estaba. "Vosotros pensasteis mal contra mí, mas Dios lo encaminó a bien, para hacer lo que vemos hoy, para mantener en vida a mucho pueblo" (Génesis 50:20).

De igual manera, Samir cree que fue esclavizado en el islam chiíta, pero no está enojado con sus hermanos chiítas. Más bien cree que Dios lo llevó al *Hawza* para ayudarlo a entender mejor a los chiítas y para que aprendiera a alcanzarlos con el evangelio de Jesucristo y les enseñara a través del poder transformador de la Biblia.

"Estoy muy agradecido con Dios y soy muy afortunado," me dijo Samir. "Al haber entrado a todas esas visiones y esos trances, Satanás pudo haberme atrapado para siempre y haberme enviado al infierno. Pero creo que Dios, en su maravilloso amor y gracia, respetó la inocencia de mi niñez, cuando yo quería conocerlo y hacerlo reír. Por lo que Dios me protegió de quedarme atrapado. Me acercó a su corazón a través de Jesucristo y me enseñó su Palabra. Yo estaba muy perdido, pero él vino a salvarme porque él me amaba tanto."

Samir está convencido de que hay un avivamiento en marcha en el mundo chiíta y que Dios se está revelando de maneras sobrenaturales a muchos musulmanes devotos que estaban perdidos y atrapados en sus propios pecados, como él lo estuvo alguna vez. En Irán, a su oriente, millones de chiítas están llegando a la fe en Jesucristo, y decenas de miles están entrando al ministerio a tiempo completo para predicar el evangelio, hacer discípulos y plantar iglesias. Samir cree que con el tiempo millones de chiítas iraquíes también llegarán a Cristo, y está comprometido con enseñar la Biblia a jóvenes discípulos iraquíes para cuando venga ese día. "El Señor tiene un trabajo especial que hay que hacer entre los chiítas de Irak," dijo con una gran pasión y confianza. "Dios está trabajando directamente allí, como en el primer siglo, cuando Jesús eligió directamente a sus discípulos."

La historia de Samir inspira a todo el que la escucha. De hecho, cuando compartía su testimonio conmigo, otro iraquí —en este caso, un musulmán sunita wahabí que tuvo su propio encuentro milagroso con el Señor y que ahora está en un ministerio cristiano a tiempo completo— estaba sentado a mi lado y también escuchaba. Profundamente conmovido por la fe de Samir, este CTM se volteó y me dijo: "Jesús ha quitado de mi corazón el odio por los chiítas. Me conmueve ver la intensa y apasionada devoción de los chiítas para con Dios. Están equivocados. Todavía no saben que Jesús es el Rey de reyes y el Señor de señores, como ahora lo sabe mi hermano Samir. Pero son muy devotos. Quiero entender mejor esta devoción y ayudar a alcanzarlos con la verdad de Dios, para que se dediquen a Jesús. Y ahora, cuando veo con mis propios ojos que Dios ha elegido a una persona chiíta para que siga a Jesucristo y lo sirva en el ministerio, sé que él es verdaderamente poderoso y que en realidad se está moviendo en este país."[1]

YIHADISTA KURDO SE CONVIERTE EN RENACIDO

Dios está atrayendo a su Reino no sólo a iraníes y árabes; también está llevando a kurdos a Cristo, y los comisiona para que sean valientes "guerreros terrestres" por su nombre.

Durante mi primer viaje a Irak, tuve el privilegio de conocer a un líder cristiano kurdo, particularmente apasionado y efectivo, que se llama Kerem.* Ahora comparte el evangelio, discipula a musulmanes que acaban de convertirse y capacita a futuros líderes de la iglesia. Pero no hace mucho, Kerem era un soldado de infantería en una guerra muy distinta.

—Nací en 1969 en una familia religiosa sunita —me dijo Kerem, una fría noche de invierno en Kurdistán, mientras tomábamos café—. Como mi familia era religiosa y estaba comprometida con la religión, y yo iba regularmente a la mezquita, conocí algunos miembros de un grupo religioso radical. Y gradualmente me enteré que esa gente creía en el yihad. Estaba muy emocionado con ellos. Yo tenía fe en el yihad, al igual que ellos. El grupo terrorista al que pertenecía era peor que al Qaeda.

---

*Kerem no es su nombre real. Es un seudónimo para proteger a este líder cristiano kurdo. Estas secciones se basan en una serie de entrevistas del autor con Kerem en febrero de 2008.

—¿Y de qué manera era peor? —pregunté.

—Al Qaeda en Irak es una organización conocida, con un líder conocido y con intenciones claras de atacar a Estados Unidos y a Israel, así como a los apóstatas musulmanes, con bombas suicidas y otros medios terroristas —explicó—. Pero nuestro grupo [*Al Haraka Al Islamia Fe Kurdistan*, o Movimiento Islámico de Kurdistán] le lavaba el cerebro a la gente sencilla, para que se convirtieran en bombas de tiempo en sus propios hogares: musulmanes radicalizados que rechazan toda norma y costumbre en su hogar si no es enseñanza islámica pura y fanática, para crear un espíritu de rebelión. Capacitábamos gente para que se consideraran hombres santos y puros y que luego atacaran a sus familias como infieles.

Kerem llegó a ser maestro del Corán y recibió capacitación terrorista para matar infieles. "Pero desde 1988 hasta el comienzo de 1991," me dijo, "tuve muchas preguntas interiores acerca de Dios. Odiaba servir a Dios por la fuerza. Odiaba orar a la fuerza, ayunar a la fuerza, y no me sentía bien con obligar a otros a que siguieran a Dios y destruyeran a sus familias. Cuando les preguntaba a mis líderes —líderes religiosos o políticos— si esto era correcto, si estábamos haciendo lo justo, me decían que no hiciera esas preguntas. Se me prohibió hacer preguntas."

Después de la invasión de Saddam Hussein a Kuwait en 1990 y la posterior Guerra del Golfo en 1991 en la que la coalición dirigida por Estados Unidos derrotó a las fuerzas de Saddam y liberó a Kuwait, hubo una revolución en Irak. Los musulmanes kurdos del norte y los musulmanes chiítas del sur se alzaron con la esperanza de derrocar al gobierno de Saddam. "Declaramos el yihad en contra de Saddam y su régimen," explicó Kerem. "Llevábamos armas y comenzamos a pelear."

Un día, Kerem y varios de sus compañeros dirigieron un ataque en contra de una unidad militar iraquí, y en el proceso capturaron a cuatro prisioneros. "El emir, o príncipe, de nuestro grupo nos dijo que matáramos a esos prisioneros. Había un río cerca. Otros prisioneros que nuestros compañeros terroristas habían capturado fueron asesinados allí y luego los lanzaron al río. Llevamos a nuestros prisioneros y ellos sabían que estábamos a punto de empezar a dispararles. Pero ellos nos suplicaban por sus vidas, y comenzaron a orar partes del Corán porque se dieron cuenta de que éramos musulmanes."

Kerem sentía un conflicto profundo. Como kurdo, odiaba el régimen de Saddam y se dedicaba a liberar al pueblo kurdo. Pero había estado desarrollando dudas por algún tiempo en cuanto a la violencia que él y sus amigos llevaban a cabo. Ahora continuaba diciéndose: "Estos son musulmanes. Como musulmán, no puedo matarlos."

En ese momento, Kerem tiró su arma y rehusó unirse a las ejecuciones. "Uno de los de mi grupo me dijo que me dispararían porque había desobedecido al emir," recordó Kerem. "¡Pero yo prefería que me mataran en lugar de ser un asesino!"

Las ejecuciones siguieron. Los cuatro prisioneros fueron asesinados. Cuando Kerem y sus compañeros regresaron a su cuartel, efectivamente, Kerem fue denunciado por los líderes del grupo por desobedecer las órdenes. Pero él respondió: "Haré algo peor que desobedecer a sus órdenes. Desde ahora me divorcio del islam." Repitió las palabras tres veces. "Pensaron que estaba dando excusas por mi comportamiento. Amenazaron con matarme porque había dejado la religión."

Como temía por su vida, Kerem huyó del cuartel y finalmente escapó a Irán por su seguridad.

"Caramba," dije. "Las cosas debieron estar malas para que un iraquí se escapara a Irán por razones de seguridad."

Se rió y asintió. Pero dijo que no sabía qué más hacer. Era un hombre buscado en Irak. Era un hombre buscado por su propia organización terrorista. Y lo que es más, estaba atormentado por el sentido de culpa y confusión, y estaba desesperado por encontrar paz.

EL PUNTO DECISIVO

"Interiormente, sabía que había un Dios," dijo Kerem. "Pero también sabía que era un Dios distinto a Alá."

Dijo que el Corán le estaba enseñando a odiar y a matar. Él, a su vez, estaba enseñando esos suras violentos a los jóvenes musulmanes impresionables, y estaba reclutando a otros para que emprendieran el yihad en contra del régimen de Saddam, así como en contra de las familias musulmanas que no eran tan Radicales como su organización terrorista creía que deberían ser. Sabía que no estaba bien, pero no tenía idea de a dónde ir ni qué hacer. "Cuando salí de este grupo terrorista, también dejé las oraciones y todo," dijo Kerem. "Detestaba a Dios, detestaba orar.

Detestaba todo lo que se llamara religión. Sólo me gustaba una cosa: yo mismo, mi vida."

Años después, Kerem pudo regresar a Irak. Decidió trasladarse a Bagdad y perderse en la inmensidad de la gran ciudad. Como tenía talentos artísticos, se inscribió en una academia de bellas artes, y totalmente inesperadamente, este resultó ser un cambio radical en la vida de Kerem.

"Había una pintura en la pared de una de las aulas con una cruz en ella y estas palabras en árabe: 'Dios es amor.' Me dio curiosidad, pero también me sentí confundido. Era algo muy extraño para mí pensar en Dios como amor. El dios que yo conocía no tenía amor. Había una chica cristiana en mi clase, por lo que un día le pregunté: '¿Qué significa esa expresión?'"

La chica le dijo que era un versículo de la Biblia, de 1 Juan 4:16, que dice claramente: "Dios es amor."

"No tenía idea de qué hablaba ella," dijo Kerem. "Por lo que le pregunté si podría conseguirme una copia de una Biblia en árabe —no había Biblia en el idioma kurdo entonces. Dos días después me llevó un libro, el libro de Mateo. Volví a casa y comencé a leer. No pude dormir. Lo leí tres veces. A medida que leía, sabía que todo era cierto. Simplemente lo sabía. Y sentí que una paz que no podía explicar me había invadido. Sentía ángeles a mi alrededor. Sentí que se me había quitado un peso del pecho. Sentí que había descubierto a alguien que se llama Jesús. Al día siguiente, volví a la escuela y estaba sonriente. La mayoría de las estudiantes se dio cuenta y me preguntó por qué estaba feliz. No podía decirles por qué. Todavía no."

Esa noche, Kerem encendió su radio y casualmente sintonizó la Radio Transmundial, una estación cristiana que opera desde Monte Carlo. "El hombre del programa repetía los mismos versículos del Sermón del Monte que yo acababa de leer en Mateo.* El Sermón del Monte me había conmovido mucho. Era tan bello. Nunca antes había oído a nadie enseñar así, y sabía que era cierto. Sabía en mi corazón que estas palabras eran pronunciadas por el Único Dios Verdadero. Cuando el programa terminó, el hombre de la radio ofreció la oportunidad de orar para recibir a Jesucristo como mi Salvador. No lo dudé. Acepté a este Dios amoroso.

---

*El Sermón del Monte de Jesús se encuentra en Mateo 5–7.

Y desde ese día mi vida comenzó a cambiar. Yo había estado odiando a Dios, pero entonces comencé a amar a Dios. Había estado odiando a la gente de todas las religiones, pero entonces comencé a amarlos a todos, incluso a la gente del islam. Cuando me convertí en su seguidor, Jesús me dio un amor por la gente que nunca había experimentado y que difícilmente pude explicar."

Kerem no sólo se encontró con un amor divino, también tenía un hambre insaciable de conocer a Dios personalmente y de estudiar la Biblia cada vez más por sí mismo. Leía el libro de Mateo constantemente, porque era la única porción de la Biblia que tenía en ese momento. A medida que la leía, desarrolló un intenso deseo de obedecer a Jesús, porque lo amaba mucho.

Aprendió de la importancia de bautizarse como un acto de arrepentimiento —es decir, dejar de hacer las cosas a su manera y decidir seguir a Cristo— y como un acto sencillo de profesar públicamente amor y devoción por el Dios vivo. Vio que Juan el Bautista le decía a la gente: "Arrepentíos, porque el reino de los cielos se ha acercado" (Mateo 3:2). Vio que Jesús fue bautizado para "cumplir toda justicia." Vio que esto hizo que el Padre dijera que tenía "complacencia" en Jesús (Mateo 3:13-17). También vio que Jesús dijo a sus discípulos: "Id, y haced discípulos a todas las naciones, bautizándolos en el nombre del Padre, y del Hijo, y del Espíritu Santo; enseñándoles que guarden todas las cosas que os he mandado" (Mateo 28:19-20).

Kerem resolvió que él, también, debería ser bautizado. Discretamente visitó una iglesia tras otra, pero estaban llenas de cristianos nominales —no seguidores genuinos de Jesucristo— que rehusaban bautizarlo porque había sido musulmán. Insistía en que había sido transformado por Dios, pero rehusaban escuchar. "Les daba miedo bautizarme," explicó Kerem. "Tenían miedo a la policía secreta. Tenían miedo de los informantes. Tenían miedo por muchas razones. Pero se olvidaron de las 366 veces que la Biblia dice: 'No temas.'"

Kerem no quiso darse por vencido y, finalmente, con la gracia de Dios encontró a un sacerdote católico valiente que lo bautizó a principios de la década de 1990.

Esta es una de las cosas que más me encantan de Kerem: no tiene miedo. Cree en la grandeza de su Dios. Sabe cuán poderoso es su Dios, por la manera tan dramática que transformó su vida del yihad a Jesús. Ahora, Kerem dice que está dispuesto a ir a donde Jesús le diga que vaya, a hacer lo que Jesús le diga que haga y a decir lo que Jesús le diga que diga, sin importar lo que suceda.

Y no son sólo palabras. Me he dado cuenta de que Kerem es un hombre de acción. Primero, llevó a su hermano a la fe en Jesucristo. Luego, ayudó a traducir el Nuevo Testamento al idioma kurdo. Ahora está ayudando a traducir el Antiguo Testamento al kurdo. También está capacitando a jóvenes para que lean, estudien y puedan enseñar la Biblia, porque ha visto el poder de la Palabra de Dios para transformar vidas, comenzando con la suya. Y lo que es más, está absolutamente convencido de que los CTM kurdos van a ser usados por Dios para llevar el evangelio por todo el Medio Oriente —por las regiones de Irak, Turquía, Siria e Irán— y está determinado a seguir involucrado en la batalla espiritual por las almas de musulmanes hasta que Dios se lo lleve a su casa en el cielo.

"La verdad es que en realidad yo no decidí seguir a Jesús," me dijo Kerem. "Jesús me llamó para que lo siguiera, y no pude resistirme a ese llamado. Como cuando Jesús llamó a Mateo y le dijo: 'Sígueme.' Y Mateo dejó todo para seguir a Jesús. No pudo resistirse. Este es un llamado divino."

UNA ÚLTIMA PREGUNTA

El apóstol Juan concluyó su relato de la vida de Cristo con este pensamiento: "Y hay también otras muchas cosas que hizo Jesús, las cuales si se escribieran una por una, pienso que ni aun en el mundo cabrían los libros que se habrían de escribir" (Juan 21:25).

Siento que estos capítulos sobre los Renacidos podrían concluirse de la misma manera. Al haber conocido y entrevistado a más de 150 líderes Renacidos, no podría incluir todas sus historias en estas páginas. Y debo confesar que esto me duele, porque me parece que cada uno de sus testimonios del amor y el poder de Dios es totalmente asombroso y alentador, especialmente en vista de la extrema persecución y presiones que estos líderes enfrentan a diario.

Una vez, cuando estaba en Irak, tuve el privilegio de cenar con el primer musulmán chiíta que se convirtió al cristianismo, en toda la historia moderna de Irak. Llegó a ser un seguidor de Jesucristo en 1967. Fue bautizado en 1972. Comenzó a compartir su fe, a hacer discípulos y a plantar iglesias en 1985. Ha sido secuestrado por los Radicales múltiples veces. Pero ama a Jesús más que nunca. Y está totalmente convencido de que la iglesia iraquí finalmente será dirigida por CTM, aunque la mayoría de pastores de allí ahora es CTCN.

En otra ocasión, tuve el honor de cenar con el líder de un ministerio, posiblemente el más influyente de Irak, un CTCN que me contó la historia de cómo llegó al ministerio de tiempo completo. Había sido un hombre de negocios profesional y común. Un día, su aldea fue atacada por terroristas islámicos Radicales, uno de los cuales entró a su casa, le apuntó con un AK-47 y jaló del gatillo. Pero el arma no disparó. El terrorista volvió a jalar del gatillo. Y otra vez no funcionó. El terrorista apuntó el rifle al aire y jaló del gatillo para probar el arma. Esta vez sí disparó. Así que, una vez más, el terrorista apuntó con el arma al cristiano y jaló del gatillo. Pero otra vez, el arma no disparó. El terrorista salió corriendo, y el cristiano supo que Dios le había salvado la vida milagrosamente. Al día siguiente, renunció a la compañía petrolera iraquí en la que trabajaba y se comprometió a servir al Señor a tiempo completo, haciendo discípulos y capacitando a líderes eclesiásticos.

En Afganistán tuve el privilegio de reunirme con un importante líder de la iglesia afgana que había estado viviendo en Estados Unidos desde 2001. Ese verano, vio un documental en la televisión sobre los horrores que el Talibán estaba ocasionando en la gente de su país natal. Por lo que oró: "Señor, si tú te deshaces del Talibán, yo renunciaré a mi trabajo y me trasladaré a Afganistán y te serviré allí." Dos meses después ocurrieron los ataques del 11 de septiembre. Dos meses después de eso, vio una historia de última hora en CNN que anunciaba que las fuerzas militares de Estados Unidos estaban en el suelo de Afganistán para destruir a al Qaeda y al Talibán. Se quedó sin aliento. El Señor había cumplido su parte del trato. Ahora era su turno. Para cumplir su promesa, renunció a su trabajo y se trasladó a Afganistán, donde Dios ahora lo está usando de una manera poderosa.

Al hablar con estos y otra multitud de líderes cristianos del epicentro, me surgió una pregunta que me estuvo acosando. Ellos reportaban que millones de personas llegaban a Cristo por toda la región a través de sueños y visiones, y observaban que los que llegaban a la fe en Cristo a través de visiones son fructíferos inmediatamente, es decir que comienzan a vivir vidas santas y puras y están totalmente dedicados a Cristo, desde el momento de su conversión. Comparaban estas conversiones con la conversión de Pablo en el camino a Damasco de Hechos 9. Pablo nunca dudó de su decisión de seguir a Jesús. Nunca vaciló. Nunca tambaleó. Inmediatamente fue valiente y devoto, porque su experiencia con Cristo fue tan personal y tan poderosa que lo transformó para siempre.

Entonces pregunté: ¿Cuál es el propósito de compartir el evangelio, predicar el evangelio, de mostrarle a la gente la película *JESÚS*, utilizar la transmisión de radio y satélite, etc., si Dios está atrayendo a esa gente de manera sobrenatural?

—Esa es una gran pregunta —respondió un querido hermano iraquí—. Es cierto que cada CTM chiíta que conozco ha llegado a la fe en Cristo directamente, sin ninguna persuasión humana aparente. No siempre es un sueño o una visión, aunque a menudo lo es. A veces, simplemente ocurre que el Señor les habla directamente a sus corazones, a veces audiblemente, a veces no. La clave es que un día no creen en Jesús, y al día siguiente creen. Pero no es porque alguien se haya sentado y los haya convencido. Es que Dios simplemente hizo una obra sobrenatural en su corazón.

—Está bien —dije—, pero, de nuevo, ¿por qué hay tantos Renacidos que arriesgan sus vidas para anunciar el evangelio a los musulmanes, si los musulmanes que están llegando a Cristo no están siendo persuadidos por los Renacidos?

—Porque, Joel, la Biblia nos dice que enseñemos la Palabra de Dios y que prediquemos el evangelio, y nosotros obedecemos —respondió amablemente—. Y realmente, cuando ve más de cerca las historias de estos CTM, se dará cuenta de que cada uno de ellos ha tenido alguna exposición al nombre de Jesús y a la historia de Jesús en su pasado. Piense en lo que el apóstol Pablo dijo: "Todo aquel que invocare el nombre del Señor será salvo. ¿Cómo, pues, invocarán a aquel en el cual no han creído? ¿Y cómo creerán en aquel de quien no han oído? ¿Y cómo oirán sin haber quién les predique? ¿Y cómo predicarán si no fueren enviados? Como está escrito: ¡Cuán hermosos son los pies de los que anuncian la paz, de los que anuncian buenas nuevas! . . . Así que la fe es por el oír, y el oír, por la palabra de Dios."*

---

*Ver Romanos 10:13-17.

»De igual manera, en Mateo 13, Jesús enseña la parábola de la semilla y el sembrador. Insistió en que todos sus seguidores siembren semillas —es decir, predicar el evangelio y enseñar la Palabra de Dios— en todas partes. No sabemos qué corazones serán buen terreno y recibirán la Palabra de Dios y darán el fruto de vidas transformadas. Sólo Dios lo sabe. Simplemente se supone que debemos obedecer. Así como el sembrador sólo planta las semillas; es Dios quien los hace crecer y dar fruto. Discutir con los musulmanes en cuanto a Cristo no llevará a la gente a Cristo. Pero se supone que tenemos que enseñarles de Jesucristo cuando sea posible, y animarlos a leer la Biblia, y amarlos y orar por ellos; y de alguna manera Dios utiliza esto como parte de su plan misterioso de adoptar a los musulmanes en su Reino.

Obtuve mi respuesta y no fue complicada. Jesús dijo que si me amáis, guardad mis mandamientos. No era una respuesta fácil, pero era simple.

CAPÍTULO TREINTA

LA TEOLOGÍA DE LOS RENACIDOS

Lo que creen, verso por verso

CONOCÍ A SHAKIR durante mi primer viaje a Irak, en febrero de 2008.*

Como evangelista, plantador de iglesias y pastor audaz y efectivo de su país devastado por la guerra, Shakir tiene una tremenda pasión de cuidar de los pobres y necesitados, predicar el evangelio —especialmente en aldeas y áreas rurales— y ayudar a jóvenes que se han convertido del islam a estudiar la Biblia y a llegar a ser seguidores de Jesucristo totalmente dedicados.

Pero ese no siempre fue el caso. Efectivamente, cómo Shakir llegó a ser cristiano y cómo entró al ministerio a tiempo completo es uno de los testimonios más fascinantes que personalmente he tenido el privilegio de escuchar de primera mano. Y lo que es más, pasar tiempo con él me ayudó a entender más completamente la teología de los Renacidos.

HACIA NÍNIVE

Como sucedió, Shakir y otros cuantos hicimos un viaje al norte de Irak para reunirnos con algunos Creyentes de Trasfondo Musulmán, no lejos de la ciudad de Mosul.

---

*Shakir no es su nombre real. Es un seudónimo para proteger a este pastor iraquí. Este capítulo se basa en una serie de entrevistas del autor con Shakir, en febrero de 2008.

Me habían aconsejado que no hiciera ese viaje.

Mis amigos dijeron que sí, Mosul es el lugar de la antigua ciudad bíblica de Nínive, la misma ciudad a la que Dios envió a los profetas Jonás y Nahum. Admitieron que sin duda la ciudad y la provincia del mismo nombre son excesivamente ricas en historia. Pero la ciudad también es excesivamente violenta —una de las ciudades más peligrosas del Irak moderno y un centro clave para los terroristas que están aliados con "Al Qaeda en Mesopotamia" y otros grupos insurgentes de sunitas Radicales.

Mis amigos tenían razón, por supuesto. Civiles inocentes mueren en Mosul todos los días —árabes, kurdos y ocasionalmente extranjeros, si son lo suficientemente tontos como para pasar los límites de la ciudad. Algunos son decapitados. Otros son acribillados a balazos con AK-47 u otras armas automáticas. Y otros vuelan en pedazos por causa de algún terrorista suicida. A algunos les queman sus casas. Otros ven cómo violan a sus esposas antes de ser asesinados. A otros les secuestran sus hijos frente a sus ojos y los asesinan. Es un lugar feroz, cruel e implacable, como ha sido desde épocas inmemorables.

El profeta Nahum escribió una vez acerca de Nínive: "¡Ay de ti, ciudad sanguinaria, toda llena de mentira y de rapiña, sin apartarte del pillaje! . . . Multitud de muertos, y multitud de cadáveres; cadáveres sin fin, y en sus cadáveres tropezarán" (Nahum 3:1-3). Eso fue hace 2.600 años. Pero Nahum podría haberlo escrito ayer.

Unos días antes de que nos dirigiéramos a Nínive, los medios de comunicación reportaron que una serie de bombardeos suicidas lanzados por al Qaeda habían destruido cien casas, habían matado por lo menos a sesenta personas y habían herido a más de 280 más. El ministro de defensa iraquí dijo, después de visitar la ciudad tras los ataques: "La situación en Mosul es mucho peor de lo que se había imaginado."[1]

Aun así, después de mucha oración, tuve una sensación de paz de que era la voluntad de Dios que fuera con Shakir y otros líderes cristianos iraquíes a una aldea a unos cuantos minutos de Mosul. Nuestro destino realmente no estaba dentro de la "ciudad sanguinaria," y era una aldea donde —según ellos— no había llegado ningún estadounidense. Más importante aún, era una aldea donde unos trescientos, de más o menos setecientos residentes habían llegado la fe en Cristo durante los últimos años, mayormente a través de sueños y visiones de Jesús.

"Esta es una aldea donde Dios se está moviendo muy poderosamente," me dijo Shakir. "Toda esta violencia de musulmanes en contra de musulmanes está ocasionando que mucha gente reconsidere si el islam es verdadero. Y ahora Jesús se está apareciendo a la gente y están llegando a ser sus seguidores. Lo llevaré a que conozca a la primera familia a la que Jesús se le apareció. Fueron los primeros cristianos de toda la aldea, y ahora todo está cambiando allí. Es muy emocionante. Creo que por la gracia de Dios usted estará muy seguro. No habrá ningún problema."

Sí sonaba emocionante. Era exactamente lo que había ido a ver por mí mismo. Por lo que acepté ir.

EL EXTRAORDINARIO VIAJE ESPIRITUAL DE SHAKIR

Nuestro viaje fue largo y polvoriento y requirió que nuestro pequeño equipo, que viajaba en un viejo Chevy Impala, pasara por numerosos puestos de revisión militar, cada uno dotado de soldados y policías iraquíes, fuertemente armados, que revisaban pasaportes y hacían preguntas, todos en alerta máxima por miembros de al Qaeda y el Ejército del Mahdi.

En el camino, me encontré mirando un paisaje que por lo general era tan árido como la superficie de la luna, cubierto de piedras, casi desprovisto de vegetación y apenas poblado. Durante un momento de calma en la conversación con un iraquí en el automóvil, a quien conocía de varios años, le pregunté al Pastor Shakir, de apariencia dócil y apacible, cómo había llegado a ser seguidor de Cristo y pastor.

—¿Creció en un hogar cristiano? —le pregunté por medio de nuestro traductor.

—No —respondió tranquilamente—. Me crié como musulmán.

—¿De veras? —dije—. ¿Qué hacía antes de llegar a ser pastor?

—Era comandante de una célula yihad.

Tragué saliva. *No me diga*, pensé. Efectivamente tenía toda mi atención. —Por favor, cuénteme su historia —dije ansiosamente y saqué mi cuaderno de apuntes.

Shakir accedió amablemente.

Explicó que había nacido en 1975, en una devota familia musulmana sunita, y que a medida que crecía llegó a ser muy religioso. Incluso a una edad temprana le encantaba ir a la mezquita regularmente, y para cuando tenía diecisiete años, se había unido a un movimiento islámico Radical secreto. Estudiaba duro y aprendía rápidamente, y en poco tiempo estaba enseñando el Corán en varias mezquitas.

"Mis líderes entonces me enviaron a un campamento de entrenamiento militar, donde se me entrenó para usar armas livianas —pistolas, ametralladoras y RPG [granadas impulsadas por cohetes]— en contra de los infieles," me dijo. "Estaba muy emocionado porque quería hacer el yihad para Dios. Estaba totalmente convencido de que los chiítas y los cristianos eran blasfemadores y que si los mataba, sería bendecido."

Después de completar con éxito el "curso básico de terrorismo," Shakir fue nombrado comandante de una célula yihadista, y se le ordenó que secretamente reclutara a otros yihadistas. "Pronto tuve un grupo de mis propios seguidores," explicó. "Los hacía pasar por ese entrenamiento militar y después los ayudaba a conseguir trabajos en distintas oficinas gubernamentales, y en otras tiendas y negocios, para que pudieran espiar y estuvieran en puestos donde hicieran gran daño cuando lanzáramos el derrocamiento de Saddam y su régimen."

Un día, uno de los discípulos musulmanes Radicales de Shakir llegó a buscarlo y le dijo que alguien estaba distribuyendo Biblias a todos en la tornería donde trabajaba. El discípulo estaba muy enojado y le dijo a Shakir que había maldecido a todos en la tienda, había recogido todas las Biblias y las había destruido rápidamente. Todas, menos una.

"Me llevó una Biblia —un Nuevo Testamento— y dijo que debería leerlo y ver cómo reaccionar ante él y argumentarlo," explicó Shakir. Dijo que elogió a su discípulo por haber actuado rápida y decisivamente. Después dijo al discípulo que se fuera y se llevó la Biblia a su casa, y esa noche comenzó a leer el Evangelio según Mateo.

EL DESFILE DE LOS PROFETAS

"Leí el libro muy fervientemente para buscar todas las blasfemias y corrupción," dijo Shakir. "Pero descubrí que las palabras comenzaron a afectar mi mente, y mi corazón comenzó a cambiar. Estas eran palabras poderosas, no palabras humanas. Me parecían como las palabras de Dios. Pero pensé: '¿Cómo podría ser esto?'"

Shakir se puso muy atribulado. Seguía leyendo Mateo, pero se avergonzaba de sí mismo, porque en lugar de encontrar errores en estas

Escrituras cristianas, se sentía totalmente intrigado. También tenía demasiadas preguntas. Pero ¿a quién podría preguntarle? No sería buena idea comenzar a discutir la vida y enseñanzas de Jesús con los miembros de la célula terrorista que dirigía. No era buena idea hacerles preguntas a los líderes terroristas que estaban por encima de él. No se atrevía a buscar a cualquier cristiano. Por lo que noche tras noche seguía leyendo los evangelios, buscando respuestas. Mientras más lo hacía, más atribulado y ansioso se ponía.

"Después de leer la Biblia profundamente, comencé a compararla con el Corán," me dijo. "Estaba muy confundido y, en mi confusión, comencé a suplicarle a Dios: 'Por favor, manifiéstate a mí.' Le supliqué a Dios: 'Por favor muéstrame el camino correcto —¿eres el Dios del Corán o el Dios de la Biblia?'"

Esto continuó por varias noches.

"Una noche," dijo, "estaba suplicándole a Dios fervientemente que me mostrara el camino verdadero y recto. Y esa noche tuve un sueño. Me encontraba parado a un lado del camino. Había una gran multitud en ambos lados del camino, y estaban vitoreando muy emocionados. Y me di cuenta de que estaban esperando que pasara un desfile. Por lo que volteé hacia el camino para ver quién venía, y vi a muchos profetas que se acercaban a caballo. De repente, venía Jonás. Y luego David. Y Abraham. Y Moisés —montados en caballos altos y fuertes. Todos vitoreaban y yo vitoreaba. Era muy emocionante ver a esos profetas."

Shakir siguió esperando a que Mahoma también pasara cabalgando, pero Mahoma nunca llegó. No estaba en el desfile de profetas. En lugar de eso, Shakir dijo: "Al final de la procesión vi que otra persona montaba, pero venía en un burro en lugar de un caballo. Llevaba puesta una túnica blanca y su cara estaba cubierta por un manto blanco. Cuando esta persona se acercó, por alguna razón, oí que yo lo llamaba y le preguntaba: '¿Eres Jesús?' Como dije, su cara estaba cubierta por un paño blanco. Por lo que en realidad no podía ver su cara en ese momento. Pero cuando oyó mi pregunta, el hombre se quitó el paño de la cara, me sonrió y asintió con la cabeza.

"Algo salió de su cara que me llenó con un gozo que nunca había sentido en toda mi vida. Comencé a gritar: ¡Vi a Jesús! ¡Vi a Jesús! Estaba muy feliz y muy gozoso y me reía. Pero cuando me desperté me di cuenta de que mi almohada y mis sábanas estaban todas húmedas alrededor de mi cabeza. Me di cuenta de que en algún momento, durante mi sueño, había estado llorando —sollozando— de vergüenza por todos mis pecados, por todo mi odio."

Shakir se sintió abrumado al comprender que había estado tan equivocado en cuanto a Dios, en cuanto al islam, en cuanto al terrorismo. También se sentía increíblemente agradecido y humillado por el hecho de que Jesús viniera a rescatarlo y perdonarlo por todos sus pecados y que lo pusiera en el camino verdadero hacia el cielo.

UNA TRANSFORMACIÓN TOTAL

"Sentí un fuerte gozo y quería encontrar a mis discípulos musulmanes para decirles que los amaba y que Jesús los amaba," explicó Shakir. "Después de ese sueño, mi vida cambió completamente. Estaba dispuesto a evangelizar —a hablarle a la gente del amor de Jesucristo. No podía esconder ese gozo. Mientras más leía los evangelios, más sentía que tenía que hablarle a la gente de este amor de Dios, incluso a la gente que había odiado. No fue fácil. Se burlaron mucho de mí y muchos me persiguieron. Una vez ocho personas me golpearon. Casi me asesinan tres veces. Pero está bien. Desde que llegué a conocer al Señor Jesús como mi Salvador, estoy listo a dar mi vida —y mi familia— como sacrificio por Jesús."

Qué transformación más extraordinaria, pensé mientras Shakir terminaba su historia. Unos días después, le pedí que repitiera la historia frente a una cámara de video, para una película documental futura en la que estábamos trabajando. Amablemente accedió y, cuando terminamos la entrevista, Shakir se puso de pie, me miró directamente a los ojos y sin ninguna expresión en su cara dijo: —Joel, usted es muy afortunado.

—Creo que es cierto —dije—. Pero ¿por qué lo dice?

Inspiró profundamente. —Porque si lo hubiera conocido en 1993, lo habría matado inmediatamente.

Mi pulso se aceleró. Hubo un silencio. Luego agregó: —Pero ahora usted es mi hermano en Jesús, ¡y lo amo!

Una gran sonrisa atravesaba su cara. Me rodeó con sus brazos y me dio un abrazo de oso. Yo di un gran respiro de alivio y —riéndome— también le di un abrazo.

CINCO CONVICCIONES ESENCIALES

Después de pasar tiempo con el Pastor Shakir y con docenas de otros líderes de ministerios como él en toda la región, he llegado a la conclusión de que, aunque los Renacidos tienen muchas creencias teológicas importantes, tienen por lo menos cinco convicciones teológicas esenciales, basadas en su creencia firme de que la Biblia es la santa Palabra de Dios.

Estas no son convicciones únicas. Efectivamente, las comparten seguidores de Jesucristo totalmente dedicados por todo el mundo. Sin embargo, es muy importante y extraordinario que los ex musulmanes —y no pocos de ellos son ex Radicales— sostengan estas convicciones.

Permítame explicar.

Convicción esencial no. 1: Dios ama a toda la humanidad

Todos y cada uno de los Renacidos que entrevisté —incluso Shakir— observaron con una convicción profunda que, según la Biblia, el rasgo distintivo del carácter de Dios es el amor. La Biblia enseña que Dios ama a todos los hombres, mujeres y niños de la faz de la tierra —sin importar su raza, nacionalidad, tribu o idioma.

Dios nos ama a todos con un amor eterno. Nos amó a todos antes de que nosotros lo amáramos a él. Nos ama tanto que quiere adoptarnos en su familia, como hijos suyos, y dejarnos vivir con él en el cielo para siempre. Nos ama tanto que si se lo permitimos, será un pastor para nosotros y nos guiará, nos proveerá, nos protegerá, nos dará descanso y nos cuidará de cualquier forma posible. Nos ama tanto que si lo seguimos y lo obedecemos, en realidad podemos llegar a ser sus amigos y desarrollar una relación personal e íntima con él.

He aquí algunos de los versículos que los Renacidos señalan para describir el amor de este increíble Dios:

"Dios es amor." —*1 Juan 4:16*

"Porque de tal manera amó Dios al mundo, que ha dado a su Hijo unigénito, para que todo aquel que en él cree, no se pierda, mas tenga vida eterna." —*Juan 3:16*

"Con amor eterno te he amado; por tanto, te prolongué mi misericordia." —*Jeremías 31:3*

"Den gracias al Señor, porque él es bueno; *su gran amor*

perdura para siempre. Den gracias al Dios de dioses; *su gran amor perdura para siempre.* Den gracias al Señor omnipotente; *su gran amor perdura para siempre.*"
—*Salmo 136:1-3, NVI*

"Nosotros le amamos a él, porque él nos amó primero."
—*1 Juan 4:19*

"Mirad cuál amor nos ha dado el Padre, para que seamos llamados hijos de Dios." —*1 Juan 3:1*

"Jehová es mi pastor; nada me faltará. En lugares de delicados pastos me hará descansar; junto a aguas de reposo me pastoreará. Confortará mi alma; me guiará por sendas de justicia por amor de su nombre. Aunque ande en valle de sombra de muerte, no temeré mal alguno, porque tú estarás conmigo; tu vara y tu cayado me infundirán aliento. Aderezas mesa delante de mí en presencia de mis angustiadores; unges mi cabeza con aceite; mi copa está rebosando. Ciertamente el bien y la misericordia me seguirán todos los días de mi vida, y en la casa de Jehová moraré por largos días." —*Salmo 23:1-6*

[Jesús dijo:] "Vosotros sois mis amigos, si hacéis lo que yo os mando. Ya no os llamaré siervos, porque el siervo no sabe lo que hace su señor; pero os he llamado amigos, porque todas las cosas que oí de mi Padre, os las he dado a conocer." —*Juan 15:14-15*

"No envidies al hombre injusto, ni escojas ninguno de sus caminos. Porque Jehová abomina al perverso; mas su comunión íntima es con los justos." —*Proverbios 3:31-32*

Los Renacidos observan con convicción similar que la Biblia enseña que como Dios ama a toda la humanidad, también tiene un plan y propósito maravillosos para cada hombre, mujer y niño. Observe estos versículos:

"Porque yo sé muy bien los planes que tengo para ustedes —afirma el Señor—, planes de bienestar y no de calamidad, a fin de darles un futuro y una esperanza. Entonces

ustedes me invocarán, y vendrán a suplicarme, y yo los
escucharé. Me buscarán y me encontrarán, cuando me
busquen de todo corazón." —*Jeremías 29:11-13, NVI*
[Jesús dijo:] "Yo he venido para que tengan vida, y para que la
tengan en abundancia." —*Juan 10:10*
"Y sabemos que a los que aman a Dios, todas las cosas les ayudan a bien, esto es, a los que conforme a su propósito son
llamados." —*Romanos 8:28*
"Dios . . . quiere que todos los hombres sean salvos y vengan al
conocimiento de la verdad." —*1 Timoteo 2:3-4*
"Porque somos hechura suya, creados en Cristo Jesús para buenas obras, las cuales Dios preparó de antemano para que
anduviésemos en ellas." —*Efesios 2:10*

Tales verdades asombraron a Shakir cuando comenzó a leer la Biblia,
primero como musulmán Radical y aun después de su conversión y decisión de seguir a Jesucristo. Nunca había visto a Dios como alguien que
lo amaba. Nunca había pensado en que Dios tuviera un plan y propósito
positivos para su vida. De hecho, nunca imaginó que Dios quisiera contar
con él como amigo ni como miembro de su propia familia.

Convicción esencial no. 2: Toda la humanidad es pecadora y por lo tanto está separada de Dios

Otra verdad que dejó helado a Shakir cuando leía el Nuevo Testamento,
y cuando estaba en la presencia de Jesús en su sueño, fue la comprensión
de que él —Shakir— era pecador, que había estado en un camino
terriblemente equivocado, que no sólo había desobedecido a Dios, sino
que estaba haciendo que Dios doliera por sus pecados. Por eso es que
Shakir despertó de su sueño con la almohada y las sábanas empapadas
de sus lágrimas. Eran lágrimas de vergüenza y remordimiento, que se
desencadenaron tan pronto como comprendió lo pecador que verdaderamente era.

La mayoría de nosotros no es terrorista, claro. La mayoría de nosotros
no ha sido entrenada para matar "infieles" y reclutar a otros para que
hagan lo mismo. Sin embargo, la Biblia enseña que cada hombre, mujer
y niño ha pecado en contra de Dios. Generalmente lo hemos ignorado

—le hemos puesto poca atención a él y a su palabra— o lo hemos desobedecido activamente. De cualquier manera, esto es pecado.

Es posible que algunos de nosotros hayamos cometido más pecados que otros, pero ninguno de nosotros es inocente ante Dios. Según las Escrituras, cada uno de nosotros ha quebrantado las leyes de Dios. Hemos mentido, robado o engañado; o hemos sido culpables de lujuria; o hemos codiciado algo de nuestro prójimo. Hemos tratado de vivir nuestra propia vida, a nuestra manera, sin seguir el camino de Dios, y esto es otra evidencia de lo que la Biblia llama pecado.

La Biblia dice claramente que el problema es que nuestros pecados nos separan de una relación cercana, amorosa y personal con Dios. Nuestros pecados también nos condenan a la muerte eterna, donde estaremos separados de Dios en el infierno para siempre jamás. ¿Por qué? Porque Dios es santo y nosotros no. Dios no puede permitir que una persona con tan sólo un pecado entre al cielo; si lo hiciera, esa persona mancharía, y por lo tanto destruiría, la santidad de Dios y su reino. Como resultado de nuestra naturaleza pecaminosa, entonces, la Biblia enseña que no podemos conocer ni experimentar el amor de Dios y su plan para nuestras vidas.

Observe los versículos siguientes:

"Todos pecaron, y están destituidos de la gloria de Dios."
    —*Romanos 3:23*
"Jehová miró desde los cielos sobre los hijos de los hombres,
    para ver si había algún entendido, que buscara a Dios.
    Todos se desviaron, a una se han corrompido; no
    hay quien haga lo bueno, no hay ni siquiera uno."
    —*Salmo 14:2-3*
"La paga del pecado es muerte." —*Romanos 6:23*
[Jesús dijo:] "Y si tu pie te fuere ocasión de caer, córtalo; mejor
    te es entrar a la vida cojo, que teniendo dos pies ser echado
    en el infierno . . . donde . . . el fuego nunca se apaga."
    —*Marcos 9:45-46*
[Jesús dijo:] "Mas os digo, amigos míos: No temáis a los que
    matan el cuerpo, y después nada más pueden hacer. Pero
    os enseñaré a quién debéis temer: Temed a aquel que

después de haber quitado la vida, tiene poder de echar en el infierno; sí, os digo, a éste temed." —*Lucas 12:4-5*

"Cuando el Hijo del Hombre venga en su gloria, y todos los santos ángeles con él, entonces se sentará en su trono de gloria, y serán reunidas delante de él todas las naciones; y apartará los unos de los otros, como aparta el pastor las ovejas de los cabritos. Y pondrá las ovejas a su derecha, y los cabritos a su izquierda. Entonces el Rey dirá a los de su derecha: Venid, benditos de mi Padre, heredad el reino preparado para vosotros desde la fundación del mundo. . . . Entonces dirá también a los de la izquierda: Apartaos de mí, malditos, al fuego eterno preparado para el diablo y sus ángeles. . . . E irán éstos al castigo eterno, y los justos a la vida eterna." —*Mateo 25:31-34, 41, 46*

Convicción esencial no. 3: Jesucristo es la única esperanza de salvación para la humanidad

El hecho de que todos somos pecadores, separados de Dios ahora y por la eternidad, es una noticia terrible, deprimente y devastadora, claro. Sin embargo, afortunadamente la Biblia enseña que Dios, en su amor y bondad eterna, hizo una forma para que seamos perdonados y que nos salvemos de ir al infierno. Hizo un camino para que entremos en una relación personal e íntima con él.

Los Renacidos observan que a medida que leemos el Nuevo Testamento, nos damos cuenta de que Dios envió a Jesús a morir en una cruz romana para sufrir el castigo por nuestros pecados. Murió en nuestro lugar para rescatarnos del infierno y restaurarnos a una relación correcta con Dios. La Biblia enseña que no sólo murió en la cruz, sino que resucitó de los muertos, y de esta manera demuestra que es el único camino a Dios.

Observe los versículos siguientes:

"Cristo, cuando aún éramos débiles, a su tiempo murió por los impíos." —*Romanos 5:6*

"Dios muestra su amor para con nosotros, en que siendo aún pecadores, Cristo murió por nosotros." —*Romanos 5:8*

"La paga del pecado es muerte, mas la dádiva de Dios es vida
eterna en Cristo Jesús Señor nuestro." —*Romanos 6:23*
"Cristo murió por nuestros pecados . . . fue sepultado . . . resucitó al tercer día, conforme a las Escrituras . . . apareció
a Cefas, y después a los doce. Después apareció a más de
quinientos." —*1 Corintios 15:3-6*

No es de extrañar que Shakir estuviera tan confundido cuando
comenzó a leer la Biblia por primera vez. Por un lado, se estaba ente-
rando de que Dios lo amaba profundamente y quería ser su amigo, algo
que nunca antes había escuchado y que no había aprendido al leer ni al
enseñar el Corán. Por otro lado, estaba llegando a darse cuenta de que
era pecador y, por lo tanto, estaba separado eternamente de este Dios
bueno y amoroso.

Las preguntas con las que Shakir tuvo que luchar en ese momento
se redujeron a esto: ¿Cuál era la manera más correcta de proceder? ¿Cuál
era la manera correcta de ser perdonado de sus pecados —con su propia
muerte como mártir, dedicándose al yihad; o al aceptar la muerte de Jesús
en la cruz como el pago por sus pecados? ¿Cuál era la manera correcta de
salvarse de ir al infierno —al matar gente inocente en el nombre de Dios,
o al aceptar el hecho de que Dios había permitido que su propio Hijo
inocente, Jesús, fuera asesinado para sufrir el castigo por los pecados de
Shakir y de toda la humanidad?

Shakir sabía que la respuesta a todas estas preguntas tenía que estar
en determinar cuál libro era el verdadero, el Corán o la Biblia. Si el Corán
tenía razón, entonces el islam era efectivamente la respuesta, y el yihad
era efectivamente el camino hacia Dios y la salvación eterna. Pero si la
Biblia tenía razón, entonces Jesús estaba diciendo la verdad cuando dijo:
"Yo soy el camino, y la verdad, y la vida; nadie viene al Padre, sino por
mí" (Juan 14:6).

¿Cómo entonces puede uno saber cuál libro tiene razón? Haciendo
exactamente lo que Shakir hizo, dicen los compañeros Renacidos, muchos
de los cuales han tenido experiencias similares. Estudiando el Nuevo
Testamento, y luego pidiéndole a Dios ardientemente que les haga ver
claramente cuál es la verdad.

No todo el que le pide a Dios recibirá un sueño o visión. Aunque millones de musulmanes están teniendo esos sueños y visiones que los convencen de que la Biblia es el verdadero libro de Dios, hay muchas otras maneras en que Dios también puede convencer y ha convencido a la gente. El asunto no es cómo Dios se explica. El asunto es suplicarle a Dios, honesta y sinceramente, que se deje ver claramente y que deje ver claramente su voluntad. Sin duda alguna responderá esas peticiones tan sinceras. ¿Por qué no lo haría?

Observe las siguientes promesas que se encuentran en la Biblia:

> "Entonces me invocaréis, y vendréis y oraréis a mí, y yo os
> oiré; y me buscaréis y me hallaréis, porque me buscaréis
> de todo vuestro corazón. Y seré hallado por vosotros, dice
> Jehová." —*Jeremías 29:12-14*
>
> "Clama a mí, y yo te responderé, y te enseñaré cosas grandes y
> ocultas que tú no conoces." —*Jeremías 33:3*
>
> [Jesús dijo:] "Pedid, y se os dará; buscad, y hallaréis; llamad, y
> se os abrirá. Porque todo aquel que pide, recibe; y el que
> busca, halla; y al que llama, se le abrirá." —*Mateo 7:7-8*
>
> [Jesús dijo:] "Venid a mí todos los que estáis trabajados y
> cargados, y yo os haré descansar. Llevad mi yugo sobre
> vosotros, y aprended de mí, que soy manso y humilde de
> corazón; y hallaréis descanso para vuestras almas; porque
> mi yugo es fácil, y ligera mi carga." —*Mateo 11:28-30*
>
> [Jesús dijo:] "De cierto, de cierto os digo: El que cree en mí,
> tiene vida eterna. Yo soy el pan de vida. . . . Yo soy el pan
> vivo que descendió del cielo; si alguno comiere de este
> pan, vivirá para siempre." —*Juan 6:47-48, 51*

Creo que es importante observar aquí la bella representación del amor de Dios que vemos en la aparición de Jesús a Shakir. Piense en eso por un momento. Shakir sinceramente quería conocer a Dios, servir a Dios, complacer a Dios. En su ignorancia y pecado, Shakir no se daba cuenta de que como terrorista sunita estaba en el camino equivocado. Pero porque Jesús amaba tanto a Shakir, envió a alguien que le diera una Biblia para leer. Porque Jesús amó tanto a Shakir, cuando estaba atribulado, Jesús llegó directamente a él para responder su oración ferviente y sincera y dejarle claro que realmente él era el Único Camino Verdadero.

Shakir pidió, y recibió. Shakir buscó, y encontró. Llamó, y se le abrió la puerta, así como lo prometió Jesús.

Convicción esencial no. 4: Una persona tiene que tomar la decisión individual de seguir a Jesucristo como Salvador y Señor personal
Para Shakir no fue suficiente simplemente darse cuenta de que Dios lo amaba, que era un pecador, que la Biblia era el único libro de la vida verdadero y que Jesús era el único camino verdadero a la salvación. Shakir tuvo que hacer más que solamente llegar a la convicción intelectual de estas verdades.

Shakir tuvo que recibir a Jesucristo individualmente como su Salvador y Señor personal. Tuvo que creer en su corazón que Jesús murió en la cruz para pagar por sus pecados. Tuvo que creer que Jesús resucitó de los muertos, y de esta manera demostró ser el Mesías. Tuvo que decidir por fe convertirse en un seguidor de Cristo y aceptar el regalo de Dios de salvación, reconociendo el hecho de que no podía pagar por su salvación, ni ganársela haciendo suficientes buenas obras que pesaran más que las malas.

También tuvo que estar dispuesto a declarar en voz alta su lealtad a Jesucristo y decirle a otros que Jesús es el Rey de reyes y Señor de señores. La Biblia enseña que solamente entonces, Shakir —o cualquier persona— podría saber y experimentar verdaderamente el amor de Dios y el plan para su vida.

Eso, por supuesto, es exactamente lo que Shakir hizo, y transformó su vida para siempre.

Observe los versículos siguientes:

"A todos los que le recibieron [a Jesucristo], a los que creen en
su nombre, les dio potestad de ser hechos hijos de Dios."
—*Juan 1:12*
"Si confesares con tu boca que Jesús es el Señor, y creyeres
en tu corazón que Dios le levantó de los muertos, serás
salvo. Porque con el corazón se cree para justicia, pero
con la boca se confiesa para salvación. . . . Todo aquel que

invocare el nombre del Señor, será salvo. . . . La fe es por el oír, y el oír, por la palabra de Dios." —*Romanos 10:9-10, 13, 17*

"Por gracia sois salvos por medio de la fe; y esto no de vosotros, pues es don de Dios; no por obras, para que nadie se gloríe." —*Efesios 2:8-9*

"He aquí, yo [Jesús] estoy a la puerta y llamo; si alguno oye mi voz y abre la puerta, entraré a él, y cenaré con él, y él conmigo." —*Apocalipsis 3:20*

Para su gozo eterno, Shakir oyó a Jesús que llamaba a la puerta de su corazón. Abrió esa puerta y le pidió a Cristo que entrara a su corazón y que lo adoptara en la familia de Dios, y Jesús respondió esa oración y transformó a Shakir de un predicador de odio y violencia a un predicador de amor y perdón.

¿Le gustaría tomar la misma decisión? Si está dispuesto a arrepentirse —alejarse de sus propios pecados y de vivir la vida a su manera— y dar la vuelta para seguir verdaderamente al Dios de la Biblia, usted puede recibir a Jesucristo como su Salvador y Señor ahora mismo, así como lo hizo Shakir. He aquí una oración que se sugiere, que ha sido útil para muchos musulmanes, judíos y otros —incluso para mis padres y para mí— para llegar a ser seguidores de Cristo. La clave es la actitud de su corazón y no las palabras exactas.

Señor Jesús, gracias por amarme. Gracias por tener un plan y propósito maravillosos para mi vida. Te necesito ahora —sé que necesito que me perdones por todos mis pecados. Gracias por morir en la cruz y sufrir el castigo por mis pecados. Gracias por resucitar de los muertos para demostrar que tú eres el Camino, y la Verdad y la Vida, y el único camino para llegar al cielo. Jesús, confieso ahora mismo con mi boca que tú eres el Rey de reyes y el Señor de señores. Y creo en mi corazón que Dios te levantó de los muertos. Y ahora mismo abro la puerta de mi corazón y mi vida. Te recibo como mi Salvador y Señor. Gracias por perdonar mis pecados y darme vida eterna. Por favor, cambia mi vida. Por favor, lléname con tu Espíritu Santo. Por favor, toma el control de mi vida y hazme la clase de persona que tú quieres que sea, para que pueda servirte y agradarte para siempre. Muchas gracias. Te amo, y quiero seguirte. Amén.

Si acaba de hacer la oración con fe sincera en la muerte y resurrección de Jesucristo, entonces felicitaciones y bienvenido a la familia de Dios. La Biblia enseña que varias cosas maravillosas acaban de ocurrir:

1. Tiene una nueva vida espiritual. Según las palabras de Jesús en Juan capítulo 3, usted ha "nacido de nuevo" espiritualmente y ha sido adoptado en la familia de Dios. Su cuerpo físico no ha cambiado, por supuesto. Pero adentro, su alma y espíritu (la parte de usted que realmente es *usted* —sus pensamientos, sus creencias, sus sentimientos) han sido regenerados espiritualmente. Lo que estaba espiritualmente muerto dentro de usted por el pecado ha sido vivificado por el poder de la resurrección de Jesucristo.

El apóstol Pablo lo dice de esta manera en 2 Corintios 5:17: "De modo que si alguno está en Cristo, nueva criatura es; las cosas viejas pasaron; he aquí todas son hechas nuevas." En Romanos 6:11 se nos dice: "Consideraos muertos al pecado, pero vivos para Dios en Cristo Jesús, Señor nuestro." En Efesios 2:4-6 se nos dice: "Dios, que es rico en misericordia, por su gran amor con que nos amó, aun estando nosotros muertos en pecados, nos dio vida juntamente con Cristo (por gracia sois salvos), y juntamente con él nos resucitó, y asimismo nos hizo sentar en los lugares celestiales con Cristo Jesús." Y, como leímos antes en Juan 1:12: "Mas a todos los que le recibieron, a los que creen en su nombre, les dio potestad de ser hechos hijos de Dios."

2. Ha hecho que todos estén felices en el cielo. Según las palabras de Jesús en Lucas 15:10, hay gran gozo en el cielo porque usted se ha convertido en seguidor del Dios vivo. Jesús dijo: "Hay gozo delante de los ángeles de Dios por un pecador que se arrepiente."

3. Va a ir al cielo cuando muera. Según las palabras de Jesucristo en Juan 3:16, ahora usted tiene vida eterna. Usted *no* irá al infierno ni perecerá eternamente cuando muera físicamente. Más bien, irá al cielo y vivirá para siempre con Dios y todos los que hayan sido adoptados en su familia por la fe en Jesucristo.

De hecho, el Nuevo Testamento fue escrito precisamente para mostrarle a la gente cómo encontrar vida eterna por medio de la fe en Jesucristo y para darle a los verdaderos seguidores de Jesús una seguridad sólida de su salvación. Como leemos en 1 Juan 5:13: "Estas cosas os he escrito a vosotros que creéis en el nombre del Hijo de Dios, para que sepáis que tenéis vida eterna." Dios quiere que sepa —con toda seguridad— que ahora está en su familia para siempre. Confíe en sus promesas.

4. El Espíritu Santo vive dentro de usted. Según las palabras del apóstol Pablo en Efesios 1:13-14, su salvación ha sido sellada y asegurada para siempre por el Espíritu Santo de Dios que ahora vive en usted. "En él [Jesucristo] también vosotros, habiendo oído la palabra de verdad, el evangelio de vuestra salvación, y habiendo creído en él, fuisteis sellados con el Espíritu Santo de la promesa, que es las arras de nuestra herencia hasta la redención de la posesión adquirida, para alabanza de su gloria."

5. Tiene acceso a una sensación sobrenatural de paz. Según Filipenses 4:7, ahora tiene acceso a una paz sobrenatural con Dios y a una paz interior, sin importar las circunstancias externas que se le atraviesen en el camino. "La paz de Dios, que sobrepasa todo entendimiento, guardará vuestros corazones y vuestros pensamientos en Cristo Jesús." Esto no significa que no enfrentará tiempos de presión, ansiedad, pánico o miedo. Efectivamente, es posible que experimente persecución y otros desafíos severos ahora que está dispuesto a seguir a Jesús con todo su corazón. Pero como hijo del Dios verdadero y seguidor de Jesucristo, a quien la Biblia llama el "Príncipe de Paz" (Isaías 9:6), ahora puede orar y pedirle a su Padre en el cielo que le dé "la paz que sobrepasa todo entendimiento" —una sensación extraordinaria de calma que quizá ni tenga sentido para usted— y él promete darle esa paz.

6. Tiene acceso a una sensación sobrenatural de esperanza. Según las palabras de Hebreos 6:18-19, a todos los seguidores de Jesucristo se nos anima a "asirnos de la esperanza puesta delante de nosotros" y a ver esta esperanza "como segura y firme ancla del alma." Ya no tenemos que sentirnos desanimados, deprimidos ni desesperados. Sin importar cuán pobres seamos, o cuánto peligro corramos, cuánto nos persigan o cuán enfermos estemos, Dios está listo y dispuesto a darnos un sentido sobrenatural de esperanza y optimismo en cuanto al futuro. Y mientras más estudiemos la Biblia y entendamos cuánto Dios nos ama y quiere cuidarnos —y que él promete no dejarnos ni abandonarnos nunca— más esperanzados llegaremos a ser.

7. También tiene acceso a la sabiduría sobrenatural de Dios. Según Santiago 1:5: "Si alguno de vosotros tiene falta de sabiduría, pídala a Dios, el cual da a todos abundantemente y sin reproche, y le será dada." Cuando enfrentamos situaciones o decisiones que nos confunden, o nos desconciertan, podemos buscar a nuestro Padre que está en los cielos y pedirle ayuda. Cuando lo hagamos, él promete darnos guía y dirección sobrenaturales.

Convicción esencial no. 5: A los seguidores de Cristo se les manda a amar a su prójimo y a sus enemigos, y a hacer discípulos de todas las naciones
El día que el Pastor Shakir y yo nos conocimos, no solamente íbamos a visitar a Creyentes con Trasfondo Musulmán de una aldea cerca de Mosul. También, por sugerencia suya, íbamos a hacer un proyecto de cuidar de niños musulmanes pobres y necesitados cerca de Mosul. Fue algo asombroso ver a un ex terrorista amar a un grupo de niños menesterosos y a sus padres, y hacerlo incondicionalmente. Ellos no creían lo que él creía. Efectivamente, vivían en una región donde muchos odian a los cristianos y buscan matarlos.

No trató de imponer su fe en Jesucristo en ninguno de ellos. A pesar del hecho de que es un evangelista dotado, el Pastor Shakir ni siquiera compartió el evangelio ese día. Simplemente demostró el amor de Dios hacia estas familias musulmanas llevándoles artículos de ayuda humanitaria y dándoselos sin costo alguno, sin esperar que estas familias se convirtieran al cristianismo y, por supuesto, sin esperar ganancia personal alguna, mucho menos financiera.

De esta manera, el Pastor Shakir estaba siguiendo el modelo que Jesús estableció para nosotros en el Nuevo Testamento. Jesús enseñó a sus discípulos a amar a su prójimo y a sus enemigos.

Y lo que es más, Jesús practicaba lo que enseñaba. Amaba a la gente, ya fuera que lo mereciera o no, ya fuera que quisiera su amor o no, ya fuera que lo bendijera o lo maldijera. Incluso en los últimos momentos de su vida en la tierra, cuando colgaba de la cruz —después de que lo golpearon, se burlaron de él y lo torturaron de las maneras más crueles e inhumanas —Jesús demostró su amor hasta por sus peores y más violentos enemigos al decir: "Padre, perdónalos, porque no saben lo que hacen" (Lucas 23:34). Y esto es lo que él espera de sus seguidores, del Medio Oriente y alrededor del mundo.

Observe las siguientes palabras de Jesús:

"Amarás a tu prójimo como a ti mismo." —*Mateo 19:19*
"Oísteis que fue dicho: Amarás a tu prójimo, y aborrecerás
a tu enemigo. Pero yo os digo: Amad a vuestros enemigos . . . y orad por los que os ultrajan y os persiguen."
—*Mateo 5:43-44*
"Bienaventurados seréis cuando los hombres os aborrezcan, y
cuando os aparten de sí, y os vituperen, y desechen vuestro nombre como malo, por causa del Hijo del Hombre.
Gozaos en aquel día, y alegraos, porque he aquí vuestro
galardón es grande en los cielos; porque así hacían sus
padres con los profetas. . . . ¡Ay de vosotros, cuando todos
los hombres hablen bien de vosotros! porque así hacían
sus padres con los falsos profetas. Pero a vosotros los que
oís, os digo: Amad a vuestros enemigos, haced bien a los
que os aborrecen; bendecid a los que os maldicen, y orad
por los que os calumnian. Al que te hiera en una mejilla,
preséntale también la otra; y al que te quite la capa, ni
aun la túnica le niegues. A cualquiera que te pida, dale; y
al que tome lo que es tuyo, no pidas que te lo devuelva.
Y como queréis que hagan los hombres con vosotros, así
también haced vosotros con ellos. Porque si amáis a los
que os aman, ¿qué mérito tenéis? Porque también los
pecadores aman a los que los aman. Y si hacéis bien a los
que os hacen bien, ¿qué mérito tenéis? Porque también los
pecadores hacen lo mismo. Y si prestáis a aquellos de quienes esperáis recibir, ¿qué mérito tenéis? Porque también los

pecadores prestan a los pecadores, para recibir otro tanto. Amad, pues, a vuestros enemigos, y haced bien, y prestad, no esperando de ello nada; y será vuestro galardón grande, y seréis hijos del Altísimo; porque él es benigno para con los ingratos y malos. Sed, pues, misericordiosos, como también vuestro Padre es misericordioso." —*Lucas 6:22-36*

Sin duda, amar al prójimo —y particularmente amar a los enemigos— puede ser difícil, si no imposible, en el mundo musulmán, humanamente hablando. Pero Jesús ordenó que sigamos su ejemplo y que lo hagamos de todas formas. Sabía que solamente alguien transformado sobrenaturalmente —nacido de nuevo— por el amor de Dios y capacitado por el Espíritu Santo podría obedecer esos mandamientos. De esta manera, cuando obedecemos estos mandamientos en el poder del Espíritu Santo, demostramos que somos, efectivamente, seguidores genuinos de un Dios vivo y todopoderoso.

CAPÍTULO TREINTA Y UNO

PREPARAR EL CAMINO PARA EL MESÍAS

La escatología bíblica es un tema candente en el epicentro

EN 2007, ME INVITARON a hablar en una conferencia de doscientos líderes cristianos de Irak, Irán, Egipto, Siria y de varios otros países del mundo musulmán. Por razones de seguridad, no puedo decir en qué país se llevó a cabo la conferencia, pero puedo decir que fue uno de los eventos más fascinantes a los que he tenido el privilegio de asistir.

El salón estaba lleno de Renacidos —CTM y CTCN— y cada uno estaba haciendo un trabajo heroico para avanzar el evangelio y hacer discípulos, bajo condiciones extremas en algunos de los países más difíciles y peligrosos del planeta. Todos tenían historias asombrosas de lo que Dios estaba haciendo en sus países y yo consideraba un gran privilegio pasar tiempo con ellos y absorber tanta información como fuera posible. De muchas maneras, fue como ser transportado al libro de Hechos, cuando Dios comenzó a edificar su iglesia milagrosamente en el epicentro. Ahora, está obrando milagrosamente reconstruyendo esa iglesia y dándole vida nueva a la gente de esa región. Conocer a siervos que Jesucristo ha elegido personalmente para dirigir esa labor importante fue como conocer gente directamente del libro de Hechos. Casi sentí como si estuviera hablando con Pedro, Pablo, Bernabé, Timoteo y Priscila y Aquila, entre otros.

Sin embargo, lo que hizo que la conferencia fuera particularmente extraordinaria para mí no fue simplemente aprender de estos queridos líderes Renacidos, sino ver su afán por que Jesucristo vuelva a la tierra y establezca su Reino, y su hambre por entender lo que la Biblia enseña del Fin de los Tiempos. Todos ellos no dudaban en absoluto que estuvieran viviendo en los últimos días antes del regreso de Cristo. Pero pocos de ellos habían tenido alguna enseñanza profunda sobre escatología bíblica, o la teología del Fin de los Tiempos.

Dicho esto, considerando su propio sentir de que el regreso de Cristo podría ser pronto —y dado el alboroto que hay en el mundo musulmán en años recientes por la escatología de Mahmoud Ahmadinejad— tenían muchas preguntas, y para mí fue un honor responderlas con base en las Escrituras, de la mejor manera posible. Al año siguiente, me invitaron a volver para que profundizara y respondiera más preguntas.

La profecía bíblica y los eventos actuales son, cada vez más, un tema candente en el epicentro. A dondequiera que viajo en el Norte de África, el Medio Oriente o Asia Central en estos días, encuentro una curiosidad profunda y creciente en cuanto a esos temas. Durante mi primer viaje a Irak, por ejemplo, me reuní con un grupo de trece líderes cristianos iraquíes para entrevistarlos en cuanto a lo que Dios estaba haciendo en su país. Amablemente respondieron todas mis preguntas, pero después insistieron en que extendiera mi visita con ellos por varias horas, para poder hacerme algunas preguntas en cuanto a lo que la Biblia enseña sobre el futuro de Irak, el futuro de Irán y el futuro de otros países vecinos.

En ese mismo viaje, me invitaron a predicar en una congregación iraquí que ni siquiera existía antes de la liberación de 2003. Fue plantada por un pastor joven y ahora se llena hasta el espacio sin asientos, solamente de nuevos convertidos al cristianismo, muchos de los cuales son de trasfondo musulmán; la mayoría tuvo que huir de la violencia y de la persecución en contra de los cristianos en Bagdad. ¿De qué quería el pastor que hablara? "¿Estamos Viviendo los Últimos Tiempos?"

Cuando regresé a Irak en septiembre de 2008, otra vez encontré un enorme interés, por parte de los pastores y otros líderes cristianos, en la profecía bíblica. Lo mismo ocurrió cuando viajé a Afganistán en octubre de 2008.

Desafortunadamente, a muy pocos pastores y líderes cristianos del epicentro se les ha enseñado mucho, si acaso algo, en cuanto a la escatología bíblica. Muy pocos se sentían preparados para estudiar el tema por sí mismos. Pero según mi experiencia, ciertamente no es por falta de interés. Al mismo tiempo, muchos líderes musulmanes de la región están interesados en la escatología bíblica, aunque no sea por ninguna otra razón más que porque quieren compararla con lo que los mulás y los líderes políticos de Irán están enseñando, y lo que millones de musulmanes están discutiendo en las calles y en sus hogares.

Lo que sigue son mis respuestas a algunas de las preguntas que me hacen con más frecuencia.

¿QUÉ ENSEÑA LA BIBLIA ACERCA DE LA SEGUNDA VENIDA DE JESUCRISTO?

La Biblia describe dos eventos futuros distintos; ambos se describen frecuentemente como la Segunda Venida.

El primer evento es lo que los eruditos de la Biblia llaman el Rapto. En 1 Tesalonicenses 4:16-17, el apóstol Pablo escribe que "el Señor mismo con voz de mando, con voz de arcángel, y con trompeta de Dios, descenderá del cielo; y los muertos en Cristo resucitarán primero. Luego nosotros los que vivimos, los que hayamos quedado, seremos arrebatados juntamente con ellos en las nubes para recibir al Señor en el aire, y así estaremos siempre con el Señor." En este pasaje, Pablo describe un evento en el que Jesucristo no tocará la tierra física ni literalmente, sino que primero llegará "en las nubes" y arrebatará a sus verdaderos seguidores de la tierra en un instante. Los que no hayan decidido seguir a Cristo, los que no hayan "nacido de nuevo," se quedarán en la tierra y tendrán que pasar por un tiempo terrible de guerras, hambrunas, desastres naturales y juicios divinos, conocidos como la Tribulación.

El segundo evento ocurre al final de la Tribulación. Aquí es donde la Biblia enseña que Jesús volverá a la tierra física y literalmente, destruirá a sus enemigos y establecerá su propio reino justo, con sede en Jerusalén. Reinará en la tierra por mil años. En Apocalipsis 19:11–20:6, el apóstol Juan escribe: "Entonces vi el cielo abierto; y he aquí un caballo blanco, y el que lo montaba se llamaba Fiel y Verdadero, y con justicia juzga y pelea. Sus ojos eran como llama de fuego, y había en su cabeza muchas diademas; y tenía un nombre escrito que ninguno conocía sino él mismo. Estaba vestido de una ropa teñida en sangre, y su nombre es EL VERBO DE DIOS. . . . Y él las regirá [a las naciones]. . . . Y [un ángel] prendió al dragón, la serpiente antigua, que es el diablo y Satanás, y lo ató por mil años; y lo arrojó al abismo. . . . Y vi las almas de los decapitados por causa del testimonio de Jesús y por la palabra de Dios . . . y vivieron y reinaron con Cristo mil años. . . . Bienaventurado y santo el que tiene parte en la primera resurrección . . . serán sacerdotes de Dios y de Cristo, y reinarán con él mil años."

¿HAY SEÑALES QUE INDICARÁN QUE EL RETORNO DE JESUCRISTO ESTÁ CERCA, Y SI ES ASÍ, CUÁLES SON?

Un día, cuando Jesús y sus discípulos estaban sentados en el Monte de los Olivos, mirando hacia la ciudad de Jerusalén, los discípulos le hicieron esta misma pregunta. Su pregunta se relata en Mateo 24:3.

"Dinos," dijeron, "¿cuándo serán estas cosas, y qué señal habrá de tu venida, y del fin del siglo?"

Jesús pudo haber rehusado responder la pregunta. En lugar de eso, les respondió con profundidad y detalle. Sus respuestas están registradas en Mateo capítulo 24 y en Lucas capítulo 21, y ellas proporcionan una lista de señales por las que hay que estar pendientes. Entre ellas:

- Revoluciones (Lucas 21:9, NVI)
- Surgimiento de falsos profetas y falsos mesías (Mateo 24:4-5, 11, 23-27)
- Guerras y rumores de guerras (Mateo 24:6)
- Se levantarán naciones contra naciones (Mateo 24:7)
- Se levantarán reinos contra reinos (Mateo 24:7)
- Hambrunas (Mateo 24:7)
- Pestes (Lucas 21:11)
- Terremotos (Mateo 24:7) y "grandes terremotos" (Lucas 21:11)
- "Terror" que haga que los hombres "desfallezcan" (Lucas 21:11, 26)
- Persecución de los creyentes (Mateo 24:9)
- Apostasía y traición de unos a otros (Mateo 24:10)
- La maldad se multiplicará (Mateo 24:12)
- Se enfriará el amor de la gente por los demás (Mateo 24:12)
- "El bramido del mar y de las olas" (Lucas 21:25)

- Las buenas noticias (el evangelio) del amor y el perdón de Cristo serán predicadas "en todo el mundo, para testimonio a todas las naciones" —incluso naciones musulmanas, incluso naciones Radicales— "y entonces vendrá el fin" (Mateo 24:14).

Jesús advirtió a sus seguidores que no especularan en cuanto a la hora exacta del Rapto ni de la Segunda Venida. En Mateo 24:36 dijo que "del día y la hora nadie sabe, ni aun los ángeles de los cielos, sino sólo mi Padre." Pero "día y hora" es una parte de tiempo muy angosta. Al darnos por lo menos quince otras señales específicas que sucederían en los últimos días, Jesús claramente quería que supiéramos cuando el tiempo de su regreso se acercaba rápidamente.

¿Por qué quería que sus discípulos entendieran esas señales? Jesús dio la respuesta en Mateo 24:42, cuando dijo: "Velad, pues." Él reforzó el punto en el versículo siguiente, cuando, de nuevo, exhorta a sus discípulos a "velar." En Mateo 24:44, hizo énfasis en este punto crucial por tercera vez. "También vosotros estad preparados," insistió, "porque el Hijo del Hombre vendrá a la hora que no pensáis."

Los Renacidos que estudian estas señales están llegando a la conclusión de que se están cumpliendo ahora y que estamos, de hecho, viviendo en los últimos días. Después de todo, ellos están viviendo dentro de las revoluciones, guerras y rumores de guerras y persecución horrorosa, para empezar.

Claro que no tienen idea de cuándo exactamente volverá Jesús. Pero en vista de lo cerca que los eventos mundiales están siguiendo la pista de la profecía bíblica, se encuentran cada vez más motivados a "estar listos" y "preparados" para su llegada teniendo vidas de santidad, compartiendo el evangelio con los musulmanes y cristianos nominales, haciendo discípulos de todas las naciones y plantando nuevas congregaciones de la iglesia en toda la región.

¿ES POSIBLE QUE VEAMOS EL SURGIMIENTO DE UNA FIGURA REAL A LA QUE LOS MUSULMANES CHIÍTAS SEÑALARÁN COMO EL MAHDI?

Aunque no iría tan lejos como para predecir que esto sucederá, sí creo que los seguidores de Jesucristo deberían estar en guardia ante semejante posibilidad. Jesús advirtió reiteradamente de falsos profetas y mesías en los últimos días antes de su regreso. Por lo tanto, no podemos descartar la posibilidad de que aparezca alguien que afirme ser el mesías islámico, posiblemente haciendo "grandes señales y prodigios, de tal manera que engañarán, si fuere posible, aun a los escogidos," como Jesús específicamente lo advirtió en Mateo 24:24.

Si ese supuesto "mesías islámico" aparezca, se producirá un frenesí de los medios de comunicación. La gente de todo el mundo querrá viajar al Medio Oriente a ver a este mesías falso. Pero Jesús advirtió a sus seguidores para que no se unan a las multitudes. "Porque como el relámpago que sale del oriente y se muestra hasta el occidente, así será también la venida del Hijo del Hombre," prometió Jesús en Mateo 24:27. En otras palabras, el Rapto de la iglesia vendrá rápido y dramáticamente, como un relámpago. Los verdaderos seguidores de Cristo no tendrán que vagar en el desierto para encontrar a Jesús. El verdadero Mesías los encontrará y los raptará de este mundo en un parpadear de ojos.

¿SON ESTAS TODAS LAS SEÑALES DE LO QUE SUCEDERÁ EN LOS "ÚLTIMOS DÍAS," O HABLA LA BIBLIA DE OTRAS?

En realidad hay otras señales de los últimos días que son dignas de atención.

Una señal muy importante se encuentra en el libro del Antiguo Testamento escrito por el profeta hebreo Joel. El Señor Dios dijo por medio de este profeta: "Y después de esto [en los últimos días] derramaré mi Espíritu sobre toda carne, y profetizarán vuestros hijos y vuestras hijas; vuestros ancianos soñarán sueños, y vuestros jóvenes verán visiones. Y también sobre los siervos y sobre las siervas derramaré mi Espíritu en aquellos días" (Joel 2:28-29). Los Renacidos consideran a los millones de musulmanes que están llegando a la fe en Cristo por medio de sueños y visiones como evidencia de que esta señal también está ocurriendo actualmente.

Otro grupo de señales importantes que ocurrirá en los últimos días puede encontrarse en Ezequiel 36–39. Exploré los detalles e implicaciones de esta serie de profecías, con cierto detalle, en mi primer libro de no ficción, *Epicentro*. En estos pasajes, el profeta hebreo Ezequiel, que escribió hace más de 2.500 años, profetizó que:

- Israel renacerá como país (capítulos 36–38)
- Los judíos volverán a la Tierra Santa después de siglos en el exilio (36:10-11, 24, 37-38; 37:12, 21; 38:8, 12)
- Se reconstruirán las ruinas antiguas de Israel (36:36)
- Las tierras desoladas y desérticas de Israel florecerán otra vez y producirán abundante comida, fruto y follaje (36:8-9, 30-35)
- Israel tendrá un "ejército grande en extremo" (37:10)

Muchos árabes, iraníes y otros del Medio Oriente no están contentos de que Israel llegara a ser un país el 14 de mayo de 1948, que millones de judíos se hayan trasladado a Israel y que el ejército israelí haya llegado a ser poderoso y altamente efectivo. Sin embargo, un número creciente de Renacidos está comenzando a darse cuenta de que estos eventos históricos recientes —tan difíciles y dolorosos como han sido para ellos, sus familias y sus compatriotas— son realmente el cumplimiento de profecías bíblicas antiguas, y de esta manera, son evidencia adicional de que estamos viviendo en los últimos días.

Y lo que es más, un número creciente de Renacidos está comenzando a considerar la posibilidad de que otras profecías descritas por Ezequiel no estén lejos de cumplirse. Ezequiel escribió que cuando Israel sea un país otra vez, y los judíos se sientan más seguros en su antigua patria como nunca antes, ocurrirán varios eventos dramáticos. Entre ellos:

- **Un dictador conocido como Gog surgirá en el poder en Rusia, a la cual la Biblia se refiere como Magog (Ezequiel 38:1-4).** Esto está haciendo que muchos se sorprendan, ya que algunos creen que un dictador ha estado surgiendo en el poder en Rusia en años recientes.
- **Este dictador ruso entonces formará una alianza con Irán (Ezequiel 38:5).** Esto fue raro, en vista de que durante la mayoría de los últimos dos o tres mil años, los rusos y los iraníes se han odiado mutuamente. Sin embargo, en años recientes, Moscú y Teherán han desarrollado, agresivamente, vínculos militares, diplomáticos y económicos.

- El líder ruso, entonces, formará otras alianzas regionales
  con países como Sudán y Etiopía (territorios conocidos
  en tiempos bíblicos antiguos como "Cus"), con Libia y
  Argelia (antigua "Fut"), con Turquía (antigua "Gomer") y
  con los pueblos que hablan idiomas turcos del Asia Central (antigua "Togarma") (Ezequiel 38:5-6). Los analistas
  geopolíticos observan que Rusia ha estado formando estas
  mismas alianzas durante más o menos la última década, y
  vendiendo miles de millones de dólares en armas a estos
  países.

- El líder ruso, entonces, "maquinará un plan perverso" y
  se juntará con Irán, Libia y estos otros países para formar
  una coalición militar, con el fin de rodear a Israel y tratar
  de destruirlo (Ezequiel 38:10, NVI). Irán se ha estado preparando constantemente para atacar a Israel. Sudán y Libia
  también han demostrado hostilidad hacia el estado judío.
  La invasión de Rusia a Georgia en el verano de 2008, hizo
  surgir preguntas nuevas en cuanto a si está desarrollando
  intenciones hostiles hacia otros estados al sur.

- El grueso de esta coalición militar rusa-iraní vendrá en
  contra de las montañas de Israel desde el norte (Ezequiel
  38:8-12, 15; 39:1-2). Esto indica que o los gobiernos del
  Líbano y Siria estarán involucrados activamente en el "plan
  perverso" para borrar a los judíos del mapa y aprovecharse
  de la riqueza judía, o habrán sido invadidos por las fuerzas
  rusas e iraníes. Curiosamente, Rusia ha acelerado sus esfuerzos para desarrollar una alianza militar más fuerte con Siria
  en años recientes, vendiendo miles de millones de dólares
  en armas a Damasco y hasta construyendo un inmenso
  puerto nuevo para la Marina rusa en la costa siria. Mientras
  tanto, Hezbolá sigue manteniendo vínculos fuertes con Irán
  y con Siria.

- Egipto, uno de los enemigos históricos más temibles de
  Israel, nunca se menciona en Ezequiel 38–39, lo cual
  sugiere que esta gran potencia no juega un papel activo
  en estas profecías. Esto es particularmente intrigante en

vista de que Egipto firmó un tratado de paz con Israel en
1979. Es una paz fría, sin duda, pero aun así es paz, lo que
significa que estamos viviendo en el primer pedacito de
tiempo de unos cinco mil años en lo que no es probable
que Egipto vaya a la guerra en contra de los judíos en el
futuro cercano.

- **Irak, otro enemigo importante de Israel a lo largo de la
  historia y en la era de Saddam, tampoco se menciona en
  Ezequiel 38–39, ni por ninguno de sus nombres antiguos,
  entre los que están Babel, Babilonia, Mesopotamia o
  Sinar.** Desde la caída de Saddam Hussein y el surgimiento
  del Primer Ministro Nouri al-Maliki y del Presidente Jalal
  Talabani, Irak no ha representado ninguna amenaza estratégica para Israel en absoluto. El gobierno iraquí ha mostrado
  poco interés en hacer un tratado de paz formal con Israel
  hasta ahora. Pero Irak actualmente tiene demasiados problemas internos y debilidades como para lanzar una guerra, o
  unirse a una guerra, en contra del estado judío en el futuro
  cercano. Es significativo que ni una vez en los más de 2.500
  años desde que Ezequiel escribió las profecías han dejado de
  ser *ambos*, Egipto e Irak, una amenaza estratégica inmediata
  para el pueblo judío.

- **Ezequiel nos dice que todos estos eventos serán "al cabo de
  los días" (Ezequiel 38:16).**

Permítame ser claro: Como lo escribí en *Epicentro,* no tengo idea
de si esta guerra profética —conocida por los eruditos bíblicos como
la "Guerra de Gog y Magog"— ocurrirá durante nuestra vida, mucho
menos pronto. Sin embargo, la trayectoria de los eventos durante los
últimos diez años ha sido curiosa, en pocas palabras. Y lo que es más,
hemos visto cumplirse la mayoría de las profecías de Ezequiel 36 y 37 (el
renacimiento de Israel y el regreso de los judíos a la Tierra Santa) desde
1948. Esto hace surgir la posibilidad distintiva que Ezequiel 38 y 39
también podrían llegar a terminar su cumplimiento durante nuestra vida.
En mi opinión, no podemos descartarlo con certeza.[1]

¿CUÁLES SON LAS IMPLICACIONES DE LA GUERRA DE GOG Y MAGOG PARA LA GENTE DEL MEDIO ORIENTE?

Primero las malas noticias. La Guerra de Gog y Magog será distinta a cualquier otra guerra de la historia humana. Ezequiel claramente indica que ningún país llega al rescate de Israel, mientras que se encuentra rodeado por la alianza rusa-iraní-libia. Más bien, Ezequiel explica que el Dios de la Biblia, de hecho, irá a la guerra en nombre de Israel y en contra de sus enemigos, con resultados sobrenaturales y devastadores. Ezquiel 38:18-20 indica que "en aquel tiempo, cuando venga Gog contra la tierra de Israel, dijo Jehová el Señor, subirá mi ira y mi enojo. Porque he hablado en mi celo, y en el fuego de mi ira: Que en aquel tiempo habrá gran temblor sobre la tierra de Israel; que los peces del mar, las aves del cielo, las bestias del campo y toda serpiente que se arrastra sobre la tierra, y todos los hombres que están sobre la faz de la tierra, temblarán ante mi presencia." El epicentro del terremoto se localizará en Israel, pero sus ondas expansivas se sentirán en todo el mundo.

Sin embargo, este enorme terremoto es solamente el inicio. "Y en todos mis montes llamaré contra él la espada," declara el Señor Dios en Ezequiel 38:21, "la espada de cada cual será contra su hermano." En otras palabras, en el caos resultante, las fuerzas del enemigo formadas en fila en contra de Israel comenzarán a luchar unas contra otras. La guerra sí comenzará, pero las fuerzas rusas y musulmanas se estarán disparando unas a otras, no a los judíos. "Y yo litigaré contra él con pestilencia y con sangre," continúa el Señor Dios en Ezequiel 38:22, refiriéndose al dictador ruso conocido como Gog, "y haré llover sobre él, sobre sus tropas y sobre los muchos pueblos que están con él, impetuosa lluvia, y piedras de granizo, fuego y azufre."

Esta será la secuencia de eventos más aterradora de la historia humana hasta ahora. Al poco tiempo de un aterrador terremoto global y sobrenatural, que sin duda se llevará muchas vidas, vendrá una serie gradual de otros desastres. Enfermedades pandémicas, por ejemplo, arrasarán a las tropas de la coalición rusa, así como a los "muchos pueblos" que apoyan a estas tropas en su guerra de aniquilación contra Israel. Y los atacantes enfrentarán otros juicios como nunca antes se haya visto desde el enfrentamiento cataclísmico en Egipto entre Moisés y el Faraón (Éxodo 7–11). Tormentas de granizo mortales y devastadoras atacarán a estas fuerzas enemigas y a sus colaboradores (evocador de Éxodo 9). También lo harán las tormentas de fuego apocalípticas que harán recordar el terrible juicio de Sodoma y Gomorra (Génesis 19), y la más aterradora de la larga lista de películas de desastres de Hollywood. Pero esos eventos no serán historia antigua ni ficción. Serán muy inmediatos, reales y trágicos.

Las tormentas de fuego serán extensas geográficamente y excepcionalmente mortales. En Ezequiel 39:6, el Señor dice: "Enviaré fuego sobre Magog, y sobre los que moran con seguridad en las costas; y sabrán que yo soy Jehová." Esto sugiere que objetivos en toda Rusia y la antigua Unión Soviética, así como en los aliados de Rusia, serán atacados sobrenaturalmente en este día de juicio y parcial o totalmente consumidos. Estos podrían limitarse a silos de misiles nucleares, bases militares, instalaciones de radar, ministerios de defensa, cuarteles de inteligencia y otros edificios gubernamentales de diversas clases. Pero otros objetivos bien podrían incluir centros religiosos como mezquitas, madrasas, escuelas y universidades islámicas y otras instalaciones donde se predica el odio contra los judíos y cristianos y donde se escuchan llamados a la destrucción de Israel. De cualquier manera, tendremos que esperar un daño colateral extenso; muchos civiles estarán bajo riesgo severo.

Ezequiel 39:12 nos dice que la devastación será tan inmensa que Israel tardará siete meses completos en enterrar todos los cuerpos de los enemigos en su medio, por no decir nada de los muertos y heridos en los países de la coalición. Y lo que es más, el proceso realmente tardaría mucho más si no fuera por las veintenas de cuerpos que serán devorados por las aves y bestias carnívoras que serán atraídas a los campos de batalla, como polillas a las llamas. "Diles a todas las aves del cielo, y a todas las fieras," dice el Señor Dios a su profeta en Ezequiel 39:17-19 (NVI): "que se reúnan de todos los alrededores y vengan al sacrificio que les ofrezco, un gran sacrificio sobre los montes de Israel. Allí comerán carne y beberán sangre: carne de poderosos guerreros, sangre de los príncipes de la tierra, como si fuera de carneros o corderos, de chivos o becerros. . . . Del sacrificio que voy a preparar, comerán grasa hasta hastiarse y beberán sangre hasta emborracharse."

Es difícil de imaginar una vista más dantesca pero, otra vez, esta no es una clase de ficción. Ezequiel está dándonos un reporte de inteligencia del futuro, un futuro que se acerca sin parar.

¿HAY ALGUNA BUENA NOTICIA COMO RESULTADO DE LA GUERRA DE GOG Y MAGOG?

Afortunadamente hay algunas buenas noticias.

Primero, aunque ninguno de nosotros quiere que estos eventos siquiera ocurran, por lo menos Dios, en su amor y misericordia, ha decidido darle a todo el mundo una advertencia anticipada de lo que vendrá. A través de la Biblia, Dios está exhortando a la gente a que se arrepienta y que se conviertan en seguidores de Jesucristo antes de que estos eventos terribles ocurran.

Segundo, en Ezequiel 39:21, Dios dice: "Pondré mi gloria entre las naciones, y todas las naciones verán mi juicio." En Ezequiel 39:29, dice que derramará su Espíritu Santo en su pueblo elegido.

¿Qué nos dice esto? Ciertamente nos dice que estos eventos serán un juicio de los enemigos de Dios, de acuerdo a Génesis 12:1-3, donde Dios dice que bendecirá a los que bendigan a Israel y maldecirá a los que maldigan a Israel.

Pero también dice que la Guerra de Gog y Magog será un momento clave de un gran despertar espiritual que se propagará en todo el epicentro y en todo el mundo. El Dios de la Biblia, literal y metafóricamente, sacudirá a la gente de su apatía y letargo espirituales para ayudarlos a darse cuenta de que hay un Dios en el cielo que los ama y que tiene un plan maravilloso para sus vidas si se arrepienten, se vuelven de sus malos caminos y siguen sus caminos. Cuando Dios derrame su Espíritu Santo, muchos de repente se darán cuenta de que el único camino de encontrar paz con Dios —y paz con su prójimo— es por medio de la fe en Jesucristo.

Además, Dios sacudirá a los que son cristianos nominales y a los que son seguidores de Cristo nacidos de nuevo pero que no han sido particularmente serios en cuanto a su fe, ni se han dedicado a ella. Los despertará espiritualmente. Los reavivará y hará que vivan sus vidas absoluta y completamente para agradar a Jesucristo y para hacer discípulos de todas las naciones, tal como lo ordenó.

Es cierto, el período preparatorio de esta guerra profética, la guerra en sí y su secuela, serán días muy oscuros para la gente de Rusia, Irán, Libia, Sudán, Turquía y sus aliados musulmanes. Pero la Biblia nos dice que este también será un nuevo nacimiento de libertad para toda la gente de la región, una oportunidad de ver por sí mismos la gloria del Dios vivo.

¿QUÉ MÁS NOS DICE LA BIBLIA ACERCA DEL FUTURO DE IRÁN?

Nos enteramos más del plan final de Dios para Irán (que a veces se menciona en el Antiguo Testamento como "Elam") en el libro de Jeremías. Jeremías 49:34-39 dice:

> Palabra de Jehová que vino al profeta Jeremías acerca de Elam, en el principio del reinado de Sedequías rey de Judá, diciendo:
>
> Así ha dicho Jehová de los ejércitos: He aquí que yo quiebro el arco de Elam, parte principal de su fortaleza.
>
> Traeré sobre Elam los cuatro vientos de los cuatro puntos del cielo, y los aventaré a todos estos vientos; y no habrá nación a donde no vayan fugitivos de Elam.
>
> Y haré que Elam se intimide delante de sus enemigos, y delante de los que buscan su vida; y traeré sobre ellos mal, y el ardor de mi ira, dice Jehová; y enviaré en pos de ellos espada hasta que los acabe.
>
> Y pondré mi trono en Elam, y destruiré a su rey y a su príncipe, dice Jehová.
>
> Pero acontecerá en los últimos días, que haré volver a los cautivos de Elam, dice Jehová.

Permítame sacar varios puntos clave de este pasaje:

- El versículo 39 es importante porque nos dice que estos eventos van a suceder en "los últimos días."
- El pasaje nos dice que en los últimos días, Dios esparcirá a la gente de Irán por toda la tierra (versículo 36). Esto realmente sucedió en 1979. Por primera vez en la historia, los iraníes han sido esparcidos por todo el globo. Aproximadamente 5 millones de iraníes ahora viven fuera de su país natal.
- Dios dice que él va a "quebrar" la estructura actual de Irán (versículo 35).

- Dios dice que hará que "Elam [Irán] se intimide delante de sus enemigos" (versículo 37).
- Dios dice que traerá el "ardor de [su] ira" sobre los líderes de Irán (versículo 37).
- Dios dice: "Enviaré en pos de ellos espada hasta que los alcance" (versículo 37).
- Dios dice que específicamente "destruirá" al "rey [de Irán] y a su príncipe" (versículo 38).
- A pesar de este juicio terrible, Dios específicamente promete: "Pondré mi trono en Elam" —es decir, ser el Dios y Rey del pueblo de Irán (versículo 38).
- Dios también promete que cambiará "la suerte de Elam" (versículo 39, NVI).

Una perspectiva de la promesa del versículo 39 de cambiar "la suerte de Elam" es que después de juzgar a los líderes y ejército de Irán, Dios permitirá que el pueblo de Irán llegue a ser políticamente pacífico y económicamente próspero. Sin embargo, yo me inclino hacia la opinión que sostienen muchos Renacidos iraníes, que creen que Dios específicamente da a entender que bendecirá al pueblo de Irán espiritualmente.

Los cristianos iraníes creen que Dios va a derramar su amor y perdón y su Espíritu Santo en el pueblo de Irán, que va a abrir los ojos de sus corazones y que los ayudará a ver claramente que Jesucristo es el único Salvador del mundo, y que por medio de la fe en él pueden conocer y experimentar el amor de Dios y el plan para sus vidas. También creen que Irán entonces llegará a ser un "país enviador," una base, por así decirlo, de la que miles —quizás decenas de miles— de seguidores de Cristo iraníes se desplegarán hacia todo el epicentro, predicando el evangelio, haciendo discípulos y plantando iglesias.

¿QUÉ NOS DICE LA BIBLIA EN CUANTO AL FUTURO DE IRAK?

Como escribí en la primera edición de *Epicentro* en 2006 —durante el apogeo de la insurgencia terrorista en Irak—, un estudio cuidadoso de profecía bíblica indica que, con el tiempo, Irak formará un gobierno central fuerte, estable y firme. El ejército de Irak y las fuerzas de seguridad internas estarán bien entrenados, bien equipados y cada vez serán más efectivos. La insurgencia será aplastada, su apoyo se evaporará y los terroristas extranjeros dejarán de fluir al país.

A medida que se estabilice la situación, los caminos y aeropuertos iraquíes se volverán seguros, y la gente finalmente podrá moverse libremente por el país. Los turistas llegarán a raudales a visitar los muchos sitios arqueológicos antiguos y los tesoros nacionales del país. Los líderes comerciales llegarán en gran número al país, así como la inversión extranjera, particularmente para poner los campos de petróleo, refinerías e instalaciones de embarque de Irak a la altura de las normas del siglo XXI.

Cuando estas cosas sucedan, Irak surgirá como una superpotencia petrolera, que competirá con Arabia Saudita. Billones de petrodólares fluirán en el país, haciendo que Irak sea un imán para los bancos y corporaciones multinacionales que establecerán sus bases regionales e internacionales en el país. Se construirán edificios altos para oficinas, apartamentos de lujo y casas para familias. Se construirán teatros, salones de conciertos, parques y centros comerciales. La antigua ciudad de Babilonia surgirá virtualmente de la noche a la mañana, como un fénix que surge de las cenizas, para convertirse en una de las maravillas modernas del mundo.

Irak está a punto de ver un renacimiento político y económico sin par en la historia del mundo. La gente de Irak está a punto de experimentar un nivel de riqueza personal y nacional, y de poder, que nunca soñó que fuera posible. Los expertos que han condenado al país al fracaso y al caos quedarán absolutamente atónitos con ese cambio de eventos tan dramático, así como los que dijeron que el Muro de Berlín nunca caería, y que el imperio soviético nunca colapsaría, quedaron rascándose la cabeza de incredulidad apenas unos cuantos años después.

¿Cómo puedo estar tan seguro? Al estudiar la profecía bíblica.

Los profetas hebreos Ezequiel, Isaías, Jeremías y Daniel, así como el apóstol Juan en el libro de Apocalipsis, describen a Irak como el centro de riqueza y poder sin precedentes de los últimos días antes del regreso de Cristo. La Biblia enseña que la ciudad de Babilonia resucitará de los muertos en los últimos días. En Apocalipsis 18 (NVI), Babilonia se describe como una "gran ciudad" y un centro de "lujos" extravagantes. Y lo que es más, a Irak se le describe como uno de los grandes centros comerciales, donde los "comerciantes de la tierra" llegan a negociar "artículos de oro, plata, piedras preciosas y perlas" junto con toda clase de otros objetos "preciosas" y servicios que seducen a "los reyes de la tierra" y atraen barcos de todas partes del planeta. Cuando la gente del mundo piense en la gran riqueza de la futura capital de Irak, se preguntarán: "¿Hubo jamás alguna ciudad como esta gran ciudad?"

También sabemos por el libro de Apocalipsis que Irak finalmente llegará a ser un centro de gran maldad, así como de riqueza, y al final de la historia enfrentará un juicio similar a la Guerra de Gog y Magog. Pero antes de eso, las Escrituras son claras: Irak será rico y poderoso.

Y lo que es más, el juicio de Rusia, Irán y de otros países del Medio Oriente funcionará para ventaja de Irak. Las exportaciones de petróleo y gas de estos países disminuirán, o se detendrán, por la terrible destrucción que describe Ezequiel. Mientras tanto, Irak, como uno de los pocos países del Medio Oriente que no habrá participado en el ataque a Israel, será una de las pocas potencias petroleras que quedarán intactas cuando el humo se despeje. A medida que los precios del petróleo y del gas se disparan, debido a severas escaseces, el mundo dependerá cada vez más de Irak para energía y el dinero entrará en los cofres del país como nunca antes.

Sin embargo, antes de que Irak llegue a ser tan rico, la nación debe llegar a ser estable, pacífica y libre. Sólo entonces puede estar en lugar la infraestructura física y financiera para ese crecimiento económico tan dramático. Sólo entonces las compañías petroleras internacionales invertirán mucho en restaurar las instalaciones y en equipo para perforar, refinar y exportar. Sólo entonces los comerciantes de la tierra comenzarán a establecer sus bases en Irak, aumentando dramáticamente el nivel de comercio que se haga dentro y fuera de Irak.

En mi opinión, estamos viendo ahora que se están cumpliendo las etapas iniciales de estas profecías bíblicas en Irak. Se ha llevado a cabo un progreso militar, político y económico tremendo —casi milagroso— desde 2006. No ha sido fácil pasar por los dolores de parto. Ha sido doloroso. Ha habido errores y algunos han sido trágicos y costosos.

Pero el nuevo Irak ha nacido. Ahora está creciendo, desarrollándose y dirigiéndose en la dirección correcta. Lo he visto con mis propios ojos, y es realmente un espectáculo que hay que contemplar. Estados Unidos y nuestros aliados de la Coalición han jugado un papel muy crítico —y yo diría heroico— para hacer posible ese progreso. También se le debe dar verdadero reconocimiento a Reformadores como el Presidente Talabani y el Primer Ministro Maliki y su personal y asesores. Los escépticos estadounidenses y europeos que dijeron que el "incremento de tropas" no funcionaría en Irak se equivocaron. Los que dijeron que al Qaeda y el Ejército del Mahdi no podrían ser derrotados se equivocaron. Los que dijeron que Talabani y Maliki no podrían ayudar a que su país siguiera adelante se equivocaron. Irak es una historia de éxito ahora, y lo será aún más en los días futuros.

Dicho esto, si usted realmente quiere saber cómo será Irak en el futuro no tan distante, permítame recomendarle que haga lo que hice yo en el otoño de 2008: visitar Dubai, la ciudad de los Emiratos Árabes Unidos de alta tecnología y altos recursos financieros, en las playas del sur del Golfo Pérsico. Quedé totalmente sorprendido cuando visité la ciudad en 2008. Hace veinte años, la ciudad era casi totalmente un desierto. Ahora, es una metrópolis que cuenta con algunos de los centros comerciales, hoteles, edificios de oficinas, bancos y centros recreativos más caros y selectos del mundo. Tiene islas de diseñador, construidas desde cero, que tienen algunas de las casas más caras de la región. Aviones y yates privados frecuentan la ciudad constantemente. Hay tiendas de ropa de diseñadores estadounidenses y europeos, joyerías y distribuidores de automóviles por todos lados. Starbucks es común. Dubai hasta tiene un centro recreativo cubierto de esquí, que funciona todo el año, a pesar de las temperaturas de afuera, que a menudo promedian los 38 grados centígrados. Su lema: "La cosa más fresca que puedes hacer en Dubai."

Quizás lo más extraordinario es que Dubai es el hogar del famoso Burj Dubai de $4.000 millones. Con más de ochocientos metros de altura, es la estructura más alta, hecha por el hombre, en la faz del planeta. Personalmente puedo testificar que es una vista impresionante, que se remonta por encima de cualquier otra cosa en el horizonte, en cualquier dirección. De todas partes del mundo han llegado ingenieros y arquitectos a admirarlo.

De hecho, la Torre Burj ahora está desencadenando la competencia. Una compañía de ingeniería de Gales dice que ha sido contratada para construir una estructura aún más grande, la Torre de Una Milla de Altura en Yida, Arabia Saudita, que los ejecutivos dicen que tendrá por lo menos

1.600 metros de altura. Mientras tanto, la prensa rusa reporta planes de un rascacielos de *más de tres kilómetros* de alto en Moscú, conocido como la Torre Ultima, completo con parques, jardines, ríos y colinas artificiales, apartamentos, escuelas, jardines infantiles y toda clase de tiendas, todo construido dentro de la torre.[2]

¿Faltará mucho para que los ingenieros anuncien planes para construir nuevas torres de Babel como estas en Irak, incluso en la misma nueva ciudad de Babilonia?

CAPÍTULO TREINTA Y DOS

ÚNASE A LA REVOLUCIÓN

*Los cristianos se quedan con la estrategia de "ama
a tu enemigo" solamente para sí mismos*

LA CIVILIZACIÓN JUDEOCRISTIANA AHORA enfrenta el momento más peligroso en la historia de la Revolución Islámica.

Tres décadas después del surgimiento del Ayatolá Jomeini en Irán, los millones de yihadistas islámicos Radicales que inspiró —tanto chíitas como sunitas— están determinados a terminar lo que él comenzó. Algunos están impulsados por la escatología apocalíptica. Están usando la retórica genocida. Están desarrollando alianzas con naciones que tienen armas nucleares. Y están tratando fervientemente de desarrollar, comprar o robar armas de destrucción masiva para llevar a cabo sus sueños maniáticos.

Pero demasiada gente, tanto en Occidente como en Oriente —líderes políticos, militares y de inteligencia así como ciudadanos comunes y corrientes—, está dormida ante la tormenta que se avecina. A mi juicio, esta falta de conciencia representa el peligro más grande de todos. Una alianza global intelectualmente honesta, espiritualmente fuerte, moralmente valiente y políticamente unida en contra de los Radicales podría tener un éxito enorme. Tenemos más gente, más dinero, mejor tecnología y mejores ideas que los Radicales. Pero si sucumbimos ante la ignorancia, apatía, insensibilidad, arrogancia y temor que ya están generalizados entre muchos de nuestros líderes, nos encontraremos enfrentando cataclismos de proporciones bíblicas, que harán que los ataques del 11 de septiembre de 2001 empalidezcan en comparación.

Es hora de despertar.

Es hora de despertar a nuestros vecinos.

Es hora de que cada ciudadano que valore la vida, la libertad y la búsqueda de la felicidad se sacuda el letargo y se una a la Revolución para derrotar a los Radicales, estimular a los Reformadores y fortalecer a los Renacidos —ahora, mientras todavía queda tiempo.

Mi oración es que algunos de ustedes que lean este libro sean inspirados a seguir los ejemplos poderosos establecidos por hombres como Jerry Boykin, Fred Schwien, Porter Goss y otros —hombres que han dedicado sus vidas, sus fortunas y su honor sagrado a la defensa de su nación. Las naciones libres del mundo urgentemente necesitan más de esos servidores públicos abnegados. Necesitamos hombres y mujeres que voluntariamente decidan servir en el ejército, en agencias de seguridad del gobierno y en varias agencias de inteligencia. Necesitamos hombres y mujeres que sean candidatos y trabajen en cargos públicos —y que lo hagan por el bien del país, no por ganancia propia. ¿Le gustaría unirse a ellos?

Mi oración también es que algunos de ustedes que lean este libro sean inspirados a seguir el ejemplo establecido por líderes como Hamid Karzai, Jalal Talabani, el rey Mohamed VI y Benazir Bhutto —líderes que han dedicado toda su vida a combatir a los Radicales y expandir la libertad y oportunidad para la gente de las naciones que sirven. El mundo musulmán necesita urgentemente más Reformadores como ellos, hombres y mujeres preparados para proteger a los pobres, defender a las viudas, cuidar de los huérfanos, proveer justicia para los oprimidos y proteger y avanzar los derechos humanos de cada hombre, mujer y niño de sus países, sin importar su raza, religión ni creencia política.

Al mismo tiempo, el mundo musulmán necesita de cientos de millones de amigos sinceros y desinteresados, tanto en Occidente como en Oriente, que determinen ayudar para que los Reformadores venzan a los Radicales de toda manera posible. Necesitamos gente que invierta en las economías de los países Reformadores. Necesitamos personas que establezcan y dirijan negocios exitosos en los países Reformadores. También necesitamos gente que esté dispuesta a asesorar y aconsejar a los líderes Reformadores en áreas de cambio democrático, libertad religiosa, ciencia, tecnología, desarrollo económico y áreas semejantes. Ahora es el tiempo crítico para levantar a una nueva generación de gente que ayude a los Reformadores a tener éxito en contra de los Radicales. ¿Quiere estar entre ellos?

Como muchos ya habrán adivinado ahora, mi profunda y sincera oración es que cada uno de ustedes que lea este libro sea inspirado a seguir los ejemplos establecidos por los Renacidos, hombres y mujeres que —sin importar sus creencias religiosas anteriores— finalmente han decidido seguir a Jesucristo como el único camino de salvación, y al hacerlo han encontrado verdadera paz, perdón y transformación personal por su muerte en la cruz de Jerusalén y en su resurrección de los muertos tres días después. Y lo que es más, oro porque usted sea inspirado por el compromiso de los Renacidos de amar a su prójimo y a sus enemigos, por medio del poder del Espíritu Santo —como lo hizo Jesús— y se sienta movido a unirse a ellos y ayudarlos en su hora dramática y peligrosa.

UN VIAJE PERSONAL

Yo no crecí pensando que escribiría novelas o libros de no ficción sobre musulmanes. Soy hijo de madre gentil y padre judío. Ambos llegaron a ser seguidores de Jesús en 1973, y yo llegué a ser seguidor de Jesús en 1975. Mi esposa es gentil con un profundo amor por el pueblo judío, y también llegó a ser seguidora de Cristo a principios de la década de 1970. Cuando nos enamoramos a finales de los años ochenta y nos casamos en el verano de 1990, teníamos una gran pasión de viajar a Israel y de bendecir al pueblo judío de maneras reales y prácticas. Pero el Señor nos llevó por un camino inesperado.

Durante los primeros trece años de nuestro matrimonio, el Señor evitó que Lynn y yo viajáramos a Israel. En lugar de eso, nos llevó a países musulmanes y trajo a nuestras vidas un líder Renacido tras otro, para que fuera nuestro amigo y nos ayudara a entender el corazón de compasión de Dios por el pueblo musulmán.

Estos Renacidos compartían con nosotros, de primera mano, cómo habían visto la mano del Dios de la Biblia transformando la vida de musulmanes por medio del amor de Jesucristo. Nos enseñaron a amar a los musulmanes al orar por ellos. Nos mostraron cómo amar a los musulmanes al proveer comida para el hambriento, agua para el sediento y consuelo para el afligido. Compartieron con nosotros las tristezas y las alegrías que habían experimentado al servir a los musulmanes en el nombre de Jesús, cuando estaban bajo la constante amenaza de persecución, arresto, tortura y muerte.

En el camino, su corazón llegó a ser nuestro corazón. Lynn y yo desarrollamos un irresistible —y sinceramente inesperado— amor por el pueblo musulmán, que ha llegado a complementar nuestro amor por los judíos. Nos encontramos deseando bendecir a los musulmanes de la manera que siempre habíamos querido bendecir a los judíos. Ciertamente no nacimos con ese amor. Primero tuvimos que nacer de nuevo. Y luego tuvimos que ver ese amor sobrenatural en acción. Cuando lo hicimos, nuestras vidas cambiaron para siempre.

AMOR EN ACCIÓN EN IRAK

En Irak una vez conocí a un querido seguidor de Jesucristo que casi había sido asesinado por su fe. Hace algunos años, las amenazas de muerte lo obligaron a huir de la ciudad donde estaba involucrado en un ministerio muy efectivo, y se estableció en una ciudad en la que nunca antes había vivido y comenzó a orar de esta manera: *Señor, ¿cómo harás que te sirva en esta ciudad nueva? ¿Cómo puedo amar a mi prójimo y a mis enemigos? Por favor dame la sabiduría y el valor para servirte fielmente.*

Al Señor le encanta responder oraciones como esa, y pronto le dijo a este hombre que fuera a conocer al alcalde de la ciudad y que le ofreciera llevar varios camiones, llenos de artículos de ayuda humanitaria, para los musulmanes necesitados de esa comunidad. El hombre obedeció. Pero cuando llegó a la oficina del alcalde y preguntó si él y sus amigos cristianos podrían distribuir esa ayuda humanitaria, el alcalde se veía desconcertado y, por un momento, sólo se quedó sentado sin decir nada, aparentemente inseguro de cómo responder.

En lugar de darle una respuesta, el alcalde presionó el intercomunicador de su escritorio y ordenó a su secretaria que llamara al mulá local.

El líder cristiano se asustó. No tenía ganas de reunirse con un mulá. Después de todo, estaba huyendo de los mulás Radicales. Sin embargo, unos minutos después, llegó el clérigo islámico.

El alcalde dijo: "Este hombre es cristiano. Tiene camiones llenos de comida, ropa, Biblias y DVDs de la vida de Jesús. Vuelva a la mezquita y dígale a toda la gente que se reúna porque los cristianos han venido a bendecirnos."

Mi amigo estaba asombrado. En todos sus años de ministerio en Irak nunca había experimentado un momento así. Pero para su sorpresa, el mulá estuvo de acuerdo. Volvió a la mezquita y unos minutos después mi amigo escuchó un anuncio que salía de las bocinas de los minaretes. "Vengan a la mezquita," declaró el mulá. "¡Los cristianos han venido a bendecirnos!"

Mi amigo hizo una rápida llamada telefónica y dijo a sus colegas que llevaran los camiones llenos de ayuda humanitaria a la mezquita. Poco después, cientos de musulmanes iraquíes del lugar se habían reunido. Sin embargo, en lugar de atacar a los cristianos, los musulmanes estaban felices y emocionados. Y cuando los camiones llegaron, la mayoría primero quería copias de Nuevos Testamentos y de los DVDs de Jesús. Sólo después buscaron el resto de los artículos.

Cuando este líder cristiano iraquí me contó su historia, me sentí conmovido hasta las lágrimas. No me educaron para odiar a los musulmanes. Pero mientras crecía, nunca se me ocurrió buscar maneras específicas de bendecir a los musulmanes en el nombre de Jesús. De hecho, ni se me ocurrió que podría vivir en un período de la historia humana donde los musulmanes de las Masas podrían realmente responder positivamente a expresiones prácticas del amor de Cristo.

Inmediatamente le prometí a este hermano iraquí que volvería a Estados Unidos y recaudaría dinero, a través del Joshua Fund, para ayudarlo a él y a su equipo a adquirir más Biblias, más películas de Jesús y más artículos de ayuda humanitaria para bendecir a más musulmanes. Por la gracia de Dios, esto es exactamente lo que hemos hecho, y por la gracia de Dios, esperamos hacer más para movilizar a otros para que también hagan más.

AMOR EN ACCIÓN EN AFGANISTÁN

En Afganistán una vez conocí a un hombre que me dijo que había sido musulmán Radical, cuando crecía en las décadas de 1980 y 1990, pero que había sido encarcelado por el Talibán en 1999 por no ser lo suficientemente Radical. Su barba no era lo suficientemente larga como contentarles a los combatientes del Talibán. Además, pensaban que era espía de la Alianza del Norte, aunque no lo era.

"Había 350 en el ala de la prisión a la que me asignaron," dijo. "El Talibán no nos alimentaba. Era invierno y no nos daban colchas ni ropa caliente. Querían que nos muriéramos de hambre o que nos muriéramos por desabrigo."

Temía por su vida. Temía que nunca más volvería a ver a su esposa e hijos. Y sus temores estaban bien fundados. Ochenta hombres murieron en las siguientes semanas.

Entonces, un día los guardias del Talibán permitieron que unos representantes de la Cruz Roja visitaran la prisión. "Nos llevaron un poco de pan, zapatos, chaquetas, colchas," recordó. No era mucho, pero la ayuda se necesitaba desesperadamente.

"Comencé a preguntarme: ¿Por qué me ayuda esta gente?" dijo. "Esta gente de la Cruz Roja no es musulmana. Es cristiana. Pero ellos me están demostrando más amor que cualquiera de mis compañeros seguidores del islam. ¿Por qué?"

Esta simple acción de compasión desencadenó una serie de eventos que cambiarían la vida de este afgano para siempre. Llevó a este musulmán Radical a preguntarse si el islam siquiera era cierto. Lo hizo preguntarse: "¿Por qué la gente que ama a Jesús me ama?" Lo hizo querer saber si Jesucristo era el Único Dios Verdadero.

Al recordar, el hombre me dijo que ni siquiera sabe si los voluntarios de la Cruz Roja que llegaron a esa prisión verdaderamente eran cristianos nacidos de nuevo. Pero le demostraron compasión en el nombre de la cruz, y esto tuvo un efecto profundo en él. Finalmente fue liberado. Se trasladó a Islamabad, Paquistán. Encontró a su hermano, que se había convertido en seguidor de Jesucristo. Encontró a otros musulmanes que se habían convertido al cristianismo. Y con el tiempo, él también llegó a ser un seguidor de Jesús totalmente devoto.

Ahora este hombre es líder de un ministerio efectivo CTM, en la línea de fuego de la Revolución espiritual más dramática de nuestro tiempo. Tiene una pasión por demostrar el amor de Cristo a otros afganos, y ora para que con sus esfuerzos ellos sean atraídos al amor del Salvador, y encuentren perdón y esperanza nueva en su nombre.

EL CAMINO QUE ESTÁ POR DELANTE

Estas historias —y otras innumerables como estas— me han llevado, durante las dos últimas décadas, a una conclusión fundamental: la estrategia de Jesús de "ama a tu prójimo" y "ama a tu enemigo" es la clave para ganarse los corazones y mentes del pueblo musulmán, y los cristianos se guardan esta estrategia solamente para sí mismos.

Nadie más en el mundo islámico está enseñando a la gente a demostrar amor, misericordia y compasión a los que los odian y quieren destruirlos. Nadie más en el mundo islámico está ofreciendo perdón a los que han cometido hechos de maldad en contra de ellos. Sólo los verdaderos seguidores de Jesús están haciendo estas cosas, porque sólo la gente que ha nacido de nuevo y ha sido verdaderamente transformada por el Espíritu Santo tiene la capacidad de amar a sus enemigos. Ninguno de nosotros tiene esa capacidad en sí mismo como seres humanos normales. Por lo que cuando demostramos el amor de Cristo a nuestros enemigos, mostramos al mundo musulmán que servimos a un Dios distinto, al Único Dios Verdadero, al Dios de amor, poder y perdón.

Imagine si más de la iglesia alrededor del mundo fuera movilizada a amar a nuestro prójimo y a nuestros enemigos en el nombre de Jesús. Los musulmanes ya están llegando a ser Renacidos en cantidades récord. ¿Y si Dios quiere acelerar esta tendencia? ¿Y si quiere que seamos parte de ese aceleramiento?

Lynn, yo y el equipo del Joshua Fund creemos que eso es exactamente lo que el Señor quiere, y nos hemos dedicado a ayudar a movilizar la iglesia para que se concentre en cuatro estrategias simples: aprender, orar, dar e ir. Por lo tanto, permítame terminar compartiendo unos cuantos pensamientos con los que quieran saber más de estas estrategias, y con los que quizás ya estén pensando en unirse a la Revolución y ayudar a los Renacidos.

Estrategia no. 1: Aprender

"Mirad entre las naciones, y ved, y asombraos; porque haré una obra en vuestros días, que aun cuando se os contare, no la creeréis."
—HABACUC 1:5

En primer lugar, lo animo a que estudie la Biblia por usted mismo y descubra el plan y propósito de Dios para toda la gente del Medio Oriente. Sin duda encontrará mucho del gran amor del Señor por el pueblo judío y la nación de Israel. Al mismo tiempo, una lectura cuidadosa le ayudará a descubrir el tremendo amor de Dios por los iraquíes, iraníes, egipcios, kurdos, árabes, turcos y muchos otros del epicentro también.

El pueblo iraquí, por ejemplo, es un jugador central en la Biblia, desde Génesis hasta Apocalipsis. Muchos eruditos bíblicos y arqueólogos creen que el Jardín del Edén muy probablemente estaba en Irak. Génesis 11 y 12 indican que Dios eligió a Abraham de Ur de los caldeos —un pueblo de Irak, ubicado al sur de Bagdad— para bendecir a todas las naciones de la tierra.

El Señor le dio al profeta hebreo Daniel detalles cruciales acerca del Mesías prometido, y acerca de los eventos que ocurrirían en los últimos días, cuando vivía en Irak. Aunque Daniel y sus amigos eran judíos, realmente se educaron en Irak, tuvieron un gran amor por el pueblo de Irak y sirvieron al pueblo y a la gente del imperio babilónico en el nombre del Dios de la Biblia.

El profeta hebreo Ezequiel igualmente recibió sus visiones de eventos de los últimos días cuando vivía en Irak. Y los profetas hebreos Jonás y Nahum fueron enviados por Dios a hablar con la gente de Irak para exhortarlos a que se arrepintieran de sus pecados y que clamaran por el amor y el perdón de Dios.*

Y lo que es más, 1 Pedro 5:13 sugiere que el apóstol Pedro realmente pudo haber escrito su primera carta a la iglesia desde Irak. Finalmente, el libro de Apocalipsis (capítulos 17 y 18) indica que los ojos de todas las naciones estarán puestos en Irak en los últimos días.

En total, de los sesenta y seis libros de la Biblia, no menos de veintidós mencionan a Irak, refiriéndose a Babilonia, Mesopotamia, Caldea o Sinar, los nombres antiguos del país moderno al que nosotros llamamos Irak.

La Biblia es clara en que Dios también ama al pueblo iraní. Después de servir a los líderes babilonios, Daniel sirvió a los líderes de Persia y

---

*Nahum, de hecho, está enterrado en el pueblo iraquí de Elkosh, y mi colega del Joshua Fund Jeremy Grafman y yo tuvimos el privilegio de visitar su tumba y de ver la antigua escritura hebrea en las paredes de las antiguas instalaciones que contienen la tumba.

habló la Palabra de Dios al pueblo persa. Daniel incluso está enterrado en Irán. Tengo amigos iraníes CTM que han visitado su tumba. Los profetas hebreos Jeremías y Ezequiel también fueron usados por Dios para que hablaran directamente con el pueblo iraní. El libro de Ester describe cómo Dios levantó a una joven para que llegara a ser la reina de Persia y usara su posición elevada para bendecir al pueblo judío y al pueblo de Irán. Muchos eruditos bíblicos creen que por lo menos dos de los "magos" que llegaron de "Oriente" a visitar al niño Jesús eran de Irán. En total, no menos de once libros de la Biblia se refieren a Persia o Elam, los antiguos nombres de Irán.

La Biblia también enseña que Dios ama al pueblo egipcio. Ismael, hijo de Abraham, nació de una madre egipcia. Moisés nació en Egipto. Toda la nación de Israel fue, por supuesto, enviada a vivir a Egipto por 430 años. Y lo que es más, muchos de los grandes hombres y mujeres de las Escrituras fueron enviados por Dios a Egipto. Entre ellos: Abraham y Sara; José y sus hermanos; y después José, María y el niño Jesús.

Uno de mis pasajes favoritos, y de Lynn, acerca del amor de Dios por los egipcios y cómo los bendecirá en los últimos días es Isaías 19:18-25, que dice en parte: "En la tierra de Egipto . . . clamarán a Jehová a causa de sus opresores, y él les enviará salvador y príncipe que los libre. Y Jehová será conocido de Egipto, y los de Egipto conocerán a Jehová en aquel día. . . . Se convertirán a Jehová, y les será clemente y los sanará. En aquel tiempo habrá una calzada de Egipto a Asiria, y asirios entrarán en Egipto, y egipcios en Asiria; y los egipcios servirán con los asirios a Jehová. En aquel tiempo Israel será tercero con Egipto y con Asiria para bendición en medio de la tierra; porque Jehová de los ejércitos los bendecirá diciendo: Bendito el pueblo mío Egipto, y el asirio obra de mis manos, e Israel mi heredad."

Dios también ama al pueblo kurdo. Se los menciona prominentemente y repetidas veces en la Biblia —en el Antiguo y Nuevo Testamentos— como los medos y el Imperio Medo. (Los medos se unieron a los iraníes en tiempos antiguos para crear el Imperio Medo-Persa, que tomó el control del Imperio Babilónico como seiscientos años antes de Cristo.) El profeta Jeremías describe a los kurdos como jugadores clave del Fin de los Tiempos, a quienes Dios usará para llevar juicio a las fuerzas del Anticristo, en un imperio babilónico revivido (ver Jeremías 51). El libro de Hechos indica que, de hecho, había gente kurda presente en Jerusalén cuando las buenas noticias del amor y el perdón de Jesucristo fueron predicadas el Día de Pentecostés (Hechos 2:9).

Y lo que es más, los kurdos pudieron haber estado entre los primeros que se dieron cuenta de que Jesús era el Mesías judío y el Salvador del mundo. Cuando hice mi primer viaje a Irak, tuve el privilegio de tener una reunión de varias horas con el Sr. Falakaddin Kakaye, ministro de cultura del Gobierno Regional de Kurdistán. El Sr. Kakaye fue enormemente generoso al ayudarme a entender las contribuciones históricas de los kurdos. Sin embargo, lo que me fascinó más fue que por los primeros diez minutos, el ministro planteó un caso convincente de que por lo menos uno de los tres "magos" o sabios que fueron a buscar y a adorar a Jesús como el "Rey de los Judíos" en Mateo 2 era kurdo. "Me ha convencido," respondí. "Aparentemente, los sabios de Kurdistán han estado buscando adorar a Jesús desde el principio."

Por supuesto que sólo estoy explicando muy superficialmente cuán a menudo la Biblia describe el amor de Dios por *toda* la gente del epicentro, no solamente por los judíos. En Mateo 4:24-25, encontrará las noticias del amor y el perdón de Jesús que se esparcen por toda Siria y Jordania. En Mateo 15:21-28, encontrará a Jesús en el sur de Líbano, mostrando misericordia a la gente de Tiro y Sidón y sanando a la hija de una mujer que le implora que le muestre su bondad a los que quieren servirlo. En Hechos 2 leerá que Dios derramó el Espíritu Santo en los apóstoles, que inmediatamente comenzaron a predicar las buenas noticias del amor y el perdón de Cristo a los partos (del norte de Irán); a los medos (kurdos); a los elamitas (del sur de Irán); a los mesopotamios (iraquíes); a los de Capadocia, del Ponto, de Asia, Frigia y Panfilia (turcos); a los egipcios; a los libios; a la gente de Creta; y a los árabes.

En resumidas cuentas: No tengo duda de que mientras más estudie la Biblia, más aprenderá del gran amor de Dios por toda la gente del epicentro —y más se inspirará para amarlos también.

Estrategia no. 2: Orar

"Gozosos en la esperanza; sufridos en la tribulación; constantes en la oración." —ROMANOS 12:12

A medida que adquiere más conocimiento de la gente del mundo musulmán, permítame animarlo a comenzar a orar fiel y consistentemente por ellos, porque eso es lo que la Biblia nos dice que hagamos. He aquí diez ideas específicas que podría usar para orar por la gente del epicentro:

1. Alabe a Dios porque él ama a *toda* la gente del mundo y porque envió a su Hijo a rescatar a *cualquiera* que se arrepienta y lo busque para salvación. (Juan 3:16)

2. Ore por la paz de Jerusalén y por la paz de toda la gente de la región. (Salmo 122:6)

3. Ore por la bendición de Dios para Israel y sus vecinos. (Génesis 12:1-3)

4. Ore para que se abran puertas para el evangelio, para que todos en el epicentro puedan oír y responder a la oferta de Cristo de salvación a cualquiera que crea. (Colosenses 4:2–6; Apocalipsis 3:20)

5. Ore para que los seguidores de Cristo en el epicentro tengan el valor de "dar a conocer con valor el misterio del evangelio" a pesar de la persecución intensa que podría acelerarse en los años venideros. (Efesios 6:19-20, NVI)

6. Ore por los Radicales y los que persiguen a la iglesia, para que Dios cambie sus corazones y los atraiga a su Reino. (Mateo 5:44)

7. Ore para que el Señor abra los corazones de los seguidores de Cristo de la región, para que puedan conocer a Cristo aún más completamente de lo que lo conocen ahora. (Efesios 2:15-23)

8. Ore para que el Señor de la mies levante y envíe más obreros, porque "la mies" de almas "es mucha." (Lucas 10:2)

9. Ore sin cesar y hágalo con acción de gracias, "porque esta es la voluntad de Dios para con vosotros en Cristo Jesús." (1 Tesalonicenses 5:16-18)

10. Ore en el nombre de Jesús, porque allí es donde está el verdadero poder. (Mateo 18:19-20)

Los que somos seguidores de Jesucristo servimos a un Dios que escucha y responde oraciones —un Dios que hace maravillas. Esto es lo que la Biblia enseña claramente, aunque no entendamos completamente por qué un Dios soberano respondería a nuestras súplicas. Así que, a medida que ora por la gente del epicentro, permítame estimularlo también a que reúna a otros para juntos formar un equipo de oración. Los miembros de la iglesia primitiva a menudo se reunían para orar, como lo leemos en los evangelios y en el libro de Hechos. Este es un modelo sabio para seguir. Necesitamos más que personas comprometidas con la oración. Necesitamos ver un movimiento global de "guerreros de oración," levantados por Dios, que intercedan por la iglesia perseguida en el mundo islámico y por la liberación espiritual y política de toda la gente del epicentro.

Para más información de cómo orar sabia y consistentemente, quizás quiera inscribirse en mis correos electrónicos *Flash Traffic* en www.joelrosenberg.com. Estos correos electrónicos dan actualizaciones, más o menos cada semana, de las tendencias geopolíticas, económicas y espirituales en Israel y el mundo musulmán. También dan actualizaciones sobre los proyectos del Joshua Fund y darán peticiones de oración específicas (y a menudo urgentes) en las que usted, su familia y amigos pueden enfocarse también. Encontrará más recursos de oración en nuestro sitio Web y blog en www.joshuafund.net.

Para darle una idea de la manera en que estamos tratando de ayudar a educar y movilizar este movimiento de oración, he aquí algunas muestras de actualizaciones que hemos enviado en años recientes:

26 de abril de 2007: "La semana pasada presenció el brutal asesinato de tres cristianos evangélicos —dos turcos y un alemán— que trabajaban en una editorial de Biblias" en Turquía, observamos, citando relatos de prensa. "Según reportes de la prensa turca, los cinco hombres arrestados en el escenario dijeron a los investigadores que cometieron el crimen en defensa del islam. . . . Los ataques violentos en contra de objetivos cristianos están llegando a ser más frecuentes. El año pasado, varias iglesias evangélicas fueron bombardeadas y un líder de la iglesia protestante en la ciudad de Adana fue golpeado severamente por un grupo de agresores. En febrero pasado, Andrea Santoro, sacerdote católico que trabajaba en la ciudad de Trebisonda del Mar Negro fue asesinado a tiros por un joven de 16 años."[1]

Exhortamos a la gente a que orara por:

- Los cristianos turcos, para que tengan sabiduría y sepan cómo el Señor quiere que funcionen de manera efectiva y fructífera en este ambiente hostil, sabiendo que históricamente la Iglesia crece en fortaleza y número en medio de la persecución.
- Que el Espíritu Santo se mueva entre los musulmanes turcos y los lleve a la fe en Jesucristo en cantidades récord.
- Que la Iglesia occidental sepa cómo apoyar a nuestros hermanos y hermanas en Turquía, así como a los seguidores de Cristo en todo el mundo musulmán.

9 de octubre de 2007: "He aquí el último correo electrónico que hemos recibido de nuestros amigos de la Sociedad Bíblica Palestina: 'Rami Ayyad, de 30 años, administrador de la tienda de la Sociedad Bíblica en Gaza, fue secuestrado el sábado, cerca de su casa en la Ciudad de Gaza. Su cuerpo fue encontrado cerca de la Universidad Islámica el domingo en la mañana. No se sabe quién es el responsable del asesinato. El ataque llega seis meses después de que la tienda de la Sociedad Bíblica Palestina fuera bombardeada, ocasionando daños significativos. El Sr. Ayyad deja una viuda embarazada . . . y dos hijos. . . . Los creyentes de Gaza enfrentan amenazas de ataques a diario. Pero están dedicados a demostrar el mensaje transformador de la Biblia al pueblo palestino. Rami no era excepción, y la tienda que administraba era un oasis en la Ciudad de Gaza.'"

Exhortamos a la gente a que orara por la familia de Rami, y para que todos los creyentes palestinos de Gaza tuvieran el valor y amor sobrenaturales en medio de esas pruebas, y para que la iglesia fuera de Gaza supiera cómo fortalecer y animar de la mejor manera a nuestros hermanos y hermanas asediados.

15 de agosto de 2008: "Una gran historia irrumpió primero en Israel, en *Haaretz,* hace como una semana y ahora en el Fox News Channel. El hijo del líder de Hamas ha dejado su afiliación con el grupo terrorista, ha renunciado al islam y se ha convertido en seguidor de Jesucristo. Las entrevistas completas son totalmente fascinantes."

Exhortamos a los lectores a orar:

- Que la fe de este joven se profundice y crezca y pueda ser discipulado por un hombre de Dios mayor y más sabio.
- Que el Señor mantenga a este joven a salvo de los yihadistas Radicales que intentarían quitarle la vida.
- Que el Señor responda sus oraciones para que sean abiertos los ojos y corazones de su familia y que todos también vengan a la fe en Jesús.
- Que otros líderes de Hamas y musulmanes, a lo largo de Cisjordania y Gaza —así como todos los israelíes que están escuchando esta historia—, sean movidos por el viaje espiritual de este joven y comiencen a preguntar por qué lo hizo.
- Que el Señor continúe edificando su Iglesia en la Tierra Santa y no permita que las puertas del infierno prevalezcan contra ella.

21 de octubre de 2008: "Por favor oren por valor, protección y sabiduría para los cristianos en la ciudad iraquí de Mosul (la antigua Nínive), donde la violencia y la persecución han empeorado dramáticamente en las últimas semanas. . . . 'Más de 15.000 cristianos iraquíes, o 2.500 familias, han sido desalojados de Mosul durante las últimas dos semanas,' reporta el *Christian Post*. 'El número se disparó del cálculo de la semana pasada de unos 3.000 cristianos que huyeron de la ciudad del norte de Irak, que se dice es la última fortaleza urbana de Al-Qaeda. Los funcionarios de Mosul también reportaron que unos 13 cristianos iraquíes han sido asesinados en las últimas cuatro semanas, y por lo menos tres hogares de cristianos asirios fueron bombardeados el sábado, según la Agencia Internacional de Noticias Asiria.'[2] Por favor oren también por consuelo para los que han sido afectados por la violencia y para que la paz y la tranquilidad de Dios desciendan en esa ciudad y en todo el país de Irak.

"Por favor oren por valor, protección y sabiduría por los cristianos de Afganistán. Una cooperante cristiana acaba de ser asesinada en la ciudad capital de Kabul, apenas una semana después de que Jeremy Grafman y yo estuvimos allí. Por favor oren también por consuelo para la familia y amigos de Gayle Williams, de 34 años, que fue asesinada a tiros por dos pistoleros. Por favor oren para que la paz y la tranquilidad de Dios desciendan en Kabul y en todo el país de Afganistán."

Estrategia no. 3: Dar
"No os hagáis tesoros en la tierra, donde la polilla y el orín corrompen, y donde ladrones minan y hurtan; sino haceos tesoros en el cielo. . . . Porque donde esté vuestro tesoro, allí estará también vuestro corazón." —MATEO 6:19-21

Cuando comience a entender el plan y el propósito de Dios para la gente del epicentro y llegue a estar dedicado a la oración, por favor considere invertir su tiempo, sus talentos y sus tesoros en la obra que Dios está haciendo en el Medio Oriente, como lo mandan las Escrituras.

Necesitamos fortalecer a nuestros hermanos y hermanas que están en la línea de fuego de esta Revolución espiritual de maneras tangibles y prácticas. Los Renacidos no pueden hacer todo el trabajo solos. No quieren hacer el todo el trabajo solos. Y no es bíblico que tengan que hacer todo el trabajo solos. Ellos necesitan de nuestra ayuda.

Necesitan Biblias y materiales de estudio bíblico que estén traducidos a los idiomas locales. Necesitan DVDs y CDs que cuenten la historia de Jesús y que comuniquen las enseñanzas de las Escrituras. Necesitan fondos para dirigir ministerios vía satélite, radio e Internet. Necesitan retiros y conferencias de capacitación para animar y preparar mejores pastores y líderes de ministerios. Necesitan comida, ropa, equipo médico y otros suministros que puedan distribuir en el nombre de Jesús a los pobres y necesitados y a las víctimas de la guerra y del terrorismo.

Esto es exactamente lo que establecimos que hiciera el Joshua Fund. Si le interesa ayudarnos, nos sentiríamos muy honrados. Puede saber más de nuestro trabajo en www.joshuafund.net. Si quisiera dar una contribución desgravable, puede hacerlo en línea de un modo seguro, o puede enviar un cheque a favor de "The Josua Fund" a:

The Joshua Fund
18940 Base Camp Road
Monument, Colorado 80132-8009

Estrategia no. 4: Ir
"Por tanto, id, y haced discípulos a todas las naciones, bautizándolos en el nombre del Padre, y del Hijo, y del Espíritu Santo; enseñándoles que guarden todas las cosas que os he mandado; y he aquí yo estoy con vosotros todos los días, hasta el fin del mundo. Amén."
—MATEO 28:19-20

Aprender, orar y dar son las respuestas bíblicas, pero no son suficientes. Para obedecer verdaderamente las enseñanzas de la Biblia, y seguir el modelo que Jesús nos estableció, tenemos que estar dispuestos a apagar nuestras televisiones, levantarnos del sofá, dejar nuestros iPods e ir a amar a los musulmanes en el nombre de Jesús, de maneras reales y prácticas.

Pedí a una amiga CTM de Lynn y mía que me diera un listado de diez maneras prácticas en las que los lectores de este libro pueden demostrar el amor de Jesucristo a su prójimo musulmán. He aquí lo que trajo a colación:

Antes de acercarse a su prójimo musulmán, ore para que el Espíritu Santo le muestre maneras en las que podría amarlos de la manera en que el mismo Cristo los amaría. Claro que el Espíritu Santo es el experto en este asunto, pero he aquí mis sugerencias.

1. Llévele a su vecino musulmán un regalo de "bienvenida al vecindario," como una caja de galletas hechas en casa, un cesto lleno de frutas, chocolates, una tarjeta, una planta o solamente flores. Si lo invitan a su casa, nunca vaya con las manos vacías. Lleve una planta, flores, chocolate, pasteles, galletas o cualquier golosina presentable.

2. Invite a sus vecinos musulmanes a su casa a cenar. Cuando los invite, pregúnteles qué les gustaría comer. Asegúrese de que entiendan que usted es sensible a su dieta (sin cerdo ni alcohol).

3. Cuando lleguen a su casa, sea muy respetuoso. Es posible que se quiten los zapatos cuando entren a su casa, como es su tradición. Podría pedirles que se dejen los zapatos puestos o

usted también puede quitárselos. (Por otro lado, cuando usted entre a su casa, por favor quítese los zapatos.) Luego, ofrézcales una bebida no alcohólica. Por respeto, no tome bebidas alcohólicas en frente de ellos. Cuando los siente a la mesa, si es posible, siéntelos a la cabeza, lejos de la puerta o de cualquier entrada.

4. En la cena, ore por sus nuevos amigos individualmente. Ore por la pareja, por sus hijos o cualquier situación en la que se encuentren. Y no tenga miedo de orar en el nombre de Jesús.

5. En la cena, conozca a sus nuevos amigos musulmanes. Pregúnteles acerca de su cultura, tradiciones, comida, intereses, etc. Es interesante enterarse de otras culturas. También pregunte si podría reunirse con ellos otra vez, para una taza de café o té y seguir desarrollando la amistad.

6. Cuando se reúna con ellos para tomar café o té, ofrézcales orar por ellos individualmente por lo que ellos deseen.

7. Invítelos a pasar tiempo con usted y sus amigos cristianos, haciendo algo divertido y "seguro" —es decir, que no sea amenazante para su fe— para que puedan ver el amor de Cristo en sus seguidores. Esto es muy atractivo para los musulmanes. Finalmente, quizás quiera invitarlos a alguna función en la iglesia, como un servicio de Navidad o de Semana Santa.

8. Cuando prepare la cena para su familia, piense en hacer un poco más y lleve la comida adicional a su vecino musulmán. La gente del Medio Oriente realmente aprecia este gesto. De nuevo, ¡nada de cerdo, por favor!

9. Cuando cualquier miembro de su familia esté enfermo, ore por esa persona con su vecino musulmán. Lléveles sopa de pollo. Ofrézcales hacer algunas de sus tareas de la casa, como comprar en la tienda de alimentos o en la farmacia. Ofrézcales cuidar de los niños si tienen alguna cita con el médico o —si tiene tiempo— ofrézcales llevarlos a la cita. O simplemente ofrézcales cuidar a sus hijos para que puedan salir juntos como pareja.

10. Si sale de vacaciones, tráigales un souvenir. En el Medio Oriente eso se aprecia mucho. Recuerde sus cumpleaños y sorpréndalos con una tarjeta, un regalo, un pastel o flores. En todas

las cosas, siga las enseñanzas de Jesús de "traten a los demás tal y como quieren que ellos los traten a ustedes" (Lucas 6:31, NVI).

Amar a su vecino musulmán es la manera correcta de comenzar, pero no deberíamos detenernos allí. Jesús nos enseña a "ir" y hacer discípulos de "todas las naciones." Por lo tanto, lo animo a que en oración considere ir en un viaje de oración y visión a un país musulmán, quizás un viaje organizado por un ministerio cristiano evangélico que tenga amor por el mundo musulmán. En oración considere también ir a un viaje misionero de corto plazo —por una semana o dos, o incluso por unos cuantos meses— a un país musulmán para trabajar al lado de los Renacidos y aprender a servir a la iglesia que opera en el mundo islámico. De allí, considere en oración servir en un ministerio cristiano en el epicentro por un año o dos. La clave es comenzar con poco, aprender a medida que avanza y constantemente buscar la voluntad de Dios y dirección para su vida.

En el camino, tenga en mente que el Señor podría estar llamándolo a servirlo a tiempo completo en el mundo musulmán. Eso podría parecer intimidante al principio. Pero si es la voluntad de Dios para su vida, no puede haber gozo más grande que obedecer el llamado de Cristo. Busque el consejo sabio de pastores, líderes de ministerios y amigos que lo conocen y que han experimentado el ministerio en ambientes transculturales, particularmente en el mundo musulmán. Obtenga tanta preparación como pueda. Forme un equipo de amigos y aliados que fielmente oren por usted y que lo apoyen financieramente. En todo lo que haga, no sea un "llanero solitario" dirigiéndose al mundo musulmán por sí solo. Ese método no es bíblico ni sabio.

VALOR Y COMPASIÓN

¿Ha leído alguna vez el libro de Jonás en el Antiguo Testamento?

Si no lo ha hecho, permítame animarlo a que lo haga. Es un libro corto e interesante y no le tomará mucho tiempo. Si ya lo leyó, ¿podría convencerlo a que lo volviera a leer hoy? Mientras lee, observe que Dios le dijo a Jonás que dejara su hogar (que era Israel), que viajara a Nínive (una de las ciudades más pecaminosas del planeta en ese tiempo) y que le dijera a la gente que Dios estaba a punto de castigarlos por su maldad enviándoles un juicio terrible.

Como probablemente sabe, Jonás desobedeció.

Ahora, para nosotros es fácil ser santurrones y decirnos a nosotros mismos y a nuestros hijos: "¡Ah, ese pobre tonto de Jonás! Debía haberlo sabido bien. ¡Debía haber obedecido a Dios y no meterse en ese barco que se alejaba de Nínive! Entonces la ballena nunca se lo habría tragado ni lo habría escupido."

Pero, imagine por un momento que esta noche, cuando pone la cabeza en su almohada, el Señor le habla. Imagine que le dice que vaya a Mosul —la Nínive moderna, una de las ciudades más peligrosas de la faz del planeta—, que se pare en la esquina de una calle y predique un mensaje de arrepentimiento, arriesgando su vida. ¿Obedecería? ¿O se metería en un crucero de Disney y se dirigiría en dirección opuesta?

El 9 de febrero de 2006, tuve el privilegio de entrevistar a una joven que se llama Carrie McDonnall, que trabajó como cooperante cristiana con los Bautistas del Sur en Irak. Después de la caída de Saddam, Dios le dijo a Carrie, a su esposo, David, y a tres colegas que fueran a Mosul a hacer trabajo de ayuda humanitaria, a compartir el evangelio con los musulmanes y a animar a los creyentes locales de una iglesia que se reunía en un hogar.

Obedecieron.

Pero el 15 de marzo de 2004 fueron emboscados por terroristas. Los tres colegas de Carrie murieron instantáneamente. Ella recibió más de veinte heridas de disparos. Todos los huesos de sus brazos y piernas estaban hechos pedazos. No podía moverse. Tenía hemorragias con enormes cantidades de sangre. Sólo podía ver sangre y huesos donde se le habían desprendido tres dedos.

David recibió un disparo en el pecho, pero rehusó caerse. Por la gracia de Dios, pudo arrastrarla del vehículo deportivo utilitario acribillado y, con la ayuda de transeúntes iraquíes, llevarla a un hospital, donde ella inmediatamente se desmayó.

Cuando despertó, ocho días después, estaba en Dallas, sólo para enterarse que David no había salido de esa. Pero dos años después, me dijo que todavía amaba al pueblo iraquí. Había perdonado a sus atacantes. Y viajaba por Estados Unidos tratando de movilizar a jóvenes para que invirtieran sus vidas como misioneros, con el fin de "alcanzar a las naciones," incluso a Irak, sin importar el costo.

La historia de fe y el valor de Carrie es maravillosa para mí. Es evidencia del gran Dios que tenemos, un Dios que está enviando a sus siervos a penetrar en la oscuridad del islam con la luz de Jesús. Y me hace recordar la pregunta central que provoca el libro de Jonás: Si Dios claramente le dijera que fuera a Mosul, ¿lo haría? Para muchos ahora, la respuesta es no, y la razón es el miedo. Pero vea más de cerca el texto bíblico. ¿Fue el temor lo que evitó que Jonás obedeciera el llamado de Dios? No. Fue el racismo. Fue el prejuicio. Jonás no quería que la gente de Nínive se arrepintiera. No quería que los enemigos de Israel experimentaran el amor y el perdón de Dios.

Ahora, no hay duda de que el temor está evitando que muchos seguidores de Jesucristo obedezcan a su llamado de amar al pueblo musulmán. Pero otros comparten la animosidad de Jonás hacia la gente del epicentro. Tenemos que arrepentirnos por esas opiniones. Tenemos que pedirle a Dios que cambie nuestros corazones y nos dé su amor sobrenatural. Si alguna vez vamos a unirnos a la Revolución —ya no digamos ganarla— la iglesia va a necesitar de valor y de compasión.

Las noticias emocionantes son que muchos alrededor del mundo están respondiendo al llamado de Dios de amar y bendecir a la gente del mundo islámico. En China, por ejemplo, el movimiento "De Regreso a Jerusalén" está en auge. Los líderes chinos de las iglesias en hogares están orando para que Dios levante por lo menos cien mil creyentes, para que alcancen a cada persona en cada país entre China e Israel —que incluye a los budistas, hindúes y musulmanes— con el evangelio de Jesucristo, sin importar el costo.

Extraordinariamente, miles de creyentes chinos están respondiendo a ese llamado. También los creyentes mexicanos, africanos, surcoreanos, de Filipinas, India, Paquistán, Estados Unidos y Canadá.

¿Y usted? ¿Está dispuesto a unirse a la revolución?

JESÚS ESTÁ CON NOSOTROS

Jesús nos dice que no tengamos miedo de servirlo. Promete estar con nosotros siempre. Promete no abandonarnos nunca. Quizás deberíamos tomarle la palabra.

En mi segundo viaje a Irak, conocí a un maravilloso CTM que se llama Daniel. Es un hombre de negocios que llegó a la fe en Jesucristo en marzo de 2008. Sin embargo, Daniel fue secuestrado en Bagdad por cinco miembros del Ejército del Mahdi. Lo llevaron a una bodega, lo desnudaron, lo golpearon sin misericordia y exigieron que les pagara $200.000.

Él les dijo que no tenía esa cantidad de dinero. No le creyeron, por lo que lo golpearon aún más. Finalmente, lo obligaron a que llamara a un amigo que pudiera llegar con $20.000 como rescate. Cuando los Radicales recibieron el dinero, llevaron a Daniel a las orillas de la ciudad y prometieron liberarlo. En lugar de eso, le pusieron una pistola en la frente y jalaron del gatillo.[3]

Daniel me dijo que todo se oscureció. Nunca oyó el disparo. Ni lo sintió. De repente vio a su hermana —agitada y afligida— tratando de llegar a él. Pero no pudo; se fue. Luego Daniel vio a su hija que desesperadamente trataba de llegar a él. Pero ella tampoco pudo. Luego cayó en la cuenta que estaba muerto, que había una barrera entre la vida y la muerte y que su hermana y su hija no podían cruzarla. Me dijo que cayó boca abajo, llorando. Pero en ese momento, dijo que las dos manos más bellas y tiernas que hubiera visto lo tomaron y lo levantaron. Cuando estuvo de pie, de repente se dio cuenta de que estaba mirando directamente a los ojos de Jesús. Una tremenda sensación de paz y calma lo invadió. Jesús lo abrazó, puso la cabeza de Daniel en su hombro y le dijo: "Nunca te dejaré ni te desampararé."

Daniel dijo que en ese momento estaba vivo otra vez. Estaba acostado a un lado del camino, cubierto en su sangre. Un transeúnte se detuvo, lo puso en la parte de atrás de su automóvil y lo llevó urgentemente al hospital. Se requirió de meses de tratamiento médico —en Irak y en Jordania— pero ahora, Daniel no solamente está vivo sino bien. Aunque está ciego de un ojo, está convencido de que puede ver más claro que nunca, y está testificando con convicción y humildad de la grandeza de nuestro gran Dios.

"El Señor nos cuida, Joel," me dijo Daniel al mostrarme las heridas donde la bala de 9 mm entró en su sien izquierda y en su mejilla derecha, donde salió. "Nunca nos deja ni nos desampara."

No cuento esta historia para sugerir que Dios inmediatamente resucitará a cada creyente que sea asesinado por su fe en un país musulmán. Obviamente, ese no es el caso. Pero cuando Dios nos adopta en su familia, él estará con nosotros para siempre, en esta vida y en la venidera.

Amigos míos, tengo temor reverencial de este Dios que hace promesas y las cumple, que oye nuestras oraciones y las responde. Jesús quiere adoptarnos. ¿No deberíamos adoptarlo nosotros? ¿No deberíamos seguirlo, sin importar el costo? ¿No deberíamos unirnos a la Revolución que está dirigiendo en el epicentro?

Yo lo he hecho; mi esposa también. Nuestros hijos lo han hecho. No porque seamos valientes, sino porque estamos enamorados del Jesús que nos amó tanto que se dio a sí mismo por nosotros. Al final del tiempo, queremos escuchar que nos diga: "¡Hiciste bien, siervo bueno y fiel! En lo poco has sido fiel; te pondré a cargo de mucho más. ¡Ven a compartir la felicidad de tu señor!" (Mateo 25:21, NVI).

¿Se unirá a nosotros?

apéndice

20 COMPLOTS TERRORISTAS EN CONTRA DE ESTADOS UNIDOS FRUSTRADOS DESDE EL 11 DE SEPTIEMBRE

¿POR QUÉ LOS TERRORISTAS no han atacado a Estados Unidos, dentro de nuestro país, desde el 11 de septiembre de 2001? No es porque los Radicales no lo hayan intentado. Al Qaeda, así como otras personas y organizaciones extremistas, han intentado repetidas veces lanzar ataques asesinos en contra de civiles y personal militar estadounidenses. Pero han fallado por la gracia de Dios y el trabajo duro de los funcionarios de seguridad, de la inteligencia y los militares, tanto de EE. UU. como de gobiernos extranjeros. El siguiente es un listado de veinte complots terroristas que se han dado a conocer y que han sido frustrados por el gobierno de Estados Unidos desde los ataques al World Trade Center y al Pentágono en 2001:[1]

1. Diciembre de 2001 —Richard Reid: Ciudadano británico intentó poner en marcha una bomba en un zapato, en un vuelo de París a Miami.

2. Mayo de 2002 —José Padilla: Ciudadano estadounidense acusado de buscar una "bomba sucia" que contenía material radiactivo, para usarla en un ataque en contra de Estados Unidos. Padilla fue declarado culpable de conspiración en agosto de 2007.

3. Septiembre de 2002 —Los Seis de Lackawanna: Ciudadanos estadounidenses de origen yemení fueron declarados culpables por apoyar a al Qaeda después de asistir a un campamento yihadista en Paquistán. Cinco de los seis eran de Lackawanna, Nueva York.

4. Mayo de 2003 —Iyman Faris: Ciudadano estadounidense acusado de conspirar para hacer colapsar el Puente de Brooklyn con sopletes.

5. Junio de 2003 —Red de Yihad de Virginia: Once hombres de Alexandria, Virginia, entrenados para el yihad en contra de los soldados estadounidenses, declarados culpables por violar la Ley de Neutralidad.

6. Agosto de 2004 —Dhiren Barot: Líder de célula terrorista que nació en la India conspiró para bombardear centros financieros.

7. Agosto de 2004 —James Elshafay y Shahawar Matin Siraj: Buscaron plantar una bomba en la Estación Penn de Nueva York durante la Convención Nacional Republicana.

8. Agosto de 2004 —Yassin Aref y Mohammed Hossain: Conspiraron para asesinar a un diplomático paquistaní en suelo estadounidense.

9. Junio de 2005 —Padre e hijo Umer Hayat y Hamid Hayat: El hijo fue declarado culpable de asistir a un campamento de entrenamiento terrorista en Paquistán; el padre fue declarado culpable de violaciones aduanales.

10. Agosto de 2005 —Kevin James, Levar Haley Washington, Gregory Vernon Patterson y Hammad Riaz Samana: Terroristas nativos de Los Ángeles que conspiraron para atacar la Guardia Nacional, el aeropuerto LAX, dos sinagogas y el consulado israelí.

11. Diciembre de 2005 —Michael Reynolds: Conspiró para hacer estallar una refinería de gas natural en Wyoming, el Oleoducto Transcontinental y una refinería en Nueva Jersey. Reynolds fue sentenciado a treinta años en la cárcel.

12. Febrero de 2006 —Mohammad Zaki Amawi, Marwan Othman El-Hindi y Zand Wassim Mazloum: Acusados de proporcionar apoyo material a terroristas que hacían bombas para usar en Irak.

13. Abril de 2006 —Syed Haris Ahmed y Ehsanul Islam Sadequee: Examinaron cuidadosamente y filmaron con una videocámara el Capitolio y el Banco Mundial para una organización terrorista.

14. Junio de 2006 —Narseal Batiste, Patrick Abraham, Stanley Grant Phanor, Naudimar Herrera, Burson Augustin, Lyglenson Lemorin y Rotschild Augustine: Acusados de conspirar para hacer estallar la Torre Sears.

15. Julio de 2006 —Assem Hammoud: Acusado de conspirar para bombardear los túneles del tren de la ciudad de Nueva York.

16. Agosto de 2006 —Conspiración de Explosivos Líquidos: Conspiración frustrada para explotar diez aviones de pasajeros sobre Estados Unidos.

17. Marzo de 2007 —Khalid Sheikh Mohammed: Autor intelectual del 11 de septiembre y autor de numerosas conspiraciones confesó en un tribunal que había planeado destruir rascacielos en Nueva York, Los Ángeles y Chicago. También conspiró para asesinar al Papa Juan Pablo II y al ex presidente Bill Clinton.

18. Mayo de 2007 —Conspiración de Fort Dix: Seis hombres acusados de conspirar para atacar la base Fort Dix del Ejército en Nueva Jersey. El plan incluía atacar y matar soldados usando rifles de asalto y granadas.

19. Junio de 2007 —Conspiración de JFK: Cuatro hombres acusados de conspirar para hacer estallar arterias de combustible que pasan por áreas residenciales cerca del Aeropuerto JFK de Nueva York.

20. Septiembre de 2007 —Las autoridades alemanas desbarataron una célula terrorista que planeaba ataques en instalaciones militares utilizadas por los estadounidenses en Alemania. Los alemanes arrestaron a tres presuntos miembros de la Unión del Yihad Islámico, un grupo que tiene vínculos con al Qaeda y apoya el programa yihadista global de al Qaeda.

notas

INTRODUCCIÓN: NO SE TRATA DE "SI" SINO DE "CUÁNDO"

1. Jim Michaels, "19,000 insurgents killed in Iraq since '03 (19.000 insurgentes muertos en Iraq desde '03)," *USA Today*, 27 de septiembre de 2007.

CAPÍTULO 1: EL PEOR DE LOS CASOS

1. Entrevista del autor con el Teniente General (ret.) William G. Boykin, 11 de febrero de 2008.

2. "Mission Backgrounder: Somalia - UNOSOM I (Antecedentedes de la mission: Somalia - UNOSOM I)," Oficina de Información de las Naciones Unidas, 21 de marzo de 1997.

3. "Fact Sheet on Dirty Bombs (Hoja de datos de bombas sucias)," U.S. Nuclear Regulatory Commission, 20 de febrero, 2007, http://www.nrc.gov/reading-rm/doc-collections/fact-sheets/dirty-bombs.html, accedido el 31 de julio de 2008.

4. Correo electrónico del General Boykin al autor del 2 de agosto de 2008.

5. Entrevista del autor con Kamal Saleem, 12 de febrero de 2008.

6. Entrevista con Walid Shoebat para la película documental *Epicenter*, 10 de marzo de 2008.

7. Entrevista del autor con Porter Goss, 12 de febrero de 2008.

8. Entrevista del autor con Alireza Jafarzadeh, portavoz del National Council of Resistance of Iran, 24 de marzo de 2008.

9. Ver las observaciones hechas por Alireza Jafarzadeh en el National Press Club, 14 de agosto de 2002, http://www.iranwatch.org/privateviews/NCRI/perspex-ncri-topsecretprojects-081402.htm, accedido el 21 de agosto de 2008.

10. Ver la transcripción, NBC's *Meet the Press*, 2 de abril de 2006.

11. Entrevista del autor con el General Moshe Ya'alon, 9 de marzo de 2007.

12. Entrevista del autor con el primer ministro Benjamin Netanyahu, marzo de 2007.

CAPÍTULO 2: "EL ISLAM ES LA RESPUESTA; EL YIHAD ES EL CAMINO"

1. El Sen. Barack Obama estaba hablando en un concejo municipal en Oregón el 18 de mayo de 2008. Ver "Obama Flip-Flop on Iran (El giro de Obama sobre Irán)," *The Weekly Standard*, "The Blog," 19 de mayo de 2008; ver

también "McCain Criticizes Obama Over Iran Comments (McCain critica los comentarios de Obama sobre Irán)," Prensa Asociada, 19 de mayo de 2008.

2. Ibid.

3. Ibid.

4. "Russia warns over U.S. missile defense, says Iran is not a threat (Rusia advierta sobre defensa antimisil estadounidense, dice que Irán no es una amenaza)," Prensa Asociada, 23 de octubre de 2007.

5. Scott Ritter, "The Big Lie: 'Iran Is A Threat,' (La gran mentira: 'Irán es una amenaza')" CommonDreams. org, 8 de octubre de 2007, http:// www.commondreams.org/ archive/2007/10/08/4404/, accedido el 26 de julio de 2008.

6. Nikki R. Keddie, *Modern Iran: Roots and Results of Revolution*, p. 346. Publicado en español en 2006 como *Las raíces del Irán moderno* por Belacqva de Ediciones y Publicaciones.

7. Ted Koppel, "Let 'Em Have Nukes. But . . . (Que tengan armas nucleares. Pero . . .)" *New York Times/International Herald Tribune*, 3 de octubre de 2006.

8. Daniel Trotta, "Ted Turner says Iraq War among History's 'Dumbest (Ted Turner dice que la Guerra en Irak está entre las 'más bobas' del mundo),'" Reuters, 19 de septiembre de 2006.

9. Citado por V. S. Naipaul, *Among the Believers*, pp. 81–82 (publicado en español en 1984 como *Entre los creyentes* por Ediciones Quarto); y por Robin Wright, *Sacred Rage* (Ira sagrada), p. 21.

10. Citado por Hamid Algar, *Islam and Revolution: Writings and Declarations of Imam Khomeini (1941-1980)* (Islam y revolución: Escritos y declaraciones del Imán Jomeini [1941-1980]), p. 286. La compilación del Dr. Algar de los escritos de Jomeini me ayudó de gran manera entender al ayatolá. El libro

también comienza con un resumen excelente de la biografía de Jomeini y su filosofía religiosa básica.

11. Citado por Alireza Jafarzadeh, *The Iran Threat: President Ahmadinejad and the Coming Nuclear Crisis* (La amenaza iraní: Presidente Ahmadinejad y la próxima crisis nuclear), p. 208.

12. Ver la "Declaration of War Against the Americans (Declaración de Guerra contra los estadounidenses)" de bin Laden, citado por Randall Hamud, *Osama bin Laden: America's Enemy in His Own Words* (Osama bin Laden: El enemigo de Estados Unidos en sus propias palabras), pp. 32–58.

13. Transmitido en la estación televisiva de la Autoridad Palestina el 13 de mayo de 2005. Ver la transcripción de la traducción (al inglés) hecha por el Instituto de Investigación de Medios de Información del Medio Oriente, http:// www.memritv.org/clip_transcript/ en/669.htm, accedido el 6 de julio de 2008.

14. La publicación se llamó *Risalat al-Ikhwan*. El lema se quitó de impresiones posteriores al 11 de septiembre de 2001; citado por el Ten. Cor. (res.) Jonathan Dahoah-Halevi, "The Muslim Brotherhood: A Moderate Islamic Alternative to al-Qaeda or a Partner in Global Jihad? (La Hermandad Musulmana: ¿Una alternativa islámica moderada a al-Qaeda or un compañero en el yihad global?)" Jerusalem Center for Public Affairs, 1 de noviembre de 2007, http://www.jcpa.org/JCPA/Templates/ ShowPage.asp?DBID=1&TMID=11 1&LNGID=1&FID=379&PID=0& IID=1920, accedido el 23 de junio de 2008.

15. Citado por Kasra Naji, *Ahmadinejad: The Secret History of Iran's Radical*

Leader (Ahmadinejad: La historia secreta del líder radical de Irán), p. 144.

16. Citado por Naji, p. 143.

17. "Rafsanjani says Muslims should use nuclear weapon against Israel (Rafsanjani dice que musulmanes deberían usar arma nuclear contra Israel)," Iran Press Service, 14 de diciembre de 2001.

18. Citado por Naji, p. 139.

19. Citado por Jafarzadeh, p. 31.

20. "Ahmadinejad says Israel will soon disappear (Ahmadinejad dice que Israel pronto desaparecerá)," Agence France-Presse, 2 de junio de 2008.

21. *Beirut Daily Star*, 23 de octubre de 2002; citado por Deborah Passner, "Hassan Nasrallah: In His Own Words (Hassan Nasrallah: En sus propias palabras)," ensayo de investigación producido para el Committee for Accuracy in Middle East Reporting in America, 26 de julio de 2006, http://www.camera.org/index.asp?x_context=7&x_issue=11&x_article=1158, accedido el 6 de julio de 2006.

22. Citado por Passner, "Hassan Nasrallah: In His Own Words."

23. Citado por Steven Stalinsky, director ejecutivo del Instituto de Investigación de Medios de Información del Medio Oriente (MEMRI), "Palestinian Authority Sermons 2000–2003," MEMRI, Special Report - No. 24, 26 de diciembre de 2003.

24. Ibid.

25. Citado por Jafarzadeh, p. 25.

26. "Ahmadinejad says Israel will soon disappear," Agence France-Presse, 2 de junio de 2008.

27. "Ahmadinejad: Iran, Japan should be prepared for a world without U.S. (Ahmadinejad: Irán, Japón deben prepararse por un mundo sin EE. UU.)," Islamic Republic News Agency, 4 de junio de 2008.

28. Osama bin Laden, "Jihad Against Jews and Crusaders (El yihad contra judíos y cruzados)," declaración del World Islamic Front, 2 de febrero de 1998; citado por Wright, p. 256.

29. Citado por Wright, p. 257.

30. Citado por Peter Bergen, *The Osama Bin Laden I Know*, p. 339. Publicado en español en 2007 como *Osama de cerca* por Debate.

31. BBC Monitoring: Al-Manar TV, 27 de septiembre de 2002; citado por Passner, "Hassan Nasrallah: In His Own Words."

32. Citado por MEMRI, Special Dispatch Series - No.1791, 21 de diciembre de 2007.

33. Citado por Stalinsky, "Incitement Official (Instigación oficial)," FrontPageMagazine.com, 26 de mayo de 2005.

34. Citado por Stalinsky, "Palestinian Authority Sermons."

35. Citado por Mansfield, pp. 200–201.

36. Citado por Bergen, p. 347.

37. Bernard Lewis, *What Went Wrong? The Clash Between Islam and Modernity in the Middle East* (publicado en español en 2002 como *¿Qué ha fallado?: El impacto de Occidente y la respuesta de Oriente Próximo* por Siglo XXI de España) y *The Crisis of Islam: Holy War and Unholy Terror* (publicado en español en 2003 como *La crisis del islam: Guerra santa y terrorismo* por Ediciones B).

38. Ver "Islam and the West: A Conversation with Bernard Lewis (El islam y Occidente: Una conversación con Bernard Lewis)," transcripción de evento, Pew Forum, 27 de abril de 2006, Washington, D.C.

39. Pervez Hoodbhoy, "Islamic Failure (Fracaso islámico)," revista *Prospect*, febrero de 2002.

40. De una serie de ensayos que el Sr.

al-Akhdar publicó en junio de 2003; citado por Barry Rubin, editor del *Middle East Review of International Affairs (MERIA)*, en "What's Wrong: The Arab Liberal Critique of Arab Society (Lo que está mal: La crítica árabe liberal de la sociedad árabe)," *MERIA*, Vol. 9, N. 4, Artículo 5, diciembre de 2005.

41. Jamal Bittar, "What's Wrong With The Arab World? (¿Qué pasa con el mundo árabe?)" *The Arab American News*, 19 de enero de 2008.

42. Zaffar Abbas, "Musharraf Berates Muslim World (Musharraf regaña al mundo musulmán)," BBC News, 16 de febrero de 2002.

43. Ehsan Ahrari, "Musharraf's clarion call to the world of Islam (El toque de rebato de Musharraf al mundo del islam)," *Asia Times*, 5 de marzo de 2002.

44. Pervez Musharraf, *In the Line of Fire: A Memoir* (En la línea de fuego: Memorias), p. 149.

45. Citado por Bergen, pp. 6–7.

46. Jeque Yussef Al-Qaradhawi, entrevista en la televisión Al-Jazeera, "The Prophet Muhammad as a Jihad Model (El Profeta Mahoma como modelo del yihad)," 19 de junio de 2001, citado por MEMRI, Serie de Entregas Especiales - No. 246, 24 de julio de 2001.

47. Citado por Mansfield, pp. 50, 51, 54.

48. Citado por Wright, p. 44.

49. Citado por Naji, p. 98.

50. Yossef Bodansky, *Bin Laden: The Man Who Declared War on America* (Roseville, Calif.: Prima Publishing, 2001), 110. Publicado en español en 2001 como *Bin Laden: El hombre que declaró la guerra a Estados Unidos* por Aguilar.

51. Citado por Sadanand Dhume, "Indonesian Democracy's Enemy Within: Radical Islamic Party Threatens Indonesia with Ballots more than Bullets (El enemigo dentro de la democracia indonesia: Partido islámico radical amenaza a Indonesia con boletas más que con balas)," columna para el *Yale Global Online*, 1 de diciembre de 2005.

52. Citado por Mansfield, p. 205.

53. Citado por Mansfield, pp. 346–347.

CAPÍTULO 3: LA TEOLOGÍA DE LOS RADICALES

1. Observaciones hechas por el Presidente George W. Bush en el Islamic Center de Washington, D.C., transcripción puesta a disposición por la Casa Blanca, Oficina de la Secretaría de Prensa, 17 de septiembre de 2001, http://www.whitehouse.gov/news/releases/2001/09/20010917-11.html, accedido el 4 de agosto de 2008.

2. Ver "Backgrounder: The President's Quotes on Islam—In the President's Words, Respecting Islam (Trasfondo: Las citas del presidente sobre el islam —en las palabras del presidente, respecto al islam)," Oficina de la Secretaría de Prensa de la Casa Blanca, http://www.whitehouse.gov/infocus/ramadan/islam.html, accedido el 4 de agosto de 2008.

3. Transcripción, "Bush, Blair News Conference (Conferencia de prensa de Bush y Blair)," Prensa Asociada, 20 de noviembre de 2003.

4. "Tony Blair: 'Wake Up' to Iran's Extremism (Tony Blair: 'Despierta' al extremismo de Irán)," Prensa Asociada, 21 de diciembre de 2006.

5. "'Islam is also France,' Sarkozy says at Iftar ('El islam también es Francia,' dice Sarkozy en Iftar)," television Al-Arabiya, 2 de octubre de 2007, http://www.alarabiya.net/articles/2007/10/02/39829.html, accedido el 4 de agosto de 2008.

6. Para más información sobre citas específicas, ver Sh. G. F. Haddad, "Documentation of 'Greater Jihad' hadith (Documentación del hadiz del 'Jihad Mayor')," www.livingislam,org, 28 de febrero de 2005, http://www.livingislam.org/n/dgjh_e.html, accedido el 16 de agosto de 2008. Ver también "Religion & Ethics—Islam (Religión y ética —islam," BBC, http://www.bbc.co.uk/religion/religions/islam/beliefs/jihad_2.shtml, accedido el 16 de agosto de 2008.

7. Douglas E. Streusand, "What Does Jihad Mean? (¿Qué significa el yihad?)," Middle East Quarterly, septiembre de 1997, http://www.meforum.org/article/357, accedido el 16 de agosto de 2008.

8. Citado por Yossef Bodansky, Bin Laden: The Man Who Declared War on America, p. xiii.

9. Abdullah Azzam, Join The Caravan (Únete a la caravana), tratado publicado originalmente en www.al-haqq.org en diciembre de 2001, obtenido en http://www.religioscope.com/info/doc/jihad/azzam_caravan_6_conclusion.htm, accedido el 16 de agosto de 2008.

10. Citado por Hamid Algar, Islam and Revolution: Writings and Declarations of Imam Khomeini (1941-1980), pp. 387–388.

11. Revista Yihad, Número 1, 28 de diciembre de 1984, publicada por Osama bin Laden y su mentor, Sheikh Azzam; citado por Peter Bergen, The Osama Bin Laden I Know, p. 33.

12. Citado por Randall Hamud, Osama bin Laden: America's Enemy in His Own Words, pp. 50–51.

13. Ibid, p. 54.

14. Citado por Steven Stalinsky, "Palestinian Authority Sermons 2000–2003," MEMRI, Reporte Especial - No. 24, 26 de diciembre de 2003.

15. Ibid.

16. Entrevista en la televisión Al-Jazeera para un especial sobre "The Prophet Muhammad as a Jihad Model," 19 de junio de 2001, citado por MEMRI, Special Dispatch Series #246, 26 de julio de 2001.

CAPÍTULO 4: "ESTÁBAMOS DORMIDOS"

1. Citado por Baqer Moin, Khomeini: Life of the Ayatollah (Jomeini: La vida del ayatolá), p. 186.

2. Jimmy Carter, Keeping Faith: Memoirs of a President (Manteniendo la fe: Memorias de un presidente), p. 437; ver también Dr. Hamid Algar, traductor, Islam and Revolution: Writings and Declarations of Imam Khomeini (1941-1980), p. 23, donde cita al New York Times, 2 de enero de 1978.

3. Citado en "American Experience: Jimmy Carter (Experiencia estadounidense: Jimmy Carter)," transcripción de la película documental PBS, http://www.pbs.org/wgbh/amex/carter/filmmore/pt_2.html, accedido el 13 de agosto de 2008.

4. Ver Michael Ledeen, The Iranian Time Bomb: The Mullah Zealots' Quest for Destruction (La bomba de tiempo iraní: La búsqueda de los zelotes mulás de la destrucción), p. 4.

5. Ver Algar, p. 16.

6. Citado por Moin, p. 75.

7. Moin, p. 174.

8. Moin, p. 175.

9. Algar, pp. 217–218.

10. Ver Yossi Melman y Meir Javedanfar, The Nuclear Sphinx of Tehran: Mahmoud Ahmadinejad and the State of Iran (La esfinge nuclear de Teherán: Mahmoud Ahmadinejad y el estado de Irán), p. 79.

11. Ibid, p. 79.

12. Citado por Algar, p. 120.

13. Citado por Algar, pp. 18, 182, 187.

14. Ver el discurso entero en Algar, pp. 181–188.

15. Ver Kasra Naji, *Ahmadinejad: The Secret History of Iran's Radical Leader*, p. 115.

16. Citado por Moin, p. 122.

17. Citado por Algar, pp. 228–230.

18. Citado por Kenneth M. Pollack, *The Persian Puzzle: The Conflict Between Iran and America* (El misterio persa: El conflicto entre Irán y América), p. 129.

19. Citado por Algar, p. 231.

20. Ver Amir Arjomand, *The Turban for the Crown: The Islamic Revolution in Iran* (El turbante para la corona: La Revolución Islámica en Irán), p. 190.

21. Almirante Stansfield Turner, *Burn Before Reading: Presidents, CIA Directors and Secret Intelligence* (Queme antes de leer: Presidentes, directores de la CIA e inteligencia secreta), p. 180.

22. Citado por Carter, p. 438.

23. Citado por Christopher Andrew, *For the President's Eyes Only: Secret Intelligence and the American President From Washington to Bush* (Solamente para los ojos del presidente: Inteligencia secreta y el presidente estadounidense de Washington hasta Bush), p. 440.

24. Pollack, p. 131.

25. Tim Weiner, *Legacy of Ashes: The History of the CIA*, p. 428. Publicado en español en 2008 como *Legado de cenizas: La historia de la CIA* por Editorial Debate.

26. Mark Bowden, *Guests of the Ayatollah*, p. 120. Publicado en español en 2008 como *Huéspedes del ayatolá* por RBA.

27. Pollack, p. 130.

28. Pollack, p. 134.

29. Citado en "Man of the Year: 1979 (Hombre del año: 1979)," revista *Time*, 7 de enero de 1980.

30. Ver Moin, pp. 200–201.

31. "Declaration Upon Arrival At Tehran (Declaración al llegar en Teherán)," texto completo del discurso de Jomeini, citado por Algar, pp. 252–243.

32. Ver "On This Day: February 1, 1979. Exiled Ayatollah Khomeini returns to Iran (En este día: 1 de febrero de 1979. El exiliado Ayatolá Jomeini regresa a Irán)," BBC News, http://news.bbc.co.uk/onthisday/hi/dates/stories/february/1/newsid_2521000/2521003.stm, accedido el 9 de agosto de 2008.

33. Citado en "Man of the Year: 1979," revista *Time*, 7 de enero de 1980.

34. Citado por William Daugherty, *In The Shadow of the Ayatollah: A CIA Hostage In Iran* (En la sombra del ayatolá: Un rehén de la CIA en Irán), p. 4.

35. "The First Day of God's Government (El primer día del gobierno de Dios)," texto completo del discurso de Jomeini, citado por Algar, pp. 265–267.

36. Citado por Bowden, p. 14.

37. Ver Robert Gates, *From The Shadows: The Ulimate Insider's Story of Five Presidents and How They Won the Cold War* (De las sombras: La historia verdadera de cinco presidentes y cómo ganaron la Guerra Fría), pp. 129–130.

38. Ver Zbigniew Brzezinski, *Power and Principle* (Poder y principio), pp. 475–476.

39. Citado por Gates, p. 130.

40. Ver Presidente Jimmy Carter, "Daily Diary (Diario)," 3 de noviembre de 1979, documento archivado en el sitio web de Carter Presidential Library, http://www.jimmycarterlibrary.org/documents/diary/1979/d110379t.pdf, accedido el 21 de junio de 2008.

41. Citado por Bowden, p. 52.

42. Citado por Bowden, pp. 69–70. Ver también Massoumeh Ebtekar, *Takeover In Tehran: The Inside Story of the 1979 U.S. Embassy Capture* (Golpe en Teherán: La historia verdadera de la captura de la Embajada de EE.UU. de 1979), p. 70.

43. Ver Amir Taheri, "America Can't Do A Thing (Estados Unidos no puede hacer nada)," *New York Post*, 2 de noviembre de 2004.

44. Turner, p. 180.

CAPÍTULO 5: TRAGEDIA EN DESIERTO UNO

1. A menos que se indique de otra manera, la mayor parte de este capítulo se basa en la entrevista del autor con el General Jerry Boykin y en el libro de Boykin, *Never Surrender*, escrito con la ayuda de la periodista de la revista *World* Lynn Vincent.

2. Bowden, *Guests of the Ayatollah*, p. 230.

3. Ver Boykin, pp. 122–123.

4. Ver Bowden, p. 468.

CAPÍTULO 6: "TENEMOS QUE EXPORTAR NUESTRA REVOLUCIÓN"

1. Ver Hon. Royce C. Lamberth, Juez de Distrito de Estados Unidos, Distrito de Columbia, "Memoradum Opinion (Memorándum de opinión)" en el caso de *Los Demandantes v. La República Islámica de Irán*, 30 de mayo de 2003, p. 16.

2. Ibid, p. 16.

3. Ibid, pp. 7–19.

4. Ibid, pp. 18–19.

5. Ibid, p. 10.

6. Ibid, pp. 24–25.

7. Ibid, p. 29.

8. Ver "Iran must pay $2.6 billion for attack on U.S. Marines, judge rules (El juez falla que Irán debe pagar $2,600 millones por el ataque a los Marines de EE. UU.)," CNN, 7 de septiembre de 2007.

9. Citado por Daniel Byman, "Should Hezbollah Be Next? (¿Debe Hezbolá ser el próximo?)" *Foreign Affairs*, noviembre/diciembre de 2003, http://www.foreignaffairs.org/20031101faessay82606/daniel-byman/should-

hezbollah-be-next.html?mode=print, accedido el 24 de agosto de 2008.

10. Citado por BBC Monitoring: al-Manar TV, 27 de septiembre de 2002; ver Deborah Passner, "Hassan Nasrallah: In His Own Words," ensayo de investigación producido para el Committee for Accuracy in Middle East Reporting in America, 26 de julio de 2006, http://www.camera.org/index.asp?x_context=7&x_issue=11&x_article=1158, accedido el 6 de julio de 2006.

11. Citado por Nicholas Noe, editor, *Voice of Hezbollah: The Statements of Sayyed Hassan Nasrallah* (Voz de Hezbolá: Las declaraciones de Sayyed Hassan Nasrallah), p. 32.

12. Ibid, p. 50.

13. Ibid, p. 54.

14. Ibid, p. 54.

15. Citado por Mohamad Shmaysani, "Al-Sayyed Nasrallah: Drill Shows Resistance Full Readiness (Al-Sayyed Nasrallah: Instrucción muestra que la resistencia está preparada)," al-Manar, 11 de agosto de 2007.

16. Ver Noe, pp. 95, 128.

17. Ver "Analysis: Hezbollah a Force to be Reckoned With (Análisis: Hezbolá es una fuerza a tener en cuenta)," Agence France-Presse, 18 de julio de 2006.

18. Ver *Patterns of Global Terrorism* (Patrones de terrorismo global), "State Sponsors of Terrorism Overview (Perspectiva general de patrocinadores estatales de terrorismo)," Office of the Coordinator for Counterterrorism, U.S. Department of State, 30 de abril de 2008.

19. Ibid.

20. Ver "U.S. Official Says Hezbollah Aiding Iraqi Shiites (Oficial estadounidense dice que Hezbolá ayuda a los chiítas iraquíes)," Prensa Asociada, 28 de noviembre de 2006; Michael R. Gordon y Dexter Filkins, "Hezbollah

Said to Help Shiite Army in Iraq (Se dice que Hezbolá ayuda al ejército chiíta en Irak)," *New York Times*, 28 de noviembre de 2006; "Iraqis: Hezbollah Trained Shiite Militants (Iraquíes: Hezbolá entrenó a militantes chiítas)," Prensa Asociada, 2 de julio de 2008.

21. Citado por Nizar Latif y Phil Sands, "Mehdi fighters 'Trained by Hizbollah in Lebanon' (Luchadores Mehdi fueron 'entrenados por Hezbolá en el Líbano')," *The (U.K.) Independent*, 20 de agosto de 2007.

22. Ver "Hezbollah's Shi'ite Youth Movement, 'The Imam al-Mahdi Scouts,' Has Tens of Thousands of Members (Movimiento juvenil chiíta de Hezbolá, 'Los Exploradores del Imán al-Mahdi,' tiene decenas de miles de miembros)," hoja de datos producida por el Centro de Información de Inteligencia y Terrorismo en el Centro por Estudios Especiales, 11 de septiembre de 2006, http://www .intelligence.org.il/eng/eng_n/html/ hezbollah_scouts_e.htm, accedido el 6 de julio de 2006.

CAPÍTULO 7: NAVIDAD EN KABUL

1. Ver MacNeil/Lehrer Report, PBS, 14 de agosto de 1979, citado por James A. Phillips, "The Soviet Invasion of Afghanistan (La invasión soviética de Afganistán)," Backgrounder No. 108, The Heritage Foundation, 9 de enero de 1980, http://www.heritage .org/Research/RussiaandEurasia/ upload/86944_1.pdf, accedido el 16 de agosto de 2008.

2. Citado por Tim Weiner, *Legacy of Ashes: The History of the CIA*, p. 423.

3. Citado por by Weiner, p. 423.

4. Ver Robert Gates, *From The Shadows: The Ulimate Insider's Story of Five Presidents and How They Won the Cold War*, pp. 146–147.

5. Ibid, p. 132.

6. Ibid, pp. 132–133.

7. Weiner, p. 424.

8. Ibid.

9. Texto del discurso State of the Union del Presidente Carter, 23 de enero de 1980, http://www.jimmycarterlibrary .gov/documents/speeches/su80jec.phtml, accedido el 19 de agosto de 2008.

10. Weiner, p. 425.

11. Ver Robert Gates, p. 134.

12. Ver Lawrence Wright, *The Looming Tower* (La torre amenazante), p. 85.

13. Ver Peter Bergen, *The Osama bin Laden I Know*, p. 71.

14. Ver Gary M. Sevold, "The Muslim Brotherhood and Islamic Radicalism," en *Know Thy Enemy: Profiles of Adversary Leaders and Their Strategic Cultures* (Conozca a tu enemigo: Perfiles de líderes adversarios y sus culturas estratégicas), ed. Barry R. Schneider y Jerrold M. Post (Centro Contra Proliferación de la Fuerza Aérea de EE. UU., 2003), pp. 45–48.

15. Ver Wright, p. 87.

16. Ibid, p. 110.

17. Citado por by Yossef Bodansky, *Bin Laden: The Man Who Declared War on America*, p. 20.

18. Citado por Bergen, p. 27.

19. Citado por Wright, p. 110.

20. Ibid, p. 111.

21. Ver Bodansky, p. 14.

22. Ibid, p. 116.

23. Ibid, pp. 116–117.

24. Citado por Bodansky, p. 19.

CAPÍTULO 8: DECLARACIÓN DE GUERRA A ESTADOS UNIDOS

1. Citado por Lawrence Wright, *The Looming Tower*, p. 151.

2. Ver Wright, pp. 152–153, y Bodansky, *Bin Laden: The Man Who Declared War on America*, p. 12.

3. Ver Wright, p. 157.

4. Ibid, p. 162.

5. Ver Bodansky, p. 28.

6. John Miller, entrevista con ABC News, mayo de 1998, citado en el sitio Web de PBS *Frontline*, http://www.pbs.org/wgbh/pages/frontline/shows/binladen/who/interview.html, accedido el 21 de junio de 2008.

7. Ver James Phillips, "Somalia and al-Qaeda: Implications for the War on Terrorism (Somalia y al-Qaeda: Implicaciones para la Guerra contra el Terrorismo)," Backgrounder No. 1526, Heritage Foundation, 5 de abril de 2002.

8. Ibid.

9. Ver Miller, entrevista con ABC News.

10. Extractos del texto completo de la fetua de 1996 de bin Laden, fuentes múltiples basadas en traducciones múltiples; ver http://www.pbs.org/newshour/terrorism/international/fatwa_1996.html como ejemplo.

11. Extractos de la fetua de 1998 de bin Laden.

12. Ver *The 9/11 Commission Report* (El reporte de la Comisión del 11 de septiembre), Sección 2.5.

13. Ibid.

14. Ibid.

15. Ver "Al Qaeda's Global Context, (El contexto global de al Qaeda)" sitio Web de *Frontline*, PBS, http://www.pbs.org/wgbh/pages/frontline/shows/knew/etc/cron2.html, accedido el 19 de agosto de 2008. Ver también George Tenet, *At the Center of the Storm*, p. 125.

16. Ver *The 9/11 Commission Report*, Sección 6.3.

CAPÍTULO 9: SOLTANDO LA BOMBA ISLÁMICA

1. Ver "Verbatim Transcript of Combatant Status Review Tribunal Hearing for ISN 10024 (Transcripción textual de la vista tribunal de la revista de la situación de los combatientes para ISN 10024)," 10 de marzo de 2007, http://www.defenselink.mil/news/transcript_ISN10024.pdf, accedido el 20 de agosto de 2008.

2. Citado por Warren Richey, "The Self-Portrait of an Al Qaeda Leader (Autorretrato de un líder de Al Qaeda)," *Christian Science Monitor*, 16 de marzo de 2007.

3. Ver *The 9/11 Commission Report*, Sección 5.1.

4. Ver *The 9/11 Commission Report*, Sección 5.1.

5. Ver "Substitution for the Testimony of Khalid Sheikh Mohammed (Sustitución del testimonio de Khalid Sheikh Mohammed)."

6. *The Secret History of 9/11* (La historia secreta del 11 de septiembre), Canadian Broadcasting Company, transmitido el 10 de septiembre de 2006. El documental se basó en material de notas de interrogación anteriormente confidenciales.

7. Citado por Walter Pincus, "New Bin Laden Tape Transcript Offers More Details (Transcripción de la nueva cinta de bin Laden ofrece más detalles)," *Washington Post*, 21 de diciembre de 2001.

8. Ver "Bin Laden Claims Responsibility for 9/11 (Bin Laden reindivica el 11 de septiembre)," Canadian Broadcasting Company, 29 de octubre de 2004.

9. Ver "Substitution for the Testimony of Khalid Sheikh Mohammed."

10. Citado por George Tenet, *At the Center of the Storm*, p. 260, al citar un artículo de *Time*, 24 de diciembre de 1998.

11. Ibid, p. 269.

12. Ver Sheikh Nasir bin Hamd al-Fahd, "A Treatise on the Legal Status of Using Weapons of Mass Destruction Against the Infidels (Un tratado sobre la validez de usar armas de destrucción masiva contra los infieles)," 1 de mayo de 2003; citado por Tenet, p. 274. Citado

también por Michael Scheuer, *Marching Toward Hell: America and Islam After Iraq* (Marchando hacia el infierno: Estados Unidos e islam después de Irak), p. 74.

13. Ver Robert S. Mueller, III, Director, Federal Bureau of Investigation, "Global Initiative Nuclear Terrorism Conference (Conferencia de la iniciativa global sobre el terrorismo nuclear)," Miami, Florida, 11 de junio de 2007.

14. Ver Tenet, pp. 259–260.

15. Ibid, p. 279.

CAPÍTULO 10: SECUNDARIA DEL TERROR

1. Ver Josh Meyer, "Student Allegedly Talked of Assassination Plots (Se dice que el estudiante habló de complots de asesinato)," *Los Angeles Times*, 2 de marzo de 2005.

2. Ver David Stout, "Arab American Convicted of Plot to Kill Bush: Virginia Student Linked to Operatives of al Qaeda Network (Estadounidense árabe declarado culpable de complot para asesinar a Bush: Estudiante de Virginia es vinculado con agentes de un red de al Qaeda)," *New York Times*, 23 de noviembre de 2005.

3. Ver el comunicado de prensa del Departamento de Justicia, 8 de septiembre de 2005, http://www.usdoj .gov/usao/vae/Pressreleases/09-September PDFArchive/05/20050909alinr.pdf, accedido el 16 de julio de 2008.

4. Ver el comunicado de prensa del FBI, 29 de marzo de 2006, http:// washingtondc.fbi.gov/dojpressrel/ pressrel06/wfo032906.htm, accedido el 13 de agosto de 2008.

5. Ver "Court Upholds Conviction in Bush al Qaeda Plot (El tribunal confirma la condena del complot de al Qaeda respecto a Bush)," Reuters, 6 de junio de 2008.

6. Ver Stout, "Arab American Convicted of Plot."

7. Ver Jerry Markon and Dana Priest, "Terrorist Plot to Kill Bush Alleged (Se habla de un complot terrorista para asesinar a Bush)," *Washington Post*, 23 de febrero de 2005.

8. Entrevista del autor con Fred Schwien.

9. Ver Jerry Markon y Ben Hubbard, "Review Finds Slurs in '06 Saudi Texts (Estudio encuentra difamaciones en los textos sauditas de '06)," *Washington Post*, 15 de julio de 2008.

10. Ver la transcripción del reporte en Al Jazeera, 17 de junio de 2008; ver "Al-Jazeera TV Report on the Controversy over the Islamic Saudi Academy in Virginia (Reporte de TV Al-Jazeera sobre la controversia de la Academia Islámica Saudita en Virginia)," MEMRI, clip 1799, 17 de junio de 2008, http://www.memritv.org/ clip_transcript/en/1799.htm, accedido el 16 de julio de 2008; ver también "Critics Dubs Saudi Islamic School 'Terror High' (Los críticos apodan a la escuela islámica saudita 'Secundaria del Terror')," Associated Press, 24 de noviembre de 2007.

11. Ver Markon y Hubbard, "Review Finds Slurs in '06 Saudi Texts."

12. Ver R. James Woolsey, testimonio dado ante el Comité de la Cámara de EE. UU. sobre las Relaciones Internacionales Subcomité sobre el Medio Oriente y el Sur de Asia, 22 de mayo de 2002.

13. Ibid.

14. Ver Stephen Schwartz, Director del Islam and Democracy Program of the Foundation for the Defense of Democracies, "Wahhabism and Islam in the U.S. (El wahabismo y el islam en EE. UU.)," testimonio dado delante del Subcomité del Senado de EE. UU. sobre el Terrorismo, la Tecnología y la

Seguridad Nacional, 26 de junio de 2003.

15. Ver los hallazgos del Hartford Institute for Religious Research, http://hirr.hartsem.edu/research/quick_question20.html, accedido el 7 de julio de 2008. La información se sacó de "Mosque in America: A National Portrait (Mezquita en Estados Unidos: Un retrato nacional)," un estudio publicado en abril de 2001. Este fue parte de un estudio más grande de las congregaciones estadounidenses llamadas "Faith Communities Today (Comunidades de fe hoy)," coordinado por el Hartford Institute for Religious Research del Hartford Seminary in Connecticut. Las organizaciones musulmanas que fueron copatrocinadoras del estudio son el Council on American-Islamic Relations, la Islamic Society of North America, el Ministry of Imam W. Deen Muhammed y el Islamic Circle of North America. Ver http://usinfo.state.gov/products/pubs/muslimlife/demograp.htm, accedido el 7 de julio de 2008.

16. Ver "New Dearborn Mosque to Be the Nation's Largest (Nueva mezquita en Dearborn será la más grande de la nación)," Associated Press, 7 de enero de 2004. Ver también Joanne Viviano, "Muslim Worshippers say Dearborn Mosque Was Overdue (Adoradores musulmanes dicen que la mezquita en Dearborn debía haberse completado hacía mucho tiempo)," Detroit News, 22 de octubre de 2005.

17. Ver "Saudi Publications on Hate Ideology Invade American Mosques (Publicaciones sauditas sobre la ideología de odio invaden las mezquitas estadounidenses)," Reporte Especial publicado por el Center for Religious Freedom, Freedom House, 2006, p. 2, http://www.freedomhouse.org/uploads/special_report/45.pdf, accedido el 7 de julio de 2008.

18. Ibid, p. 38.

19. Ibid, p. 48.

20. Ibid, p. 57.

21. Ibid, pp. 19–20.

22. Ver Andrew Kohut, "Muslims in America: Middle Class and Mostly Mainstream (Musulmanes en Estados Unidos: De clase media y mayormente convencionales," Pew Research Center, 22 de mayo de 2007, http://pewresearch.org/assets/pdf/muslim-americans.pdf, accedido el 24 de junio de 2008.

23. Para un análisis excelente y más detallado de la amenaza islámica para la Gran Bretaña y de la condición de negación del problema por parte de la sociedad británica, ver Londonistan de Melanie Phillips.

24. Ver Jason Bennetto, "MI5 Conducts Secret Inquiry Into 8,000 al-Qa'ida 'Sympathisers' (MI5 realiza una investigación secreta de 8.000 'simpatizantes' de al Qaeda)," The (UK) Independent, 3 de julio de 2006.

25. Ibid.

26. Ver Robert Winnett y David Leppard, "Leaked No. 10 Dossier Reveals al-Qaeda's British Recruits (Dossier filtrado de No. 10 revela reclutas británicos de al Qaeda)," The Sunday Times de Londres, 10 de julio de 2005.

27. Ver "Young Muslims and Extremism (Musulmanes jóvenes y extremismo)," U.K. Foreign and Commonwealth Office/Home Office, abril de 2004, presentado al Primer Ministro Tony Blair.

28. Ver "Sharia law in UK is 'Unavoidable' (La ley sharia en el Reino Unido es 'inevitable')," BBC, 7 de febrero de 2008, http://news.bbc.co.uk/2/hi/

uk_news/7232661.stm, accedido el 6
de julio de 2008.

29. Ver David Machlis y Tovah Lazaroff,
"Muslims 'About to Take Over Europe'
(Musulmanes 'a punto de dominar
Europa')," *Jerusalem Post*, 29 de enero
de 2007.

30. Simon Kuper, "Europe Can Feel at
Home with 16m Muslims (Europa
puede sentirse en casa con 16 millones
de musulmanes)," *Financial Times*, 16
de septiembre de 2007.

31. Citado en Kohut, "Muslims in America."

32. "Muslims in Europe: Economic Worries
Top Concerns about Religious and
Cultural Identity (Musulmanes en
Europa: Preocupaciones económicas
superan las acerca de la identidad
religiosa y cultural)," Pew Global
Attitudes Project, 6 de julio de 2006,
http://pewglobal.org/reports/display.
php?ReportID=254, accedido el 14 de
agosto de 2008.

33. Ver John Esposito y Dalia Mogahed,
*Who Speaks For Islam? What A Billion
Muslims Really Think* (¿Quién habla
por el islam? Lo que verdaderamente
piensan mil millones de musulmanes),
pp. x–xi.

34. Ibid, pp. 47–51.

35. Ibid, pp. 69–70.

36. Ibid, pp. 70–71.

CAPÍTULO 11: REVOLUCIÓN 2.0

1. Citado por Karim Sadjadpour, *Reading
Khamenei: The World View of Iran's Most
Powerful Leader* (Leyendo Jamenei: La
cosmovisión del líder más poderoso de
Irán), p. 7.

2. Citado por Steve Stalinsky, "The
Iranian Threat: Ayatollah Ali Khamenei
(La amenaza iraní: Ayatolá Alí
Jamenei)," *New York Sun*, 9 de febrero
de 2005.

3. Citado por Naji, *Ahmadinejad: The
Secret History of Iran's Radical Leader*,
p. 259.

4. Citado por Sadjadpour, p. 15.

5. Citado por Nasser Karimi, "Iran
Leader: Bush Will Be Tried (Líder iraní:
Bush será juzgado)," Associated Press,
14 de febrero de 2007.

6. Ver las noticias Fars, 2 de agosto de
2006, citado por MEMRI, Serie de
Entregas Especiales - No. 1230, 4 de
agosto de 2006.

7. Ibid.

8. Citado por Stalinsky.

9. Ibid.

10. Citado por Naji, p. 144.

11. Citado por Kenneth R. Timmerman,
*Countdown to Crisis: The Coming
Nuclear Showdown With Iran* (La
cuenta regresiva a la crísis: El momento
decisivo nuclear veniero con Irán), p.
42.

12. Citado por Sadjadpour, pp. 21–22.

13. En la escritura de este capítulo, estoy en
deuda profunda con Kasra Naji, autor
de *Ahmadinejad: The Secret History of
Iran's Radical Leader*; Yossi Melman
y Meir Javedanfar, autores de *The
Nuclear Sphinx of Tehran: Mahmoud
Ahmadinejad and the State of Iran*; y
Alireza Jafarzadeh, autor de *The Iran
Threat: President Ahmadinejad and the
Coming Nuclear Crisis*. Ellos proveyeron
un valioso tesoro de información
biográfica, trasfondo histórico y
contexto geopolítico y cultural.

14. Ver Naji, pp. 61–62.

15. Ibid, p. 62.

16. Citado por Melman y Javedanfar, p. 23.

17. Ver "Iran Hardliner To Contest Run-off
(Extremista iraní contestará la segunda
elección)," BBC News, 18 de junio de
2005, citado por Melman y Javedanfar,
p. 35.

18. Ver "Hardline Win in Iran Sparks Fears
on Nukes and Extremism (La victoria
extremista en Irán suscita temores de

armas nucleares y extremismo)," Agence France-Presse, 25 de junio de 2005.

19. Citado por Naji, p. 85.

20. Citado por Naji, p. 86.

21. Ver "Iran Official Alleges Election Fraud (Oficial iraní habla de fraude en la elección)," CNN, 25 de junio de 2005; Michael Slackman, "Iran Moderate Says Hard-Liners Rigged Election (Moderado iraní dice que extremistas amañaron la elección)," *New York Times*, 19 de junio de 2005; "Iranian Reformer Alleges Election 'Rigged' (Reformador iraní dice que la elección fue 'amañada')," Agence France-Presse, 18 de junio de 2005; "Iran's Rafsanjani Renews Firestorm Over Election Fraud (Rafsanjani de Irán renueva la controversia sobre el fraude electoral)," *Iran Focus*, 18 de julio de 2005.

22. Ver Iran News, 15 de octubre de 2006, citado por MEMRI, Serie de Entregas Especiales - No. 1328, 19 de octubre de 2006, http://memri.org/bin/latestnews.cgi?ID=SD132806, accedido el 24 de agosto de 2008.

23. Ibid.

24. Ver Naji, pp. 4–5; Melman y Javedanfar, pp. 1–2.

25. Ver Naji, p. 15.

26. Ver la biografía oficial en el sitio Web del presidente, http://www.president.ir/en/, accedido el 24 de agosto de 2008.

27. Ver Jafarzadeh, p. 16; ver también la biografía en el sitio Web GlobalSecurity.org, http://www.globalsecurity.org/military/world/iran/ahmadinejad-bio.htm, accedido el 24 de agosto de 2008; ver Dan Diker, "President Bush and the Qods Controversy: Lessons Learned (Presidente Bush y la controversia de Qods: Lecciones aprendidas)," Jerusalem Center for Public Affairs, 6 de marzo de 2007, http://www.jcpa.org/JCPA/Templates/ShowPage.asp?DRIT=1&DBID=1&LNGID=1&TMID=111&FID=443&PID=0&IID=1516&TTL=President_Bush_and_the_Qods_Force_Controversy:_Lessons_Learned, accedido el 24 de agosto 2008.

28. Ver Colin Freeman, "The rise of Prof 'Crocodile'—A Hardliner to Terrify Hardliners (El surgimiento del Prof. 'Crocodilo': Un extremista para aterrar a los extremistas)," *London Telegraph*, 19 de noviembre de 2005; Colin Freeman y Kay Biouki, "Ayatollah who backs suicide bombs aims to be Iran's next spiritual leader (Ayatolá que respalda a bombardeos suicidas pretende ser el próximo líder espiritual de Irán)," *London Telegraph*, 19 de noviembre de 2006.

29. Citado por Naji, p. 99.

30. Ibid, p. 98.

31. Citado por Colin Freeman y Philip Sherwell, "Iranian Fatwa Approves Use of Nuclear Weapons (Fetua iraní aproba el uso de armas nucleares)," *London Telegraph*, 18 de febrero de 2006. Ver también "New Iranian Fatwa: Religious Law Does Not Forbid Use of Nuclear Weapons (Nueva fetua iraní: Ley religiosa no prohibe el uso de armas nucleares)," MEMRI, Serie de Entregas Especiales - No. 1096, 17 de febrero de 2006.

32. Citado por Naji, p. 102.

33. Citado por Jafarzadeh, p. 25.

34. Citado por Jafarzadeh, p. 22.

35. Ver Jafarzadeh, pp. 22–23.

36. Citado por Naji, p. 47.

37. Citado por Jafarzadeh, p. 22.

38. Ver Naji, p. 49.

39. Citado por Naji, p. 98.

40. Ver Melman y Javedanfar, p. 50.

41. Citado por Naji, p. 92.

42. Ver Jafarzadeh, p. 31; ver también Vali Nasr, *The Shia Revival: How Conflicts Within Islam Will Shape the Future* (El revivamiento chiíta: Cómo conflictos

dentro del islam moldearán el futuro),
p. 134.

43. Citado por Melman y Javedanfar, p. 51.

44. Citado por Melman y Javedanfar, p. 46
y Naji, p. 93.

45. Ver Melman y Javedanfar, pp. 46–47.

46. Ver Naji, p. 96.

47. Presidente Mahmoud Ahmadinejad,
discurso dado ante la Asamblea General
de las Naciones Unidas, Ciudad de
Nueva York, 17 de septiembre de 2005,
traducido y distribuido por la Islamic
Republic News Agency, publicado en
www.globalsecurity.org.

48. Ver los relatos hechos por Amir Taheri,
"The Frightening Truth of Why Iran
Wants A Bomb (La verdad aterradora
de por qué Irán quiere una bomba),"
Sunday Telegraph, 16 de abril de 2006;
ver también "Claims of Communication
with Imam Mahdi (Afirmaciones de
comunicación con el Imán Mahdi),"
Emrouz, 12 de diciembre de 2005;
Arash Motamed, "The Appearance of
Imam Mahdi in 2 Years (La apariencia
del Imán Mahdi en 2 años)," Rooz
online, un popular sitio Web disidente
iraní, 18 de octubre de 2005; Hossein
Bostani, "Ahmadinejad in Touch
with 12th Imam (Ahmadinejad en
comunicación con el 12º Imán),"
Rooz online, 5 de noviembre de 2005;
Melman y Javedanfar, pp. 55–57.

49. Ver Bostani, "Ahmadinejad in Touch
with 12th Imam"; y Taheri, "The
Frightening Truth of Why Iran Wants A
Bomb."

50. Citado por Melman y Javedanfar, p. 41.

51. Mahmoud Ahmadinejad, texto del
discurso dado en la conferencia "A
World Without Zionism (Un mundo
sin sionismo)," Teherán, reportado por
la Iranian Students News Agency, 26 de
octubre de 2005, citado en MEMRI,
Serie de Entregas Especiales - No. 1013,
28 de octubre de 2005.

52. Ver Y. Carmon, "The Role of
Holocaust Denial in the Ideology and
Strategy of the Iranian Regime (El
papel de la negación del Holocausto
en la ideología y estrategia del régimen
iraní)," MEMRI, Serie de Entregas
Especiales - No. 307, 15 de diciembre
de 2006.

53. "Iran's Ahmadinejad Declares Holocaust
Is a Myth (Ahmadinejad de Irán declara
que el Holocausto es un mito)," Reuters,
14 de diciembre de 2005.

54. Ver "Russia Agrees to Sell Missiles to
Iran (Rusia acuerda vender misiles a
Irán)," Prensa Asociada, 2 de diciembre
de 2005; Lyuba Pronina, "Moscow Inks
Arms Deal with Tehran (Moscú firma
trato de armas con Teherán)," *Moscow
Times*, 5 de diciembre de 2005.

55. "Iran Received 12 Cruise Missiles with
a 3,000-Km Range from Ukraine,
Capable of Carrying Nuclear Warheads
(Irán recibió 12 misiles de crucero con
alcance de 3.000 Km de Ucrania, capaz
de cargar ojivas nucleares)," *Ha'aretz*, 21
de diciembre de 2005.

56. Ali Akbar Dareini, "Iran Votes to Block
Nuclear Inspections (Irán vota para
bloquear inspecciones nucleares),"
Prensa Asociada, 20 de noviembre de
2005.

57. "Iran's Army Takes Control of Nukes
(Ejército iraní toma control de armas
nucleares)," *Pakistani Daily Times*, 6 de
octubre de 2005.

58. Para esta cita, así como para un análisis
excelente y detallado de las tensiones
políticas tras bambalinas creadas por el
surgimiento al poder de Ahmadinejad
y la devoción al Mahdi, ver el ensayo
escrito por A. Savyon, "The 'Second
Islamic Revolution' in Iran: Power
Struggle at the Top (La 'Segunda
Revolución Islámica' en Irán: Lucha
por el poder en los estratos más altos),"

MEMRI, Serie de Entregas Especiales - No. 253, 17 de noviembre de 2005.

59. Ibid.

CAPÍTULO 12: PREPARAR EL CAMINO PARA EL MAHDI

1. Mahmoud Ahmadinejad, "Iranian Leader Opens Up (Líder iraní abre su pecho)," entrevista con Mike Wallace, CBS News, 13 de agosto de 2006, http://www.cbsnews.com/stories/2006/08/09/60minutes/main1879867.shtml, accedido el 25 de agosto de 2008; Scott MacLeod, "A Date with a Dangerous Mind (Una cita con una mente peligrosa)," artículo de portada de la revista *Time*, edición del 17 de septiembre de 2005, http://www.time.com/time/magazine/article/0,9171,1535827,00.html, accedido el 25 de agosto de 2008; Ahmadinejad, "NBC Exclusive: Ahmadinejad on the Record (Exclusiva de NBC: Ahmadinejad habla oficialmente)," entrevista con Brian Williams, NBC News, 20 de septiembre de 2006, http://www.msnbc.msn.com/id/14911753/, accedido el 25 de agosto de 2008; Ahmadinejad, "Interview with Iranian President Mahmoud Ahmadinejad (Entrevista con presidente iraní Mahmoud Ahmadinejad)," entrevista con Anderson Cooper, CNN, 20 de septiembre de 2006, http://transcripts.cnn.com/TRANSCRIPTS/0609/20/acd.01.html, accedido el 25 de agosto de 2008.

2. Ver Joel C. Rosenberg, "Mesmerized Media: When Will Ahmadinejad's Radical Religious Beliefs Get Covered? (Los medios hipnotizados: ¿Cúando se hablará de las radicales creencias religiosas de Ahmadinejad?)," National Review Online, 20 de septiembre de 2006, http://article.nationalreview.com/?q=Zjg2MjgxZmVkNDkxOGZiN2RiMWNiZjUwYjhjOTMxZWU, accedido el 25 de agosto de 2008. Ver también Joel C. Rosenberg, "60 Minutes's Missed Opportunity: What Mike Wallace Should Have Asked Ahmadinejad (La oportunidad perdida de 60 Minutes: Lo que Mike Wallace debe haber preguntado a Ahmadinejad)," National Review Online, 14 de agosto de 2006, http://article.nationalreview.com/print/?q=MjZmMWFkNTE2YTRiZGQ4YTliZTllMzg2MTM3NzIyOWQ, accedido el 25 de agosto de 2008.

3. Ibid, historia del 14 de agosto de 2006.

4. Ver Mehdi Khalaji, *Apocalyptic Politics: On the Rationality of Iranian Policy*, p. 35; Melman y Javedanfar, *The Nuclear Sphinx of Tehran: Mahmoud Ahmadinejad and the State of Iran*, p. 43; Naji, *Ahmadinejad: The Secret History of Iran's Radical Leader*, p. 92; Vali Nasr, *The Shia Revival: How Conflicts within Islam Will Shape the Future*, p. 67.

5. Ver Khalaji, p. 34.

6. Citado por Khalaji, p. 4.

7. Ver Khalaji, p. 4; Melman y Javedanfar, p. 44.

8. Ver el sitio Web del Instituto, http://www.intizar.org/en/.

9. Entrevistas con maestros del Bright Future Institute; ver Melman y Javedanfar, pp. 43–44.

10. Ayatolá Ibrahim Amini, *Al-Imam al-Mahdi, The Just Leader of Humanity* (Al-Imán al Mahdi: El líder justo de la humanidad), trad. por Dr. Abulaziz Sachedina (Qum, Iran: Ahul Bayt Digital Islamic Library Project, versión electrónica en línea), http://www.al-islam.org/mahdi/nontl/Toc.htm, accedido el 15 de abril de 2006.

11. "El Mundo Hacia la Iluminación," Televisión de la República Islámica

de Irán, http://english.irib.ir/IRAN/
Leader/Illumination.htm, accedido
el 2 de enero de 2007 (para junio de
2008, la publicación Web ya había
sido removida); ver la publicación
en el blog de Joel C. Rosenberg:
"Iran Says 2007 Could Bring Islamic
Messiah, Possibly This Spring (Irán
dice que 2007 podría ver la venida
del mesías islámico, posiblemente en
la primavera)," 2 de enero de 2007;
ver también, "Waiting for the Mahdi:
Official Iranian Eschatology Outlined
in Public Broadcasting Program in
Iran (Esperando al Mahdi: Escatología
oficial iraní bosquejada en programa
televisiva pública en Irán)," MEMRI,
Serie de Entregas Especiales - No. 1436,
25 de enero de 2007.

12. Ver Yaakov Lappin, "Iran: Mahdi
Will Defeat Archenemy in Jerusalem
(Irán: Mahdi vencerá al archienemigo
en Jerusalén)," YnetNews.com, 31 de
diciembre de 2006.

13. "El Mundo Hacia la Iluminación,"
Televisión de la República Islámica de
Irán.

14. Citado por A. Savyon and Y.
Mansharof, "The Doctrine of
Mahdism: In the Ideological and
Political Philosophy of Mahmoud
Ahmadinejad and Ayatollah Mesbah-e
Yazdi (La doctrina del mahdismo: En
la filosofía ideológica y política de
Mahmoud Ahmadinejad y Ayatolá
Mesbah-e-Yazdi)," MEMRI, Serie de
Entregas Especiales - No. 357, 31 de
mayo de 2007.

15. Citado por Y. Mansharof y A. Savyon,
"Escalation in the Positions of Iranian
President Mahmoud Ahmadinejad—A
Special Report (Intensificación en
las posiciones de presidente iraní
Mahmoud Ahmadinejad: Un reporte
especial)," MEMRI, Serie de Entregas

Especiales - No. 389, 17 de septiembre
de 2007.

16. Ibid.

17. Ibid.

18. Ver las transcripciones de los discursos
del Presidente Ahmadinejad ante la
ONU y la Universidad de Columbia tal
como aparecen en el *Washington Post*,
24 de septiembre de 2007.

19. Ver *The Iraq Study Group Report* (El
reporte del grupo de trabajo de Irak),
p. 32.

20. Ver Kathleen Ridolfo, "Analysis:
Iraqi Defense Minister Continues
Accusations against Iran, Syria (Análisis:
Ministro de defensa iraquí continúa sus
acusaciones contra Irán, Siria)," RFE/
RL, 19 de enero de 2005.

21. Ver "Most Foreign Insurgents
Come from Iran (La mayoría de los
insurgentes extranjeros viene de Irán),"
Al-Taji, 8 de mayo de 2006, citado por
IranFocus.com, 9 de mayo de 2006.

22. Citado por Jafarzadeh, *The Iran Threat:
President Ahmadinejad and the Coming
Nuclear Crisis*, p. 85.

23. Ver "Report: 70 Percent of Insurgents
in Iraq Come from Gulf States via Syria
(Reporte: 70 por ciento de insurgentes
en Irak vienen de los Estados del Golfo
vía Siria)," Prensa Asociada, 23 de mayo
de 2007.

24. Citado por Ali Akbar Dareini, "Iran
Ready to Fill Any Vacuum in Iraq (Irán
listo para llenar cualquier vacío en
Irak)," Prensa Asociada, 28 de agosto de
2007.

25. Ver "Iraqi Forces Discover 'Largest'
Iranian EFP Cache (Fuerzas iraquíes
descubren alijo 'más grande' de
proyectiles penetrantes iraníes),"
IranFocus.com, 9 de abril de 2008.

26. Citado por Peter Spiegel, "Petraeus
calls Iran-backed groups biggest threat
in Iraq (Petraeus dice que grupos
respaldados por Irán son la amenaza

más grande en Irak)," *Los Angeles Times*, 10 de abril de 2008.

27. "Hayden: Killing Americans Is Iran's Policy (Hayden: Matar a estadounidenses es la política de Irán)," Prensa Asociada, 1 de mayo de 2008.

28. Mark Mazzetti, "U.S. Report Says Iran Halted Nuclear Weapons Program in 2003 (Reporte estadounidense dice que Irán cesó su programa de armas nucleares en 2003)," *International Herald Tribune*, 3 de diciembre de 2007.

29. Sen. Richard Shelby, entrevista con PBS *NewsHour*, 3 de junio de 1998. Ver también "CIA Caught Off Guard on India Nuclear Test (CIA tomada desprevenida por la prueba nuclear de India)," CNNInteractive.com, http://www.cnn.com/WORLD/ asiapcf/9805/12/india.cia/index .html, accedido el 24 de marzo de 2008; y "U.S. Intelligence and the Indian Bomb: Documents Show U.S. Intelligence Failed to Warn of India's Nuclear Tests Despite Tracking Nuclear Weapons Potential Since 1950s (La inteligencia estadounidense y la bomba india: Documentos muestran que la inteligencia estadounidense falló en advertir de las pruebas nucleares de India a pesar de haber rastreado la potencial para armas nucleares desde la década de 1950)," National Security Archive Electronic Briefing Book No. 187, George Washington University, disponible en línea en: http://www .gwu.edu/~nsarchiv/NSAEBB/ NSAEBB187/index.htm, accedido el 24 de marzo de 2008.

30. Por ejemplo, ver Emb. John Bolton, "The Flaws in the Iran Report (Los errores en el reporte de Irán)," *Washington Post*, 6 de diciembre de 2007; y Gerald M. Steinberg, "Decoding the U.S. National Intelligence Estimate on Iran's Nuclear Weapons Program (Descifrar el cálculo de la Evaluación Nacional de Inteligencia estadounidense sobre el programa de armas nucleares de Irán)," Jerusalem Center for Public Affairs, www.jcpa.org, 5 de diciembre de 2007.

31. "Good and Bad News About Iran (Buenas y malas noticias acerca de Irán)," editorial del *New York Times*, 5 de diciembre de 2007.

32. "'High Confidence' Games: The CIA's Flip-Flop on Iran Is Hardly Reassuring (Juegos de 'alta confianza': El giro de la CIA sobre Irán no es tranquilizador)," editorial del *Wall Street Journal*, 5 de diciembre de 2007.

33. "Intelligence on Iran (Inteligencia sobre Irán)," editorial del *Washington Post*, 5 de diciembre de 2007.

34. "Iran Hands IAEA Nuclear Blueprints (Irán le da a la OIEA los planos nucleares)," Prensa Asociada, 14 de noviembre de 2007.

35. Ver Patricia McNerney, Vicesecretaria Adjunta Principal, International Security and Nonproliferation, "Testimony before the Senate Homeland Security and Governmental Affairs Committee; Subcommittee on Federal Financial Management, Government Information, Federal Services, and International Security (Testimonio ante el Comité de Seguridad Nacional y Asuntos Gubernamentales del Senado; Subcomité de Administración Financiera Federal, Información Gubernamental, Servicios Federales y Seguridad Internacional)," 24 de abril de 2008.

36. "IAEA 'Alarmed' by Iran's Alleged Nuclear Weapons Work: Diplomat (OIEA es 'alarmada' por presunto trabajo en armas nucleares, dice diplomático)," Agence France-Presse, 29 de mayo de 2008.

37. "Report: Iran Says It Now Has 6,000 Centrifuges (Reporte: Irán dice que ahora tiene 6.000 centrífugas)," Prensa Asociada, 27 de julio de 2008.

38. Ver David Morgan, "U.S. Says Iran Has Missile That Could Hit Europe (EE. UU. dice que Irán tiene un misil que podría alcanzar Europa)," Reuters, 15 de julio de 2008.

39. "Iran Launches Satellite Carrier into Space (Irán lanza un portador de satélite al espacio)," Press TV, 17 de agosto de 2008.

40. "Abizaid: We Can Live with a Nuclear Iran (Abizaid: Podemos vivir con un Irán nuclear)," ABC News.com, 17 de septiembre de 2007, http://blogs .abcnews.com/politicalradar/2007/09/ abizaid-we-can-.html, accedido el 26 de junio de 2008.

41. Citado por Tom Curry, "Would Deterrence Work against Nuclear Iran? (¿Funcionaría la disuasión contra un Irán nuclear?)," MSNBC, 6 de julio de 2007.

42. Hilary Clinton, entrevista en *Good Morning America*, ABC, 22 de abril de 2008.

43. Joe Biden, discurso pronunciado en la Iowa City Public Library, 3 de diciembre de 2007, http://www.cfr.org/ publication/14976/joe_bidens_speech_ on_iran.html, accedido el 26 de agosto de 2008.

CAPÍTULO 13: EL CAMINO QUE ESTÁ POR DELANTE

1. Ver Paul McGeough, "Down Syndrome Youth Used as Suicide Bomber (Joven con síndrome de Down fue usado como terrorista suicida)," *The Age* (Sydney, Australia), 2 de febrero de 2005.

2. "Minister: Suicide Bomber a Handicapped Child (Ministro: Terrorista suicida fue un niño descapacitado)," Prensa Asociada, 31 de enero de 2005.

3. Kim Gamel, "Female Bombers Strike Markets in Baghdad (Terroristas mujeres atacan a mercados en Bagdad)," Prensa Asociada, 1 de febrero de 2008.

4. "U.S.: 'Demonic' Militants Sent Women to Bomb Markets in Iraq (EE. UU.: Militantes 'demoníacos' enviaron mujeres a bombardear mercados en Irak)," CNN, 2 de febrero de 2008.

5. Entrevistas del autor con Porter Goss. Yo le entregué a Goss por correo electrónico veinticinco preguntas escritas. Él me envió respuestas escritas a esas preguntas —con el visto bueno de la CIA— el 11 de febrero de 2008. Luego conduje una entrevista grabada en video con Goss el 12 de febrero de 2008, para usarla en este libro, en nuestra Conferencia Epicenter en Jerusalén en abril de 2008 y para una película documental basada en este libro.

6. Ver Michael Ledeen, "Iran Is at War with Us (Irán está en guerra contra nosotros)," National Review Online, 28 de marzo de 2006, http://www.nationalreview.com/ ledeen/ledeen200603280728.asp, accedido el 23 de agosto de 2008; ver "Iran's Supreme Ruler Ayatollah Ali Khamenei, 68, Appeared on State TV Monday Looking Pale and Feeble, after Suffering a Cerebral Stroke Last Wednesday Jan. 3 (El líder supremo de Irán, Ayatolá Alí Jamenei, apareció en la televisión nacional el lunes, pálido y débil, después de sufrir un derrame cerebral el miércoles pasado, 3 de enero)," reporte de Debka File, 13 de enero de 2007, http://www.debka. com/headline.php?hid=3708, accedido el 23 de agosto de 2008; ver "Iran Denies Reports on Khamenei Death

(Irán niega los reportes de la muerte de Jamenei)," *Al Bawaba*, 7 de enero de 2007, http://www.albawaba.com/en/countries/Iran/208173, accedido el 23 de agosto de 2008.

7. Para un análisis detallado y excelente de la amenaza saudita, ver el libro de Dore Gold *Hatred's Kingdom: How Saudi Arabia Supports the New Global Terrorism* (El reino del odio: Cómo Arabia Saudita apoya el nuevo terrorismo global).

8. Ver J. Michael McConnell, director de inteligencia nacional, "Annual Threat Assessment of the Intelligence Community (Evaluación anual de amenazas de la comunidad de inteligencia)," testimonio dado ante el Comité de las Fuerzas Armadas del Senado, 27 de febrero de 2008.

9. Citado por James Pethokoukis, "So How Goes Bin Laden's War on the U.S. Economy? (Entonces ¿cómo va la guerra de bin Laden contra la economía de EE. UU.?)," *U.S. News & World Report*, September 11, 2007.

10. Ibid.

11. Citado por Randall B. Hamud, *Osama bin Laden: America's Enemy in His Own Words*, pp. 163–164.

12. Citado en "Ahmadinejad: Doom Will Befall US Economy (Ahmadinejad: La ruina vendrá a la economía de EE. UU.)," Press TV, 23 de abril de 2008.

13. Citado en "Iran Threatens to Close Strait of Hormuz if Attacked (Irán amenaza con cerrar el Estrecho de Ormuz si es atacado)," MEMRI, Serie de Entregas Especiales - No. 2029, 19 de agosto de 2008.

14. Para los precios históricos del petróleo, ver Lawrence Kumins, "Oil Prices: Overview of Current World Market Dynamics (Precios de petróleo: Perspectiva general de las fuerzas motrices del mercado actual global)," Reporte al Congreso del CRS, Congressional Research Service, 26 de octubre de 2001. Para los precios históricos del gas, ver "Crude Oil Production and Crude Oil Well Productivity: 1954–2006 (Producción de petróleo crudo y productividad de pozos de petróleo crudo: 1954–2006)," Annual Energy Review, Tabla 5.2, U.S. Energy Information Administration, http://www.eia.doe.gov/emeu/aer/pdf/pages/sec5_7.pdf.

15. Ver "Iran Threatens to Stop Oil Flow via Hormuz Strait (Irán amenaza con detener el fluyo de petróleo vía el Estrecho de Ormuz)," *Jerusalem Post*, 8 de enero de 2007; "Iran Threatens to Close Straits of Hormuz with Missile Launch (Irán amenaza con cerrar el Estrecho de Ormuz con lanzamiento de misiles)," *Oil and Gas Journal*, 4 de agosto de 2008; "Iran Threatens US Ships in Hormuz (Irán amenaza naves estadounidenses en Ormuz)," *Al Arabiya*, 7 de enero de 2008, http://www.alarabiya.net/articles/2008/01/07/43906.html, accedido el 23 de agosto de 2008.

16. Ver "Crude Oil Production and Crude Oil Well Productivity: 1954–2006."

17. Ver Charles Krauthammer, "McCain's Oil Epiphany (La epifanía de petróleo de McCain)," *Washington Post*, 20 de junio de 2008.

18. Ver Dra. Suzanne Weedman, coordinadora del programa de energía del U.S. Geological Survey, U.S. Department of the Interior, testimonio dado delante del Subcomité de Energía del Comité de Ciencia de la Cámara, 3 de mayo 2001.

19. Ver "It's Domestic Energy, Stupid (Es energía doméstica, tonto)," editorial, *Investor's Business Daily*, 11 de junio de 2008.

CAPÍTULO 14: "EL ISLAM ES LA RESPUESTA, PERO EL YIHAD NO ES EL CAMINO"

1. Ver el texto del primer discurso inaugural del Presidente Jefferson, 4 de marzo 1801, http://www.yale.edu/lawweb/avalon/presiden/inaug/jefinau1.htm, accedido el 31 de agosto de 2008.
2. Ibid.
3. Ver John Esposito y Dalia Mogahed, *Who Speaks for Islam?* pp. x–xi.
4. Ibid, p. 47.
5. Ver "Iraqi Vote Mirrors Desire for Democracy in the Muslim World (El voto iraquí refleja el deseo para la democracia en el mundo musulmán)," comunicado de prensa, Pew Global Attitudes Project, 3 de febrero de 2005.
6. Ibid.

CAPÍTULO 15: LA TEOLOGÍA DE LOS REFORMADORES

1. Ver Benazir Bhutto, *Reconciliation*, p. 270. Publicado en español en 2008 como *Reconciliación* por Belacqva de Ediciones y Publicaciones.
2. Ibid, pp. 269–270.
3. Ibid, p. 2.
4. Ibid, pp. 31, 37–38.
5. Ibid, pp. 79–80.
6. Ibid, pp. 132, 134, 142.
7. Ibid, pp. 26–27.
8. Bernard Lewis, *The Crisis of Islam*, p. 153. Publicado en español en 2003 como *La crisis del islam* por Ediciones B.
9. Ver David Horovitz, "Reformed al-Zawahiri Disciple in Israel (Discípulo reformado de al-Zawahiri en Israel)," *Jerusalem Post*, 8 de enero de 2008.
10. Ver Eli Lake, "Senior Qaeda Theologian Urges His Followers to End Their Jihad (Teólogo principal de al Qaeda insta a sus seguidores a que dejen su yihad)," *New York Sun*, 20 de diciembre de 2007.
11. Ver "Major Jihadi Cleric and Author of Al-Qaeda's Shari'a Guide to Jihad: 9/11 Was a Sin," MEMRI, Serie de Entregas Especiales - No. 1785, 14 de diciembre de 2007; http://memri.org/bin/articles.cgi?Page=archives&Area=sd&ID=SP178507, accedido el 9 de julio 2008. Se puede acceder la versión en español, titulada "Comandante clérigo jihadi y autor de la guía del Shari'a de Al-Qaeda al Jihad: El 11 de Septiembre fue un pecado," en http://memri.org/bin/espanol/articulos.cgi?Page=archives&Area=sd&ID=SP178507.
12. Ver Abdul Hameed Bakier, "Imprisoned Leader of Egypt's Islamic Jihad Challenges al-Qaeda (Líder encarcelado del yihad islámico de Egipto desafía a al Qaeda)," *Terrorism Monitor*, The Jamestown Foundation, 10 de diciembre de 2007.

CAPÍTULO 16: EL DESERTOR

1. Hossein Jomeini, evento conducido por Michael A. Ledeen, American Enterprise Institute, 26 de septiembre de 2003, http://www.aei.org/events/filter.,eventID.630/transcript.asp, accedido el 25 de julio 2008.
2. *Al-Sharq Al-Awsat* (Londres), 4 de agosto de 2003; citado en MEMRI, Serie de Entregas Especiales - No. 548, 6 de agosto de 2003.
3. Ver la transcripción de Jomeini.
4. Ver la transcripción de Jomeini.
5. Entrevista del autor con Michael Ledeen, 2 de septiembre de 2008.
6. Ver "Bush: U.S., Europeans Speaking with 'One Voice' on Iran (Bush: EE. UU., europeos hablando con 'una sola voz' de Irán)," CNN, 11 de marzo de 2005; Anne Gearan, "Rice Praises European Plan on Iran (Rice elogia al plan europeo para Irán)," Prensa Asociada, 10 de mayo de 2006; "Secretary of State Condoleezza Rice Backs European Nuclear Talks on Iran

(Secretaria de Estado Condoleezza Rice apoya conversaciones nucleares sobre Irán)," Prensa Asociada, 27 de septiembre de 2006.

7. Entrevista en Al-Arabiyah, citada en "Ayatollah Khomeini's Grandson: Grandfather's Revolution Devoured its Children, Strayed From Original Course (El nieto del Ayatolá Jomeini: La revolución de su abuelo devoró a sus niños y desvió de su curso original)," *Iran Press News*, 15 de junio de 2006; ver también, Philip Sherwell, "Ayatollah's Grandson Calls for U.S. Overthrow of Iran (El nieto del ayatolá pida el derrocamiento de Irán por EE. UU.)," *London Telegraph*, 19 de junio de 2006.

8. Ver la entrevista en Al-Arabiyah, citada en "Ayatollah Khomeini's Grandson: Grandfather's Revolution Devoured its Children"; ver también Eli Lake, "Unlikely Pair Emerges as Foe of Iran Regime (Una pareja dispareja emerge como enemiga del régimen iraní)," *New York Sun*, 13 de junio de 2006.

9. Ver Dafna Linzer, "Ex-Iranian Official Talks to Western Intelligence: Deputy Defense Minister Instrumental in Founding of Hezbollah, Officials Say (Ex oficial iraní habla con la inteligencia occidental: Los oficiales dicen que el viceministro de defensa jugó un papel decisivo en la fundación de Hezbolá)," *Washington Post*, 8 de marzo de 2007; "Defector Spied on Iran for Years (Desertor espió a Irán por años)," Ynet News, 11 de marzo de 2007; "Iranian Defector Enabled IAF Syria Strike (Desertor iraní posibilitó el ataque a Siria por la IAF)," *Al Jerida* (Kuwait), citado por Arutz Sheva, 28 de septiembre de 2007; "Report: Defecting Iranian Official Gave Info before Alleged Syrian Foray (Reporte: Oficial iraní desertor dio información antes del presunto incursión a Siria)," *Jerusalem Post*, 28 de septiembre de 2007; "Israel: Asghari Gave Syrian Intelligence (Israel: Asghari dio inteligencia siria)," *Stratfor*, 28 de septiembre de 2007.

10. Ver "Top Iranian Defector on Iran's Collaboration with Iraq, North Korea, Al-Qa'ida, and Hizbullah (Principal desertor iraní sobre la colaboración con Irak, Corea del Norte, al Qaeda y Hezbolá)," MEMRI, Serie de Entregas Especiales - No. 473, 20 de febrero de 2003.

11. Ver "Son of Iranian General Defects to US (Hijo de general iraní deserta a EE. UU.)," BBC News, 3 de julio de 1998. Ver también la entrevista en Voice of America, 24 de febrero de 1999, available at http://www.fas.org/news/iran/1999/990224-iran.htm, accedido el 26 de junio de 2008.

12. Ibid, entrevista de VOA.

13. Ver *World Fact Book*, Agencia Central de Inteligencia, actualizado el 24 de julio de 2008, https://www.cia.gov/library/publications/the-world-factbook/geos/ir.html, accedido el 26 de julio de 2008; y "Population and Growth (Populación y crecimiento)," *Iran Daily*, 15 de marzo de 2006.

14. "Unemployment Falls to 10.3—Minister (Ministro: El desempleo cae a 10,3)," Reuters, 31 de marzo de 2008.

15. "Khamenei Urges Ahmadinejad to Rein In Soaring Inflation (Jamenei insta a Ahmadinejad a sofrenar la inflación galopante)," Agence France-Presse, 25 de agosto de 2008.

16. Ver *World Fact Book*, Agencia Central de Inteligencia; Human Development Reports: 2007–2008, U.N. Development Program, http://hdrstats.undp.org/countries/data_sheets/cty_ds_IRN.html, accedido el 26 de junio de 2008.

17. Ver "90 Percent of Population Under Poverty Line: MP (Miembro de parlamento: 90 por ciento de la población bajo nivel de la pobreza)," *Iran Focus*, 21 de enero de 2005.

18. Hamid Sarami, Iranian Office to Combat Drugs, Education and Prevention Unit; citado en, "In Iran, One New Person Gains Drug Addiction Every 3 Minutes (En Irán, una persona nueva entra en la drogadicción cada 3 minutos)," *Iran Focus*, 7 de julio de 2005; ver también "Iran Tops World Drug Addiction Rate (Irán supera la tasa global de drogadicción)," *Iran Focus*, 24 de septiembre de 2005; ver también Karl Vick, "Opiates of the Iranian People: Despair Drives World's Highest Addiction Rate (Opio del pueblo iraní: La desesperación impulsa la tasa de adicción más alta del mundo)," *Washington Post*, 23 de septiembre de 2005.

19. Ver el *Reporte Mundial de Drogas 2007*, Oficina de la ONU Contra la Droga y el Delito, p. 241, http://www.unodc.org/pdf/research/wdr07/WDR_2007.pdf, accedido el 26 de junio de 2008.

20. Ver Vick, "Opiates of the Iranian People."

21. Ibid.

22. Ver "Nine Million Drug Addicts Nationwide by 20 Years (Nueve millones de drogadictos en la nación para los 20 años)," Agence France-Presse, 31 de octubre de 2002.

23. Entrevista con un alto funcionario occidental de inteligencia, bajo la condición del anonimato, durante el otoño de 2005.

24. Ver Vali Nasr, *The Shia Revival*, p. 213.

25. Todos se citan de un libro maravilloso de una disidente iraní cuyo seudónimo es Nasrin Alavi. El libro se titula *We Are Iran: The Persian Blogs* (Somos Irán: Los blogs persas).

26. Citado por Peter Bergen, *The Osama Bin Laden I Know*, p. 400.

27. Ver "Poll: Bin Laden Tops Musharraf in Pakistan (Encuesta: Bin Laden supera a Musharraf en Paquistán)," CNN, 11 de septiembre de 2007.

28. Ibid.

29. "Pakistani Support for al Qaeda, bin Laden Plunges (Apoyo paquistaní para al Qaeda, bin Laden cae en picada)," reporte de encuesta conducida por Terror Free Tomorrow, enero de 2008, http://www.terrorfreetomorrow.org/upimagestft/TFT%20Pakistan%20Poll%20Report.pdf, accedido el 4 de agosto de 2008; ver también Griff Witte y Robin Wright, "Musharraf's Approval Rating Plummets (El nivel de popularidad de Musharraf cae en picada)," *Washington Post*, 11 de febrero de 2008.

CAPÍTULO 17: CONOZCA A HAMID KARZAI

1. Entrevista del autor con un cooperante cristiano bajo la condición del anonimato, verano de 2008.

2. Citado por Nick B. Mills, *Karzai*, pp. 50–51. La biografía de Mills, basada en extensas entrevistas con el presidente afgano y una relación personal entre los dos hombres que se remonta hasta 1987, fue un recurso de inmensa ayuda al escribir este capítulo. La recomiendo altamente a cualquiera que esté interesado en comprender el pensamiento de Karzai así como el ambiente geopolítico de tremendo desafío en el que opera.

3. Ibid, p. 64.

4. Ibid, p. 91.

5. Ibid, p. 98.

6. Ibid, p. 99.

7. Ibid, p. 105.

8. Hamid Karzai, entrevista, *NewsHour*

de PBS con Jim Lehrer, 28 de enero de 2002.

9. Ver Mills, p. 112.

10. Hamid Karzai, "Home Free (Victoria asegurada)," revista *Time*, edición del 18–25 de agosto de 2003.

11. Ibid.

12. Ver Mills, pp. 154–155.

13. Ver el ensayo de Karzai en la revista *Time*.

CAPÍTULO 18: LA MISIÓN DE KARZAI

1. Citado por Carlotta Gall, "At the Polls in a Southern Village, Afghans Vote with Confidence and Yearn for Security (En las urnas en una aldea sureña, los afganos votan con confianza y añoran la seguridad)," *New York Times*, 10 de octubre de 2004.

2. Ibid.

3. Citado por Mills, *Karzai*, p. 201.

4. Ibid, p. 201.

5. Citado por Eric Quiñones, "Karzai Lauds International Cooperation in Rebuilding Afghanistan (Karzai elogia la cooperación internacional en reconstruir Afganistán)," sitio Web de noticias de Princeton University, 26 de septiembre de 2003, http://www.princeton.edu/ pr/home/03/0926_karzai/hmcap.html, accedido el 6 de julio de 2008.

6. Ver la transcripción del discurso principal del Presidente Karzai en el Foro Estadounidense-Islámico, Doha, Qatar, 16 de febrero de 2008.

7. Ver la transcripción de una entrevista con Hamid Karzai, Consejo de Relaciones Exteriores, 26 de septiembre de 2006.

8. "Massive Prison Break in Afghanistan (Fuga masiva de la prisión en Afganistán)," Reuters, 13 de junio de 2008.

9. Ver publicación del blog de Joel C. Rosenberg, "U.S. to Launch New 'Surge'—This Time in Afghanistan (EE. UU. lanzará una nueva 'oleada'

—esta vez en Afganistán," 18 de junio de 2008, http://joelrosenberg.blogspot .com/2008/06/us-to-launch-new-surge-this-time-in.html; Steven Lee Myers y Thom Shanker, "Pentagon Considers Adding Forces in Afghanistan (El Pentágono piensa añadir fuerzas en Afganistán)," *New York Times*, 3 de mayo de 2008; "Progress In Afghanistan (Progreso en Afganistán)," reporte de la OTAN, abril de 2008, http://www.nato.int/isaf/docu/epub/ pdf/progress_afghanistan.pdf; "U.S. Troops in Afghanistan Number More Than 32,000 (Tropas estadounidenses en Afganistán asciendan a más de 32.000)," Prensa Asociada, 10 de abril de 2008; "Canada to Boost Troops in Afghanistan (Canadá aumentará las tropas en Afganistán)," agencia noticiosa Xinhua, 26 de julio de 2008; "UK to Send More Troops to Afghanistan (El Reino Unido mandará más tropas a Afganistán)," Afghanistan News Network, 8 de agosto de 2008; "Pentagon Plans to Send More Than 12,000 Additional Troops to Afghanistan (El Pentágono pretende mandar más de 12.000 tropas adicionales a Afganistán)," *U.S. News & World Report*, 19 de agosto de 2008.

10. Ver el reporte de la OTAN, p. 9.

11. Ibid, p. 2.

12. Información basada en entrevistas del autor con funcionarios de Estados Unidos y Afganistán, bajo la condición del anonimato, llevada a cabo en octubre de 2008.

13. Ver Ron Moreau, Sami Yousafzai y Joe Cochrane, "Afghanistan: Karzai Too Timid? (Afganistán: ¿Es demasiado tímido Karzai?)" *Newsweek*, 12 de junio de 2006.

14. Ver Ullrich Fichtner, "Why NATO Troops Can't Deliver Peace in Afghanistan (Por qué las tropas de

la OTAN no pueden traer paz en Afganistán)," *Der Spiegel*, 29 de mayo de 2008.

15. Ver la transcripción de la entrevista de Dan Rather con el Presidente Karzai, CBS News, 16 de septiembre de 2002, http://www.cbsnews.com/stories/2002/09/16/eveningnews/main522171.shtml, accedida el 31 de agosto de 2008.

16. Ibid.

17. Ver el reporte de la OTAN, p. 3.

18. Ver entrevista con Hamid Karzai, *NewsHour* de PBS con Jim Lehrer, 28 de enero de 2002.

19. Ver "Hamid Karzai: Shrewd Statesman (Hamid Karzai: Estadista astuto)," BBC, 14 de junio de 2002.

20. Ver Arshad Mohammed, "U.S. Expected to Pledge Some $10 Billion for Afghans (Se espera que EE. UU. prometerá unos $10.000 millones a los afganos)," 10 de junio de 2008; "Donors to Give Billions in Afghan Aid (Donantes darán miles de millones en asistencia afgana)," Agence France-Presse, 12 de junio de 2008.

21. Para información adicional, ver el reporte de la OTAN.

22. Ver Laura Bush, "What I Saw in Afghanistan (Lo que vi en Afganistán)," *Wall Street Journal*, 12 de junio de 2008.

23. "Hamid Karzai Becomes Father at 49 (Hamid Karzai se hace padre a los 49 años)," BBC, 26 de enero de 2007.

24. Ver la transcripción de una discusión de foro abierto con el Presidente Karzai, Council on Foreign Relations, 21 de septiembre de 2006, http://www.cfr.org/publication/11507/, accedido el 27 de junio de 2008.

25. De 2007 a 2009, las mujeres tenían 94 escaños de 535 en la Cámara y el Senado de los Estados Unidos. Ver http://womenincongress.house.gov/data/wic-by-congress.html?cong=110.

26. Ver la transcripción del Council on Foreign Relations.

27. Ver John Fischer, "Hamid Karzai, President of Afghanistan to Receive Award (Hamid Karzai, presidente de Afganistán, recibirá premio)," About.com, http://philadelphia.about.com/od/history/a/liberty_medal_b.htm?p=1, accedido el 6 de julio de 2008.

28. Ibid.

29. Ver el discurso de Su Excelencia Presidente Hamid Karzai, National Constitution Center, Philadelphia, Pennsylvania, 4 de julio de 2004, http://www.constitutioncenter.org/libertymedal/recipient_2004_speech.html, accedido el 30 de agosto de 2008.

CAPÍTULO 19: "ESTAMOS LUCHANDO EN CONTRA DE LOS FASCISTAS ISLÁMICOS"

1. "Purported al-Zarqawi Tape Vows to Fight [Iraqi] Election (Presunta cinta de al-Zarqawi jura contestar elección [iraquí])," MSNBC, 24 de enero de 2005, http://www.msnbc.msn.com/id/6855496/, accedido el 2 de agosto de 2008.

2. Citado por Ellen Knickmeyer y Jonathan Finer, "Insurgent Leader al-Zarqawi Killed in Iraq (Líder insurgente al-Zarqawi muerto en Irak)," *Washington Post*, 8 de junio de 2006.

3. "Statement by U.S. Ambassador Zalmay Khalilzad on the Killing of Abu Musab Al-Zarqawi (Comunicado de embajador estadounidense Zalmay Khalilzad sobre la muerte de Abu Musab al-Zarqawi)," Embajada estadounidense en Irak, 8 de junio de 2006.

4. Ver "Insurgent Leader al-Zarqawi Killed in Iraq."

5. Ver Cesar Soriano, "Iraqi Leaders:

Memo Details al-Qaeda Plans (Líderes iraquíes: Memorándum detalla planes de al Qaeda)," *USA Today*, June 15, 2006; ver también "Officials Give Details on al-Zarqawi Strike (Oficiales dan detalles del ataque a al-Zarqawi)," servicio noticioso de la Fuerza Multi-Nacional de EE. UU. en Irak, 18 de junio de 2006.

6. "Iraq Announces Info from al-Zarqawi Raid (Irak anuncia información del ataque a al-Zarqawi)," Associated Press, 15 de junio de 2006.

7. Ibid.

8. Ver Jonathan Weisman, "Iraqi Prime Minister Presses for More Aid (Primer ministro iraquí pide insistentemente más asistencia)," *Washington Post*, 27 de julio de 2006.

9. Ibid; ver también David Stout, "Maliki Expresses Thanks in Address to Congress (Maliki expresa gratitud en su discurso ante el Congreso)," *New York Times*, 26 de julio 2006.

10. "Statement of Senator Hillary Rodham Clinton Calling for Political Change in Iraq (Comunicado de la Senadora Hillary Rodham Clinton hace un llamado al cambio político en Irak)," http://clinton.senate.gov/news/ statements/details.cfm?id=281188&& (accedido el 24 de octubre de 2008); "Clinton Urges Ouster of Iraq's al-Maliki (Clinton insta a que se alejara al-Maliki de Irak del cargo)," Prensa Asociada, 23 de agosto de 2007.

11. Ibid.

12. "Iraq PM Hits Out at Critics (Primer ministro iraquí ataca a sus críticos)," Aljazeera TV, 26 de agosto de 2007.

13. "Maliki Returns Fire at US Critics (Maliki contraataca a sus críticos estadounidenses)," BBC News, 26 de agosto de 2007.

14. "Interview: Iraqi Official Mourns Sons, Vows to Fight 'The Ghosts of Death' (Entrevista: Oficial iraquí llora sus hijos, jura luchar contra 'Los fantasmas de la muerte')," transcripción de la entrevista por Radio Free Iraq, publicada en el sitio Web de Radio Free Europe/Radio Liberty, 8 de febrero de 2005, http://www.rferl.org/content/ article/1057351.html, accedido el 1 de agosto de 2008.

15. Entrevista del autor con Mithal Al-Alusi, miembro del parlamento iraquí, el 1 de agosto de 2008.

16. Ver Kimberly Kagan, "The Anbar Awakening: Displacing Al-Qaeda from Its Stronghold in Western Iraq (El Despertar de Anbar: Desplazar a al Qaeda de su bastión en el oeste de Irak)," *The Weekly Standard*, 30 de marzo de 2007, http://www .weeklystandard.com/weblogs/TWSFP/ IraqReport03.1.pdf, accedido el 2 de agosto 2008.

17. Citado por Vali Nasr, *The Shia Revival*, p. 178. Para un excelente análisis de Sistani, ver todo el capítulo de Nasr "The Tide Turns (La marea cambia)," que me fue muy útil para escribir esta sección.

CAPÍTULO 20: CONOZCA A JALAL TALABANI

1. Ver "Barak Shakes Hands with Iraqi President (Barak estrecha la mano del presidente iraquí)," Ynet News, 1 de julio de 2008; "Iraq: MPs Slam Talabani-Barak Handshake (Irak: Miembros de parlamento protestan el apretón de manos Talabani-Barak)," Ynet News, 4 de julio de 2008.

2. Ver "Iraqi President Jalal Talabani says Israeli President Peres 'welcome in Iraqi Kurdistan' (Presidente iraquí Jalal Talabani dice que presidente israelí Peres está 'bienvenido en el Kurdistán iraquí')," Yaqen News Agency, 14 de noviembre de 2007.

3. La información de esta sección se basa
en las entrevistas del autor con altos
funcionarios de los gobiernos iraquí y
estadounidense en 2008.

4. Ver la biografía oficial del Presidente
Jalal Talabani, sitio Web de la Unión
Patriota de Kurdistán, http://www
.puk.org/web/htm/about/talab.html,
accedido el 29 de octubre de 2008.

5. "Woman Testifies on Alleged Saddam
Attack (Mujer testifica en presunto
ataque de Saddam)," Prensa Asociada,
11 de septiembre de 2006.

6. Citado por Bushra Juhi y Jamal Halaby:
"At Saddam's Trial, Kurdish Doctor
Describes Gas Attack (En el juicio
de Saddam, doctor kurdo describe
ataque de gas)," Prensa Asociada, 8 de
diciembre de 2006.

7. Ver Ahmed Rasheed, "Saddam Says
Responsible for Any Iran Gas Attacks
(Saddam dice ser responsable por
cualquier ataque de gas a Irán),"
Reuters, 18 de diciembre de 2006.

8. Ibid.

9. Citado por Ross Colvin, "Iraq Trial
Revives Bitter Memories of 'U.S.
Betrayal' (Juicio iraquí reaviva
memorias amargas de la 'traición
estadounidense')," Reuters, 21 de
agosto de 2007.

10. Citado por Dian McDonald, "U.S.
Won't Intervene in Iraq's Civil War
(EE. UU. no intervendrá en la guerra
civil iraquí)," reporte de la Agencia
Informativa de los Estados Unidos, 4 de
abril de 1991.

11. Ibid.

12. Entrevista del autor con Mala Bakhtyar,
portavoz del presidente Jalal Talabani,
25 de febrero de 2008.

13. Ver Bob Woodward, *State of Denial*,
pp. 174–176. Publicado en español
en 2007 como *Negar la evidencia* por
Belacqva.

14. Ver Emb. L. Paul Bremer III, *My Year
in Iraq* (Mi año en Irak), p. 355–356.

15. Ibid, p. 376.

16. Ver "An Hour with Iraqi President
Ghazi al-Yawar (Una hora con
presidente iraquí Ghazi al-Yawar),"
Charlie Rose Show, December 6,
2004, http://www.charlierose.com/
shows/2004/12/06/1/an-hour-with-
iraqi-president-ghazi-al-yawar, accedido
el 3 de julio de 2008.

17. Citado en "Kurd Leader Talabani New
Iraq President (Líder kurdo Talabani
nuevo presidente iraquí)," Dawn News
Service (Paquistán), 7 de abril de 2005.
Ver también "Iraq Parliament Elects Jalal
Talabani as President (Parlamento iraquí
elige a Jalal Talabani como presidente),"
Bloomberg, 6 de abril de 2006.

CAPÍTULO 21: LA PRUEBA DE TALABANI

1. Ver la transcripción de la primera
conferencia de prensa del Presidente
Talabani con el Presidente Bush, www
.whitehouse.gov, 13 de septiembre de
2005.

2. Ibid.

3. Citado en "Talabani: U.S. Troops
Should Stay 3 More Years: Iraqi
President Denies Civil War in Iraq
but Asks for Help Defeating Terrorists
(Talabani: Tropas estadounidenses
deben quedarse 3 años más: Presidente
iraquí niega la guerra civil en Irak
pero pide ayuda con derrotar a los
terroristas)," Reuters, 2 de noviembre
de 2006; ver también Katrinn
Bennhold: "Talabani: U.S. Troops
Should Stay 3 More Years (Talabani:
Tropas estadounidenses deben quedarse
3 años más)," *International Herald
Tribune*, 2 de noviembre de 2006.

4. Ver "McCain: Deploy More Troops
To Iraq (McCain: Desplegar más
tropas a Irak)," Prensa Asociada, 14 de
diciembre de 2006.

5. Ver la transcripción del discurso del Presidente Bush a la nación, CNN, 10 de enero de 2007.

6. Ibid.

7. Ver la transcripción de la entrevista con el Sen. Obama en MSNBC's "Response to the President's Speech on Iraq (Reacción al discurso de presidente acerca de Irak)," 10 de enero de 2007.

8. Ver la transcripción de la entrevista con el Sen. Obama en *Larry King Live* de CNN, 10 de enero de 2007, http://transcripts.cnn.com/TRANSCRIPTS/0701/10/lkl.01.html, accedido el 18 de julio de 2008.

9. Ver "Interview with Iraqi President Jalal Talabani (Entrevista con presidente iraquí Jalal Talabani)," *Dar al-Hayat* (Líbano), 22 de enero de 2007.

10. Citado en "Iraq War is 'Lost': US Democrat Leader (Líder demócrata estadounidense: Guerra en Irak está 'perdida')," Agence France-Presse, 19 de abril de 2007.

11. Citado por Jeff Mason, "Clinton Says 'We Cannot Win' Iraq War (Clinton dice que 'no podemos ganar' la guerra en Irak)," Reuters, 17 de marzo de 2008.

12. Citado por Ivan Moreno, "Albright Visits University of Denver, Slams Bush (Albright visita la University of Denver, ataca a Bush)," Prensa Asociada, 28 de mayo de 2008.

13. Basado en entrevistas del autor con funcionarios iraquíes. Ver también "U.S. Ground Forces End Strength (Efectivos finales de las fuerzas de tierra estadounidenses)," hoja de datos, GlobalSecurity.org, http://www.globalsecurity.org/military/ops/iraq_orbat_es.htm, accedido el 18 de julio de 2008; Jim Michaels, "19,000 Insurgents Killed in Iraq Since '03 (19.000 insurgentes muertos en

Irak desde '03)," *USA Today*, 27 de septiembre de 2007.

14. Ver Dexter Filkins, "Exiting Iraq, Petraeus Says Gains Are Fragile (Saliendo de Irak, Petraeus dice que los logros son frágiles)," *New York Times*, 21 de agosto de 2008.

15. Entrevista del autor con el Embajador L. Paul Bremer III, 10 de julio de 2008.

16. Ver la transcripción de la conferencia de prensa de ABC News y la revista *Time* con el Sen. Obama en Watertown, South Dakota, 16 de mayo de 2008, http://thepage.time.com/transcript-of-obama-presser-2/, accedido el 27 de junio de 2008.

17. Citado en "Iraq Study Group Chairs Defend Report (Presidentes del grupo de trabajo de Irak defienden el reporte)," Reuters, 11 de diciembre de 2007.

18. Citado por James Kitfield, "Democracy Stalled (Democracia estancada)," *National Journal*, 3 de mayo de 2008.

19. Citado por John Bersia, "Iraq President's Son: U.S. Role Half-Complete (Hijo del presidente iraquí: El papel de EE. UU. está medio completo)," *Orlando Sentinel*, 29 de marzo de 2006.

CAPÍTULO 22: EL REY Y YO

1. Ver "CIA Helps Defuse al Qaeda Bomb Plot in Morocco (CIA ayuda a desactivar complot de bomba de al Qaeda en Marruecos)," CNN, 16 de junio de 2002.

2. Ver "Morocco Makes More Al Qaeda Arrests (Marruecos hace más arrestos de al Qaeda)," CBS News, 25 de junio de 2002; "Morocco Dismantles 'Terrorist Network': Police (Policía: Marruecos desmantela 'red terrorista')," Agence France-Presse, 29 de agosto de 2008; "Morocco Arrests 17 Terror Suspects (Marruecos arresta a 17 sospechosos terroristas)," Prensa Asociada, 20

de noviembre de 2005; "Morocco Arrests Four Female Terrorist Suspects (Marruecos arresta a cuatro sospechosas terroristas)," Deutsche Presse Agentur, 1 de septiembre de 2006; "Dozens Held Over Morocco Plot (Docenas detenidos en relación al complot marroquí)," Aljazeera, 21 de febrero de 2008.

3. Ver "Morocco Holds 14 over Suspected al Qaeda Links (Marruecos detiene a 14 en relación a presuntos vínculos con al Qaeda)," Reuters, 27 de octubre de 2006.

4. Entrevista del autor con el Dr. Ahmed Abaddi en mayo de 2006; ver también Joel C. Rosenberg, "A Different Sort of Radical Muslim: Ahmed Abaddi Is Helping Muslims to Understand the West (Una clase diferente de musulmán radical: Ahmed Abaddi está ayudando a los musulmanes a entender Occidente)," *National Review*, 9 de mayo de 2006; Joseph Loconte, "The Moroccan Model: A Beacon of Hope in the Islamic World (El modelo marroquí: Un rayo de esperanza en el mundo islámico)," *The Weekly Standard*, 16 de mayo de 2006; James Morrison y Julia Duin, "Moroccan Model (El modelo marroquí)," *Washington Times*, 27 de abril de 2006.

CAPÍTULO 23: EL MODELO MARROQUÍ

1. Entrevista del autor con Khalid Zerouali, 16 de enero de 2008.

2. Ver "Morocco Hails Formation of Interim Government in Afghanistan (Marruecos acoge la formación de un gobierno interino en Afganistán)," Arab News, 24 de diciembre de 2001; ver también "A List of Foreign Diplomats Attacked in Iraq (Una lista de diplomáticos extranjeros atacados en Irak)," Prensa Asociada, 3 de octubre de 2007; "Moroccan Suspect [in Iraq] Named in 60 Shiite Deaths (Sospechoso marroquí [en Irak] nombrado en 60 muertes chiítas)," Prensa Asociada, 1 de noviembre de 2005; "Moroccan Charged with Helping al-Qaida (Marroquí acusado de ayudar a al Qaeda)," Prensa Asociada, 20 de diciembre de 2007.

3. Ver "Morocco Waits its Turn Following Turkey's EU Membership (Marruecos espera su turno después de la membresía de Turquía en la UE)," *Turkish Weekly*, 31 de marzo de 2005; "Morocco's Quest to be European (La búsqueda de Marruecos de volverse europeo)," BBC, 3 de abril de 2000; "Morocco Wants Closer Ties to the E.U. (Marruecos quiere vínculos más estrechos con la UE)," *EU Business*, 4 de octubre de 2007; "Morocco 'to Strongly Adhere to Mr. Sarkozy's Mediterranean Union Initiative,' Minister (Ministro: Marruecos 'se adherirá fuertemente a la iniciativa del Sr. Sarkozy de la Unión Mediterránea)," Maghreb Arab Presse, 7 de junio de 2008; "Paris Summit for the Mediterranean (Cumbre de París para el Mediterráneo)," hoja de datos, julio de 2008, http://www.ue2008.fr/webdav/site/PFUE/shared/import/07/0713_sommet_mediterranee/Press%20Kit%20Paris%20Summit_EN.pdf.

4. Entrevista del autor con el Dr. Ahmed Khamlichi, 14 de enero de 2008.

5. Ver Scott MacLeod, "An interview with King Mohammed VI of Morocco (Una entrevista con el rey Mohamed VI de Marruecos)," revista *Time*, 26 de junio de 2000.

6. Ibid.

7. Entrevista del autor con MP Fatiha Layadi, enero de 2008.

8. Ver Ahmed El Amraoui, "Jewish Woman in Morocco Poll Fray (Mujer judía en refriega electoral marroquí)," Aljazeera, 7 de septiembre de 2007; ver también "Jewish Woman Runs for

Moroccan Parliament (Mujer judía se postula para el parlamento marroquí)," Jewish Telegraphic Agency, 7 de septiembre de 2007.

9. Ver "King of Morocco Calls for Fundamental Reform in Family Law (Rey marroquí llama a la reforma fundamental en la ley familiar)," MEMRI, Serie de Entregas Especiales - No. 604, 7 de noviembre de 2003, http://www.memri.org/bin/latestnews.cgi?ID=SD60403.

10. Ver MacLeod, revista *Time*.

11. Ver "FACTBOX: Morocco's Economy: Trade, Tourism Check Poverty (CUADRO DE DATOS: La economía marroquí: Comercio, turismo frenan la pobreza)," Reuters, 7 de septiembre de 2007; CIA *World Fact Book*; and World Bank data.

12. Entrevista del autor con Serge Berdugo, noviembre de 2005.

13. Entrevista del autor con alto funcionario marroquí que pidió el anonimato, enero de 2008.

14. Ver "King Abdullah of Jordan Participates in U.S. 'National Prayer Breakfast' Events (El rey Abdalá de Jordania participa en los eventos del 'Desayuno Nacional de Oración' de EE. UU.)," comunicado de prensa, Embajada de Jordania, 1 de febrero de 2006, http://www.jordanembassyus.org/new/pr/pr02022006.shtml; ver también "Jordan's king urges moderates to unite (El rey jordano exhorta a los moderados a unirse)," *Washington Times*, 2 de febrero de 2006.

CAPÍTULO 24: "EL ISLAM NO ES LA RESPUESTA, Y EL YIHAD NO ES EL CAMINO; JESÚS ES EL CAMINO"

1. Esta sección es una adaptación del prefacio que escribí para *Once an Arafat Man: The True Story of How a PLO Sniper Found a New Life* (Una vez hombre de Arafat: La historia verdadera de cómo un francotirador de la OLP encontró una vida nueva), escrito por Saada y Dean Merrill. Se basa en mis conversaciones y correos electrónicos con Saada y en material que se sacó de su libro.

CAPÍTULO 25: LA GRAN HISTORIA NUNCA ANTES CONTADA —PARTE UNO

1. Sheikh Salman Al-Odeh, "Christian Missionaries Sweeping the Islamic World (Misioneros cristianos recorren el mundo islámico)," transcripción, Lección 66, lunes 12 de Safar, 1413 Hijra (1993), de www.islamworld.net/tanseer.htm, accedido el 3 de febrero de 2006.

2. Entrevista con Jeque Ahmad Al Qataani en Aljazeera, transcripción, 12 de diciembre de 2000. Transcripción disponible de Ali Sinam, disidente iraní, en su sitio Web, www.faithfreedom.org/oped/sina31103.htm, accedido el 3 de febrero de 2006.

3. Entrevista del autor con un líder cristiano del Medio Oriente en la primavera de 2008. Taheer es un pseudónimo.

4. Entrevista del autor con un líder cristiano iraní bajo la condición del anonimato en 2007.

5. Entrevista del autor con un líder cristiano iraní bajo la condición del anonimato en 2007.

6. Entrevista del autor con un pastor iraní, no se revela el nombre ni la fecha.

7. Citado por Julian Lukins, "Behind The Black Veil (Detrás del velo negro)," *Charisma*, edición de junio de 2004.

8. Patrick Johnstone et al, *Operation World* (Operación Mundo) (Waynesboro: Authentic Media, 2001), p. 353.

9. Entrevista del autor con líder evangélico iraní, no se revela el nombre ni la fecha.

10. Entrevista del autor con un disidente

político iraní, bajo la condición del anonimato, verano de 2008.

11. Entrevista del autor con un importante líder ministerial iraní bajo la condición del anonimato, otoño de 2007.

12. Ramin Mostaghim: "Ruling Shiites Influence Eroded By Other Faiths (La influencia de los líderes chiítas es socavada por otras fes)," Inter Press Service, 5 de mayo de 2004.

13. Ver "Government Officials Admit Christianity 'Out of Control' (Oficiales gubernamentales admiten que el cristianismo está 'fuera de control')," Compass Direct, 7 de octubre de 2004.

14. Ver "Iran: Convert Stabbed to Death (Irán: Converso fue muerto apuñalado)," Compass Direct, 28 de noviembre de 2005; ver también World Watch List 2006, Open Doors, http://www.opendoorsuk.org/downloads/wwl_downloads/WorldWatchList.pdf, accedido el 3 de abril de 2006.

15. Ver "Iran Convert Stabbed," Compass Direct. Ver también Nina Shea, "The Real War on Christmas: Being a Christian Can Be Deadly (La guerra verdadera contra la Navidad: Ser cristiano puede ser fatal)," *National Review*, 19 de diciembre de 2005. Shea citó al Rev. Keith Roderick, sacerdote episcopal que representa a Christian Solidarity International. La agencia noticiosa Voz de los Mártires también reportó la cita de Ahmadinejad.

16. Entrevista del autor con un pastor iraní bajo la condición del anonimato en 2007.

CAPÍTULO 26: LA GRAN HISTORIA NUNCA ANTES CONTADA —PARTE DOS

1. Entrevistas del autor con pastores y líderes de ministerios egipcios que comienzan en 2005 y siguen hasta el otoño de 2008.

2. Entrevista del autor con un pastor árabe, no se revela el nombre ni la fecha.

3. "Algeria Bans Muslims from Learning about Christianity (Argelia prohíbe que los musulmanes aprendan del cristianismo)," www.ArabicNews.com, 21 de marzo de 2006.

4. Entrevista del autor con un líder evangélico sudanés, no se revela el nombre ni la fecha.

5. Entrevistas del autor con numerosos líderes cristianos sudaneses en 2008.

6. Ver Stan Guthrie, "Hope amid the Ruins: Anglican Bishop Sees Massive Church Growth (Esperanza entre las ruinas: Obispo anglicano ve crecimiento masivo de la iglesia)," *Christianity Today*, enero de 2004.

7. Entrevistas con líderes cristianos iraquíes y jordanos en 2008.

8. Entrevista del autor con un pastor iraquí, no se revela el nombre ni la fecha.

9. Entrevista del autor con un líder evangélico iraquí, no se revela el nombre ni la fecha.

10. Entrevista del autor con un evangelista palestino, no se revela el nombre ni la fecha.

11. Entrevista del autor con un líder cristiano árabe de Siria bajo la condición del anonimato en 2007.

12. Entrevistas con varios principales líderes cristianos jordanos bajo la condición del anonimato en 2008.

13. La historia me fue transmitida por un líder ministerial árabe que ha interactuado personalmente con esta mujer; el nombre y la fecha de la entrevista no se revelan.

14. Entrevistas del autor con numerosos líderes de ministerio afganos bajo la condición del anonimato, en el verano y otoño de 2008.

15. Entrevistas del autor con líder cristiano evangélico afgano; no se revela el nombre ni la fecha.

16. "More Christians Arrested in Wake of 'Apostasy' Case (Más cristianso arrestados tras el caso de 'apostasía')," sitio Web de Open Doors, http://www.opendoorsusa.org/Display.asp?Page=AfghanArrests, accedido el 3 de abril de 2006. Ver también www.compassdirect.org.

17. Entrevista del autor con un líder cristiano uzbeko bajo la condición del anonimato en 2007.

18. Entrevista del autor con un líder cristiano kazajo bajo la condición del anonimato en 2007.

19. Entrevista con el Dr. T. E. Koshy, 15 de junio de 2008.

CAPÍTULO 27: LA GUERRA EN EL AIRE

1. Citado por Raymond Ibrahim, "Islam's 'Public Enemy #1' (El 'enemigo público no. 1' del islam)," *National Review*, 25 de marzo de 2008.

2. Entrevista del autor con el Padre Zakaria Botros, 5 de septiembre de 2008.

3. Steve Little, "Talking Truth to the Muslim World (Diciendo la verdad al mundo musulmán)," *Christian World News*, CBN, 29 de septiembre de 2006.

4. Ver "Coptic TV Show Causes Controversy in Egypt (Programa televisivo cóptico causa controversia en Egipto)," MEMRI, Serie de Entregas Especiales - No. 943, 27 de julio de 2005.

5. Ver "Coptic TV Show."

6. Entrevista del autor con Hormoz Shariat, enero de 2007.

7. Ver "Iraq: Once-Outlawed Satellite Dishes Sprouting Like Mushrooms on Baghdad's Rooftops (Irak: Antenas parabólicas, una vez ilegales, brotan como hongos en los techos de Bagdad)," Radio Free Europe/Radio Liberty, 28 de mayo de 2003.

8. Ver "Christian Television Succeeding in Middle East: 9 Million Viewers in Middle East Watch SAT-7 Christian TV According to New Research (La televisión cristiana tiene éxito en el Medio Oriente: Nueva investigación dice que 9 millones de televidentes en el Medio Oriente miran la televisión cristiana SAT-7)," comunicado de prensa, SAT-7, 3 de mayo de 2005.

CAPÍTULO 29: LA GUERRA EN TIERRA —PARTE DOS

1. Entrevista del autor con un líder de ministerio iraquí de un trasfondo musulmán sunita, febrero de 2008.

CAPÍTULO 30: LA TEOLOGÍA DE LOS RENACIDOS

1. "Iraq Minister says Mosul 'Worse Than Imagined' (Ministro iraquí dice que Mosul está 'peor de lo imaginado')," Agence France-Presse, 28 de enero de 2008.

CAPÍTULO 31: PREPARAR EL CAMINO PARA EL MESÍAS

1. Para un análisis más detallado y completo de las profecías de Ezequiel que describen los eruditos bíblicos como la "Guerra de Gog y Magog," por favor vea el libro de Joel C. Rosenberg *Epicentro: Entérese cómo los acontecimientos en el Medio Oriente cambiarán su futuro* (Tyndale Español, 2007).

2. Ver Joel C. Rosenberg, "Arabs Building New Tower of Babel (Los árabes están construyendo una nueva Torre de Babel)," publicación de blog, 1 de mayo de 2008, www.joelrosenberg.com.

CAPÍTULO 32: ÚNASE A LA REVOLUCIÓN

1. Citado por Yigal Schleifer, "Turkey's Christians Face Backlash (Los cristianos de Turquía enfrentan una reacción violenta)," *Christian Science Monitor*, 25 de abril de 2007. Ver también

Suna Erdem, "Christians at Bible Publishers Have Their Throats Cut (Los cristianos en la editorial de Biblias son degollados)," The *Times* of London, 19 de abril de 2007.

2. Ver Ethan Cole, "15,000 Iraqi Christians Driven Out of Mosul (15.000 cristianos han sido expulsados de Mosul)," *Christian Post*, 20 de octubre de 2008.

3. Entrevista del autor con Daniel —no es su nombre real— en octubre de 2008.

APÉNDICE: 20 COMPLOTS TERRORISTAS EN CONTRA DE ESTADOS UNIDOS FRUSTRADOS DESDE EL 11 DE SEPTIEMBRE

1. Ver Joseph Abrams y Jonathan Passantino, "Foiled Terror Plots Against America Since 9/11 (Complots terroristas contra Estados Unidos frustrados desde el 11 de septiembre)," Fox News, 11 de septiembre de 2008, http://www.foxnews.com/printer_friendly_story/0,3566,335500,00.html.

índice

reconocimientos

En retrospecto, ahora parece claro que este libro tuvo sus inicios en 1986, cuando el Señor por primera vez comenzó a avivir en mi corazón una curiosidad acerca del mundo musulmán, y me dio la oportunidad de viajar por un mes a varias ciudades islámicas en lo que entonces se conocía como Asia Central Soviética.

El próximo año, él me dio el maravilloso privilegio de viajar por primera vez a Israel y Cisjordania. Mientras estudiaba por un semestre en la Universidad de Tel Aviv, presencié a primera mano los comienzos del levantamiento palestino musulmán conocido como la primera intifada, y su efecto en Israel, en EE. UU. y en la opinión mundial.

Para el próximo año, estando de regreso en Syracuse University —de la cual gradué— Lynn y yo comenzamos a salir, y a ayudar como voluntarios en un ministerio estudiantil internacional liderado por nuestro querido amigo y pastor, el doctor T.E. Koshy. Fue allí donde desarollamos muchísimas amistades especiales con estudiantes de Irán, Gaza y Argelia; y fue allí donde comenzamos a aprender cómo amar a los musulmanes de maneras reales y prácticas.

¡Qué travesía hemos pasado desde entonces! Lynn y yo hemos sido bendecidos por muchos hombres y mujeres que hicieron lo indecible para enseñarnos, animarnos, retarnos e inspirarnos. Aunque deseamos poder reconocer y agradecer a todos por nombre, es imposible. Aun así, nos vemos obligados a honrar a unos pocos que merecen reconocimiento y apreciación especiales.

Nuestras familias: Len y Mary Rosenberg; June "Bubbe" Meyers, la heroína de November Communications; Dan y Susan Rebeiz; Michael y Patricia Meyers; el extendido equipo Meyers; Steve y Kate Scoma; Jim y Emily Urbanski. Los amamos muchísimo. Gracias por amarnos a nosotros y por ayudarnos en maneras incontables y altamente apreciadas.

Nuestras fuentes: muchísimas gracias a todos y cada uno de las personas citadas en este libro, así como a cientos más que proveyeron hechos útiles, análisis perspicaz y observaciones francas, que nos resultaron de gran ayuda; sin ellos habría sido imposible escribir este libro. Agradecimientos especiales a Tom y JoAnn Doyle por un viaje extraordinario a Afganistán.

Nuestro equipo del Joshua Fund, asombrosamente maravilloso, valiente y muy amado: Tim y Carolyn Lugbill, Edward y Kailea Hunt, Steve y Barb Klemke, Amy Knapp, John y Cheryl Moser, Jeremy y Angie Grafman, Nancy Pierce, el doctor Chung Woo y la doctora Farah Woo y el doctor T. E. Koshy. Aunque ganamos la vida con las palabras, Lynn y yo confesamos que sencillamente no podemos encontrar las palabras adecuadas para expresarles cuán agradecimos estamos que se hayan unido a la Revolución, a gran costo personal, y elegido ayudarnos cuando más lo hemos necesitado.

Nuestros guerreros de oración y los que nos apoyan: todos los individuos, las familias, los pastores, las congregaciones, los ministerios y los líderes de negocios en EE. UU., Canadá, el epicentro y en todo el mundo que oran con y por nosotros y que invierten fiel y generosamente en la obra del Joshua Fund. Nos sentimos humillados por la confianza que han depositado en nosotros y estamos profundamente comprometidos a ser mayordomos sabios de ella. Que el Señor los bendiga ricamente por bendecir a Israel y a sus vecinos en nombre de Jesús, de acuerdo a Génesis 12:1-3.

Nuestro equipo editorial: Mark Taylor, Ron Beers, Becky Nesbitt, Jan Stob, Jeremy Taylor, Cheryl Kerwin, Beverly Rykerd, Dean Renninger y toda la familia de Tyndale. Es un gozo trabajar con cada uno de ustedes. Muchísimas gracias por ayudarnos a compartir este mensaje.

Nuestro agente literario: Scott Miller de Trident Media Group, el mejor de la industria. Gracias por ser un amigo muy querido y por ofrecer consejos que son consistentemente sabios.

Nuestros héroes que siguen siendo héroes: a todos los que agradecimos en nuestros previos libros y que continúan bendiciendo nuestra familia y nuestro equipo de maneras incontables e inesperadas.

Nuestros hijos: Caleb, Jacob, Jonah y Noah, por quienes estamos muy agradecidos. Que anden fielmente con Jesús, venga lo que venga.

Más que nada, quiero agradecer a mi preciosa esposa, Lynn, de todo corazón. Eres mi heroína y mi mejor amiga, Lynn, y te amo más de lo que jamás pudiera explicar. Prométeme que me permitirás arrodillar a tu lado cuando adoramos juntos a los pies de Jesús.

acerca del autor

JOEL C. ROSENBERG es fundador del Joshua Fund y autor de éxito del *New York Times* por sus libros *La última cruzada, The Last Days, The Ezekiel Option, The Copper Scroll, Dead Heat* y *Epicentro*, con más de 1,5 millones de copias impresas. Como estratega en comunicaciones ha trabajado con algunos de los líderes más influyentes del mundo de negocios, la política y los medios de comunicación, entre los que están Steve Forbes, Rush Limbaugh y el primer ministro israelí Benjamín Netanyahu. Como novelista, ha sido entrevistado en cientos de programas de radio y televisión, entre los que están *Nightline* de ABC, *CNN Headline News*, FOX News Channel, The History Channel, MSNBC, *The Rush Limbaugh Show* y *The Sean Hannity Show*. Se le ha retratado en el *New York Times*, el *Washington Times*, en la revista *World* y en el *Jerusalem Post*. Se ha dirigido a audiencias en todo el mundo, como en Rusia, Israel, Irak, Jordania, Egipto, Turquía y Bélgica, y ha hablado en la Casa Blanca, el Pentágono y en el Capitolio de Estados Unidos.

La primera página de su primera novela —*La última cruzada*— pone a los lectores dentro de la cabina de un avión secuestrado que ingresa, en un ataque kamikaze, a una ciudad estadounidense, lo que lleva a la guerra con Saddam Hussein por armas de destrucción masiva. Pero fue escrito antes del 11 de septiembre y publicado antes de la guerra real con Irak. *La última cruzada* pasó once semanas en la lista de libros de ficción de tapa dura mejor vendidos del *New York Times* y llegó a ser el #7. Ascendió a la lista de los más vendidos del *USA Today* y de *Publishers Weekly*, llegó al #4 en la lista del *Wall Street Journal* y al #1 en Amazon.com.

Su segunda novela de intriga —*The Last Days* (Los últimos días)— se inicia con la muerte de Yasir Arafat y una caravana diplomática de Estados Unidos que es emboscada en Gaza. Dos semanas antes de que se publicara *The Last Days* en tapa dura, una caravana diplomática de Estados Unidos fue emboscada en Gaza. Trece meses después, Yasir Arafat murió. *The Last Days* pasó cuatro semanas en la lista de libros de ficción de tapa dura mejor vendidos del *New York Times*, llegó al #5 en la lista del *Denver Post*, y al #8 en la lista del *Dallas Morning News*. Ambos libros han sido seleccionados por un productor de Hollywood.

The Ezekiel Option (La opción Ezequiel) se centra en un dictador que surge en Rusia, que forma una alianza militar con los líderes de Irán, a medida que buscan febrilmente armas de destrucción masiva y amenazan con borrar a Israel de la faz de la tierra. El mismo día que se publicó en junio de 2005, Irán eligió a un nuevo líder que juró acelerar el programa nuclear del país y después amenazó con "borrar a Israel del mapa." Seis meses después de que se publicara, Moscú firmó un contrato de armas con Teherán, con valor de mil millones de dólares. *The Ezekiel Option* pasó cuatro semanas en la lista de libros de ficción de tapa dura mejor vendidos del *New York Times* y cinco meses en la de la Asociación de Vendedores de Libros Cristianos (CBA), llegando a estar en el #4. Ganó el Christian Book Award de 2006 en el área de ficción.

En *The Copper Scroll* (El Rollo de Cobre), un rollo antiguo describe tesoros inimaginables, valorados en incalculables miles de millones, enterrados en las montañas al este de Jerusalén y bajo la Ciudad Santa misma, tesoros que podrían venir del Segundo Templo y cuyo descubrimiento podría llevar a la construcción del Tercer Templo y a una guerra de proporciones bíblicas. Un mes después de que se publicara, *Biblical Archaeology Review* publicó una historia que describía la caza que se ha intensificado, en la vida real, por los tesoros del verdadero Rollo de Cobre. *The Copper Scroll* pasó cuatro semanas en la lista de libros de ficción de tapa dura mejor vendidos del *New York Times*, dos semanas en la lista de libros mejor vendidos del *Wall Street Journal*, dos semanas en la lista de ficción de tapa dura del *Publishers Weekly*, y varios meses en la lista de mejor vendidos de CBA. Ganó el Logos Bookstores Best Fiction Award de 2007.

En *Dead Heat* (Empate), Estados Unidos está en medio de una acalorada elección presidencial cuando el Servicio Secreto se entera de una conspiración terrorista catastrófica para asesinar a uno de los candidatos. Las fuerzas de Estados Unidos tratan de detener a los terroristas antes de que millones pierdan la vida, pero los eventos amenazan con salirse de control. *Dead Heat* debutó en el #4 en la lista de mayor venta de libros de tapa dura del *New York Times*. También llegó a ser un libro de tapa dura de mayor venta del *USA Today*, el *Wall Street Journal*, *Publishers Weekly* y CBA.

Epicentro, el exitoso título de no ficción de Joel, da a los lectores los titulares antes de que ocurran. Explica qué está ocurriendo en el Medio Oriente y cómo impactará a nuestro mundo. Contiene entrevistas exclusivas con importantes líderes políticos, militares, de inteligencia, de negocios y religiosos en Israel, Irán, Irak y Rusia. También contiene documentos previamente secretos de la CIA, el Pentágono y de la Casa Blanca. *Epicentro* está disponible en inglés en tapa dura y en una edición actualizada y ampliada de tapa rústica 2.0. La primera edición está disponible en español en tapa rústica. *Epicentro* ha aparecido en la lista política del *New York Times*, así como en las listas religiosas de CBA y *Publishers Weekly*. También apareció en el listado de los 100 Principales de *Christian Retailing*.

www.joelrosenberg.com

www.joshuafund.net

lectura recomendada

EL ISLAM

Bernard Lewis. *What Went Wrong? The Clash Between Islam and Modernity in the Middle East.* Publicado en español en 2002 como *¿Qué ha fallado? El impacto de Occidente y la respuesta de Oriente Próximo* por Siglo XXI de España.

Bernard Lewis. *The Crisis of Islam: Holy War and Unholy Terror.* Publicado en español en 2003 como *La crisis de Islam: Guerra santa y terrorismo* por Ediciones B.

John L. Esposito and Dalia Mogahed. *Who Speaks for Islam?: What a Billion Muslims Really Think* (¿Quién habla por el islam? Lo que realmente piensan mil millones de musulmanes).

Sayyid Qutb. *Milestones* (Hitos).

Vali Nasr. *The Shia Revival: How Conflicts within Islam Will Shape the Future* (El revivamiento chiíta: Cómo conflictos dentro del islam moldearán el futuro).

V. S. Naipaul. *Among the Believers: An Islamic Journey.* Publicado en español en 1984 como *Entre los creyentes: Un viaje por tierras del Islam* por Ediciones Quarto.

Melanie Phillips. *Londonistan* (Londresistán).

Ambassador Marwan Muasher. *The Arab Center: The Promise of Moderation* (El centro árabe: La promesa de moderación).

Reina Noor de Jordania. *Leap of Faith: Memoirs of an Unexpected Life* (Salto de fe: Memorias de una vida inesperada).

Benazir Bhutto. *Reconciliation: Islam, Democracy, and the West.* Publicado en español en 2008 como *Reconciliación* por Belacqva de Ediciones y Publicaciones.

Ayaan Hirsi Ali. *Infidel* (Infiel).

Jim Murk. *Islam Rising* (Islam creciendo).

Brigitte Gabriel. *Because They Hate: A Survivor of Islamic Terror Warns America* (Porque odian: Una sobreviviente del terror islámico advierta a Estados Unidos).

Nonie Darwish. *Now They Call Me Infidel: Why I Renounced Jihad for America, Israel, and the War on Terror* (Ahora me llaman infiel: Por qué renuncié el yihad en favor de Estados Unidos, Israel y la Guerra contra el Terror).

Karen Armstrong. *Muhammad: A Biography of the Prophet.* Publicado en español en 2008 como *Mahoma: Biografía del profeta* por Tusquets.

Robert Spencer. *The Truth About Muhammad: Founder of the World's Most Intolerant Religion* (La verdad sobre Mahoma: Fundador de la religion más intolerante del mundo).

Maulana Muhammad Ali. *Founder of the Ahmadiyya Movement* (Fundador del movimiento ahmadía).

TERRORISMO Y AL QAEDA

Yaroslav Trofimov. *The Siege of Mecca: The Forgotten Uprising in Islam's Holiest Shrine and the Birth of al-Qaeda* (El sitio de la Meca: La insurrección olvidada en el santuario más santo del islam y el nacimiento de al Qaeda).

Lawrence Wright. *The Looming Tower: Al-Qaeda and the Road to 9/11* (La torre amenazante: Al Qaeda y el camino hacia el 11 de septiembre).

Peter Bergen. *The Osama bin Laden I Know: An Oral History of al Qaeda's Leader*. Publicado en español en 2007 como *Osama de cerca: Una historia oral del líder de Al Qaeda* por Debate.

Yossef Bodansky. *Bin Laden: The Man Who Declared War on America*. Publicado en español en 2001 como *Bin Laden: El hombre que declaró la guerra a Estados Unidos* por Aguilar.

Randall B. Hamud. *Osama Bin Laden: America's Enemy in His Own Words* (Osama bin Laden: El enemigo de Estados Unidos en sus propias palabras).

Richard A. Clarke. *Against All Enemies: Inside America's War on Terror*. Publicado en español en 2005 como *Contra los enemigos: La lucha antiterrorista de Estados Unidos vista desde dentro* por Punto de Lectura.

Richard Miniter. *Losing Bin Laden* (Perdiendo a bin Laden).

Laura Mansfield, editor. *His Own Words: A Translation of the Writings of Dr. Ayman al Zawahiri* (Sus propias palabras: Una traducción de las escrituras de Dr. Ayman al Zawahiri).

National Commission on Terrorist Attacks. *The 9/11 Commission Report: Final Report of the National Commission on Terrorist Attacks upon the United States* (El reporte de la comisión del 11 de septiembre: Reporte final de la comisión nacional sobre ataques terroristas contra los Estados Unidos).

Dore Gold. *Hatred's Kingdom: How Saudi Arabia Supports the New Global Terrorism* (El reino del odio: Cómo Arabia Saudita apoya el nuevo terrorismo global).

Michael A. Sheehan. *Crush the Cell: How to Defeat Terrorism Without Terrorizing Ourselves* (Destruye la célula: Cómo conquistar el terrorismo sin terrorizar a nosotros mismos).

Nicholas Noe, editor. *Voice of Hezbollah: The Statements of Sayyed Hassan Nasrallah* (Voz de Hezbolá: Las declaraciones de Sayyed Hassan Nasrallah).

Naim Qassem. *Hizbullah: The Story from Within* (Hezbolá: La historia verdadera).

POLÍTICA DE ESTADOS UNIDOS

President Dwight Eisenhower. *Mandate for Change: The White House Years, 1953–1956* (Mandato para cambio: Los años en la Casa Blanca, 1953–1956).

President Jimmy Carter. *Keeping Faith: Memoirs of a President* (Manteniendo la fe: Memorias de un presidente).

Admiral Stansfield Turner. *Burn Before Reading: Presidents, CIA Directors, and Secret Intelligence* (Quema antes de leer: Presidentes, directores de la CIA y la inteligencia secreta).

Zbigniew Brzezinski. *Power And Principle: Memoirs of the National Security Adviser, 1977–1981* (Poder y principio: Memorias del consultor de seguridad nacional, 1977–1981).

Henry Kissinger. *The White House Years* (Los años en la Casa Blanca).

Robert Gates. *From the Shadows: The Ultimate Insider's Story of Five Presidents and How They Won the Cold War* (De las sombras: La historia verdadera de cinco presidentes y cómo ellos ganaron la Guerra Fría).

Tim Weiner. *Legacy of Ashes: The History of the CIA*. Publicado en español en 2008 como *Legado de cenizas: La historia de la CIA* por Editorial Debate.

Christopher Andrew. *For the President's Eyes Only: Secret Intelligence and the American Presidency from Washington to Bush* (Solamente para los ojos del presidente: La inteligencia secreta y la presidencia estadounidense desde Washington hasta Bush).

George Tenet. *At the Center of the Storm: My Years at the CIA* (En el centro de la tormenta: Mis años en la CIA).

Bob Woodward. *State of Denial: Bush at War, Part III*. Publicado en español en 2007 como *Negar la evidencia* por Belacqva.

Bob Woodward. *The War Within: A Secret White House History 2006–2008* (La guerra interna: Una historia secreta de la Casa Blanca 2006–2008).

EL ISLAM Y ESTADOS UNIDOS

Mark Bowden. *Guests of the Ayatollah: The First Battle in America's War with Militant Islam*. Publicado en español en 2008 como *Huéspedes del ayatolá: La crisis de los rehenes en Teherán* por RBA.

Su Majestad el rey Abdalá II. Discurso en el Almuerzo Nacional de Oración, 2 de febrero de 2006.

Daniel Pipes. *Militant Islam Reaches America* (El islam militante llega a Estados Unidos).

Stephen Kinzer. *All the Shah's Men: An American Coup and the Roots of Middle East Terror*. Publicado en español en 2005 como *Todos los hombres del sha: Un golpe de Estado norteamericano y las raíces del terror en Oriente Próximo* por Debate.

POLÍTICA INTERNACIONAL

Jerrold Post. *Leaders and Their Followers in a Dangerous World: The Psychology of Political Behavior* (Líderes y sus seguidores en un mundo peligroso: La psicología del comportamiento politico).

ISRAEL

Tom Doyle. *Two Nations Under God: Why You Should Care about Israel* (Dos naciones bajo Dios: Por qué te debe importar Israel).

IRAK

Ambassador L. Paul Bremer III. *My Year in Iraq: The Struggle to Build a Future of Hope* (Mi año en Irak: La lucha para edificar un futuro de esperanza).

James A. Baker III and Lee H. Hamilton, copresidentes. *The Iraq Study Group Report: The Way Forward—A New Approach* (El reporte del grupo de trabajo de Irak: El camino hacia adelante —un enfoque nuevo).

ASIA CENTRAL: AFGANISTÁN Y PAQUISTÁN

Nick B. Mills. *Karzai: The Failing American Intervention and the Struggle for Afghanistan* (Karzai: La intervención estadounidense fracasada y la lucha por Afganistán).

John Weaver. *Inside Afghanistan: The American Who Stayed Behind after 9/11 and His Mission of Mercy to a War-Torn People* (Dentro de Afganistán: El estadounidense que se quedó después del 11 de septiembre y su misión de misericordia a un pueblo quebrado por la guerra).

Pervez Musharraf. *In the Line of Fire: A Memoir* (En la línea del fuego: Memorias).

IRÁN Y LA REVOLUCIÓN ISLÁMICA

Baqer Moin. *Khomeini: Life of the Ayatollah* (Khomeini: La vida del ayatolá).

Dr. Hamid Algar, traductor. *Islam and Revolution 1: Writings and Declarations of Imam Khomeini (1941–1980)* (El islam y la revolución 1: Escrituras y declaraciones del imán Jomeini [1941–1980]).

Nikki R. Keddie. *Modern Iran: Roots and Results of Revolution* (El Irán moderno: Raíces y resultados de la revolución).

Said Amir Arjomand. *The Turban for the Crown: The Islamic Revolution in Iran* (El turbante por la corona: La revolución islámica en Irán).

Michael Ledeen. *The Iranian Time Bomb: The Mullah Zealots' Quest for Destruction* (La bomba de tiempo iraní: La búsqueda de los mulás zelotes para la destrucción).

William J. Daugherty. *In the Shadow of the Ayatollah: A CIA Hostage in Iran* (En la sombra del ayatolá: Un rehén de la CIA en Irán).

Ali M. Ansari. *Confronting Iran: The Failure of American Foreign Policy and the Next Great Conflict in the Middle East* (Confrontando a Irán: El fracaso de la política extranjera de Estados Unidos y el próximo gran conflicto en el Medio Oriente).

Mehdi Khalaji. *Apocalyptic Politics: On the Rationality of Iranian Policy* (Política apocalíptica: Sobre la racionalidad de la política de Irán), Enfoque a la Política No. 79, Washington Institute for Near East Policy, enero de 2008.

Karim Sadjadpour. *Reading Khamenei: The World View of Iran's Most Powerful Leader* (Leyendo Jamenei: La perspectiva del líder más poderoso de Irán).

Alireza Jafarzadeh. *The Iran Threat: President Ahmadinejad and the Coming Nuclear Crisis* (La amenaza de Irán: Presidente Ahmadinejad y la crisis nuclear venidera).

Yossi Melman and Meir Javedanfar. *The Nuclear Sphinx of Tehran: Mahmoud Ahmadinejad and the State of Iran* (La esfinge nuclear de Teherán: Mahmoud Ahmadinejad y el estado de Irán).

Kasra Naji. *Ahmadinejad: The Secret History of Iran's Radical Leader* (Ahmadinejad: La historia secreta del líder radical de Irán).

Kenneth M. Pollack. *The Persian Puzzle: The Conflict between Iran and America* (El misterio persa: El conflicto entre Irán y Estados Unidos).

Reza Pahlavi. *Winds of Change: The Future of Democracy in Iran* (Vientos de cambio: El futuro de la democracia en Irán).

Nasrin Alavi. *We Are Iran: The Persian Blogs* (Nosotros somos Irán: Los blogs de Persia).

Azar Nafisi. *Reading Lolita in Tehran.* Publicado en español en 2008 como *Leer "Lolita" en Teherán* por El Aleph.

Tom White, et al (Voice of the Martyrs). *Iran, Desperate for God: An Oppressive Islamic State Drives Its People into the Arms of Christ* (Irán, desesperado por Dios: Un estado opresivo islámico lleva a su pueblo a los brazos de Cristo).

EX MUSULMANES Y EL EVANGELISMO CRISTIANO

Ibn Warraq, editor. *Leaving Islam: Apostates Speak Out* (Dejando el islam: Los apóstatas hablan).

Susan Crimp and Joel Richardson, editors. *Why We Left Islam: Former*

Muslims Speak Out (Porque dejamos el islam: Los ex musulmanes hablan).

Brother Andrew and Al Janssen. *Light Force: A Stirring Account of the Church Caught in the Middle East Crossfire* (Fuerza de luz: Una cuenta conmovedora de la iglesia atrapada el fuego cruzado del Medio Oriente).

Brother Andrew and Al Janssen. *Secret Believers: What Happens When Muslims Believe in Christ* (Creyentes secretos: Lo que ocurre cuando los musulmanes creen en Cristo).

Brother Yun, Peter Xu Yongze y Enoch Wang (con Paul Hattaway). *Back To Jerusalem: Three Chinese House Church Leaders Share Their Vision to Complete the Great Commission* (Regreso a Jerusalén: Tres líderes chinos de iglesias en casas comparten su visión para cumplir la Gran Comisión).

Walid Shoebat. *Why I Left Jihad: The Root of Terrorism and the Return of Radical Islam* (Porque dejé el yihad: La raíz del terrorismo y el regreso del islam radical).

Tass Saada. *Once an Arafat Man: The True Story of How a PLO Sniper Found a New Life* (Una vez hombre de Arafat: La historia verdadera de cómo un francotirador de la OLP encontró una vida nueva).

William McElwee Miller. *Ten Muslims Meet Christ* (Diez musulmanes conocen a Cristo).

Carrie McDonnall. *Facing Terror: The True Story of How an American Couple Paid the Ultimate Price for Their Love of the Muslim People* (Enfrentando el terror: La historia verdadera de cómo una pareja estadounidense pagaron el precio mayor por su amor del pueblo musulmán).